中國國家圖書館編

國家圖書館藏敦煌遺書

第四十四册　北敦〇三二〇一號——北敦〇三二七二號

北京圖書館出版社

圖書在版編目(CIP)數據

國家圖書館藏敦煌遺書·第四十四册/中國國家圖書館編;任繼愈主編.—北京:北京圖書館出版社,2007.1

ISBN 978-7-5013-2986-1

Ⅰ.國… Ⅱ.①中…②任… Ⅲ.敦煌學-文獻 Ⅳ.K870.6

中國版本圖書館 CIP 數據核字(2006)第 149701 號

ISBN 978-7-5013-2986-1

書　　名　國家圖書館藏敦煌遺書·第四十四册
著　　者　中國國家圖書館編　任繼愈主編
責任編輯　徐　蜀　孫　彦
封面設計　李　璀

出　　版　北京圖書館出版社（100034　北京西城區文津街 7 號）
發　　行　010-66139745　66151313　66175620　66126153
66174391(傳真)　66126156(門市部)
E-mail　cbs@nlc.gov.cn(投稿)　btsfxb@nlc.gov.cn(郵購)
Website　www.nlcpress.com
經　　銷　新華書店
印　　刷　北京文津閣印務有限責任公司

開　　本　八開
印　　張　62.5
版　　次　2007 年 1 月第 1 版第 1 次印刷
印　　數　1-250 册(套)

書　　號　ISBN 978-7-5013-2986-1/K·1269
定　　價　990.00 圓

目錄

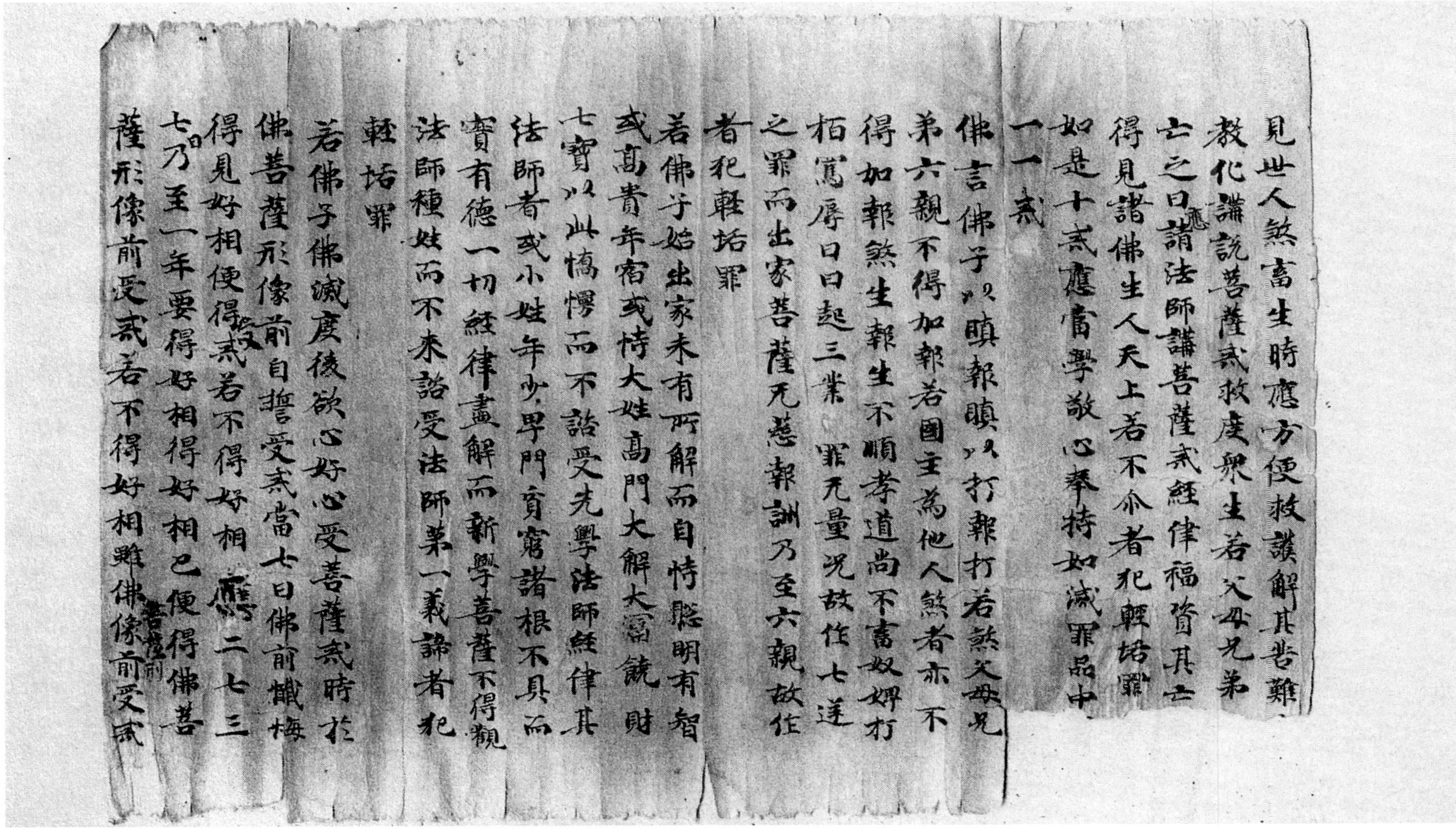
見世人殺害生時應方便救護解其苦難
教化講說菩薩戒救度衆生若父母兄弟
亡之日應請法師講菩薩戒經律福資亡者
得見諸佛生人天上若不介者犯輕垢罪
如是十戒應當學敬心奉持如滅罪品中
一一戒
佛言佛子以瞋報瞋以打報打若殺父母兄
弟六親不得加報若國主為他人殺者亦不
得加報殺生報生不順孝道尚不畜奴婢打
栢罵辱日日起三業口罪无量况故作七逆
之罪而出家菩薩无慈報讎乃至六親故作
者犯輕垢罪
若佛子始出家未有所解而自恃聡明有智
或高貴年宿或恃大姓高門大解大富饒財
七寶以此憍慢而不諮受先學法師經律其
法師者或小姓年少卑門貧窮諸根不具而
實有德一切經律盡解而新學菩薩不得觀
法師種姓而不來諮受法師第一義諦者犯
輕垢罪
若佛子佛滅度後欲以好心受菩薩戒時於
佛菩薩形像前自誓受戒當七日佛前懺悔
得見好相便得戒若不得好相應二七三
七日乃至一年要得好相得好相已便得佛菩
薩形像前受戒若不得好相雖佛菩薩形像前受戒

BD03201 號　梵網經盧舍那佛說菩薩心地戒品第十卷下　（1–1）

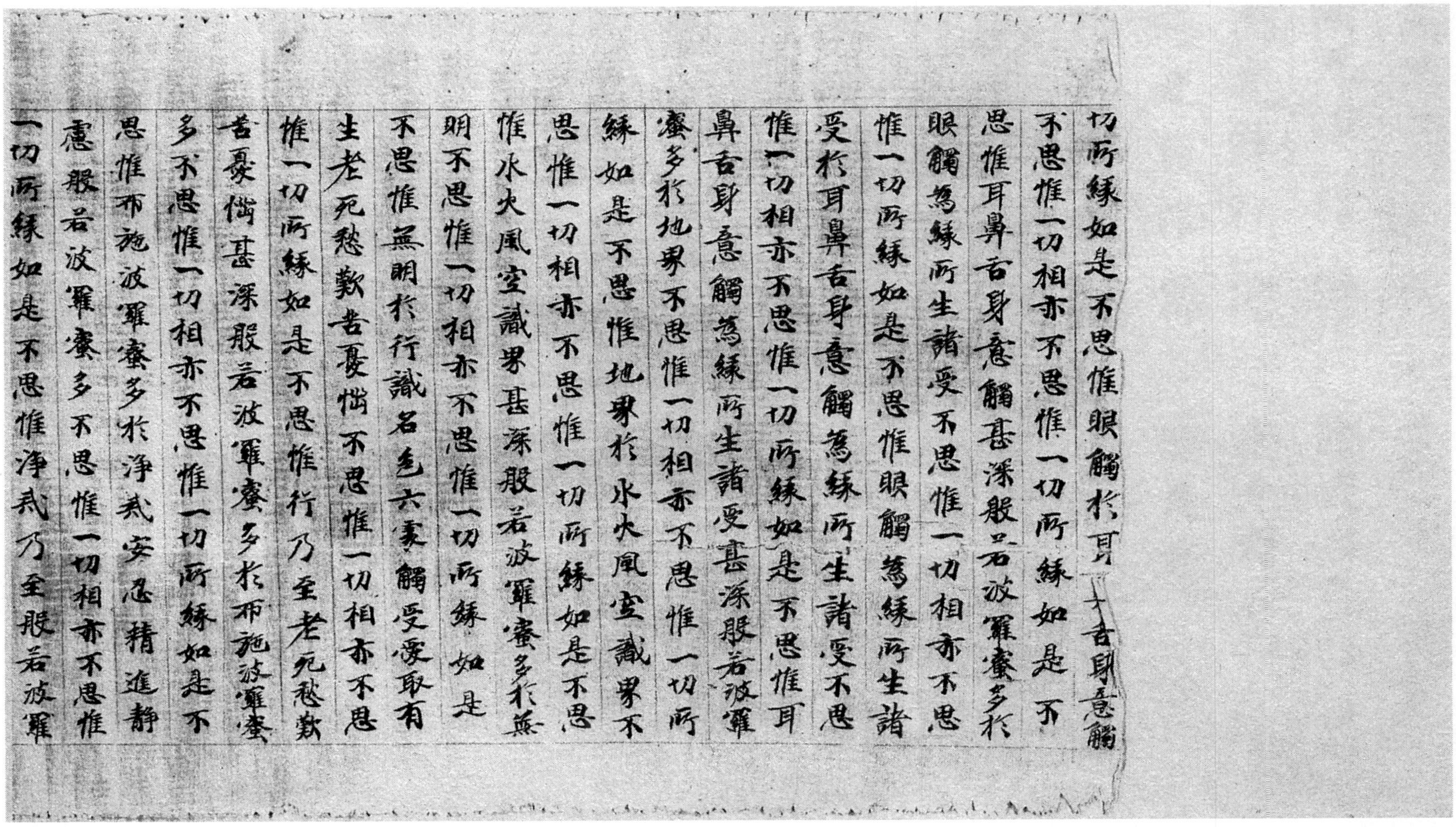
切所緣如是不思惟眼觸於耳鼻舌身意觸
不思惟一切相亦不思惟一切所緣如是不
思惟耳鼻舌身意觸甚深般若波羅蜜多於
眼觸為緣所生諸受不思惟一切相亦不思
惟一切所緣如是不思惟眼觸為緣所生諸
受於耳鼻舌身意觸為緣所生諸受不思
惟一切相亦不思惟一切所緣如是不思惟耳
鼻舌身意觸為緣所生諸受甚深般若波羅
蜜多於地界不思惟一切相亦不思惟一切所
緣如是不思惟地界於水火風空識界不
思惟一切相亦不思惟一切所緣如是不思
惟水火風空識界甚深般若波羅蜜多於無
明不思惟一切相亦不思惟一切所緣如是
不思惟無明於行識名色六處觸受愛取有
生老死愁歎苦憂惱不思惟一切相亦不思
惟一切所緣如是不思惟行乃至老死愁歎
苦憂惱甚深般若波羅蜜多於布施波羅蜜
多不思惟一切相亦不思惟一切所緣如是不
思惟布施波羅蜜多於淨戒安忍精進靜
慮般若波羅蜜多不思惟一切相亦不思惟
一切所緣如是不思惟淨戒乃至般若波羅

BD03202 號　大般若波羅蜜多經卷三五二　（2–1）

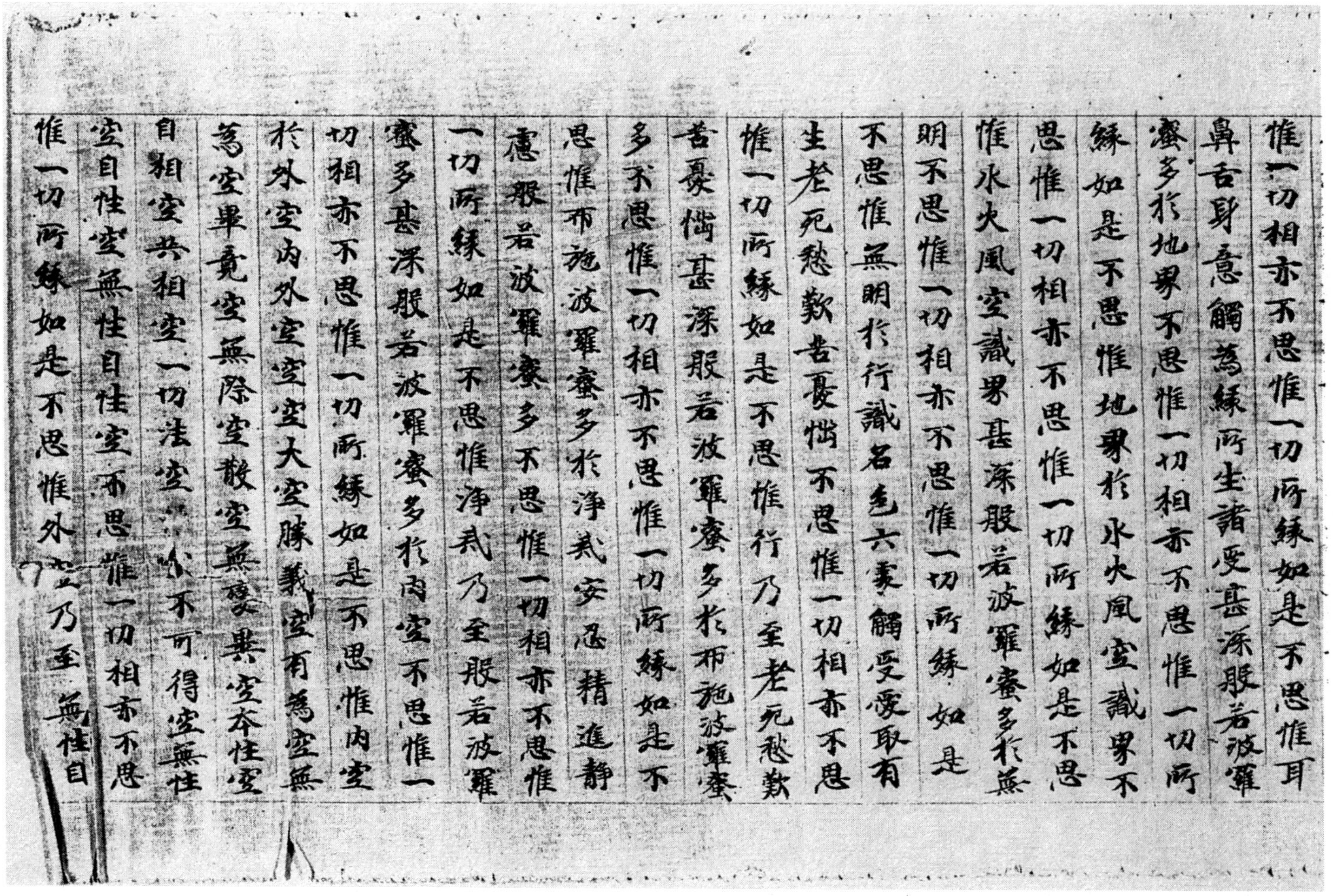

惟一切相亦不思惟一切所緣如是不思惟耳
鼻舌身意觸爲緣所生諸受甚深般若波羅
蜜多於地界不思惟一切相亦不思惟一切所
緣如是不思惟地界於水火風空識界不
思惟一切相亦不思惟一切所緣如是不思
惟水火風空識界甚深般若波羅蜜多於無
明不思惟一切相亦不思惟一切所緣如是
不思惟無明於行識名色六處觸受愛取有
生老死愁歎苦憂惱不思惟一切相亦不思
惟一切所緣如是不思惟行乃至老死愁歎
苦憂惱甚深般若波羅蜜多於布施波羅蜜
多不思惟一切相亦不思惟一切所緣如是不
思惟布施波羅蜜多於淨戒安忍精進靜
慮般若波羅蜜多不思惟一切相亦不思惟
一切所緣如是不思惟淨戒乃至般若波羅
蜜多甚深般若波羅蜜多於內空不思惟一
切相亦不思惟一切所緣如是不思惟內空
於外空內外空空空大空勝義空有爲空無
爲空畢竟空無際空散空無變異空本性空
自相空共相空一切法空不可得空無性
空自性空無性自性空不思惟一切相亦不思
惟一切所緣如是不思惟外空乃至無性自

BD03202 號　大般若波羅蜜多經卷三五二　（2–2）

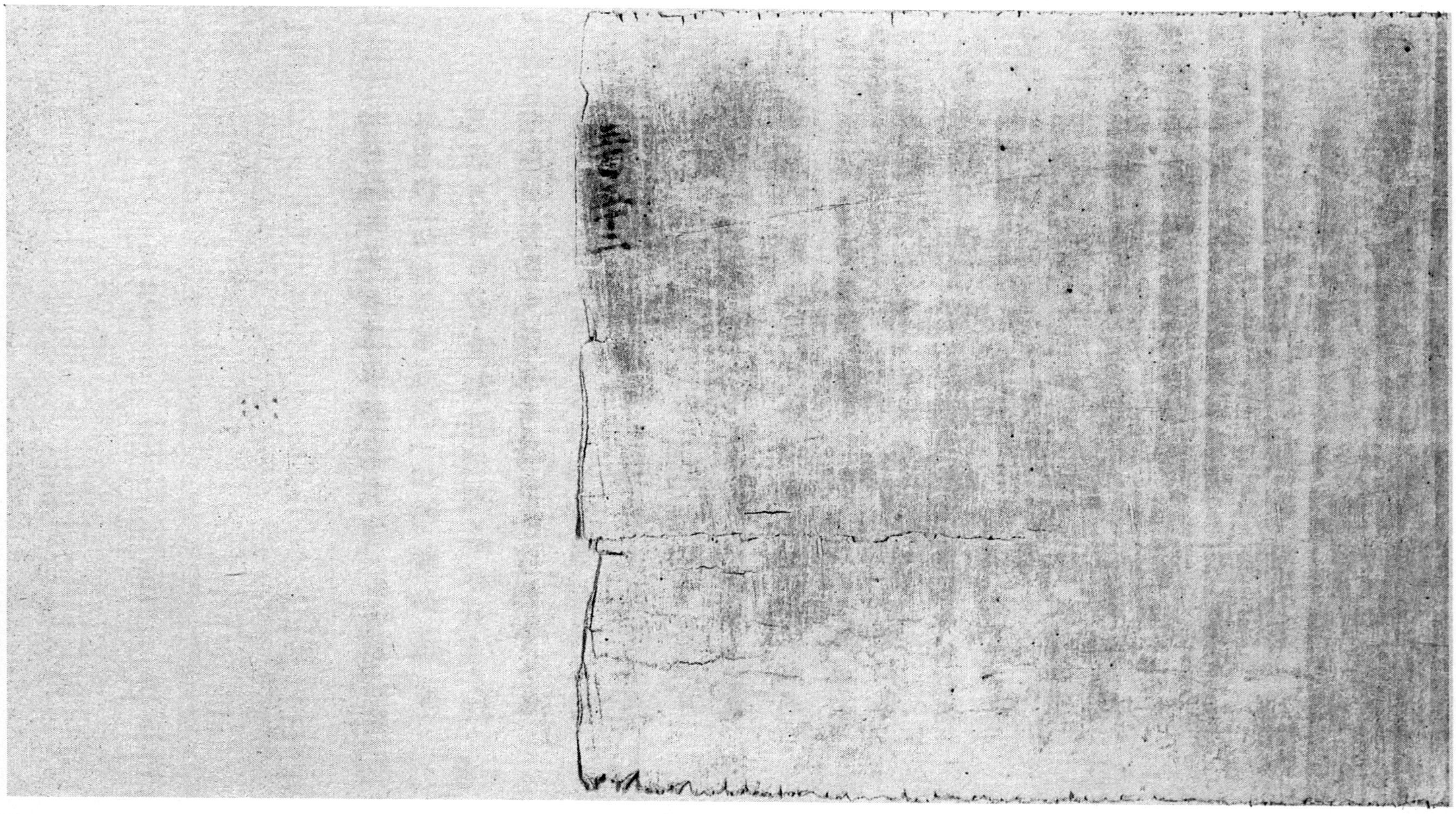

BD03202 號背　勘記　（1–1）

南无[illegible]手胸柔濡䩭身佛
南无闍[illegible]佛
南无勝威德佛
南无波頭摩華身佛　南无[illegible]
南无得願滿足佛　南无得菩提清淨佛
南无得大无畏佛　南无至大佛
南无至大精進究竟佛　南无大境界佛
南无大海佛　南无大[illegible]說佛
南无大藥王佛　南无大功德佛
南无无量香佛　南无无量香[illegible]
南无无量行佛　南无无量功[illegible]
南无寶生佛　南无无邊功德寶作佛
南无法作佛　南无金色作佛
[illegible]佛　南无自在作佛

BD03203號　佛名經（十六卷本）卷二　（40–1）

南无寶生佛　南无无邊功德寶作佛
南无法作佛　南无金色作佛
南无勝作佛　南无自在作佛
南无日作佛　南无光作佛
南无大作佛　南无无畏作佛
南无樂作佛　南无燈作佛
南无賢作佛　南无覺作佛
南无華作佛　南无華勝藏佛
南无俱蘇摩勝藏佛　南无憂波羅勝藏佛
南无波頭摩勝藏佛　南无功德勝藏佛
南无快勝藏佛　南无福德勝藏佛
南无天勝藏佛　南无香勝藏佛
南无大雲藏佛　南无那羅延藏佛
南无如来藏佛　南无功德藏佛
南无根藏佛　南无如意藏佛
南无金剛藏佛　南无德藏佛
南无勢羅藏佛　南无山藏佛
南无波頭摩藏佛　南无俱蘇摩藏佛

BD03203號　佛名經（十六卷本）卷二　（40–2）

南无勢羅藏佛　南无山藏佛
南无波頭摩藏佛　南无俱蘇摩藏佛
從此以上一千佛十二部經一切賢聖
南无香藏佛　南无摩尼藏佛
南无賢藏佛　南无普藏佛
南无月无垢藏佛　南无日藏佛
南无照藏佛　南无光明幢佛
南无月幢佛　南无功德幢佛
南无離世間幢佛　南无華幢佛
南无寶幢佛　南无法幢佛
南无自在幢佛　南无寶幢佛
南无无垢幢佛　南无大幢佛
南无月无垢幢佛　南无普照幢佛
南无称留幢佛　南无讃妙幢佛
南无放光明幢佛　南无善清淨无垢寶幢佛
南无善清淨光明幢佛　南无香光明佛
南无虛空光明佛　南无大光明佛
南无寶光明佛　南无大光明佛

南无善清淨光明幢佛
南无虛空光明佛　南无大光明佛
南无寶光明佛　南无大光明佛
南无日月光明佛　南无月光明佛
南无日月光明佛　南无无垢光明佛
南无火輪光明佛　南无寶照佛
南无寶光明佛　南无勝威德香光明佛
南无積種多威德王勝光明佛
南无虛空清淨金色莊嚴威德光明佛
南无一切法幻奮迅威德光明佛
南无清淨光明佛　南无金光光明佛
南无功德寶光明佛
南无高光明佛　南无放光光明佛
南无俱蘇摩光明佛　南无香光明佛
南无甘露光明佛　南无无邊寶化光明佛
南无水月光明佛　南无寶月光明佛
南无称留光明佛　南无衆集日輪佛
南无雲光明佛　南无脩頭香婆羅光佛
南无无畏光明佛　南无去力光明佛

南无弥留光明佛　南无聚集日輪佛
南无雲光明佛　南无鯀頭香婆羅光佛
南无无畏光明佛　南无法力光明佛
南无无垢光明佛　南无清淨光明佛
南无月光明佛　南无日光明佛
南无樹提光明佛　南无然火光明佛
南无焚燒光明佛　南无羅網光明佛
南无大光明佛　南无稱光明佛
南无普光明佛　南无无邊光明佛
南无色光明佛　南无虛空聲佛
南无妙鼓聲佛　南无師子聲佛
南无雲聲佛　南无天聲佛
南无妙聲佛　南无梵聲佛
南无雲妙鼓聲佛　南无法鼓聲佛
南无法鼓出聲佛　南无聲滿法界聲佛
南无地吼聲佛　南无普遍聲佛
南无師子吼聲佛　南无无量吼聲佛
南无无分別吼聲佛　南无驚怖一切魔輪聲佛

BD03203號　佛名經（十六卷本）卷二　（40–5）

南无地吼聲佛　南无普遍聲佛
南无師子吼聲佛　南无无量吼聲佛
南无无分別吼聲佛　南无驚怖一切魔輪聲佛
南无降伏一切聲佛　南无无障导月慧佛
南无法无垢月佛　南无普照月佛
南无放光明月佛　南无盧舍那月佛
南无解脫月佛　南无稱月佛
南无功德月佛　南无寶月佛
從此以上一千一百佛十二部經一切賢聖
南无滿月佛　南无大佛
南无月輪清淨佛　南无日月佛
南无月慧佛　南无无垢慧佛
南无深慧佛　南无戒慧佛
南无難勝慧佛　南无阿僧祇劫修習慧佛
南无无量樂功德莊嚴聲行慧佛
南无无量功德莊嚴佛　南无離劫佛
南无勝功德王莊嚴威德王劫佛
南无自在滅劫佛　南无弥留劫佛

BD03203號　佛名經（十六卷本）卷二　（40–6）

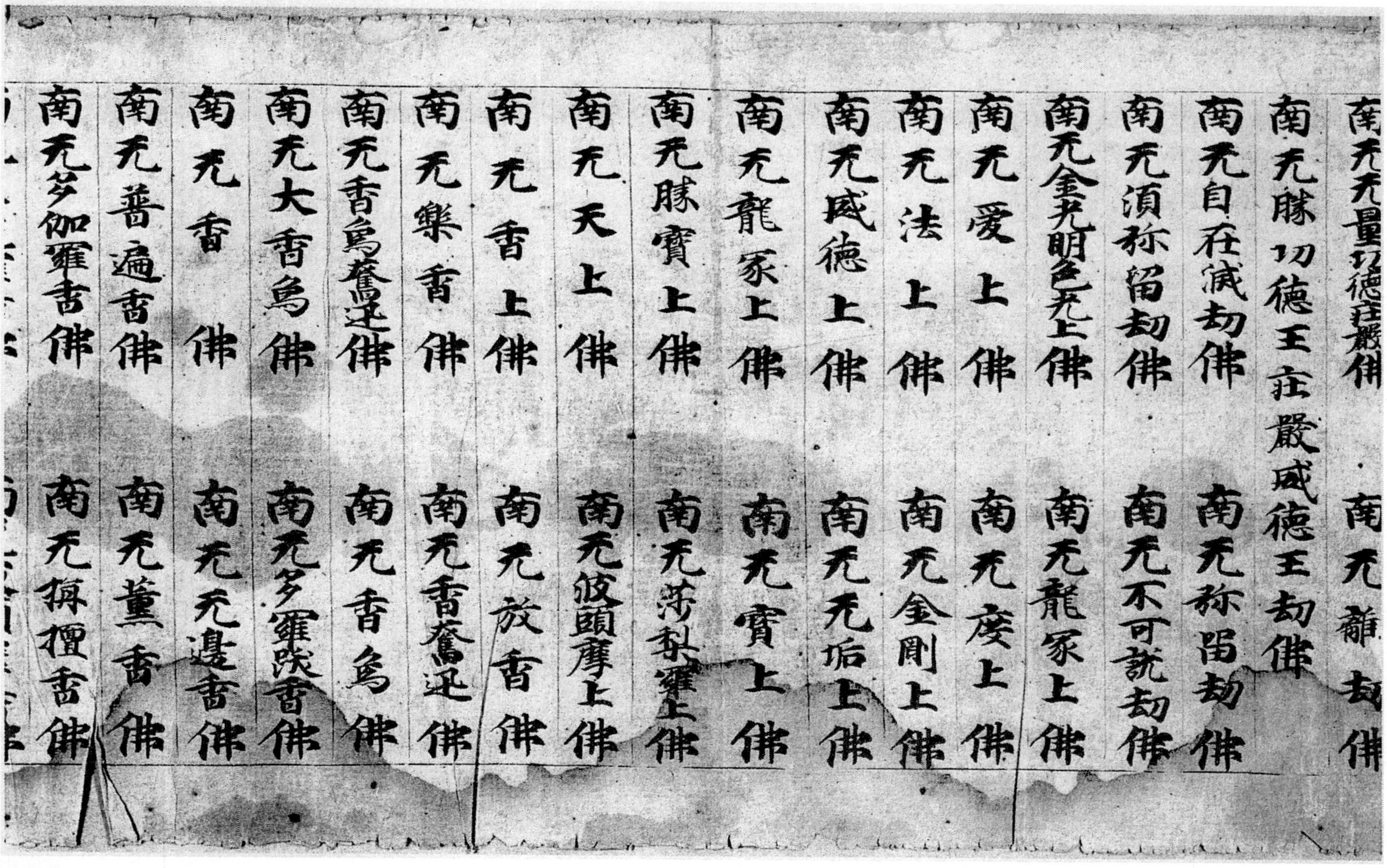

南无无量功德莊嚴佛　南无離□劫佛
南无勝功德王莊嚴威德王劫佛
南无自在滅劫佛　南无弥留劫佛
南无須弥留劫佛　南无不可説劫佛
南无金光明色无上佛　南无龍冢上佛
南无愛上佛　南无度上佛
南无法上佛　南无金剛上佛
南无威德上佛　南无无垢上佛
南无龍冢上佛　南无寶上佛
南无勝寶上佛　南无娑梨羅上佛
南无天上佛　南无波頭摩上佛
南无香上佛　南无放香佛
南无樂香佛　南无香奮迅佛
南无香烏奮迅佛　南无香烏佛
南无大香烏佛　南无多羅跋香佛
南无香佛　南无无邊香佛
南无普遍香佛　南无薰香佛
南无多伽羅香佛　南无栴檀香佛

BD03203號　佛名經（十六卷本）卷二　（40–7）

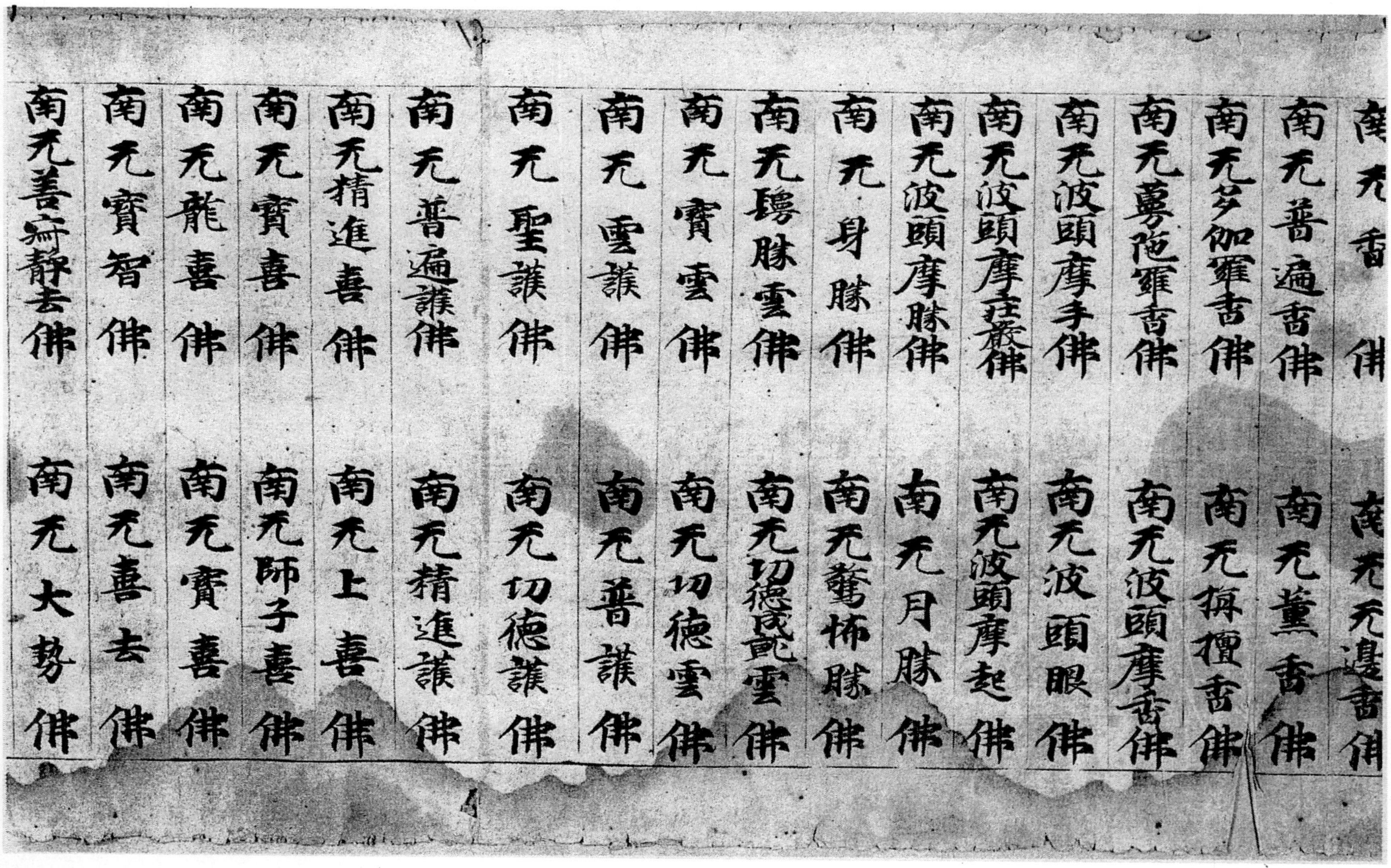

南无香佛　南无无邊香佛
南无普遍香佛　南无薰香佛
南无多伽羅香佛　南无栴檀香佛
南无蔓陁羅香佛　南无波頭摩香佛
南无波頭摩手佛　南无波頭眼佛
南无波頭摩莊嚴佛　南无波頭摩起佛
南无波頭摩勝佛　南无月勝佛
南无身勝佛　南无奮迅勝佛
南无鵄勝雲佛　南无功德成就雲佛
南无寶雲佛　南无功德雲佛
南无雲讃佛　南无普讃佛
南无聖讃佛　南无功德讃佛
南无普遍讃佛　南无精進讃佛
南无精進喜佛　南无上喜佛
南无寶喜佛　南无師子喜佛
南无龍喜佛　南无寶喜佛
南无寶智佛　南无喜去佛
南无善寂靜去佛　南无大勢佛

BD03203號　佛名經（十六卷本）卷二　（40–8）

南无龍喜佛　南无寶喜佛
南无寶智佛　南无喜去佛
南无善寂靜去佛　南无大勢佛
南无甘露勢佛　南无金剛勢佛
南无无垢處勢佛　南无不動處勢佛
南无三界處勢佛　南无三昧處勢佛
南无定處勢佛　南无不動處勢佛
南无高去佛　南无寂滅去佛
南无師子奮迅去佛　南无善步去佛
南无无盡慧佛　南无海慧佛
南无住慧佛　南无勝慧佛
南无滅諸惡慧佛　南无寂靜慧佛
南无行行慧佛　南无蜜慧佛
南无堅慧佛　南无善清淨慧佛
南无大慧佛　南无普慧佛
從此以上一千二百佛十二部經一切賢聖
南无无邊慧佛　南无威德慧佛
南无世慧佛　南无上慧佛
南无妙慧佛　南无大慧佛

BD03203號　佛名經（十六卷本）卷二　（40–9）

南无无邊慧佛　南无威德慧佛
南无世慧佛　南无上慧佛
南无妙慧佛　南无快慧佛
南无无觀慧佛　南无稱意佛
南无廣慧佛　南无脩攝慧佛
南无覺慧佛　南无法慧佛
南无師子慧佛　南无帝慧佛
南无智慧佛　南无寶慧佛
南无金剛慧佛　南无清淨慧佛
南无勝慧佛　南无勝積佛
南无勇猛積佛　南无般若積佛
南无樂說積佛　南无香積佛
南无寶積佛　南无寶髻佛
南无功德髻佛　南无天髻佛
南无龍髻佛　南无大髻佛
南无弥留聚佛　南无大聚佛
南无大聚佛　南无寶聚佛
南无寶手佛　南无柔濡佛

BD03203號　佛名經（十六卷本）卷二　（40–10）

南无荷[illegible]聚佛　南无大聚佛
南无大聚佛　南无寶聚佛
南无寶手佛　南无柔濡佛
南无寶印手佛　南无寶光明奮[illegible]佛
南无寶火遶遶佛　南无寶天佛
南无寶勝佛　南无寶高佛
南无寶堅佛　南无寶彼頭摩佛
南无寶念佛　南无寶力佛
南无寶山佛　南无寶炎佛
南无寶火遶遶佛　南无寶照佛
南无放照佛　南无迭共花佛
南无妙說佛　南无月說佛
南无金剛說佛　南无寶說佛
南无寶杖佛　南无无量寶杖佛
南无无垢杖佛　南无无邊杖佛
南无法杖佛　南无寶蓋佛
南无均寶蓋佛　南无摩尼蓋佛
南无金蓋佛　南无奮迅王佛
[illegible]

BD03203號　佛名經（十六卷本）卷二　（40–11）

南无法杖佛　南无寶蓋佛
南无均寶蓋佛　南无摩尼蓋佛
南无金蓋佛　南无奮迅王佛
南无增上大威德王佛　南无增上勇猛佛
南无勇放佛　南无智放佛
南无然燈佛　南无然燈火佛
南无清淨燈佛　南无功德然燈佛
南无福德然燈佛　南无寶然燈佛
南无火然燈佛　南无无邊然燈佛
南无寶火然燈佛　南无普然燈佛
南无月然燈佛　南无日然燈佛
南无日月然燈佛　南无雲聲然燈佛
南无大海然燈佛　南无忍辱輪然燈佛
南无世然燈佛　南无光明遍十方然燈佛
南无照諸趣然燈佛　南无破諸闇然燈佛
南无一切世間威德然燈佛　南无蘇摩見佛
南无不散佛　南无散花佛
南无不散花佛　南无放光明佛

BD03203號　佛名經（十六卷本）卷二　（40–12）

南无一切世民歡莊嚴佛　南无蘇摩見佛
南无不散佛　南无散華佛
南无不散花佛　南无放光明佛
南无千光明佛　南无六十光明佛
南无觀光明佛　南无无障导光明佛
從此以上一千三百佛十二部經一切賢聖
南无放淨光明佛　南无无邊光明佛
南无波頭摩光明佛　南无福德光明佛
南无智光明佛　南无月光明佛
南无日光明佛　南无无导光明佛
南无奮迅求敬稱佛　南无无比佛
南无功德稱佛　南无寶稱佛
南无无垢稱佛
南无堅德佛　南无无憂德佛
南无勇猛德佛　南无花德佛
南无歡喜德佛　南无龍德佛
南无功德海佛　南无淨德佛
南无淨天佛　南无供養佛

BD03203號　佛名經（十六卷本）卷二　（40–13）

南无淨天佛　南无供養佛
南无淨聲佛　南无淨妙聲佛
南无出淨聲佛　南无普智輪光聲佛
南无大聲佛　南无雲脉聲佛
次礼十二部尊經大藏法輪
南无阿差末經　南无弥勒下生經
南无脩行經　南无无盡意經
南无大雲經　南无廣博嚴淨經
南无所行讃經　南无十住經
南无海龍王經　南无思益經
南无菩薩處胎經　南无禪行經
南无鴦掘魔羅經　南无菩薩本緣經
南无密迹金剛經　南无佛藏經
南无大樹緊那羅經　南无阿毗曇心經
南无大悲分陀利經　南无百喻經
南无大吉義呪經　南无淨度經
南无維摩詰經　南无菩薩本行經
南无寶[illegible]經　南无无明羅刹經

BD03203號　佛名經（十六卷本）卷二　（40–14）

南无大吉義呪經　南无淨度經
南无維摩詰經　南无菩薩本行經
南无寶篋經　南无无明羅刹經
南无集一切福德經　南无金光明經
次礼十方諸大菩薩
南无因陁羅德菩薩　南无海天菩薩
南无㧞陁波羅菩薩　南无藥王菩薩
南无盧舍那菩薩　南无月光菩薩
南无波頭摩勝藏菩薩　南无智山菩薩
南无聖藏菩薩　南无不捨行菩薩
南无不空見菩薩　南无妙聲菩薩
南无妙聲吼菩薩　南无常微笑喜根菩薩
南无波頭摩道勝菩薩　南无廣思菩薩
南无憂波羅眼菩薩　南无可供養菩薩
南无常憶菩薩　南无住一切悲月菩薩
南无斷一切惡法菩薩　南无住一切聲菩薩
南无住一切有菩薩　南无住佛聲菩薩
南无[illegible]白菩薩　南无勇猛德菩薩

BD03203號　佛名經（十六卷本）卷二　（40–15）

南无斷一切惡法菩薩　南无住一切聲菩薩
南无住一切有菩薩　南无住佛聲菩薩
南无无垢菩薩　南无勇猛德菩薩
南无淨菩薩　南无寶勝菩薩
南无羅網光菩薩　南无斷諸蓋菩薩
南无能捨一切事菩薩　南无華莊嚴菩薩
南无月光光明菩薩　南无最勝意菩薩
南无堅意菩薩　南无自在天菩薩
南无勝意菩薩　南无淨意菩薩
從此以上一千四百佛十二部經一切賢聖
南无金剛意菩薩　南无增長意菩薩
南无善住菩薩　南无善導師菩薩
南无波頭摩藏菩薩　南无陁羅尼自在菩薩
南无普行菩薩　南无覺菩提菩薩
歸命如是等十方无量无邊菩薩
南无寶辟支佛　南无不可比辟支佛
南无歡喜辟支佛　南无喜辟支佛
南无道[illegible]辟支佛　南无[illegible]辟支佛

BD03203號　佛名經（十六卷本）卷二　（40–16）

南无寶辟支佛　南无不可比辟支佛
南无歡喜辟支佛　南无喜辟支佛
南无隨喜辟支佛　南无十二婆羅墮辟支佛
南无高名婆羅辟支佛　南无大身辟支佛
南无同菩提辟支佛　南无摩訶男辟支佛
南无心上辟支佛　南无髮淨辟支佛
歸命如是等无量无邊辟支佛
礼三寶已次復懺悔
衆等相與即今我身心寂靜无諍无障正是生善
滅惡之時復應各起四種觀行以爲滅罪作
前方便何等爲四一者觀於因緣二者觀於果報三
者觀我自身四者觀如來身
第一觀因緣者知我此罪藉以无明不善思惟无觀
力不識其過遠離善友諸佛菩薩隨逐魔道行耶
嶮逕如魚吞鉤不知其患如蠶作繭自縈自縛如蛾
赴火自燒自爛以是因緣不能自出
第二觀於果報者所有諸惡不善之業三世流轉苦
果无窮沉溺无邊巨夜大海爲諸煩惱羅剎所食未

BD03203號　佛名經（十六卷本）卷二　（40–17）

赴火自燒自爛以是因緣不能自出
第二觀於果報者所有諸惡不善之業三世流轉苦
果无窮沉溺无邊巨夜大海爲諸煩惱羅剎所食未
來生死冥然无崖設使報得轉輪聖王王四天下飛行
自在七寶具足命終之後不免惡趣四空果報三界尊
極福盡還作牛領中虫況復其餘无福德者而復解怠
不勤懺悔此亦譬如抱石沉淵求出良難
第三觀我自身雖有正因靈覺之性而爲煩惱黑暗
叢林之所覆蔽无了因力不能得顯我今應當發起
勝心破裂无明顛倒重障斷滅生死虛僞苦因顯發如
來大明覺慧建立无上涅槃妙果
第四觀如來身无爲寂照離四句絶百非衆德具足湛
然常住雖復方便入於滅度慈悲救接未曾暫捨生
如是心可謂滅罪之良津除障之要行是故弟子今
日至誠歸依佛
東方勝藏珠光佛　南方寶積示現佛
西方法界智燈佛　南无北方最勝降伏佛
東南方龍自在王佛　西南方轉一切生死佛

BD03203號　佛名經（十六卷本）卷二　（40–18）

東南方龍自在王佛　西南方轉一切生死佛
西北方無邊智自在佛　東北方無邊功德月佛
下方海智神通佛　上方一切勝王佛
如是十方盡虛空界一切三寶
弟子等無始以來至於今日長養煩惱日深日
厚日滋日茂覆蓋慧眼令無所見斷除眾善不
得相續起障不得見佛不聞正法不值聖僧煩惱起
障不見過去未來一切善惡業行之煩惱障受人
天尊貴之煩惱障生色無色界禪定福樂之煩
惱障不得自在神通飛騰隱顯遍至十方諸佛淨
土聽法之煩惱障學安那般那數息不淨觀諸煩
惱障學慈悲喜捨因緣煩惱障學七方便三觀義
煩惱障學四念處煖頂忍煩惱障學聞思修第一
法煩惱障學空平等中道解煩惱障學八正道示
相之煩惱障學七交不示相煩惱障學於道品因
緣觀煩惱障學八解脫九空之煩惱障學於十智三
三昧煩惱障學三明六通四無碍煩惱障學六度四等
煩惱障學四攝法廣化之煩惱障學大乘心四弘誓願

BD03203號　佛名經（十六卷本）卷二　（40–19）

緣觀煩惱障學八解脫九空之煩惱障學於十智三
三昧煩惱障學三明六通四無碍煩惱障學六度四等
煩惱障學四攝法廣化之煩惱障學大乘心四弘誓願
煩惱障學十明十行之煩惱障學十迴向十願之煩惱
障初地二地三地四地明解之煩惱障五地七地諸知見
煩惱障學八地九地十地雙照之煩惱障如是乃至障
學佛果百万阿僧祇諸行上煩惱如是行障無量無
邊弟子今日至到稽顙向十方佛尊法聖眾慚愧
懺悔願皆消滅
願藉此懺悔於諸行一切煩惱願弟子在在處處與自
受生不為結業之所迴轉以如意通於一食頃遍至十
方淨諸佛土攝化眾生於諸禪定甚深境界及諸
知見通達無碍心能善同一切諸法樂說無窮而不
染著得心自在得法自在智慧自在方便自在令此
煩惱及無知結習畢竟永斷不復相續無漏聖道
朗然如日　作礼一拜
南无安隱聲佛　南无樂聲佛
南无妙鼓聲佛　南无天聲佛

BD03203號　佛名經（十六卷本）卷二　（40–20）

明然如日 作礼一拜

南无安隱聲佛 南无樂聲佛
南无妙鼓聲佛 南无天聲佛
南无月聲佛 南无日聲佛
南无師子聲佛 南无波頭摩聲佛
南无福德聲佛 南无金剛聲佛
南无自在聲佛 南无慧聲佛
南无妙聲佛 南无選擇佛
南无甘露聲佛 南无淨幢佛
南无金剛幢佛 南无法幢佛
南无住持法佛 南无衆法佛
南无護法佛 南无曇无竭佛
南无法奮迅佛 南无法界華佛
南无護法眼佛 南无然法庭燎佛
南无法自在佛 南无人自在佛
南无世自在佛 南无觀世自在佛
南无无量自在佛 南无意住持佛
南无地住持佛 南无尼弥持佛

BD03203號 佛名經（十六卷本）卷二 （40–21）

南无世自在佛 南无觀世自在佛
南无无量自在佛 南无意住持佛
南无地住持佛 南无尼弥持佛
南无住持佛 南无切德性住持佛
南无勝色佛 南无轉菸起佛
南无一切觀形示佛 南无一切无厭足行佛
南无發成就佛 南无善護佛
南无善思惟佛 南无善喜佛
南无善處佛 南无普禪佛
南无甘露切德佛 南无善眼佛
南无師子化佛 南无佛眼佛
南无合聚佛 南无疾智勇佛
南无善住佛 南无實行佛
南无師子手佛 南无海滿佛
南无善思惟佛 南无稱王佛
南无住慈佛 南无善夜摩佛
南无善行佛 南无善切德佛
南无善色佛 南无善識佛

BD03203號 佛名經（十六卷本）卷二 （40–22）

南无善行佛　南无善功德佛
南无善色佛　南无善識佛
南无善心佛　南无善光佛
從此以上一千五百佛十二部經一切賢聖
南无師子月佛　南无不可勝佛
南无不可勝无畏佛　南无无量佛
南无速与佛　南无不動心佛
南无應稱佛　南无應不怯稱聲佛
南无不厭足藏佛　南无不盡佛
南无不可動佛　南无名无畏佛
南无名自在護世間佛　南无名龍自在聲佛
南无名法行廣慧佛　南无名妙勝自在相通稱佛
南无名法界莊嚴佛　南无名大乘莊嚴佛
南无名獮靜王佛　南无解脫行佛
南无大海彌留起王佛　南无合聚那羅延王佛
南无散壞堅魔輪佛　南无精進根寶王佛
南无佛法波頭摩佛　南无得佛眼示現利佛
南无隨前覺佛　南无平等作佛

BD03203號　佛名經（十六卷本）卷二　（40–23）

南无佛法波頭摩佛　南无得佛眼示現利佛
南无隨前覺佛　南无平等作佛
南无名初發心念遠離一切驚怖无煩惱
起一切德佛　南无教化菩薩佛
南无金剛堅奮迅佛　南无名寶像光明堅奮迅佛
南无破壞魔輪佛　南无初發心成就不退勝輪佛
南无寶蓋起无畏光明佛　南无初發心念斷疑斷煩惱佛
南无名光明破闇起王昧王佛
善男子善女人若有得聞是諸佛名者永離業
障不墮惡道若无眼者誦念得眼
南无十千同名星宿佛　南无一切同名星宿佛
南无三十千同名釋迦牟尼佛
南无一切同名釋迦牟尼佛
南无二億同名拘隣佛
南无一切同名拘隣佛
南无十八億同名實法決定佛
南无一切同名實法決定佛

BD03203號　佛名經（十六卷本）卷二　（40–24）

南无十八億同名寶法决定佛
南无一切同名寶法决定佛
南无十八億同名日月燈佛
南无一切同名日月燈佛
南无千五百同名大威德佛
南无一切同名大威德佛
南无千五百同名日佛
南无一切同名日佛
南无四万四千同名面佛
南无万千同名堅固自在佛
南无一切同名堅固佛
南无万八千同名普護佛
南无一切同名普護佛
南无千八百同名舍摩他佛
南无一切同名舍摩他佛
劫名善眼彼劫中有七十二那由他如来成佛我
悉歸命彼諸如来
劫名善見彼劫中有七十二億如来成佛我悉歸

BD03203號　佛名經（十六卷本）卷二　（40–25）

劫名善眼彼劫中有七十二那由他如来成佛我
悉歸命彼諸如来
劫名善見彼劫中有七十二億如来成佛我悉歸
命彼諸如来
劫名淨讃嘆彼劫中有一万八千如来成佛我悉
歸命彼諸如来
劫名善行彼劫中有三万二千如来成佛我悉歸
命彼諸如来
劫名莊嚴彼劫中有八万四千如来成佛我悉歸
命彼諸如来
南无現在十方世界不捨命說諸法佛所謂安
樂世界中祢陁佛爲上首
南无樂世界中阿閦佛如来爲上首
南无袈裟幢世界中碎金剛佛爲上首
南无不退輪吼世界中清淨光波頭摩花身如
来爲上首
南无无垢世界中法幢如来爲上首
南无善燈世界中師子如来爲上首

BD03203號　佛名經（十六卷本）卷二　（40–26）

稱爲上首
南无无垢世界中法幢如來爲上首
南无善燈世界中師子如來爲上首
南无善住世界中盧舍那藏爲上首
南无難過世界中功德花身如來爲上首
南无莊嚴慧世界中一切通光明佛爲上首
南无鏡輪光明世界中月智慧佛爲上首
南无花勝世界中波頭摩勝如來爲上首
南无波頭摩勝世界賢勝如來爲上首
南无不瞬世界中普賢如來爲上首
南无普賢世界中自在王如來爲上首
南无不可勝世界中成就一切義如來爲上首
南无娑婆世界中釋迦牟尼佛爲上首
南无善説佛爲上首　南无自在幢王佛
南无任火光佛　南无无畏觀佛
如是等上首諸佛我以身口意業遍滿十方一時
礼拜讚歎供養彼諸如來所
深境界不可量境界不可思議境界无量境界

BD03203號　佛名經（十六卷本）卷二

（40–27）

礼拜讚歎供養彼諸如來所
深境界不可量境界不可思議境界无量境界
等我悉以身口意業遍滿十方礼拜讚歎供養彼佛
世界中不退菩薩僧不退聲聞僧我悉以身口意
業遍滿十方頭面礼足讚歎供養
南无降伏魔人自在佛　南无降伏貪自在佛
南无降伏瞋自在佛　南无降伏癡自在佛
南无降伏怨自在佛　南无降伏見自在佛
南无得神通自在稱佛　南无得勝業自在稱佛
南无起放自在稱佛　南无起清淨戒自在稱佛
南无起忍辱人自在稱佛　南无起精進人自在稱佛
從此以上二千六百佛十二部經一切賢聖
南无起禪那人自在稱佛　南无福德清淨光自在佛
南无起陁羅尼自在稱佛　南无高勝佛
南无光明勝佛　南无大勝佛
南无散香上佛　南无多寶勝佛
南无月上勝佛　南无賢上勝佛
南无摩上勝佛　南无无量上勝佛

BD03203號　佛名經（十六卷本）卷二

（40–28）

南无散香上佛　南无多寶勝佛
南无月上勝佛　南无賢上勝佛
南无摩上勝佛　南无无量上勝佛
南无波頭摩上勝佛　南无三昧手上勝佛
南无善說名稱佛　南无大海深勝佛
南无阿僧祇精進住勝佛　南无樂說一切法莊嚴勝佛
南无寶輪威德上勝佛　南无日輪上光明勝佛
南无无量慚愧金色上勝佛
南无功德海琉璃金山金色光明勝佛
南无寶花普照勝佛　南无起无邊功德佛
南无起多羅王勝佛　南无樹王吼勝佛
南无法海潮勝佛　南无智清淨功德勝佛
南无衆劫火勝佛　南无不可思議光照勝佛
南无寶月光明勝佛　南无寶賢幢勝佛
南无成就義勝佛　南无寶成就勝佛
南无寶集勝佛　南无奮迅勝佛
南无不空勝佛　南无聞勝佛
南无海勝佛　南无住持勝佛
南无[illegible]勝佛　南无[illegible]勝佛

BD03203號　佛名經（十六卷本）卷二　（40–29）

南无寶集勝佛　南无奮迅勝佛
南无不空勝佛　南无聞勝佛
南无海勝佛　南无住持勝佛
南无善行勝佛　南无龍勝佛
南无波頭摩勝佛　南无福德勝佛
南无智勝佛　南无妙勝佛
南无賢勝佛　南无勝賢勝佛
南无栴檀勝佛　南无勝栴檀勝佛
南无无量光明佛　南无幢勝佛
南无勝幢勝佛　南无无憂勝佛
南无離一切憂勝佛　南无寶杖如來佛
南无善寶杖佛　南无拘蘇摩勝佛
南无花勝佛　南无三昧奮迅勝佛
南无樹提勝佛　南无火勝佛
南无廣功德勝佛　南无衆勝佛
南无清淨光世界有佛号寶積清淨增長勝上王佛
南无普光世界普花无畏王如來
南无普蓋世界名均寶莊嚴如來彼如授名羅因

BD03203號　佛名經（十六卷本）卷二　（40–30）

南无清淨光世界有佛号寶積清淨增長勝上王佛
南无普光世界普花无畏王如來
南无普蓋世界名均寶莊嚴如來彼如授名羅肉
光菩薩阿耨多羅三藐三菩提記
南无一寶蓋世界名无量寶境界如來彼如來授名不
空奮迅境界菩薩阿耨多羅三藐三菩提記
南无相威德王世界名无量聲如來彼如來授名即發
心轉法輪菩薩阿耨多羅三藐三菩提記
南无名稱世界須弥留聚集如來彼如來授名光明
輪勝威德菩薩阿耨多羅三藐三菩提記
南无善住世界名虛空寂如來彼如來授名月光菩薩
阿耨多羅三藐三菩提記
南无地輪世界稱力王如來彼如來授名智稱菩薩阿
耨多羅三藐三菩提記
南无月起光世界放光明如來彼如來授名光明輪菩
薩阿耨多羅三藐三菩提記
南无衆流憧世界名離衆流如來彼如來授名无
量寶莊菩薩阿耨多羅三藐三菩提記

BD03203號　佛名經（十六卷本）卷二　（40–31）

薩阿耨多羅三藐三菩提記
南无衆流憧世界名離衆流如來彼如來授名无
量寶莊菩薩阿耨多羅三藐三菩提記
南无波頭摩花世界種種花勝成就如來彼如來
授名无量精進菩薩阿耨多羅三藐三菩提記
南无一蓋世界名遠離諸怖毛竪如來彼如來授名羅
因光明菩薩阿耨多羅三藐三菩提記
南无種種憧世界名須弥留聚如來彼如來授名大勝
菩薩阿耨多羅三藐三菩提記
南无普光世界名无障㝵眼如來彼如來授名智勝菩
薩阿耨多羅三藐三菩提記
南无賢世界名栴檀屋如來彼如來授名智功德憧菩
薩阿耨多羅三藐三菩提記
南无賢慧世界名合聚如來彼如來授名妙智菩薩
阿耨多羅三藐三菩提記
南无寶首世界名羅因光明如來彼如來授名智功
德菩薩阿耨多羅三藐三菩提記
南无安樂首世界名寶蓮華勝如來彼如來授名波

BD03203號　佛名經（十六卷本）卷二　（40–32）

南无寶首世界名羅网光明如来彼如来授名智切
德菩薩阿耨多羅三藐三菩提記
南无安樂首世界名寶蓮華勝如来彼如来授名波
頭摩勝切德菩薩阿耨多羅三藐三菩提記
南无稱世界名智花寶光明勝如来彼如来授名第一
莊嚴菩薩阿耨多羅三藐三菩提記
南无賢辟世界名起賢光明如来彼如来授名寶光
明菩薩阿耨多羅三藐三菩提記
南无无畏世界名滅散一佈畏如来彼如来授名无畏
菩薩阿耨多羅三藐三菩提記
南无弥留幢世界名弥留厚如来彼如来授名合聚菩
薩阿耨多羅三藐三菩提記
南无遠離一切憂惱障㝵世界名无畏王如来彼如来
授名聲菩薩阿耨多羅三藐三菩提記
南无法世界名作法如来彼如来授名智作菩薩阿耨
多羅三藐三菩提記
南无善住世界名百一十光明如来彼如来授名勝光明
菩薩阿耨多羅三藐三菩提記

BD03203號　佛名經（十六卷本）卷二　（40–33）

多羅三藐三菩提記
南无善住世界名百一十光明如来彼如来授名勝光明
菩薩阿耨多羅三藐三菩提記
南无共光明世界名千上光明如来彼如来授名普光
明菩薩阿耨多羅三藐三菩提記
南无多伽羅世界名智光明如来彼如来授名善眼菩
薩阿耨多羅三藐三菩提記
南无香世界名寶勝光明如来彼如来授名无量光
明菩薩阿耨多羅三藐三菩提記
次礼十二部尊經大藏法輪
南无首楞嚴經　南无菩薩夢經
南无菩薩神通變化經　南无法界體性經
南无密藏經　南无般法經
從此以上一千七百佛十二部經一切賢聖
南无起日月經　南无中本起經
南无无量壽經　南无百論經
南无寶梁經　南无善王皇帝經
南无發菩提心經　南无決罪福經

BD03203號　佛名經（十六卷本）卷二　（40–34）

南无无量壽經　南无百論經
南无寶梁經　南无善王皇帝經
南无發菩提心經　南无決罪福經
南无大乘方便經　南无法句經
南无蜜蜂王經　南无虛空藏經
南无辟支佛緣經　南无淨業障經
南无溫室洗浴經　南无太子讚經
南无眹經　南无光瑞經
南无法句辟經　南无衆要阿毗曇經
南无三受經　南无三乘无當經
摠礼十方諸大菩薩
南无妙光菩薩　南无无邊光菩薩
南无无量明菩薩　南无勇力菩薩
南无善賢菩薩　南无勇智菩薩
南无度難菩薩　南无濟神菩薩
南无開化菩薩　南无淨智菩薩
南无无邊光菩薩　南无金剛慧菩薩
南无寶首菩薩　南无調慧菩薩

BD03203號　佛名經（十六卷本）卷二　（40–35）

南无開化菩薩　南无淨智菩薩
南无无邊光菩薩　南无金剛慧菩薩
南无寶首菩薩　南无調慧菩薩
南无法藏菩薩　南无龍樹菩薩
南无淨藏菩薩　南无淨眼菩薩
南无大勢志菩薩　南无童真菩薩
南无成道菩薩　南无度難菩薩
南无弥陁羅菩薩　復次應稱辟支佛名
南无見人飛騰辟支佛　南无可彼羅辟支佛
南无秦摩利辟支佛　南无月淨辟支佛
南无善智辟支佛　南无脩陁羅娑辟支佛
南无善法辟支佛　南无應求辟支佛
南无賢求辟支佛　南无大勢辟支佛
南无脩行不著辟支佛　南无難捨辟支佛
歸命如是等无量无邊辟支佛
礼三寶已次復懺悔
弟子等略懺煩惱障竟今當次第懺悔業障夫
業能莊飾世趣在在處處是以思惟求離世解脫

BD03203號　佛名經（十六卷本）卷二　（40–36）

弟子等略懺煩惱障竟今當次第懺悔業障夫
業能莊飾世趣在在處處是以思惟求離世解脫
所以六道果報種種不同形類各異當知皆是業力
所作所以佛十力中業力甚深凡夫之人多於此中好
起疑惑何以故尒現見世間行善之人觸向轗軻為
惡之者是事諧偶謂言天下善惡无分如此計者
皆是不能深達業理何以故尒經中說言有三種業
何等為三一者現報二者生報三者後報現報業者
現在作善作惡現身受報生報業者此生作善作
惡未來生受報後報業者或是過去无量生中作
善作惡或於此生中受或在未來无量生中方受
其報向者行惡之人現在見好此是過去生報善業
熟故所以現在有此樂果豈關現在作諸惡業而得
好報行善之人現在見苦者是過去生中生報後報
惡業熟故現在善根力弱不能排遣是故得此苦
報豈關現在作善而招惡報何以知然現世世間為
善之者為人所讚歎人所尊重故知未來必招樂果
過去既有如此惡業所以諸佛菩薩教令親近善友

BD03203號　佛名經（十六卷本）卷二　（40-37）

善之者為人所讚歎人所尊重故知未來必招樂果
過去既有如此惡業所以諸佛菩薩教令親近善友
共行懺悔善知識者於得中則為含利是故弟子等
今日至誠歸依佛
南无東方无量離垢佛　南无南方樹根花王佛
南无西方蓮華自在佛　南无北方金剛能破佛
南无東南方迷檀義勝佛　南无西南方金海自在王佛
南无西北方无邊法自在王佛　南无東北方无导香象王佛
南无下方无导慧幢佛　南无上方甘露上王佛
如是十方盡虛空界一切三寶弟子等无始以來至於
今日積惡如恒沙造罪滿天地捨身與受身不覺亦不
知或作五逆深厚濁纏无間罪業或造一闡提斷善根
業輕誣佛語謗方等業破戒三寶毀正法業不信罪福
起十惡業迷真反正癡或之業不孝二親反戾之業
輕慢師長无礼敬業朋友不信不義之業或作四重六
重八重障聖道業毀犯五戒破八齋業五篇七聚
多缺犯業優婆塞戒輕垢業或菩薩戒不能清淨
如說行業前後方便汙梵行業月无六齋懈怠之業

BD03203號　佛名經（十六卷本）卷二　（40-38）

輕慢師長无礼教業朋友不信不義之業或作四重六
重八重障聖道業毀犯五戒破八齋業五篇七聚
多缺犯業優婆塞戒輕垢業或菩薩戒不能清淨
如說行業前後方便汙梵行業月无六齋懈怠之業
年三長齋不常脩業三千威儀不如法業八万律儀
微細罪業不脩身戒心慧之業春秋八王造眾罪業
行十六種惡律儀業於苦眾生无慈傷業不矜不念
无矜愍不拔不濟无救護業心懷嫉妬忌无度彼業於怨
親境不平等業耽荒五欲不厭離業因衣食園林池
沼生蕩逸業或以盛年放恣情欲造眾罪業或善有
漏迴向三有障出世業如是等无量无邊今日發露
向十方佛尊法聖眾皆悉懺悔
願弟子等承是懺悔无間等罪諸業所生福善願
生生世世滅五逆罪除闡提惑如是輕重諸罪從今
以去乃至道場誓不更犯恒習出世清淨善法精
持律行守護威儀如渡海者愛惜浮囊六度四等常
檦行首戒品定慧品轉得增明速成如來卅二相八十
種好十力无畏大悲三念常樂妙智八自在我 作礼拜

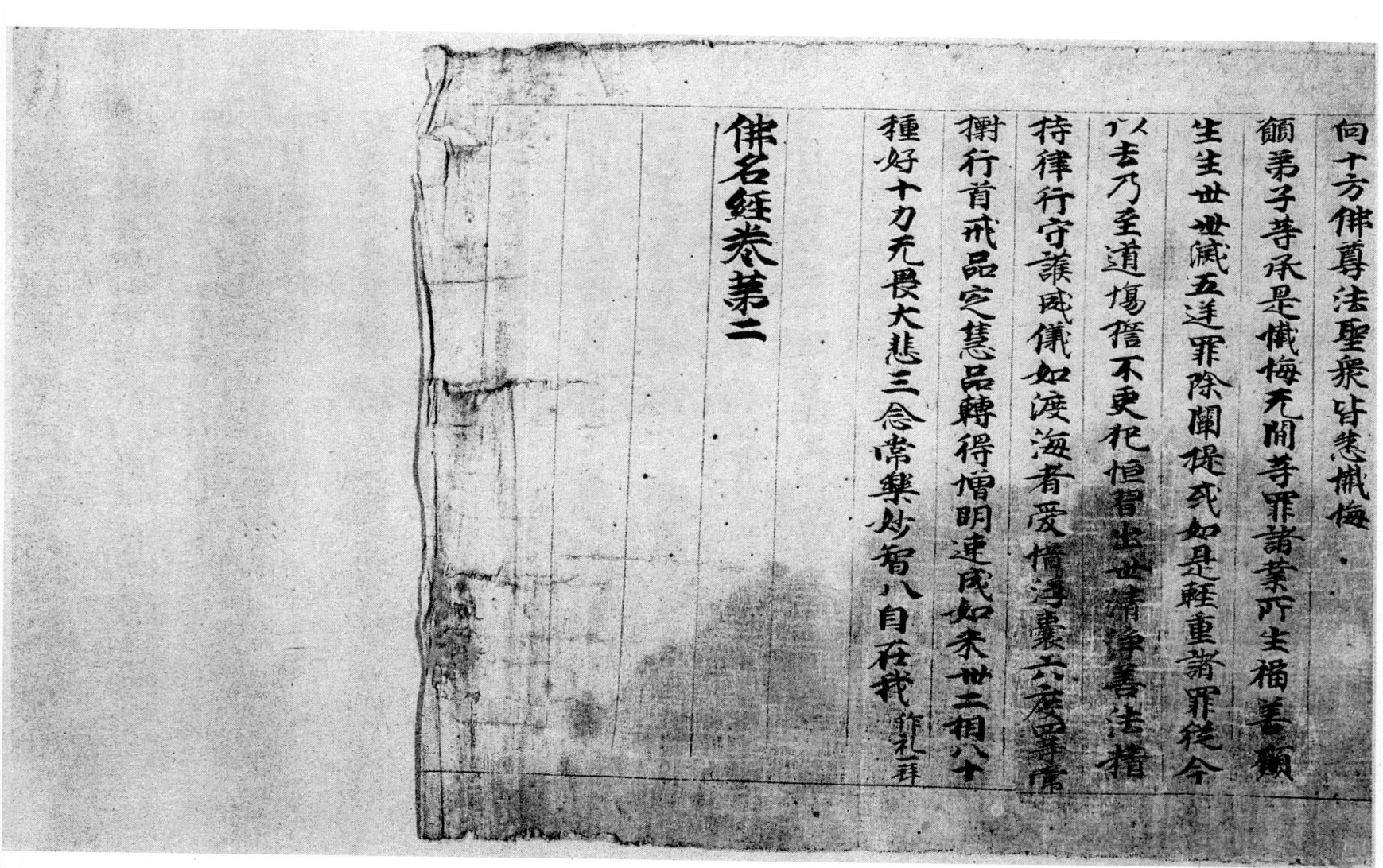

BD03203號　佛名經（十六卷本）卷二　（40-39）

向十方佛尊法聖眾皆悉懺悔
願弟子等承是懺悔无間等罪諸業所生福善願
生生世世滅五逆罪除闡提惑如是輕重諸罪從今
以去乃至道場誓不更犯恒習出世清淨善法精
持律行守護威儀如渡海者愛惜浮囊六度四等常
檦行首戒品定慧品轉得增明速成如來卅二相八十
種好十力无畏大悲三念常樂妙智八自在我 作礼拜

佛名經卷第二

BD03203號　佛名經（十六卷本）卷二　（40-40）

卉草
得三明
是中藥草
之　是上藥草
悲　自知作佛
神通　轉不退輪
是菩薩　名為大樹
道…生性　所受不同
各異　佛以此喻　方便開示
辭演說一法　於佛智慧　如海一渧
雨法雨　充滿世間　一味之法　隨力脩行
如彼叢林　藥草諸樹　隨其大小　漸增茂好
諸佛之法　常以一味　令諸世間　普得具足
漸次脩行　皆得道果　聲聞緣覺　處於山林
住最後身　聞法得果　是名藥草　各得增長
若諸菩薩　智慧堅固　了達三界　求最上乘
是名小樹　而得增長　復有住禪　得神通力
聞諸法空　心大歡喜　放無數光　度諸衆生
是名大樹　而得增長　如是迦葉　佛所說法
譬如大雲　以一味雨　潤於人華　各得成實

BD03204號　妙法蓮華經卷三　（20–1）

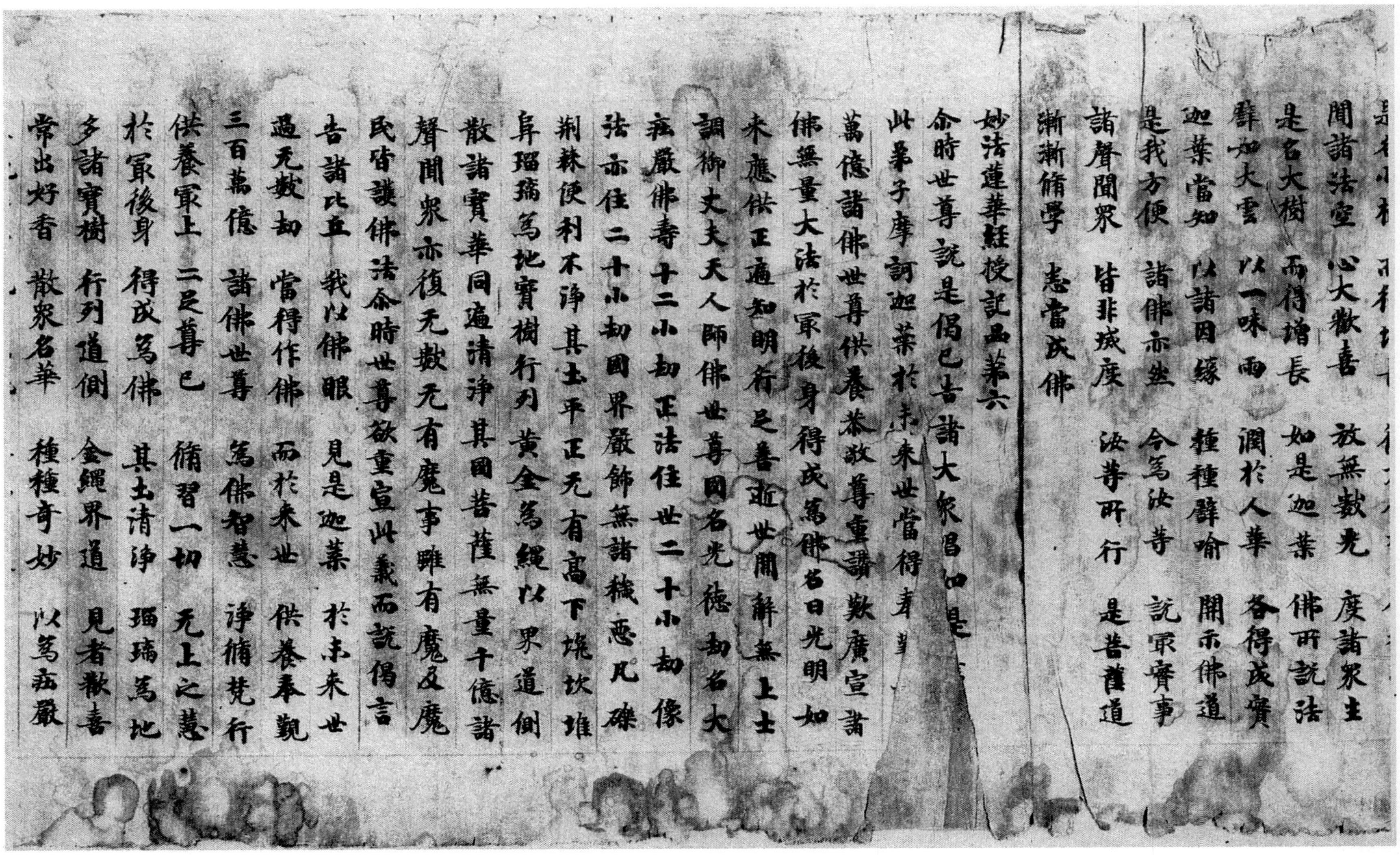

是名小…　而得…
聞諸法空　心大歡喜　放無數光　度諸衆生
是名大樹　而得增長　如是迦葉　佛所說法
譬如大雲　以一味雨　潤於人華　各得成實
迦葉當知　以諸因緣　種種譬喻　開示佛道
是我方便　諸佛亦然　今為汝等　說最實事
諸聲聞衆　皆非滅度　汝等所行　是菩薩道
漸漸脩學　悉當成佛

妙法蓮華經授記品第六

尒時世尊說是偈已告諸大衆唱如是
此弟子摩訶迦葉於未來世當得奉
萬億諸佛世尊供養恭敬尊重讚歎廣宣諸
佛無量大法於最後身得成為佛名曰光明如
來應供正遍知明行足善逝世間解無上士
調御丈夫天人師佛世尊國名光德劫名大
莊嚴佛壽十二小劫正法住世二十小劫像
法亦住二十小劫國界嚴飾無諸穢惡瓦礫
荊棘便利不淨其土平正無有高下坑坎堆
阜琉璃為地寶樹行列黃金為繩以界道側
散諸寶華周遍清淨其國菩薩無量千億諸
聲聞衆亦復無數無有魔事雖有魔及魔
民皆護佛法尒時世尊欲重宣此義而說偈言
告諸比丘　我以佛眼　見是迦葉　於未來世
過無數劫　當得作佛　而於來世　供養奉覲
三百萬億　諸佛世尊　為佛智慧　淨脩梵行
供養最上　二足尊已　脩習一切　無上之慧
於最後身　得成為佛　其土清淨　琉璃為地
多諸寶樹　行列道側　金繩界道　見者歡喜
常出好香　散衆名華　種種奇妙　以為莊嚴

BD03204號　妙法蓮華經卷三　（20–2）

供養最上　二足尊已　修習一切　无上之慧
於冣後身　得成爲佛　其土清淨　瑠璃爲地
多諸寶樹　行列道側　金繩界道　見者歡喜
常出好香　散衆名華　種種奇妙　以爲莊嚴
其地平正　无有丘坑　諸菩薩衆　不可稱計
其心調柔　逮大神通　奉持諸佛　大乘經典
諸聲聞衆　无漏後身　法王之子　亦不可計
乃以天眼　不能數知　其佛當壽　十二小劫
正法住世　二十小劫　像法亦住　二十小劫
光明世尊　其事如是
尒時大目揵連須菩提摩訶迦旃延等皆悉
悚慄一心合掌瞻仰尊顔目不暫捨即共同
聲而說偈言
大雄猛世尊　諸釋之法王　哀愍我等故　而賜佛音聲
若知我深心　見爲授記者　如以甘露灑　除熱得清涼
如從飢國來　忽遇大王饍　心猶懷疑懼　未敢即便食
若復得王教　然後乃敢食　我等亦如是　每惟小乘過
不知當云何　得佛无上慧　雖聞佛音聲　言我等作佛
心尚懷憂懼　如未敢便食　若蒙佛授記　尒乃快安樂
大雄猛世尊　常欲安世間　願賜我等記　如飢須教食
尒時世尊知諸大弟子心之所念告諸比丘
是須菩提於當來世奉覲三百萬億那由他
佛供養恭敬尊重讚歎常脩梵行具菩薩道
於冣後身得成爲佛号曰名相如來應供正
遍知明行足善逝世間解无上士調御丈夫
天人師佛世尊劫名有寶國名寶生其土平
正頗梨爲地寶樹莊嚴无諸丘坑沙礫荊棘
便利之穢寶華覆地周遍清淨其土人民皆
處寶臺珎妙樓閣聲聞弟子无量无邊筭數

天人師佛世尊劫名有寶國名寶生其土平
正頗梨爲地寶樹莊嚴无諸丘坑沙礫荊棘
便利之穢寶華覆地周遍清淨其土人民皆
處寶臺珎妙樓閣聲聞弟子无量无邊筭數
辟喻所不能知諸菩薩衆无數千萬億那由
他佛壽十二小劫正法住世二十小劫像法亦
住二十小劫其佛常處虛空爲衆說法度
脫无量菩薩及聲聞衆尒時世尊欲重宣
此義而說偈言
諸比丘衆　今告汝等　皆當一心　聽我所說
我大弟子　須菩提者　當得作佛　号曰名相
當供无數　萬億諸佛　隨佛所行　漸具大道
冣後身得　三十二相　端正姝妙　猶如寶山
其佛國土　嚴淨第一　衆生見者　无不愛樂
佛於其中　度无量衆　其佛法中　多諸菩薩
皆悉利根　轉不退輪　彼國常以　菩薩莊嚴
諸聲聞衆　不可稱數　皆得三明　具六神通
住八解脫　有大威德　其佛說法　現於无量
神通變化　不可思議　諸天人民　數如恒沙
皆共合掌　聽受佛語　其佛當壽　十二小劫
正法住世　二十小劫　像法亦住　二十小劫
尒時世尊復告諸比丘衆我今語汝是大迦
旃延於當來世以諸供具供養奉事八千億
佛恭敬尊重諸佛滅後各起塔廟高千由旬
縱廣正等五百由旬以金銀瑠璃車𤦲馬瑙
真珠玫瑰七寶合成衆華瓔珞塗香抹香燒
香繒蓋幢旛供養塔廟過是已後當復供養
二萬億佛亦復如是供養是諸佛已具菩薩

佛恭敬尊重諸佛滅後各起塔廟高千由旬
縱廣正等五百由旬以金銀瑠璃車渠馬瑙
真珠玫瑰七寶合成衆華瓔珞塗香抹香燒
香繒蓋幢幡供養塔廟過是已後當復供養
二萬億佛亦復如是供養是諸佛已具菩薩
道當得作佛号曰閻浮那提金光如來應供
正遍知明行足善逝世間解无上士調御丈
夫天人師佛世尊其土平正頗梨為地寶樹
莊嚴黃金為繩以界道側妙華覆地周遍清
淨見者歡喜无四惡道地獄餓鬼畜生阿脩
羅道多有天人諸聲聞衆及諸菩薩無量萬
億莊嚴其國佛壽十二小劫正法住世二十
小劫像法亦住二十小劫尒時世尊欲重宣此
義而說偈言
諸比丘衆　皆一心聽　如我所說　真實无異
是迦旃延　當以種種　妙好供具　供養諸佛
諸佛滅後　起七寶塔　亦以華香　供養舍利
其最後身　得佛智慧　成等正覺　國土清淨
度脫无量　萬億衆生　皆為十方　之所供養
佛之光明　无能勝者　其佛号曰　閻浮金光
菩薩聲聞　斷一切有　无量无數　莊嚴其國
尒時世尊復告大衆我今語汝是大目揵連
當以種種供具供養八千諸佛恭敬尊重諸
佛滅後各起塔廟高千由旬縱廣正等五百
由旬以金銀瑠璃車渠馬瑙真珠玫瑰七寶
合成衆華瓔珞塗香抹香燒香繒蓋幢幡以
用供養過是已後當復供養二百萬億諸佛
亦復如是當得成佛号曰多摩羅跋栴檀香
如來應供正遍知明行足善逝世間解无上士

BD03204號　妙法蓮華經卷三　（20–5）

由旬以金銀瑠璃車渠馬瑙真珠玫瑰七寶
合成衆華瓔珞塗香抹香燒香繒蓋幢幡以
用供養過是已後當復供養二百萬億諸佛
亦復如是當得成佛号曰多摩羅跋栴檀香
如來應供正遍知明行足善逝世間解无上士
調御丈夫天人師佛世尊劫名喜滿國名意
樂其土平正頗梨為地寶樹莊嚴散真珠
華周遍清淨見者歡喜多諸天人菩薩聲
聞其數无量佛壽二十四小劫正法住世四十
小劫像法亦住四十小劫尒時世尊欲重宣
此義而說偈言
我此弟子　大目揵連　捨是身已　得見八千
二百萬億　諸佛世尊　為佛道故　供養恭敬
於諸佛所　常脩梵行　於无量劫　奉持佛法
諸佛滅後　起七寶塔　長表金刹　華香伎樂
而以供養　諸佛塔廟　漸漸具足　菩薩道已
於意樂國　而得作佛　号多摩羅　栴檀之香
其佛壽命　二十四劫　常為天人　演說佛道
聲聞無量　如恒河沙　三明六通　有大威德
菩薩无數　志固精進　於佛智慧　皆不退轉
佛滅度後　正法當住　四十小劫　像法亦尒
我諸弟子　威德具足　其數五百　皆當授記
於未來世　咸得成佛
我及汝等　宿世因緣　吾今當說　汝等善聽
妙法蓮華經化城喻品第七
佛告諸比丘乃往過去无量无邊不可思議
阿僧祇劫尒時有佛名大通智勝如來應供
正遍知明行足善逝世間解无上士調御丈
夫天人師佛世尊其國名好成劫名大相

BD03204號　妙法蓮華經卷三　（20–6）

佛告諸比丘乃往過去无量无邊不可思議
阿僧祇劫爾時有佛名大通智勝如來應供
正遍知明行足善逝世間解无上士調御丈
夫天人師佛世尊其國名好成劫名大相諸
比丘彼佛滅度已來甚大久遠譬如三千大
千世界所有地種假使有人磨以為墨過於
東方千國土乃下一點大如微塵又過千國
土復下一點如是展轉盡地種墨於汝等意
云何是諸國土若算師若算師弟子能得邊
際知其數不不也世尊諸比丘是人所經國
土若點不點盡末為塵一塵一劫彼佛滅度
已來復過是數无量无邊百千萬億阿僧祇
劫我以如來知力故觀彼久遠猶若今日爾
時世尊欲重宣此義而說偈言

我念過去世　无量无邊劫　有佛兩足尊　名大通智勝
如人以力磨　三千大千土　盡此諸地種　皆悉以為墨
過於千國土　乃下一塵點　如是展轉點　盡此諸塵墨
如是諸國土　點與不點等　復盡抹為塵　一塵為一劫
此諸微塵數　其劫復過是　彼佛滅度來　如是無量劫
如來无礙智　知彼佛滅度　及聲聞菩薩　如見今滅度
諸比丘當知　佛智淨微妙　無漏无所礙　通達无量劫

佛告諸比丘大通智勝佛壽五百四十萬億那由
他劫其佛本坐道場破魔軍已垂得阿耨多
羅三藐三菩提而諸佛法不現在前如是一
小劫乃至十小劫結跏趺坐身心不動而諸佛
法猶不在前爾時忉利諸天先為彼佛於
菩提樹下敷師子座高一由旬佛於此坐當
得阿耨多羅三藐三菩提適坐此座時諸梵
天王雨衆天華面百由旬香風時來吹去萎

菩提樹下敷師子座高一由旬佛於此坐當
得阿耨多羅三藐三菩提適坐此座時諸梵
天王雨衆天華面百由旬香風時來吹去萎
華更雨新者如是不絕滿十小劫供養於佛
乃至滅度常雨此華四王諸天為供養佛
常擊天鼓其餘諸天作天伎樂滿十小劫
至于滅度亦復如是諸比丘大通智勝佛過
十小劫諸佛之法乃現在前成阿耨多羅三藐
三菩提其佛未出家時有十六子其第一者
名曰智積諸子各有種種珍異玩好之具聞父
得成阿耨多羅三藐三菩提皆捨所珍往詣
佛所諸母涕泣而隨送之其祖轉輪聖王與
一百大臣及餘百千萬億人民皆共圍繞隨
至道場咸欲親近大通智勝如來供養恭
敬尊重讚歎到已頭面礼足繞佛畢已一心合
掌瞻仰世尊以偈頌曰

大威德世尊　為度衆生故　於無量億歲　爾乃得成佛
諸願已具足　善哉吉无上　世尊甚希有　一坐十小劫
身體及手足　靜然安不動　其心常憺怕　未曾有散亂
究竟永寂滅　安住无漏法　今者見世尊　安隱成佛道
我等得善利　稱慶大歡喜　衆生常苦惱　盲瞑无導師
不識苦盡道　不知求解脫　長夜增惡趣　減損諸天衆
從瞑入於瞑　永不聞佛名　今佛得最上　安隱无漏道
我等及天人　為得最大利　是故咸稽首　歸命无上尊

爾時十六王子偈讚佛已勸請世尊轉於法輪咸
作是言世尊說法多所安隱憐愍饒益諸天
人民重說偈言

世雄无等倫　百福自莊嚴　得无上智慧　願為世間說
度脫於我等　及諸衆生類　為分別顯示　令得是智慧

人民重說偈言
世雄无等倫　百福自莊嚴　得无上智慧　願爲世間說
度脫於我等　及諸衆生類　爲分別顯示　令得是智慧
若我等得佛　衆生亦復然　世尊知衆生　深心之所念
亦知所行道　又知智慧力　欲樂及脩福　宿命所行業
世尊悉知已　當轉无上輪
佛告諸比丘大通智勝佛得阿耨多羅三藐
三菩提時十方各五百萬億諸佛世界六種
震動其國中間幽冥之處日月威光所不能
照而皆大明其中衆生各得相見咸作是言
此中云何忽生衆生又其國界諸天宮殿乃
至梵宮六種震動大光普照遍滿世界勝諸
天光尒時東方五百萬億諸國土中梵天宮殿
光明照曜倍於常明諸梵天王各作是念今
者宮殿光明昔所未有以何因緣而現此相是
時諸梵天王即各相詣共議此事時彼衆中
有一大梵天王名救一切爲諸梵衆而說偈言
我等諸宮殿　光明昔未有　此是何因緣　宜各共求之
爲大德天生　爲佛出世間　而此大光明　遍照於十方
尒時五百萬億國土諸梵天王與宮殿俱各
以衣祴盛諸天華共詣西方推尋是相見大
通智勝如來處于道場菩提樹下坐師子座
諸天龍王乾闥婆緊那羅摩睺羅伽人非人
等恭敬圍遶及見十六王子請佛轉法輪即
時諸梵天王頭面礼佛遶百千帀即以天華
而散佛上其所散華如須弥山并以供養佛
菩提樹其菩提樹高十由旬華供養已各以
宮殿奉上彼佛而作是言唯見哀愍饒益我

BD03204號　妙法蓮華經卷三　（20–9）

而散佛上其所散華如須弥山并以供養佛
菩提樹其菩提樹高十由旬華供養已各以
宮殿奉上彼佛而作是言唯見哀愍饒益我
等所獻宮殿願垂納處時諸梵天王即於佛
前一心同聲以偈頌曰
世尊甚希有　難可得值遇　具无量功德　能救護一切
天人之大師　哀愍於世間　十方諸衆生　普皆蒙饒益
我等所從來　五百萬億國　捨深禪定樂　爲供養佛故
我等先世福　宮殿甚嚴飾　今以奉世尊　唯願哀納受
尒時諸梵天王偈讚佛已各作是言唯願世
尊轉於法輪度脫衆生開涅槃道時諸梵天
王一心同聲而說偈言
世雄兩足尊　唯願演說法　以大慈悲力　度苦惱衆生
尒時大通智勝如來默然許之又諸比丘東
南方五百萬億國土諸大梵王各自見宮殿
光明照曜昔所未有歡喜踊躍生希有心即
各相詣共議此事時彼衆中有一大梵天王
名曰大悲爲諸梵衆而說偈言
是事何因緣　而現如此相　我等諸宮殿　光明昔未有
爲大德天生　爲佛出世間　未曾見此相　當共一心求
過千萬億土　尋光共推之　多是佛出世　度脫苦衆生
尒時五百萬億諸梵天王與宮殿俱各以衣祴
盛諸天華共詣西北方推尋是相見大通智
勝如來處于道場菩提樹下坐師子座諸
天龍王乾闥婆緊那羅摩睺羅伽人非人等
恭敬圍遶及見十六王子請佛轉法輪時諸
梵天王頭面礼佛遶百千帀即以天華而散
佛上所散之華如須弥山并以供養佛菩提

BD03204號　妙法蓮華經卷三　（20–10）

天龍王乾闥婆緊那羅摩睺羅伽人非人等
恭敬圍繞及見十六王子請佛轉法輪時諸
梵天王頭面礼佛繞百千帀即以天華而散
佛上所散之華如須弥山并以供養佛菩提
樹華供養已各以宮殿奉上彼佛而作是言
唯見哀愍饒益我等所獻宮殿願垂納受尒
時諸梵天王即於佛前一心同聲以偈頌曰
聖主天中王　迦陵頻伽聲　哀愍眾生者　我等今敬礼
世尊甚希有　久遠乃一現　一百八十劫　空過无有佛
三惡道充滿　諸天眾減少　今佛出於世　為眾生作眼
世間所歸趣　救護於一切　為眾生之父　哀愍饒益者
我等宿福慶　今得值世尊
尒時諸梵天王偈讚佛已各作是言唯願世
尊哀愍一切轉於法輪度脫眾生時諸梵天
王一心同聲而說偈言
大聖轉法輪　顯示諸法相　度苦惱眾生　令得大歡喜
眾生聞此法　得道若生天　諸惡道減少　忍善者增益
尒時大通智勝如來默然許之又諸比丘南方
五百萬億國土諸大梵王各自見宮殿光明
照曜昔所未有歡喜踊躍生希有心即各相
詣共議此事以何因緣我等宮殿有此光曜
而彼眾中有一大梵天王名曰妙法為諸梵
眾而說偈言
我等諸宮殿　光明甚威曜　此非无因緣　是相宜求之
過於百千劫　未曾見是相　為大德天生　為佛出世間
尒時五百萬億諸梵天王與宮殿俱各以衣
裓盛諸天華共詣北方推尋是相見大通智
勝如來處于道場菩提樹下坐師子座諸天

BD03204號　妙法蓮華經卷三

（20–11）

過於百千劫　未曾見是相　為大德天生　為佛出世間
尒時五百萬億諸梵天王與宮殿俱各以衣
裓盛諸天華共詣北方推尋是相見大通智
勝如來處于道場菩提樹下坐師子座諸天
龍王乾闥婆緊那羅摩睺羅伽人非人等恭
敬圍繞及見十六王子請佛轉法輪時諸梵
天王頭面礼佛遶百千帀即以天華而散佛
上所散之華如須弥山并以供養佛菩提樹
華供養已各以宮殿奉上彼佛而作是言唯
見哀愍饒益我等所獻宮殿願垂納受尒時
諸梵天王即於佛前一心同聲以偈頌曰
世尊甚難見　破諸煩惱者　過百三十劫　今乃得一見
諸飢渴眾生　以法雨充滿　昔所未曾見　无量智慧者
如優曇鉢羅　今日乃值遇　我等諸宮殿　蒙光故嚴飾
世尊大慈愍　唯願垂納受
尒時諸梵天王偈讚佛已各作是言唯願世
尊轉於輪令一切世間諸天魔梵沙門婆羅
皆獲安隱而得度脫時諸梵天王一心同聲
以偈頌曰
唯願天人尊　轉无上法輪　擊于大法鼓　而吹大法螺
普雨大法雨　度无量眾生　我等咸歸請　當演深遠音
尒時大通智勝如來默然許之西南方乃至
下方亦復如是尒時上方五百萬億國土諸大
梵王皆悉自覩所止宮殿光明威曜昔所未
有歡喜踊躍生希有心即各相詣共議此事
以何因緣我等宮殿有斯光明時彼眾中有
一大梵天王名曰尸棄為諸梵眾而說偈言
今以何因緣　我等諸宮殿　威德光明曜　嚴飾未曾有

BD03204號　妙法蓮華經卷三

（20–12）

有歡喜踊躍生希有心即各相詣共議此事
以何因緣我等宮殿有斯光明時彼衆中有
一大梵天王名曰尸棄爲諸梵衆而說偈言
今以何因緣　我等諸宮殿　威德光明曜　嚴飾未曾有
如是之妙相　昔所未聞見　爲大德天王　爲佛出世間
尒時五百萬億諸梵天王與宮殿俱各以衣
裓盛諸天華共詣下方推尋是相見大通智
勝如來處于道場菩提樹下坐師子座諸天
龍王乾闥婆緊那羅摩睺羅伽人非人等恭
敬圍繞及見十六王子請佛轉法輪時諸梵
天王頭面礼佛繞百千帀即以天華而散佛
上所散之華如須弥山并以供養佛菩提樹
華供養已各以宮殿奉上彼佛而作是言唯
見哀愍饒益我等所獻宮殿願垂納處時諸
梵天王即於佛前一心同聲以偈頌曰
善哉見諸佛　救世之聖尊　能於三界獄　勉出諸衆生
普智天人尊　哀愍群萠類　能開甘露門　廣度於一切
於昔无量劫　空過无有佛　世尊未出時　十方常闇瞑
三惡道增長　阿脩羅亦盛　諸天衆轉減　死多墮惡道
不從佛聞法　常行不善事　色力及智慧　斯等皆減少
罪業因緣故　失樂及樂想　住於邪見法　不識善儀則
不蒙佛所化　常墮於惡道　佛爲世間眼　久遠時乃出
哀愍諸衆生　故現於世間　超出成正覺　我等甚欣慶
及餘一切衆　喜歎未曾有　我等諸宮殿　蒙光故嚴飾
今以奉世尊　唯垂哀納受　願以此功德　普及於一切
我等與衆生　皆共成佛道
尒時五百萬億諸梵天王偈讚佛已各白佛言
唯願世尊轉於法輪多所安隱多所度脫
時諸梵天王而說偈言

BD03204號　妙法蓮華經卷三　（20–13）

我等與衆生　皆共成佛道
尒時五百萬億諸梵天王偈讚佛已各白佛言
唯願世尊轉於法輪多所安隱多所度脫
時諸梵天王而說偈言
世尊轉法輪　擊甘露法鼓　度苦惱衆生　開示涅槃道
唯願受我請　以大微妙音　哀愍而敷演　无量劫習法
尒時大通智勝如來受十方諸梵天王及十
六王子請即時三轉十二行法輪若沙門婆羅
門若天魔梵及餘世間所不能轉謂是苦
是苦集是苦滅是苦滅道及廣說十二因緣
法无明緣行行緣識識緣名色名色緣六入六
入緣觸觸緣受受緣愛愛緣取取緣有有緣
生生緣老死憂悲苦惱无明滅則行滅行滅
則識滅識滅則名色滅名色滅則六入滅六入
滅則觸滅觸滅則受滅受滅則愛滅愛滅則
取滅取滅則有滅有滅則生滅生滅則老死
憂悲苦惱滅佛於天人大衆之中說是法
時六百萬億那由他人以不受一切法故而
於諸漏心得解脫皆得深妙禪定三明六通
具八解脫第二第三第四說法時千萬億恒
河沙那由他等衆生亦以不受一切法故而於
諸漏心得解脫從是已後諸聲聞衆无
量无邊不可稱數尒時十六王子皆以童子
出家而爲沙弥諸根通利智慧明了已曾供
養百千萬億諸佛淨脩梵行求阿耨多羅三
藐三菩提俱白佛言世尊是諸无量千萬億
大德聲聞皆已成就世尊亦當爲我等說阿
耨多羅三藐三菩提法我等聞已皆共脩學

BD03204號　妙法蓮華經卷三　（20–14）

耨三菩提俱白佛言世尊是諸无量千萬億
大德聲聞皆已成就世尊亦當為我等說阿
耨多羅三藐三菩提法我等聞已皆共脩學
世尊我等志願如來知見深心所念佛自證
知尒時轉輪聖王所將衆中八萬億人見十
六王子出家亦求出家王即聽許尒時彼佛
受沙弥請過二萬劫已乃於四衆之中說是
大乘經名妙法蓮華教菩薩法佛所護念說
是經已十六沙弥為阿耨多羅三藐三菩提
故皆共受持諷誦通利說是經時十六菩薩
沙弥皆悉信受聲聞衆中亦有信解其餘衆
生千萬億種皆生疑惑佛說是經於八千劫
未曾休廢說此經已即入静室住於禪定八
萬四千劫是時十六菩薩沙弥知佛入室寂
然禪定各昇法座亦於八萬四千劫為四部衆
廣說分別妙法華經一一皆度六百萬億那
由他恒河沙等衆生示教利喜令發阿耨多
羅三藐三菩提心大通智勝佛過八萬四千
劫已從三昧起往詣法座安詳而坐普告大
衆是十六菩薩沙弥甚為希有諸根通利
智慧明了已曾供養无量千萬億數諸佛於
諸佛所常脩梵行受持佛智開示衆生令入
其中汝等皆當數數親近而供養之所以者何
若聲聞辟支佛及諸菩薩能信是十六菩薩
所說經法受持不毀者是人皆當得阿耨多
羅三藐三菩提如來之慧佛告諸比丘是
十六菩薩常樂說是妙法蓮華經一一菩薩
所化六百萬億那由他恒河沙等衆生世世

BD03204號　妙法蓮華經卷三

（20–15）

羅三藐三菩提如來之慧佛告諸比丘是
十六菩薩常樂說是妙法蓮華經一一菩薩
所化六百萬億那由他恒河沙等衆生世世
所生與菩薩俱從其聞法悉皆信解以此因
緣得值四萬億諸佛世尊于今不盡諸比丘
我今語汝彼佛弟子十六沙弥今皆得阿耨
多羅三藐三菩提於十方國土現在說法有
无量百千萬億菩薩聲聞以為眷屬其二沙
弥東方作佛一名阿閦在歡喜國二名須弥
頂東南方二佛一名師子音二名師子相南
方二佛一名虛空住二名常滅西南方二佛
一名帝相二名梵相西方二佛一名阿弥陁
二名度一切世間苦惱西北方二佛一名多
摩羅跋栴檀香神通二名須弥相北方二佛
一名雲自在二名雲自在王東北方佛名壊一
切世間怖畏第十六我釋迦牟尼佛於娑婆
國土成阿耨多羅三藐三菩提諸比丘我等
為沙弥時各各教化无量百千萬億恒河
沙等衆生從我聞法為阿耨多羅三藐三菩
提此諸衆生于今有住聲聞地者我常教化
阿耨多羅三藐三菩提是諸人等應以是法
漸入佛道所以者何如來智慧難信難解尒
時所化无量恒河沙等衆生者汝等諸比丘
及我滅度後未來世中聲聞弟子是也我滅
度後復有弟子不聞是經不知不覺菩薩所
行自於所得功德生滅度想當入涅槃我於
餘國作佛更有異名是人雖生滅度之想入

BD03204號　妙法蓮華經卷三

（20–16）

度後復有弟子不聞是經不知不覺菩薩所
行自於所得功德生滅度想當入涅槃我於
餘國作佛更有異名是人雖生滅度之想入
於涅槃而於彼土求佛智慧得聞是經唯以
佛乘而得滅度更无餘乘除諸如來方便說
法諸比丘若如來自知涅槃時到衆又清淨
信解堅固了達空法深入禪定便集諸菩薩
及聲聞衆爲說是經世間无有二乘而得滅
度唯一佛乘得滅度耳比丘當知如來方便
深入衆生之性知其志樂小法深着五欲爲
是等故說於涅槃是人若聞則便信受譬如
五百由旬險難惡道曠絕无人怖畏之處若
有多衆欲過此道至珍寶處有一導師聰慧
明達善知險道通塞之相將導衆人欲過此
難所將人衆中路懈退白導師言我等疲極
而復怖畏不能復進前路猶遠今欲退還導
師多諸方便而作是念此等可愍云何捨大珍
寶而欲退還作是念已以方便力於險道中
過三百由旬化作一城告衆人言汝等勿怖
莫得退還今此大城可於中止隨意所作
若入是城快得安隱若能前至寶所亦可得
去是時疲極之衆心大歡喜歎未曾有我等
今者免斯惡道快得安隱於是衆人前入化
城生已度想生安隱想爾時導師知此人衆
既得止息无復疲惓即滅化城語衆人言汝
等去來寶處在近向者大城我所化作爲止
息耳諸比丘如來亦復如是今爲汝等作大導
師知諸生死煩惱惡道險難長遠應去應度

BD03204號　妙法蓮華經卷三　（20–17）

既得止息无復疲惓即滅化城語衆人言汝
等去來寶處在近向者大城我所化作爲止
息耳諸比丘如來亦復如是今爲汝等作大導
師知諸生死煩惱惡道險難長遠應去應度
若衆生但聞一佛乘者則不欲見佛不欲親
近便作是念佛道長遠久受懃苦乃可得
成佛知是心怯弱下劣以方便力而於中道
爲止息故說二涅槃若衆生住於二地如來爾
時即便爲說汝等所作未辦汝所住地近於
佛慧當觀察籌量所得涅槃非真實也但是
如來方便之力於一佛乘分別說三如彼導
師爲止息故化作大城既知息已而告之
言寶處在近此城非實我化作耳爾時世尊
欲重宣此義而說偈言

大通智勝佛　十劫坐道場　佛法不現前　不得成佛道
諸天神龍王　阿脩羅衆等　常雨於天華　以供養彼佛
諸天擊天鼓　并作衆伎樂　香風吹萎華　更雨新好者
過十小劫已　乃得成佛道　諸天及世人　心皆懷踊躍
彼佛十六子　皆與其眷屬　千萬億圍遶　俱行至佛所
頭面禮佛足　而請轉法輪　聖師子法雨　充我及一切
世尊甚難值　久遠時一現　爲覺悟群生　震動於一切
東方諸世界　五百萬億國　梵宮殿光曜　昔所未曾有
諸梵見此相　尋來至佛所　散華以供養　并奉上宮殿
請佛轉法輪　以偈而讚歎　佛知時未至　受請默然坐
三方及四維　上下亦復爾　散華奉宮殿　請佛轉法輪
世尊甚難值　願以大慈悲　廣開甘露門　轉無上法輪
无量慧世尊　受彼衆人請　爲宣種種法　四諦十二緣
无明至老死　皆從生緣有　如是衆過患　汝等應當知

BD03204號　妙法蓮華經卷三　（20–18）

三方及四維　上下亦復介　散華奉宮殿　請佛轉法輪
世尊甚難值　願以大慈悲　廣開甘露門　轉无上法輪
无量慧世尊　受彼衆人請　爲宣種種法　四諦十二緣
无明至老死　皆從生緣有　如是衆過患　汝等應當知
宣暢是法時　六百万億姟　得盡諸苦際　皆成阿羅漢
第二說法時　千萬恒沙衆　於諸法不受　亦得阿羅漢
從是後得道　其數无有量　萬億劫筭數　不能得其邊
時十六王子　出家作沙弥　皆共請彼佛　演說大乘法
我等及營從　皆當成佛道　願得如世尊　慧眼第一淨
佛知童子心　宿世之所行　以无量因緣　種種諸譬喻
說六波羅蜜　及諸神通事　分別真實法　菩薩所行道
說是法華經　如恒河沙偈　彼佛說經已　靜室入禪定
一心一處坐　八萬四千劫　是諸沙弥等　知佛禪未出
爲无量億衆　說佛无上慧　各各坐法座　說是大乘經
於佛宴寂後　宣揚助法化　一一沙弥等　所度諸衆生
有六百萬億　恒河沙等衆　彼佛滅度後　是諸聞法者
在在諸佛土　常與師俱生　是十六沙弥　具足行佛道
今現在十方　各得成正覺　尒時聞法者　各在諸佛所
其有住聲聞　漸教以佛道　我在十六數　曾亦爲汝說
是故以方便　引汝趣佛慧　以是本因緣　今說法華經
令汝入佛道　慎勿懷驚懼　譬如險惡道　迥絕多毒獸
又復无水草　人所怖畏處　无數千萬衆　欲過此險道
其路甚曠遠　經五百由旬　時有一導師　強識有智慧
明了心決定　在險濟衆難　衆人皆疲倦　而白導師言
我等今頓乏　於此欲退還　導師作是念　此輩甚可愍
如何欲退還　而失大珍寶　尋時思方便　當設神通力
化作大城郭　莊嚴諸舍宅　周帀有園林　渠流及浴池
重門高樓閣　男女皆充滿　即作是化已　慰衆言勿懼

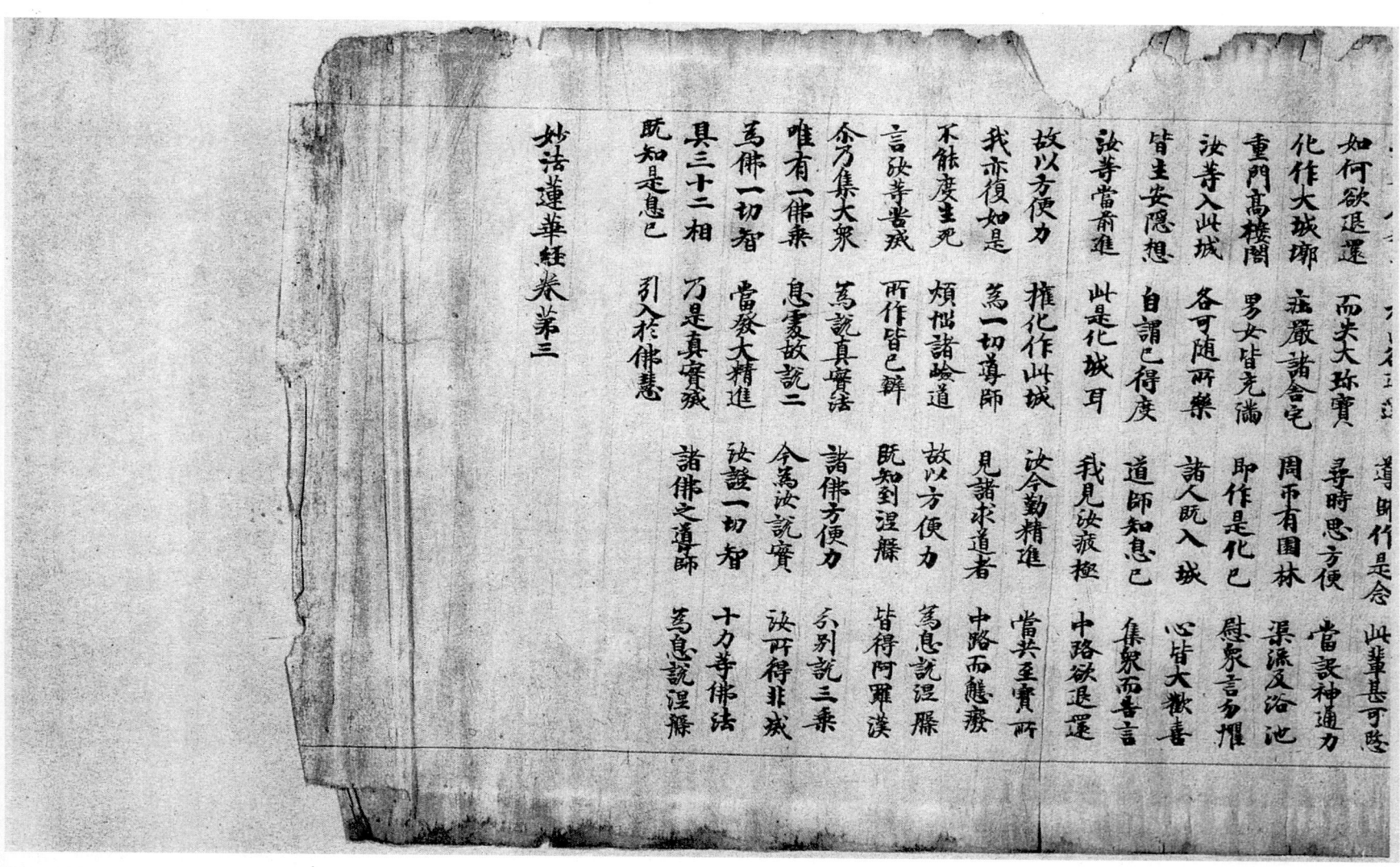

BD03204號　妙法蓮華經卷三

（20–19）

導師作是念　此輩甚可愍
如何欲退還　而失大珍寶　尋時思方便　當設神通力
化作大城郭　莊嚴諸舍宅　周帀有園林　渠流及浴池
重門高樓閣　男女皆充滿　即作是化已　慰衆言勿懼
汝等入此城　各可隨所樂　諸人既入城　心皆大歡喜
皆生安隱想　自謂已得度　導師知息已　集衆而告言
汝等當前進　此是化城耳　我見汝疲極　中路欲退還
故以方便力　權化作此城　汝今勤精進　當共至寶所
我亦復如是　爲一切導師　見諸求道者　中路而懈廢
不能度生死　煩惱諸險道　故以方便力　爲息說涅槃
言汝等苦滅　所作皆已辦　既知到涅槃　皆得阿羅漢
尒乃集大衆　爲說真實法　諸佛方便力　分別說三乘
唯有一佛乘　息處故說二　今爲汝說實　汝所得非滅
爲佛一切智　當發大精進　汝證一切智　十力等佛法
具三十二相　乃是真實滅　諸佛之導師　爲息說涅槃
既知是息已　引入於佛慧

妙法蓮華經卷第三

BD03204號　妙法蓮華經卷三

（20–20）

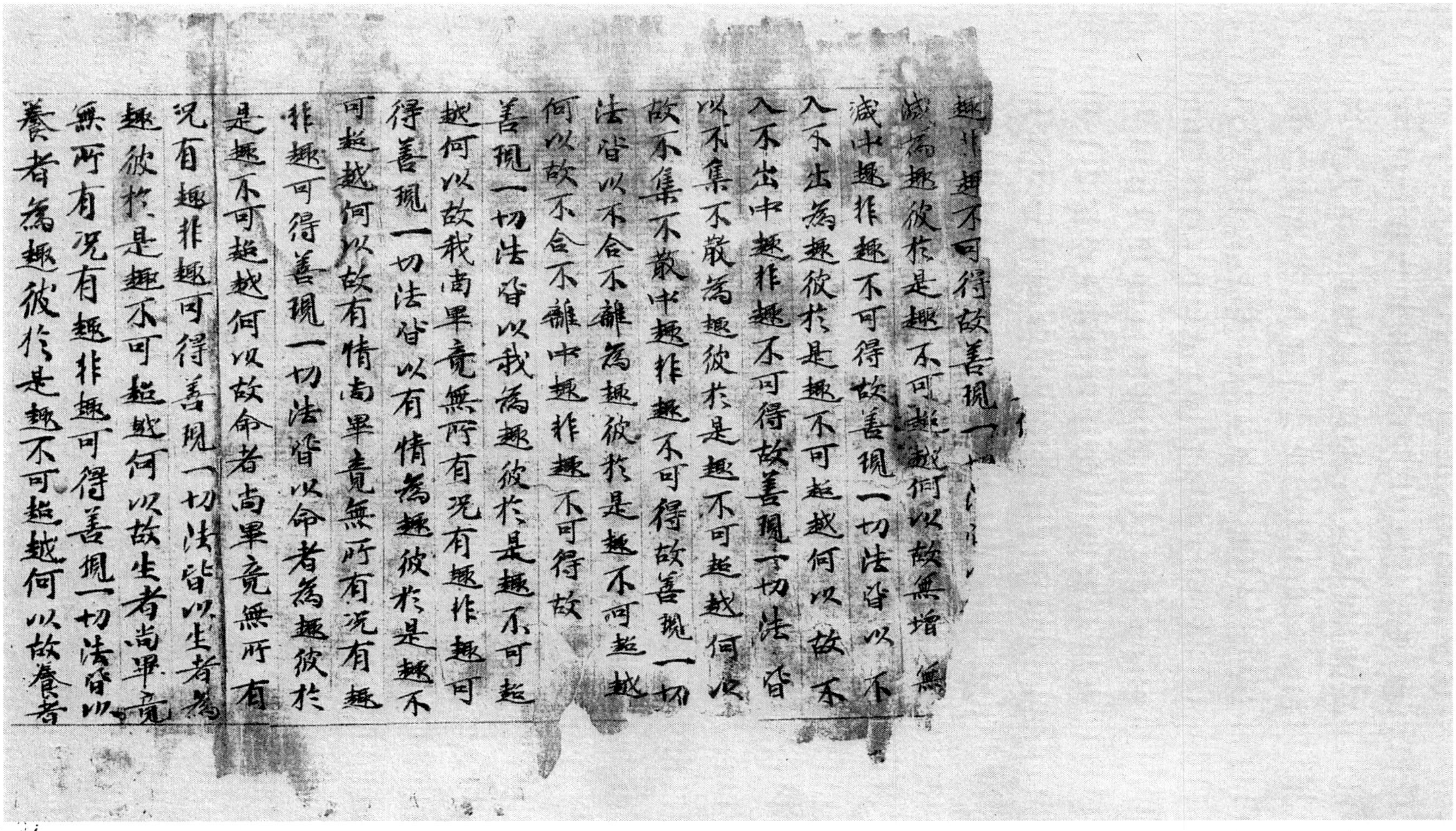

趣非趣不可得故善現一切[illegible]
滅為趣彼於是趣不可超越何以故無增無
減中趣非趣不可得故善現一切法皆以不
入不出為趣彼於是趣不可超越何以故不
入不出中趣非趣不可得故善現一切法皆
以不集不散為趣彼於是趣不可超越何以
故不集不散中趣非趣不可得故善現一切
法皆以不合不離為趣彼於是趣不可超越
何以故不合不離中趣非趣不可得故
善現一切法皆以我為趣彼於是趣不可超
越何以故我尚畢竟無所有況有趣非趣可
得善現一切法皆以有情為趣彼於是趣不
可超越何以故有情尚畢竟無所有況有趣
非趣可得善現一切法皆以命者為趣彼於
是趣不可超越何以故命者尚畢竟無所有
況有趣非趣可得善現一切法皆以生者為
趣彼於是趣不可超越何以故生者尚畢竟
無所有況有趣非趣可得善現一切法皆以
養者為趣彼於是趣不可超越何以故養者

BD03205號　大般若波羅蜜多經卷三一六　（8–1）

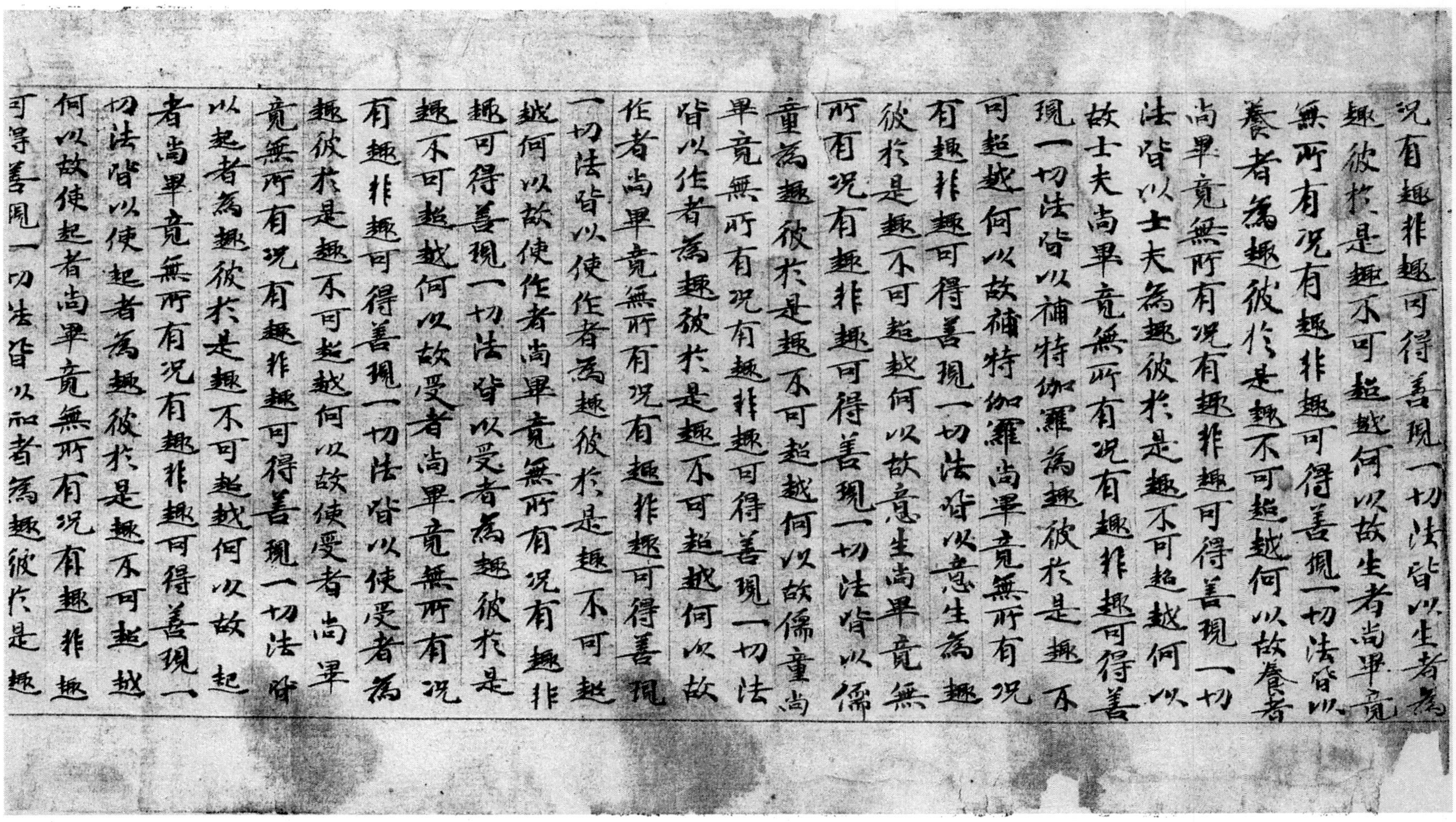

況有趣非趣可得善現一切法皆以生者為
趣彼於是趣不可超越何以故生者尚畢竟
無所有況有趣非趣可得善現一切法皆以
養者為趣彼於是趣不可超越何以故養者
尚畢竟無所有況有趣非趣可得善現一切
法皆以士夫為趣彼於是趣不可超越何以
故士夫尚畢竟無所有況有趣非趣可得善
現一切法皆以補特伽羅為趣彼於是趣不
可超越何以故補特伽羅尚畢竟無所有況
有趣非趣可得善現一切法皆以意生為趣
彼於是趣不可超越何以故意生尚畢竟無
所有況有趣非趣可得善現一切法皆以儒
童為趣彼於是趣不可超越何以故儒童尚
畢竟無所有況有趣非趣可得善現一切法
皆以作者為趣彼於是趣不可超越何以故
作者尚畢竟無所有況有趣非趣可得善現
一切法皆以使作者為趣彼於是趣不可超
越何以故使作者尚畢竟無所有況有趣非
趣可得善現一切法皆以受者為趣彼於是
趣不可超越何以故受者尚畢竟無所有況
有趣非趣可得善現一切法皆以使受者為
趣彼於是趣不可超越何以故使受者尚畢
竟無所有況有趣非趣可得善現一切法皆
以起者為趣彼於是趣不可超越何以故起
者尚畢竟無所有況有趣非趣可得善現一
切法皆以使起者為趣彼於是趣不可超越
何以故使起者尚畢竟無所有況有趣非趣
可得善現一切法皆以知者為趣彼於是趣

BD03205號　大般若波羅蜜多經卷三一六　（8–2）

者尚畢竟無所有況有趣非趣可得善現一
切法皆以使起者為趣彼於是趣不可超越
何以故使起者尚畢竟無所有況有趣非趣
可得善現一切法皆以知者為趣彼於是趣
不可超越何以故知者尚畢竟無所有況有
趣非趣可得善現一切法皆以見者為趣彼
於是趣不可超越何以故見者尚畢竟無所
有況有趣非趣可得善現一切法皆以常為
趣彼於是趣不可超越何以故常尚畢竟無
所有況有趣非趣可得善現一切法皆以樂
為趣彼於是趣不可超越何以故樂尚畢竟
無所有況有趣非趣可得善現一切法皆以
我為趣彼於是趣不可超越何以故我尚畢
竟無所有況有趣非趣可得善現一切法皆
以淨為趣彼於是趣不可超越何以故淨尚
畢竟無所有況有趣非趣可得善現一切法
皆以無常為趣彼於是趣不可超越何以故
無常尚畢竟無所有況有趣非趣可得善現
一切法皆以苦為趣彼於是趣不可超越何
以故苦尚畢竟無所有況有趣非趣可得善
現一切法皆以無我為趣彼於是趣不可超
越何以故無我尚畢竟無所有況有趣非趣
可得善現一切法皆以不淨為趣彼於是趣
不可超越何以故不淨尚畢竟無所有況有
趣非趣可得善現一切法皆以貪事為趣彼
於是趣不可超越何以故貪事尚畢竟無所
有況有趣非趣可得善現一切法皆以瞋事
為趣彼於是趣不可超越何以故瞋事尚畢

BD03205號　大般若波羅蜜多經卷三一六　（8–3）

趣非趣可得善現一切法皆以貪事為趣彼
於是趣不可超越何以故貪事尚畢竟無所
有況有趣非趣可得善現一切法皆以瞋事
為趣彼於是趣不可超越何以故瞋事尚畢
竟無所有況有趣非趣可得善現一切法皆
以癡事為趣彼於是趣不可超越何以故癡
事尚畢竟無所有況有趣非趣可得善現一
切法皆以見所作事為趣彼於是趣不可超
越何以故見所作事尚畢竟無所有況有趣
非趣可得
善現一切法皆以真如為趣彼於是趣不可
超越何以故真如中趣非趣畢竟不可得故
善現一切法皆以法界為趣彼於是趣不可
超越何以故法界中趣非趣畢竟不可得故
善現一切法皆以法性為趣彼於是趣不可
超越何以故法性中趣非趣畢竟不可得故
善現一切法皆以不虛妄性為趣彼於是趣
不可超越何以故不虛妄性中趣非趣畢竟
不可得故善現一切法皆以不變異性為趣
彼於是趣不可超越何以故不變異性中趣
非趣畢竟不可得故善現一切法皆以平等
性為趣彼於是趣不可超越何以故平等性
中趣非趣畢竟不可得故善現一切法皆以
離生性為趣彼於是趣不可超越何以故離
生性中趣非趣畢竟不可得故善現一切法
皆以法定為趣彼於是趣不可超越何以故
法定中趣非趣畢竟不可得故善現一切法

BD03205號　大般若波羅蜜多經卷三一六　（8–4）

離生性為趣彼於是趣不可超越何以故離
生性中趣非趣畢竟不可得故善現一切法
皆以法定為趣彼於是趣不可超越何以故
法定中趣非趣畢竟不可得故善現一切法
皆以法住為趣彼於是趣不可超越何以故
法住中趣非趣畢竟不可得故善現一切法
皆以實際為趣彼於是趣不可超越何以故
實際中趣非趣畢竟不可得故善現一切法
皆以虛空界為趣彼於是趣不可超越何以
故虛空界中趣非趣畢竟不可得故善現一
切法皆以不思議界為趣彼於是趣不可超
越何以故不思議界中趣非趣畢竟不可得
故善現一切法皆以不動為趣彼於是趣不
可超越何以故不動中趣非趣畢竟不可得
故
善現一切法皆以色為趣彼於是趣不可超
越何以故色尚畢竟不可得況有趣非趣善
現一切法皆以受想行識為趣彼於是趣不
可超越何以故受想行識尚畢竟不可得況
有趣非趣善現一切法皆以眼處為趣彼於
是趣不可超越何以故眼處尚畢竟不可得
況有趣非趣善現一切法皆以耳鼻舌身意
處為趣彼於是趣不可超越何以故耳鼻舌
身意處尚畢竟不可得況有趣非趣善現一
切法皆以色處為趣彼於是趣不可超越何
以故色處尚畢竟不可得況有趣非趣善現
一切法皆以聲香味觸法處為趣彼於是趣
不可超越何以故聲香味觸法處尚畢竟不

BD03205號　大般若波羅蜜多經卷三一六　（8–5）

身意處尚畢竟不可得況有趣非趣善現一
切法皆以色處為趣彼於是趣不可超越何
以故色處尚畢竟不可得況有趣非趣善現
一切法皆以聲香味觸法處為趣彼於是趣
不可超越何以故聲香味觸法處尚畢竟不
可得況有趣非趣善現一切法皆以眼界為
趣彼於是趣不可超越何以故眼界尚畢竟
不可得況有趣非趣善現一切法皆以耳鼻
舌身意界為趣彼於是趣不可超越何以故
耳鼻舌身意界尚畢竟不可得況有趣非趣
善現一切法皆以色界為趣彼於是趣不可
超越何以故色界尚畢竟不可得況有趣非
趣善現一切法皆以聲香味觸法界為趣彼
於是趣不可超越何以故聲香味觸法界尚
畢竟不可得況有趣非趣善現一切法皆以
眼識界為趣彼於是趣不可超越何以故眼
識界尚畢竟不可得況有趣非趣善現一切
法皆以耳鼻舌身意識界為趣彼於是趣不
可超越何以故耳鼻舌身意識界尚畢竟不
可得況有趣非趣善現一切法皆以眼觸為
趣彼於是趣不可超越何以故眼觸尚畢竟
不可得況有趣非趣善現一切法皆以耳鼻
舌身意觸為趣彼於是趣不可超越何以故
耳鼻舌身意觸尚畢竟不可得況有趣非趣
善現一切法皆以眼觸為緣所生諸受為趣
彼於是趣不可超越何以故眼觸為緣所生
諸受尚畢竟不可得況有趣非趣善現一切
法皆以耳鼻舌身意觸為緣所生諸受為趣

BD03205號　大般若波羅蜜多經卷三一六　（8–6）

彼於是趣不可超越何以故眼觸為緣所生
諸受尚畢竟不可得況有趣非趣善現一切
法皆以耳鼻舌身意觸為緣所生諸受為趣
彼於是趣不可超越何以故耳鼻舌身意觸
為緣所生諸受尚畢竟不可得況有趣非趣
善現一切法皆以地界為趣彼於是趣不可
超越何以故地界尚畢竟不可得況有趣非
趣善現一切法皆以水火風空識界為趣彼
於是趣不可超越何以故水火風空識界尚
畢竟不可得況有趣非趣善現一切法皆以
無明為趣彼於是趣不可超越何以故無明
尚畢竟不可得況有趣非趣善現一切法皆
以行識名色六處觸受愛取有生老死為趣
彼於是趣不可超越何以故行乃至老死尚
畢竟不可得況有趣非趣善現一切法皆以
布施波羅蜜多為趣彼於是趣不可超越何
以故布施波羅蜜多尚畢竟不可得況有趣
非趣善現一切法皆以淨戒波羅蜜多為趣
彼於是趣不可超越何以故淨戒波羅蜜多
尚畢竟不可得況有趣非趣善現一切法皆
以安忍波羅蜜多為趣彼於是趣不可超越
何以故安忍波羅蜜多尚畢竟不可得況有
趣非趣善現一切法皆以精進波羅蜜多為
趣彼於是趣不可超越何以故精進波羅蜜
多尚畢竟不可得況有趣非趣善現一切法
皆以靜慮波羅蜜多為趣彼於是趣不可超
越何以故靜慮波羅蜜多尚畢竟不可得況

BD03205 號　大般若波羅蜜多經卷三一六　　（8–7）

多尚畢竟不可得況有趣非趣善現一切法
皆以靜慮波羅蜜多為趣彼於是趣不可超
越何以故靜慮波羅蜜多尚畢竟不可得況
有趣非趣善現一切法皆以般若波羅蜜多
為趣彼於是趣不可超越何以故般若波羅
蜜多尚畢竟不可得況有趣非趣
善現一切法皆以內空為趣彼於是趣不可
超越何以故內空尚畢竟不可得況有趣非
趣善現一切法皆以外空為趣彼於是趣不
可超越何以故外空尚畢竟不可得況有趣
非趣善現一切法皆以內外空為趣彼於是
趣不可超越何以故內外空尚畢竟不可得
況有趣非趣善現一切法皆以空空為趣彼
於是趣不可超越何以故空空尚畢竟不可
得況有趣非趣善現一切法皆以大空為趣
彼於是趣不可超越何以故大空尚畢竟不
可得況有趣非趣善現一切法皆以勝義空
為趣彼於是趣不可超越何以故勝義空尚
畢竟不可得況有趣非趣善現一切法皆以
有為空為趣彼於是趣不可超越何以故有
為空尚畢竟不可得況有趣非趣善現一切
法皆以無為空為趣彼於是趣不可超越何
以故無為空尚畢竟不可得況有趣非趣善
現一切法皆以畢竟空為趣彼於是趣不可
超越何以故畢竟空尚畢竟不可得況有趣

BD03205 號　大般若波羅蜜多經卷三一六　　（8–8）

時維摩詰來謂我言唯優
比丘罪當直除滅勿擾其心所以者何彼罪性不
在內不在外不在中間如佛所說心垢故衆生
垢心淨故衆生淨心亦不在內不在外不在
中間如其心然罪垢亦然諸法亦然不出
於如如優波離以心相得解脫時寧有垢不
我言不也維摩詰言一切衆生心相无垢亦復
如是唯優波離妄想是垢无妄想是淨顛倒
是垢无顛倒是淨取我是垢不取我是淨優
波離一切法生滅不住如幻如電諸法不相
待乃至一念不住諸法皆妄見如夢如焰如
水中月如鏡中像以妄想生其知此者是名奉
律其知此者是名善解於是二比丘言上
智哉是優波離所不及持律之上而不能說
我荅言自捨如來未有聲聞及菩薩能制其
樂說之辯其智慧明達為若此也時二比
丘疑悔即除發阿耨多羅三藐三菩提心作
是願言令一切衆生皆得是辯故我不任詣
彼問疾
佛告羅睺羅汝行詣維摩詰問疾

BD03206號　維摩詰所說經卷上　（10–1）

丘疑悔即除發阿耨多羅三藐三菩提心作
是願言令一切衆生皆得是辯故我不任詣
彼問疾
佛告羅睺羅汝行詣維摩詰問疾羅睺羅
白佛言世尊我不堪任詣彼問疾所以者何
憶念昔時毗耶離諸長者子來詣我所稽首
作禮問我言唯羅睺羅汝佛之子捨轉輪王位
出家為道其出家者有何等利我即如法為
說出家功德之利時維摩詰來謂我言唯羅
睺羅不應說出家功德之利所以者何无利无
功德是為出家有為法者可說有利有功德
夫出家者為无為法无為法中无利无功德
羅睺羅夫出家者无彼无此亦无中間離六
十二見處於涅槃智者所受聖所行處降伏
衆魔度五道淨五眼得五力立五根不惱於
彼離衆雜惡摧諸外道超越假名出淤泥
无繫著无我所无所受无擾亂內懷喜護彼
意隨禪定離衆過若能如是真出家於是維摩
詰語諸長者子汝等於正法中宜共出家所以者何
佛世難值諸長者子言居士我聞佛言父母不聽
不得出家維摩詰言然汝等便發阿耨多羅
三藐三菩提心是即出家是即具足尒時三十
二長者子皆發阿耨多羅三藐三菩提心故
我不任詣彼問疾
佛告阿難汝行詣維摩詰問疾阿難白佛言
世尊我不堪任詣彼問疾所以者何憶念昔

BD03206號　維摩詰所說經卷上　（10–2）

我不任詣彼問疾
佛告阿難汝行詣維摩詰問疾阿難白佛言
世尊我不堪任詣彼問疾所以者何憶念昔
時世尊身小有疾當用牛乳我即持鉢詣大
婆羅門家門下立時維摩詰來謂我言唯阿
難何為晨朝持鉢住此我言居士世尊身小
有疾當用牛乳故來至此維摩詰言止止阿
難莫作是語如來身者金剛之體諸惡已斷
衆善普會當有何疾當有何惱嘿往阿難勿
謗如來莫使異人聞此麤言无令大威德諸天
及他方淨土諸來菩薩得聞斯語阿難轉輪聖
王以少福故尚得无病豈況如來无量福會普
勝者哉行矣阿難勿使我等受斯恥也外道
梵志若聞此語當作是念何名為師自疾
不能救而能救諸疾人可密速去勿使人聞
當知阿難諸如來身即是法身非思欲身佛
為世尊過於三界佛身无漏諸漏已盡佛身
无為不墮諸數如此之身當有何疾時我世
尊實懷慙愧得无近佛而謬聽耶即聞空中
聲曰阿難如居士言但為佛出五濁惡世現行
斯法度脫衆生行矣阿難取乳勿慙世尊
維摩詰智慧辯才為若此也是故不任詣彼
問疾如是五百大弟子各各向佛說其本緣
稱述維摩詰所言皆曰不任詣彼問疾
菩薩品第四
於是佛告弥勒菩薩汝行詣維摩詰問疾弥

稱述維摩詰所言皆曰不任詣彼問疾
菩薩品第四
於是佛告弥勒菩薩汝行詣維摩詰問疾弥
勒白佛言世尊我不堪任詣彼問疾所以者何
憶念我昔為兜率天王及其眷屬說不退轉
地之行時維摩詰來謂我言弥勒世尊授仁
者記一生當得阿耨多羅三藐三菩提為用何
生得受記乎過去耶未來耶現在耶若過
去生過去生已滅若未來生未來生未至若現
在生現在生无住如佛所說比丘汝今即時亦
生亦老亦滅若以无生得受記者无生即是
正位於正位中亦无受記亦无得阿耨多羅
三藐三菩提心云何弥勒受一生記乎為
從如生得受記耶為從如滅得受記耶若以
如生得受記者如无有生若以如滅得受記
者如无有滅一切衆生皆如也一切法亦如也
衆聖賢亦如也至於弥勒亦如也若弥勒
得受記者一切衆生亦應受記所以者何夫如
者不二不異若弥勒得阿耨多羅三藐三菩
提者一切衆生皆亦應得所以者何一切衆
生即菩提相若弥勒得滅度者一切衆生亦當
滅度所以者何諸佛知一切衆生畢竟寂滅
即涅槃相不復更滅是故弥勒无以此法誘
諸天子實无發阿耨多羅三藐三菩提心者
亦无退者弥勒當令此諸天子捨於分別菩
提之見所以者何菩提者不可以身得不可以心得

即涅槃相不復更滅是故彌勒无以此法誘
諸天子實无發阿耨多羅三藐三菩提心者
亦无退者彌勒當令此諸天子捨於分別菩
提之見所以者何菩提者不可以身得不可以
心得寂滅是菩提滅諸相故不觀是菩提
離諸緣故不行是菩提无憶念故斷是菩
提捨諸見故離是菩提離諸妄想故鄣是
菩提鄣諸願故不入是菩提无貪著故順是
菩提順於如故住是菩提住法性故至是菩
提至實際故不二是菩提離意法故等是菩
提等虛空故无為是菩提无生住滅故智是
菩提了眾生心行故不會是菩提諸入不會
故不合是菩提離煩惱習故无處是菩提无
形色故假名是菩提名字空故如化是菩提无
取捨故无亂是菩提常自靜故善寂是菩
提性清淨故无取是菩提離攀緣故无異
是菩提諸法等故无比是菩提无可喻故微
妙是菩提諸法難知故世尊維摩詰說是法
時二百天子得无生法忍故我不任詣彼問疾
佛告光嚴童子汝行詣維摩詰問疾光嚴白
佛言世尊我不堪任詣彼問疾所以者何憶
念我昔出毗耶離大城時維摩詰方入城我即
為作礼而問言居士從何所來荅我言吾從道
場來我問道場者何所是荅曰直心是道場无
虛假故發行是道場能辦事故深心是道場
增益功德故菩提心是道場无錯謬故布施

BD03206 號　維摩詰所說經卷上　（10–5）

為作礼而問言居士從何所來荅我言吾從道
場來我問道場者何所是荅曰直心是道場无
虛假故發行是道場能辦事故深心是道場
增益功德故菩提心是道場无錯謬故布施
是道場不望報故持戒是道場得願具故
忍辱是道場於諸眾生心无㝵故精進是
道場不懈退故禪定是道場心調柔故智
慧是道場現見諸法故慈是道場等眾生故
悲是道場忍疲苦故喜是道場悅樂法故捨
是道場憎愛斷故神通是道場成就六通故
解脫是道場能背捨故方便是道場教化眾
生故四攝法是道場攝眾生故多聞是道場
如聞行故伏心是道場正觀諸法故卅七品是
道場捨有為法故諦是道場不誑世間故緣
起是道場无明乃至老死皆无盡故諸煩惱
是道場知如實故眾生是道場知无我故一
切法是道場知諸法空故降魔是道場不傾
動故三界是道場无所趣故師子吼是道場无
所畏故力无畏不共法是道場无諸過故三
明是道場无餘礙故一念知一切法是道
場成就一切智故如是善男子菩薩若應諸
波羅蜜教化眾生諸有所作舉足下足當知
皆從道場來住於佛法矣說是法時五百天
人皆發阿耨多羅三藐三菩提心故我不任詣
彼問疾　●
佛告持世菩薩汝行詣維摩詰問疾持世白

BD03206 號　維摩詰所說經卷上　（10–6）

皆從道場來住於佛法矣說是法時五百天
人皆發阿耨多羅三藐三菩提心故我不任詣
彼問疾•
佛告持世菩薩汝行詣維摩詰問疾持世白
佛言世尊我不堪任詣彼問疾所以者何
憶念我昔住於靜室時魔波旬從万二千
天女狀如帝釋鼓樂絃歌來詣我所與其
眷屬稽首我足合掌恭敬於一面立我意謂
是帝釋而語之言善來憍尸迦雖福應有
不當自恣當觀五欲无常以求善本於身命財
而脩堅法即語我言正士受是万二千天女可
備掃灑我言憍尸迦无以此非法之物要我沙
門釋子此非我宜所言未訖時維摩詰來謂我
言非帝釋也是為魔來嬈固汝耳即語魔言
是諸女等可以與我如我應受魔即驚懼念
維摩詰將无惱我欲隱形去而不能隱盡其
神力亦不得去即聞空中聲曰波旬以女與之
乃可得去魔以畏故俛仰而與尒時維摩詰
語諸女言魔以汝等與我今汝皆當發阿
耨多羅三藐三菩提心即隨所應而為說法
令發道意復言汝等已發道意有法樂可
以自娛不應復樂五欲樂也天女即問何謂法
樂答言樂常信佛樂欲聽法樂供養衆樂
離五欲樂觀五陰如怨賊樂觀四大如毒蛇樂
觀內入如空聚樂隨護道意樂饒益衆生樂敬
養師樂廣行施樂堅持戒樂忍辱柔和樂勤
集善根樂禪定不亂樂離垢

BD03206號　維摩詰所說經卷上

（10–7）

樂答言樂常信佛樂欲聽法樂供養衆樂
離五欲樂觀五陰如怨賊樂觀四大如毒蛇樂
觀內入如空聚樂隨護道意樂饒益衆生樂敬
養師樂廣行施樂堅持戒樂忍辱柔和樂勤
集善根樂禪定不亂樂離垢明慧樂廣菩提
心樂降伏衆魔樂斷諸煩惱樂淨佛国土樂成
就相好故脩諸功德樂莊嚴道場樂聞深法不
畏樂三脫門不樂非時樂近同學樂於非同學
中心无恚礙樂將護惡知識樂近善知識樂心
喜清淨樂脩无量道品之法是為菩薩法樂
於是波旬告諸女言我欲與汝俱還天宮
諸女言以我等與此居士有法樂我等甚樂
不復樂五欲樂也魔言居士可捨此女一切所
有施於彼者是為菩薩維摩詰言我已捨
矣汝便將去令一切衆生得法願具足於是
諸女問維摩詰我等云何止於魔宮維摩
詰言諸姊有法門名无盡燈汝等當學無
盡燈者譬如一燈然百千燈冥者皆明明終
不盡如是諸姊夫一菩薩開導百千衆生令
發阿耨多羅三藐三菩提心於其道意亦不
滅盡隨所說法而自增益一切善法是名无
盡燈也汝等雖住魔宮以是无盡燈令无數
天子天女皆發阿耨多羅三藐三菩提心者為
報佛恩亦大饒益一切衆生尒時天女頭面礼
維摩詰足隨魔還宮忽然不現世尊維摩詰
有如是自在神力智慧辯才故我不任詣彼問疾

BD03206號　維摩詰所說經卷上

（10–8）

維摩詰足隨魔還宮忽然不現世尊維摩詰
有如是自在神力智慧辯才故我不任詣彼問疾
佛告長者子善得汝行詣維摩詰問疾善得
白佛言世尊我不堪任詣彼問疾所以者何憶
念我昔自於父舍設大施會供養一切沙
門婆羅門及諸外道貧窮下賤孤露乞人期
滿七日時維摩詰來入會中謂我言長者子
夫大施會不當如汝所設當為法施之會何
用是財施會為我言居士何謂法施之會法
施會者无前无後一時供養一切眾生是名
法施之會何謂也謂以菩提起於慈心以救
眾生起大悲心以持正法起於喜心以攝智
慧行於捨心以攝慳貪起檀波羅蜜以化犯
戒起尸波羅蜜以无我法起羼提波羅蜜以
離身心相起毗梨耶波羅蜜以菩提相起禪
波羅蜜以一切智起般若波羅蜜教化眾生
而起於空不捨有為法而起无相示現受生
而起无作護持正法起方便力以度眾生起四
攝法以敬事一切起除慢法於身命財起三
堅法於六念中起思念法於六和敬起質直
心正行善法起於淨命心淨歡喜起近賢聖
不增惡人起調伏心以出家法起於深心以
如說行起於多聞以无諍法起空閑處趣
向佛慧起於宴坐解眾生縛起脩行地以具
相好及淨佛土起福德業知一切眾生心念
如應說法起於智業知一切法不取不捨入
一相門起於慧業斷

BD03206號　維摩詰所說經卷上　（10–9）

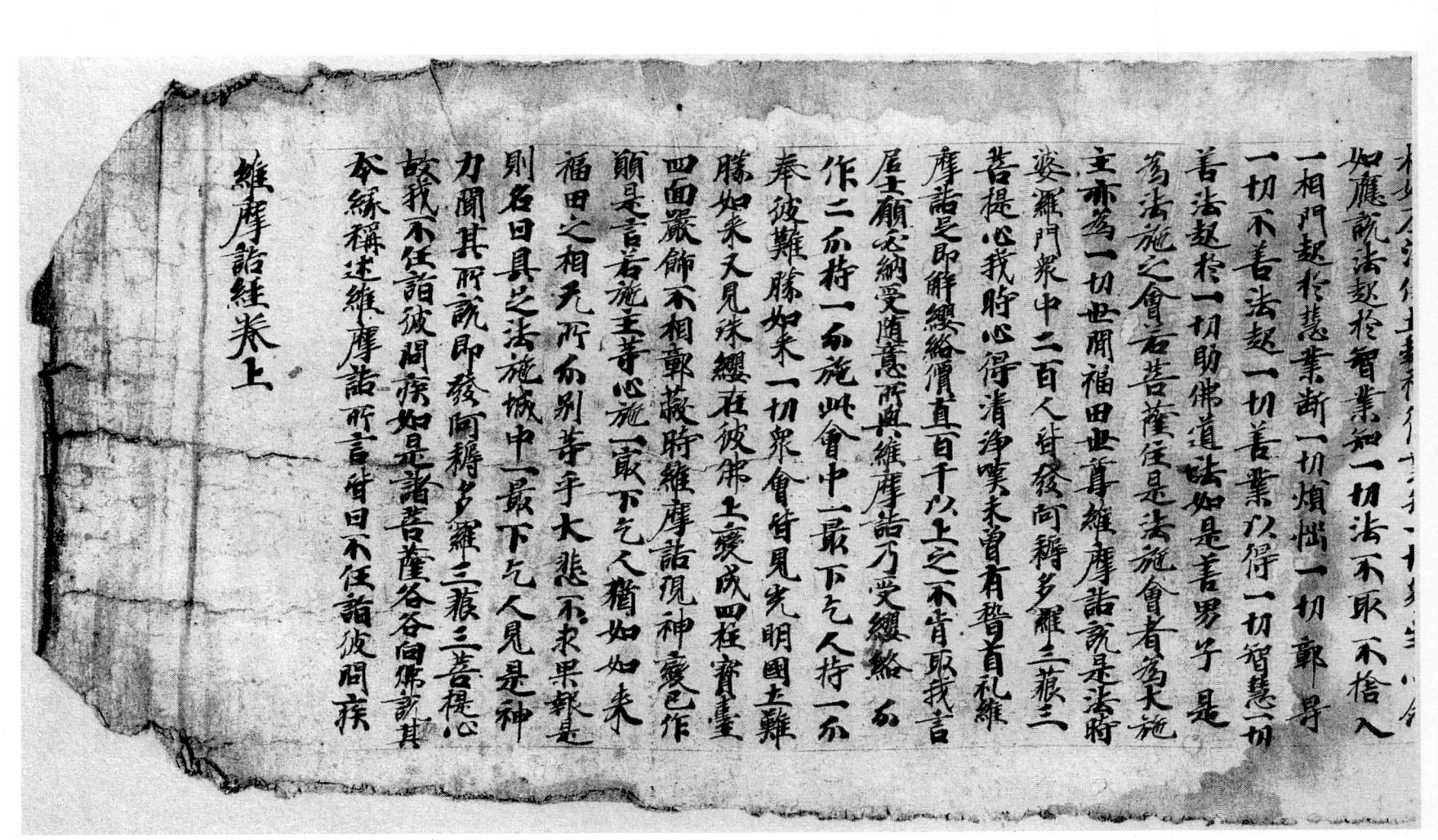

如應說法起於智業知一切法不取不捨入
一相門起於慧業斷一切煩惱一切鄣导
一切不善法起一切善業以得一切智慧一切
善法起於一切助佛道法如是善男子是
為法施之會若菩薩住是法施會者為大施
主亦為一切世間福田世尊維摩詰說是法時
婆羅門眾中二百人皆發阿耨多羅三藐三
菩提心我時心得清淨歎未曾有稽首禮維
摩詰足即解瓔珞價直百千以上之不肯取我言
居士願必納受隨意所與維摩詰乃受瓔珞分
作二分持一分施此會中一最下乞人持一分
奉彼難勝如來一切眾會皆見光明國土難
勝如來又見珠瓔在彼佛上變成四柱寶臺
四面嚴飾不相鄣蔽時維摩詰現神變已作
願是言若施主等心施一最下乞人猶如如來
福田之相无所分別等于大悲不求果報是
則名曰具足法施城中一最下乞人見是神
力聞其所說即發阿耨多羅三藐三菩提心
故我不任詣彼問疾如是諸菩薩各各向佛說其
本緣稱述維摩詰所言皆曰不任詣彼問疾

維摩詰經卷上

BD03206號　維摩詰所說經卷上　（10–10）

[illegible]有[illegible]復世尊是實相者
故如來說名實相世尊我今得
聞如是經典信解受持不足為難若當來世
後五百歲其有眾生得聞是經信解受持是
人則為第一希有何以故此人无我相人相
眾生相壽者相所以者何我相即是非相人
相眾生相壽者相即是非相何以故離一切
諸相則名諸佛
佛告須菩提如是如是若復有人得聞是經
不驚不怖不畏當知是人甚為希有何以故
須菩提如來說第一波羅蜜非第一波羅蜜
是名第一波羅蜜須菩提忍辱波羅蜜如來
說非忍辱波羅蜜何以故須菩提如我昔為
歌利王割截身體我於爾時无我相无人相
无眾生相无壽者相何以故我於往昔節節
支解時若有我相人相眾生相壽者相應生
瞋恨須菩提又念過去於五百世作忍辱仙
人於爾所世无我相无人相无眾生相无壽
者相是故須菩提菩薩應離一切相發阿耨
多羅三藐三菩提心不應住色生心不應住
聲香味觸法生心應生无所住心若心有住
則為非住是故佛說菩薩心不應住色布施

BD03207 號　金剛般若波羅蜜經　（6–1）

者相是故須菩提菩薩應離一切相發阿耨
多羅三藐三菩提心不應住色生心不應住
聲香味觸法生心應生无所住心若心有住
則為非住是故佛說菩薩心不應住色布施
須菩提菩薩為利益一切眾生應如是布施
如來說一切諸相即是非相又說一切眾生
則非眾生須菩提如來是真語者實語者如
語者不誑語者不異語者須菩提如來所得
法此法无實无虛須菩提若菩薩心住於法
而行布施如人入闇則无所見若菩薩心不
住法而行布施如人有目日光明照見種種
色須菩提當來之世若有善男子善女人能
於此經受持讀誦則為如來以佛智慧悉知
是人悉見是人皆得成就无量无邊功德
須菩提若有善男子善女人初日分以恒河
沙等身布施中日分復以恒河沙等身布施
後日分亦以恒河沙等身布施如是无量百
千万億劫以身布施若復有人聞此經典信
心不逆其福勝彼何況書寫受持讀誦為人
解說須菩提以要言之是經有不可思議不
可稱量无邊功德如來為發大乘者說為發
最上乘者說若有人能受持讀誦廣為人說
如來悉知是人悉見是人皆成就不可量不
可稱无有邊不可思議功德如是人等則為
荷擔如來阿耨多羅三藐三菩提何以故須
菩提若樂小法者著我見人見眾生見壽者
見則於此經不能聽受讀誦為人解說須菩
提在在處處若有此經一切世間天人阿脩
[illegible]

BD03207 號　金剛般若波羅蜜經　（6–2）

荷擔如来阿耨多羅三藐三菩提何以故須
菩提若樂小法者著我見人見衆生見壽者
見則於此經不能聽受讀誦為人觧說須菩
提在在處處若有此經一切世間天人阿脩
羅所應供養當知此處則為是塔皆應恭敬
作礼圍繞以諸華香而散其處
復次須菩提善男子善女人受持讀誦此經
若為人輕賤是人先世罪業應墮惡道以今
世人輕賤故先世罪業則為消滅當得阿耨
多羅三藐三菩提須菩提我念過去无量阿
僧祇劫於然燈佛前得值八百四千万億那
由他諸佛悉皆供養承事无空過者若復有
人於後末世能受持讀誦此經所得功德於
我所供養諸佛功德百分不及一千万億分
乃至筭數譬喻所不能及須菩提若善男子
善女人於後末世有受持讀誦此經所得功
德我若具說者或有人聞心則狂亂狐疑不信
須菩提當知是經義不可思議果報亦不可思
議
尒時須菩提白佛言世尊善男子善女人發
阿耨多羅三藐三菩提心云何應住云何降
伏其心佛告須菩提善男子善女人發阿耨
多羅三藐三菩提者當生如是心我應滅度
一切衆生滅度一切衆生已而无有一衆生
實滅度者何以故若菩薩有我相人相衆生
相壽者相則非菩薩所以者何須菩提實无
有法發阿耨多羅三藐三菩提者須菩提於
意云何如来於然燈佛所有法得阿耨多羅

BD03207號　金剛般若波羅蜜經　（6–3）

實滅度者何以故若菩薩有我相人相衆生
相壽者相則非菩薩所以者何須菩提實无
有法發阿耨多羅三藐三菩提者須菩提於
意云何如来於然燈佛所有法得阿耨多羅
三藐三菩提不不也世尊如我觧佛所說義
佛於然燈佛所无有法得阿耨多羅三藐三
菩提佛言如是如是須菩提實无有法如来
得阿耨多羅三藐三菩提須菩提若有法如
来得阿耨多羅三藐三菩提然燈佛則不與
我受記汝於来世當得作佛号釋迦牟尼以
實无有法得阿耨多羅三藐三菩提是故然
燈佛與我受記作是言汝於来世當得作佛
号釋迦牟尼何以故如来者即諸法如義若
有人言如来得阿耨多羅三藐三菩提須菩
提實无有法佛得阿耨多羅三藐三菩提須
菩提如来所得阿耨多羅三藐三菩提於是
中无實无虛是故如来說一切法皆是佛法
須菩提所言一切法者即非一切法是故名一
切法須菩提譬如人身長大須菩提言世尊
如来說人身長大則為非大身是名大身
須菩提菩薩亦如是若作是言我當滅度无
量衆生則不名菩薩何以故須菩提无有法
名為菩薩是故佛說一切法无我无人无衆
生无壽者須菩提若菩薩作是言我當莊嚴
佛土是不名菩薩何以故如来說莊嚴佛土
者即非莊嚴是名莊嚴須菩提若菩薩通達
无我法者如来說名真是菩薩
須菩提於意云何如来有肉眼不如是世尊

BD03207號　金剛般若波羅蜜經　（6–4）

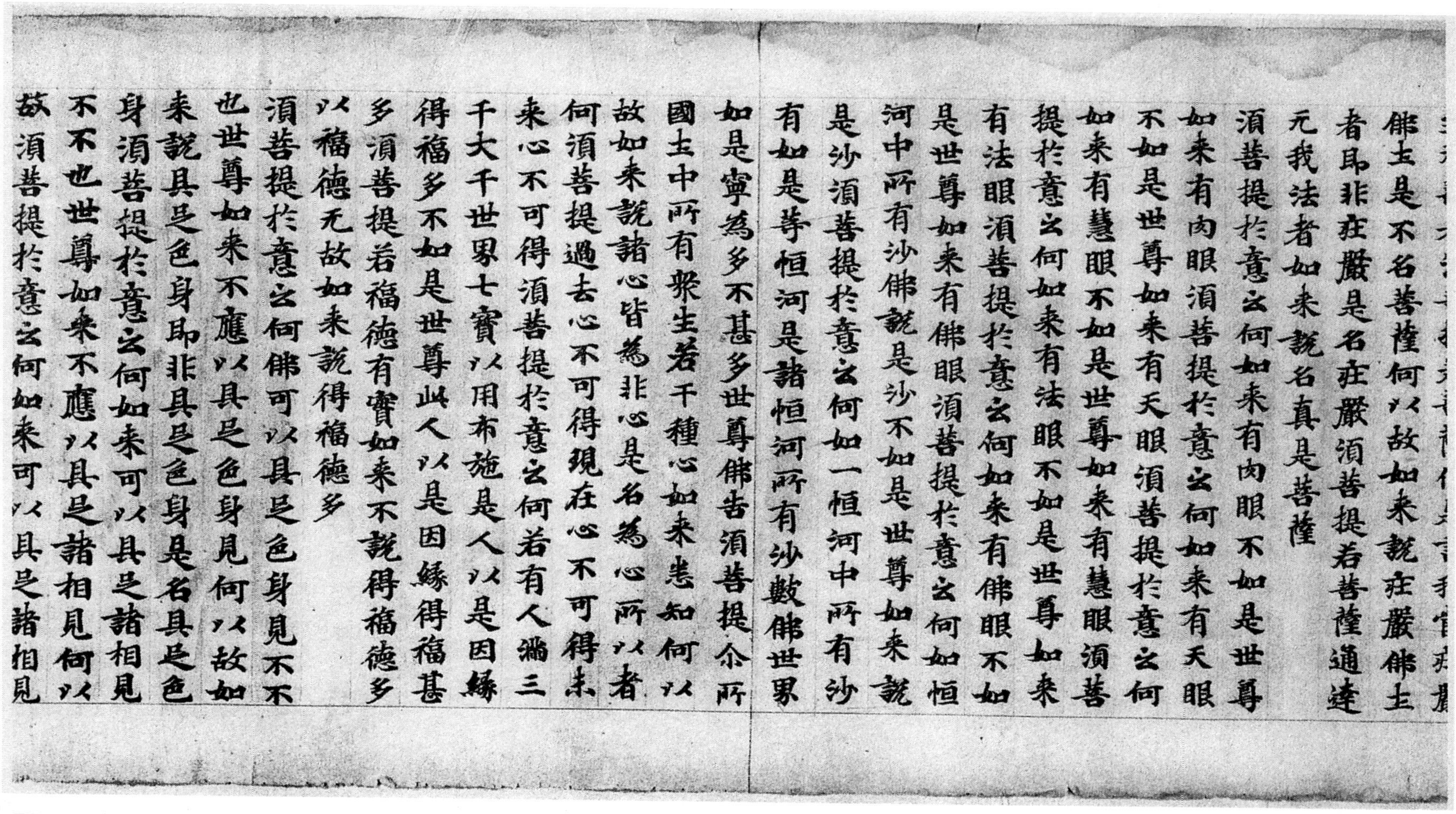
佛土是不名菩薩何以故如來說莊嚴佛土
者即非莊嚴是名莊嚴須菩提若菩薩通達
无我法者如來說名真是菩薩
須菩提於意云何如來有肉眼不如是世尊
如來有肉眼須菩提於意云何如來有天眼
不如是世尊如來有天眼須菩提於意云何
如來有慧眼不如是世尊如來有慧眼須菩
提於意云何如來有法眼不如是世尊如來
有法眼須菩提於意云何如來有佛眼不如
是世尊如來有佛眼須菩提於意云何如恒
河中所有沙佛說是沙不如是世尊如來說
是沙須菩提於意云何如一恒河中所有沙
有如是等恒河是諸恒河所有沙數佛世界
如是寧為多不甚多世尊佛告須菩提尒所
國土中所有衆生若干種心如來悉知何以
故如來說諸心皆為非心是名為心所以者
何須菩提過去心不可得現在心不可得未
來心不可得須菩提於意云何若有人滿三
千大千世界七寶以用布施是人以是因緣
得福多不如是世尊此人以是因緣得福甚
多須菩提若福德有實如來不說得福德多
以福德无故如來說得福德多
須菩提於意云何佛可以具足色身見不不
也世尊如來不應以具足色身見何以故如
來說具足色身即非具足色身是名具足色
身須菩提於意云何如來可以具足諸相見
不不也世尊如來不應以具足諸相見何以
故須菩提於意云何如來可以具足諸相見

BD03207號　金剛般若波羅蜜經　（6–5）

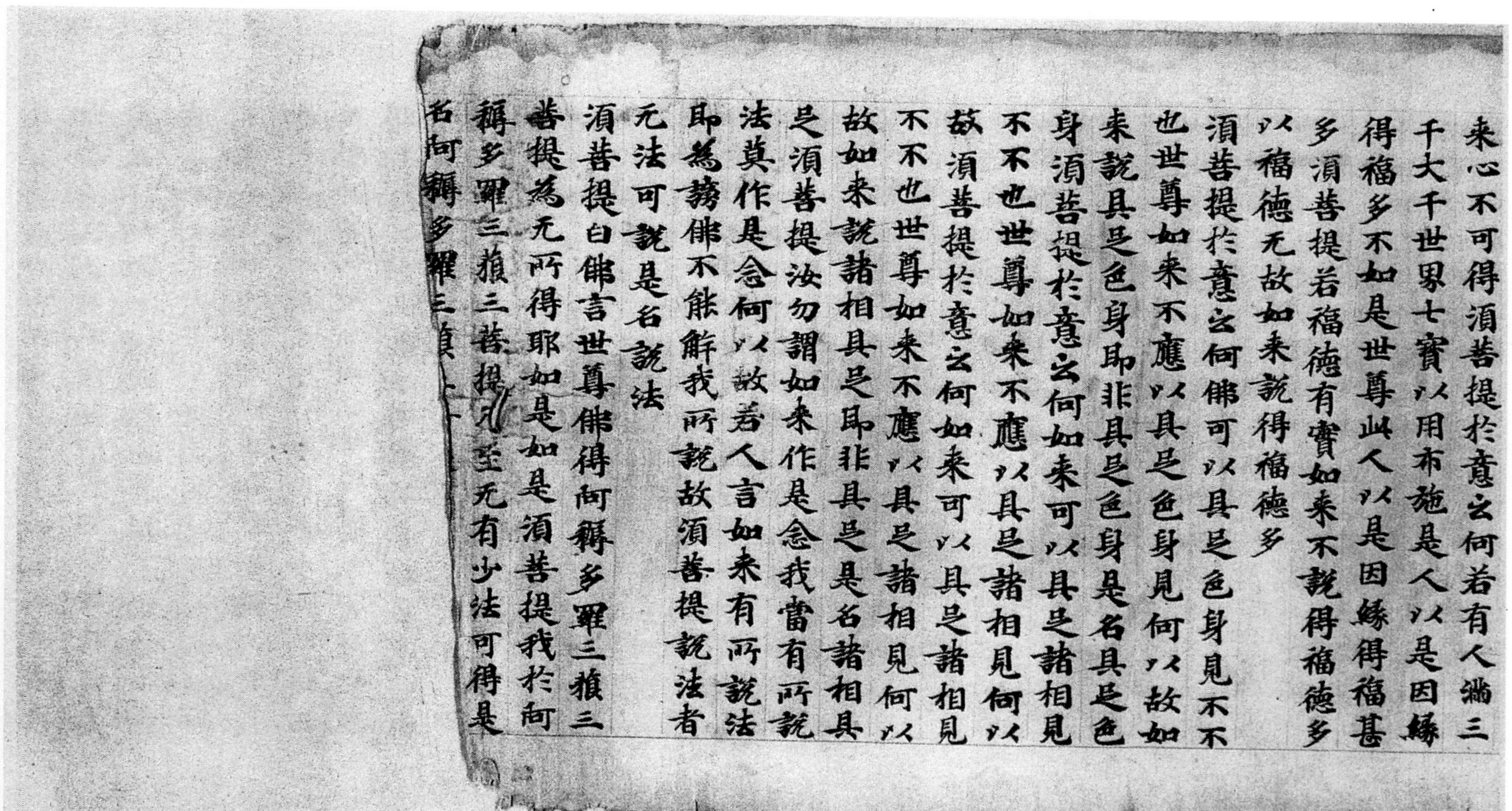
來心不可得須菩提於意云何若有人滿三
千大千世界七寶以用布施是人以是因緣
得福多不如是世尊此人以是因緣得福甚
多須菩提若福德有實如來不說得福德多
以福德无故如來說得福德多
須菩提於意云何佛可以具足色身見不不
也世尊如來不應以具足色身見何以故如
來說具足色身即非具足色身是名具足色
身須菩提於意云何如來可以具足諸相見
不不也世尊如來不應以具足諸相見何以
故須菩提於意云何如來可以具足諸相見
不不也世尊如來不應以具足諸相見何以
故如來說諸相具足即非具足是名諸相具
是須菩提汝勿謂如來作是念我當有所說
法莫作是念何以故若人言如來有所說法
即為謗佛不能解我所說故須菩提說法者
无法可說是名說法
須菩提白佛言世尊佛得阿耨多羅三藐三
菩提為无所得耶如是如是須菩提我於阿
耨多羅三藐三菩提乃至无有少法可得是
名阿耨多羅三藐

BD03207號　金剛般若波羅蜜經　（6–6）

有衆生得聞如
言須菩提莫作是説
如來有　有持戒脩福者於此章句
能生信心以此爲實當知是人不於一佛二
佛三四五佛而種善根已於无量千万佛所
種諸善根聞是章句乃至一念生淨信者須
菩提如來悉知悉見是諸衆生得如是无量
福德何以故是諸衆生无復我相人相衆生
相壽者相无法相亦无非法相何以故是諸
衆生若心取相則爲著我人衆生壽者若取
法相即著我人衆生壽者何以故若取非法相
即著我人衆生壽者是故不應取法不應取
非法以是義故如來常説汝等比丘知我説
法如筏喻者法尚應捨何况非法
須菩提於意云何如來得阿耨多羅三藐
三菩提耶如來有所説法耶須菩提言如我
解佛所説義无有定法名阿耨多羅三藐三
菩提亦无有定法如來可説何以故如來所
説法皆不可取不可説非法非非法所以者何

BD03208號　金剛般若波羅蜜經

（6–1）

三菩提
解佛所説義无有定法名阿耨多羅三藐三
菩提亦无有定法如來可説何以故如來所
説法皆不可取不可説非法非非法所以者何
一切賢聖皆以无爲法而有差別
須菩提於意云何若人滿三千大千世界七
寶以用布施是人所得福德寧爲多不須菩
提言甚多世尊何以故是福德即非福德
性是故如來説福德多若復有人於此經中受
持乃至四句偈等爲他人説其福勝彼何以故
須菩提一切諸佛及諸佛阿耨多羅三藐三
菩提法皆從此經出須菩提所謂佛法者即
非佛法
須菩提於意云何須陁洹能作是念我得須
陁洹果不須菩提言不也世尊何以故須陁
洹名爲入流而无所入不入色聲香味觸法是
名須陁洹須菩提於意云何斯陁含能作是
念我得斯陁含果不須菩提言不也世尊
何以故斯陁含名一往來而實无往來是名
斯陁含須菩提於意云何阿那含能作是念
我得阿那含果不須菩提言不也世尊何以
故阿那含名爲不來而實无來是故名阿那
含須菩提於意云何阿羅漢能作是念我
阿得羅漢道不須菩提言不也世尊何以故
實无有法名阿羅漢世尊若阿羅漢作是念
我得阿羅漢道即爲著我人衆生壽者世尊

BD03208號　金剛般若波羅蜜經

（6–2）

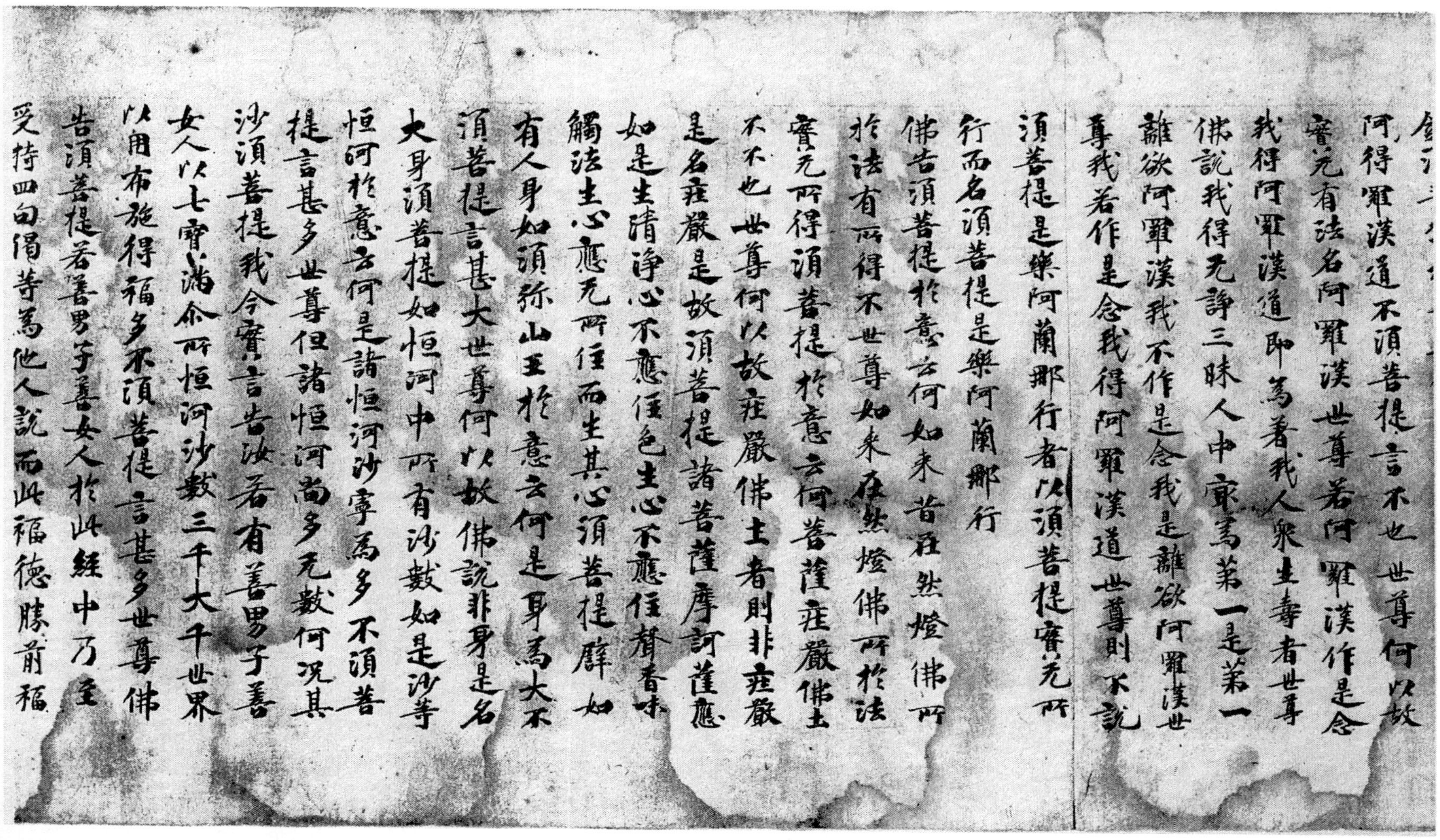
阿得羅漢道不須菩提言不也世尊何以故
實无有法名阿羅漢世尊若阿羅漢作是念
我得阿羅漢道即為著我人眾生壽者世尊
佛說我得无諍三昧人中最為第一是第一
離欲阿羅漢我不作是念我是離欲阿羅漢世
尊我若作是念我得阿羅漢道世尊則不說
須菩提是樂阿蘭那行者以須菩提實无所
行而名須菩提是樂阿蘭那行
佛告須菩提於意云何如來昔在然燈佛所
於法有所得不世尊如來在然燈佛所於法
實无所得須菩提於意云何菩薩莊嚴佛土
不不也世尊何以故莊嚴佛土者則非莊嚴
是名莊嚴是故須菩提諸菩薩摩訶薩應
如是生清淨心不應住色生心不應住聲香味
觸法生心應无所住而生其心須菩提譬如
有人身如須彌山王於意云何是身為大不
須菩提言甚大世尊何以故佛說非身是名
大身須菩提如恒河中所有沙數如是沙等
恒河於意云何是諸恒河沙寧為多不須菩
提言甚多世尊但諸恒河尚多无數何況其
沙須菩提我今實言告汝若有善男子善
女人以七寶滿尒所恒河沙數三千大千世界
以用布施得福多不須菩提言甚多世尊佛
告須菩提若善男子善女人於此經中乃至
受持四句偈等為他人說而此福德勝前福

BD03208 號　金剛般若波羅蜜經　（6–3）

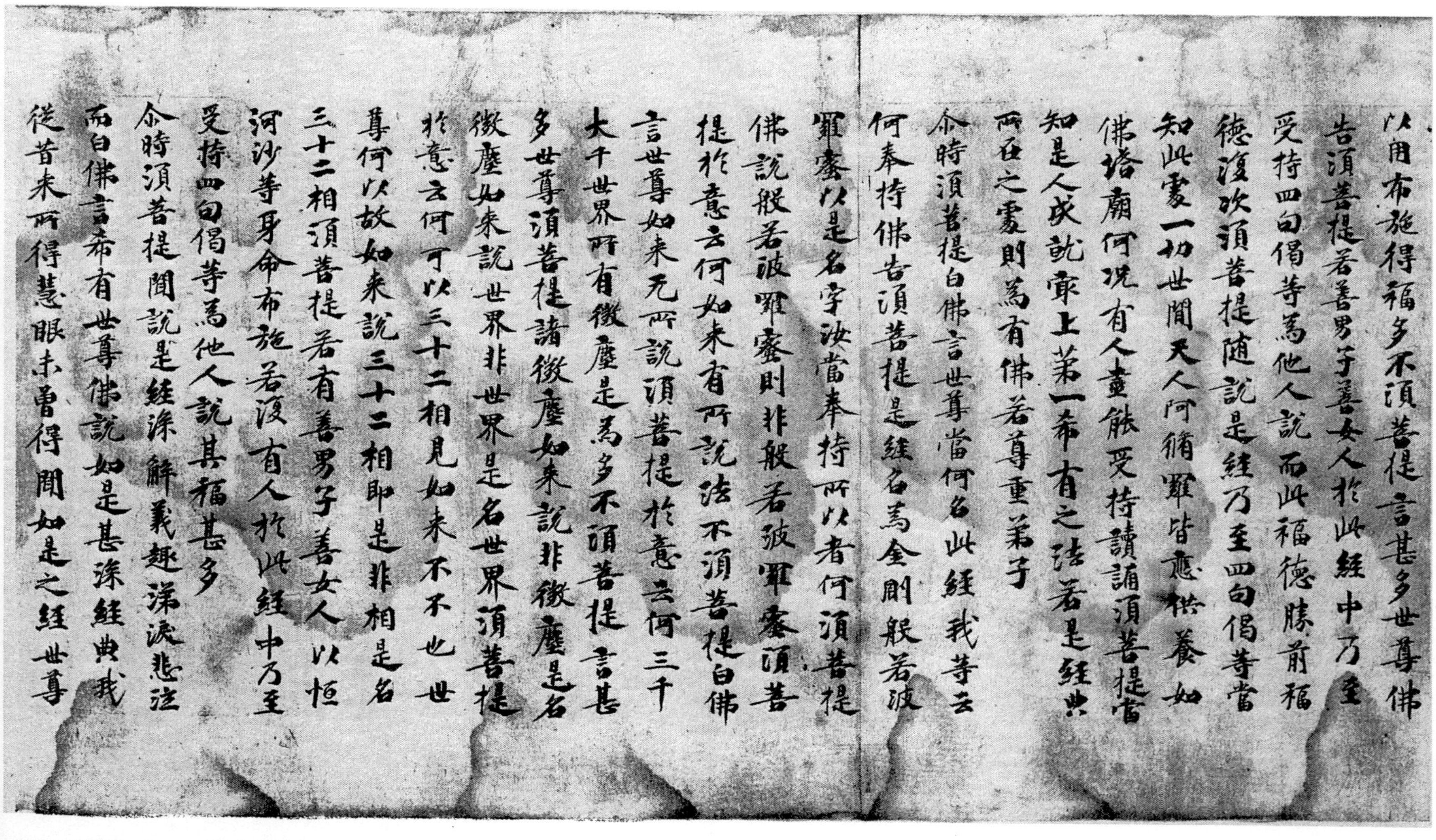
以用布施得福多不須菩提言甚多世尊佛
告須菩提若善男子善女人於此經中乃至
受持四句偈等為他人說而此福德勝前福
德復次須菩提隨說是經乃至四句偈等當
知此處一切世間天人阿脩羅皆應供養如
佛塔廟何況有人盡能受持讀誦須菩提當
知是人成就最上第一希有之法若是經典
所在之處則為有佛若尊重弟子
尒時須菩提白佛言世尊當何名此經我等云
何奉持佛告須菩提是經名為金剛般若波
羅蜜以是名字汝當奉持所以者何須菩提
佛說般若波羅蜜則非般若波羅蜜須菩
提於意云何如來有所說法不須菩提白佛
言世尊如來无所說須菩提於意云何三千
大千世界所有微塵是為多不須菩提言甚
多世尊須菩提諸微塵如來說非微塵是名
微塵如來說世界非世界是名世界須菩提
於意云何可以三十二相見如來不不也世
尊何以故如來說三十二相即是非相是名
三十二相須菩提若有善男子善女人以恒
河沙等身命布施若復有人於此經中乃至
受持四句偈等為他人說其福甚多
尒時須菩提聞說是經深解義趣涕淚悲泣
而白佛言希有世尊佛說如是甚深經典我
從昔來所得慧眼未曾得聞如是之經世尊

BD03208 號　金剛般若波羅蜜經　（6–4）

尒時須菩提聞說是經深解義趣涕淚悲泣
而白佛言希有世尊佛說如是甚深經典我
從昔來所得慧眼未曾得聞如是之經世尊
若復有人得聞是經信心清淨則生實相當
知是人成就第一希有功德世尊是實相者則
是非相是故如來說名實相世尊我今得聞
如是經典信解受持不足為難若當來世後
五百歲其有衆生得聞是經信解受持是人
則為第一希有何以故此人无我相人相衆
生相壽者相所以者何我相即是非相人相
衆生相壽者相所以者何我相即是非相人
衆生相壽者相即是非相何以故離一切諸
相則名諸佛
佛告須菩提如是如是若復有人得聞是經
不驚不怖不畏當知是人甚為希有何以故
須菩提如來說第一波羅蜜非第一波羅蜜
是名第一波羅蜜
須菩提忍辱波羅蜜如來說非忍辱波羅蜜
何以故須菩提如我昔為歌利王割截身體
我於尒時无我相无人相无衆生相无壽者
相何以故我於往昔節節支解時若有我
相人相衆生相壽者相應生瞋恨須菩提又念
過去於五百世作忍辱仙人於尒所世无我相
无人相无衆生相无壽者相是故須菩提菩
提菩薩應離一切相發阿耨多羅三藐三菩提

BD03208 號　金剛般若波羅蜜經　（6–5）

相何以故我於往昔節節支解時若有我
相人相衆生相壽者相應生瞋恨須菩提又念
過去於五百世作忍辱仙人於尒所世无我相
无人相无衆生相无壽者相是故須菩提菩
提菩薩應離一切相發阿耨多羅三藐三菩提
心不應住色生心不應住聲香味觸法生心應生
无所住心若心有住則為非住是故佛說菩薩
心不應住色布施須菩提菩薩為利益一
切衆生應如是布施如來說一切諸相即是
非相又說一切衆生則非衆生須菩提如來
是真語者實語者如語者不誑語者不異
語者須菩提如來所得法此法无實无虛須
菩提若菩薩心住於法而行布施如人入闇
則无所見若菩薩心不住法而行布施如人
有目日光明照見種種色須菩提當來之
世若有善男子善女人能於此經受持讀誦
則為如來以佛智慧悉知是人悉見是人皆得
成就无量无邊功德
須菩提若有善男子善女人初日分以恒河
沙等身布施中日分復以恒河沙等身布施

BD03208 號　金剛般若波羅蜜經　（6–6）

者相是故須菩提菩薩應離一切相發阿耨
多羅三藐三菩提心不應住色生心不應住
聲香味觸法生心應生无所住心若心有住
則為非住是故佛說菩薩心不應住色布施
須菩提菩薩為利益一切衆生應如是布施
如來說一切諸相即是非相又說一切衆生
則非衆生須菩提如來是真語者實語者如
語者不誑語者不異語者須菩提如來所得
法此法无實无虛須菩提若菩薩心住於法
而行布施如人入闇則无所見若菩薩心不
住法而行布施如人有目日光明照見種種
色須菩提當來之世若有善男子善女人能
於此經受持讀誦則為如來以佛智慧悉知
是人悉見是人皆得成就无量无邊功德
須菩提若有善男子善女人初日分以恒河
沙等身布施中日分復以恒河沙等身布施
後日分亦以恒河沙等身布施如是无量百
千萬億劫以身布施若復有人聞此經典信
心不逆其福勝彼何況書寫受持讀誦為人
解說須菩提以要言之是經有不可思議不
可稱量无邊功德如來為發大乘者說為發

BD03209 號　金剛般若波羅蜜經　(8–1)

千萬億劫以身布施若復有人聞此經典信
心不逆其福勝彼何況書寫受持讀誦為人
解說須菩提以要言之是經有不可思議不
可稱量无邊功德如來為發大乘者說為發
最上乘者說若有人能受持讀誦廣為人說
如來悉知是人悉見是人皆得成就不可量
不可稱无有邊不可思議功德如是人等則
為荷擔如來阿耨多羅三藐三菩提何以故
須菩提若樂小法者著我見人見衆生見壽
者見則於此經不能聽受讀誦為人解說須
菩提在在處處若有此經一切世間天人阿
脩羅所應供養當知此處則為是塔皆應恭
敬作禮圍繞以諸華香而散其處
復次須菩提善男子善女人受持讀誦此經
若為人輕賤是人先世罪業應墮惡道以今
世人輕賤故先世罪業則為消滅當得阿耨
多羅三藐三菩提須菩提我念過去无量阿
僧祇劫於然燈佛前得值八百四千萬億那
由他諸佛悉皆供養承事无空過者若復有
人於後末世能受持讀誦此經所得功德於
我所供養諸佛功德百分不及一千萬億分
乃至算數譬喻所不能及須菩提若善男子
善女人於後末世有受持讀誦此經所得功
德我若具說者或有人聞心則狂亂狐疑不
信須菩提當知是經義不可思議果報亦不
可思議
尒時須菩提白佛言世尊善男子善女人發

BD03209 號　金剛般若波羅蜜經　(8–2)

由他諸佛悉皆供養承事无空過者若復有
人於後末世能受持讀誦此經所得功德於
我所供養諸佛功德百分不及一千萬億分
乃至筭數譬喻所不能及須菩提若善男子
善女人於後末世有受持讀誦此經所得功
德我若具說者或有人聞心則狂亂狐疑不
信須菩提當知是經義不可思議果報亦不
可思議
尒時須菩提白佛言世尊善男子善女人發
阿耨多羅三藐三菩提心云何應住云何降
伏其心佛告須菩提善男子善女人發阿耨
多羅三藐三菩提者當生如是心我應滅度
一切衆生滅度一切衆生已而无有一衆生
實滅度者何以故若菩薩有我相人相衆生
相壽者相則非菩薩所以者何須菩提實无
有法發阿耨多羅三藐三菩提心者須菩提
於意云何如來於然燈佛所有法得阿耨多
羅三藐三菩提不不也世尊如我解佛所說
義佛於然燈佛所无有法得阿耨多羅三藐
三菩提佛言如是如是須菩提實无有法如
來得阿耨多羅三藐三菩提須菩提若有法
如來得阿耨多羅三藐三菩提者然燈佛則不
與我受記汝於來世當得作佛號釋迦牟尼
以實无有法得阿耨多羅三藐三菩提是故
然燈佛與我受記作是言汝於來世當得作
佛號釋迦牟尼何以故如來者即諸法如義
若有人言如來得阿耨多羅三藐三菩提須

BD03209號　金剛般若波羅蜜經　（8–3）

以實无有法得阿耨多羅三藐三菩提是故
然燈佛與我受記作是言汝於來世當得作
佛號釋迦牟尼何以故如來者即諸法如義
若有人言如來得阿耨多羅三藐三菩提須
菩提實无有法佛得阿耨多羅三藐三菩提
須菩提如來所得阿耨多羅三藐三菩提於
是中无實无虛是故如來說一切法皆是佛
法須菩提所言一切法者即非一切法是故
名一切法須菩提譬如人身長大須菩提言
世尊如來說人身長大則為非大身是名大
身須菩提菩薩亦如是若作是言我當滅度
无量衆生則不名菩薩何以故須菩提无有
法名為菩薩是故佛說一切法无我无人无
衆生无壽者須菩提若菩薩作是言我當莊
嚴佛土是不名菩薩何以故如來說莊嚴佛
土者即非莊嚴是名莊嚴須菩提若菩薩通
達无我法者如來說名真是菩薩
須菩提於意云何如來有肉眼不如是世尊
如來有肉眼須菩提於意云何如來有天眼
不如是世尊如來有天眼須菩提於意云何
如來有慧眼不如是世尊如來有慧眼須菩
提於意云何如來有法眼不如是世尊如來
有法眼須菩提於意云何如來有佛眼不如
是世尊如來有佛眼須菩提於意云何恒河
中所有沙佛說是沙不如是世尊如來說是
沙須菩提於意云何如一恒河中所有沙有
如是等恒河是諸恒河所有沙數佛世界如
是寧為多不甚多世尊佛告須菩提尒所國

BD03209號　金剛般若波羅蜜經　（8–4）

如是等恒河是諸恒河所有沙數佛世界如
是寧為多不甚多世尊佛告須菩提尒所國
土中所有衆生若干種心如來悉知何以故
如來說諸心皆為非心是名為心所以者何
須菩提過去心不可得現在心不可得未來
心不可得須菩提於意云何若有人滿三千
大千世界七寶以用布施是人以是因緣得
福多不如是世尊此人以是因緣得福甚多
須菩提若福德有實如來不說得福德多以
福德无故如來說得福德多
須菩提於意云何佛可以具足色身見不不
也世尊如來不應以色身見何以故如來說
具足色身即非具足色身是名具足色身須
菩提於意云何如來可以具足諸相見不不
也世尊如來不應以具足諸相見何以故如
來說諸相具足即非具足是名諸相具足須
菩提汝勿謂如來作是念我當有所說法莫
作是念何以故若人言如來有所說法即為
謗佛不能解我所說故須菩提說法者无法
可說是名說法須菩提白佛言世尊佛得阿
耨多羅三藐三菩提為无所得耶如是如是
須菩提我於阿耨多羅三藐三菩提乃至无
有少法可得是名阿耨多羅三藐三菩提
復次須菩提是法平等无有高下是名阿耨
多羅三藐三菩提以无我无人无衆生无壽
者脩一切善法則得阿耨多羅三藐三菩提
須菩提所言善法者如來說非善法是名善
法須菩提若三千大千世界中所有諸須弥

BD03209號　金剛般若波羅蜜經

（8–5）

多羅三藐三菩提以无我无人无衆生无壽
者脩一切善法則得阿耨多羅三藐三菩提
須菩提所言善法者如來說非善法是名善
法須菩提若三千大千世界中所有諸須弥
山王如是等七寶聚有人持用布施若人以
此般若波羅蜜經乃至四句偈等受持為他
人說於前福德百分不及一百千萬億分乃
至筭數譬喻所不能及
須菩提於意云何汝等勿謂如來作是念我
當度衆生須菩提莫作是念何以故實无有
衆生如來度者若有衆生如來度者如來則
有我人衆生壽者須菩提如來說有我者則
非有我而凡夫之人以為有我須菩提凡夫
者如來說則非凡夫須菩提於意云何可以
三十二相觀如來不須菩提言如是如是以
三十二相觀如來佛言須菩提若以三十二
相觀如來者轉輪聖王則是如來須菩提白
佛言世尊如我解佛所說義不應以三十二
相觀如來尒時世尊而說偈言
若以色見我　以音聲求我　是人行邪道　不能見如來
須菩提汝若作是念如來不以具足相故得
阿耨多羅三藐三菩提須菩提莫作是念如
來不以具足相故得阿耨多羅三藐三菩提
須菩提汝若作是念發阿耨多羅三藐三菩
提者說諸法斷滅莫作是念何以故發阿耨
多羅三藐三菩提者於法不說斷滅相須菩
提若菩薩以滿恒河沙等世界七寶布施若

BD03209號　金剛般若波羅蜜經

（8–6）

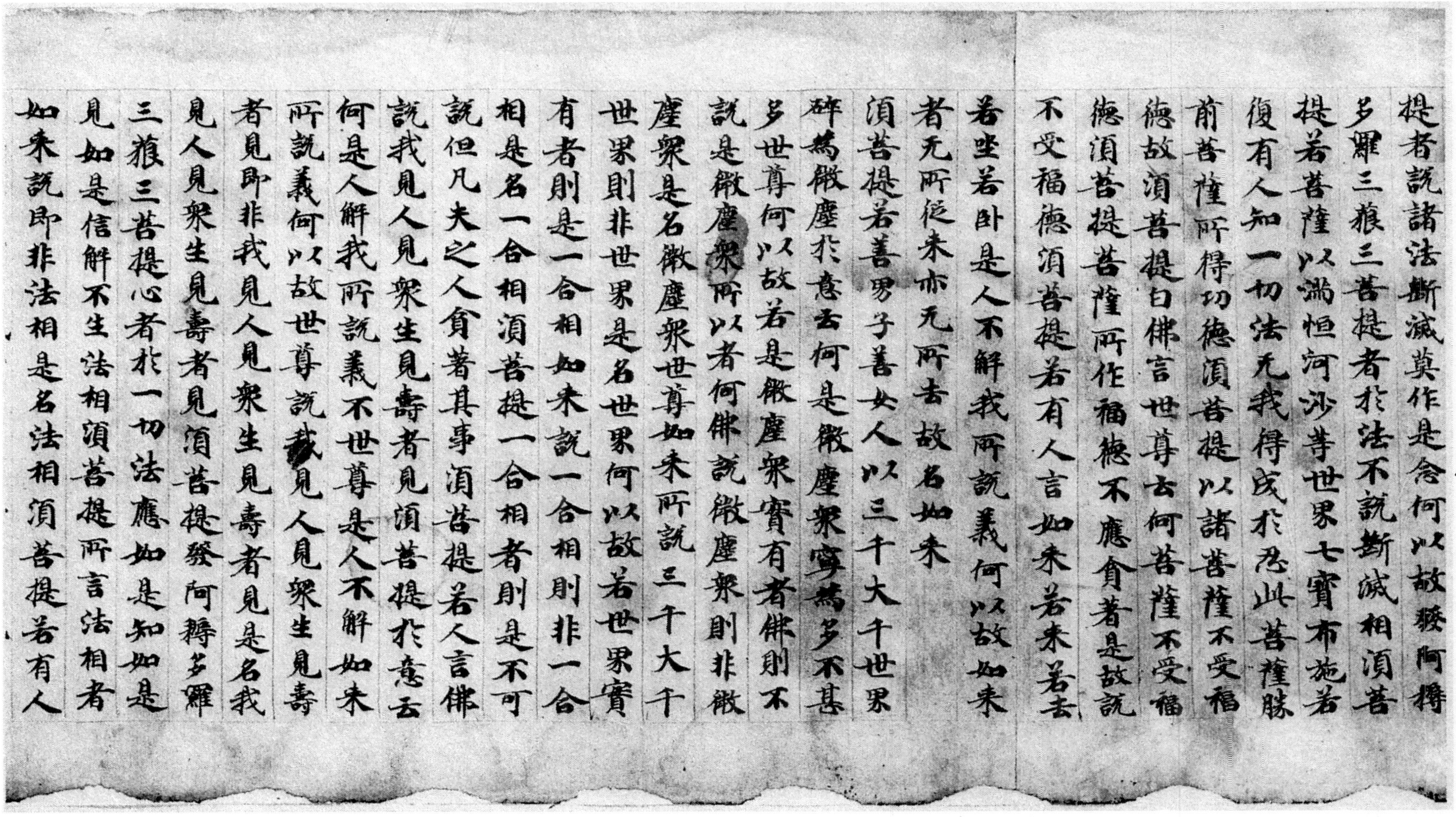

提者說諸法斷滅莫作是念何以故發阿耨
多羅三藐三菩提者於法不說斷滅相須菩
提若菩薩以滿恒河沙等世界七寶布施若
復有人知一切法无我得成於忍此菩薩勝
前菩薩所得功德須菩提以諸菩薩不受福
德故須菩提白佛言世尊云何菩薩不受福
德須菩提菩薩所作福德不應貪著是故說
不受福德須菩提若有人言如來若來若去
若坐若卧是人不解我所說義何以故如來
者无所從來亦无所去故名如來
須菩提若善男子善女人以三千大千世界
碎為微塵於意云何是微塵衆寧為多不甚
多世尊何以故若是微塵衆實有者佛則不
說是微塵衆所以者何佛說微塵衆則非微
塵衆是名微塵衆世尊如來所說三千大千
世界則非世界是名世界何以故若世界實
有者則是一合相如來說一合相則非一合
相是名一合相須菩提一合相者則是不可
說但凡夫之人貪著其事須菩提若人言佛
說我見人見衆生見壽者見須菩提於意云
何是人解我所說義不世尊是人不解如來
所說義何以故世尊說我見人見衆生見壽
者見即非我見人見衆生見壽者見是名我
見人見衆生見壽者見須菩提發阿耨多羅
三藐三菩提心者於一切法應如是知如是
見如是信解不生法相須菩提所言法相者
如來說即非法相是名法相須菩提若有人

BD03209號　金剛般若波羅蜜經　（8–7）

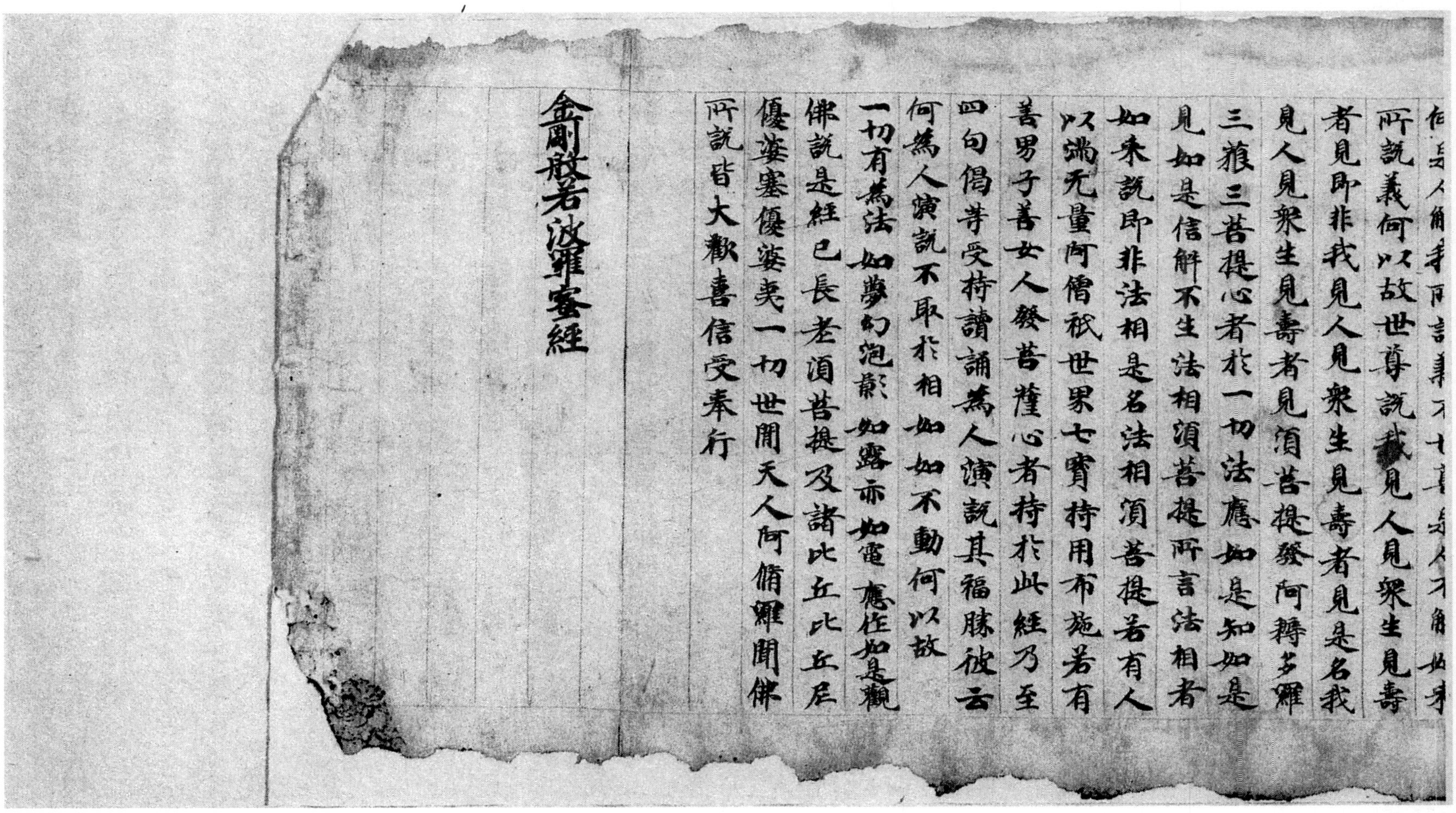

何是人解我所說義不世尊是人不解如來
所說義何以故世尊說我見人見衆生見壽
者見即非我見人見衆生見壽者見是名我
見人見衆生見壽者見須菩提發阿耨多羅
三藐三菩提心者於一切法應如是知如是
見如是信解不生法相須菩提所言法相者
如來說即非法相是名法相須菩提若有人
以滿无量阿僧祇世界七寶持用布施若有
善男子善女人發菩薩心者持於此經乃至
四句偈等受持讀誦為人演說其福勝彼云
何為人演說不取於相如如不動何以故
一切有為法如夢幻泡影如露亦如電應作如是觀
佛說是經已長老須菩提及諸比丘比丘尼
優婆塞優婆夷一切世間天人阿脩羅聞佛
所說皆大歡喜信受奉行

金剛般若波羅蜜經

BD03209號　金剛般若波羅蜜經　（8–8）

知无漏法　能得涅槃　起六神通　及得三明
獨處山林　常行禪定　得緣覺證　是中藥草
求世尊處　我當作佛　行精進定　是上藥草
又諸佛子　專心佛道　常行慈悲　自知作佛
決定无疑　是名小樹
安住神通　轉不退輪　度无量億　百千衆生
如是菩薩　名爲大樹
佛平等說　如一味雨　隨衆生性　所受不同
如彼草木　所稟各異
佛以此喻　方便開示　種種言辭　演說一法
於佛智慧　如海一渧
我雨法雨　充滿世間　一味之法　隨力脩行
如彼叢林　藥草諸樹　隨其大小　漸增茂好
諸佛之法　常以一味　令諸世間　普得具足
漸次脩行　皆得道果
聲聞緣覺　處於山林　住冣後身　聞法得果
是名藥草　各得增長
若諸菩薩　智慧堅固　了達三界　求冣上乘

BD03210 號　妙法蓮華經卷三　（3–1）

諸佛之法　常以一味　令諸世間　普得具足
漸次脩行　皆得道果
聲聞緣覺　處於山林　住冣後身　聞法得果
是名藥草　各得增長
若諸菩薩　智慧堅固　了達三界　求冣上乘
是名小樹　而得增長
復有住禪　得神通力　聞諸法空　心大歡喜
放无數光　度諸衆生　是名大樹　而得增長
如是迦葉　佛所說法　譬如大雲　以一味雨
潤於人華　各得成實
迦葉當知　以諸因緣　種種譬喻　開示佛道
是我方便　諸佛亦然
今爲汝等　說冣實事　諸聲聞衆　皆非滅度
汝等所行　是菩薩道　漸漸脩學　悉當成佛

妙法蓮華經授記品第六

尒時世尊說是偈已告諸大衆唱如是言我
此弟子摩訶迦葉於未來世當得奉覲三百
万億諸佛世尊供養恭敬尊重讚歎廣宣諸
佛无量大法於冣後身得成爲佛名曰光明
如來應供正遍知明行足善逝世間解无上
士調御丈夫天人師佛世尊國名光德劫名
大莊嚴佛壽十二小劫正法住世二十小劫
像法亦住二十小劫國界嚴飾无諸穢惡瓦
礫荊棘便利不淨其土平正无有高下坑坎
堆阜瑠璃爲地寶樹行列黃金爲繩以界道
側散諸寶華周遍清淨其國菩薩无數千億
諸聲聞衆亦復无數无有魔事雖有魔及魔

BD03210 號　妙法蓮華經卷三　（3–2）

如来應供正遍知明行足善逝世間解无上
士調御丈夫天人師佛世尊國名光德劫名
大莊嚴佛壽十二小劫正法住世二十小劫
像法亦住二十小劫國界嚴飾无諸穢惡凡
礫荊棘便利不淨其土平正无有高下坑坎
堆阜瑠璃為地寶樹行列黃金為繩以界道
側散諸寶華周遍清淨其國菩薩无數千億
諸聲聞衆亦復无數无有魔事雖有魔及魔
民皆護佛法尒時世尊欲重宣此義而說偈
言
告諸比丘　我以佛眼　見是迦葉　於未来世
過无數劫　當得作佛　而於来世　供養奉覲
三百万億　諸佛世尊　為佛智慧　淨脩梵行
供養最上　兩足尊已　脩集一切　无上之慧
於最後身　得成為佛　其土清淨　瑠璃為地
多諸寶樹　行列道側　金繩界道　見者歡喜
常出好香　散衆名華　種種奇妙　以為莊嚴
其地平正　无有丘坑　諸菩薩衆　不可稱計
其心調柔　逮大神通　奉持諸佛　大乘經典
諸聲聞衆　无漏後身　法王之子　亦不可計
乃以天眼　不能數知　其佛當壽　十二小劫
正法住世　二十小劫　像法亦住　二十小劫
光明世尊　其事如是
尒時大目揵連須菩提摩訶迦栴延等皆悉

BD03210號　妙法蓮華經卷三　（3–3）

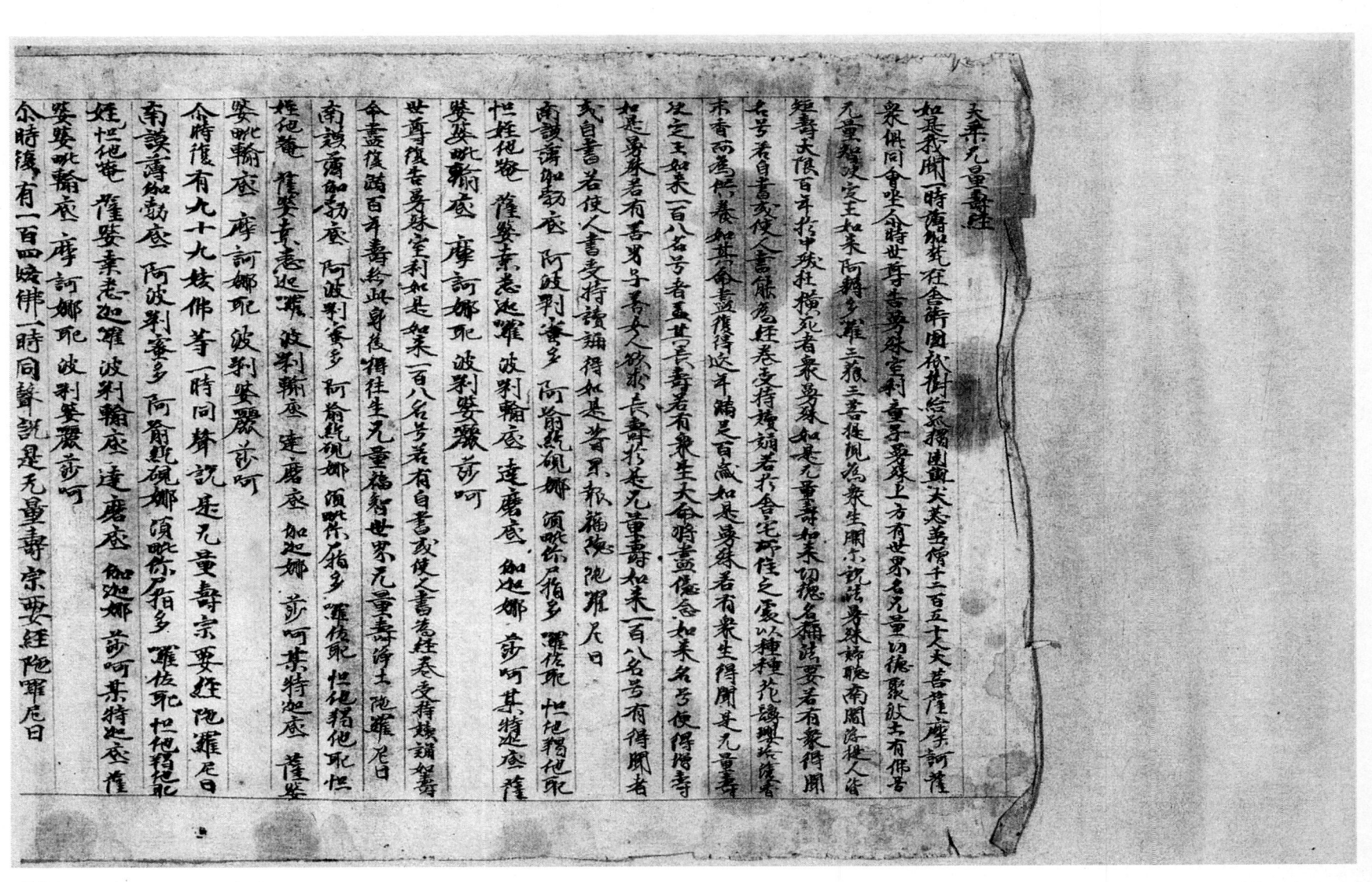

大乘无量壽經
如是我聞一時薄伽梵在舍衛國祇樹給孤獨園與大苾芻僧千二百五十人大菩薩摩訶薩
衆俱同會坐尒時世尊告曼殊室利童子曼殊上方有世界名无量功德聚彼土有佛名
无量智決定王如来阿耨多羅三藐三菩提現為衆生開示說法曼殊諦聽南閻浮提人皆
短壽大限百年於中夭枉橫死者衆曼殊如是无量壽如来功德名稱法要若有衆得聞
名号若自書或使人書能為經卷受持讀誦若於舍宅所住之處以種種花鬘瓔珞塗香
末香而為供養如其命盡復得延年滿是百歲如是曼殊若有衆生得聞是无量壽
決定王如来一百八名号者益其長壽若有衆生大命將盡憶念如来名号便得增壽
如是曼殊若有善男子善女人欲求長壽於是无量壽如来一百八名号有得聞者
或自書若使人書受持讀誦得如是等果報福德陁羅尼曰
南謨薄伽勃底　阿波唎蜜多　阿喻紇硯娜　須毗你尸指多　囉佐耶　怛他羯他耶
怛姪他唵　薩婆桑塞迦羅　波唎輸底　達磨底　伽迦娜　莎呵　某特迦底　薩
婆婆毗輸底　摩訶娜耶　波唎婆躍　莎呵
世尊復告曼殊室利如是如来一百八名号若有自書或使人書為經卷受持讀誦如壽
命盡復滿百年壽終此身後得往生无量福智世界无量壽淨土　陁羅尼曰
南謨薄伽勃底　阿波唎蜜多　阿喻紇硯娜　須毗你尸指多　囉佐耶　怛他羯他耶　怛
姪他唵　薩婆桑塞迦羅　波唎輸底　達磨底　伽迦娜　莎呵　某特迦底　薩婆
婆毗輸底　摩訶娜耶　波唎婆躍　莎呵
尒時復有九十九姟佛等一時同聲說是无量壽宗要經　陁羅尼曰
南謨薄伽勃底　阿波唎蜜多　阿喻紇硯娜　須毗你尸指多　囉佐耶　怛他羯他耶　怛
姪怛他唵　薩婆桑塞迦羅　波唎輸底　達磨底　伽迦娜　莎呵　某特迦底　薩
婆婆毗輸底　摩訶娜耶　波唎婆躍　莎呵
尒時復有一百四姟佛一時同聲說是无量壽宗要經　陁羅尼曰

BD03211號　無量壽宗要經　（6–1）

姪他唵 薩婆桑悉迦囉 波剁輸底 達磨底 伽迦娜 莎呵莫特迦底 薩婆
婆毗輸底 摩訶娜耶 波剁婆聚莎呵
尒時復有九十九姟佛等一時同聲說是无量壽宗要經陀羅尼曰
南謨薄伽勃底 阿波剁蜜多 阿喻紇硯娜 須毗你尸指多 囉佐耶 怛他羯他耶
姪怛他唵 薩婆桑悉迦羅 波剁輸底 達磨底 伽迦娜 莎呵莫特迦底 薩
婆婆毗輸底 摩訶娜耶 波剁婆聚莎呵
尒時復有一百四姟佛一時同聲說是无量壽宗要經陀羅尼曰
南謨薄伽勃底 阿波利蜜多 阿喻紇硯娜 須毗你悉指他 羅佐耶 怛他羯他耶
怛姪他唵 薩婆桑悉迦囉 波唎輸底 達磨底 伽迦娜 莎訶莫特迦底 莎婆
婆毗輸底 摩訶娜耶 波唎婆剁莎呵
尒時復有七姟佛一時同聲說是无量壽宗要經陀羅尼曰
南謨薄伽勃底 阿波蜜多 阿喻紇硯娜 須毗你悉指多 囉佐耶 怛他羯他耶
怛姪他唵 薩婆桑悉迦囉 波利輸底 達磨底 伽迦娜 莎呵莫特迦底 薩婆
婆毗輸底 摩訶娜耶 波唎婆利莎訶
尒時復有六十五姟佛一時同聲說是无量壽宗要經陀羅尼曰
南謨薄伽勃底 阿波利蜜多 阿喻紇硯娜 須毗你悉指多 囉佐耶 怛他羯他耶
怛姪他唵 薩婆桑悉伽囉 波利輸底 達磨底 伽迦娜 莎呵莫特底 莎
婆婆毗輸底 摩訶娜耶 波唎婆利莎
尒時復有五十五姟佛一時同聲說无量壽宗要經陀羅尼曰
南謨薄迦勃底 阿波利蜜多 阿喻紇硯娜 須毗你悉指多 囉佐耶 怛他羯他耶
怛姪他唵 薩婆桑悉迦羅 波利輸底 達磨底 伽迦娜 莎呵特莫迦底 莎
婆婆毗輸底 摩訶娜耶 波利婆利莎訶
尒時復有四十五姟佛一時同聲說无量壽宗要經陀羅尼曰
南謨薄伽勃底 阿波利蜜多 阿喻紇硯娜 須毗悉指多 羅佐耶 怛他羯多耶
怛姪唵 薩婆桑悉迦羅 波利輸底 達磨 伽迦娜 莎訶莫特迦底 莎婆
婆毗輸底 摩訶娜耶 波利婆利莎呵
尒時復有三十六姟佛一時同聲說是无量宗要經陀羅尼曰
南謨薄迦勃底 阿波利蜜多 阿喻紇硯娜 須毗悉指多 羅佐耶 怛他羯多耶
怛姪他唵 薩婆桑悉迦羅 波利輸底 達磨底 伽迦娜 莎訶莫特底 薩婆
婆毗輸底 摩訶娜耶波利婆利莎呵
尒時復有二十五姟佛一時同聲說是无量壽宗要經陀羅尼曰

BD03211 號　無量壽宗要經

（6–2）

尒時復有三十六姟佛一時同聲說是无量宗要經陀羅尼曰
南謨薄迦勃底 阿波利蜜多 阿喻紇硯娜 須毗悉指多 羅佐耶 怛他羯多耶
怛姪他唵 薩婆桑悉迦羅 波利輸底 達磨底 伽迦娜 莎訶莫特底 薩婆
婆毗輸底 摩訶娜耶波利婆利莎呵
尒時復有二十五姟佛一時同聲說是无量壽宗要經陀羅尼曰
南謨薄伽勃底 阿波利蜜多 阿喻紇硯娜 須毗你悉指多 羅佐耶 怛他羯多耶
怛姪他唵 薩婆桑悉迦羅 波利輸底 達磨底 伽迦娜 莎呵莫特迦底 薩
婆婆毗輸底 摩訶娜耶 波剁婆聚莎呵
尒時復有恒河沙姟佛一時同聲說是无量壽宗要經陀羅尼曰
南謨薄伽勃底 阿波剁蜜多 阿喻紇硯娜 須毗你尸指多 羅佐耶 怛他羯他耶
怛姪他唵 薩婆桑悉迦羅 波剁輸底 達磨底 伽迦娜 莎呵莫特迦底 薩婆
婆婆毗輸底 摩訶娜耶 波剁婆聚莎呵
善男子若有自書寫教人書寫是无量壽宗要經如其命盡復得長受而滿年陀羅尼曰
南謨薄伽勃底 阿波剁蜜多 阿喻紇硯娜 須毗你尸指多 囉佐耶 怛他羯他耶 怛姪他唵
薩婆桑悉迦羅 波剁輸底 達磨底 伽迦娜 莎呵莫特迦底 薩婆婆毗輸底
摩訶娜耶 波剁婆聚莎呵
若有自書寫教人書寫是无量壽宗要經讀誦受持畢竟不墮地獄在在所生得宿命智陀羅尼曰
南謨薄伽勃底 阿波剁蜜多 阿喻紇硯娜 須毗你尸指多 羅佐耶 怛他羯他耶 怛姪他唵 薩婆桑悉迦羅 波剁
輸底 達磨底 伽迦娜 莎呵莫特迦底 薩婆婆毗輸底 摩訶娜耶 波剁婆聚莎呵
若有自書寫教人書寫是无量壽宗要經受持讀誦如同書寫八万四千一切經典陀羅尼曰
南謨薄伽勃底 阿波剁蜜多 阿喻紇硯娜 須毗你尸指多 羅佐耶 怛他羯他耶 怛姪他唵 薩婆桑悉迦羅 波剁輸
底 達磨底 伽迦娜 莎呵莫特迦底 薩婆婆毗輸底 摩訶娜耶 波剁婆聚莎呵
若有自書寫教人書寫是无量壽宗要經即是書寫八万四千部建立塔廟陀羅尼曰
南謨薄伽勃底 阿波剁蜜多 阿喻紇硯娜 須毗你尸指多 羅佐耶 怛他羯他耶 怛姪他唵 薩婆桑悉迦羅 波剁輸底
達磨底 伽迦娜 莎呵莫特迦底 薩婆婆毗輸底 摩訶娜耶 波剁婆聚莎呵
若有自書寫教人書寫是无量壽宗要經能消五无閒業一切重罪陀羅尼曰
南謨薄伽勃底 阿波利蜜多 阿喻紇硯娜 須毗你悉指多 羅佐耶 怛他羯他耶 怛姪
他唵 薩婆桑悉迦羅 波利輸底 達磨底 伽迦娜 莎訶莫特迦底 薩婆婆毗輸
底 摩訶娜耶 波利婆利莎呵
若有自書寫教人書寫是无量壽宗要經受持讀誦重罪猶如須弥盡能除滅陀羅尼曰
南謨薄伽勃底 阿波利蜜多 阿喻紇硯娜 須毗你悉指多 囉佐耶 怛他羯他耶 怛姪他唵 薩

BD03211 號　無量壽宗要經

（6–3）

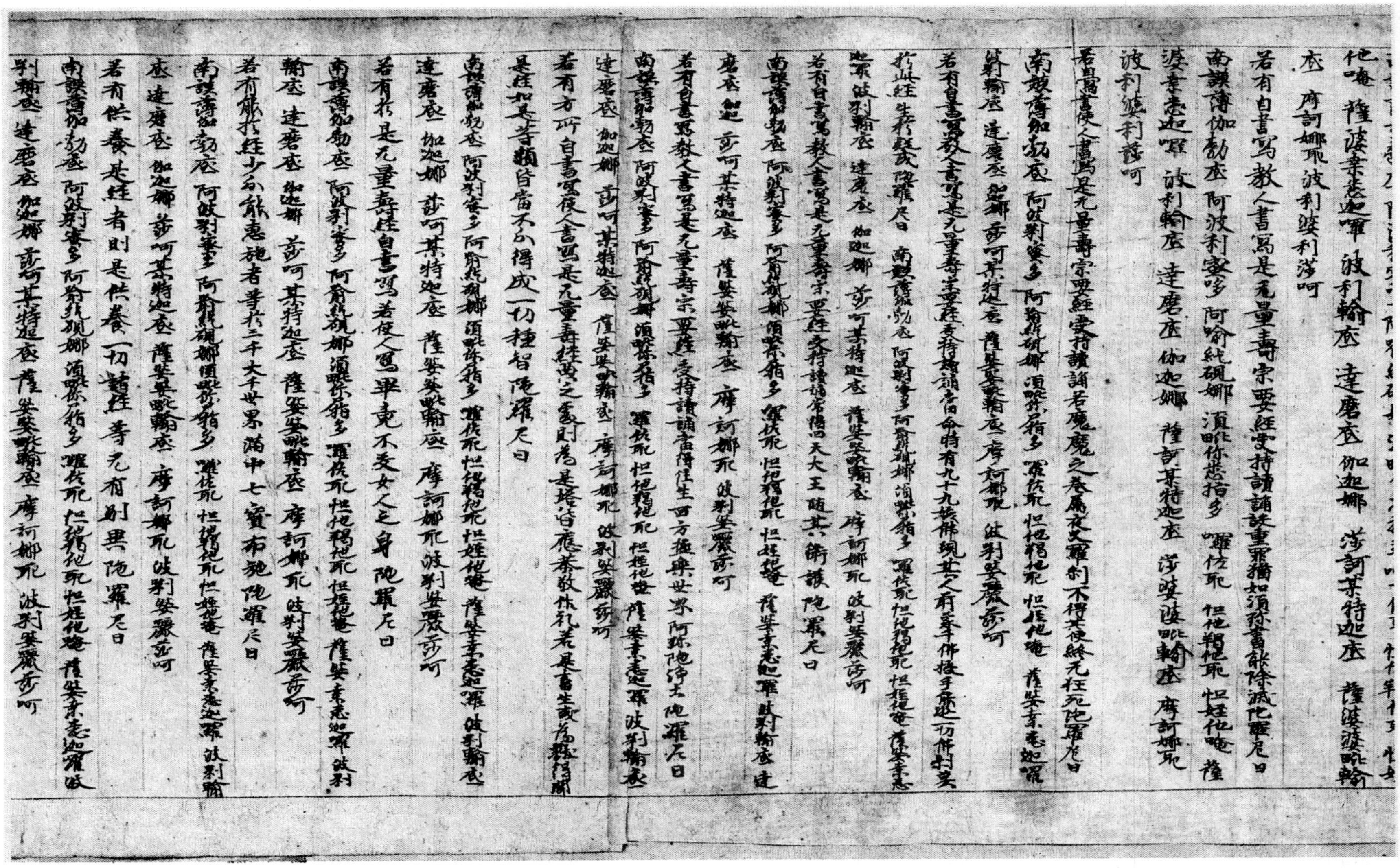
他唵 薩婆桑悉迦囉 波唎輸底 達磨底 伽迦娜 莎訶某特迦底 薩婆婆毗輸
底 摩訶娜耶 波唎婆唎莎訶
若有自書寫教人書寫是无量壽宗要經受持讀誦護重罪猶如須彌其能除滅陀羅尼曰
南謨薄伽勃底 阿波唎蜜多 阿喻紇硯娜 須毗你悉指多 囉佐耶 怛他羯他耶 怛姪他唵 薩
婆桑悉迦囉 波唎輸底 達磨底 伽迦娜 莎訶某特迦底 莎婆婆毗輸底 摩訶娜耶
波唎婆囇莎訶
若有自書寫教人書寫是无量壽宗要經受持讀誦者魔王魔之眷屬夜叉羅剎不得其便終无狂死陀羅尼曰
南謨薄伽勃底 阿波唎蜜多 阿喻紇硯娜 須毗你悉指多 囉佐耶 怛他羯他耶 怛姪他唵 薩婆桑悉迦囉
波唎輸底 達磨底 伽迦娜 莎訶某特迦底 薩婆婆毗輸底 摩訶娜耶 波唎婆囇莎訶
若有自書寫教人書寫是无量壽宗要經受持讀誦者臨命終時有九十九億佛現其人前千佛授手從一切佛剎
於此經 生於佛國 陀羅尼曰 南謨薄伽勃底 阿波唎蜜多 阿喻紇硯娜 須毗你悉指多 囉佐耶 怛他羯他耶 怛姪他唵 薩婆桑
悉迦囉 波唎輸底 達磨底 伽迦娜 莎訶某特迦底 薩婆婆毗輸底 摩訶娜耶 波唎婆囇莎訶
若有自書寫教人書寫是无量壽宗要經受持讀誦常得四天大王隨其衛護陀羅尼曰
南謨薄伽勃底 阿波唎蜜多 阿喻紇硯娜 須毗你悉指多 囉佐耶 怛他羯他耶 怛姪他唵 薩婆桑悉迦囉 波唎輸底 達
磨底 伽迦娜 莎訶某特迦底 薩婆婆毗輸底 摩訶娜耶 波唎婆囇莎訶
若有自書寫教人書寫是无量壽宗要經受持讀誦者往生西方極樂世界阿彌陀淨土陀羅尼曰
南謨薄伽勃底 阿波唎蜜多 阿喻紇硯娜 須毗你悉指多 囉佐耶 怛他羯他耶 怛姪他唵 薩婆桑悉迦囉 波唎輸底
達磨底 伽迦娜 莎訶某特迦底 薩婆婆毗輸底 摩訶娜耶 波唎婆囇莎訶
若有於此所自書寫教人書寫是无量壽宗要經之處則為是塔皆應恭敬作禮若有畜生鳥獸
是經如是等類自當不久得成一切種智陀羅尼曰
南謨薄伽勃底 阿波唎蜜多 阿喻紇硯娜 須毗你悉指多 囉佐耶 怛他羯他耶 怛姪他唵 薩婆桑悉迦囉 波唎輸底
達磨底 伽迦娜 莎訶某特迦底 薩婆婆毗輸底 摩訶娜耶 波唎婆囇莎訶
若有於是无量壽經自書寫若使人寫畢竟不受女人之身陀羅尼曰
南謨薄伽勃底 阿波唎蜜多 阿喻紇硯娜 須毗你悉指多 囉佐耶 怛他羯他耶 怛姪他唵 薩婆桑悉迦囉 波唎
輸底 達磨底 伽迦娜 莎訶某特迦底 薩婆婆毗輸底 摩訶娜耶 波唎婆囇莎訶
若有能於此經少分能惠施者等於三千大千世界滿中七寶布施陀羅尼曰
南謨薄伽勃底 阿波唎蜜多 阿喻紇硯娜 須毗你悉指多 囉佐耶 怛他羯他耶 怛姪他唵 薩婆桑悉迦囉 波唎輸
底 達磨底 伽迦娜 莎訶某特迦底 薩婆婆毗輸底 摩訶娜耶 波唎婆囇莎訶
若有供養是經者則是供養一切諸經 等无有別異 陀羅尼曰
南謨薄伽勃底 阿波唎蜜多 阿喻紇硯娜 須毗你悉指多 囉佐耶 怛他羯他耶 怛姪他唵 薩婆桑悉迦囉 波
唎輸底 達磨底 伽迦娜 莎訶某特迦底 薩婆婆毗輸底 摩訶娜耶 波唎婆囇莎訶

BD03211 號　無量壽宗要經　（6–4）

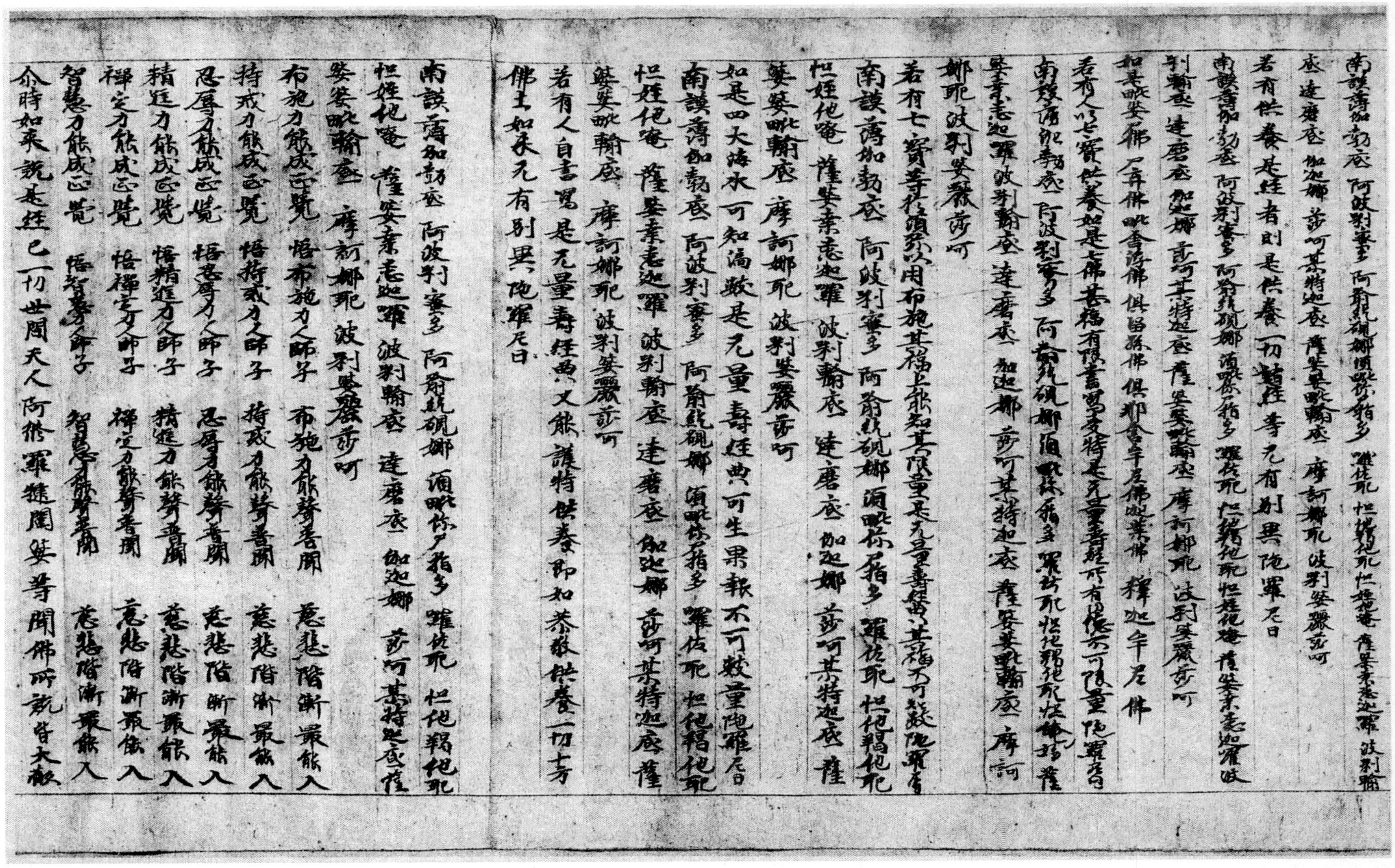
南謨薄伽勃底 阿波唎蜜多 阿喻紇硯娜 須毗你悉指多 囉佐耶 怛他羯他耶 怛姪他唵 薩婆桑悉迦囉 波唎輸
底 達磨底 伽迦娜 莎訶某特迦底 薩婆婆毗輸底 摩訶娜耶 波唎婆囇莎訶
若有供養是經者則是供養一切諸經 等无有別異 陀羅尼曰
南謨薄伽勃底 阿波唎蜜多 阿喻紇硯娜 須毗你悉指多 囉佐耶 怛他羯他耶 怛姪他唵 薩婆桑悉迦囉 波
唎輸底 達磨底 伽迦娜 莎訶某特迦底 薩婆婆毗輸底 摩訶娜耶 波唎婆囇莎訶
如是毗婆尸佛 尸棄佛 毗舍浮佛 俱留孫佛 俱那含牟尼佛 迦葉佛 釋迦牟尼佛
若有人以七寶供養如是諸佛其福有限量書寫是无量壽經所有福德不可限量陀羅尼曰
南謨薄伽勃底 阿波唎蜜多 阿喻紇硯娜 須毗你悉指多 囉佐耶 怛他羯他耶 怛姪他唵 薩
婆桑悉迦囉 波唎輸底 達磨底 伽迦娜 莎訶某特迦底 薩婆婆毗輸底 摩訶
娜耶 波唎婆囇莎訶
若有七寶等於須彌以用布施其福上能知其限量是无量壽經典其福不可數陀羅尼曰
南謨薄伽勃底 阿波唎蜜多 阿喻紇硯娜 須毗你悉指多 囉佐耶 怛他羯他耶
怛姪他唵 薩婆桑悉迦囉 波唎輸底 達磨底 伽迦娜 莎訶某特迦底 薩
婆婆毗輸底 摩訶娜耶 波唎婆囇莎訶
如是四大海水可知滴數是无量壽經典可生果報不可數量陀羅尼曰
南謨薄伽勃底 阿波唎蜜多 阿喻紇硯娜 須毗你悉指多 囉佐耶 怛他羯他耶
怛姪他唵 薩婆桑悉迦囉 波唎輸底 達磨底 伽迦娜 莎訶某特迦底 薩
婆婆毗輸底 摩訶娜耶 波唎婆囇莎訶
若有人自書寫是无量壽經典又能讓特供養即如恭敬供養一切十方
佛土如來无有別異陀羅尼曰
南謨薄伽勃底 阿波唎蜜多 阿喻紇硯娜 須毗你悉指多 囉佐耶 怛他羯他耶
怛姪他唵 薩婆桑悉迦囉 波唎輸底 達磨底 伽迦娜 莎訶某特迦底 薩
婆婆毗輸底 摩訶娜耶 波唎婆囇莎訶
布施力能成正覺 悟布施力人師子 布施力能聲善聞 慈悲階漸最能入
持戒力能成正覺 悟持戒力人師子 持戒力能聲善聞 慈悲階漸最能入
忍辱力能成正覺 悟忍辱力人師子 忍辱力能聲善聞 慈悲階漸最能入
精進力能成正覺 悟精進力人師子 精進力能聲善聞 慈悲階漸最能入
禪定力能成正覺 悟禪定力人師子 禪定力能聲善聞 慈悲階漸最能入
智慧力能成正覺 悟智慧力人師子 智慧力能聲善聞 慈悲階漸最能入
尒時如來說是經已一切世間天人阿修羅揵闥婆等聞佛所說皆大歡

BD03211 號　無量壽宗要經　（6–5）

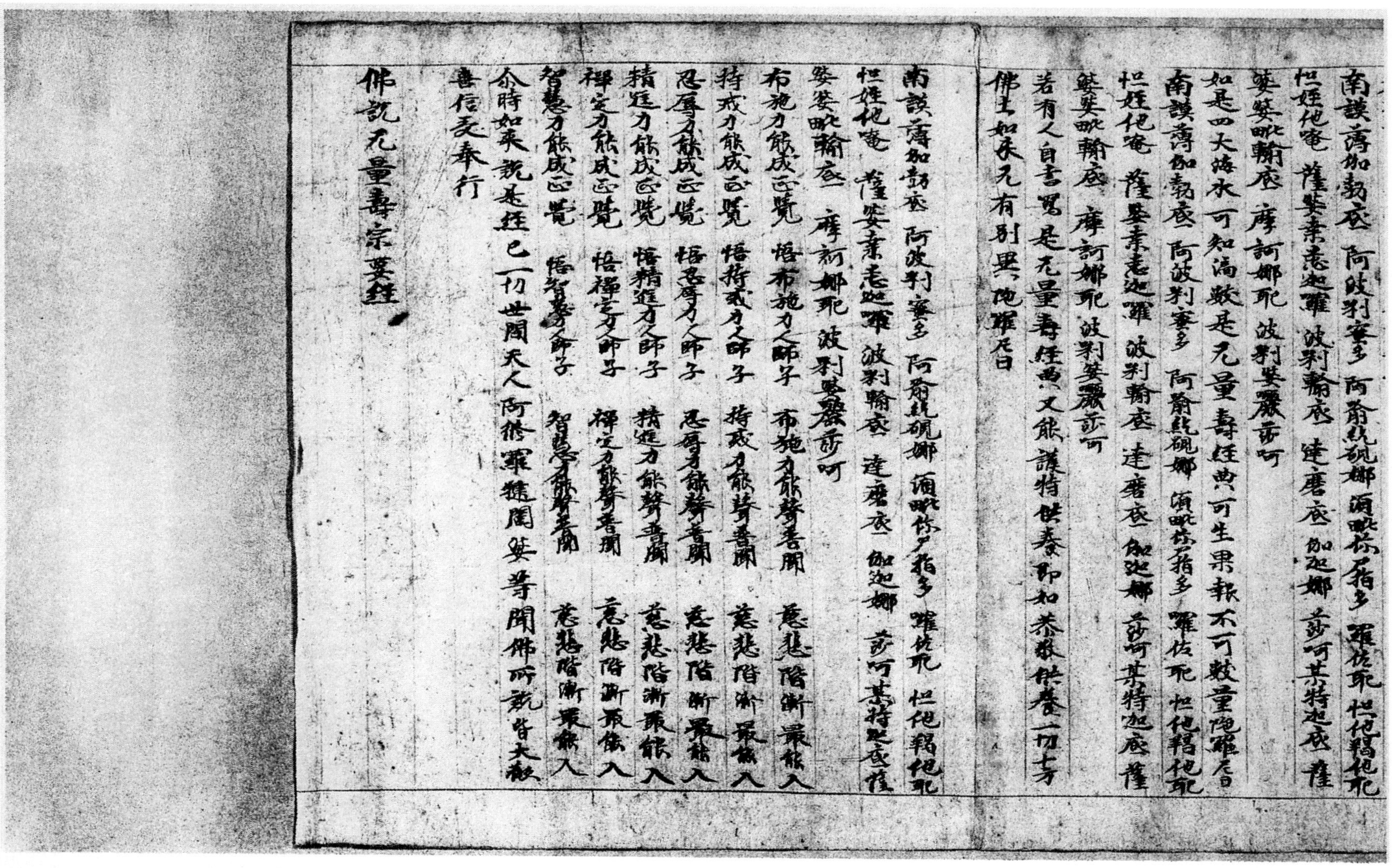

南謨薄伽勃底 阿波唎蜜多 阿諭紇硯娜 須毗你指多 囉佐耶 怛他羯他耶
怛姪他唵 薩婆桑悉迦囉 波唎輸底 達磨底 伽迦娜 莎訶某特迦底 薩
婆婆毗輸底 摩訶娜耶 波唎婆嚩莎訶
如是四大海水可知渧數 是无量壽經典可生果報不可數量 陀羅尼曰
南謨薄伽勃底 阿波唎蜜多 阿諭紇硯娜 須毗你指多 囉佐耶 怛他羯他耶
怛姪他唵 薩婆桑悉迦囉 波唎輸底 達磨底 伽迦娜 莎訶某特迦底 薩
婆婆毗輸底 摩訶娜耶 波唎婆嚩莎訶
若有人自書寫是无量壽經典 又能讓特供養 即如恭敬供養一切十方
佛土如來无有別異 陀羅尼曰
南謨薄伽勃底 阿波唎蜜多 阿諭紇硯娜 須毗你指多 囉佐耶 怛他羯他耶
怛姪他唵 薩婆桑悉迦囉 波唎輸底 達磨底 伽迦娜 莎訶某特迦底 薩
婆婆毗輸底 摩訶娜耶 波唎婆嚩莎訶
布施力能成正覺 悟布施力人師子 布施力能聲善聞 慈悲陷漸衆能入
持戒力能成正覺 悟持戒力人師子 持戒力能聲善聞 慈悲陷漸衆能入
忍辱力能成正覺 悟忍辱力人師子 忍辱力能聲善聞 慈悲陷漸衆能入
精進力能成正覺 悟精進力人師子 精進力能聲善聞 慈悲陷漸衆能入
禪定力能成正覺 悟禪定力人師子 禪定力能聲善聞 慈悲陷漸衆能入
智慧力能成正覺 悟智慧力人師子 智慧力能聲善聞 慈悲陷漸衆能入
爾時如來說是經已 一切世間天人阿修羅揵闥婆等 聞佛所說 皆大歡
喜信受奉行
佛說无量壽宗要經

BD03211號　無量壽宗要經　（6–6）

八八
八念行人作學道 絡思紺兜錦 錦錦錦
八念行學道不辭勞 始不知本由性 謠邪壞捧你不趕 吾今勸你不得
八念人莫道我 我不肯弃 紫檜覓
絡時

BD03211號背　雜寫　（1–1）

所依維摩詰言菩薩於生死畏中當依如來
功德之力文殊師利又問菩薩欲依如來功
德之力當於何住荅曰菩薩欲依如來功德
力者當住度脫一切衆生又問欲度衆生當
何所除荅曰欲度衆生除其煩惱又問欲除
煩惱當何所行荅曰當行正念又問云何行
於正念荅曰當行不生不滅又問何法不生
何法不滅荅曰不善不生善法不滅又問善
不善孰爲本荅曰身爲本又問身孰爲本荅
曰欲貪爲本又問欲貪孰爲本荅曰虛妄分別
爲本又問虛妄分別孰爲本荅曰顛倒想爲
本又問顛倒想孰爲本荅曰无住爲本又
問无住孰爲本荅曰无住則无本文殊師利
從无住本立一切法
時維摩詰室有一天女見諸大人聞所說法
便現其身即以天華散諸菩薩大弟子上華
至諸菩薩即皆墮落至大弟子便著不墮一
切弟子神力去華不能令去尒時天問舍利
弗何故去華荅曰此華不如法是以去之天

BD03212 號　維摩詰所說經卷中　（15–1）

時維摩詰室有一天女見諸大人聞所說法
便現其身即以天華散諸菩薩大弟子上華
至諸菩薩即皆墮落至大弟子便著不墮一
切弟子神力去華不能令去尒時天問舍利
弗何故去華荅曰此華不如法是以去之天
曰勿謂此華爲不如法所以者何是華无所
分別仁者自生分別想耳若於佛法出家有
所分別爲不如法若无所分別是則如法觀諸
菩薩華不著者以斷一切分別想故譬如人
畏時非人得其便如是弟子畏生死故色
聲香味觸得其便已離畏者一切五欲无能爲
也結習未盡華著身耳結習盡者華不著
也舍利弗言天止此室其已久如荅曰我止
此室如耆年解脫舍利弗言止此久耶天曰
耆年解脫亦何如久舍利弗默然不荅天曰
如何耆舊大智而嘿荅曰解脫者无所言說
故吾於是不知所云天曰言說文字皆解脫
相所以者何解脫者不內不外不在兩間文
字亦不內不外不在兩間是故舍利弗无離
文字說解脫也所以者何一切諸法皆解脫
相舍利弗言不復以離婬怒癡爲解脫乎天
曰佛爲增上慢人說離婬怒癡爲解脫耳
若无增上慢者佛說婬怒癡性即是解脫舍
利弗言善哉善哉天女汝何所得以何爲證
辯乃如是天曰我无得无證故辯如是所以

BD03212 號　維摩詰所說經卷中　（15–2）

若无增上慢者佛說婬怒癡性即是解脫舍
利弗言善哉善哉天女汝何所得以何爲證
辯乃如是天曰我无得无證故辯如是所以
者何若有得有證者則於佛法爲增上慢
舍利弗問天汝於三乘爲何志求天曰以聲
聞法化衆生故我爲聲聞以因緣法化衆生
故我爲辟支佛以大慈化衆生故我爲大乘
舍利弗如人入瞻蔔林唯嗅瞻蔔不嗅餘香
如是若入此室但聞佛功德之香不樂聞聲
聞辟支佛功德香也舍利弗其有釋梵四天
王諸天龍鬼神等入此室者聞斯上人講說
正法皆樂佛功德之香發心而出舍利弗吾止
此室十有二年初不聞說聲聞辟支佛法但
聞菩薩大慈大悲不可思議諸佛之法舍利
弗此室常現八未曾有難得之法何等爲八
此室常以金色光照晝夜无異不以日月所
照爲明是爲一未曾有難得之法此室入者
不爲諸垢之所惱也是爲二未曾有難得之
法此室常有釋梵四天王他方菩薩來會不
絕是爲三未曾有難得之法此室常說六波
羅蜜不退轉法是爲四未曾有難得之法此
室常作天人第一之樂絃出无量法化之聲是
爲五未曾有難得之法此室有四大藏衆
寶積滿周窮濟乏求得无盡是爲六未曾有

BD03212 號　維摩詰所說經卷中　（15–3）

羅蜜不退轉法是爲四未曾有難得之法此
室常作天人第一之樂絃出无量法化之聲是
爲五未曾有難得之法此室有四大藏衆
寶積滿周窮濟乏求得无盡是爲六未曾有
難得之法此室釋迦牟尼佛阿弥陁佛阿閦
佛寶德寶炎寶月寶嚴難勝師子響一切利
成如是等十方无量諸佛是上人念時即皆
爲來廣說諸佛秘要法藏說已還去是爲七
未曾有難得之法此室一切諸天嚴飾宮殿
諸佛淨土皆於中現是爲八未曾有難得之
法舍利弗此室常現八未曾有難得之法誰
有見斯不思議事而復樂於聲聞法乎
舍利弗言汝何以不轉女身天曰我從十二年
來求女人相了不可得當何所轉譬如幻師
化作幻女若有人問何以不轉女身是人
爲正問不舍利弗言不也幻无定相當何所
轉天曰一切諸法亦復如是无有定相云何
乃問不轉女身即時天女以神通力變舍利
弗令如天女天自化身如舍利弗而問言何
以不轉女身舍利弗以天女像而答言我今
不知何轉而變爲女身天曰舍利弗若能轉
此女身則一切女人亦當能轉如舍利弗非
女而現女身一切女人亦復如是雖現女身
而非女也是故佛說一切諸法非男非女即

BD03212 號　維摩詰所說經卷中　（15–4）

此女身則一切女人亦當能轉如舍利弗非
女而現女身一切女人亦復如是雖現女身
而非女也是故佛說一切諸法非男非女即
時天女還攝神力舍利弗身還復如故天問
舍利弗女身色相今何所在舍利弗言女身
色相无在无不在天曰一切諸法亦復如是
无在无不在夫无在无不在者佛所說也舍
利弗問天汝於此沒當生何所天曰佛化所
生吾如彼生曰佛化所生非沒生也天曰衆
生猶然无沒生也舍利弗問天汝久如當得
阿耨多羅三藐三菩提天曰如舍利弗還爲
凡夫我乃當成阿耨多羅三藐三菩提舍利
弗言我作凡夫无有是處天曰我得阿耨多
羅三藐三菩提亦无是處所以者何菩提无
住處是故无有得者舍利弗言今諸佛得
阿耨多羅三藐三菩提已得當得如恒河沙皆謂
何乎天曰皆以世俗文字數故說有三世非
謂菩提有去來今天曰舍利弗汝得阿羅
漢道耶曰无所得故而得天曰諸佛菩薩亦
復如是无所得故而得尒時維摩詰語舍利
弗是天女曾已供養九十二億佛已能遊戲
菩薩神通所願具足得无生忍住不退轉以
本願故隨意能現教化衆生

佛道品第八

菩薩神通所願具足得无生忍住不退轉以
本願故隨意能現教化衆生

佛道品第八

尒時文殊師利問維摩詰言菩薩云何通達
佛道維摩詰言若菩薩行於非道是爲通達
佛道又問云何菩薩行於非道答曰若菩薩
行五无間而无惱恚至于地獄无諸罪垢至
于畜生无有无明憍慢等過至于餓鬼而具
足功德行色无色界道不以爲勝示行貪欲
離諸染著示行瞋恚於諸衆生无有恚㝵示
行愚癡而以智慧調伏其心示行慳貪而捨
內外所有不惜身命示行毀禁而安住淨戒
乃至小罪猶懷大懼示行瞋恚而常慈忍示
行懈怠而勤脩功德示行亂意而常念定示
行愚癡而通達世間出世間慧示行諂僞而
善方便隨諸經義示行憍慢而於衆生猶如
橋梁示行諸煩惱而心常清淨示入於魔而
順佛智慧不隨他教示入聲聞而爲衆生說
未聞法示入辟支佛而成就大悲教化衆生
示入貧窮而有寶手功德无盡示入形殘而
具諸相好以自莊嚴示入下賤而生佛種性
中具諸功德示入羸劣醜陋而得那羅延身
一切衆生之所樂見示入老病而永斷病根
超越死畏示有資生而恒觀无常實无所貪

中具諸功德示入羸劣醜陋而得那羅延身
一切衆生之所樂見示入老病而永斷病根
超越死畏示有資生而恒觀无常實无所貪
示有妻妾婇女而常遠離五欲淤泥現於訥
鈍而成就辯才惣持无失示入邪濟而以正
濟度諸衆生現遍入諸道而斷其因緣現於
涅槃而不斷生死文殊師利菩薩能如是行
於非道是爲通達佛道
於是維摩詰問文殊師利何等爲如來種文
殊師利言有身爲種无明有愛爲種貪恚癡
爲種四顛倒爲種五蓋爲種六入爲種七識
處爲種八邪法爲種九惱處爲種十不善道
爲種以要言之六十二見及一切煩惱皆是
佛種曰何謂也荅曰若見无爲入正位者不
能復發阿耨多羅三藐三菩提心譬如高原
陸地不生蓮華卑濕汙泥乃生此華如是見
无爲法入正位者終不復能生於佛法煩惱
泥中乃有衆生起佛法耳又如殖種於空終
不得生糞壤之地乃能滋茂如是入无爲正
位者不生佛法起於我見如須彌山猶能發
于阿耨多羅三藐三菩提心生佛法矣是故
當知一切煩惱爲如來種譬如不下巨海不
能得无價寶珠如是不入煩惱大海則不能
得生一切智寶

當知一切煩惱爲如來種譬如不下巨海不
能得无價寶珠如是不入煩惱大海則不能
得生一切智寶
尒時大迦葉歎言善哉善哉文殊師利快說
此語誠如所言塵勞之疇爲如來種我等今
者不復堪任發阿耨多羅三藐三菩提心乃
至五无間罪猶能發意生於佛法而今我等
永不能發譬如根敗之士其於五欲不能復
利如是聲聞諸結斷者於佛法中无所復益
永不志願是故文殊師利凡夫於佛法有反
復而聲聞无也所以者何凡夫聞佛法能起
无上道心不斷三寶正使聲聞終身聞佛法
力无所畏等永不能發无上道意尒時會中
有菩薩名普現色身問維摩詰言居士父母妻
子親戚眷屬吏民知識悉爲是誰奴婢僮僕
象馬車乘皆何所在於是維摩詰以偈荅曰
智度菩薩母　方便以爲父　一切衆導師　无不由是生
法喜以爲妻　慈悲心爲女　善心誠實男　畢竟空寂舍
弟子衆塵勞　隨意之所轉　道品善知識　由是成正覺
諸度法等侶　四攝爲伎女　歌詠誦法言　以此爲音樂
揔持之園苑　无漏法林樹　覺意淨妙華　解脫智慧果
八解之浴池　定水湛然滿　布以七淨華　浴此无垢人
象馬五通馳　大乘以爲車　調御以一心　遊於八正路
相具以嚴容　衆好飾其姿　慚愧之上服　深心爲華鬘
富有七財寶　教授以滋息　如所說脩行　迴向爲大利

八解之浴池　定水湛然滿　布以七淨華　浴此无垢人
象馬五通馳　大乘以為車　調御以一心　遊於八正路
相具以嚴容　衆好飾其姿　慚愧之上服　深心為華鬘
富有七財寶　教授以滋息　如所說脩行　迴向為大利
四禪為床坐　從於淨命生　多聞增智慧　以為自覺音
甘露法之食　解脫味為漿　淨心以澡浴　戒品為塗香
摧滅煩惱賊　勇健无能踰　降伏四種魔　勝幡建道場
雖知无起滅　示彼故有生　悉現諸國土　如日无不見
供養於十方　无量億如來　諸佛及己身　无有分別想
雖知諸佛國　及與衆生空　而常脩淨土　教化於群生
諸有衆生類　形聲及威儀　无畏力菩薩　一時能盡現
覺知衆魔事　而示隨其行　以善方便力　隨意皆能現
或示老病死　成就諸群生　了知如幻化　通達无有閡
或現劫盡燒　天地皆洞然　衆人有常想　照令知无常
无數億衆生　俱來請菩薩　一時到其舍　化令向佛道
經書禁呪術　工巧諸伎藝　盡現行此事　饒益諸群生
世間衆道法　悉於中出家　因以解人惑　而不墮耶見
或作日月天　梵王世界主　或時作地水　或復作風火
劫中有疾病　現作諸藥草　若有服之者　除病消衆毒
劫中有飢饉　現身作飲食　先救彼飢渴　却以法語之
劫中有刀兵　為之起慈悲　化彼諸衆生　令住无諍地
若有大戰陣　立之以等力　菩薩現威勢　降伏使和安
一切國土中　諸有地獄處　輙往到于彼　勉濟其苦惱
一切國土中　畜生相食噉　皆現生於彼　為之作利益
示受於五欲　亦復現行禪　令魔心憒亂　不能得其便

BD03212號　維摩詰所說經卷中　（15–9）

若有大戰陣　立之以等力　菩薩現威勢　降伏使和安
一切國土中　諸有地獄處　輙往到于彼　勉濟其苦惱
一切國土中　畜生相食噉　皆現生於彼　為之作利益
示受於五欲　亦復現行禪　令魔心憒亂　不能得其便
火中生蓮華　是可謂希有　在欲而行禪　希有亦如是
或現作婬女　引諸好色者　先以欲鉤牽　後令入佛智
或為邑中主　或作商人導　國師及大臣　以祐利衆生
諸有貧窮者　現作无盡藏　因以勸導之　令發菩提心
我心憍慢者　為現大力士　消伏諸貢高　令住无上道
其有恐懼衆　居前而慰安　先施以无畏　後令發道心
或現離婬欲　為五通仙人　開導諸群生　令住戒忍慈
見須供事者　現為作僮僕　既悅可其意　乃發以道心
隨彼之所須　得入於佛道　以善方便力　皆能給足之
如是道无量　所行无有崖　智慧无邊際　度脫无數衆
假令一切佛　於无數億劫　讚歎其功德　猶尚不能盡
誰聞如此法　不發菩提心　除彼不肖人　癡冥无智者
入不二法門品第九
尒時維摩詰謂衆菩薩言　諸仁者云何菩薩
入不二法門　各隨所樂說之　會中有菩薩名
法自在　說言　諸仁者　生滅為二　法本不生　今
則无滅　得此无生法忍　是為入不二法門
德首菩薩曰　我我所為二　因有我　故便有我
所　若无有我　則无我所　是為入不二法門
不眴菩薩曰　受不受為二　若法不受　則不可
得以不可得故无取无捨无作无行是為

BD03212號　維摩詰所說經卷中　（15–10）

徳藏菩薩曰我我所為二因有我故便有我
所若无有我則无我所是為入不二法門
不眴菩薩曰受不受為二若法不受則不可
得以不可得故无取无捨无作无行是為入
不二法門
徳頂菩薩曰垢淨為二見垢實性則无淨相
順於滅相是為入不二法門
善宿菩薩曰是動是念為二不動則无念无
念即无分別通達此者是為入不二法門
善眼菩薩曰一相无相為二若知一相即是
无相亦不取无相入於平等是為入不二法門
妙臂菩薩曰菩薩心聲聞心為二觀心相空
如幻化者无菩薩心无聲聞心是為入不二法
門
弗沙菩薩曰善不善為二若不起善不善入
无相際而通達者是為入不二法門
師子菩薩曰罪福為二若達罪性則與福
无異以金剛慧決了此相无縛无解者是為入
不二法門
師子意菩薩曰有漏无漏為二若得諸法等
則不起漏不漏想不着於想亦不住无想是
為入不二法門
淨解菩薩曰有為无為為二若離一切數則
心如虛空以清淨慧无所閡者是為入不二
法門

BD03212號　維摩詰所說經卷中　（15–11）

淨解菩薩曰有為无為為二若離一切數則
心如虛空以清淨慧无所閡者是為入不二
法門
那羅延菩薩曰世間出世間為二世間性空
即是出世間於其中不入不出不溢不散是
為入不二法門
善意菩薩曰生死涅槃為二若見生死性
則无生死无縛无解不然不滅如是解者是
為入不二法門
現見菩薩曰盡不盡為二法若究竟盡若不
盡皆是无盡相无盡相即是空空則无有盡
不盡相如是入者是為入不二法門
普守菩薩曰我无我為二我尚不可得非我
何可得見我實性者不復起二是為入不二
法門
電天菩薩曰明无明為二无明實性即是明
明亦不可取離一切數於其中平等无二者
是為入不二法門
喜見菩薩曰色空為二色則是空非色滅
空色性自空如是受想行識識空為二識即
是空非識滅空識性自空於其中而通達者
是為入不二法門
明相菩薩曰四種異空種異為二四種性即
是空種性如前際後際空故中際亦空若能
如是知諸種性者是為入不二法門

BD03212號　維摩詰所說經卷中　（15–12）

明相菩薩曰四種異空種異為二四種性即
是空種性如前際後際空故中際亦空若能
如是知諸種性者是為入不二法門
妙意菩薩曰眼色為二若知眼性於色不貪
不恚不癡是為寂滅如是耳聲鼻香舌味身
觸意法為二若知意性於法不貪不恚不癡
是為寂滅安住其中是為入不二法門
无盡意菩薩曰布施迴向一切智為二布施
性即是迴向一切智性如是持戒忍辱精進
禪定智慧迴向一切智為二智慧性即是迴
向一切智性於其中入一相者是為入不二法
門
深慧菩薩曰是空是无相是无作為二空即是
无相无相即无作若空无相无作則无心意
識於一切解脫門即是三解脫門者是為入不
二法門
寂根菩薩曰佛法衆為二佛即是法法即是
衆是三寶皆无為相與虛空等一切法亦今
能隨此行者是為入不二法門
心无閡菩薩曰身身滅為二身即是身滅所
以者何見身實相者不起見身及以滅身身
與滅身无二无分別於其中不驚不懼者是
為入不二法門
上善菩薩曰身口意善為二是三業皆无作
[illegible]

以者何見身實相者不起見身及以滅身身
與滅身无二无分別於其中不驚不懼者是
為入不二法門
上善菩薩曰身口意善為二是三業皆无作
相身无作相即口无作相口无作相即意无
作相是三業无作相即一切法无作相能如
是隨无作慧者是為入不二法門
福田菩薩曰福行罪行不動行為二三行實
性即是空空則无福行无罪行无不動行於
此三行而不起者是為入不二法門
華嚴菩薩曰從我起二為二見我實相者不
起二法若不住二法則无有識无所識者是
為入不二法門
德藏菩薩曰有所得相為二若无所得則无
取捨无取捨者是為入不二法門
月上菩薩曰闇與明為二无闇无明則无有
二所以者何如入滅受想定无闇无明一切
法相亦復如是於其中平等入者是為入不
二法門
寶印手菩薩曰樂涅槃不樂世間為二若不
樂涅槃不猒世間則无有二所以者何若有
縛則有解若本无縛其誰求解无縛无解則
无樂猒是為入不二法門
珠頂王菩薩曰正道邪道為二住正道者則
下分別是邪是正離此二[illegible]是為入不二法門

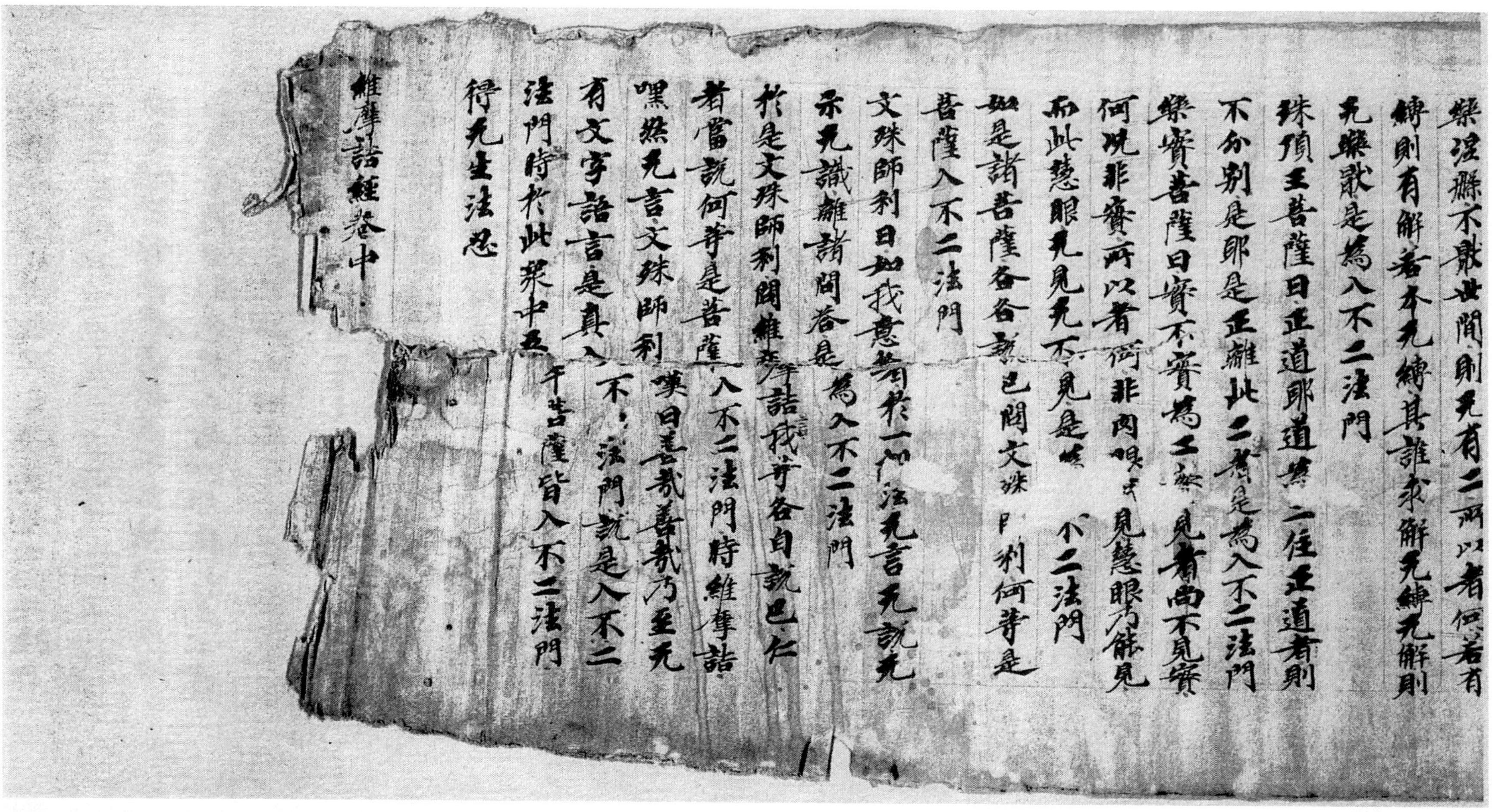

樂涅槃不厭世間則无有二所以者何若有
縛則有解若本无縛其誰求解无縛无解則
无樂厭是為入不二法門
珠頂王菩薩曰正道耶道為二住正道者則
不分別是耶是正離此二者是為入不二法門
樂實菩薩曰實不實為二實見者尚不見實
何況非實所以者何非肉眼所見慧眼乃能見
而此慧眼无見无不見是為入不二法門
如是諸菩薩各各說已問文殊師利何等是
菩薩入不二法門
文殊師利曰如我意者於一切法无言无說无
示无識離諸問荅是為入不二法門
於是文殊師利問維摩詰我等各自說已仁
者當說何等是菩薩入不二法門時維摩詰
嘿然无言文殊師利歎曰善哉善哉乃至无
有文字語言是真入不二法門說是入不二
法門品時於此衆中五千菩薩皆入不二法門
得无生法忍

維摩詰經卷中

BD03212 號　維摩詰所說經卷中　（15–15）

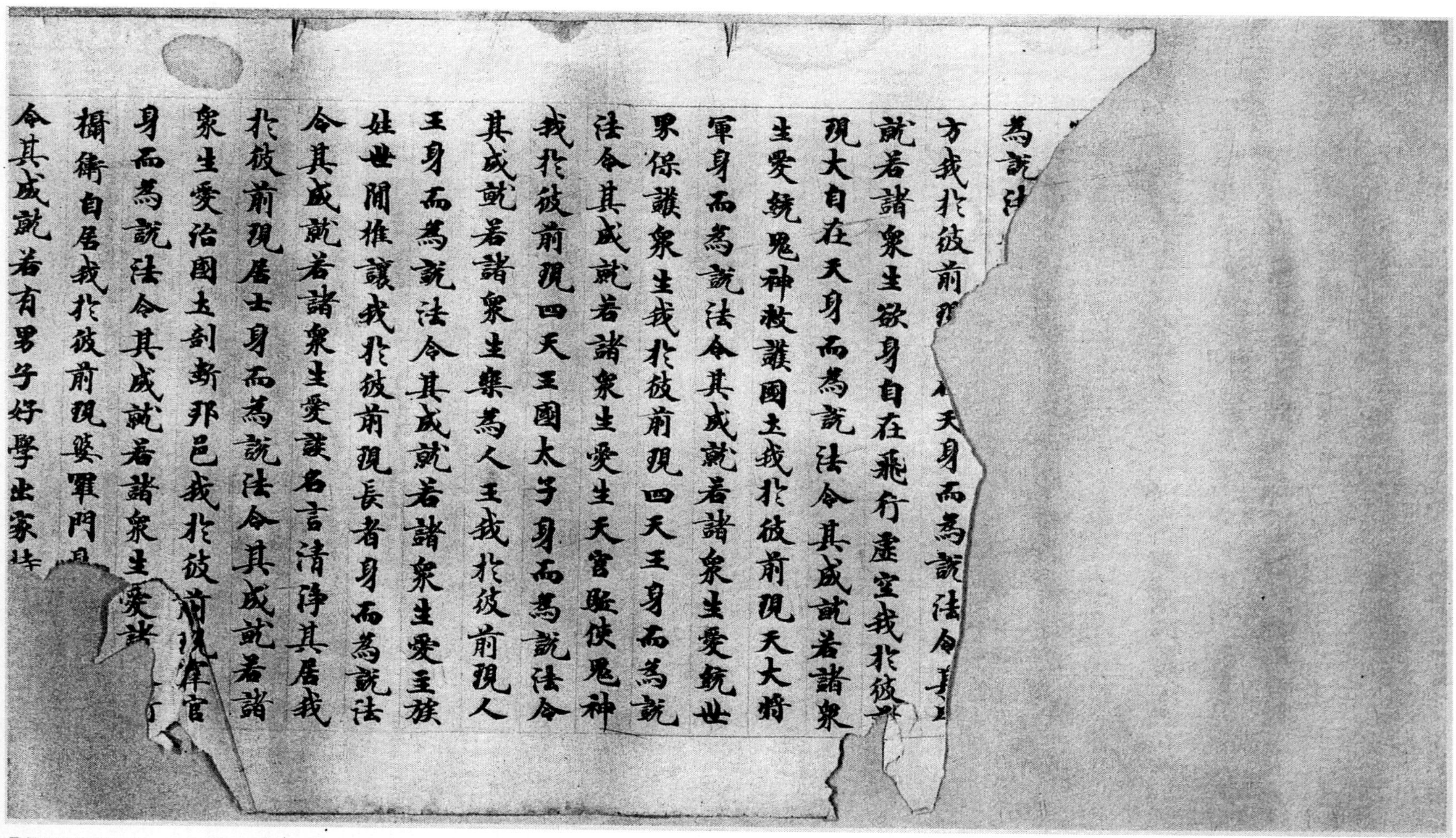

為說法
方我於彼前現[illegible]天身而為說法令其
就若諸衆生欲身自在飛行虛空我於彼前
現大自在天身而為說法令其成就若諸衆
生愛統鬼神救護國土我於彼前現天大將
軍身而為說法令其成就若諸衆生愛統世
界保護衆生我於彼前現四天王身而為說
法令其成就若諸衆生愛生天宮驅使鬼神
我於彼前現四天王國太子身而為說法令
其成就若諸衆生樂為人王我於彼前現人
王身而為說法令其成就若諸衆生愛主族
姓世間推讓我於彼前現長者身而為說法
令其成就若諸衆生愛談名言清淨其居我
於彼前現居士身而為說法令其成就若諸
衆生愛治國土剖斷邦邑我於彼前現宰官
身而為說法令其成就若諸衆生愛諸
攝衛自居我於彼前現婆羅門
令其成就若有男子好學出家持

BD03213 號　大佛頂如來密因修證了義諸菩薩萬行首楞嚴經卷六　（7–1）

身而為說法令其成就若諸衆生愛諸
攝衛自居我於彼前現婆羅門身
令其成就若有男子好學出家持
於彼前現比丘身而為說法令其成就若
女子好學出家持諸禁戒我於彼前現比
尼身而為說法令其成就若有男子樂持五
戒我於彼前現優婆塞身而為說法令其成
就若復女子五戒自居我於彼前現優婆夷
身而為說法令其成就若有女人內政立身
以脩家國我於彼前現女主身及國夫人命
婦大家而為說法令其成就若有衆生不壞
男根我於彼前現童男身而為說法令其成
就若有處女愛樂處身不求侵暴我於彼前
現童女身而為說法令其成就若有諸天樂
出天倫我現天身而為說法令其成就若有
諸龍樂出龍倫我現龍身而為說法令其成
就若有藥叉樂度本倫我於彼前現藥叉身
而為說法令其成就若乾闥婆樂脫其倫我
於彼前現乾闥婆身而為說法令其成就若
阿脩羅樂脫其倫我於彼前現阿脩羅身而
為說法令其成就若緊陁羅樂脫其倫我於
彼前現緊陁羅身而為說法令其成就若摩
呼羅伽樂脫其倫我於彼前現摩呼羅身而
為說法令其成就若諸衆生樂人脩人我現

BD03213號　大佛頂如來密因修證了義諸菩薩萬行首楞嚴經卷六　（7–2）

彼前現緊陁羅身而為說法令其成就若摩
呼羅伽樂脫其倫我於彼前現摩呼羅身而
為說法令其成就若諸衆生樂人脩人我現
人身而為說法令其成就若諸非人有形无
形有想无想樂度其倫我於彼前皆現其身
而為說法令其成就是名妙淨卅二應入國
土身皆以三昧聞薰聞脩无作妙力自在成
就

世尊我復以此聞薰聞脩金剛三昧无作妙
力與諸十方三世六道一切衆生同悲仰故
令諸衆生於我身心獲十四種无畏功德一
者由我不自觀音以觀觀者令彼十方苦惱
衆生觀其音聲即得觧脫二者知見旋復令
諸衆生設入大火火不能燒三者觀聽旋復
令諸衆生大水所漂水不能溺四者斷滅妄
想心无煞害令諸衆生入諸鬼國鬼不能害
五者薰聞成聞六根銷復同於聲聽能令衆
生臨當被害刀段段壞使其兵戈猶如割水
亦如吹光性无搖動六者聞薰精明明遍法
界則諸幽暗性不能全能令衆生藥叉羅剎
鳩槃荼鬼及毗舍遮富單那等雖近其傍目
不能視七者音性圓銷觀聽返入離諸塵妄
能令衆生禁繫枷鎖所不能著八者滅音圓聞
遍生慈力能令衆生經過險路賊不能劫九
者薰聞離塵色所不劫能令一切多婬衆生

BD03213號　大佛頂如來密因修證了義諸菩薩萬行首楞嚴經卷六　（7–3）

不能視七者音性圓銷觀聽返入離諸塵妄
能令衆生禁繫枷鏁所不能著八者滅音圓聞
遍生慈力能令衆生經過嶮路賊不能劫九
者薰聞離塵色所不劫能令一切多婬衆生
遠離貪欲十者純音无塵根境圓融无對所
對能令一切忿恨衆生離諸嗔恚十一者銷
塵旋明法界身心猶如瑠璃朗徹无㝵能令
一切昏鈍性鄣諸阿顛迦永離癡暗十二者
融形復聞不動道場涉入世間不壞世界能
遍十方供養微塵諸佛如來各各佛邊為法
王子能令法界无子衆生欲求男者誕生福
德智慧之男十三者六根圓通明照无二含
十方界立大圓鏡空如來藏承順十方微塵
如來秘密法門受領无失能令法界无子衆
生欲求女者誕生端正福德柔順衆人愛敬
有相之女十四者此三千大千世界百億日
月現住世間諸法王子有六十二恒河沙數
脩法垂範教化衆生隨順衆生方便智慧各
各不同由我所得圓通本根發妙耳門然後
身心微妙含容遍周法界能令衆生持我名
号與彼共持六十二恒河沙諸法王子二人
福德正等无異世尊我一号名與彼衆多名
号无異由我脩習得真圓通是名十四施无
畏力福備衆生
世尊我又獲是圓通脩證无上道故又能善

BD03213號　大佛頂如來密因修證了義諸菩薩萬行首楞嚴經卷六　(7–4)

号无異由我脩習得真圓通是名十四施无
畏力福備衆生
世尊我又獲是圓通脩證无上道故又能善
獲四不思議无作妙德一者由我初獲妙妙
聞心心精遺聞見聞覺知不能分隔成一圓
融清淨寶覺故我能現衆多妙容能說无邊
秘密神呪其中或現一首三首五首七首九
首十一首如是乃至一百八首千首萬首八
万四千爍迦羅首三臂四臂六臂八臂十臂
十二臂十四十六十八卄至卄四如是乃至
一百八臂千臂万臂八万四千母陁羅臂二目
三目四目九目如是乃至一百八目千目万
目八万四千清淨寶目或慈或威或定或慧
救護衆生得大自在二者由我聞思脫出六
塵如聲度垣不能為礙故我妙能現一一形
誦一一呪其形其呪能以无畏施諸衆生
是故十方微塵國土皆名我為施无畏者
三者由我脩習本妙圓通清淨本根所遊世
界皆令衆生捨身珍寶求我哀愍四者我得
佛心證於究竟能以珍寶種種供養十方如
來傍及法界六道衆生求妻得妻求子得子
求三昧得三昧求長壽得長壽如是乃至求
大涅槃得大涅槃佛問圓通我從耳門圓照
三昧緣心自在因入流相得三摩提成就菩

BD03213號　大佛頂如來密因修證了義諸菩薩萬行首楞嚴經卷六　(7–5)

來傍及法界六道衆生求妻得妻求子得子
求三昧得三昧求長壽得長壽如是乃至求
大涅槃得大涅槃佛問圓通我從耳門圓照
三昧緣心自在因入流相得三摩提成就菩
提斯為第一世尊彼佛如來歎我善得圓通
法門於大會中授記我為觀世音号由我觀
聽十方圓明故名觀音遍十方界
尒時世尊於師子座從其五體同放寶光遠
灌十方微塵如來及法王子諸菩薩頂彼諸
如來亦於五體同放寶光從微塵方來灌佛
頂并灌會中諸大菩薩及阿羅漢林木池沼
皆演法音交光相羅如寶絲網是諸大衆得
未曾有一切普獲金剛三昧即時天雨百寶
蓮花青黃赤白間錯紛糅十方虛空成七寶
色此娑婆界大地山河俱時不現唯見十方
微塵國土合成一界梵唄詠歌自然敷奏
於是如來告文殊師利法王子汝今觀此廿
五無學諸大菩薩及阿羅漢各說最初成道
方便皆言修習真實圓通彼等修行實无
優劣前後差別我今欲令阿難開悟廿五行
誰當其根兼我滅後此界衆生入菩薩乘求
无上道何方便門得易成就文殊師利法
王子奉佛慈旨即從座起頂礼佛足承佛威
神說偈對佛

BD03213 號　大佛頂如來密因修證了義諸菩薩萬行首楞嚴經卷六　（7–6）

无上道何方便門得易成就文殊師利法
王子奉佛慈旨即從座起頂礼佛足承佛威
神說偈對佛
覺海性澄圓　圓澄覺元妙　元明照生所　所立照性亡
迷妄有虛空　依空立世界　想澄成國土　知覺乃衆生
空生大覺中　如海一漚發　有漏微塵國　皆從空所生
漚滅空本无　況復諸三有　歸元性无二　方便有多門
聖性无不通　順逆皆方便　初心入三昧　遲速不同倫
色想結成塵　精了不能徹　如何不明徹　於是獲圓通
音聲雜語言　但伊名句味　一非含一切　云何獲圓通
香以合中知　離則元无有　不恒其所覺　云何獲圓通
味性非本然　要以味時有　其覺不恒一　云何獲圓通
觸以所觸明　无所不明觸　合離性非定　云何獲圓通
法稱為內塵　憑塵必有所　能所非遍涉　云何獲圓通
見性雖洞然　明前不明後　四維虧一半　云何獲圓通
鼻息出入通　現前无交氣　支離匪涉入　云何獲圓通
舌非入无端　因味生覺了　味亡了无有　云何獲圓通
身與所觸同　各非圓覺觀　涯量不冥會　云何獲圓通
知根雜亂思　湛了終无見　想念不可脫　云何獲圓通
識見雜三和　詰本稱非相　自體先无定　云何獲圓通
心聞洞十方　生于大因力　初心不能入　云何獲圓通

BD03213 號　大佛頂如來密因修證了義諸菩薩萬行首楞嚴經卷六　（7–7）

有兇戲
又不親近旃陀羅及畜猪羊雞狗
諸惡律儀如是人等或時來者則為說
所悕望又不親近求聲聞比丘比丘尼優
婆塞優婆夷亦不問訊若於房中若經行處
在講堂中不共住止或時來者隨宜說法无
所悕求文殊師利又菩薩摩訶薩不應於女
人身取能生欲想相而為說法亦不樂見若
入他家不與小女處女寡女等共語亦復不
近五種不男之人以為親厚不獨入他家若
有因緣須獨入時但一心念佛若為女人說
法不露齒咲不現胷臆乃至為法猶不親厚
況復餘事不樂畜年少弟子沙弥小兒亦不
樂與同師常好坐禪在於閑處修攝其心文
殊師利是名初親近處復次菩薩摩訶薩觀
一切法空如實相不顛倒不動不退不轉如
虛空无所有性一切語言道斷不生不出不
起无名无相實无所有无量无邊无礙无障
但以因緣有從顛倒生故說常樂觀如是法
相是名菩薩摩訶薩第二親近處尒時世尊

BD03214號　妙法蓮華經卷五

(27–1)

一切法空如實相不顛倒不動不退不轉如
虛空无所有性一切語言道斷不生不出不
起无名无相實无所有无量无邊无礙无障
但以因緣有從顛倒生故說常樂觀如是法
相是名菩薩摩訶薩第二親近處尒時世尊
欲重宣此義而說偈言
若有菩薩　於後惡世　无怖畏心　欲說是經
應入行處　及親近處　常離國王　及國王子
大臣官長　兇險戲者　及旃陀羅　外道梵志
亦不親近　增上慢人　貪著小乘　三藏學者
破戒比丘　名字羅漢　及比丘尼　好戲咲者
深著五欲　求現滅度　諸優婆夷　皆勿親近
若是人等　以好心來　到菩薩所　為聞佛道
菩薩則以　无所畏心　不懷悕望　而為說法
寡女處女　及諸不男　皆勿親近　以為親厚
亦莫親近　屠兒魁膾　畋獵漁捕　為利殺害
販肉自活　衒賣女色　如是之人　皆勿親近
兇險相撲　種種嬉戲　諸婬女等　盡勿親近
莫獨屏處　為女說法　若說法時　无得戲咲
入里乞食　將一比丘　若无比丘　一心念佛
是則名為　行處近處　以此二處　能安樂說
又復不行　上中下法　有為无為　實不實法
亦不分別　是男是女　不得諸法　不知不見
是則名為　菩薩行處　一切諸法　空无所有
无有常住　亦无起滅　是名智者　所親近處
顛倒分別　諸法有无　是實非實　是生非生

BD03214號　妙法蓮華經卷五

(27–2)

是名智者 所親近處
顛倒分別 諸法有无 是實非實 是生非生
在於閑處 修攝其心 安住不動 如須弥山
觀一切法 皆无所有 猶如虛空 无有堅固
不生不出 不動不退 常住一相 是名近處
若有比丘 於我滅後 入是行處 及親近處
說斯經時 无有怯弱 菩薩有時 入於靜室
以正憶念 隨義觀法 從禪定起 為諸國王
王子臣民 婆羅門等 開化演暢 說斯經典
其心安隱 无有怯弱 文殊師利 是名菩薩
安住初法 能於後世 說法華經
又文殊師利 如來滅後 於末法中 欲說是經
應住安樂行 若口宣說 若讀經時 不樂說人
及經典過 亦不輕慢諸餘法師 不說他人好
惡長短 於聲聞人 亦不稱名說其過惡 亦不
稱名讚歎其美 又亦不生怨嫌之心 善修如
是安樂心故 諸有聽者 不逆其意 有所難問
不以小乘法荅 但以大乘而為解說 令得一
切種智 尒時世尊欲重宣此義而說偈言
菩薩常樂 安隱說法 於清淨地 而施床座
以油塗身 澡浴塵穢 著新淨衣 內外俱淨
安處法座 隨問為說 若有比丘 及比丘尼
諸優婆塞 及優婆夷 國王王子 群臣士民
以微妙義 和顏為說 若有難問 隨義而荅
因緣譬喻 敷演分別 以是方便 皆使發心
漸漸增益 入於佛道 除嬾惰意 及懈怠想
離諸憂惱 慈心說法 晝夜常說 无上道教

BD03214號　妙法蓮華經卷五　（27–3）

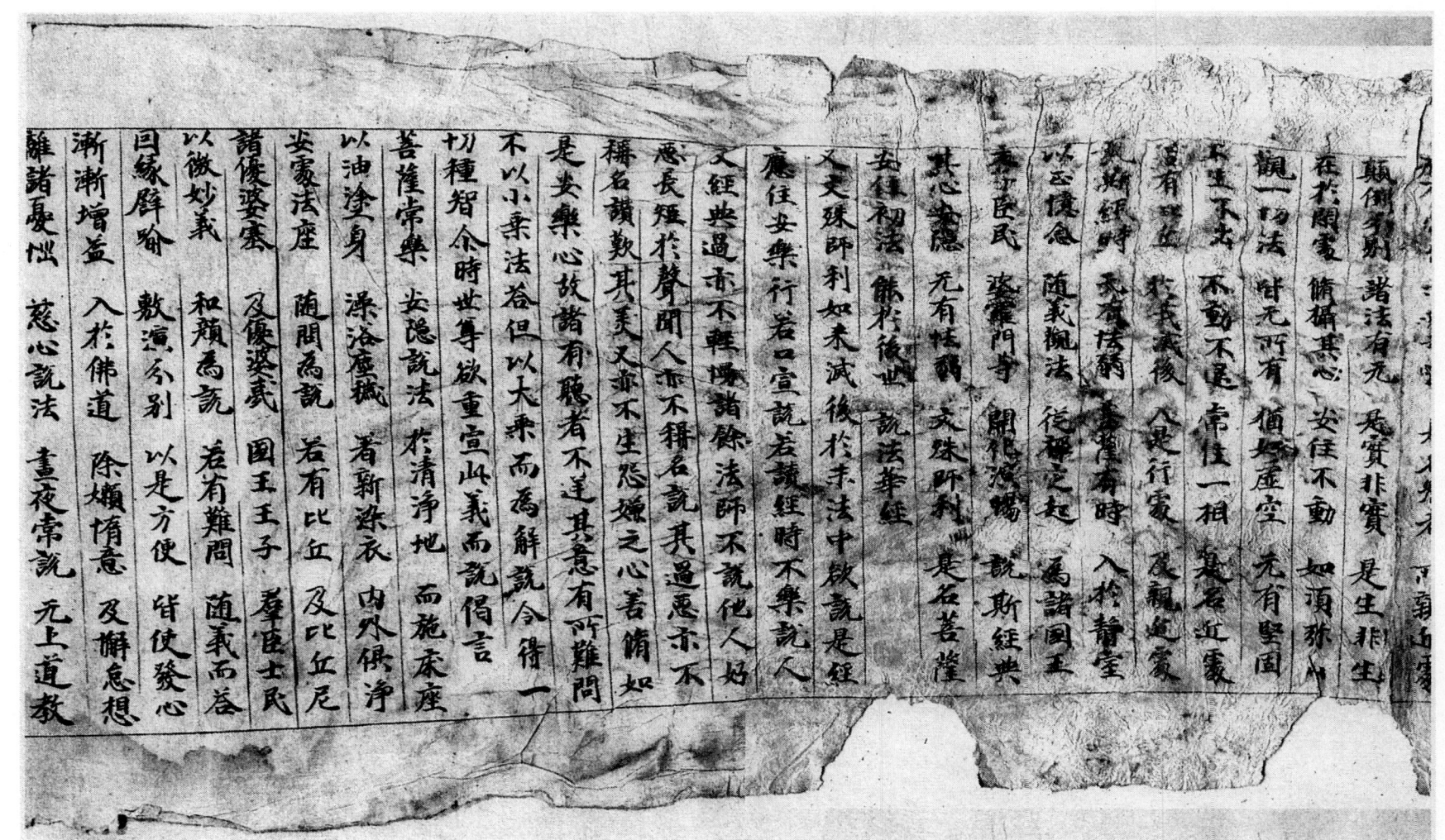

以微妙義
因緣譬喻 敷演分別 以是方便 皆使發心
漸漸增益 入於佛道 除嬾惰意 及懈怠想
離諸憂惱 慈心說法 晝夜常說 无上道教
以諸因緣 无量譬喻 開示衆生 咸令歡喜
衣服臥具 飲食醫藥 而於其中 无所悕望
但一心念 說法因緣 願成佛道 令衆亦尒
是則大利 安樂供養 我滅度後 若有比丘
能演說斯 妙法華經 心无嫉恚 諸惱障礙
亦无憂愁 及罵詈者 又无怖畏 加刀杖等
亦无擯出 安住忍故 智者如是 善修其心
能住安樂 如我上說 其人功德 千万億劫
筭數譬喻 說不能盡
又文殊師利 菩薩摩訶薩 於後末世 法欲滅
時 受持讀誦斯經典者 无懷嫉妬諂誑之心
亦勿輕罵學佛道者 求其長短 若比丘比丘
尼優婆塞優婆夷 求聲聞者 求辟支佛者 求
菩薩道者 无得惱之 令其疑悔 語其人言 汝
等去道甚遠 終不能得一切種智 所以者何
汝是放逸之人 於道懈怠故 又亦不應戲論
諸法 有所諍競 當於一切衆生 起大悲想 於
諸如來 起慈父想 於諸菩薩 起大師想 於十
方諸大菩薩 常應深心 恭敬礼拜 於一切衆
生平等說法 以順法故 不多不少 乃至深愛
法者 亦不為多說 文殊師利 是菩薩摩訶薩
於後末世 法欲滅時 有成就是第三安樂行
者 說是法時 无能惱亂 得好同學 共讀誦是

BD03214號　妙法蓮華經卷五　（27–4）

諸如來起慈父想於諸菩薩起大師想於十
方諸大菩薩常應深心恭敬禮拜於一切衆
生平等說法以順法故不多不少乃至深愛
法者亦不為多說文殊師利是菩薩摩訶薩
於後末世法欲滅時有成就是第三安樂行
者說是法時无能惱亂得好同學共讀誦是
經亦得大衆而來聽受聽已能持持已能誦
誦已能說說已能書若使人書供養經卷恭
敬尊重讚歎尒時世尊欲重宣此義而說偈言
若欲說是經　當捨嫉恚慢　諂誑邪偽心　常脩質直行
不輕蔑於人　亦不戱論法　不令他疑悔　云汝不得佛
是佛子說法　常柔和能忍　慈悲於一切　不生懈怠心
十方大菩薩　愍衆故行道　應生恭敬心　是則我大師
於諸佛世尊　生无上父想　破於憍慢心　說法无障礙
第三法如是　智者應守護　一心安樂行　无量衆所敬
又文殊師利菩薩摩訶薩於後末世法欲滅
時有持法華經者於在家出家人中生大慈
心於非菩薩人中生大悲心應作是念如是
之人則為大失如來方便隨宜說法不聞不知
不覺不問不信不解其人雖不問不信不
解是經我得阿耨多羅三藐三菩提時隨在何
地以神通力智慧力引之令得住是法中文
殊師利是菩薩摩訶薩於如來滅後有成
就此第四法者說是法時无有過失常為比
丘比丘尼優婆塞優婆夷國王王子大臣人
民婆羅門居士等供養恭敬尊重讚歎虛空
諸天為聽法故亦常隨侍若在聚落城邑空

就此第四法者說是法時无有過失常為比
丘比丘尼優婆塞優婆夷國王王子大臣人
民婆羅門居士等供養恭敬尊重讚歎虛空
諸天為聽法故亦常隨侍若在聚落城邑空
閑林中有人來欲難問者諸天晝夜常為法
故而衛護之能令聽者皆得歡喜所以者何
此經是一切過去未來現在諸佛神力所護
故文殊師利是法華經於无量國中乃至名
字不可得聞何況得見受持讀誦文殊師利
譬如强力轉輪聖王欲以威勢降伏諸國而
諸小王不順其命時轉輪王起種種兵而往
討伐王見兵衆戰有功者即大歡喜隨功賞
賜或與田宅聚落城邑或與衣服嚴身之具
或與種種珍寶金銀瑠璃車璖馬瑙珊瑚虎
珀象馬車乘奴婢人民唯髻中明珠不以與
之所以者何獨王頂上有此一珠若以與之
王諸眷屬必大驚怪文殊師利如來亦復如
是以禪定智慧力得法國土王於三界而諸
魔王不肯順伏如來賢聖諸將與之共戰其
有功者心亦歡喜於四衆中為說諸經令其
心悅賜以禪定解脫无漏根力諸法之財又
復賜與涅槃之城言得滅度引導其心令皆
歡喜而不為說是法華經文殊師利如轉輪
王見諸兵衆有大功者心甚歡喜以此難信
之珠久在髻中不妄與人而今與之如來亦
復如是於三界中為大法王以法教化一切

王見諸兵衆有大功者心甚歡喜以此難信
之珠久在髻中不妄與人而今與之如來亦
復如是於三界中為大法王以法教化一切
衆生見賢聖軍與五陰魔煩惱魔死魔共戰
有大功勳滅三毒出三界破魔網尒時如來
亦大歡喜此法華經能令衆生至一切智一
切世間多怨難信先所未說而今說之文殊
師利此法華經是諸如來第一之說於諸說
中最為甚深末後賜與如彼强力之王久護
明珠今乃與之文殊師利此法華經諸佛如
來秘密之藏於諸經中最在其上長夜守護
不妄宣說始於今日乃與汝等而敷演之尒
時世尊欲重宣此義而說偈言
常行忍辱 哀愍一切 乃能演說 佛所讚經
後末世時 持此經者 於家出家 及非菩薩
應生慈悲 斯等不聞 不信是經 則為大失
我得佛道 以諸方便 為說此法 令住其中
譬如强力 轉輪之王 兵戰有功 賞賜諸物
象馬車乘 嚴身之具 及諸田宅 聚落城邑
或與衣服 種種珍寶 奴婢財物 歡喜賜與
如有勇健 能為難事 王解髻中 明珠賜之
如來亦尒 為諸法王 忍辱大力 智慧寶藏
以大慈悲 如法化世 見一切人 受諸苦惱
欲求解脫 與諸魔戰 為是衆生 說種種法
以大方便 說此諸經 既知衆生 得其力已
末後乃為 說是法華 如王解髻 明珠與之

BD03214號 妙法蓮華經卷五 (27–7)

欲求解脫 與諸魔戰 為是衆生 說種種法
以大方便 說此諸經 既知衆生 得其力已
末後乃為 說是法華 如王解髻 明珠與之
此經為尊 衆經中上 我常守護 不妄開示
今正是時 為汝等說 我滅度後 求佛道者
欲得安隱 演說斯經 應當親近 如是四法
讀是經者 常无憂惱 又无病痛 顏色鮮白
不生貧窮 卑賤醜陋 衆生樂見 如慕賢聖
天諸童子 以為給使 刀杖不加 毒不能害
若人惡罵 口則閉塞 遊行无畏 如師子王
智慧光明 如日之照 若於夢中 但見妙事
見諸如來 坐師子座 諸比丘衆 圍繞說法
又見龍神 阿修羅等 數如恒沙 恭敬合掌
自見其身 而為說法 又見諸佛 身相金色
放无量光 照於一切 以梵音聲 演說諸法
佛為四衆 說无上法 見身處中 合掌讚佛
聞法歡喜 而為供養 得陀羅尼 證不退智
佛知其心 深入佛道 即為授記 成最正覺
汝善男子 當於來世 得无量智 佛之大道
國土嚴淨 廣大无比 亦有四衆 合掌聽法
又見自身 在山林中 修習善法 證諸實相
深入禪定 見十方佛
諸佛身金色 百福相莊嚴 聞法為人說 常有是好夢
又夢作國王 捨宮殿眷屬 及上妙五欲 行詣於道場
在菩提樹下 而處師子座 求道過七日 得諸佛之智
成无上道已 起而轉法輪 為四衆說法 經千万億劫

BD03214號 妙法蓮華經卷五 (27–8)

又夢作國王　捨宮殿眷屬　及上妙五欲　行詣於道場
在菩提樹下　而處師子座　求道過七日　得諸佛之智
成无上道已　起而轉法輪　為四衆說法　經千万億劫
說无漏妙法　度无量衆生　後當入涅槃　如烟盡燈滅
若後惡世中　說是第一法　是人得大利　如上諸功德

妙法蓮華經從地踊出品第十五

尒時他方國土諸來菩薩摩訶薩過八恒河
沙數於大衆中起合掌作礼而白佛言世尊
若聽我等於佛滅後在此娑婆世界勤加精
進護持讀誦書寫供養是經典者當於此土
而廣說之尒時佛告諸菩薩摩訶薩衆止善
男子不須汝等護持此經所以者何我娑婆
世界自有六万恒河沙等菩薩摩訶薩一一菩
薩各有六万恒河沙眷屬是諸人等能於
我滅後護持讀誦廣說此經佛說是時娑婆
世界三千大千國土地皆震裂而於其中有
无量千万億菩薩摩訶薩同時踊出是諸菩
薩身皆金色三十二相无量光明先盡在此
娑婆世界之下此界虛空中住是諸菩薩聞
釋迦牟尼佛所說音聲從下發來一一菩薩
皆是大衆唱導之首各將六万恒河沙眷屬
况將五万四万三万二万一万恒河沙等眷
屬者况復乃至一恒河沙半恒河沙四分之
一乃至千万億那由他分之一况復千万億
那由他眷屬况復億万眷屬况復千万百万
乃至一万况復一千一百乃至一十况復將

BD03214號　妙法蓮華經卷五　（27–9）

一乃至千万億那由他分之一况復千万億
那由他眷屬况復億万眷屬况復千万百万
乃至一万况復一千一百乃至一十况復將
五四三二一弟子者况復單己樂遠離行如
是等比无量无邊筭數譬喻所不能知是諸
菩薩從地出已各詣虛空七寶妙塔多寶如
來釋迦牟尼佛所到已向二世尊頭面礼足
及至諸寶樹下師子座上佛所亦皆作礼右
繞三帀合掌恭敬以諸菩薩種種讚法而以
讚歎住在一面欣樂瞻仰於二世尊是諸菩
薩摩訶薩從初踊出以諸菩薩種種讚法而
讚於佛如是時間經五十小劫是時釋迦牟
尼佛嘿然而坐及諸四衆亦皆嘿然五十小
劫佛神力故令諸大衆謂如半日尒時四衆
亦以佛神力故見諸菩薩遍滿无量百千万
億國土虛空是菩薩衆中有四導師一名上
行二名无邊行三名淨行四名安立行是四
菩薩於其衆中最為上首唱導之師在大衆
前各共合掌觀釋迦牟尼佛而問訊言世尊
少病少惱安樂行不所應度者受教易不不
令世尊生疲勞耶尒時四大菩薩而說偈言
世尊安樂　少病少惱　教化衆生　得无疲惓
又諸衆生　受化易不　不令世尊　生疲勞耶
尒時世尊於菩薩大衆中而作是言如是如
是諸善男子如來安樂少病少惱諸衆生等
易可化度无有疲勞所以者何是諸衆生世
世已來常受我化亦於過去諸佛供養尊重

BD03214號　妙法蓮華經卷五　（27–10）

是諸善男子如来安樂少病少惱諸衆生等
易可化度无有疲勞所以者何是諸衆生世
世已来常受我化亦於過去諸佛供養尊重
種諸善根此諸衆生始見我身聞我所說即
皆信受入如来慧除先脩習學小乘者如是
之人我今亦令得聞是經入於佛慧尒時諸
大菩薩而說偈言
善哉善哉　大雄世尊　諸衆生等　易可化度
能問諸佛　甚深智慧　聞已信行　我等隨喜
於時世尊讚歎上首諸大菩薩善哉善哉
善男子汝等能於如来發隨喜心尒時弥勒菩
薩及八千恒河沙諸菩薩衆皆作是念我等
從昔已来不見不聞如是大菩薩摩訶薩
衆從地踊出住世尊前合掌供養問訊如来時
弥勒菩薩摩訶薩知八千恒河沙諸菩薩等
心之所念并欲自決所疑合掌向佛以偈問曰
无量千万億　大衆諸菩薩　昔所未曾見　願兩足尊說
是從何所来　以何因緣集　巨身大神通　智慧叵思議
其志念堅固　有大忍辱力　衆生所樂見　為從何所来
一一諸菩薩　所將諸眷屬　其數无有量　如恒河沙等
或有大菩薩　將六万恒沙　如是諸大衆　一心求佛道
是諸大師等　六万恒河沙　俱来供養佛　及護持此經
將五万恒沙　其數過於是　四万及三万　二万至一万
一千一百等　乃至一恒沙　半及三四分　億万分之一
千万那由他　万億諸弟子　及至於半億　其數復過上
百万至一万　一千及一百　五十與一十　乃至三二一

BD03214號　妙法蓮華經卷五　（27–11）

一千一百等　乃至一恒沙　半及三四分　億万分之一
千万那由他　万億諸弟子　及至於半億　其數復過上
百万至一万　一千及一百　五十與一十　乃至三二一
單己无眷屬　樂於獨處者　俱来至佛所　其數轉過上
如是諸大衆　若人行籌數　過於恒沙劫　猶不能盡知
是諸大威德　精進菩薩衆　誰為其說法　教化而成就
從誰初發心　稱揚何佛法　受持行誰經　脩習何佛道
如是諸菩薩　神通大智力　四方地震裂　皆從中踊出
世尊我昔来　未曾見是事　願說其所從　國土之名号
我常遊諸國　未曾見是衆　我於此衆中　乃不識一人
忽然從地出　願說其因緣　今此之大會　无量百千億
是諸菩薩等　皆欲知此事　是諸菩薩衆　本末之因緣
无量德世尊　唯願決衆疑
尒時釋迦牟尼佛分身諸佛從无量千万億
他方國土来者在於八方諸寶樹下師子座
上結跏趺坐其佛侍者各各見是菩薩大衆
於三千大千世界四方從地踊出住於虛空
各白其佛言世尊此諸无量无邊阿僧祇菩
薩大衆從何所来尒時諸佛各告侍者諸善
男子且待須臾有菩薩摩訶薩名弥勒釋迦
牟尼佛之所授記次後作佛已問斯事佛今
荅之汝等自當因是得聞尒時釋迦牟尼佛
告弥勒菩薩善哉善哉阿逸多乃能問佛如
是大事汝等當共一心被精進鎧發堅固意
如来今欲顯發宣示諸佛智慧諸佛自在神
通之力諸佛師子奮迅之力諸佛威猛大勢
之力尒時世尊欲重宣此義而說偈言

BD03214號　妙法蓮華經卷五　（27–12）

告弥勒菩薩善哉善哉阿逸多乃能問佛如
是大事汝等當共一心被精進鎧發堅固意
如來今欲顯發宣示諸佛智慧諸佛自在神
通之力諸佛師子奮迅之力諸佛威猛大勢
之力尒時世尊欲重宣此義而說偈言
當精進一心 我欲說此事 勿得有疑悔 佛智叵思議
汝今出信力 住於忍善中 昔所未聞法 今皆當得聞
我今安慰汝 勿得懷疑懼 佛无不實語 智慧不可量
所得第一法 甚深叵分別 如是今當說 汝等一心聽
尒時世尊說此偈已告弥勒菩薩我今於此大
衆宣告汝等阿逸多是諸大菩薩摩訶薩
无量无數阿僧祇從地踊出汝等昔所未見
者我於是娑婆世界得阿耨多羅三藐三菩
提已教化示導是諸菩薩調伏其心令發道
意此諸菩薩皆於是娑婆世界之下此界虛
空中住於諸經典讀誦通利思惟分別正憶
念阿逸多是諸善男子等不樂在衆多有所
說常樂靜處勤行精進未曾休息亦不依止
人天而住常樂深智无有障礙亦常樂於諸
佛之法一心精進求无上慧尒時世尊欲重
宣此義而說偈言
阿逸汝當知 是諸大菩薩 從无數劫來 脩習佛智慧
悉是我所化 令發大道心 此等是我子 依止是世界
常行頭陁事 志樂於靜處 捨大衆憒閙 不樂多所說
如是諸子等 學習我道法 晝夜常精進 為求佛道故
在娑婆世界 下方空中住 志念力堅固 常勤求智慧

BD03214號　妙法蓮華經卷五　（27–13）

阿逸汝當知 是諸大菩薩 從无數劫來 脩習佛智慧
悉是我所化 令發大道心 此等是我子 依止是世界
常行頭陁事 志樂於靜處 捨大衆憒閙 不樂多所說
如是諸子等 學習我道法 晝夜常精進 為求佛道故
在娑婆世界 下方空中住 志念力堅固 常勤求智慧
說種種妙法 其心无所畏 我於伽耶城 菩提樹下坐
得成最正覺 轉无上法輪 尒乃教化之 令初發道心
今皆住不退 悉當得成佛 我今說實語 汝等一心信
我從久遠來 教化是等衆
尒時弥勒菩薩摩訶薩及无數諸菩薩等心
生疑惑怪未曾有而作是念云何世尊於少時
間教化如是无量无邊阿僧祇諸大菩薩令
住阿耨多羅三藐三菩提即白佛言世尊如
來為太子時出於釋宮去伽耶城不遠坐
於道場得成阿耨多羅三藐三菩提從是已
來始過四十餘年世尊云何於此少時大作
佛事以佛勢力以佛功德教化如是无量大
菩薩衆當成阿耨多羅三藐三菩提世尊此
大菩薩衆假使有人於千万億劫數不能盡
不得其邊斯等久遠已來於无量无邊諸佛
所殖諸善根成就菩薩道常脩梵行世尊如
此之事世所難信譬如有人色美髮黑年二
十五指百歲人言是我子其百歲人亦指年
少言是我父生育我等是事難信佛亦如是
得道已來其實未久而此大衆諸菩薩等已
於无量千万億劫為佛道故勤行精進善入
出住无量百千万億三昧得大神通久脩梵

BD03214號　妙法蓮華經卷五　（27–14）

少言是我父生育我等是事難信佛亦如是
得道已来其實未久而此大衆諸菩薩等已
於无量千万億劫為佛道故勤行精進善入
出住无量百千万億三昧得大神通久脩梵
行善能次第習諸善法巧於問荅人中之寶
一切世間甚為希有今日世尊方云得佛道
時初令發心教化示導令向阿耨多羅三藐
三菩提世尊得佛未久乃能作此大功德事
我等雖復信佛隨宜所說佛所出言未曾虛
妄佛所知者皆悉通達然諸新發意菩薩於
佛滅後若聞是語或不信受而起破法罪業
因緣唯然世尊願為解說除我等疑及未来
世諸善男子聞此事已亦不生疑尒時彌勒菩
薩欲重宣此義而說偈言

佛昔從釋種　出家近伽耶　坐於菩提樹　尒来尚未久
此諸佛子等　其數不可量　久已行佛道　住神通智力
善學菩薩道　不染世間法　如蓮華在水　從地而踊出
皆起恭敬心　住於世尊前　是事難思議　云何而可信
佛得道甚近　所成就甚多　願為除衆疑　如實分別說
譬如少壯人　年始二十五　示人百歲子　髮白而面皺
是等我所生　子亦說是父　父少而子老　舉世所不信
世尊亦如是　得道来甚近　是諸菩薩等　志固无怯弱
從无量劫来　而行菩薩道　巧於難問荅　其心无所畏
忍辱心決定　端正有威德　十方佛所讚　善能分別說
不樂在人衆　常好在禪定　為求佛道故　於下空中住
我等從佛聞　於此事无疑　願佛為未来　演說令開解

忍辱心決定　端正有威德　十方佛所讚　善能分別說
不樂在人衆　常好在禪定　為求佛道故　於下空中住
我等從佛聞　於此事无疑　願佛為未来　演說令開解
若有於此經　生疑不信者　即當墮惡道　願今為解說
是无量菩薩　云何於少時　教化令發心　而住不退地

妙法蓮華經如来壽量品第十六

尒時佛告諸菩薩及一切大衆諸善男子汝
等當信解如来誠諦之語復告大衆汝等當
信解如来誠諦之語又復告諸大衆汝等當信
解如来誠諦之語是時菩薩大衆彌勒為首
合掌白佛言世尊唯願說之我等當信受佛
語如是三白已復言唯願說之我等當信
受佛語尒時世尊知諸菩薩三請不止而告
之言汝等諦聽如来祕密神通之力一切世
間天人及阿脩羅皆謂今釋迦牟尼佛出釋
氏宮去伽耶城不遠坐於道場得阿耨多羅
三藐三菩提然善男子我實成佛已来无量
无邊百千万億那由他劫譬如五百千万億那
由他阿僧祇三千大千世界假使有人末
為微塵過於東方五百千万億那由他阿僧
祇國乃下一塵如是東行盡是微塵諸善男
子於意云何是諸世界可得思惟校計知其
數不彌勒菩薩等俱白佛言世尊是諸世界
无量无邊非筭數所知亦非心力所及一切
聲聞辟支佛以无漏智不能思惟知其限數
我等住阿惟越致地於是事中亦所不達世

无量无邊非筭數所知亦非心力所及一切
聲聞辟支佛以无漏智不能思惟知其限數
我等住阿惟越致地於是事中亦所不達世
尊如是諸世界无量无邊尒時佛告大菩薩
衆諸善男子今當分明宣語汝等是諸世界
若著微塵及不著者盡以爲塵一塵一劫我
成佛已來復過於此百千万億那由他阿僧
祇劫自從是來我常在此娑婆世界說法教
化亦於餘處百千万億那由他阿僧祇國導
利衆生諸善男子於是中間我說然燈佛等
又復言其入於涅槃如是皆以方便分別諸
善男子若有衆生來至我所我以佛眼觀其
信等諸根利鈍隨所應度處處自說名字不
同年紀大小亦復現言當入涅槃又以種種
方便說微妙法能令衆生發歡喜心諸善男
子如來見諸衆生樂於小法德薄垢重者爲
是人說我少出家得阿耨多羅三藐三菩提然
我實成佛已來久遠若斯但以方便教化
衆生令入佛道作如是說諸善男子如來所
演經典皆爲度脫衆生或說己身或說他身
或示己身或示他身或示己事或示他事諸所
言說皆實不虛所以者何如來如實知見
三界之相无有生死若退若出亦无在世及
滅度者非實非虛非如非異不如三界見於
三界如斯之事如來明見无有錯謬以諸衆
生有種種性種種欲種種行種種憶想分別

滅度者非實非虛非如非異不如三界見於
三界如斯之事如來明見无有錯謬以諸衆
生有種種性種種欲種種行種種憶想分別
故欲令生諸善根以若干因緣譬喻言辭種
種說法所作佛事未曾暫廢如是我成佛已
來甚大久遠壽命无量阿僧祇劫常住不滅
諸善男子我本行菩薩道所成壽命今猶未
盡復倍上數然今非實滅度而便唱言當取
滅度如來以是方便教化衆生所以者何若
佛久住於世薄德之人不種善根貧窮下賤
貪著五欲入於憶想妄見網中若見如來常
在不滅便起憍恣而懷厭怠不能生難遭之
想恭敬之心是故如來以方便說比丘當知
諸佛出世難可值遇所以者何諸薄德人過
无量百千万億劫或有見佛或不見者以此
事故我作是言諸比丘如來難可得見斯衆
生等聞如是語必當生於難遭之想心懷戀
慕渴仰於佛便種善根是故如來雖不實滅
而言滅度又善男子諸佛如來法皆如是爲
度衆生皆實不虛譬如良醫智慧聡達明練
方藥善治衆病其人多諸子息若十二十乃
至百數以有事緣遠至餘國諸子於後飲他
毒藥藥發悶亂宛轉于地是時其父還來歸
家諸子飲毒或失本心或不失者遥見其父
皆大歡喜拜跪問訊善安隱歸我等愚癡誤
服毒藥願見救療更賜壽命父見子等苦惱

皆大歡喜拜跪問訊善安隱歸我等愚癡誤
服毒藥願見救療更賜壽命父見子等苦惱
如是依諸經方求好藥草色香美味皆悉具
足擣篩和合與子令服而作是言此大良藥
色香美味皆悉具足汝等可服速除苦惱无
復衆患其諸子中不失心者見此良藥色香
俱好即便服之病盡除愈餘失心者見其父
来雖亦歡喜問訊求索治病然與其藥而不
肯服所以者何毒氣深入失本心故於此好
色香藥而謂不美父作是念此子可愍為毒
所中心皆顛倒雖見我喜求索救療如是好
藥而不肯服我今當設方便令服此藥即作
是言汝等當知我今衰老死時已至是好良
藥今留在此汝可取服勿憂不差作是教已
復至他國遣使還告汝父已死是時諸子聞
父背喪心大憂惱而作是念若父在者慈愍
我等能見救護今者捨我遠喪他國自惟孤
露无復恃怙常懷悲感心遂醒悟乃知此藥
色味香美即取服之毒病皆愈其父聞子悉
已得差尋便来歸咸使見之諸善男子於意
云何頗有人能說此良醫虛妄罪不不也世
尊佛言我亦如是成佛已来无量无邊百千
万億那由他阿僧祇劫為衆生故以方便力
言當滅度亦无有能如法說我虛妄過者尒
時世尊欲重宣此義而說偈言
自我得佛来　所經諸劫數　无量百千万　億載阿僧祇

BD03214號　妙法蓮華經卷五　(27–19)

言當滅度亦无有能如法說我虛妄過者尒
時世尊欲重宣此義而說偈言
自我得佛来　所經諸劫數　无量百千万　億載阿僧祇
常說法教化　无數億衆生　令入於佛道　尒来无量劫
為度衆生故　方便現涅槃　而實不滅度　常住此說法
我常住於此　以諸神通力　令顛倒衆生　雖近而不見
衆見我滅度　廣供養舍利　咸皆懷戀慕　而生渴仰心
衆生既信伏　質直意柔軟　一心欲見佛　不自惜身命
時我及衆僧　俱出靈鷲山　我時語衆生　常在此不滅
以方便力故　現有滅不滅　餘国有衆生　恭敬信樂者
我復於彼中　為說无上法　汝等不聞此　但謂我滅度
我見諸衆生　沒在於苦惱　故不為現身　令其生渴仰
因其心戀慕　乃出為說法　神通力如是　於阿僧祇劫
常在靈鷲山　及餘諸住處　衆生見劫盡　大火所燒時
我此土安隱　天人常充滿　園林諸堂閣　種種寶莊嚴
寶樹多華果　衆生所遊樂　諸天擊天鼓　常作衆伎樂
雨曼陀羅華　散佛及大衆　我淨土不毀　而衆見燒盡
憂怖諸苦惱　如是悉充滿　是諸罪衆生　以惡業因緣
過阿僧祇劫　不聞三寶名　諸有脩功德　柔和質直者
則皆見我身　在此而說法　或時為此衆　說佛壽无量
久乃見佛者　為說佛難值　我智力如是　慧光照无量
壽命无數劫　久脩業所得　汝等有智者　勿於此生疑
當斷令永盡　佛語實不虛　如醫善方便　為治狂子故
實在而言死　无能說虛妄　我亦為世父　救諸苦患者
為凡夫顛倒　實在而言滅　以常見我故　而生憍恣心
放逸著五欲　墮於惡道中　我常知衆生　行道不行道
隨應所可度　為說種種法　每自作是意　以何令衆生

BD03214號　妙法蓮華經卷五　(27–20)

實在而言无　无能說虛妄　我亦爲世父　救諸苦患者
爲凡夫顛倒　實在而言滅　以常見我故　而生憍恣心
放逸著五欲　隨於惡道中　我常知衆生　行道不行道
隨應所可度　爲說種種法　每自作是意　以何令衆生
得入无上道　速成就佛身

妙法蓮華經分別功德品第十七

尒時大會聞佛說壽命劫數長遠如是无量
无邊阿僧祇衆生得大饒益於時世尊告弥
勒菩薩摩訶薩阿逸多我說是如來壽命長
遠時六百八十万億那由他恒河沙衆生得
无生法忍復千倍菩薩摩訶薩得聞持陁羅
尼門復有一世界微塵數菩薩摩訶薩得樂
說无礙辯才復有一世界微塵數菩薩摩訶
薩得百万億无量旋陁羅尼復有三千大千
世界微塵數菩薩摩訶薩能轉不退法輪復
有二千中國土微塵數菩薩摩訶薩能轉清
淨法輪復有小千國土微塵數菩薩摩訶薩
八生當得阿耨多羅三藐三菩提復有四
四天下微塵數菩薩摩訶薩四生當得阿耨
多羅三藐三菩提復有三四天下微塵數菩
薩摩訶薩三生當得阿耨多羅三藐三菩提
復有二四天下微塵數菩薩摩訶薩二生當
得阿耨多羅三藐三菩提復有一四天下微
塵數菩薩摩訶薩一生當得阿耨多羅三藐
三菩提復有八世界微塵數衆生皆發阿耨
多羅三藐三菩提心佛說是諸菩薩摩訶薩

三菩提復有八世界微塵數衆生皆發阿耨
多羅三藐三菩提心佛說是諸菩薩摩訶薩
得大法利時於虛空中雨曼陁羅華摩訶曼
陁羅華以散无量百千万億寶樹下師子座
上諸佛并散七寶塔中師子座上釋迦牟尼
佛及久滅度多寶如來亦散一切諸大菩薩
及四部衆又雨細末栴檀沉水香等於虛空
中天鼓自鳴妙聲深遠又雨千種天衣垂諸
瓔珞真珠瓔珞摩尼珠瓔珞如意珠瓔珞遍
於九方衆寶香爐燒无價香自然周至供養
大會一一佛上有諸菩薩執持幡蓋次第而
上至于梵天是諸菩薩以妙音聲歌无量頌
讚歎諸佛尒時弥勒菩薩從座而起偏袒右
肩合掌向佛而說偈言
佛說希有法　昔所未曾聞　世尊有大力　壽命不可量
无數諸佛子　聞世尊分別　說得法利者　歡喜充遍身
或住不退地　或得陁羅尼　或无礙樂說　万億旋揔持
或有大千界　微塵數菩薩　各各皆能轉　不退之法輪
或有中千界　微塵數菩薩　各各皆能轉　清淨之法輪
復有小千界　微塵數菩薩　餘各八生在　當得成佛道
復有四三二　如是四天下　微塵諸菩薩　隨數生成佛
或一四天下　微塵數菩薩　餘有一生在　當成一切智
如是等衆生　聞佛壽長遠　得无量无漏　清淨之果報
復有八世界　微塵數衆生　聞佛說壽命　皆發无上心
世尊說无量　不可思議法　多有所饒益　如虛空无邊
雨天曼陁羅　摩訶曼陁羅　釋梵如恒沙　无數佛土來
雨栴檀沈水　繽紛而亂墜　如鳥飛空下　供散於諸佛

復有八世界　微塵數衆生　聞佛說壽命　皆發无上心
世尊說无量　不可思議法　多有所饒益　如虛空无邊
雨天曼陁羅　摩訶曼陁羅　釋梵如恒沙　无數佛土来
雨栴檀沉水　繽紛而亂墜　如鳥飛空下　供散於諸佛
天鼓虛空中　自然出妙聲　天衣千万種　旋轉而来下
衆寶妙香爐　燒无價之香　自然悉周遍　供養諸世尊
其大菩薩衆　執七寶幡蓋　高妙万億種　次第至梵天
一一諸佛前　寶幢懸勝幡　亦以千万偈　歌詠諸如来
如是種種事　昔所未曾有　聞佛壽无量　一切皆歡喜
佛名聞十方　廣饒益衆生　一切具善根　以助无上心
尒時佛告弥勒菩薩摩訶薩阿逸多其有衆
生聞佛壽命長遠如是乃至能生一念信解所
得功德无有限量若有善男子善女人為阿
耨多羅三藐三菩提於八十万億那由他劫
行五波羅蜜檀波羅蜜尸羅波羅蜜羼提
波羅蜜毗梨耶波羅蜜禪波羅蜜除般若波
羅蜜以是功德比前功德百分千分百千万
億分不及其一乃至筭數譬喻所不能知若
善男子有如是功德於阿耨多羅三藐三菩
提退者无有是處尒時世尊欲重宣此義而
說偈言
若人求佛慧　於八十万億　那由他劫數　行五波羅蜜
於是諸劫中　布施供養佛　及緣覺弟子　并諸菩薩衆
珎異之飲食　上服與卧具　栴檀立精舍　以園林莊嚴
如是等布施　種種皆微妙　盡此諸劫數　以迴向佛道
若復持禁戒　清淨无缺漏　求於无上道　諸佛之所歎
若復行忍辱　住於調柔地　設衆惡来加　其心不傾動

珎異之飲食　上服與卧具　栴檀立精舍　以園林莊嚴
如是等布施　種種皆微妙　盡此諸劫數　以迴向佛道
若復持禁戒　清淨无缺漏　求於无上道　諸佛之所歎
若復行忍辱　住於調柔地　設衆惡来加　其心不傾動
諸有得法者　懷於增上慢　為此所輕惱　如是亦能忍
若復勤精進　志念常堅固　於无量億劫　一心不懈息
又於无數劫　住於空閑處　若坐若經行　除睡常攝心
以是因緣故　能生諸禪定　八十億万劫　安住心不亂
持此一心福　願求无上道　我得一切智　盡諸禪定際
是人於百千　万億劫數中　行此諸功德　如上之所說
有善男子等　聞我說壽命　乃至一念信　其福過於彼
若人悉无有　一切諸疑悔　深心須臾信　其福為如此
其有諸菩薩　无量劫行道　聞我說壽命　是則能信受
如是諸人等　頂受此經典　願我於未来　長壽度衆生
如今日世尊　諸釋中之王　道場師子吼　說法无所畏
我等未来世　一切所尊敬　坐於道場時　說壽亦如是
若有深心者　清淨而質直　多聞能捴持　隨義解佛語
如是諸人等　於此无有疑
又阿逸多若有聞佛壽命長遠解其言趣是
人所得功德无有限量能起如来无上之慧
何況廣聞是經若教人聞若自持若教人持
若自書若教人書若以華香瓔珞幢幡繒蓋
香油蘇燈供養經卷是人功德无量无邊能
生一切種智阿逸多若善男子善女人聞我
說壽命長遠深心信解則為見佛常在耆闍
崛山共大菩薩諸聲聞衆圍繞說法又見此
[illegible]

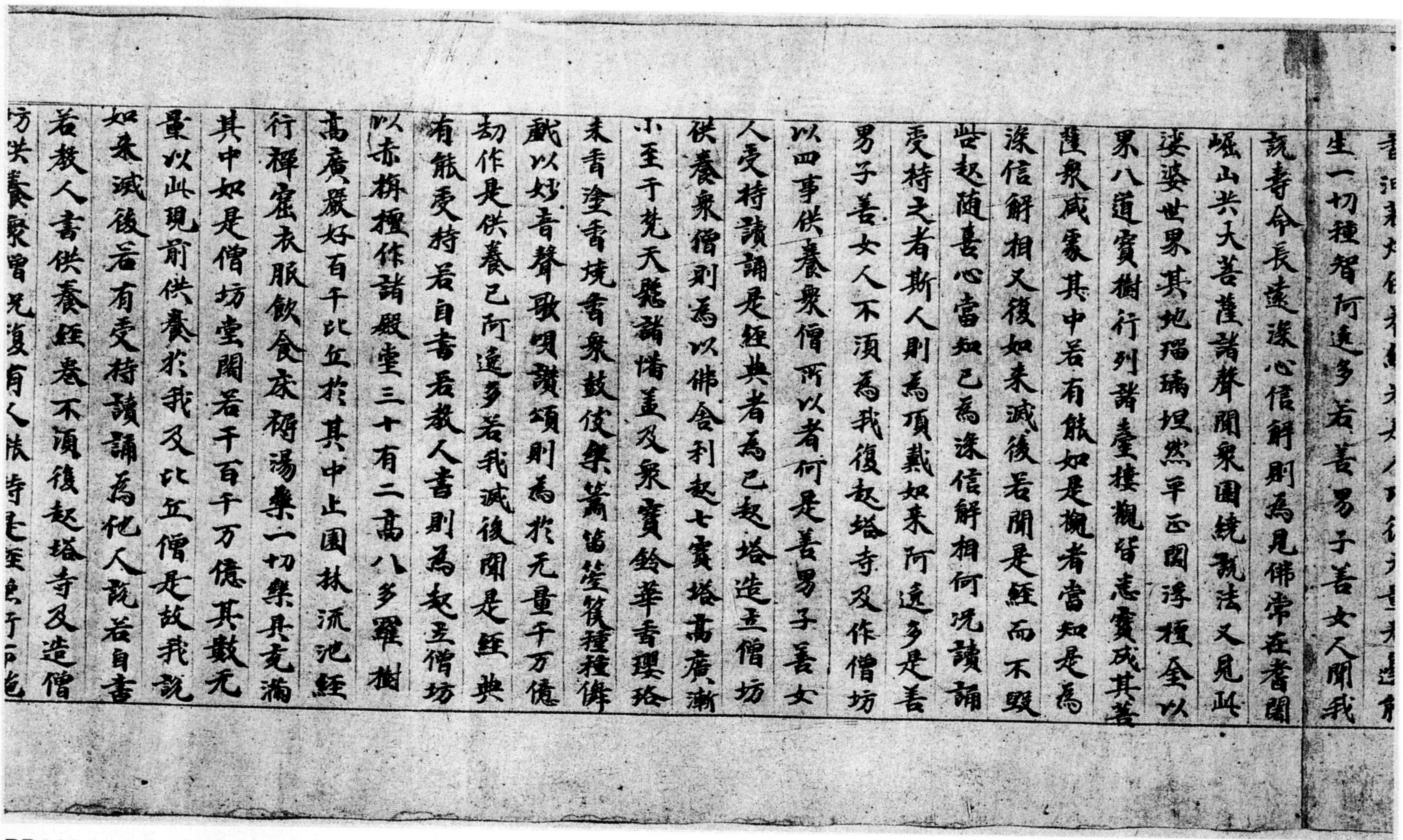

生一切種智阿逸多若善男子善女人聞我
說壽命長遠深心信解則爲見佛常在耆闍
崛山共大菩薩諸聲聞衆圍繞說法又見此
娑婆世界其地瑠璃坦然平正閻浮檀金以
界八道寶樹行列諸臺樓觀皆悉寶成其菩
薩衆咸處其中若有能如是觀者當知是爲
深信解相又復如來滅後若聞是經而不毀
呰起隨喜心當知已爲深信解相何況讀誦
受持之者斯人則爲頂戴如來阿逸多是善
男子善女人不須爲我復起塔寺及作僧坊
以四事供養衆僧所以者何是善男子善女
人受持讀誦是經典者爲已起塔造立僧坊
供養衆僧則爲以佛舍利起七寶塔高廣漸
小至于梵天懸諸幡蓋及衆寶鈴華香瓔珞
末香塗香燒香衆鼓伎樂簫笛箜篌種種儛
戲以妙音聲歌唄讚頌則爲於无量千万億
劫作是供養已阿逸多若我滅後聞是經典
有能受持若自書若教人書則爲起立僧坊
以赤栴檀作諸殿堂三十有二高八多羅樹
高廣嚴好百千比丘於其中止園林流池經
行禪窟衣服飲食床褥湯藥一切樂具充滿
其中如是僧坊堂閣若干百千万億其數无
量以此現前供養於我及比丘僧是故我說
如來滅後若有受持讀誦爲他人說若自書
若教人書供養經卷不須復起塔寺及造僧
坊供養衆僧況復有人能持是經兼行布施

BD03214 號　妙法蓮華經卷五

(27–25)

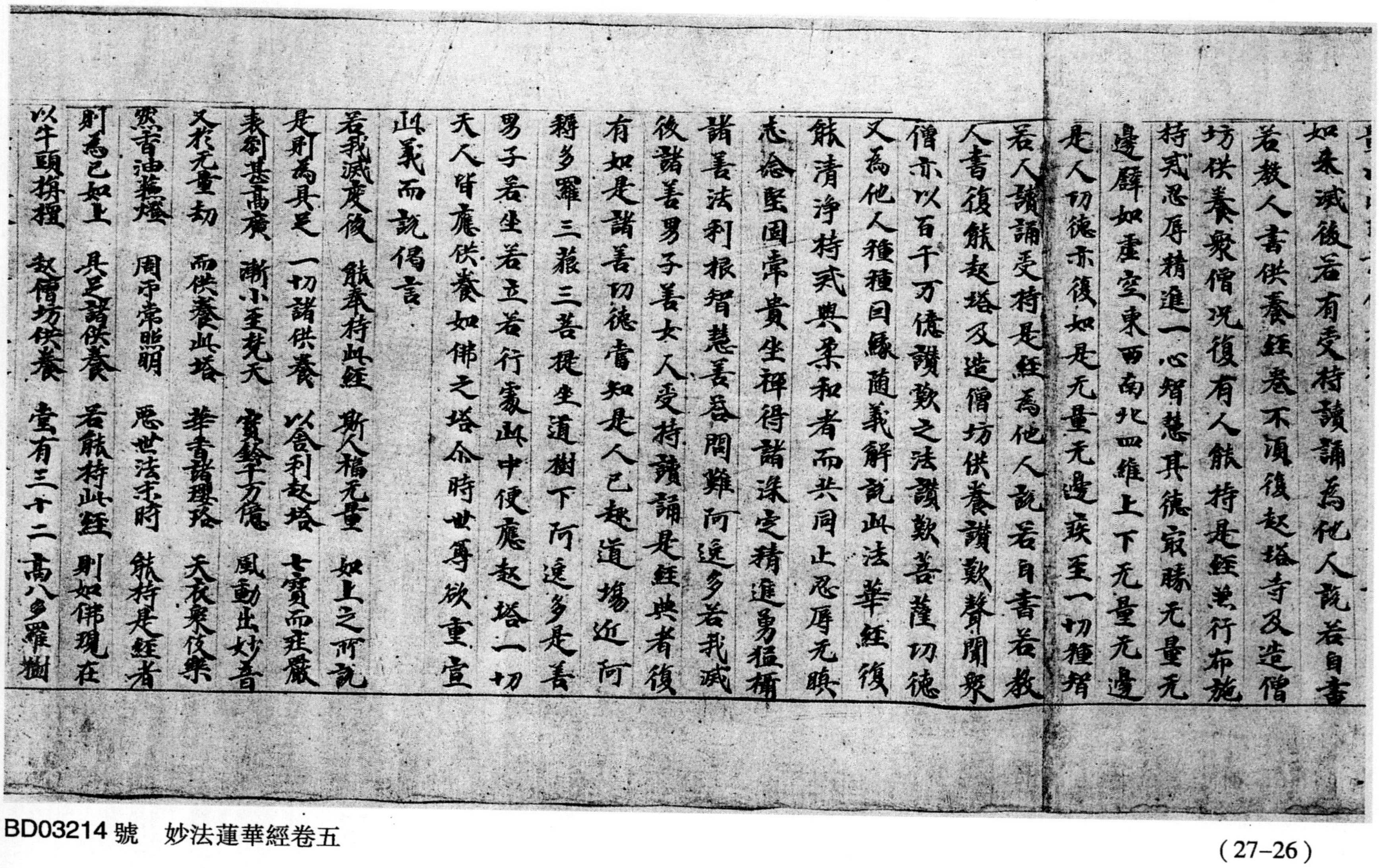

如來滅後若有受持讀誦爲他人說若自書
若教人書供養經卷不須復起塔寺及造僧
坊供養衆僧況復有人能持是經兼行布施
持戒忍辱精進一心智慧其德寂勝无量无
邊譬如虛空東西南北四維上下无量无邊
是人功德亦復如是无量无邊疾至一切種智
若人讀誦受持是經爲他人說若自書若教
人書復能起塔及造僧坊供養讚歎聲聞衆
僧亦以百千万億讚歎之法讚歎菩薩功德
又爲他人種種因緣隨義解說此法華經復
能清淨持戒與柔和者而共同止忍辱无瞋
志念堅固常貴坐禪得諸深定精進勇猛攝
諸善法利根智慧善答問難阿逸多若我滅
後諸善男子善女人受持讀誦是經典者復
有如是諸善功德當知是人已趣道場近阿
耨多羅三藐三菩提坐道樹下阿逸多是善
男子善女人若坐若立若行處此中便應起塔一切
天人皆應供養如佛之塔尒時世尊欲重宣
此義而說偈言
若我滅度後　能奉持此經　斯人福无量　如上之所說
是則爲具足　一切諸供養　以舍利起塔　七寶而莊嚴
表剎甚高廣　漸小至梵天　寶鈴千万億　風動出妙音
又於无量劫　而供養此塔　華香諸瓔珞　天衣衆伎樂
然香油酥燈　周帀常照明　惡世法末時　能持是經者
則爲已如上　具足諸供養　若能持此經　則如佛現在
以牛頭栴檀　起僧坊供養　堂有三十二　高八多羅樹

BD03214 號　妙法蓮華經卷五

(27–26)

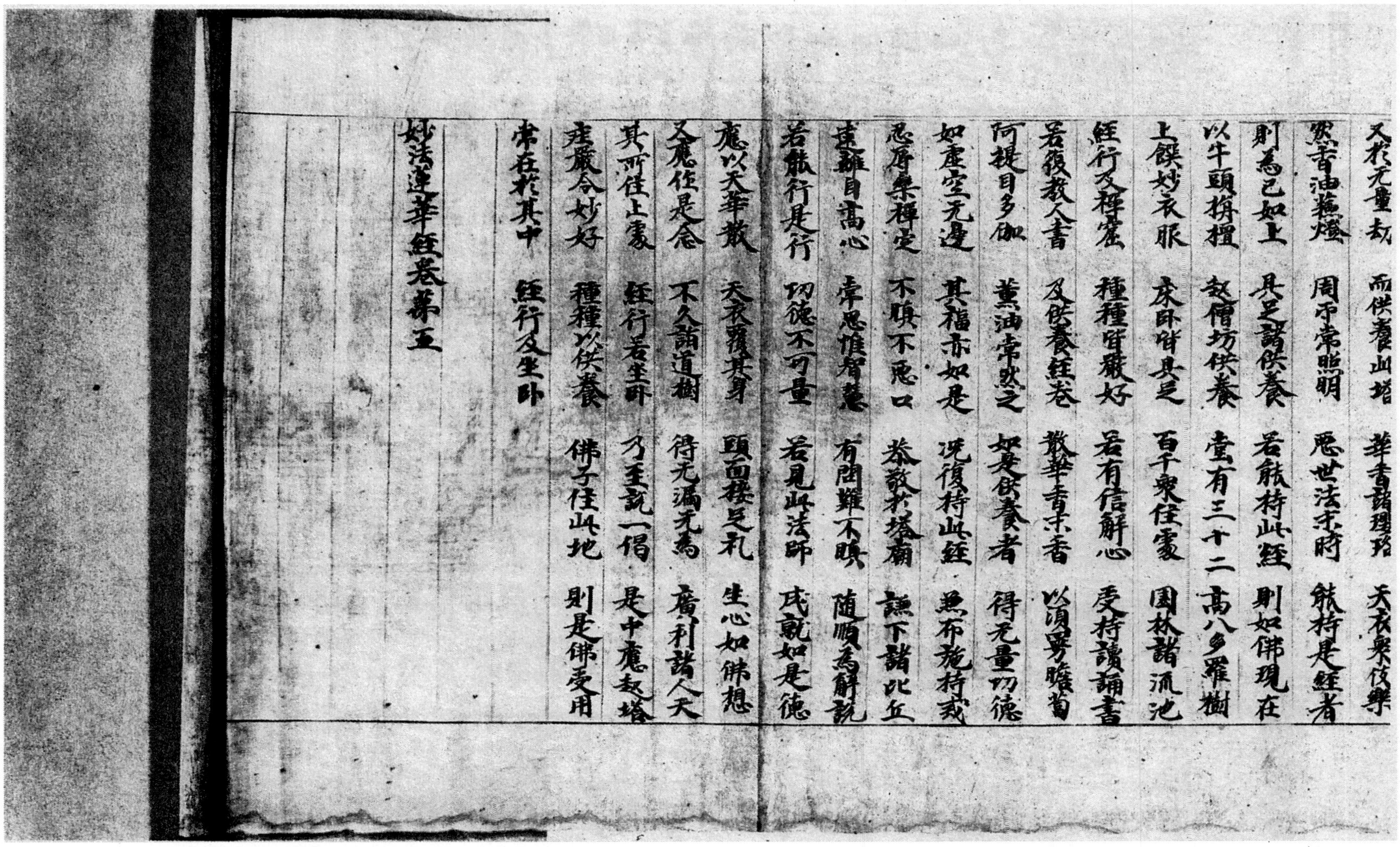

又於无量劫　而供養此塔　華香諸瓔珞　天衣衆伎樂
然香油蘇燈　周帀常照明　惡世法末時　能持是經者
則為已如上　具足諸供養　若能持此經　則如佛現在
以牛頭栴檀　起僧坊供養　堂有三十二　高八多羅樹
上饌妙衣服　床臥皆具足　百千衆住處　園林諸流池
經行及禪窟　種種皆嚴好　若有信解心　受持讀誦書
若復教人書　及供養經卷　散華香末香　以須曼瞻蔔
阿提目多伽　薰油常然之　如是供養者　得无量功德
如虛空无邊　其福亦如是　況復持此經　兼布施持戒
忍辱樂禪定　不瞋不惡口　恭敬於塔廟　謙下諸比丘
遠離自高心　常思惟智慧　有問難不瞋　隨順為解說
若能行是行　功德不可量　若見此法師　成就如是德
應以天華散　天衣覆其身　頭面接足禮　生心如佛想
又應作是念　不久詣道樹　得无漏无為　廣利諸人天
其所住止處　經行若坐臥　乃至說一偈　是中應起塔
莊嚴令妙好　種種以供養　佛子住此地　則是佛受用
常在於其中　經行及坐臥

妙法蓮華經卷第五

BD03214號　妙法蓮華經卷五　（27–27）

宮口忍惟定欲定者循時起欲樂精進
者循時憍驚怖思惟定者循時了得失此法
是循時此法非循此四意須離四失一高二下三沒四如欲共調相應名高
共懈怠相應名下共睡眠相應名沒共塵掉相應名散進念慧三亦高下
不靜下則度退沒則內昏六識則外馳六塵離此四失則不高不下不沒不
心則調柔此出身子論在攝論有料解故釋習相者謂循樂相无
定心思惟身无常得定身樂身輕普空无我亦爾以心定身思惟心无
之心樂心輕普空无我亦爾如是成初禪時此身離生喜樂津液遍
滿田水從外入離生喜樂亦爾成二禪時此身定生喜樂津液遍
滿如山繞池水從內出定生喜樂亦爾成三禪時此身无喜之樂津液遍
滿如蓮華從水出泥未出水者根莖頭水皆遍行无喜樂亦爾成四禪
時此身淨心遍滿如著淨衣无不覆處淨心遍行亦爾問云何津云何
液云何滿答住禪初證名津漸行未廣名液雖廣未到彼岸名遍除到彼岸
滿是名滿復次津液遍滿義一名異如仙告比丘見普時生智生眼生明生覺
不可說異此四亦爾如是善循四禪起通自在如人平治四衢架馬從住是
名依循禪定得五神通者習循得果也廿卅或言得五或言得六得五者
約習未盡言得六者約使已盡此如智度論說六通者一神足二天眼三天
耳四他心五宿命六漏盡神足者亦名如意成亦名身通自在不御名神為
因為稱之神目定果足目定因此目在依身轉故曰身通此自在如心意
故名如意成天眼者是天淨義眼是見義此眼用天中淨根為體此眼
非通通依此勝故名天眼通天耳亦然但目是聞義為異耳他心者彼人
集起名日他心此通緣他心故曰他心通宿命者是宿素命是性命此通

約習未盡言得六者約[?]巳盡此如智度論說六通者一神足二天眼三天
耳四他心五宿命六漏盡神足者亦名如意亦名身通自在不㑹名神為
因為分稱足之神目定果足目定因此自在依身轉故曰身通此自在如心意
故名如意成天眼者是天淨義眼是見義此眼用天中淨根為體此體
非通通依此體故名天眼通天耳亦然但耳是聞義為異耳他心者彼人
集起名曰他心此通緣他心故曰他心通宿命者是宿素命是性命此通
緣宿素命事故曰宿命通漏盡者煩惱名盡何人得漏盡所謂无學此通
緣漏盡之在漏盡身故名漏盡通此六總名神通者冥隱難測為神々懷
虛暢為通身通即從境為名神足如意從因為名何者四神足是本目
定因不目定果此通從四神足生故名神足如意成亦尒故十類中說如
意從方便作名天眼天耳通並從因得名因有二種一生因謂无尋道二依
因謂耳根依是新因生是通因從新不從通也若尒何故婆沙云天眼天耳
是通果故名通答眼耳識相應慧是通體眼耳根非通體通成彼則
成故言是通果此謂相成因果也天眼通亦名生死智若眼識緣現在命終
及受生々死則從境為名若因天眼通生死智緣未來生死者則從果為
名此々如雜心纘述十力中辨他心通若言此通何故名他心則從境為名若
言何故言心不言數則方便建立宿通命者一向從之境為名漏盡通者
若以緣盡者若々緣盡為境則從境為名若々在漏盡身中則依
位建立長耳云六通前五各有五種一呪五二藥五三仙五四報
五々循五呪五者持五種摩伽羅呪得五神通有呪則有无呪則无
呪力勢分唯及於五不及第六以漏盡是實行故藥五者服五種
藥而得五通果如持呪仙五者不因呪藥復非報循忽然有者名仙靈
通報五者六道生處法尒酬因有報則有无報則无如天龍等故名報
通循五者度參方成由循定得故名循通此中所明是循得五通循得有
二種一離欲得二方便得然諸通是解脫道攝如沙門果並不能斷鄣
離不斷鄣必由離鄣方得鄣有二種一使鄣謂正使煩惱二離鄣謂習

BD03215號　法華經疏（擬）　　（11–2）

通脩五者度或方成由脩定得故名脩通此中亦明是脩得五通脩得有
二種一離欲得二方便得無諸通是解脫道譬如沙門果並不能斷鄣
雖不斷鄣必由離鄣方得鄣有二種一使鄣謂正使煩惱二攝鄣謂習
氣无知此二之名或鄣定鄣離使鄣有少分離有畢竟若畢竟離欲
時得者斷離欲得若畢竟離欲時不得別離攝鄣得者名方便得此
約神通名語耳若餘功德亦離使鄣及伏或位中得者亦屬方便得然離
欲得自有三時一離下地欲時得二離自地欲時得三離上地欲時得此
由鄣法有三一遮鄣謂下或鄣上二覆鄣謂同地相鄣三鄣謂上或鄣下
離下地欲得是離遮鄣六通中神足宿命離遮鄣時即得漏盡通離
影鄣時方得他心通離三鄣時皆得眼耳二通離三鄣時皆不得故雜心
云此无記性故不入淨无漏等相應是故得彼三種禪時不得方便已為
現在前世離攝鄣有二種一離世鄣无知二離法鄣无知鄣知過未謂
世鄣ㄙ知現在謂法鄣故成實云世鄣故不知過去未來法智案成實
法智現在不離世鄣故不知過未也六通中前五通離攝鄣得漏盡通
不離攝鄣得前五中宿通命離世鄣得神足天耳他心離法鄣得天眼
若知現在離法鄣得若知未來病世鄣得二得四句漏盡通唯離欲得
眼耳通唯方便得餘三通具二得報非二得俱舍云此五通若餘生可
數習則由離欲得若別勝由脩行者是總語耳三通若餘生曾妻走
熟脩則離欲得若未曾數脩則方便眼耳二通而方便得也問方便
法云何答得本禪已別脩方便身通脩輕相天眼脩明相天耳脩聲相
他心脩身心相宿命脩位差別相長耳劫伴明脩神足天眼天耳各一千
八十方便宿命八十他心六　　相神足一千八十者神足法
中事有六件一遠近二出沒三多少四小大五有无六輕重六件各三
處一自身近遠處二他身近遠處三自他身近遠處乃至輕重三
處亦亦三六合成十八處入地履水放光捫摸日月等是神足差別
事非關十八本法門即此十八從偶離羈有卅六方便前近遠三處

中事有六件一速近二出沒三多少四小大五有無六輕重六件各三
變一自身近遠變二他身近遠變三自他身近遠變乃至輕重三
變〻亦三六合成十八變入地履水數光明莫日月等是神足差別
事非關十八本法門即此十八從偶離羅有卌六方便前近速三變
是偶合離遠近各起三變一自身近變二他身近變二自他身近變
遠變三一自身遠變二他身遠變三自他身遠變乃至輕重〻各
起三變偶變成三既六十八羅成六即六〻卌六變即此卌六方便
意欲自在遠近并一時復各三階一近二遠三近遠變上卌六故有
一百八方便欲通自在轉方便門一方有一百八十方即一千八十世次
天眼一千八十者本法種假觀一日二月三星四珠五炬六燈此六
是脩天眼方便復以六法變六方便一從明取暗二從暗取明三
從明取明四從暗取暗六明一〻方便各有六轉如日具六轉
乃至燈轉〻亦六〻則卌六方便意自在一近二遠三近遠變
此卌六即一百八方便以十方變之即一千八十次天耳一千八十者
本法四階震二丝三乳四偈三法變之如震一震二遍震乃至響
〻亦三變四為十〻二〻復三階一因受四大聲三因俱聲三變十二
即卌六方便意欲自在一近二遠三近遠三變卌六即一百八以十方變
之即一千八十次宿命八十方便者卻推過去分為三位遠為前次
為中近為後三位復為十轉一從前取中二從中取後三從後取
中四從中取前五前後取中六中取前十前取中後此十轉復中有
八事一名二生三性四飲食五苦六樂七壽命八長短名為八事六種
同行意欲自在變此八事於十八門中逆順縱往即有八十初學但
次第不逆後意自在故逆順融會也次他心六相者他心方便一取色
相二取心相自他相乘合有六相一自色取他心二息取他色三他色取
息四他心取自色五自心取他心六自色取他色略永備方便法如此次四
偈頌解用三重初一偈頌解能讚仏次一偈頌解能归法後兩偈頌
肸𦙶之曹初為言又見十方者贊仏人定禪合掌者贊仏相主心

相二取心相自他相乘合有六相一自色取他心二息取他色三他色取
息四他心取自色五自心取他心六自色取他色略永備方便法如此次四
偈頌解用三重初一偈頌解能讚仏次一偈頌解能因法後兩偈頌
解能化僧初偈言又見菩薩者讚仏人安禪合掌者讚仏相住心
名禪謂安住於心合掌專一也以千万偈者讚仏智大哉大悟大聖
主无我无染无所著天人象馬調御師道風德香薰一切如是等讚
諸法王者讚仏體法王義藥草喻解所法偈云復見菩薩者因法人智
深志固者因法因智深故能因志固故不性因能因諸仏者因法力如
因云何得長壽等問志受持者因法果信力大故志能受念力大
故志能持化僧兩偈云定慧具足者圖力化以无量喻者開解化
為衆講法者上首化欣樂說法者不退化諸菩薩者前機化破魔
兵衆者降鄣化而擊法鼓者遠開次化頌現相狠十五偈半八重
初一偈現捨樂相第二一偈現救苦相第三一偈現精進相第四一偈
現持戒相第五一偈半現忍辱相第六兩偈現脩定相第七五偈
現行檀相第八三偈現學慧相捨樂偈云又見菩薩者捨樂人肴
然宴默者捨樂相身不動為肴然口不動為宴默天龍茅敬者
遇樂境不以為喜捨樂心救苦偈云又見菩薩者救苦人象林放光者
救苦力濟地獄苦者救其苦令入仏道者与其樂精進偈云又見
菩薩者舉精進人未嘗睡眠者離進鄣經行林中者現進相懃
求仏道者覓進果睡眠是精進鄣樂著前境乃睡身心昏昧
為眠々有三種一從飲食生二從時節生三從心生前二以精進
斷後一以思惟斷諸羅漢眠不從心生无所蓋故如何菟樓馱說
我初盡漏得不從心眠于今五歲十五年中斷食眠時節卧已廿
五年持戒偈云又見具戒者持戒人威儀无缺者持戒相淨如寶
珠者顯戒德以求仏道者覓戒果初言具戒足者具有二義一自
性具二眾類具自性具者四德成就一從他心受二善淨心受三犯

我初盡隨學不從心明于今五歲十五年中[illegible]
五年持戒偈云又見具戒者持戒人威儀無缺者持戒相淨如寶
珠者顯戒德以求仏道者是戒果初言具戒足者具有二義一自
性具二点類具自性具者四德成就一從他心受二善淨心受三犯
已能悔四專精不犯前二是法後二隨法受戒隨戒攝一切戒業法
者是戒初由三業得故初起三業名為法隨者是持後由三業脩
故後起三業名隨法受隨不越三業故以受隨為戒性二点類者即
三聚戒一攝正護戒即七衆所受戒二攝善法戒從正護後為得
大菩提生長一切善法三攝衆生戒謂安立衆生善道及三乘此
三戒五根為因三根為別因進根為攝正護戒因智根為攝善戒因
定根為攝衆生戒因二根為通因信根念根通為三戒因此三戒以善
身口意為體案聲聞戒以身口業為體非意業廿戒具以三業
為體若薩婆多部身口是色聲若經部及大乘三業俱意思
非色聲五塵非罪福故此義云何思有二種一先引思二隨事
思以先引思為意業以隨事思為身口二業若無表以教二思功
能為體戒以不作為量說是色者從因為名然攝護戒以捨惡三
業為能離一切惡法為所離攝善戒以是求善三業為能攝一切
善法為所攝攝生戒以利他三業為能攝一切衆生為所攝此中皆以能
離攝為戒體所離攝非戒體此三戒以離取為類案初戒以離為類
後二戒以取為類莊嚴論說初戒以禁防為體後二戒以勤勇為體即
此義也此三戒正護戒能令心住為用攝善戒能成熟仏法為用攝
生戒能成熟衆生為用正護戒為斷德因攝善戒為智德因攝生戒
為恩德因今見彼菩薩自性及点類皆圓滿故言又見具戒威儀無缺
者現戒相解脫道論云戒相者威儀除非威儀非威儀者謂三破法
一破本又法謂無慙無愧於如來離信二破緣法謂命多形傍相惠
離於知足三破根法謂不閉六根離於念惠此三覆非威儀是
名戒相真諦解犯律儀戒有三心一如為生天樂欲持戒即犯二威

[illegible]
一破木叉法謂无慙无愧於如来離信二破緣法謂命与邪僞相應
離於知是三破根法謂不閉六根離於念恵此三處非威儀是
名戒相真諦解犯律儀戒有三心一如為生天婬欲持戒即犯二威
儀失雖不故作不憶是罪故犯如不閉戶眠等三具二失謂其上二
失可作犯戒第一第三重第二種〻尚无難況於重也問菩薩住律儀有。
戒波羅夷答地持說有四一貪利故自歎毀他二慳財慳法三瞋心打
罵四謗菩薩藏於四犯一是名波羅夷者戒經說菩薩在家有六重出
家有八重業在家二衆受菩薩戒則六重除婬及妄語婬不制故妄語戒
時須行故若出家五衆受菩薩戒則八重具比丘四重故問菩薩犯重為
失戒為不失戒答犯菩薩四重有失不失犯比丘四重失木叉戒不失
菩薩戒故地持說有二因緣菩薩失律儀戒一捨本願二上煩惱犯若
非二因緣犯捨身受身雖不憶念數〻更受猶是本戒不名新得業
菩薩四重上犯失戒重受新得軟中犯者不失重受但是本得戒經菩薩若
犯比丘四重之失木叉戒汙菩薩戒業此犯比丘四重失比丘戒不失菩薩戒
但汙菩薩戒依此義比丘為菩薩則三聚別起若不作菩薩失木叉即失
菩薩律儀但汙二聚戒菩薩律儀應更受別得无此理故即以此義證
菩薩命終失比丘律儀不失菩薩律儀如住八戒人受比丘戒定盡八戒失大
戒不失此之知是問菩薩云何犯攝善戒及攝生戒答攝生戒以勤勇為
體不勤不勇則是犯如地持說菩薩於一日一夜中若於三寶不少多供
養乃至不一禮不以一偈讚不一念淨心者是犯衆多犯是犯染汙起
若懶惰懈怠犯是犯非染汙若忘悞犯非染汙起如是等廣如彼論
說今見彼菩薩於三聚威儀並无缺犯是名持戒相淨如寶珠者顯戒
德珠以无類无瑕為淨戒以无缺无犯為淨又戒德有三一清淨如
珠二圓滿如珠三可重如珠忍相偈云又見仏子者住忍人住忍辱力
者安忍地阿含經有六種力小兒以啼為力欲有所索先啼故女
人以瞋為力欲有所索先瞋故國王以憍豪為力羅漢以精進為

珠二圓滿如珠三可重如珠忍相偈云又見仙子者住忍人住忍辱力
者安忍地阿含經有六種力小兒以啼為力欲有所索必先啼故女
人以瞋為力欲有所索必先瞋故國王以憍豪為力羅漢以精進為
力諸仙以大慈悲為力比丘以忍為力莊嚴論說忍有三種一他毀忍
以不報為性二安苦忍以耐為性三觀解忍以智為性此中見彼以他毀
忍為相故言住忍辱力也增上慢人罵詈捶打者遇忍境罵詈是口
毀捶打是身毀皆悉能忍者現忍々力々得起由三忍五相三忍者
一忍他毀是我自業若報則重自造苦不由於他二忍彼我俱是行
苦彼以无知於苦加苦我今有知云何復示三忍勢同自利尚不以苦加
人菩薩利他豈得以苦加物五想者一循本親想捨怨想一切眾生久來
无非親屬故二循法想離生相罵者打者不可得故三循无常想
離常想眾生性是死法尚不應瞋況加害故四循苦想離樂相眾生不
離三苦正應令離不應加故五循攝取想離他想本願令樂不令苦故
由此三忍五想即於他毀能忍々之不動為力以求仙道者見忍果定
相兩偈初偈離亂相後偈現定相初得云又見菩薩者離亂人離諸戲
笑者離亂事及癡眷屬者離亂因親近智者卯定緣後偈云一心除
亂者破定鄣攝念山林者現定想億千万歲者積定力以求仙道者
覓定果檀相五偈即為五重一偈藥食施一偈衣服施一偈臥具施一
偈園林施一偈總結施藥食偈云餚饍食者偈與云草菜謂之蔬
菜餚謂之歎此即生者為蔬熟者為歎涅槃明純陁持諸餚饍
來之尔非菩薩持肉餚而獻仙也衣服偈云名衣上服價直千万者如
此迦葉上仙迦裟一直十万兩金之如祇域奉仙深摩錫歎衣之直十
万兩金仙勒阿難裁為袈裟彼之如是又可解慧相三偈三重初偈
現說一乘慧次偈現觀一乘慧後偈現求一乘慧說是後得智說
自性々觀是正體智觀引出性求是加行智求至果性說一乘偈云或
有菩薩者說乘人說寂滅法者示乘性謂示諸法從本來常自寂滅

[illegible]
現說一乘慧次偈現觀一乘慧後偈現求一乘慧說是後得智說
自性〻觀是正解智觀引出性求是加行智求至果性說一乘偈云或
有卅卅者說乘人說寂滅法者示乘性謂示諸法從本来常自寂滅
相此在道前即自性種〻教照者開乘義謂開五義照明寂滅五義
者一无性二无生三无滅四本来寂靜五自性涅槃无性有三一自无謂未
来諸法由不自起属因緣故二體无謂過去諸法已滅不復起故三不住
无謂現在諸法刹〻那〻體不住故此三種无自性遍一切有為法名无
性則无生若无生即无滅則本来寂滅〻靜若本来寂靜則自性涅
槃如是前〻為後依正此義得成故曰種〻教〻說无數衆生者被乘
機觀一乘偈云或見卅卅者觀乘人觀諸法性者觀乘性法名涅槃
性名本㐅種此在道中即引出性无有二相者觀乘行謂觀五種无
二相一非有非无非有者分別依他二相无故非无者真實相有故
二非如非異非如者分別依他相无一實解故非異者被二種如无
異解故三非生非滅由无為故四非增非減由染淨二法起時滅時法
界正如是住故五非淨非不淨非非淨者自性无染不須淨故非不淨者
客塵去故五无二相是第一義相作如是觀猶如虛空者觀乘辟求
一乘偈云又見佛子者求乘人心无所着者離乘鄣着有四種謂着
界着地着分着乘離此四種故曰心无所着四着方便品釋以此妙慧
者求乘智即无着是妙慧求无上道者求乘果此在道後即至果性
次頌仏去世卅卅七偈兩重初一偈頌係身供養卅卅後六偈頌起塔供
養卅卅初云佛滅度後供養舍利者如釋迦滅從娑羅林舉尸於天
冠寺七日供養迦葉来後方闍維之供養碎骨方乃起塔彼之如是
次頌起塔六偈六重一頌數多二量大三頌嚴餝四頌供恒五頌顯
量六頌斷疑前五可解斷疑者疑曰上言起塔嚴餝國界何故起塔
供養仏身今明起塔无供仏身而國界自然嚴麗如花開无為繕寶
[illegible]

BD03215號　法華經疏（擬）　（11–9）

養廿廿初云佛滅度後供養舍利者如釋迦滅後娑羅林韋戶於天
冠寺七日供養迦葉來後方闍維之供養碎骨方乃起塔供之如是
次頌起塔六偈六重一頌數多二量大三頌嚴勝四頌供恒五頌顯
意六頌斷疑前五可解斷疑者疑曰上言起塔嚴飾國界何故起塔
供養仏身今明起塔元供仏身而國界自然嚴麗如花開元爲供寶
而樹王自然嚴好吹仏故下八偈請荅四重初兩偈讚奇次兩偈發問次
兩偈催荅後兩偈結請四章合兩即爲八賓讚奇兩者一偈讚自國之奇
故曰見此國界種種殊妙一偈讚他方之奇故曰放一淨光照無量國發
兩者一偈爲自發問一偈爲他發問爲自云願決衆疑者願爲我決衆多
之疑也催荅兩者一偈催時催荅一偈持事催荅初荅云仏子時荅者
不令過時失慈悲也結請兩者一偈依事結請一偈依人結請
經曰是時文殊至善男子等者自下次明荅成分兩重一序說二頌說序
中論主明文殊以宿命智現見過去二相成就十事故能荅弥勒見過去
二相者一見因相謂自見已身於彼佛五循種種行事故二見果相謂自
見已身是過去妙光於彼佛所聞此法門爲衆生說故次成就十事四重
分別一舉名二釋義三開章四合解第一舉名論曰一現見大義因成
就二現見世間文字章句甚深意因成就三現見希有因成就四現見
勝妙因成就五現見受用大因成就六現見攝取諸取諸仏法輪因成就
七現見實法輪因成就八現見進入因成就九現見憶念因成就十
現見自身所逕事因成就第二釋義一大義者謂思義大故謂見如
來以大恩義欲說大法故二世間文字甚深意者佛說三乘有字無義
爲津重病言近意遠無常壞世間不能信無常病世間不能解故曰甚
深意三希有者由此法甚深說人難值無量劫或聞不聞故曰希有四勝
妙者二万諸仏次第共說人衆多故成勝妙五受用大著五塵勝境世
間受用一乘妙法出世受用燈明說道妙光稟稟化化時長故受用大六攝
取諸仏法輪者輪者妙光上稟下授門徒法輪不絶故曰攝取七堅實
法輪者妙光傳道八子不退故曰堅實、進入者非工下且一之皆二

中論主明文殊以宿命智現見過去二相成就十事故於弥勒見過去
二相者一見因相謂自見已身於彼佛五循種種行事故二見果相謂自
見已身走過去妙光於彼佛所聞此法門為衆生說故次成就十事四重
分別一舉名二釋義三開章四合解第一舉名論曰一現見大義因成
就二現見世間文字章句甚深意因成就三現見希有因成就四現見
勝妙因成就五現見受用大因成就六現見攝取諸取諸仏法輪因成就
七現見實實法輪因成就八現見進入因成就九現見憶念因成就十
現見自身所逕事因成就第二釋義一大義者謂恩義大故謂見如
来以大恩義欲說大法故二世間文字甚深意者佛說三乘有字无義
為律重病言近意遠元常壞世間不能信元常病世間不能解故曰甚
深意三希有者由此法甚深說人難值无量劫或聞不聞故曰希有四勝
妙者二万諸仏次第共犯人衆多故成勝妙五受用大者五塵勝境世
間受用一乘妙法出世受用燈明弘道妙光稟化時長故受用大六攝
取諸仏法輪者輪者妙光上稟下授门徒法輪不絶故曰攝取七堅實
法輪者妙光傳道八子不退故曰堅實八進入者非正不退更陷上
果故曰進入九憶念者求名本忘因說復領故曰憶念十自身所逕
事者由昔所作今成我身故曰所逕事此十通名曰因成就者由文殊
見昔十事為答弥勒之因見之自在故言成就第二開章第一從
是時文殊至演大法義明大義因成就第二從諸善男子至故現
斯瑞明甚深意因成就第三從諸善男子至一切種智希有因成

五曰於白疊上畫佛形像當用木
膠雜彩莊飾其畫像人為受八戒於佛左邊
作吉祥天女像於佛右邊作我多聞天像并
畫男女眷屬之類安置坐處咸令如法布列
花彩燒眾名香然燈續明晝夜無歇上妙飲
食種種珍奇發殷重心隨時供養受持神呪
不得輕心請召我時應誦此呪
南謨室唎健那也　勃陁 引 也
南謨薜室囉末拏也　藥叉囉闍 引 也
莫訶　囉闍　阿地囉闍也
南麼室唎耶㲉　莫訶提鞞 引 㲉
怛　姪　他　怛囉怛囉　咄嚕咄嚕
末　囉　末　囉　窣窣吐窣窣吐
漢　娜　漢　娜　末尼羯諾迦
跋折囉薜琉璃也　目底迦楞訖㗚哆
設唎囉㲉　諵 引 薩婆薩埵
呬哆迦 引 摩　薜室囉末拏
室唎夜提鼻　跋𠺁婆 引 也
曀呬曀呬磨毗藍婆　瞿㗚拏瞿㗚拏

BD03216號　金光明最勝王經卷六　（4–1）

漢　娜　漢　娜　末尼羯諾迦
跋折囉薜琉璃也　目底迦楞訖㗚哆
設唎囉㲉　諵 引 薩婆薩埵
呬哆迦 引 摩　薜室囉末拏
室唎夜提鼻　跋𠺁婆 引 也
曀呬曀呬磨毗藍婆　瞿㗚拏瞿㗚拏
袜 麼八反 喇婆袜喇婆　達𠺁呬麼麼
阿目迦耶末寫 自稱己名　達哩設耶迦末寫
達哩設南　麼麼末那
鉢喇過羅大也　莎訶
世尊我若見此誦呪之人復見如是盛興供
養即生慈愛歡喜之心我即變身作小兒形
或作老人苾芻之像手持如意末尼寶珠并
持金囊入道場內身現恭敬口稱佛名語持呪
者曰隨汝所求皆令如願或隱林藪或造寶
珠或欲眾人愛寵或求金銀等物欲持諸呪
皆令有驗或欲神通壽命長遠及勝妙樂無
不稱心我今且說如是之事若更求餘皆隨
所願悉得成就寶藏無盡功德無窮假
使日月墜墮于地或可大地有時移轉我
此實語終不虛然常得安隱隨心快樂世尊若
有人能受持讀誦是經王者誦此呪時不假
疲勞法速成就世尊我今為彼貧窮困厄苦
惱眾生說此神呪令獲大利皆得富樂自在無
患乃至盡形我當擁護隨逐是人為除災厄
亦復令此持金光明最勝王經流通之者及

BD03216號　金光明最勝王經卷六　（4–2）

此實語終不虛然常得安隱隨心快樂世尊若
有人能受持讀誦是經王者誦此呪時不假
疲勞法速成就世尊我今為彼貧窮困厄苦
惱衆生說此神呪令獲大利皆得富樂自在无
患乃至盡形我當擁護隨逐是人為除災厄
亦復令此持金光明最勝王經流通之者及
持呪人於百步内光明照燭我之所有千藥
叉神亦常侍衛隨欲驅使无不遂心我說實
語无有虛誑唯佛證知時多聞天王說此呪
已佛言善哉大王汝能破裂一切衆生貧窮
苦網令得富樂說是神呪復令此經廣行於
世時四天王俱從座起偏袒一肩頂礼雙足
右膝著地合掌恭敬以妙伽他讚佛功德
佛面猶如淨滿月　亦如千日放光明
目淨修廣若青蓮　齒白齊密猶珂雪
佛德无邊如大海　无限妙寶積其中
智慧德水鎮恒盈　百千勝定咸充滿
足下輪相皆嚴飾　轂輞千輻悉齊平
手足鞔網遍莊嚴　猶如鵝王相具足
佛身光曜等金山　清淨殊特无倫疋
亦如妙高功德滿　故我稽首佛山王
相好如空不可測　逾於千月放光明
皆如燄幻不思議　故我稽首心无著
尒時四天王讚歎佛已世尊亦以伽他而荅
之曰
此金光明最勝經　无上十力之所說

BD03216號　金光明最勝王經卷六　（4–3）

足下輪相皆嚴飾　轂輞千輻悉齊平
手足鞔網遍莊嚴　猶如鵝王相具足
佛身光曜等金山　清淨殊特无倫疋
亦如妙高功德滿　故我稽首佛山王
相好如空不可測　逾於千月放光明
皆如燄幻不思議　故我稽首心无著
尒時四天王讚歎佛已世尊亦以伽他而荅
之曰
此金光明最勝經　无上十力之所說
汝等四王常擁衛　應生勇猛不退心
此妙經寶極甚深　能與一切有情樂
由彼有情安樂故　常得流通贍部洲
於此大千世界中　所有一切有情類
餓鬼傍生及地獄　如是苦趣悉皆除
住此南洲諸國王　及餘一切有情類
由經威力常歡喜　皆蒙擁護得安寧
亦使此中諸有情　除衆病苦无賊盜
賴此國土弘經故　安隱豐樂无違惱
若人聽受此經王

BD03216號　金光明最勝王經卷六　（4–4）

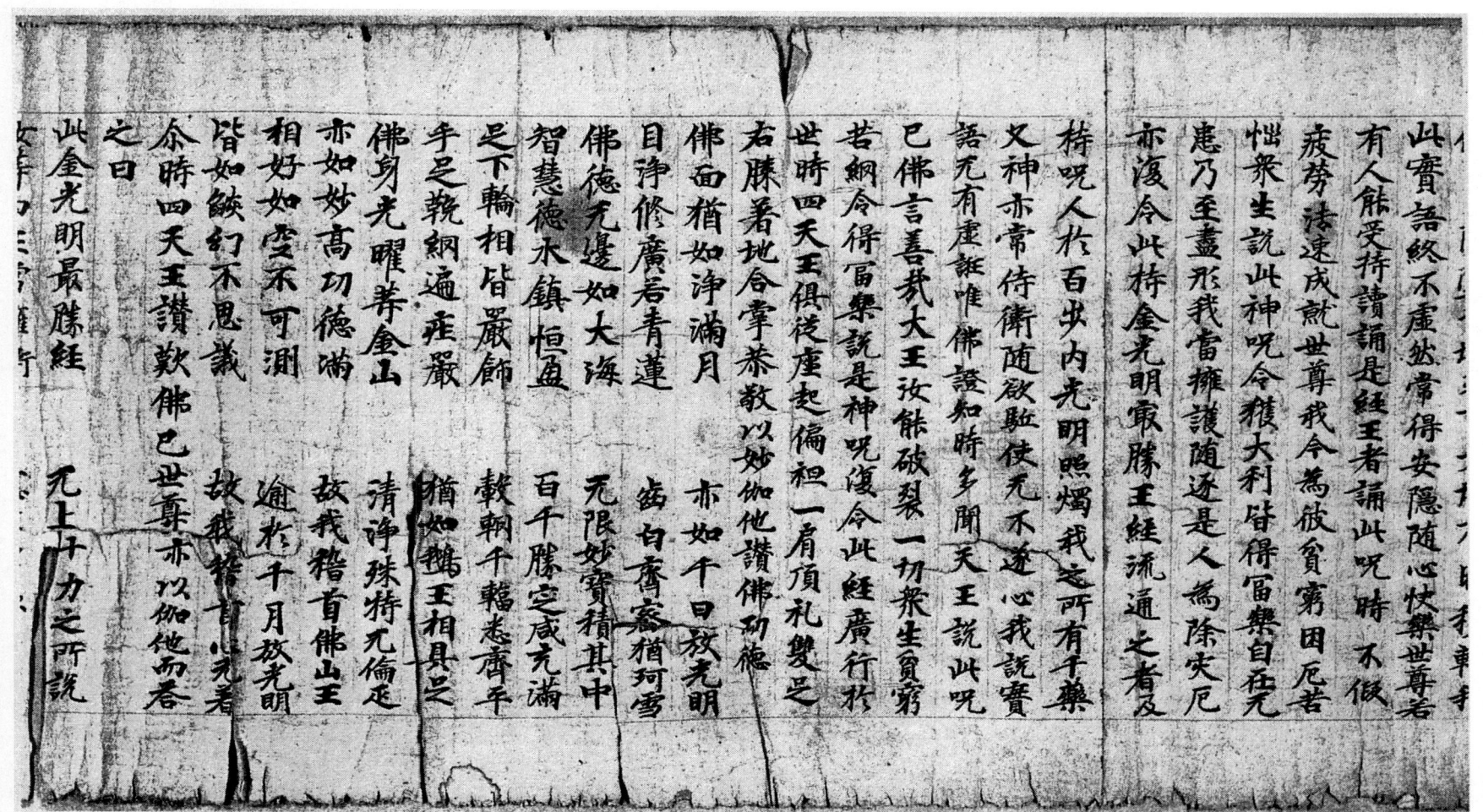

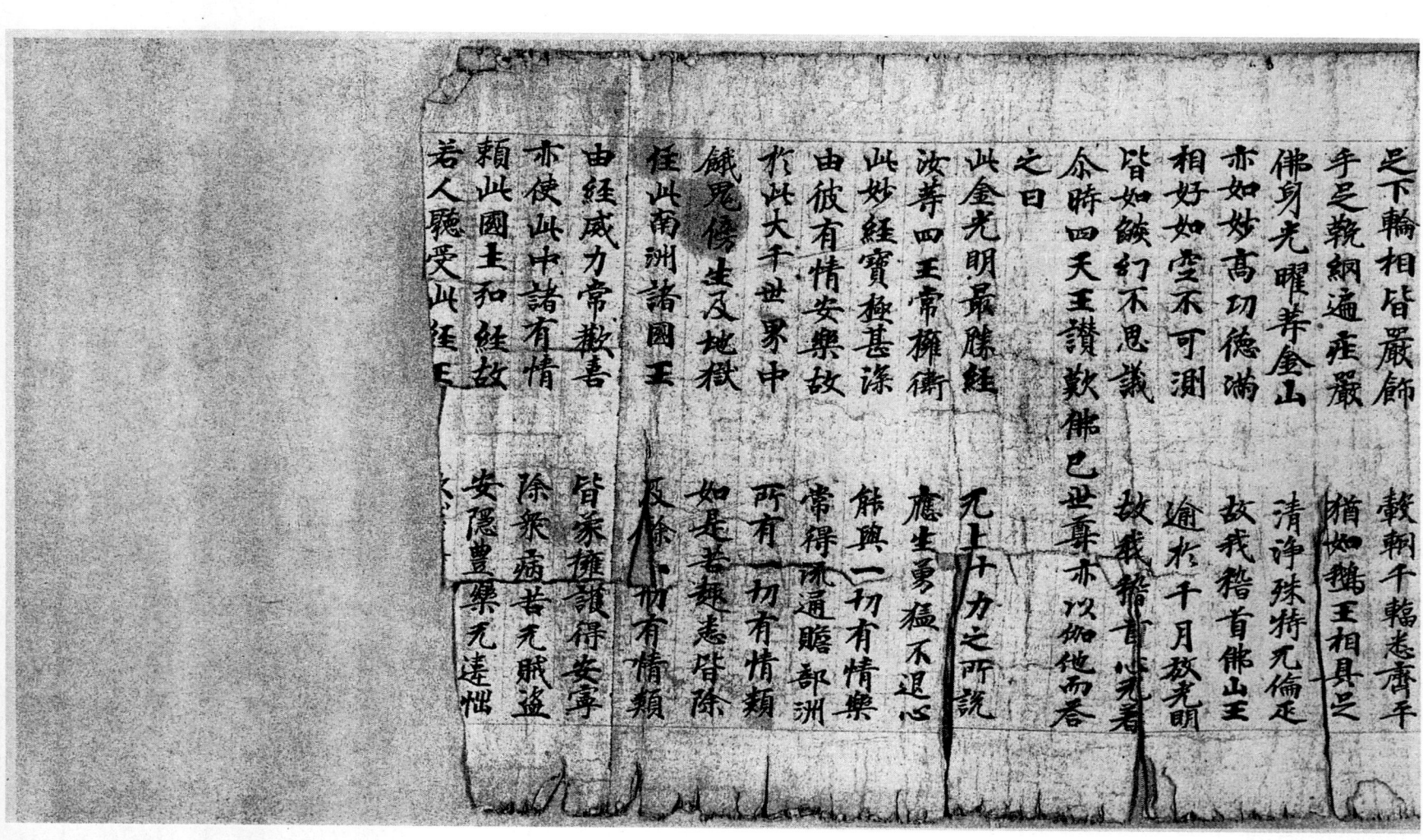

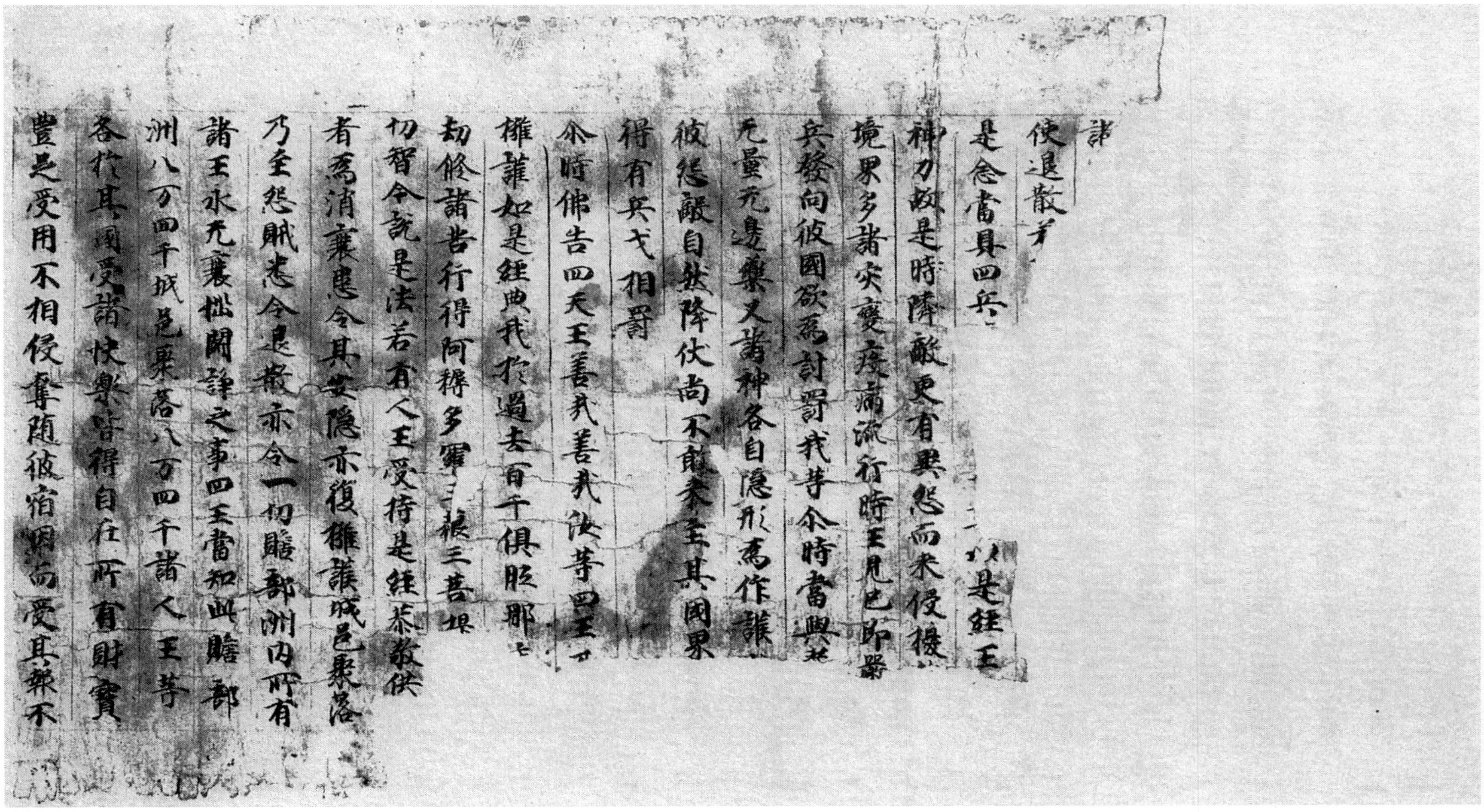

諸
使退散矣
是念當具四兵　以是經王
神力故是時隣敵更有異怨而来侵擾
境界多諸災變疫病流行時王見已即嚴
兵發向彼國欲為討罰我等尒時當與眷
无量无邊藥叉諸神各自隱形為作護
彼怨敵自然降伏尚不能來至其國界
得有兵戈相罰
尒時佛告四天王善哉善哉汝等四王
擁護如是經典我於過去百千俱胝那
劫修諸苦行得阿耨多羅三藐三菩提
切智今說是法若有人王受持是經恭敬供
者為消衰患令其安隱亦復擁護城邑聚落
乃至怨賊悉令退散亦令一切贍部洲內所有
諸王永无衰惱鬪諍之事四王當知此贍部
洲八万四千城邑聚落八万四千諸人王等
各於其國受諸快樂皆得自在所有財寶
豐足受用不相侵奪隨彼宿因而受其報不

BD03217 號　金光明最勝王經卷六　（3–1）

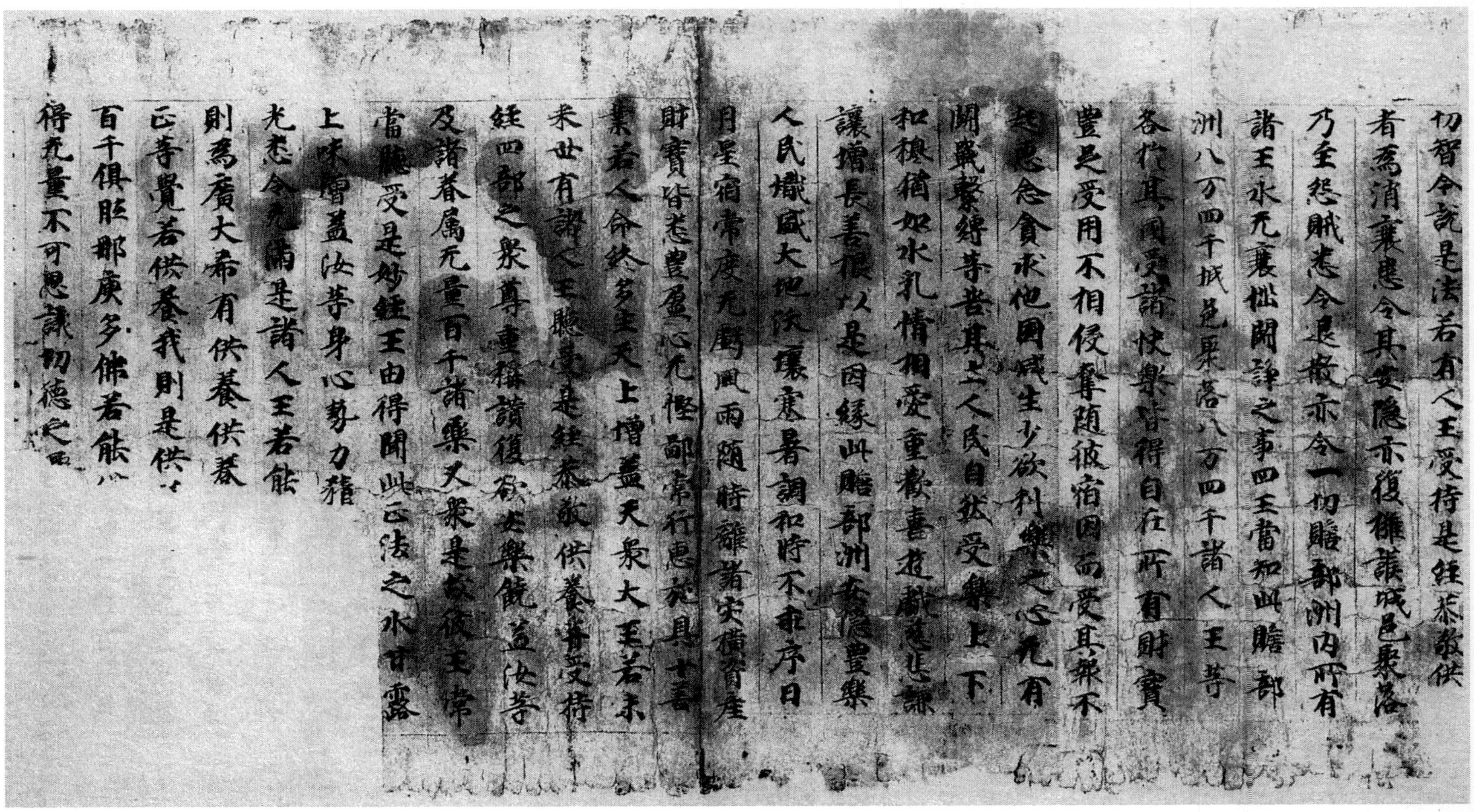

切智今說是法若有人王受持是經恭敬供
者為消衰患令其安隱亦復擁護城邑聚落
乃至怨賊悉令退散亦令一切贍部洲內所有
諸王永无衰惱鬪諍之事四王當知此贍部
洲八万四千城邑聚落八万四千諸人王等
各於其國受諸快樂皆得自在所有財寶
豐足受用不相侵奪隨彼宿因而受其報不
起惡念貪求他國咸生少欲利樂之心无有
鬪戰繫縛等苦其土人民自然受樂上下
和穆猶如水乳情相愛重歡喜遊戲慈悲謙
讓增長善根以是因緣此贍部洲安隱豐樂
人民熾盛大地沃壤寒暑調和時不乖序日
月星宿常度无虧風雨隨時離諸災橫資產
財寶皆悉豐盈心无慳鄙常行惠施具十善
業若人命終多生天上增益天衆大王若未
來世有諸人王聽受是經恭敬供養并受持
經四部之衆尊重稱讚復欲安樂饒益汝等
及諸眷屬无量百千諸藥叉衆是故彼王常
當聽受是妙經王由得聞此正法之水甘露
上味增益汝等身心勢力精
光悉令充滿是諸人王若能
則為廣大希有供養供養
正等覺若供養我則是供
百千俱胝那庾多佛若能
得无量不可思議功德

BD03217 號　金光明最勝王經卷六　（3–2）

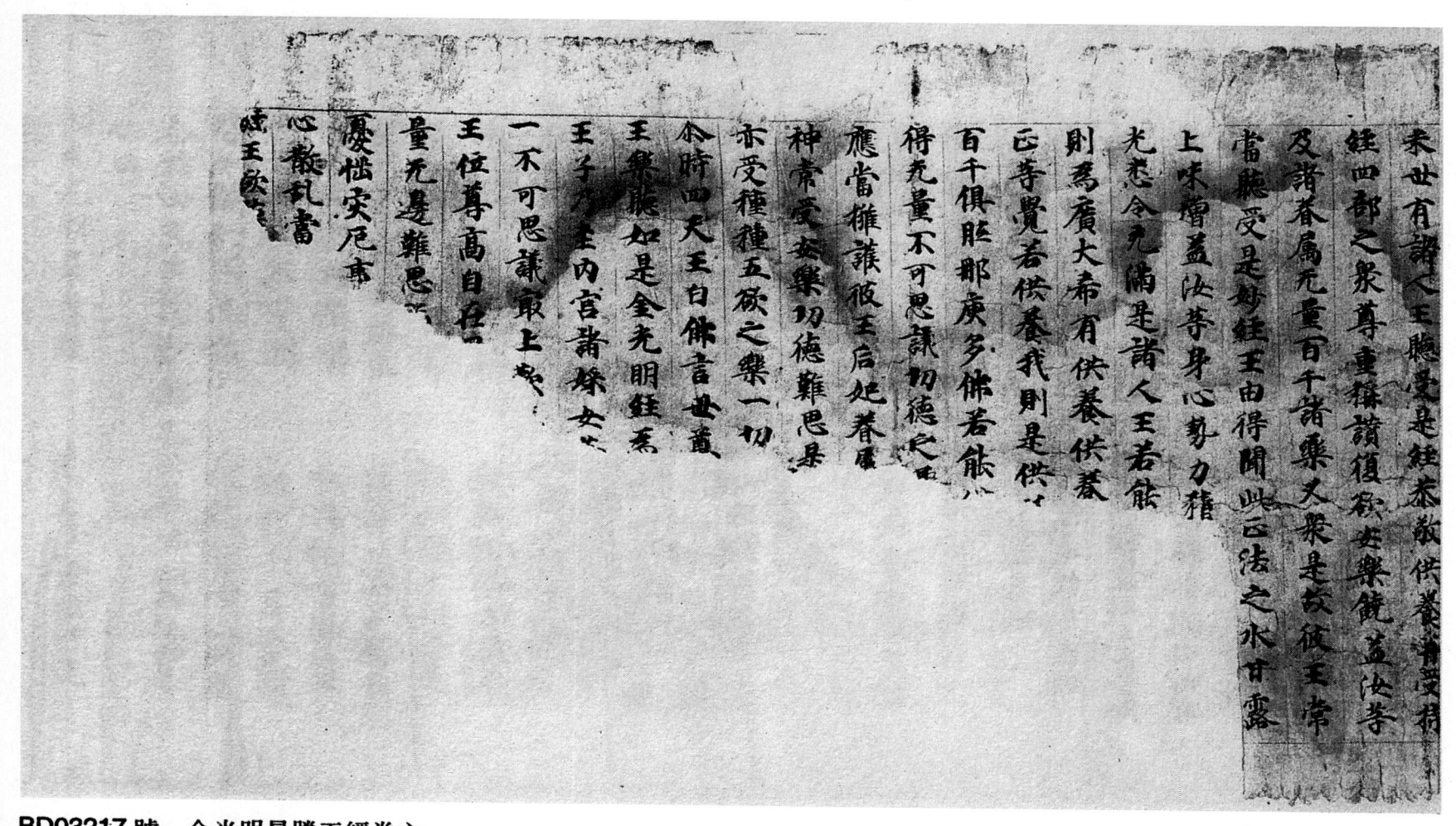

未世有諸人王聽受是經恭敬供養并受持
經四部之衆尊重稱讚復欲安樂饒益汝等
及諸眷屬无量百千諸藥叉衆是故彼王常
當聽受是妙經王由得聞此正法之水甘露
上味增益汝等身心勢力精
光悉令充滿是諸人王若能
則為廣大希有供養供養
正等覺若供養我則是供
百千俱胝那庾多佛若能
得无量不可思議功德之
應當擁護彼王后妃眷屬
神常受安樂功德難思是
亦受種種五欲之樂一切
尒時四天王白佛言世尊
王樂聽如是金光明經為
王子乃至內宮諸婇女
一不可思議最上
王位尊高自在
量无邊難思
憂惱災厄事
心散亂當
彼王欲

BD03217 號　金光明最勝王經卷六

（3–3）

花樂
者世尊
生恭敬至誠
聽是時先當莊嚴
重閣殿之處香水灑地散衆名花安置師
殊勝法座以諸珍寶而為校飾張施種
蓋幢幡燒无價香奏諸音樂其王尒時
澡浴以香塗身著新淨衣及諸瓔珞
座不生高舉捨自在位離諸憍慢端心
聽是經王於法師所起大師想復於宮
妃王子婇女眷屬生慈悲心喜悅相視和顏
耎語於自身心大喜充遍作如是念我今獲
得難思殊勝廣大利益於此經王盛興供養
既敷設已見法師至當起虔敬渴仰之心
尒時佛告四天王不應如是不迎法師時彼
人王應著純淨鮮潔之衣種種瓔珞以為嚴
飾自持白蓋及以香花備整軍儀盛陳音樂
步出城闕迎彼法師運想虔恭為吉祥事四
王以何因緣令彼人王親作如是恭敬供養
由彼人王舉足下足步步即是恭敬供養承
事尊重百千万億那庾多諸佛世尊復得超
越如是劫數生死之苦復於未世如是數劫當
受輪王殊勝尊位隨其步步亦於現世福德
增長自在為王感應難思衆所欽重當於

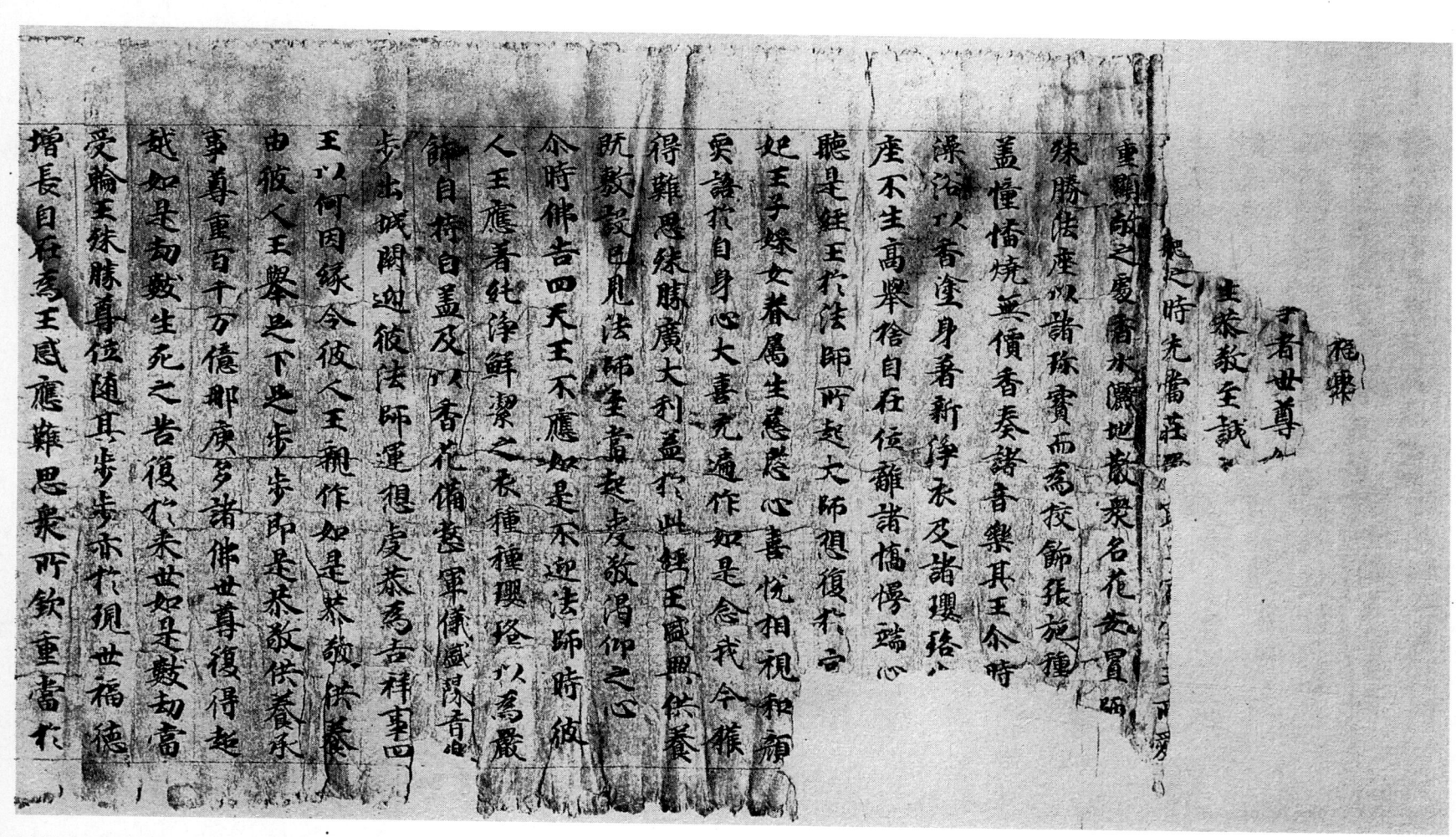

BD03218 號　金光明最勝王經卷六

（10–1）

由彼人王擧足下足步步即是恭敬供養承
事尊重百千万億那庾多諸佛世尊復得超
越如是劫數生死之苦復於未世如是數劫當
受輪王殊勝尊位隨其步步亦於現世福德
增長自在爲王感應難思衆所欽重當於
无量百千億劫人天受用七寶宮殿所在生
處常得爲王增益壽命言詞辯了人天信受
无所畏懼有大名稱咸共瞻仰天上人中受
勝妙樂獲大力勢有大威德身相奇妙端嚴
无比值天人師遇善知識成就具足无量福聚
四王當知彼諸人王見如是等種種无量功德
利益故應自往奉迎法師若一踰繕那乃至
百千踰繕那於說法師應生佛想還至城
已作如是念今日釋迦牟尼如來應正等覺
入我宮中受我供養爲我說法我聞法已即
於阿耨多羅三藐三菩提不復退轉即是值
遇百千万億那庾多諸佛世尊我於今日即
是種種廣大殊勝上妙樂具供養過去未來
現在諸佛我於今日即是永拔鐷摩王界地
獄餓鬼傍生之苦便爲已種无量百千万億
轉輪聖王釋梵天主善根種子當令无量百
千万億衆生出生死苦得涅槃樂積集无量
无邊不可思議福德之聚後宮眷屬及諸人
民皆蒙安隱國土清泰无諸災厄毒害惡人
他方怨敵不來侵擾遠離憂患四王當知時
彼人王應作如是尊重正法亦於受持是妙

BD03218號　金光明最勝王經卷六　（10–2）

无邊不可思議福德之聚後宮眷屬及諸人
民皆蒙安隱國土清泰无諸災厄毒害惡人
他方怨敵不來侵擾遠離憂患四王當知時
彼人王應作如是尊重正法亦於受持是妙
經典苾芻苾芻尼鄔波索迦鄔波斯迦供養
恭敬尊重讚歎所獲善根先以勝福施與汝
等及諸眷屬彼之人王有大福德善業因緣
於現世中得大自在增益威光吉祥妙相皆
悉莊嚴一切怨敵能以正法而摧伏之
尒時四天王白佛言世尊若有人王能作如
是恭敬正法聽此經王并於四衆持經之人
恭敬供養尊重讚歎時彼人王欲爲我等生
歡喜故當在一邊近於法座香水灑地散衆
名花安置處所設四王座我与彼王共聽正
法其王所有自利善根亦以福分施及我等
世尊時彼人王請說法者昇座之時便爲我
等燒衆名香供養是經世尊時彼香烟於一
念頃上昇虛空即至我等諸天宮殿於虛空
中變成香蓋我等天衆聞彼妙香香有金光
照曜我等所居宮殿乃至梵宮及以帝釋大
辯才天大吉祥天堅牢地神正了知大將二十
八部諸藥叉神大自在天金剛密主寶賢大
將訶利底母五百眷屬无熱惱池龍王大海
龍王所居之處世尊如是等衆於自宮殿見
彼香烟一剎那頃變成香蓋聞香芬馥覩

BD03218號　金光明最勝王經卷六　（10–3）

八部諸藥叉神大自在天金剛密主寶賢大
將訶利底母五百眷屬无熱惱池龍王大海
龍王所居之處世尊如是等衆於自宮殿見
彼香烟一剎那頃變成香蓋聞香芬馥覩色
光明遍至一切諸天神宮佛告四天王是香
光明非但至此宮殿變成香蓋放大光明由
彼人王手執香爐燒衆名香供養經時其
香烟氣於一念頃遍至三千大千世界百億
日月百億妙高山王百億四洲於此三千大
千世界一切天龍藥叉健闥婆阿蘇羅揭路
荼緊那羅莫呼洛伽宮殿之所於虛空中充
滿而住種種香烟變成雲蓋其蓋金色普照
天宮如是三千大千世界所有種種香雲香
蓋皆是金光明最勝王經威神之力是諸人
王手持香爐供養經時種種香氣非但遍
此三千大千世界於一念頃亦遍十方无量无
邊恒河沙等百千万億諸佛國土於諸佛上
虛空之中變成香蓋金色普照亦復如是時
彼諸佛聞此妙香覩斯雲蓋及以金色於十
方界恒河沙等諸佛世尊現神變已彼諸世
尊悉共觀察異口同音讚法師曰善哉善哉
汝大丈夫能廣流布如是甚深微妙經典則
為成就无量无邊不可思議福德之聚若有
聽聞如是經者所獲功德其量甚多何況書
寫受持讀誦為他敷演如說修行何以故善

BD03218號　金光明最勝王經卷六

（10–4）

汝大丈夫能廣流布如是甚深微妙經典則
為成就无量无邊不可思議福德之聚若有
聽聞如是經者所獲功德其量甚多何況書
寫受持讀誦為他敷演如說修行何以故善
男子若有衆生聞此金光明最勝王經者即
於阿耨多羅三藐三菩提不復退轉
尒時十方有百千俱胝那庾多无量无數恒
河沙等諸佛剎土彼諸剎土一切如來異口同
音於法座上讚彼法師言善哉善哉善男子
汝於未來世以精勤力當修无量百千苦行具
足資糧超諸聖衆出過三界為最勝尊當
坐菩提樹王之下殊勝莊嚴能救三千大千
世界有緣衆生善能摧伏可畏形儀諸魔軍
衆覺了諸法最勝清淨甚深无上正等菩提
善男子汝當坐於金剛之座轉於无上諸佛
所讚十二妙行甚深法輪能擊无上最大法
鼓能吹无上極妙法螺能建无上殊勝法幢
能然无上極明法炬能降无上甘露法雨能
斷无量煩惱怨結能令无量百千万億那庾
多有情度於无涯可畏大海解脫生死无際
輪迴值遇无量百千万億那庾多佛
尒時四天王復白佛言世尊是金光明最勝
王經能於未來現在成就如是无量功德是
故人王若得聞是微妙經典即是已於百千
万億无量佛所種諸善根於彼人王我當擁

BD03218號　金光明最勝王經卷六

（10–5）

尒時四天王復白佛言世尊是金光明最勝
王經能於未來現在成就如是无量功德是
故人王若得聞是微妙經典即是已於百千
万億无量佛所種諸善根於彼人王我當讃
念復見无量福德利故我等四王及餘眷屬
无量百千万億諸神於自宮殿見是種種香
烟雲蓋神變之時我當隱蔽不現其身為聽
法故當至是王清淨嚴飾所止宮殿講法之
處如是乃至梵宮帝釋大辯才天大吉祥天
堅牢地神正了知神大將二十八部諸藥叉
神大自在天金剛密主寶賢大將訶利底母
五百眷屬无熱惱池龍王大海龍王无量百
千万億那庾多諸天藥叉如是等衆為聽法
故皆不現身至彼人王殊勝宮殿莊嚴高座
說法之所世尊我等四王及餘眷屬藥叉諸
神皆當一心共彼人王為善知識因是无上
大法施主以甘露味充足於我是故我等當
護是王除其衰患令得安隱及其宮殿城邑
國土諸惡災變悉令消滅尒時四天王俱共
合掌白佛言世尊若有人王於其國土雖有
此經未曾流布心生捨離不樂聽聞亦不供
養尊重讃歎見四部衆持經之人亦復不能
尊重供養遂令我等及餘眷屬无量諸天
不得聞此甚深妙法背甘露味失正法流无
有威光及以勢力增長惡趣損減人天墜生死

養尊重讃歎見四部衆持經之人亦復不能
尊重供養遂令我等及餘眷屬无量諸天
不得聞此甚深妙法背甘露味失正法流无
有威光及以勢力增長惡趣損減人天墜生死
河乖涅槃路世尊我等四王并諸眷屬及藥叉
等見如斯事捨其國土无擁護心非但我等
捨棄是王亦有无量守護國土諸大善神悉
皆捨去既捨離已其國當有種種災禍喪失
國位一切人衆皆无善心唯有繫縛殺害瞋
諍互相讒諂枉及无辜疾疫流行彗星數出
兩日並現薄蝕无恒黑白二虹表不祥相星
流地動井內發聲暴雨惡風不依時節常遭
飢饉苗實不成多有他方怨賊侵掠國內人
民受諸苦惱土地无有可樂之處世尊我等
四王及與无量百千天神并護國土諸舊善
神遠離去時生如是等无量百千災怪惡事
世尊若有人王欲護國土常受快樂欲令衆
生咸蒙安隱欲得摧伏一切外敵於自國境
永得昌盛欲令正教流布世間苦惱惡法皆
除滅者世尊是諸國主必當聽受是妙經王
亦應恭敬供養讀誦受持經者我等及餘无
量天衆以是聽法善根威力得服无上甘露
法味增益我等所有眷屬并餘天神皆得勝
利何以故以是人王至心聽受是經典故世尊
如大梵天於諸有情常為宣說世出世論

量殊勝力是最勝經義[illegible]得服無上甘露
法味增益我等所有眷屬并餘天神皆得勝
利何以故以是人王至心聽受是經典故世尊
如大梵天於諸有情常為宣說世出世論
帝釋復說種種諸論五通神仙亦說諸論世
尊梵天帝釋五通仙人雖有百千俱胝那庾
多无量諸論然佛世尊慈悲哀愍為人天衆
說金光明微妙經典比前所說勝彼百千俱
胝那庾多倍不可為喻何以故由此能令諸
贍部洲所有王等正法化世能與衆生安樂
之事為護自身及諸眷屬令无苦惱又无他
方怨賊侵害所有諸惡悉皆遠去亦令國土
災厄屏除化以正法无有諍訟是故人王各
於國土當然法炬明照无邊增益天衆并諸
眷屬世尊我等四王无量天神藥叉之衆贍
部洲內所有天神以是因緣得服无上甘露
法味獲大威德勢力光明无不具足一切衆
生皆得安隱復於來世无量百千不可思議
那庾多劫常受快樂復得值遇无量諸佛種
諸善根然後證得阿耨多羅三藐三菩提如
是无量无邊勝利皆是如來應正等覺以大
慈悲過梵衆以大智慧逾帝釋修諸苦行勝
五通仙百千万億那庾多倍不可稱計為諸
衆生演說如是微妙經典令贍部洲一切國
主及諸人衆明了世間所有法式治國化人勸

BD03218號　金光明最勝王經卷六

（10–8）

慈悲過梵衆以大智慧逾帝釋修諸苦行勝
五通仙百千万億那庾多倍不可稱計為諸
衆生演說如是微妙經典令贍部洲一切國
主及諸人衆明了世間所有法式治國化人勸
導之事由此經王流通力故普得安樂此等
福利皆是釋迦大師於此經典廣為流通
慈悲力故世尊以是因緣諸人王等皆應受
持供養恭敬尊重讚歎此妙經王何以故以
如是等不可思議殊勝功德利益一切是故
名曰最勝經王
尒時世尊復告四天王汝等四王及餘眷屬
无量百千俱胝那庾多諸天大衆見彼人王
若能至心聽是經典供養恭敬尊重讚歎者
應當擁護除其衰患能令汝等亦受安樂若
四部衆能廣流布是經王者於人天中廣作
佛事普能利益无量衆生如是之人汝等四
王常當擁護如是四衆勿使他緣共相侵擾
令彼身心寂靜安樂於此經王廣宣流布令
不斷絕利益有情盡未來際
尒時多聞天王從座而起白佛言世尊我有
切衆生衆受持者功
生離苦得樂能成
无當誦此護身之
尋羅閻也
但是地上之事
皆須行[illegible]

BD03218號　金光明最勝王經卷六

（10–9）

无量百千俱胝那庾多諸天大衆見彼人王
若能至心聽是經典供養恭敬尊重讚歎者
應當擁護除其衰患能令汝等亦受安樂若
四部衆能廣流布是經王者於人天中廣作
佛事普能利益无量衆生如是之人汝等四
王常當擁護如是四衆勿使他緣共相侵擾
令彼身心寂靜安樂於此經王廣宣流布令
不斷絶利益有情盡未來際
尒時多聞天王從座而起白佛言世尊我有
有衆生樂受持者功
生離苦得樂能成
无當誦此護身之
昌羅闍也 但是世上之事 皆須行聲
䍀 矩怒矩怒
怒颯縛颯縛
利麼莫訶毗羯喇麼
覩濕 自稱 己名

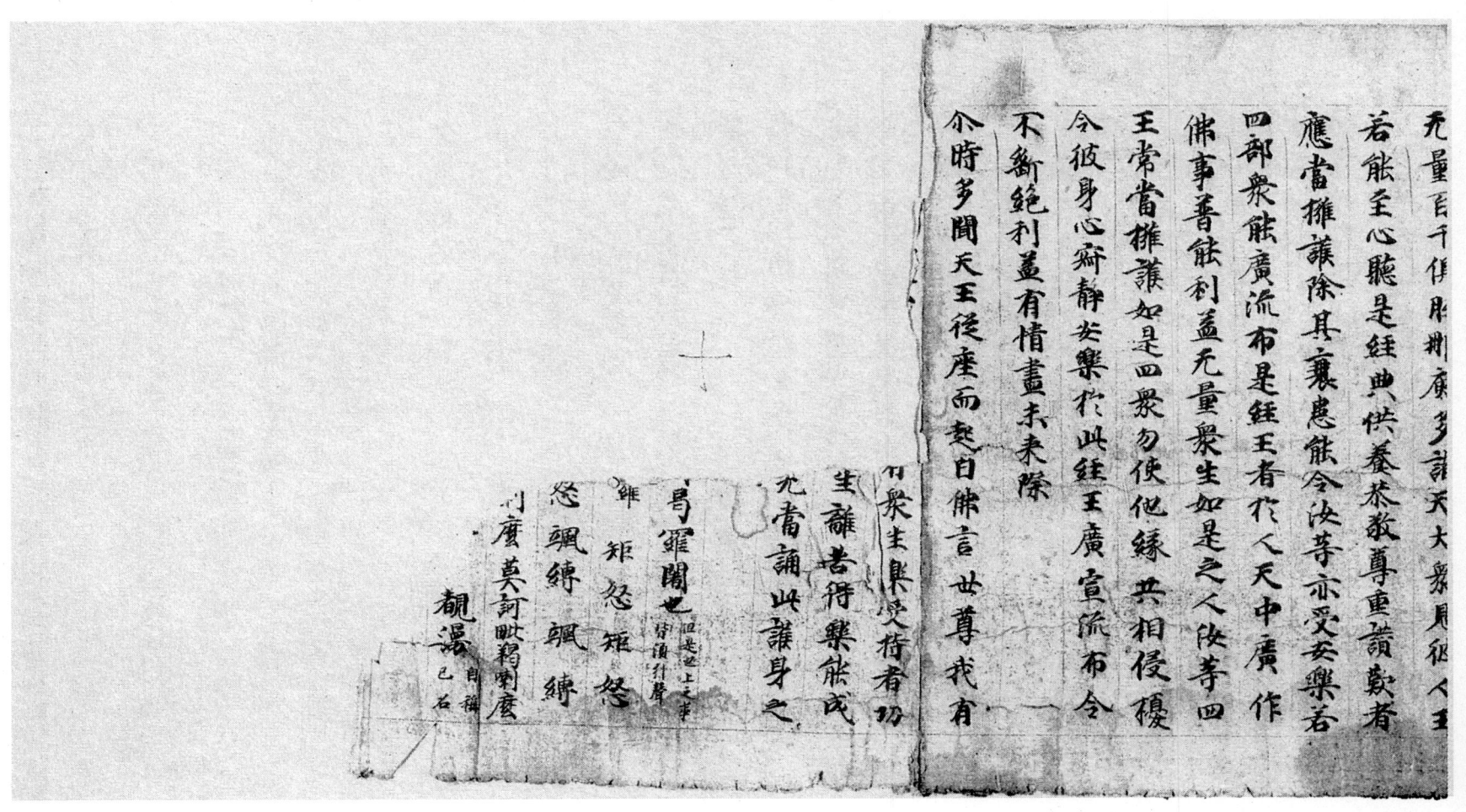

BD03218 號　金光明最勝王經卷六　（10–10）

行者從憂愁苦不可意念行
何等爲四法爲四意止何等爲四意止若比
丘身身觀止行自意知從世間癡不可意能
離外身身相觀止內身外身身身相觀止
行自意知從世間癡不可意能離痛意法亦
如是若行者從四意離便從行法離已從行
法離便從行道離已從行道離便離甘露離
甘露已便不得度生老死憂惱亦不得離苦
亦不得要若行者有四意止能度便能受得
道者行已能受得道者行便能得道已得道
便能滅老病死憂惱便能得度苦亦得要梵
便知我所念譬如健人申臂屈復申梵如是
從天上上我前已上便說我如是如佛念如
佛言道一摯令得清淨令得離憂愁苦不可
意能得度滅能致正法能致四意止身身觀
上行自意知從世間癡不可意離外身身身
相觀上內身外身身相觀上行自意知從
世間癡不可意能離痛意法亦如是若行者
從四意離便從法行離已從法行離便從行
道離已從行道離便離甘露已離甘露便不

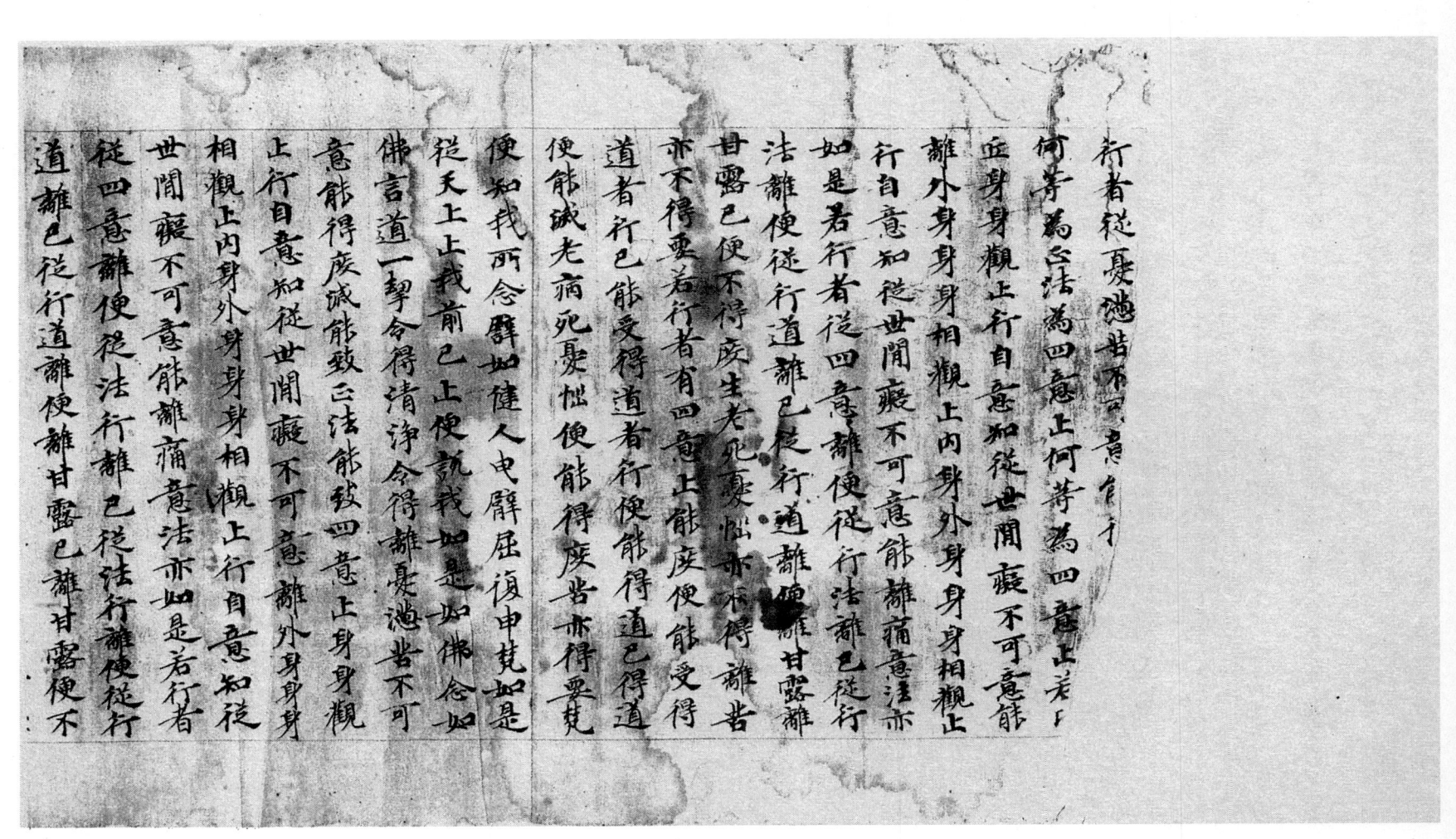

BD03219 號　雜阿含經（吳魏代失譯）　（5–1）

上行自意知從世間癡不可意離外身身身
相觀上內身外身身相觀上行自意知從
世間癡不可意能離痛意法亦如是若行者
從四意離便從法行離已從法行離便從行
道離已從行道離便離甘露已離甘露便不
得離生老死憂惱亦不得離苦亦不得苦要
是為知是行方便　令佛說我正行
癘足在水中一擧　為一擧生死憂要
但受是言當為使自計　已上頭得度亦從是
出道教為衆鼓　是本清淨無為
令疲後疲亦從是　從若干法受依行
亦從是生老死盡　佛說如是
是道眼者說
聞如是一時佛在舍衛國祇樹給孤獨園是
時自梵自明夜亦明梵往至佛在時佛火神
足行在時自梵念是尚早至佛見今佛亦火
神足行令我今居前到俱披犁比丘調達部
便自梵至俱披犁比丘調達部已到為告俱
披犁調達部如是俱披犁俱披犁為持好意
向舍利弗目揵連比丘亦餘慧行道者俱披
犁調達部便言卿為誰梵言我為梵俱披犁
調達部報言佛說卿阿那鋡不梵言是俱披
犁調達部報言何因緣得來到是間便梵思
惟念是何以无有悲意便自梵說是　絕
不可量欲量　為是故世間少慧
不可量欲量　口是世間自覆蓋

BD03219 號　雜阿含經（吳魏代失譯）　　（5–2）

犁調達部報言何因緣得來到是間便梵思
惟念是何以无有悲意便自梵說是　絕
不可量欲量　為是故世間少慧
不可量欲作量　如是世間自覆蓋
便梵行至佛已到為佛足下礼一處上已一
處上自梵為佛說是我為自光明夜亦已明
為至佛已至是時火神足行我便思惟念尚
早至見佛我已到見佛火神足我便念令我
居前行俱披犁比丘調達部我為便至俱披
犁比丘調達部已至俱披犁比丘調達部我
便吉俱披犁俱披犁持好心向舍利弗目揵
連比丘亦同道行者便言卿為誰我言梵便
報我佛說卿阿那含不我言是便報若何因
緣得來到是我便思惟念咄是何以无有悲
意
不可量欲量　是故世間慧　不可量說量　世間人意試義知
佛便說俱披犁調達部破藏亦建是時說是
絕
不可量欲量　故世間難得慧　不可量說量　從是世間自覆蓋
佛說如是
聞如是一時佛在舍衛國祇樹給孤獨園佛
告比丘治生有三方便未到利能致已致不
減何等為三是間比丘有治生者晨念多方
便盡力向治生日中亦爾晡時亦爾求多方
便盡力索令有利比丘治生三法亦如是未
得好法能得致已得好法不減何等為三是

BD03219 號　雜阿含經（吳魏代失譯）　　（5–3）

聞如是一時佛在舍衛國祇樹給孤獨園佛
告比丘治生有三方便未到利能致已致不
識何等爲三是聞比丘有治生者晨念多方
便盡力向治生日中亦介晡時亦介求多方
便盡力索令有利比丘治生三法亦如是未
得好法能得致已得好法不識何等爲三是
聞諸比丘有比丘晨時多受道思念意不離
日中晡時亦介多念定意受行意不離能多
增道佛説如是
聞如是一時佛在王舍國竹園烏隰在是時
有婆羅門名爲不信重在王舍國居便不信
重念如是是俱譚沙門王舍國上竹園隰令
我今行至俱譚沙門俱譚沙門所説經我當
爲一切却語不信使不信重從王舍國出到
佛所是時佛爲非一百衆會周帀坐遍説法
經佛見不信重從遠欲來已見便止不説經
不信重已到佛問訊一處坐已一處坐不信
重爲佛説是勸佛説經我欲聞佛報言婆羅
門不信重
重是法不應　亦不解語者　亦從意亂者　亦恚欲諍者
若爲意離諍　惠者亦諍　能合意諍　如是者能解語
便不信重從坐起頭面着佛足下礼已覺已
覺爲愚爲癡爲不曉爲不工爲持惡意來向
如來无所着如有覺欲却語不欲信從今自
悔過本守自歸佛自歸法自歸比丘僧守本
佛説如是

BD03219號　雜阿含經（吳魏代失譯）　（5–4）

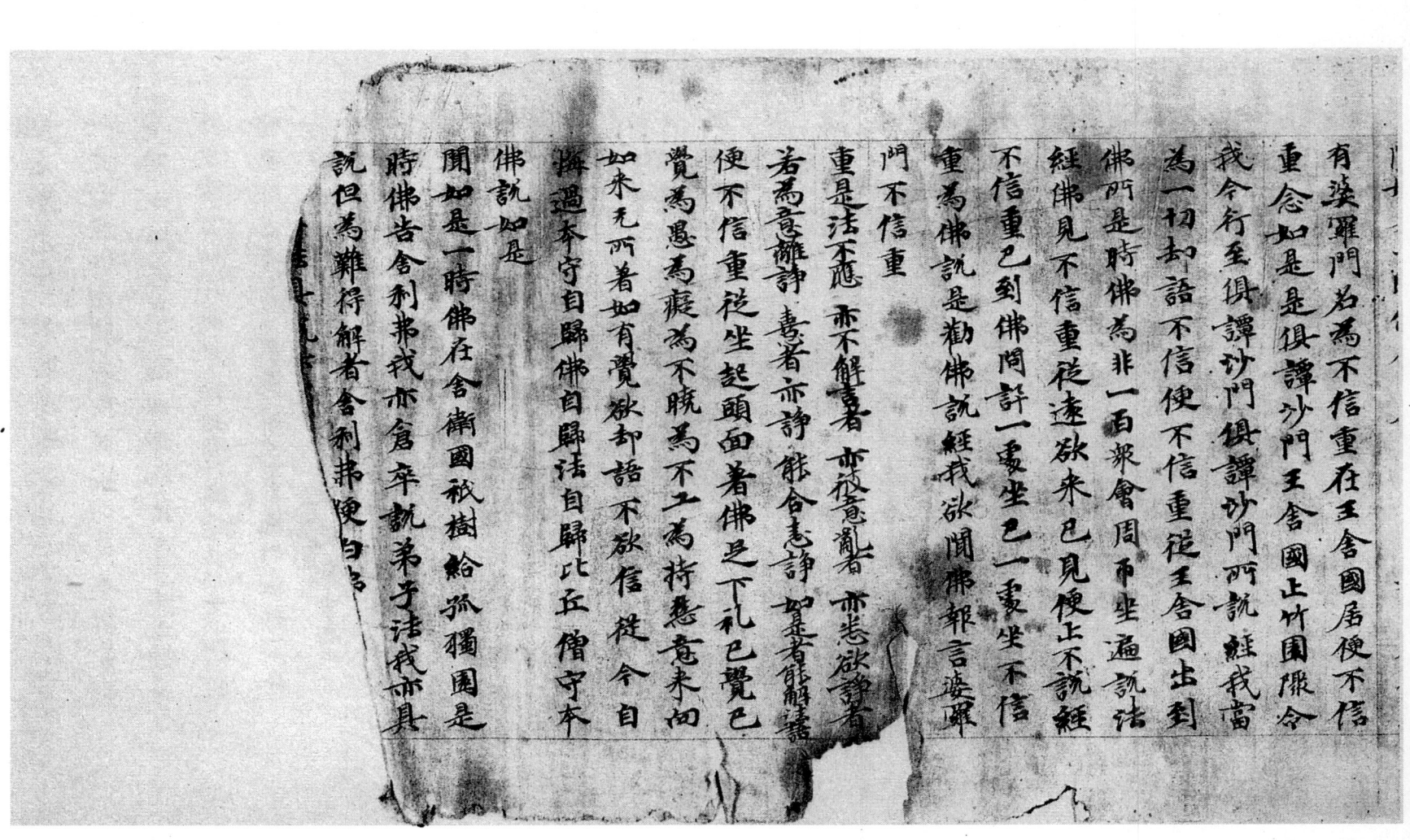

有婆羅門名爲不信重在王舍國居便不信
重念如是是俱譚沙門王舍國上竹園隰令
我今行至俱譚沙門俱譚沙門所説經我當
爲一切却語不信使不信重從王舍國出到
佛所是時佛爲非一百衆會周帀坐遍説法
經佛見不信重從遠欲來已見便止不説經
不信重已到佛問訊一處坐已一處坐不信
重爲佛説是勸佛説經我欲聞佛報言婆羅
門不信重
重是法不應　亦不解語者　亦從意亂者　亦恚欲諍者
若爲意離諍　惠者亦諍　能合意諍　如是者能解語
便不信重從坐起頭面着佛足下礼已覺已
覺爲愚爲癡爲不曉爲不工爲持惡意來向
如來无所着如有覺欲却語不欲信從今自
悔過本守自歸佛自歸法自歸比丘僧守本
佛説如是
聞如是一時佛在舍衛國祇樹給孤獨園是
時佛告舍利弗我亦會卒説弟子法我亦具
説但爲難得解者舍利弗便白言

BD03219號　雜阿含經（吳魏代失譯）　（5–5）

法蓮華經藥草喻品第五　三
尒時世尊告摩訶迦葉及諸
哉迦葉善說如來真實功德
復有无量无邊阿僧祇功德汝等若於无量
億劫說不能盡迦葉當知如來是諸法之王
若有所說皆不虛也於一切法以智方便而
演說之其所說法皆悉到於一切智地如來
觀知一切諸法之所歸趣亦知一切眾生深
心所行通達无礙又於諸法究盡明了示諸
眾生一切智慧迦葉譬如三千大千世界山
川谿谷土地所生卉木叢林及諸藥草種類
若干名色各異密雲彌布遍覆三千大千世
界一時等澍其澤普洽卉木叢林及諸藥草
小根小莖小枝小葉中根中莖中枝中葉大
根大莖大枝大葉諸樹大小隨上中下各有
所受一雲所雨稱其種性而得生長華菓敷
實雖一地所生一雨所潤而諸草木各有差
別迦葉當知如來亦復如是出現於世如大

BD03220號　妙法蓮華經卷三

（26–1）

根大莖大枝大葉諸樹大小隨上中下各有
所受一雲所雨稱其種性而得生長華菓敷
實雖一地所生一雨所潤而諸草木各有差
別迦葉當知如來亦復如是出現於世如大
雲起以大音聲普遍世界天人阿脩羅如彼
大雲遍覆三千大千國土於大眾中而唱是
言我是如來應供正遍知明行足善逝世間
解无上士調御丈夫天人師佛世尊未度者
令度未解者令解未安者令安未涅槃者令
得涅槃今世後世如實知之我是一切知者
一切見者知道者開道者說道者汝等天人
阿脩羅眾皆應到此為聽法故尒時无數千
万億種眾生來至佛所而聽法如來于時觀
是眾生諸根利鈍精進懈怠隨其所堪而為
說法種種无量皆令歡喜快得善利是諸眾
生聞是法已現世安隱後生善處以道受樂
亦得聞法既聞法已離諸障礙於諸法中任
力所能漸得入道如彼大雲雨於一切卉木
叢林及諸藥草如其種性具足蒙潤各得生
長如來說法一相一味所謂解脫相離相滅
相究竟至於一切種智其有眾生聞如來法
若持讀誦如說脩行所得功德不自覺知所
以者何唯有如來知此眾生種相體性念何
事思何事脩何事云何念云何思云何脩以
何法念以何法思以何法脩以何法得何法

BD03220號　妙法蓮華經卷三

（26–2）

若持讀誦如說脩行所得功德不自覺知所
以者何唯有如來知此衆生種相體性念何
事思何事脩何事云何念云何思云何脩以
何法念以何法思以何法脩以何法得何法
衆生住於種種之地唯有如來如實見之明
了无㝵如彼卉木叢林諸藥草而不自知
上中下性如來知是一相一味之法所謂解
脫相離相滅相究竟涅槃常寂滅相終歸於
空佛知是已觀衆生心欲而將護之是故不
即為說一切種智汝等迦葉甚為希有能知
如來隨宜說法能信能受所以者何諸佛世
尊隨宜說法難解難知尒時世尊欲重宣此
義而說偈言
破有法王　出現世間　隨衆生欲　種種說法
如來尊重　智慧深遠　久嘿斯要　不務速說
有智若聞　則能信解　无智疑悔　則為永失
是故迦葉　隨力為說　以種種緣　令得正見
迦葉當知　譬如大雲　起於世間　遍覆一切
惠雲含潤　電光晃曜　雷聲遠震　令衆悅豫
日光掩蔽　地上清涼　靉靆垂布　如可承攬
其雨普等　四方俱下　流澍无量　率土充洽
山川險谷　幽邃所生　卉木藥草　大小諸樹
百穀苗稼　甘蔗蒲桃　雨之所潤　无不豐足
乾地普洽　藥木並茂　其雲所出　一味之水
草木叢林　隨分受潤　一切諸樹　上中下等
稱其大小　各得生長　根莖枝葉　華菓光色

BD03220號　妙法蓮華經卷三　（26–3）

百穀苗稼　甘蔗蒲桃　雨之所潤　无不豐足
乾地普洽　藥木並茂　其雲所出　一味之水
草木叢林　隨分受潤　一切諸樹　上中下等
稱其大小　各得生長　根莖枝葉　華菓光色
一雨所及　皆得鮮澤　如其體相　性分大小
所潤是一　而各滋茂　佛亦如是　出現於世
譬如大雲　普覆一切　既出于世　為諸衆生
分別演說　諸法之實　大聖世尊　於諸天人
一切衆中　而宣是言　我為如來　兩足之尊
出于世間　猶如大雲　充潤一切　枯槁衆生
皆令離苦　得安隱樂　世間之樂　及涅槃樂
諸天人衆　一心善聽　皆應到此　覲无上尊
我為世尊　无能及者　安隱衆生　故現於世
為大衆說　甘露淨法　其法一味　解脫涅槃
以一妙音　演暢斯義　常為大乘　而作因緣
我觀一切　普皆平等　无有彼此　愛憎之心
我无貪著　亦无限㝵　恒為一切　平等說法
如為一人　衆多亦然　常演說法　曾无他事
去來坐立　終不疲猒　充足世間　如雨普潤
貴賤上下　持戒毀戒　威儀具足　及不具足
正見耶見　利根鈍根　等雨法雨　而无懈惓
一切衆生　聞我法者　隨力所受　住於諸地
或處人天　轉輪聖王　釋梵諸王　是小藥草
知无漏法　能得涅槃　起六神通　及得三明
獨處山林　常行禪定　得緣覺證　是中藥草

BD03220號　妙法蓮華經卷三　（26–4）

或處人天 轉輪聖王 釋梵諸王 是小藥草
知无漏法 能得涅槃 起六神通 及得三明
獨處山林 常行禪定 得緣覺證 是中藥草
求世尊處 我當作佛 行精進定 是上藥草
又諸佛子 專心佛道 常行慈悲 自知作佛
決定无疑 是名小樹 安住神通 轉不退輪
度无量億 百千衆生 如是菩薩 名爲大樹
佛平等說 如一味雨 隨衆生性 所受不同
如彼草木 所稟各異 佛以此喻 方便開示
種種言辭 演說一法 於佛智慧 如海一渧
我雨法雨 充滿世間 一味之法 隨力脩行
如彼叢林 藥草諸樹 隨其大小 漸增茂好
諸佛之法 常以一味 令諸世間 普得具足
漸次脩行 皆得道果 聲聞緣覺 處於山林
住㝡後身 聞法得果 是名藥草 各得增長
若諸菩薩 智慧堅固 了達三界 求㝡上乘
是名小樹 而得增長 復有住禪 得神通力
聞諸法空 心大歡喜 放无數光 度諸衆生
是名大樹 而得增長 如是迦葉 佛所說法
譬如大雲 以一味雨 潤於人華 各得成實
迦葉當知 以諸因緣 種種譬喻 開示佛道
是我方便 諸佛亦然 今爲汝等 說㝡實事
諸聲聞衆 皆非滅度 汝等所行 是菩薩道
漸漸脩學 悉當成佛
妙法蓮華經授記品第六

BD03220 號　妙法蓮華經卷三　（26–5）

諸聲聞衆 皆非滅度 汝等所行 是菩薩道
漸漸脩學 悉當成佛
妙法蓮華經授記品第六
尒時世尊說是偈已 告諸大衆 唱如是言 我
此弟子摩訶迦葉 於未來世 當得奉覲三百万
億諸佛世尊 供養恭敬 尊重讚歎 廣宣諸
佛无量大法 於㝡後身 得成爲佛 名曰光明
如來應供正遍知明行足善逝世間解 无上士
調御丈夫天人師佛世尊 國名光德 劫名
大莊嚴 佛壽十二小劫 正法住世二十小劫
像法亦住二十小劫 國界嚴飾 无諸穢惡瓦
礫荊棘便利不淨 其土平正 无有高下坑坎
堆阜 瑠璃爲地 寶樹行列 黃金爲繩 以界道
側 散諸寶華 周遍清淨 其國菩薩 无量千億
諸聲聞衆 亦復无數 无有魔事 雖有魔及魔
民 皆護佛法 尒時世尊 欲重宣此義 而說偈
言
告諸比丘 我以佛眼 見是迦葉 於未來世
過无數劫 當得作佛 而於來世 供養奉覲
三百万億 諸佛世尊 爲佛智慧 淨脩梵行
供養㝡上 二足尊已 脩習一切 无上之慧
於㝡後身 得成爲佛 其土清淨 瑠璃爲地
多諸寶樹 行列道側 金繩界道 見者歡喜
常出好香 散衆名華 種種奇妙 以爲莊嚴
其地平正 无有丘坑 諸菩薩衆 不可稱計

BD03220 號　妙法蓮華經卷三　（26–6）

多諸寶樹　行列道側　金繩界道　見者歡喜
常出好香　散衆名華　種種奇妙　以爲莊嚴
其地平正　无有丘坑　諸菩薩衆　不可稱計
其心調柔　逮大神通　奉持諸佛　大乘經典
諸聲聞衆　无漏後身　法王之子　亦不可計
乃以天眼　不能數知　其佛當壽　十二小劫
正法住世　二十小劫　像法亦住　二十小劫
光明世尊　其事如是
尒時大目揵連須菩提摩訶迦栴延等皆悉
悚慄一心合掌瞻仰世尊目不暫捨即共同
聲而說偈言
大雄猛世尊　諸釋之法王　哀愍我等故　而賜佛音聲
若知我深心　見爲授記者　如以甘露灑　除熱得清涼
如從飢國來　忽遇大王饍　心猶懷疑懼　未敢即便食
若復得王教　然後乃敢食　我等亦如是　每惟小乘過
不知當云何　得佛无上慧　雖聞佛音聲　言我等作佛
心尚懷憂懼　如未敢便食　若蒙佛授記　尒乃快安樂
大雄猛世尊　常欲安世間　願賜我等記　如飢須教食
尒時世尊知諸大弟子心之所念告諸比丘
是須菩提於當來世奉覲三百万億那由他
佛供養恭敬尊重讚歎常脩梵行具菩薩道
於最後身得成爲佛号曰名相如來應供正
遍知明行足善逝世間解无上士調御丈夫
天人師佛世尊劫名有寶國名寶生其土平
正頗梨爲地寶樹莊嚴无諸丘坑沙礫荊棘

BD03220號　妙法蓮華經卷三　（26–7）

遍知明行足善逝世間解无上士調御丈夫
天人師佛世尊劫名有寶國名寶生其土平
正頗梨爲地寶樹莊嚴无諸丘坑沙礫荊棘
便利之穢寶華覆地周遍清淨其土人民皆
處寶臺珎妙樓閣聲聞弟子无量无邊筭數
譬喻所不能知諸菩薩衆无數千万億那由
他佛壽十二小劫正法住世二十小劫像法
亦住二十小劫其佛常處虛空爲衆說法度
脫无量菩薩及聲聞衆尒時世尊欲重宣此
義而說偈言
諸比丘衆　今告汝等　皆當一心　聽我所說
我大弟子　須菩提者　當得作佛　号曰名相
當供无數　万億諸佛　隨佛所行　漸具大道
最後身得　三十二相　端正姝妙　猶如寶山
其佛國土　嚴淨第一　衆生見者　无不愛樂
佛於其中　度无量衆　其佛法中　多諸菩薩
皆悉利根　轉不退輪　彼國常以　菩薩莊嚴
諸聲聞衆　不可稱數　皆得三明　具六神通
住八解脫　有大威德　其佛說法　現於无量
神通變化　不可思議　諸天人民　數如恒沙
皆共合掌　聽受佛語　其佛當壽　十二小劫
正法住世　二十小劫　像法亦住　二十小劫
尒時世尊復告諸比丘衆我今語汝是大迦
栴延於當來世以諸供具供養奉八千億
佛恭敬尊重諸佛滅後各起塔廟高千由旬

BD03220號　妙法蓮華經卷三　（26–8）

[illegible]
旃延於當來世以諸供具供養奉事八千億
佛恭敬尊重諸佛滅後各起塔廟高千由旬
縱廣正等五百由旬以金銀琉璃車𤦲馬瑙
真珠玫瑰七寶合成衆華瓔珞塗香末香燒
香繒蓋幢幡供養塔廟過是已後當復供養
二万億佛亦復如是供養是諸佛已具菩薩
道當得作佛號曰閻浮那提金光如來應供
正遍知明行足善逝世間解无上士調御丈
夫天人師佛世尊其土平正頗梨為地寶樹
莊嚴黄金為繩以界道側妙華覆地周遍
清淨見者歡喜无四惡道地獄餓鬼畜生阿脩
羅道多有天人諸聲聞衆及諸菩薩无量万
億莊嚴其國佛壽十二小劫正法住世二十
小劫像法亦住二十小劫尒時世尊欲重宣
此義而說偈言
諸比丘衆　皆一心聽　如我所說　真實无異
是迦旃延　當以種種　妙好供具　供養諸佛
諸佛滅後　起七寶塔　亦以華香　供養舍利
其最後身　得佛智慧　成等正覺　國土清淨
度脫无量　万億衆生　皆為十方　之所供養
佛之光明　无能勝者　其佛號曰　閻浮金光
菩薩聲聞　斷一切有　无量无數　莊嚴其國
尒時世尊復告大衆我今語汝是大目揵連
當以種種供具供養八千諸佛恭敬尊重諸

BD03220號　妙法蓮華經卷三

(26–9)

佛之光明　无能勝者　其佛號曰　閻浮金光
菩薩聲聞　斷一切有　无量无數　莊嚴其國
尒時世尊復告大衆我今語汝是大目揵連
當以種種供具供養八千諸佛恭敬尊重諸
佛滅後各起塔廟高千由旬縱廣正等五百
由旬以金銀琉璃車𤦲馬瑙真珠玫瑰七寶
合成衆華瓔珞塗香末香燒香繒蓋幢幡以
用供養過是已後當復供養二百万億諸佛
亦復如是當得成佛號曰多摩羅跋栴檀香
如來應供正遍知明行足善逝世間解无上
士調御丈夫天人師佛世尊劫名喜滿國名
意樂其土平正頗梨為地寶樹莊嚴散真珠
華周遍清淨見者歡喜多諸天人菩薩聲聞
其數无量佛壽二十四小劫正法住世四十
小劫像法亦住四十小劫尒時世尊欲重宣
此義而說偈言
我此弟子　大目揵連　捨是身已　得見八千
二百万億　諸佛世尊　為佛道故　供養恭敬
於諸佛所　常脩梵行　於无量劫　奉持佛法
諸佛滅後　起七寶塔　長表金剎　華香伎樂
而以供養　諸佛塔廟　漸漸具足　菩薩道已
於意樂國　而得作佛　號多摩羅　栴檀之香
其佛壽命　二十四劫　常為天人　演說佛道
聲聞无量　如恒河沙　三明六通　有大威德
菩薩无數　志固精進　於佛智慧　皆不退轉

BD03220號　妙法蓮華經卷三

(26–10)

具佛壽命　二十四劫　常為天人　演說佛道
聲聞无量　如恒河沙　三明六通　有大威德
菩薩无數　志固精進　於佛智慧　皆不退轉
佛滅度後　正法當住　四十八劫　像法亦尒
我諸弟子　威德具足　其數五百　皆當授記
於未來世　咸得成佛　我及汝等　宿世因緣
吾今當說　汝等善聽

妙法蓮華經化城喻品第七

佛告諸比丘乃往過去无量无邊不可思議
阿僧祇劫尒時有佛名大通智勝如來應供
正遍知明行足善逝世間解无上士調御丈
夫天人師佛世尊其國名好成劫名大相諸
比丘彼佛滅度已來甚大久遠譬如三千大
千世界所有地種假使有人磨以為墨過於
東方千國土乃下一點大如微塵又過千國
土復下一點如是展轉盡地種墨於汝等意
云何是諸國土若算師若算師弟子能得邊
際知其數不不也世尊諸比丘是人所經國
土若點不點盡末為塵一塵一劫彼佛滅度
已來復過是數无量无邊百千万億阿僧祇
劫我以如來知見力故觀彼久遠猶若今日
尒時世尊欲重宣此義而說偈言
我念過去世　无量无邊劫　有佛兩足尊　名大通智勝
如人以力磨　三千大千土　盡此諸地種　皆悉以為墨
過於千國土　乃下一塵點　如是展轉點　盡此諸塵墨

BD03220號　妙法蓮華經卷三　（26–11）

我念過去世　无量无邊劫　有佛兩足尊　名大通智勝
如人以力磨　三千大千土　盡此諸地種　皆悉以為墨
過於千國土　乃下一塵點　如是展轉點　盡此諸塵墨
如是諸國土　點與不點等　復盡末為塵　一塵為一劫
此諸微塵數　其劫復過是　彼佛滅度來　如是无量劫
如來无礙智　知彼佛滅度　及聲聞菩薩　如見今滅度
諸比丘當知　佛智淨微妙　无漏无所礙　通達无量劫
佛告諸比丘大通智勝佛壽五百四十万億
那由他劫其佛本坐道場破魔軍已垂得阿
耨多羅三藐三菩提而諸佛法不現在前如
是一小劫乃至十小劫結跏趺坐身心不動
而諸佛法猶不在前尒時忉利諸天先為彼
佛於菩提樹下敷師子座高一由旬佛於此
座當得阿耨多羅三藐三菩提適坐此座時
諸梵天王雨眾天華面百由旬香風時來吹
去萎華更雨新者如是不絕滿十小劫供養
於佛乃至滅度常雨此華四王諸天為供養
佛常擊天鼓其餘諸天作天伎樂滿十小劫
至于滅度亦復如是諸比丘大通智勝佛過
十小劫諸佛之法乃現在前成阿耨多羅三
藐三菩提其佛未出家時有十六子其第一
者名曰智積諸子各有種種珍異玩好之具
聞父得成阿耨多羅三藐三菩提皆捨所珍
往詣佛所諸母涕泣而隨送之其祖轉輪聖
王與一百大臣及餘百千万億人民皆共圍

BD03220號　妙法蓮華經卷三　（26–12）

者名曰智積諸子各有種種珍異玩好之具
聞父得成阿耨多羅三藐三菩提皆捨所珎
往詣佛所諸母涕泣而隨送之其祖轉輪聖
王與一百大臣及餘百千万億人民皆共圍
繞隨至道場咸欲親近大通智勝如來供養
恭敬尊重讚歎到已頭面礼足繞佛畢已一心
合掌瞻仰世尊以偈頌曰
大威德世尊　為度眾生故　於无量億歲　尒乃得成佛
諸願已具足　善哉吉无上　世尊甚希有　一坐十小劫
身體及手足　靜然安不動　其心常惔怕　未曾有散亂
究竟永寂滅　安住无漏法　今者見世尊　安隱成佛道
我等得善利　稱慶大歡喜　眾生常苦惱　盲瞑无導師
不識苦盡道　不知求解脫　長夜增惡趣　減損諸天眾
從瞑入於瞑　永不聞佛名　今佛得最上　安隱无漏法
我等及天人　為得最大利　是故咸稽首　歸命无上尊
尒時十六王子偈讚佛已勸請世尊轉於法
輪咸作是言世尊說法多所安隱憐愍饒益
諸天人民重說偈言
世雄无等倫　百福自莊嚴　得无上智慧　願為世間說
度脫於我等　及諸眾生類　為分別顯示　令得是智慧
若我等得佛　眾生亦復然　世尊知眾生　深心之所念
亦知所行道　又知智慧力　欲樂及脩福　宿命所行業
世尊悉知已　當轉无上輪
佛告諸比丘大通智勝佛得阿耨多羅三藐
三菩提時十方各五百万億諸佛世界六種
震動其國中間幽瞑之處日月威光所不能

BD03220號　妙法蓮華經卷三　(26–13)

亦知所行道　又知智慧力　欲樂及脩福　宿命所行業
世尊悉知已　當轉无上輪
佛告諸比丘大通智勝佛得阿耨多羅三藐
三菩提時十方各五百万億諸佛世界六種
震動其國中間幽瞑之處日月威光所不能
照而皆大明其中眾生各得相見咸作是言
此中云何忽生眾生又其國界諸天宮殿乃
至梵宮六種震動大光普照遍滿世界勝諸
天光尒時東方五百万億諸國土中梵天宮
殿光明照曜倍於常明諸梵天王各作是念
今者宮殿光明昔所未有以何因緣而現此
相是時諸梵天王即各相詣共議此事而彼
眾中有一大梵天王名救一切為諸梵眾而
說偈言
我等諸宮殿　光明昔未有　此是何因緣　宜各共求之
為大德天生　為佛出世間　而此大光明　遍照於十方
尒時五百万億國土諸梵天王與宮殿俱各
以衣裓盛諸天華共詣西方推尋是相見大
通智勝如來處于道場菩提樹下坐師子座
諸天龍王乾闥婆緊那羅摩睺羅伽人非人
等恭敬圍繞及見十六王子請佛轉法輪即
時諸梵天王頭面礼佛繞百千帀即以天華
而散佛上其所散華如須弥山并以供養佛
菩提樹其菩提樹高十由旬華供養已各以
宮殿奉上彼佛而作是言唯見哀愍饒益我
等所獻宮殿願垂納受時諸梵天王即於佛

BD03220號　妙法蓮華經卷三　(26–14)

善提樹其善提樹高十由旬華供養已各以
宮殿奉上彼佛而作是言唯見哀愍饒益我
等所獻宮殿願垂納處時諸梵天王即於佛
前一心同聲以偈頌曰
世尊甚希有　難可得值遇　具无量功德　能救護一切
天人之大師　哀愍於世間　十方諸衆生　普皆蒙饒益
我等所從來　五百万億國　捨深禪定樂　爲供養佛故
我等先世福　宮殿甚嚴飾　今以奉世尊　唯願哀納受
尒時諸梵天王偈讚佛已各作是言唯願世
尊轉於法輪度脫衆生開涅槃道時諸梵天
王一心同聲而說偈言
世雄兩足尊　唯願演說法　以大慈悲力　度苦惱衆生
尒時大通智勝如來默然許之又諸比丘東
南方五百万億國土諸大梵王各自見宮殿
光明照曜昔所未有歡喜踊躍生希有心即
各相詣共議此事而彼衆中有一大梵天王
名曰大悲爲諸梵衆而說偈言
是事何因緣　而現如此相　我等諸宮殿　光明昔未有
爲大德天生　爲佛出世間　未曾見此相　當共一心求
過千万億土　尋光共推之　多是佛出世　度脫苦衆生
尒時五百万億諸梵天王與宮殿俱各以衣
裓盛諸天華共詣西北方推尋是相見大通
智勝如來處于道場菩提樹下坐師子座諸
天龍王乹闥婆緊那羅摩睺羅伽人非人等

BD03220號　妙法蓮華經卷三　（26–15）

裓盛諸天華共詣西北方推尋是相見大通
智勝如來處于道場菩提樹下坐師子座諸
天龍王乹闥婆緊那羅摩睺羅伽人非人等
恭敬圍繞及見十六王子請佛轉法輪時諸
梵天王頭面礼佛繞百千帀即以天華而散
佛上所散之華如須弥山并以供養佛菩提
樹華供養已各以宮殿奉上彼佛而作是言
唯見哀愍饒益我等所獻宮殿願垂納受尒
時諸梵天王即於佛前一心同聲以偈頌曰
聖主天中王　迦陵頻伽聲　哀愍衆生者　我等今敬礼
世尊甚希有　久遠乃一現　一百八十劫　空過无有佛
三惡道充滿　諸天衆減少　今佛出於世　爲衆生作眼
世間所歸趣　救護於一切　爲衆生之父　哀愍饒益者
我等宿福慶　今得值世尊
尒時諸梵天王偈讚佛已各作是言唯願世
尊哀愍一切轉於法輪度脫衆生時諸梵天
王一心同聲而說偈言
大聖轉法輪　顯示諸法相　度苦惱衆生　令得大歡喜
衆生聞此法　得道若生天　諸惡道減少　忍善者增益
尒時大通智勝如來默然許之又諸比丘南
方五百万億國土諸大梵王各自見宮殿光
明照曜昔所未有歡喜踊躍生希有心即各
相詣共議此事以何因緣我等宮殿有此光
曜而彼衆中有一大梵天王名曰妙法爲諸
梵衆而說偈言
我等諸宮殿　光明甚威曜　此非无因緣　是相宜求之

BD03220號　妙法蓮華經卷三　（26–16）

…此事以何因緣我等宮殿有此光
曜而彼衆中有一大梵天王名曰妙法為諸
梵衆而說偈言
我等諸宮殿　光明甚威曜　此非无因緣　是相宜求之
過於百千劫　未曾見是相　為大德天生　為佛出世間
尒時五百万億諸梵天王與宮殿俱各以衣
裓盛諸天華共詣北方推尋是相見大通智
勝如来處于道場菩提樹下坐師子座諸天
龍王乾闥婆緊那羅摩睺羅伽人非人等恭
敬圍繞及見十六王子請佛轉法輪時諸梵
天王頭面礼佛繞百千帀即以天華而散佛
上所散之華如須弥山并以供養佛菩提樹
華供養已各以宮殿奉上彼佛而作是言唯
見哀愍饒益我等所獻宮殿願垂納處尒時
諸梵天王即於佛前一心同聲以偈頌曰
世尊甚難見　破諸煩惱者　過百三十劫　今乃得一見
諸飢渴衆生　以法雨充滿　昔所未曾覩　无量智慧者
如優曇波羅　今日乃值遇　我等諸宮殿　蒙光故嚴飾
世尊大慈愍　唯願垂納受
尒時諸梵天王偈讚佛已各作是言唯願世
尊轉於法輪令一切世間諸天魔梵沙門婆
羅門皆獲安隱而得度脫時諸梵天王一心
同聲以偈頌曰
唯願天人尊　轉无上法輪　擊于大法皷　而吹大法螺
普雨大法雨　度无量衆生　我等咸歸請　當演深遠音

BD03220號　妙法蓮華經卷三　(26–17)

同聲以偈頌曰
唯願天人尊　轉无上法輪　擊于大法皷　而吹大法螺
普雨大法雨　度无量衆生　我等咸歸請　當演深遠音
尒時大通智勝如来嘿然許之西南方乃至
下方亦復如是尒時上方五百万億國土諸
大梵王皆悉自覩所止宮殿光明威曜昔所
未有歡喜踊躍生希有心即各相詣共議此
事以何因緣我等宮殿有斯光明而彼衆中
有一大梵天王名曰尸棄為諸梵衆而說偈
言
今以何因緣　我等諸宮殿　威德光明曜　嚴飾未曾有
如是之妙相　昔所未聞見　為大德天生　為佛出世間
尒時五百万億諸梵天王與宮殿俱各以衣
裓盛諸天華共詣下方推尋是相見大通智
勝如来處于道場菩提樹下坐師子座諸天
龍王乾闥婆緊那羅摩睺羅伽人非人等恭
敬圍繞及見十六王子請佛轉法輪時諸梵
天王頭面礼佛繞百千帀即以天華而散佛
上所散之華如須弥山并以供養佛菩提樹
華供養已各以宮殿奉上彼佛而作是言唯
見哀愍饒益我等所獻宮殿願垂納處時諸
梵天王即於佛前一心同聲以偈頌曰
善哉見諸佛　救世之聖尊　能於三界獄　勉出諸衆生
普知天人尊　愍哀群萌類　能開甘露門　廣度於一切
於昔无量劫　空過无有佛　世尊未出時　十方常闇瞑
三惡道增長　阿脩羅亦盛　諸天衆轉減　死多墮惡道

BD03220號　妙法蓮華經卷三　(26–18)

普知天人尊　愍哀群萌類　能開甘露門　廣度於一切
於昔无量劫　空過无有佛　世尊未出時　十方常闇暝
三惡道增長　阿脩羅亦盛　諸天衆轉減　死多墮惡道
不從佛聞法　常行不善事　色力及智慧　斯等皆減少
罪業因緣故　失樂及樂想　住於邪見法　不識善儀則
不蒙佛所化　常墮於惡道　佛為世間眼　久遠時乃出
哀愍諸衆生　故現於世間　超出成正覺　我等甚欣慶
及餘一切衆　喜歎未曾有　我等諸宮殿　蒙光故嚴飾
今以奉世尊　唯垂哀納受　願以此功德　普及於一切
我等與衆生　皆共成佛道
尒時五百万億諸梵天王偈讚佛已各白佛
言唯願世尊轉於法輪多所安隱多所度脫
時諸梵天王而說偈言
世尊轉法輪　擊甘露法鼓　度苦惱衆生　開示涅槃道
唯願受我請　以大微妙音　哀愍而敷演　无量功德法
尒時大通智勝如來受十方諸梵天王及十
六王子請即時三轉十二行法輪若沙門婆
羅門若天魔梵及餘世間所不能轉謂是苦
是苦集是苦滅是苦滅道及廣說十二因緣
法无明緣行行緣識識緣名色名色緣六入
六入緣觸觸緣受受緣愛愛緣取取緣有有
緣生生緣老死憂悲苦惱无明滅則行滅行
滅則識滅識滅則名色滅名色滅則六入滅
六入滅則觸滅觸滅則受滅受滅則愛滅愛
滅則取滅取滅則有滅有滅則生滅生滅則

BD03220號　妙法蓮華經卷三　（26–19）

滅則識滅識滅則名色滅名色滅則六入滅
六入滅則觸滅觸滅則受滅受滅則愛滅愛
滅則取滅取滅則有滅有滅則生滅生滅則
老死憂悲苦惱滅佛於天人大衆之中說是
法時六百万億那由他人以不受一切法故
而於諸漏心得解脫皆得深妙禪定三明六
通具八解脫第二第三第四說法時千万億
恒河沙那由他等衆生亦以不受一切法故
而於諸漏心得解脫從是已後諸聲聞衆无
量无邊不可稱數尒時十六王子皆以童子
出家而為沙弥諸根通利智慧明了已曾供
養百千万億諸佛淨脩梵行求阿耨多羅三
藐三菩提俱白佛言世尊是諸无量千万億
大德聲聞皆已成就世尊亦當為我等說阿
耨多羅三藐三菩提法我等聞已皆共脩學
世尊我等志願如來知見深心所念佛自證
知尒時轉輪聖王所將衆中八万億人見十
六王子出家亦求出家王即聽許尒時彼佛
受沙弥請過二万劫已乃於四衆之中說是
大乘經名妙法蓮華教菩薩法佛所護念說
是經已十六沙弥為阿耨多羅三藐三菩提
故皆共受持諷誦通利說是經時十六菩薩
沙弥皆悉信受聲聞衆中亦有信解其餘衆
生千万億種皆生疑惑佛說是經於八千劫
未曾休廢說此經已即入靜室住於禪定八
万四千劫是時十六菩薩沙弥知佛入室寂

BD03220號　妙法蓮華經卷三　（26–20）

沙弥皆悉信受聲聞衆中亦有信解其餘衆
生千万億種皆生疑惑佛說是經於八千劫
未曾休癈說此經已即入靜室住於禪定八
万四千劫是時十六菩薩沙弥知佛入室寂
然禪定各昇法座亦於八万四千劫為四部
衆廣說分別妙法華經一一皆度六百万億
那由他恒河沙等衆生示教利喜令發阿耨
多羅三藐三菩提心大通智勝佛過八万四
千劫已從三昧起往詣法座安詳而坐普告
大衆是十六菩薩沙弥甚為希有諸根通利
智慧明了已曾供養无量千万億數諸佛於
諸佛所常脩梵行受持佛智開示衆生令入
其中汝等皆當數數親近而供養之所以者
何若聲聞辟支佛及諸菩薩能信是十六菩
薩所說經法受持不毀者是人皆當得阿耨
多羅三藐三菩提如來之慧佛告諸比丘是
十六菩薩常樂說是妙法蓮華經一一菩薩
所化六百万億那由他恒河沙等衆生世世
所生與菩薩俱從其聞法悉皆信解以此因
緣得值四万億諸佛世尊于今不盡諸比丘
我今語汝彼佛弟子十六沙弥今皆得阿耨
多羅三藐三菩提於十方國土現在說法有
无量百千万億菩薩聲聞以為眷屬其二沙
弥東方作佛一名阿閦在歡喜國二名須弥
頂東南方二佛一名師子音二名師子相南
方二佛一名虛空住二名常滅西南方二佛

BD03220號　妙法蓮華經卷三　（26–21）

无量百千万億菩薩聲聞以為眷屬其二沙
弥東方作佛一名阿閦在歡喜國二名須弥
頂東南方二佛一名師子音二名師子相南
方二佛一名虛空住二名常滅西南方二佛
一名帝相二名梵相西方二佛一名阿弥陁
二名度一切世間苦惱西北方二佛一名多摩
羅跋栴檀香神通二名須弥相北方二佛
一名雲自在二名雲自在王東北方佛名壞
一切世間怖畏第十六我釋迦牟尼佛於娑
婆國土成阿耨多羅三藐三菩提諸比丘我
等為沙弥時各各教化无量百千万億恒河
沙等衆生從我聞法為阿耨多羅三藐三菩
提此諸衆生于今有住聲聞地者我常教化
阿耨多羅三藐三菩提是諸人等應以是法
漸入佛道所以者何如來智慧難信難解尒
時所化无量恒河沙等衆生者汝等諸比丘
及我滅度後未來世中聲聞弟子是也我滅
度後復有弟子不聞是經不知不覺菩薩所
行自於所得功德生滅度想當入涅槃我於
餘國作佛更有異名是人雖生滅度之想入
於涅槃而於彼土求佛智慧得聞是經唯以
佛乘而得滅度更无餘乘除諸如來方便說
法諸比丘若如來自知涅槃時到衆又清淨
信解堅固了達空法深入禪定便集諸菩薩

BD03220號　妙法蓮華經卷三　（26–22）

於涅槃而於彼土求佛智慧得聞是經唯以
佛乘而得滅度更无餘乘除諸如來方便說
法諸比丘若如來自知涅槃時到衆又清淨
信解堅固了達空法深入禪定便集諸菩薩
及聲聞衆為說是經世間无有二乘而得滅
度唯一佛乘得滅度耳比丘當知如來方便
深入衆生之性知其志樂小法深着五欲為
是等故說於涅槃是人若聞則便信受譬如
五百由旬險難惡道曠絕无人怖畏之處若
有多衆欲過此道至珎寶處有一導師聰慧
明達善知險道通塞之相將導衆人欲過此
難所將人衆中路懈退白導師言我等疲極
而復怖畏不能復進前路猶遠今欲退還導
師多諸方便而作是念此等可愍云何捨大
珎寶而欲退還作是念已以方便力於險道
中過三百由旬化作一城告衆人言汝等勿
怖莫得退還今此大城可於中止隨意所作
若入是城快得安隱若能前至寶所亦可得
去是時疲極之衆心大歡喜歎未曾有我等
今者免斯惡道快得安隱於是衆人前入化
城生已度想生安隱想尒時導師知此人衆
既得止息无復疲惓即滅化城語衆人言汝
等去來寶處在近向者大城我所化作為止
息耳諸比丘如來亦復如是今為汝等作大
導師知諸生死煩惱惡道險難長遠應去應
度若衆生但聞一佛乘者則不欲見佛不欲

BD03220號　妙法蓮華經卷三　(26–23)

既得止息无復疲惓即滅化城語衆人言汝
等去來寶處在近向者大城我所化作為止
息耳諸比丘如來亦復如是今為汝等作大
導師知諸生死煩惱惡道險難長遠應去應
度若衆生但聞一佛乘者則不欲見佛不欲
親近便作是念佛道長遠久受勤苦乃可得
成佛知是心怯弱下劣以方便力而於中道
為止息故說二涅槃若衆生住於二地如來
尒時即便為說汝等所作未辦汝所住地近
於佛慧當觀察籌量所得涅槃非真實也
但是如來方便之力於一佛乘分別說三如彼
導師為止息故化作大城既知息已而告之
言寶處在近此城非實我化作耳尒時世尊
欲重宣此義而說偈言
大通智勝佛　十劫坐道場　佛法不現前　不得成佛道
諸天神龍王　阿脩羅衆等　常雨於天華　以供養彼佛
諸天擊天鼓　并作衆伎樂　香風吹萎華　更雨新好者
過十小劫已　乃得成佛道　諸天及世人　心皆懷踊躍
彼佛十六子　皆與其眷屬　千万億圍遶　俱行至佛所
頭面礼佛足　而請轉法輪　聖師子法雨　充我及一切
世尊甚難值　久遠時一現　為覺悟羣生　震動於一切
東方諸世界　五百万億國　梵宮殿光曜　昔所未曾有
諸梵見此相　尋來至佛所　散華以供養　并奉上宮殿
請佛轉法輪　以偈而讚歎　佛知時未至　受請嘿然坐
三方及四維　上下亦復尒　散華奉宮殿　請佛轉法輪
世尊甚難值　願以大慈悲　廣開甘露門　轉无上法輪
无量慧世尊　受彼衆人請　為宣種種法　四諦十二緣
无明至老死　[illegible]

BD03220號　妙法蓮華經卷三　(26–24)

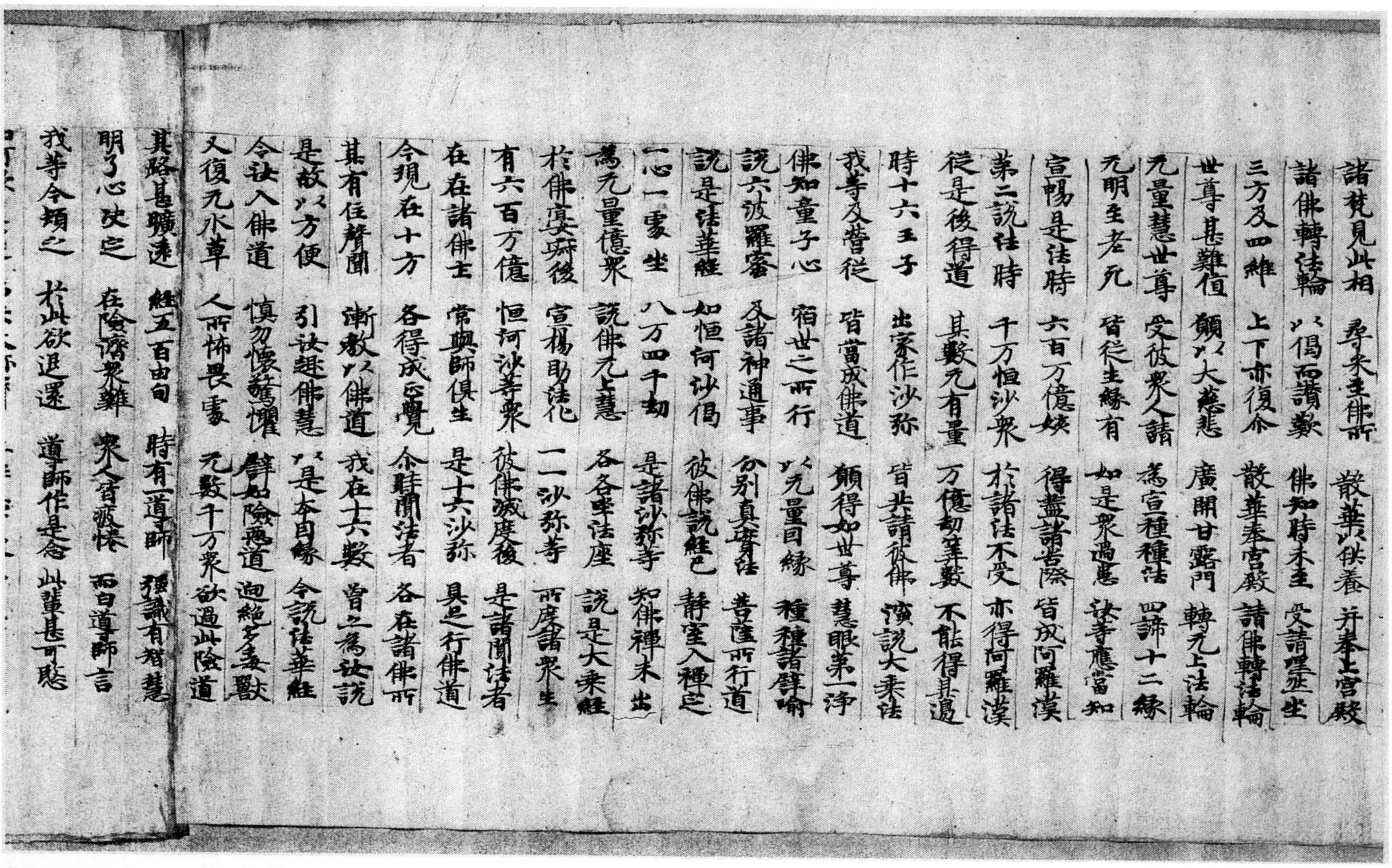

諸梵見此相 尋來至佛所 散華以供養 并奉上宮殿
諸佛轉法輪 以偈而讚歎 佛知時未至 受請嘿然坐
三方及四維 上下亦復尒 散華奉宮殿 請佛轉法輪
世尊甚難值 願以大慈悲 廣開甘露門 轉无上法輪
无量慧世尊 受彼衆人請 為宣種種法 四諦十二緣
无明至老死 皆從生緣有 如是衆過患 汝等應當知
宣暢是法時 六百万億姟 得盡諸苦際 皆成阿羅漢
苐二說法時 千万恒沙衆 於諸法不受 亦得阿羅漢
從是後得道 其數无有量 万億劫筭數 不能得其邊
時十六王子 出家作沙弥 皆共請彼佛 演說大乘法
我等及營從 皆當成佛道 願得如世尊 慧眼苐一淨
佛知童子心 宿世之所行 以无量因緣 種種諸譬喻
說六波羅蜜 及諸神通事 分別真實法 菩薩所行道
說是法華經 如恒河沙偈 彼佛說經已 靜室入禪定
一心一處坐 八万四千劫 是諸沙弥等 知佛禪未出
為无量億衆 說佛无上慧 各各坐法座 說是大乘經
於佛宴寂後 宣揚助法化 一一沙弥等 所度諸衆生
有六百万億 恒河沙等衆 彼佛滅度後 是諸聞法者
在在諸佛土 常與師俱生 是十六沙弥 具足行佛道
今現在十方 各得成正覺 尒時聞法者 各在諸佛所
其有住聲聞 漸教以佛道 我在十六數 曾亦為汝說
是故以方便 引汝趣佛慧 以是本因緣 今說法華經
令汝入佛道 慎勿懷驚懼 譬如險惡道 迥絕多毒獸
又復无水草 人所怖畏處 无數千万衆 欲過此險道
其路甚曠遠 經五百由旬 時有一導師 強識有智慧
明了心決定 在險濟衆難 衆人皆疲惓 而白導師言
我等今頓乏 於此欲退還 導師作是念 此輩甚可愍

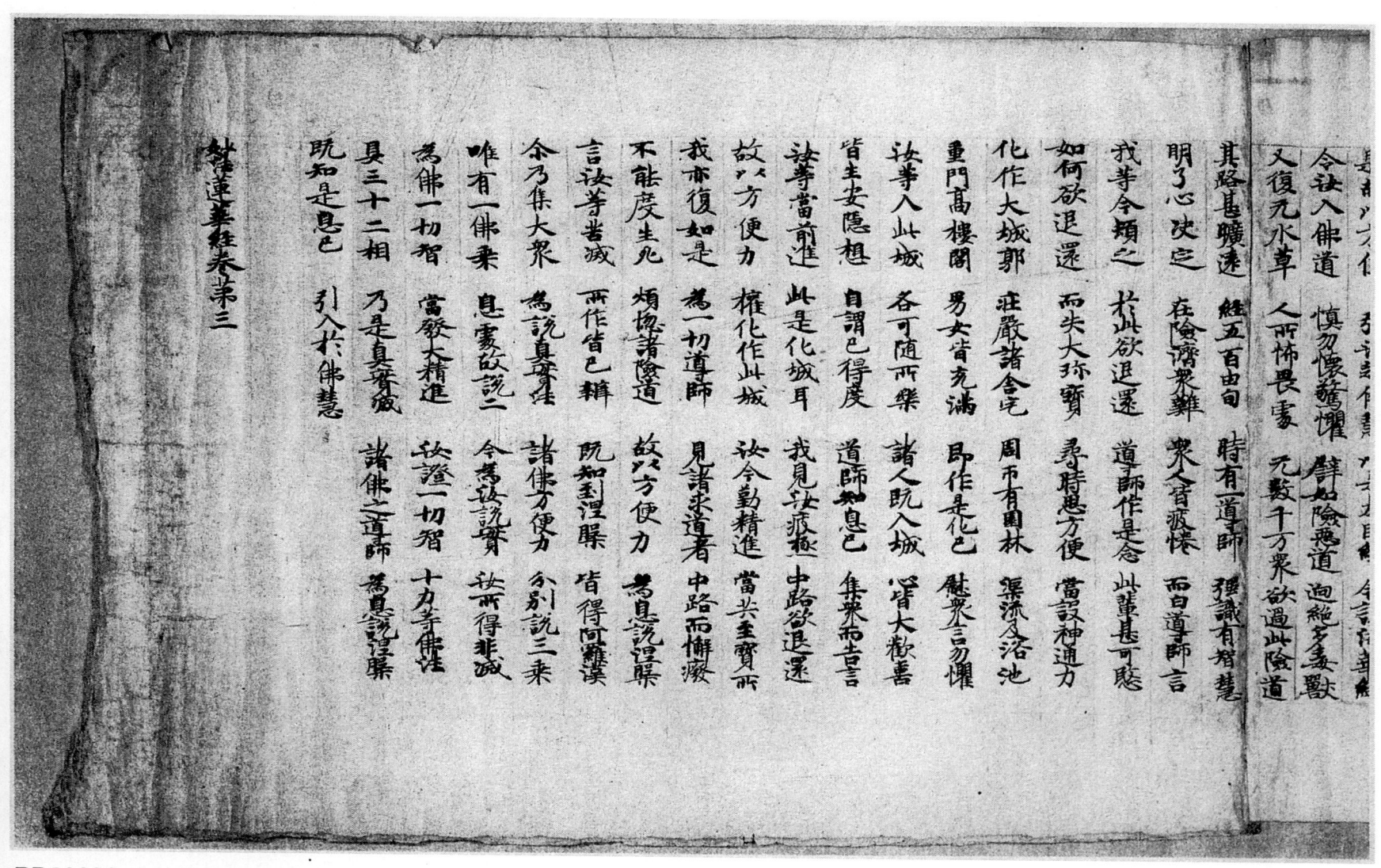

BD03220號　妙法蓮華經卷三

（26–25）

令汝入佛道 慎勿懷驚懼 譬如險惡道 迥絕多毒獸
又復无水草 人所怖畏處 无數千万衆 欲過此險道
其路甚曠遠 經五百由旬 時有一導師 強識有智慧
明了心決定 在險濟衆難 衆人皆疲惓 而白導師言
我等今頓乏 於此欲退還 導師作是念 此輩甚可愍
如何欲退還 而失大珍寶 尋時思方便 當設神通力
化作大城郭 莊嚴諸舍宅 周帀有園林 渠流及浴池
重門高樓閣 男女皆充滿 即作是化已 慰衆言勿懼
汝等入此城 各可隨所樂 諸人既入城 心皆大歡喜
皆生安隱想 自謂已得度 導師知息已 集衆而告言
汝等當前進 此是化城耳 我見汝疲極 中路欲退還
故以方便力 權化作此城 汝今勤精進 當共至寶所
我亦復如是 為一切導師 見諸求道者 中路而懈廢
不能度生死 煩惱諸險道 故以方便力 為息說涅槃
言汝等苦滅 所作皆已辦 既知到涅槃 皆得阿羅漢
尒乃集大衆 為說真實法 諸佛方便力 分別說三乘
唯有一佛乘 息處故說二 今為汝說實 汝所得非滅
為佛一切智 當發大精進 汝證一切智 十力等佛法
具三十二相 乃是真實滅 諸佛之導師 為息說涅槃
既知是息已 引入於佛慧

妙法蓮華經卷苐三

BD03220號　妙法蓮華經卷三

（26–26）

若比丘共女人獨在屏處覆
非法語有住信優婆私說
若僧伽婆尸沙若波逸
於三法中應一一治若波
提如住信優婆私所說應如法治是比丘是名不定法
若比丘共女人在露現處不可作婬處坐說麤惡語有
住信優婆夷於二法中一一法說若僧伽婆尸沙若波逸
提是坐比丘自言我犯是事於二法中應一一法治若僧
伽婆尸沙若波逸提如住信優婆夷所說應如法治是
丘是名不定名　諸大德我已說二不定法今問諸大德是
中清淨不　諸大德是中清淨嘿然故是事如是持
諸大德是卅尼薩耆波逸提法半月半月說戒經中來
若比丘衣已竟迦絺那衣已出畜長衣經十日不淨施得
畜若過十日尼薩耆波逸提　若比丘衣已竟迦絺那衣
已出於三衣中離一一衣異處宿除僧羯磨尼薩耆波逸提
若比丘衣已竟迦絺那衣已出若比丘得非時衣欲須便
受受已疾疾成衣若足者善若不足者得畜經一月為
滿足故若過畜者尼薩耆波逸提　若比丘從非親里
比丘尼取衣除貿易尼薩耆波逸提　若比丘令非親里
比丘尼浣故衣若染若打尼薩耆波逸提　若比丘從非

BD03221 號　四分僧戒本　（16–1）

若比丘衣已竟迦絺那衣已出若比丘得非時衣欲須便
受受已疾疾成衣若足者善若不足者得畜經一月為
滿足故若過畜者尼薩耆波逸提　若比丘從非親里
比丘尼取衣除貿易尼薩耆波逸提　若比丘令非親里
比丘尼浣故衣若染若打尼薩耆波逸提　若比丘從非
親里居士若居士婦乞衣除餘時尼薩耆波逸提餘
時者若比丘奪衣失衣燒衣漂衣是謂餘時
若比丘失衣奪衣燒衣漂衣若非親里居士居士婦
自恣請多與衣是比丘當知足受衣若過受者尼薩
耆波逸提　若比丘居士居士婦為比丘辦衣價買如
是衣與某甲比丘是比丘先不受自恣請到居士家作如是
說善哉居士為我買如是如是衣與我為好故若得衣
者尼薩耆波逸提　若比丘二居士居士婦與比丘辦衣價
持如是衣價買如是衣與某甲比丘是比丘先不受居士
自恣請到二居士家作如是言善哉居士辦如是如是衣
價與我共作一衣為好故若得衣者尼薩耆波逸提
若比丘若王若大臣若婆羅門若居士居士婦遣使為比丘
送衣價持如是衣價與某甲比丘彼使人至比丘所語比丘
言大德今為汝故送是衣價受取是比丘應語彼使如是言
我不應受此衣價我若須衣合時清淨當受彼使語比丘
言大德有執事人不須衣比丘應語言有若僧伽藍民若
優婆塞此是比丘執事人常為諸比丘執事時彼使往至
執事人所與衣價已還至比丘所作如是言大德所示某甲
執事人我已與衣價大德知時往彼當得衣須衣比丘當
往執事人所若二反三反為作憶念應語言我須衣若
二反三反為作憶念若得衣者善若不得衣應四反五反
六反在前嘿然立若四反五反六反在前嘿然住得衣者善
若不得衣過是求得衣者尼薩耆波逸提若不得衣

BD03221 號　四分僧戒本　（16–2）

往執事人所若二反三反為作憶念應語言我須衣若
二反三反為作憶念若得衣者善若不得衣應四反五反
六反在前嘿然立若四反五反六反在前嘿然住得衣者善
若不得衣過是求得衣者尼薩耆波逸提若不得衣
從所得衣價處若自往若遣使往語言汝先遣持衣
價與某甲比丘是比丘竟不得衣汝還取莫使失此是時
若比丘雜野蠶綿作新卧具者尼薩耆波逸提
若比丘以新純黑羺羊毛作新卧具者尼薩耆波逸提
若比丘作新卧具應用二分純黑羊毛三分白四分尨若
比丘不用二分黑三分白四分尨作新卧具者尼薩耆波逸提
若比丘作新卧具應持至滿六年持若減六年不捨故更作
新者除僧羯磨尼薩耆波逸提　若比丘作新坐具
當取故者縱廣一搩手著上為壞色故若作新
坐具不取故者縱廣一搩手帖著新者上用壞色故
尼薩耆波逸提　若比丘道路行得羊毛若无人持得
自持乃至三由旬若無人持自持過三由旬尼薩耆
波逸提　若比丘使非親里比丘尼浣染擘羊毛者
尼薩耆波逸提　若比丘自手捉錢若金銀若教
人捉若置地受者尼薩耆波逸提
若比丘種種賣買者尼薩耆波逸提　若比丘種
種販賣者尼薩耆波逸提　若比丘畜長鉢不淨
施得畜齊十日過者尼薩耆波逸提　若比丘畜鉢
減五綴不漏更求新鉢為好故尼薩耆波逸提彼比
丘應往僧中捨展轉取最下鉢與之令持乃至破
應持此是時　若比丘自乞縷綫使非親里織師織
作衣者尼薩耆波逸提　若比丘居士居士婦使織
師為比丘織作衣彼比丘先受不自恣請便往織師所

丘應往僧中捨展轉取最下鉢與之令持乃至破
應持此是時　若比丘自乞縷綫使非親里織師織
作衣者尼薩耆波逸提　若比丘居士居士婦使織
師為比丘織作衣彼比丘先受不自恣請便往織師所
語言此衣為我作與我極好織令廣長堅緻我當少
多與汝價是比丘與衣價乃至一食直若得衣者
尼薩耆波逸提　若比丘先與比丘衣後瞋恚故若
自奪若教人奪取還我衣來不與汝若比丘還衣彼
取衣者尼薩耆波逸提　若比丘有病畜殘藥蘇
由生蘇蜜石蜜齊七日得服若過七日服者尼薩耆
波逸提　若比丘春殘一月在當求雨浴衣半月應
用浴若比丘過一月前求雨浴衣過半月前用浴尼薩耆
波逸提　若比丘十日未竟夏三月諸比丘得急施
衣比丘知是急施衣當受受已乃至衣時應畜若
過畜者尼薩耆波逸提　若比丘夏三月竟後
迦提一月滿在阿蘭若有疑恐懼處住三衣中欲留
一一衣置村舍內諸比丘有因緣離衣宿乃至六夜
若過者尼薩耆波逸提　若比丘知是僧物自求入
已者尼薩耆波逸提　諸大德我已說三十尼薩耆
波逸提法今問諸大德是中清淨不三　諸大德是
中清淨嘿然故是事如是持　諸大德是九十波
逸提法半月半月說戒經中來
若比丘知而妄語者波逸提　若比丘種類毀呰語者
波逸提　若比丘兩舌語者波逸提　若比丘與婦女同室
宿者波逸提　若比丘與未受大戒人共宿過二宿至三宿
波逸提　若比丘與未受大戒人同誦者波逸提
若比丘知他比丘有麁惡罪向未受大戒人說除僧羯磨
波逸提　若比丘向未受大戒人說過人法言我見是我知

波逸提　若比丘與未受大戒人同誦者波逸提
若比丘知他比丘有麁惡罪向未受大戒人說除僧羯磨
波逸提　若比丘向未受大戒人說過人法言我見是我知
是實者波逸提　若比丘與女人說法過五六語除有知
男子者波逸提　若比丘自手掘地若教人掘者波逸提十
若比丘壞鬼神村者波逸提　若比丘妄作異語惱他者波逸提
若比丘嫌罵知事者波逸提　若比丘取僧繩床木床若
臥具坐蓐露地敷若教人敷捨去不自舉不教人舉者
波逸提　若比丘於僧房中敷僧臥具若自敷若教
人敷若坐若臥去時不自舉不教人舉者波逸提
若比丘知先比丘住處後來強於中間敷臥具止宿
念言彼若嫌迮者自當避我去作如是因緣非餘
非威儀波逸提　若比丘瞋他比丘不喜僧房中若自
牽出教他牽出波逸提　若比丘若僧房若重閣
上脫脚繩床若木床若坐若臥波逸提　若比丘知水
有虫若澆泥若澆草若教人澆者波逸提
若比丘作大房舍戶扉窻牖及餘莊飾具指授覆
苫齋二三節若過者波逸提二十　若比丘僧不差教
誡比丘尼者波逸提　若比丘為僧差教授比丘尼乃
至日暮者波逸提　若比丘語諸比丘作如是語比丘
為飲食故教授比丘尼者波逸提　若比丘與非親
理比丘尼衣除貿易波逸提　若比丘與非親理比
丘尼作衣者波逸提　若比丘與比丘尼在屏處坐
者波逸提　若比丘與比丘尼期同一道行乃至一村間
除異時波逸提異時者與估客行若疑畏怖時是謂
異時　若比丘與比丘尼共期同乘一船若上水下水除
直度者波逸提　若比丘知比丘尼讚嘆教化因緣得
食食除檀越先請者波逸提　若比丘與婦女共期

BD03221號　四分僧戒本　（16–5）

除異時波逸提異時者與估客行若疑畏怖時是謂
異時　若比丘與比丘尼共期同乘一船若上水下水除
直度者波逸提　若比丘知比丘尼讚嘆教化因緣得
食食除檀越先請者波逸提　若比丘與婦女共期
同一道行乃至一村間波逸提三十　若比丘施一食處无
病比丘應受一食若過受者波逸提　若比丘展轉食
除餘時波逸提餘時者病時施衣時是謂餘時
若比丘別眾食除餘時波逸提餘時者病時作衣時
施衣時道行時乘船時大眾集時沙門施食時此
是時　若比丘至白衣家請比丘與餅麨飯若比丘欲須
者當取二三鉢受還至僧伽藍中應分與餘比丘食
若比丘无病過兩三鉢受持還僧伽藍中不分與
餘比丘食者波逸提　若比丘足食竟或時受請不作
餘食法而食者波逸提　若比丘知他比丘足食已若
受請不作餘食法慇懃請與食長老取是食以是
因緣非餘欲使他犯者波逸提　若比丘非時受食
食者波逸提　若比丘殘宿食而食者波逸提
若比丘不受食若藥著口中除水及楊枝波逸提
若比丘得好美飲食乳酪魚及肉若比丘如此美
飲食无病自為己索者波逸提卌
若比丘外道男外道女自手與食者波逸提
若比丘先受請已前食後食行詣餘家不囑授
餘比丘除餘時波逸提餘時者病時作衣時施
衣時是謂餘時　若比丘在食家中有寶強安
坐者波逸提　若比丘食家中有寶在屏處坐
者波逸提　若比丘獨與女人露地坐者波逸提
若比丘語餘比丘如是語大德共至聚落當與汝
食彼比丘竟不教與是比丘食語言汝去我與汝

BD03221號　四分僧戒本　（16–6）

衣時是謂餘時　若比丘在食家中有寶強安
坐者波逸提　若比丘食家中有寶在屏處坐
者波逸提　若比丘獨與女人露地坐者波逸提
若比丘語餘比丘如是語大德共至聚落當與汝
食彼比丘竟不教與是比丘食語言汝去我與汝
一處若坐若語不樂我獨坐語獨樂以此因緣非
餘方便遣去波逸提　若比丘請四月與藥无病
比丘應受若過受除常請更請分請盡形壽請波逸提
若比丘往觀軍陣除時因緣波逸提　若比丘有因緣聽
至軍中二宿三宿過者波逸提　若比丘二宿三宿軍中住或時
觀軍陣鬪戰若觀遊軍陣象馬力勢者波逸提　五十
若比丘飲酒者波逸提　若比丘水中嬉戲者波逸提
若比丘以指相擊攊者波逸提　若比丘不受諫者波逸提
若比丘恐怖他比丘者波逸提　若比丘半月洗浴无病比丘
應受不得過除餘時波逸提餘時者熱時病時作時風時雨
時道行時此是時　若比丘无病自為炙身故露地然火
若教人然除時因緣波逸提　若比丘藏他比丘衣鉢坐具
針筒若自藏教人藏下至戲笑者波逸提
若比丘與比丘比丘尼式叉摩那沙弥沙弥尼衣後不語主
還取着者波逸提　若比丘得新衣應三種壞色一
色中隨意壞若青若黑若木蘭若比丘不以三種壞色
若青若黑若木蘭着餘新衣者波逸提　六十
若比丘故煞畜生命者波逸提　若比丘知水有虫飲用
者波逸提　若比丘故惱他比丘令須臾不樂者波逸提
若比丘知他比丘犯麁惡罪覆藏者波逸提
若比丘年滿廿應受大戒若比丘知年不滿廿与受大
戒此人不得戒彼比丘可呵癡故波逸提　若比丘知諍
事起如法懺悔已後更發起者波逸提　若比丘知是
[illegible]

若比丘知他比丘犯麁惡罪覆藏者波逸提
若比丘年滿廿應受大戒若比丘知年不滿廿与受大
戒此人不得戒彼比丘可呵癡故波逸提　若比丘知諍
事起如法懺悔已後更發起者波逸提　若比丘知是
賊伴結要共同道行乃至一村間者波逸提
若比丘作如是語我知佛所說法行婬欲非障道法彼
比丘諫此比丘言大德莫作是語莫謗世尊謗世尊者不
善世尊不作是語世尊无數方便說犯婬欲者是鄣
道法彼比丘諫此比丘時堅持不捨彼比丘乃至三諫捨
此事故若三諫捨者善不捨者波逸提
若比丘知如是語人未作法如是耶見而不捨供給所須
共同羯磨止宿言語者波逸提　若比丘知沙弥作
如是語我從佛聞法若行婬欲非鄣道法彼比丘諫此
沙弥如是言汝莫誹謗世尊謗世尊者不善世尊不作
是語沙弥世尊无數方便說婬欲是鄣道法彼比丘諫
此沙弥言堅持不捨彼比丘應乃至再三呵諫令捨此
事故乃至三諫而捨者善不捨者彼比丘應語彼沙
弥言汝自今已去不得言佛是我世尊不得隨逐餘比
丘如諸沙弥得与比丘二三宿汝今无是事汝出去滅去
不應住此若比丘知如是衆中被擯沙弥而誘將畜
養共止宿者波逸提　若比丘餘比丘如法諫時作
如是語我今不學此戒當難問餘智慧持律比丘
者波逸提若為知為學故應難問
若比丘瞋恚故以无根僧伽婆尸沙謗者波逸提　八十
若比丘剎利水澆頭王種王未出未藏寶而入若過
宮門閫者波逸提
若比丘寶及寶莊飾具若自捉教人捉除僧伽藍
中及寄宿處波逸提若比丘在僧伽藍中若寄宿處
若捉寶若以寶莊飾若自捉教人當作是意若

官門閫者波逸提
若比丘寶及寶莊飾具若自捉教人捉除僧伽藍
中及寄宿處波逸提若比丘在僧伽藍中若寄宿處
若捉寶若以寶莊飾若自捉教人當作是意若
有主識者當取作如是因緣非餘
若比丘非時入聚落不囑餘比丘者波逸提
若比丘作繩床木床足應高如来八指除入梐孔上
截竟若過者波逸提
若比丘作兜羅綿貯繩床木床大小褥成者波逸提
若比丘作骨牙角針筒刳刮成者波逸提
若比丘作尼師檀當應量作是中量者長佛二搩
手廣一搩手半更增廣長各半搩手若過截竟者
波逸提　若比丘作覆瘡衣當應量作是中量
者長佛四搩手廣二搩手截竟過者波逸提
若比丘作雨浴衣當應量作是中量者長佛六搩
手廣二搩手半截竟過者波逸提
若比丘与如来等量作衣或過量作者波逸提是中
如来衣量者長佛十搩手廣六搩手是謂如来衣量
諸大德我已說九十波逸提法今問諸大德是中清淨不
諸大德是中清淨嘿然故是事如是持
諸大德是波羅提提舍尼法半月半月說戒經中来
若比丘入村中從非親里比丘尼若无病自手取食
食者是比丘應向餘比丘悔過言大德我犯可呵法所
不應為我今向大德悔過是法名悔過法
若比丘至白衣家内食是中有比丘尼指示與某
甲羹與某甲飯比丘應語彼比丘尼如是言大姉
且止須比丘食竟若无一比丘語彼比丘尼如是言

BD03221號　四分僧戒本　（16–9）

若比丘至白衣家内食是中有比丘尼指示與某
甲羹與某甲飯比丘應語彼比丘尼如是言大姉
且止須比丘食竟若无一比丘語彼比丘尼如是言
大姉且止須比丘食竟者是比丘應向餘比丘悔過
言大德我犯可呵法所不應為我今向諸大德悔
過是法名悔過法　若比丘先作學家羯磨若
比丘於如是學家先不請无病自手受食食者是
比丘應向餘比丘悔過言大德我犯可呵法所不應
為我今向大德悔過是法名悔過法
若比丘在阿蘭若迥遠有疑恐怖處若比丘在如是
阿蘭若處住先不語檀越若僧伽藍外不受食
在僧伽藍内无病自手受食食者應向餘比丘悔
過言大德我犯可呵法所不應為我今向大德悔過
是法名悔過法　諸大德我已說四波羅提提
舍尼法今問諸大德是中清淨不
諸大德是中清淨嘿然故是事如是持
諸大德是衆學戒法半月半月說戒經中来
當齊整着涅槃僧應當學
當齊整三衣應當學
不得反抄衣行入白衣舍應當學
不得反抄衣行入白衣舍坐應當學
不得衣纏頸入白衣舍應當學
不得衣纏頸入白衣舍坐應當學
不得覆頭入白衣舍應當學
不得覆頭入白衣舍坐應當學
不得跳行入白衣舍應當學
不得跳行入白衣舍坐應當學 十
不得白衣舍内蹲坐應當學

BD03221號　四分僧戒本　（16–10）

不得覆頭入白衣舍　應當學
不得覆頭入白衣舍坐應當學
不得跳行入白衣舍　應當學
不得跳行入白衣舍坐應當學 十
不得白衣舍内蹲坐　應當學
不得叉腰行入白衣舍　應當學
不得叉腰行入白衣舍坐應當學
不得搖身行入白衣舍　應當學
不得搖身行入白衣舍坐應當學
不得掉臂行入白衣舍　應當學
不得掉臂行入白衣舍坐應當學
好覆身入白衣舍　應當學
好覆身入白衣舍坐　應當學
不得左右顧視行入白衣舍　應當學 二十
不得左右顧視行入白衣舍坐應當學
靜嘿入白衣舍　應當學
靜嘿入白衣舍坐　應當學
不得戲咲行入白衣舍　應當學
不得戲咲行入白衣舍坐應當學
用意受食　應當學
平鉢受食　應當學
平鉢受羹　應當學
羹飯等食　應當學
以次食　應當學 三十
不得挑鉢中而食　應當學
若比丘无病不得為己索羹飯應當學
不得以飯覆羹更望得　應當學
不得視比坐鉢中食　應當學

BD03221 號　四分僧戒本　（16–11）

羹飯等食　應當學
以次食　應當學 三十
不得挑鉢中而食　應當學
若比丘无病不得為己索羹飯應當學
不得以飯覆羹更望得　應當學
不得視比坐鉢中食應當學
當繫鉢想食應當學
不得大揣飯食應當學
不得大張口待食應當學
不得含飯語　應當學
不得揣飯遥擲口中應當學
不得遺落飯食應當學 卌
不得頰食食應當學
不得嚼飯作聲食應當學
不得大噏飯食應當學
不得舌舐食應當學
不得振手食應當學
不得手把散飯食應當學
不得汙手捉飲器應當學
不得洗鉢水棄白衣舍内應當學
不得生草菜上大小便涕唾除病應當學
不得淨水中大小便涕唾除病應當學
不得立大小便除病　應當學 五十
不与得反抄衣不恭敬人說法除病應當學
不得為衣纏頸者說法除病應當學
不得為覆頭者說法除病應當學
不得為裹頭者說法除病應當學
不得為叉腰者說法除病應當學

BD03221 號　四分僧戒本　（16–12）

不得爲衣纏頸者說法除病應當學
不得爲覆頭者說法除病應當學
不得爲裹頭者說法除病應當學
不得爲叉腰者說法除病應當學
不得爲著革屣者說法除病應當學
不得爲著木屐者說法除病應當學
不得爲騎乘者說法除病應當學
不得在佛塔中止宿除爲守護故應當學六十
不得藏財物置佛塔中除爲堅牢應當學
不得著革屣入佛塔中應當學
不得手捉革屣入佛塔中應當學
不得著革屣遶佛塔行應當學
不得著富羅入佛塔中應當學
不得手捉富羅入佛塔中應當學
不得塔下坐食留草及食汙地應當學
不得擔死屍從佛塔下過應當學
不得佛塔下埋死屍應當學
不得在塔下燒死屍應當學七十
不得向塔燒死屍應當學
不得佛塔四邊燒死屍使臭氣來入應當學
不得持死人衣及床從塔下過除浣染香熏應當學
不得佛塔下大小便應當學
不得向佛塔大小便應當學
不得遶佛塔四邊大小便使臭氣來入應當學
不得持佛像至大小便處應當學
不得在佛塔下嚼楊枝應當學
不得向佛塔嚼楊枝應當學
不得佛塔四邊嚼楊枝應當學八十

不得持佛像至大小便處應當學
不得在佛塔下嚼楊枝應當學
不得向佛塔嚼楊枝應當學
不得佛塔四邊嚼楊枝應當學八十
不得在佛塔下涕唾應當學
不得向佛塔涕唾應當學
不得佛塔四邊涕唾應當學
不得向佛塔舒腳坐應當學
不得安佛塔在下房己在上房住應當學
人坐己立不得爲說法除病應當學
人臥己立不得爲說法除病應當學
人在座己在非座不得爲說法除病應當學
人在高座己在下座不得爲說法除病應當學九十
人在前行己在後行不得爲說法除病應當學
人在高經行處己在下經行處不應爲說法除病應當學
人在道己在非道不應爲說法除病應當學
不得攜手在道行應當學
不得上樹過人除時因緣應當學
不得絡囊盛鉢貫杖頭著肩上而行應當學
人持杖不恭敬不應爲說法除病應當學
人持劍不應爲說法除病應當學
人持鉾不應爲說法除病應當學
人持刀不應爲說法除病應當學
人持蓋不應爲說法除病應當學
諸大德我已說眾學戒法今問諸大德
是中清淨不三說
諸大德是中清淨嘿然故是事如是持
諸七滅諍法半月半月說戒經中來

諸大德我已說衆學戒法今問諸大德
是中清淨不 三說
諸大德是中清淨嘿然故是事如是持
諸大德是七滅諍法半月半月說經中來
若比丘有諍事起即應除滅
應與現前毗尼　當與現前毗尼
應與憶念毗尼　當與憶念毗尼
應與不癡毗尼　當與不癡毗尼
應與自言治　當與自言治
應與覓罪相　當與覓罪相
應與多人語　當與多人語
應與如草覆地　當與如草覆地
諸大德我已說七滅諍法今問諸大德是中清淨不 三說
諸大德是中清淨嘿然故是事如是持
諸大德我已說戒經序已說四波羅夷法已說
十三僧伽婆尸沙法已說二不定法已說卅尼薩
耆波逸提法已說九十波逸提法已說四波羅提
提舍尼法已說衆學戒法已說七滅諍法此是
佛所說戒經半月半月戒經中說若更有餘佛
法是中皆共和合應當學
忍辱第一道　佛說无為最　出家惱他人　不名為沙門
此是毗婆尸如来无所着等正覺說是戒經
譬如明眼人　能避嶮惡道　世有聰明人　能遠離諸惡
此是尸棄如来无所着等正覺說是戒經
不謗亦不嫉　當奉行於戒　飲食知止足　常樂在空閑
心定樂精進　是名諸佛教
此是毗葉羅如来无所着等正覺說是戒經
譬如蜂採華　不壞色与香　但取其味去　比丘入聚然

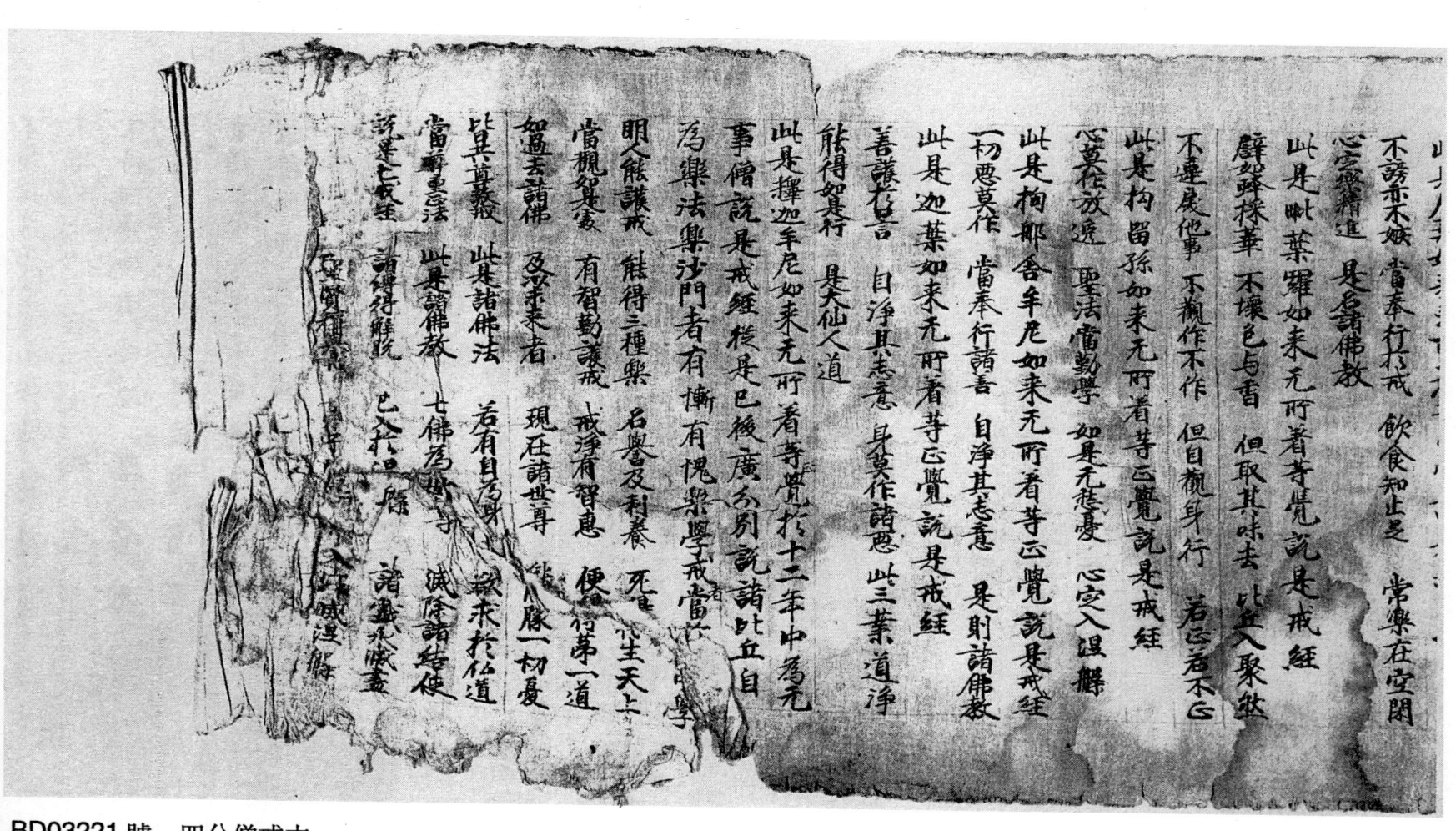

BD03221 號　四分僧戒本

（16–15）

此是尸[illegible]
不謗亦不嫉　當奉行於戒　飲食知止足　常樂在空閑
心定樂精進　是名諸佛教
此是毗葉羅如来无所着等正覺說是戒經
譬如蜂採華　不壞色与香　但取其味去　比丘入聚然
不違戾他事　不觀作不作　但自觀身行　若正若不正
此是拘留孫如来无所着等正覺說是戒經
心莫作放逸　聖法當勤學　如是无憂愁　心定入涅槃
此是拘那含牟尼如来无所着等正覺說是戒經
一切惡莫作　當奉行諸善　自淨其志意　是則諸佛教
此是迦葉如来无所着等正覺說是戒經
善護於口言　自淨其志意　身莫作諸惡　此三業道淨
能得如是行　是大仙人道
此是釋迦牟尼如来无所着等覺於十二年中為无
事僧說是戒經從是已後廣分別說諸比丘自
為樂法樂沙門者有慚有愧樂學戒者當於中學
明人能護戒　能得三種樂　名譽及利養　死得生天上
當觀如是處　有智勤護戒　戒淨有智惠　便得第一道
如過去諸佛　及以未來者　現在諸世尊　能勝一切憂
皆共尊敬戒　此是諸佛法　若有自為身　欲求於佛道
當尊重正法　此是諸佛教　七佛為世尊　滅除諸結使
說是七戒經　諸縛得解脫　已入於涅槃　諸戲永滅盡
尊賢[illegible]滅涅槃

BD03221 號　四分僧戒本

（16–16）

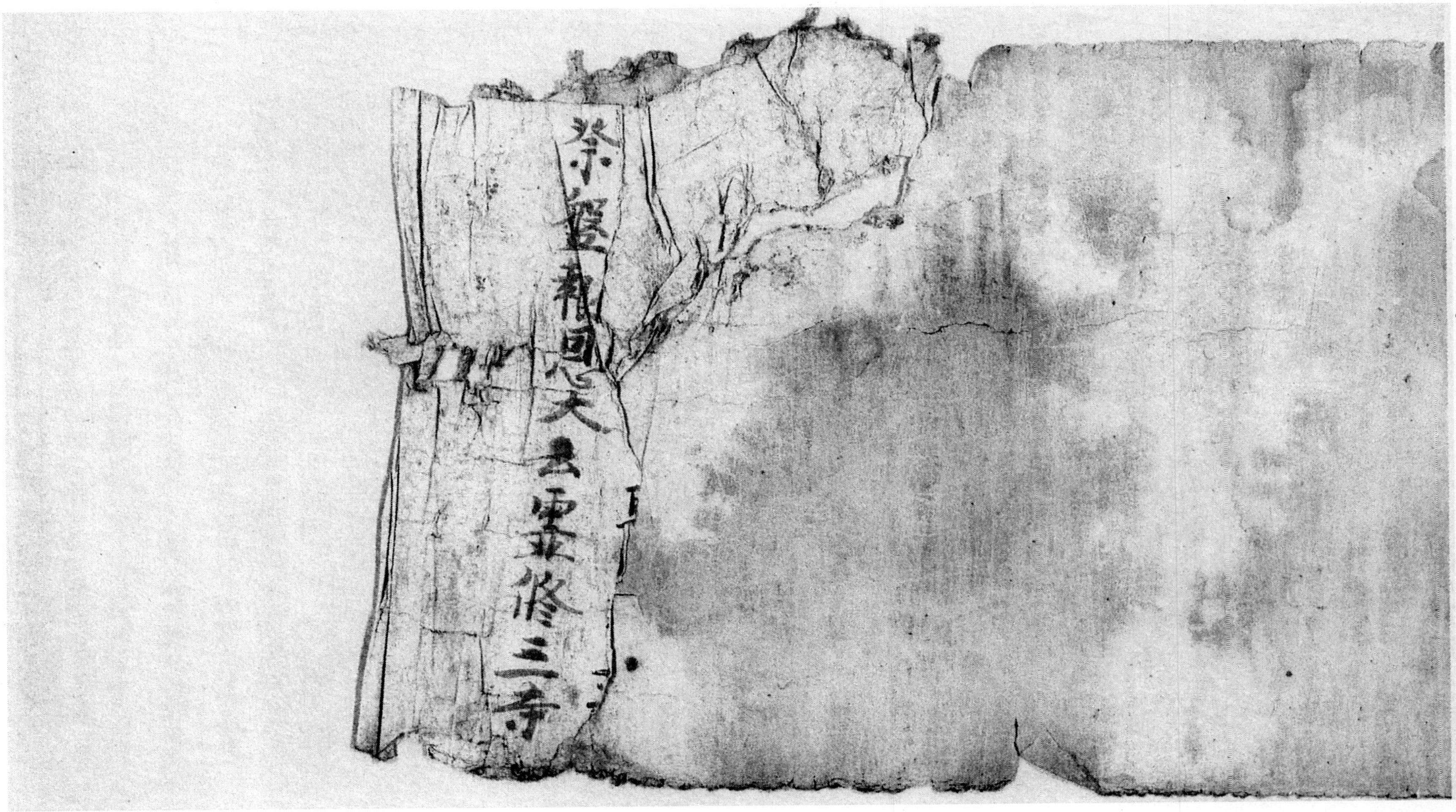

BD03221 號背　寺院雜文書（擬）　　（1–1）

BD03221 號背　雜寫　　（1–1）

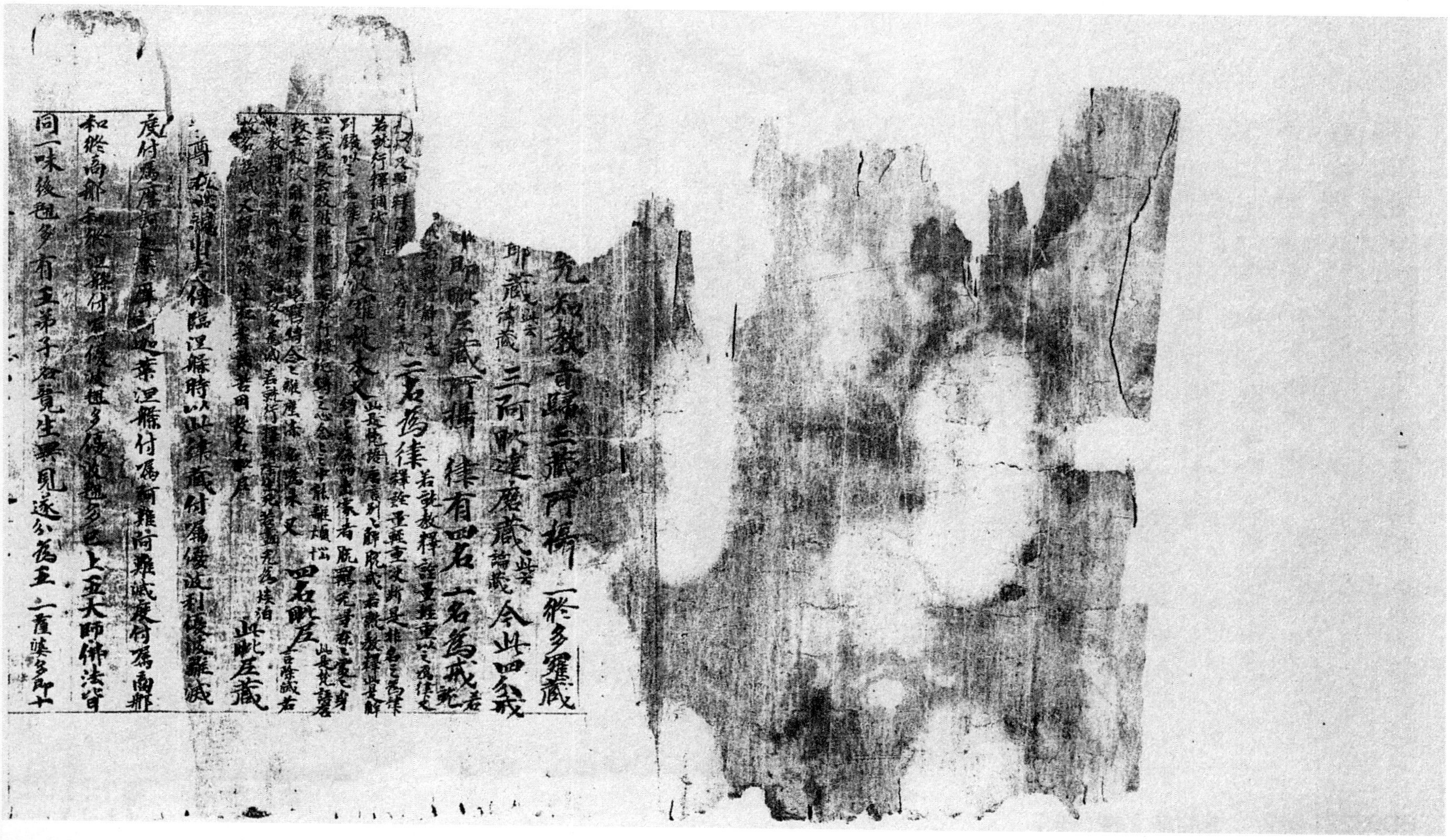

九知教旨歸三藏所攝 一修多羅藏
即藏 二阿毗達磨藏 論藏 今此四義
律有四名 一名爲戒
三名爲律
四名毗尼 此毗尼藏
尊於世觀付屬傳臨涅槃時以此律藏付屬優波離優波離滅
度付屬摩訶迦葉 摩訶迦葉涅槃付屬阿難 阿難滅度付屬商那
和修 商那和修涅槃付屬優波毱多 優波毱多已上五大師佛法皆
同一味 後毱多有五弟子各覺生異見 遂分爲五 一薩婆多即十

BD03222號　小抄

（7–1）

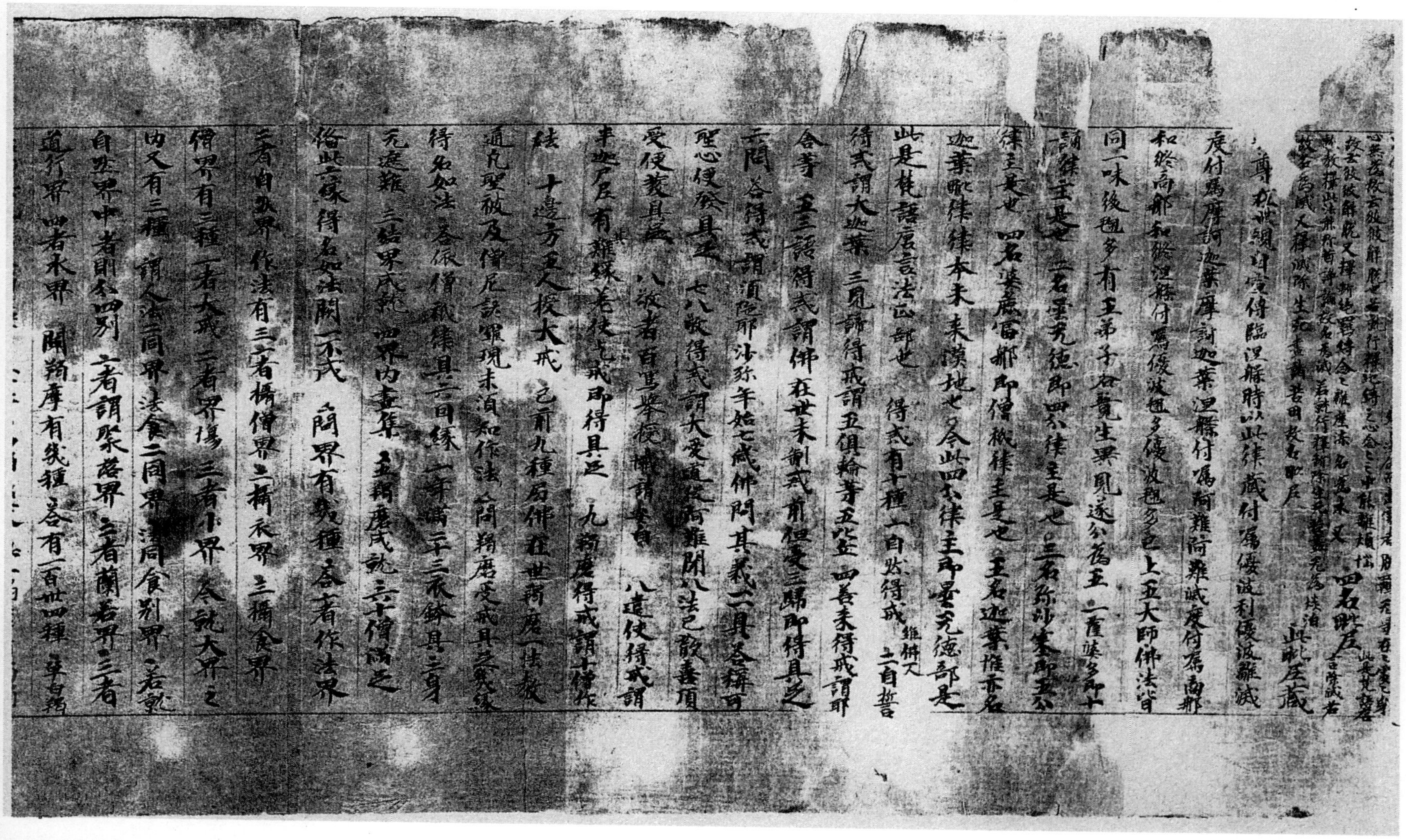

四名毗尼 此毗尼藏
尊於世觀付屬傳臨涅槃時以此律藏付屬優波離優波離滅
度付屬摩訶迦葉 摩訶迦葉涅槃付屬阿難 阿難滅度付屬商那
和修 商那和修涅槃付屬優波毱多 優波毱多已上五大師佛法皆
同一味 後毱多有五弟子各覺生異見 遂分爲五 一薩婆多即十
誦律主是也 二名曇無德即四分律主是也 三名彌沙塞即五分
律主是也 四名婆麤富那即僧祇律主是也 五名迦葉推亦名
迦葉毗律 律本未來漢地也 今此四分律主即曇無德部是
此是梵語 唐言法正部也 得戒有十種 一自然得戒 二自誓
得戒謂大迦葉 三見諦得戒謂五俱輪等五比丘 四善來得戒謂耶
舍等 五三語得戒謂佛在世未制戒前但受三歸即得具足 六
三問答得戒謂須陀耶沙彌年始七歲佛問其義一一具答稱可
聖心便發具足 七八敬得戒謂大愛道從阿難聞八法已歡喜頂
受便發具足 八遣使得戒謂
半迦尸尼有難緣差使乞戒即得具足 九羯磨得戒謂十僧作
法 十邊方五人授大戒 已前九種局佛在世 羯磨一法教
通凡聖被及僧尼訖羅現未須知作法 三問羯磨受戒具足緣
得名如法 答依僧祇律具六因緣 一年滿二十 二衣鉢具 三身
无遮難 四結界成就 四界內盡集 五羯磨成就 六十僧滿足
修此六緣得名如法 闕一不成 問界有幾種 答有作法界
二者自然界 作法有三 一者攝僧界 二攝衣界 三攝食界
僧界有三種 一者大界 二者界場 三者小界 今就大界之
內又有三種 謂人法二同界 法食二同界 法同食別界 若就
自然界中者開分四別 一者謂聚落界 二者蘭若界 三者
道行界 四者水界 問羯磨有幾種 答有一百卅四種

BD03222號　小抄

（7–2）

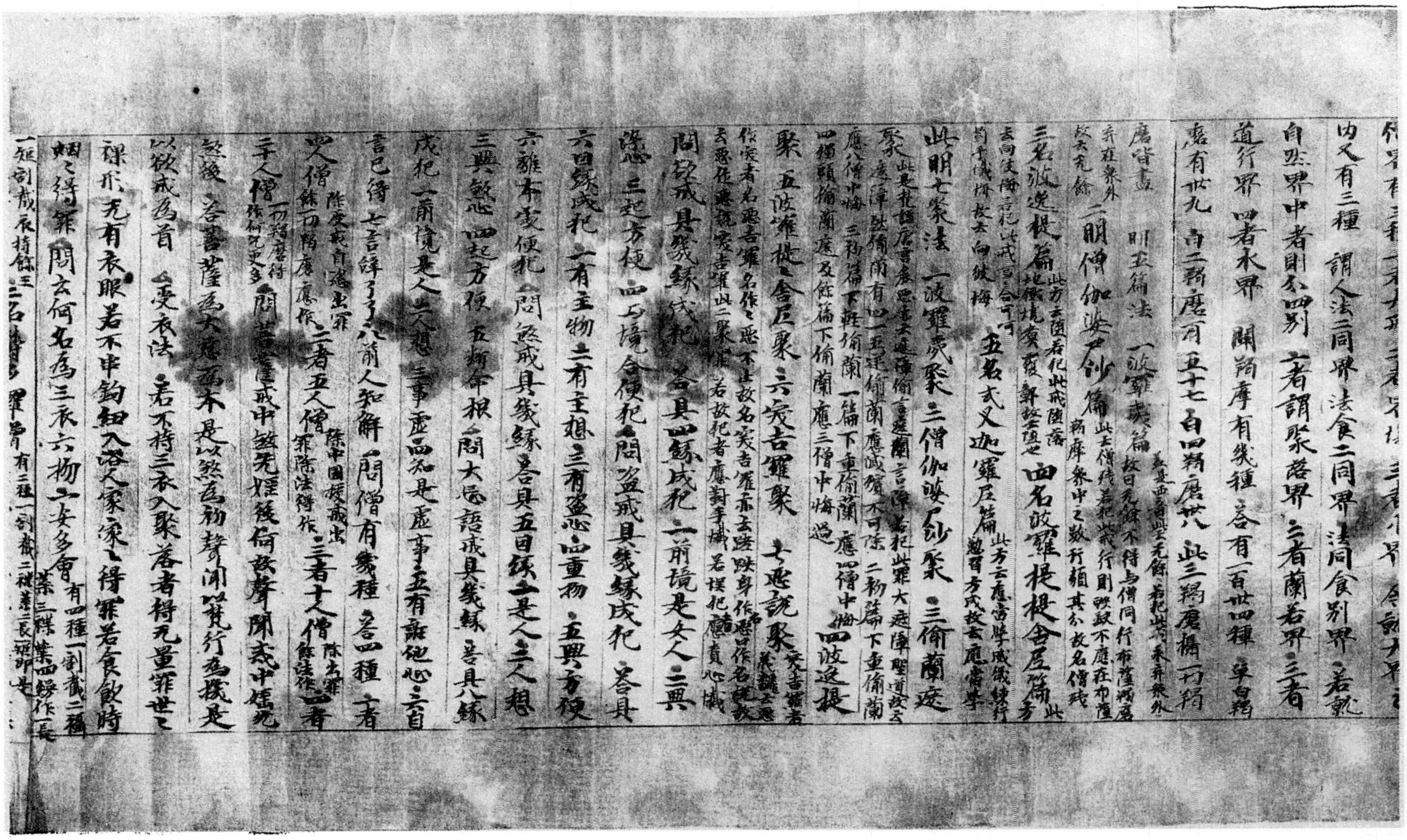

BD03222 號　小抄　　　　　　　　　　　　　　　　　　　　　　　　（7–3）

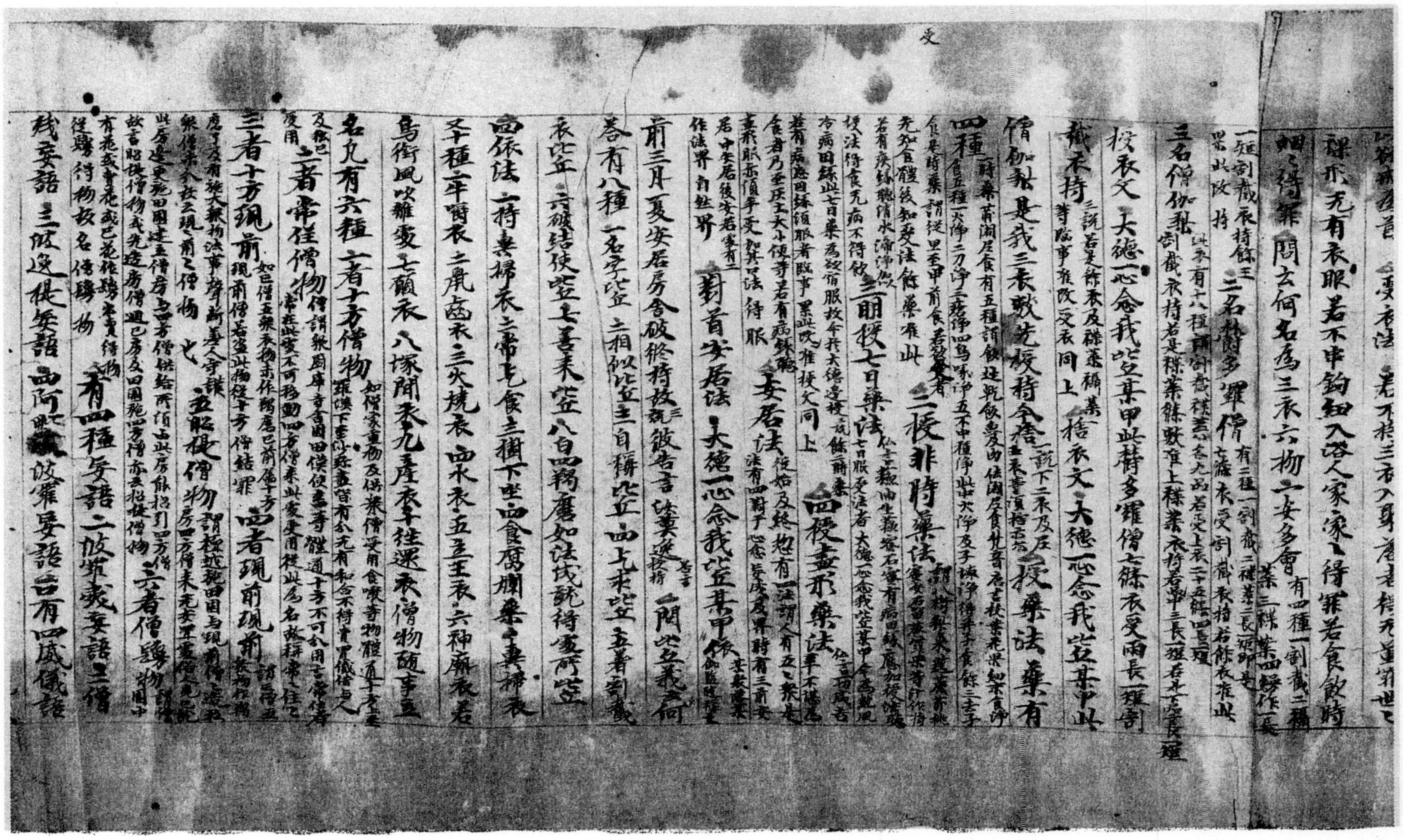

BD03222 號　小抄　　　　　　　　　　　　　　　　　　　　　　　　（7–4）

此房邊更施田園建立僧房与四方僧供給所須由此房能招引四方僧 六者僧鬘物 謂僧
故言招提僧物或先造房僧迴己房及田園施四方僧亦是招提僧物
有花或實花或已花作鬘出賣得物
從鬘得物故名僧鬘物
有四種妄語 一故妄語 二故欺妄語 三僧
殘妄語 三故邊提妄語 四阿毗故羅妄語 五有四威儀語
一常作法語 二常作直實語 三常作和合語 四常作柔軟隨意
語 假有五種 一假名 二假法 三假家 四假處 五假讀 前四分義 四者
數也 者段也 世尊在世四度界座說此律 終故名四分 又云
夫故名四分 此四分律通其六犍 今且明一解 四分即律 即四分六犍之中是帶數釋也 今依律本從初出僧
戒未名為初分 至皮戒終名為第二分 從安居揵度至房舍已前名為
第三分 從房舍揵度至律本末名為第四分 一持戒得十種利 一攝取於僧 二令僧歡喜
三令僧安樂 四未信者令信 五已信者令增長 六難調者令調
七慚愧者得安樂 八斷現在有漏 九斷未來有漏 十令正法得久住 十二頭陀法 頭者少欲 陀者名知足 行藪頭抖擻
於後著故
日頭陀 一持糞掃衣 二持三衣 三持隨衣 四常乞食 五一餟食 六一坐食
七不作餘食法 八樹下坐 九塚間坐 十露地坐 十一隨處坐 十二常坐不臥
此十二者持衣有三 食法有四 處所有五 衣 檀越施物凡有八種 一施比丘僧
食處所心無染著積餘進道更不思道
物 唯屬現前人分 二施比丘尼物 唯屬現前比丘尼數人分 三施二部僧物 莫問人數多少分物
作二分 一分僧取 一分付尼眾 各於當部自數人分之 四施四方僧得施
物來者皆作羯磨 分然不得與尼同作羯磨 若施招提僧不須作法
五界內僧得施物 唯屬住處僧 入界皆得 但取施主為定 六施
同羯磨僧得施物 唯一處同作法者分之 七施標名字僧得施 若
言施禪法師律師呪願師老病僧等 不問親疏 八僧中一僧得施
物 從上座行之 隨取者與 隨檀越所有捨施衣物 依此八法分之 若無
受分 上座應問於何等施 若不依此八法則不得施僧之福 若依此
八法而受則輕損信施 遠犯處深 應善五施分之好惡相參 令不見
者攝等餘人不得亂語 利養難消 貧富不殊 此莫生嫌恨
行也 出家之人不得迴施 入已若欲迴者其罪甚重 應如法施 如法受
法 如求 如法與 如法用 如法住 問 律以何為宗 以何體
答 以戒為宗 諸說不同 依東塔疏 以戒為宗 律以何為體者

BD03222號 小抄
（7–5）

者攝等餘人不得亂語 利養難消 貧富不殊 此莫生嫌恨
行也 出家之人不得迴施 入已若欲迴者其罪甚重 應如法施 如法受
法 如求 如法與 如法用 如法住 問 律以何為宗 以何體
答 以戒為宗 諸說不同 依東塔疏 以戒為宗 律以何為體者

答 是語業為體 任意取捨 十二處中以法為體 依經部以不
相應為體 依有部以色為體 俱是法處攝 問 律儀有幾種
答 有四種 一靜慮律儀 是色界 二羅 三無漏律儀 為無漏身中
所起 四羅 三新律儀 為斷煩惱 名斷律儀 四別斷解脫律儀 為欲
界 羅為別 別防非 名別解脫律儀 主客舊相迎
昔大師在日 親為教主 客苾芻至 自唱善來 又後西方寺眾
多為制法 凡見新來 無論客舊及弟子門人舊人 即須迎前唱
莎揭哆 譯曰善來 客乃尋聲 即云窣莎揭哆 譯曰極善來 如
不說者 違寺制 二准律 有犯 無問大小 悉皆如此 即為收取瓶鉢 挂在
壁牙 隨處安坐 令其憩息 幼向屏處 尊乃居前 卑則欲上而
其蹤 後及遍身 尊乃撫下而頻按其背 不至臂足 齊年
之類 事無間然 既解疲方 澡手濯足 次就尊所 申其禮敬
但為一禮 跪而按足 尊乃展其右手 撫彼肩背 若別非經久
手撫不為 師乃問其安不 弟子隨事見答 然後退在一邊 恭
敬而坐 實無立法 然西方軌則 多坐小枯 復皆露足 東夏既無
斯事 執足之體不行 經說人而來 西佛所須禮雙足 退坐一
面 即其儀矣 然後釋其時候 茶給湯飲 蘇蜜沙糖飲啟 隨
意 或餘八漿 並須羅濾澄清方飲 如兼濁滓 此定不開 香湯
之流 體是稠濁 准依道理 全非飲限 律云凡漿淨濾 色如黃荻
此謂西國師弟門徒客舊相遇 逢迎之禮 豈有冒寒觸
至 觸熱新來 或遍體汗流 或手足皆凍 欲卸衣襆 急事
和南 情狀怱忙 深乖軌式 師乃立之 閑問餘事 誠哉太急

BD03222號 小抄
（7–6）

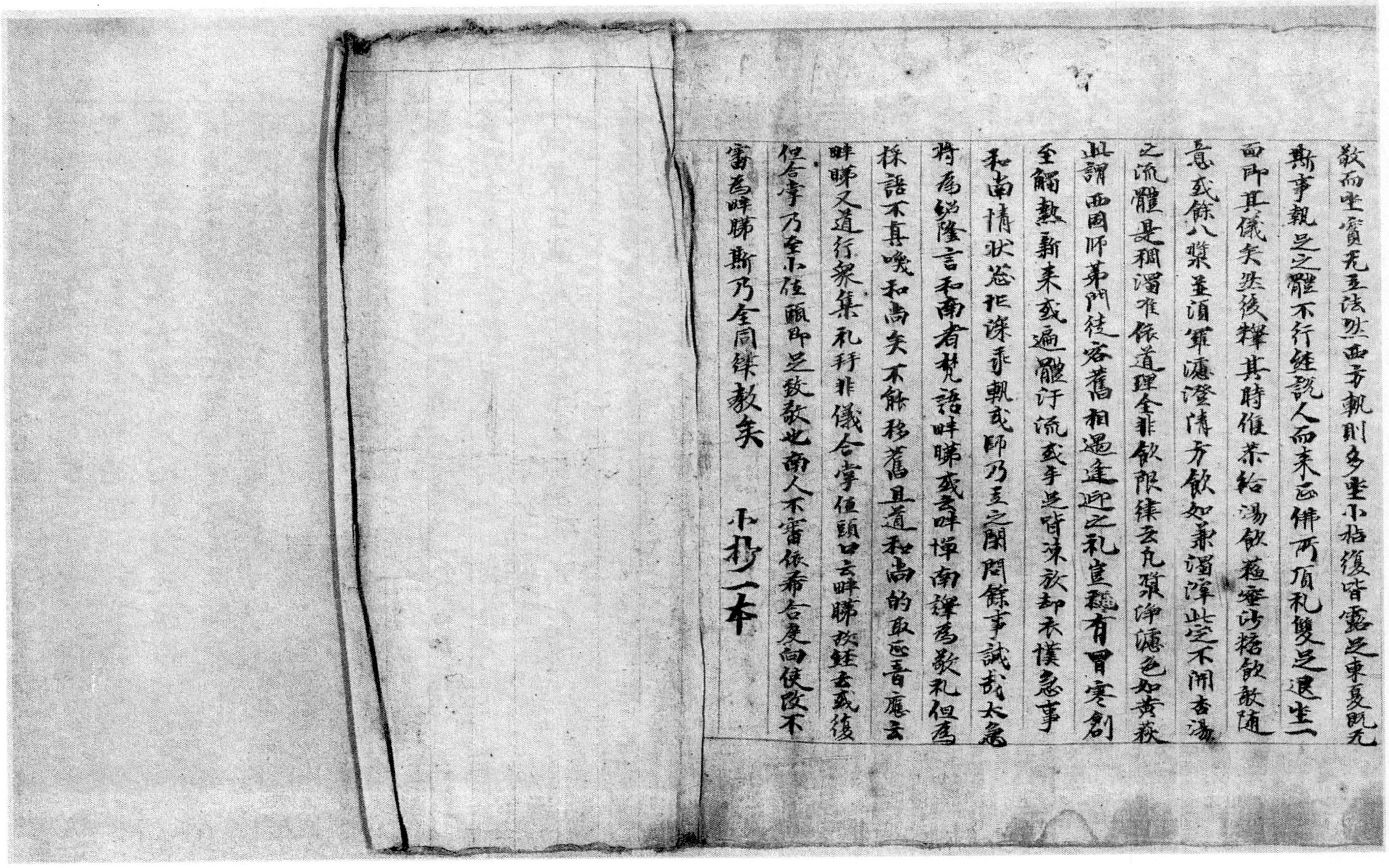

BD03222 號　小抄　　（7–7）

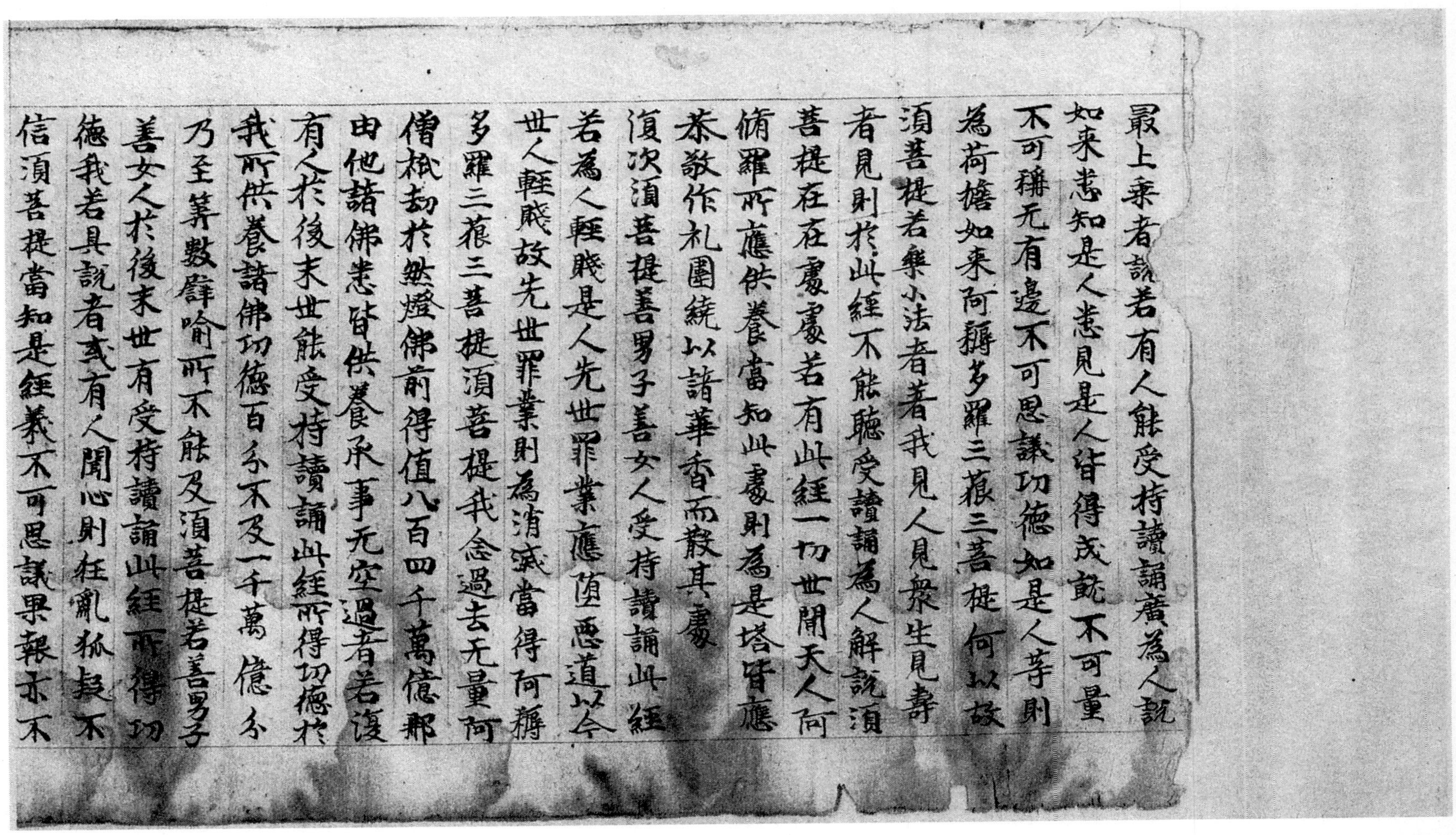

BD03223 號　金剛般若波羅蜜經　　（8–1）

乃至筭數譬喻所不能及須菩提若善男子
善女人於後末世有受持讀誦此經所得功
德我若具說者或有人聞心則狂亂狐疑不
信須菩提當知是經義不可思議果報亦不
可思議
尒時須菩提白佛言世尊善男子善女人發
阿耨多羅三藐三菩提心云何應住云何降
伏其心佛告須菩提善男子善女人發阿耨
多羅三藐三菩提者當生如是心我應滅度
一切衆生滅度一切衆生已而无有一衆生
實滅度者何以故若菩薩有我相人相衆生
相壽者相則非菩薩所以者何須菩提實无
有法發阿耨多羅三藐三菩提者須菩提於
意云何如来於然燈佛所有法得阿耨多羅
三藐三菩提不不也世尊如我解佛所說義
佛於然燈佛所无有法得阿耨多羅三藐三
菩提佛言如是如是須菩提實无有法如来
得阿耨多羅三藐三菩提須菩提若有法如
来得阿耨多羅三藐三菩提者然燈佛則不與
我受記汝於来世當得作佛号釋迦牟尼以
實无有法得阿耨多羅三藐三菩提是故然
燈佛與我受記而作是言汝於来世當得作佛
号釋迦牟尼何以故如来者即諸法如義若
有人言如来得阿耨多羅三藐三菩提須菩
提實无有法佛得阿耨多羅三藐三菩提須

BD03223號　金剛般若波羅蜜經　（8-2）

燈佛與我受記而作是言汝於来世當得作佛
号釋迦牟尼何以故如来者即諸法如義若
有人言如来得阿耨多羅三藐三菩提須菩
提實无有法佛得阿耨多羅三藐三菩提須
菩提如来所得阿耨多羅三藐三菩提於是
中无實无虚是故如来說一切法皆是佛法
須菩提所言一切法者即非一切法是故名
一切法須菩提譬如人身長大須菩提言世
尊如来說人身長大則為非大身是名大身
須菩提菩薩亦如是若作是言我當滅度无
量衆生則不名菩薩何以故須菩提實无有法
名為菩薩是故佛說一切法无我无人无衆
生无壽者須菩提若菩薩作是言我當荘嚴
佛土是不名菩薩何以故如来說荘嚴佛土
者即非荘嚴是名荘嚴須菩提若菩薩通達
无我法者如来說名真是菩薩
須菩提於意云何如来有肉眼不如是世尊
如来有肉眼須菩提於意云何如来有天眼
不如是世尊如来有天眼須菩提於意云何
如来有慧眼不如是世尊如来有慧眼須菩
提於意云何如来有法眼不如是世尊如来
有法眼須菩提於意云何如来有佛眼不如
是世尊如来有佛眼須菩提於意云何恒河
中所有沙佛說是沙不如是世尊如来說是
沙須菩提於意云何如一恒河中所有沙有

BD03223號　金剛般若波羅蜜經　（8-3）

是世尊如来有佛眼須菩提於意云何恒河
中所有沙佛說是沙不如是世尊如来說是
沙須菩提於意云何如一恒河中所有沙有
如是等恒河是諸恒河所有沙數佛世界如
是寧為多不甚多世尊佛告須菩提尒所國
土中所有衆生若干種心如来悉知何以故
如来說諸心皆為非心是名為心所以者何須菩
提過去心不可得現在心不可得未来心
不可得須菩提於意云何若有人滿三千
大千世界七寶以用布施是人以是因緣得
福多不如是世尊此人以是因緣得福甚多
須菩提若福德有實如来不說得福德多以
福德无故如来說得福德多
須菩提於意云何佛可以具足色身見不不
也世尊如来不應以具足色身見何以故如来
說具足色身即非具足色身是名具足色身
須菩提於意云何如来可以具足諸相見不不
也世尊如来不應以具足諸相見何以故如
来說諸相具足即非具足是名諸相具足須
菩提汝勿謂如来作是念我當有所說法莫
作是念何以故若人言如来有所說法即為
謗佛不能解我所說故須菩提說法者无法
可說是名說法須菩提白佛言世尊佛得
阿耨多羅三藐三菩提為无所得耶如是如
是須菩提我於阿耨多羅三藐三菩提乃至

BD03223號　金剛般若波羅蜜經　（8–4）

作是念何以故若人言如来有所說法即為
謗佛不能解我所說故須菩提說法者无法
可說是名說法須菩提白佛言世尊佛得
阿耨多羅三藐三菩提為无所得耶如是如
是須菩提我於阿耨多羅三藐三菩提乃至
无有少法可得是名阿耨多羅三藐三菩提
復次須菩提是法平等无有高下是名阿耨
多羅三藐三菩提以无我无人无衆生无壽
者修一切善法則得阿耨多羅三藐三菩提
須菩提所言善法者如来說非善法是名善
法須菩提若三千大千世界中所有諸須弥
山王如是等七寶聚有人持用布施若人以
此般若波羅蜜經乃至四句偈等受持讀誦
為他人說於前福德百分不及一百千萬億分
乃至算數譬喻所不能及
須菩提於意云何汝等勿謂如来作是念我
當度衆生須菩提莫作是念何以故實无有
衆生如来度者若有衆生如来度者如来則
有我人衆生壽者須菩提如来說有我者則
非有我而凡夫之人以為有我須菩提凡夫
者如来說則非凡夫須菩提於意云何可以
三十二相觀如来不須菩提言如是如是以三
十二相觀如来佛言須菩提若以三十二相
觀如来者轉輪聖王則是如来須菩提白
佛言世尊如我解佛所說義不應以三十
二相觀如来尒時世尊而說偈言

BD03223號　金剛般若波羅蜜經　（8–5）

觀如来者轉輪聖王則是如来須菩提白
佛言世尊如我解佛所說義不應以三十
二相觀如来尒時世尊而說偈言
若以色見我　以音聲求我　是人行邪道　不能見如来
須菩提汝若作是念如来不以具足相故得
阿耨多羅三藐三菩提須菩提莫作是念如
来不以具足相故得阿耨多羅三藐三菩提
須菩提汝若作是念發阿耨多羅三藐三菩
提者說諸法斷滅莫作是念何以故發阿耨
多羅三藐三菩提者於法不說斷滅相須菩
提若菩薩以滿恒河沙等世界七寶持用布
施若復有人知一切法无我得成於忍此菩薩
勝前菩薩所得功德須菩提以諸菩薩不受
福德故須菩提白佛言世尊云何菩薩不受福
德須菩提菩薩所作福德不應貪著是故
佛說不受福德須菩提若有人言如来若来若
去若坐若卧是人不解我所說義何以故如来
者无所從来亦无所去故名如来
須菩提若善男子善女人以三千大千世界
碎為微塵於意云何是微塵衆寧為多不
甚多世尊何以故若是微塵衆實有者佛則
不說是微塵衆所以者何佛說微塵衆則非微
塵衆是名微塵衆世尊如来所說三千大千
世界則非世界是名世界何以故若世界實
有者則是一合相如来說一合相則非一合

BD03223 號　金剛般若波羅蜜經　（8–6）

不說是微塵衆所以者何佛說微塵衆則非微
塵衆是名微塵衆世尊如来所說三千大千
世界則非世界是名世界何以故若世界實
有者則是一合相如来說一合相則非一合
相是名一合相須菩提一合相者則是不可
說但凡夫之人貪著其事須菩提若人言佛
說我見人見衆生見壽者見須菩提於意云
何是人解我所說義不世尊是人不解如来所
說義何以故世尊說我見人見衆生見壽
者見即非我見人見衆生見壽者見是名我
見人見衆生見壽者見須菩提發阿耨多
羅三藐三菩提心者於一切法應如是知如是
見如是信解不生法相須菩提所言法相者
如来說即非法相是名法相須菩提若有人以
滿无量阿僧祇世界七寶持用布施若有
善男子善女人發菩薩心者持於此經乃至四
句偈等受持讀誦為人演說其福勝彼云何
為人演說不取於相如如不動何以故
一切有為法　如夢幻泡影　如露亦如電　應作如是觀
佛說是經已長老須菩提及諸比丘比丘尼
優婆塞優婆夷一切世間天人阿脩羅聞佛
所說皆大歡喜信受奉行

金剛般若波羅蜜經

BD03223 號　金剛般若波羅蜜經　（8–7）

者見即非我見人見衆生見壽者見是名我
見人見衆生見壽者見須菩提發阿耨多
羅三藐三菩提心者於一切法應如是知如是
見如是信解不生法相須菩提所言法相者
如來說即非法相是名法相須菩提若有人以
滿无量阿僧祇世界七寶持用布施若有
善男子善女人發菩薩心者持於此經乃至四
句偈等受持讀誦為人演說其福勝彼云何
為人演說不取於相如如不動何以故
一切有為法　如夢幻泡影　如露亦如電　應作如是觀
佛說是經已長老須菩提及諸比丘比丘尼
優婆塞優婆夷一切世間天人阿脩羅聞佛
所說皆大歡喜信受奉行
金剛般若波羅蜜經

BD03223號　金剛般若波羅蜜經　（8–8）

維摩詰所說經文殊師利問疾品第五　卷中
尒時佛告文殊師利汝行詣維摩詰問疾文殊師利白佛言世尊彼上人者難
為詶對深達實相善說法要辯才无滯智慧无礙一切菩薩法式悉知諸佛秘藏
无不得入降伏衆魔遊戲神通其慧方便皆已得度雖然當承佛聖旨詣彼問疾於
是衆中諸菩薩大弟子釋梵四天王等咸作是念今二大士文殊師利維摩詰共談必說
妙法即時八千菩薩五百聲聞百千天人皆欲隨從於是文殊師利與諸菩薩大弟子
衆及諸天人恭敬圍繞入毗耶離大城尒時維摩詰長者心念今文殊師利與大衆
俱來即以神力空其室內除去所有及諸侍者唯置一牀以疾而卧文殊師利既入其舍
見其室空无諸所有獨寢一牀時維摩詰言善來文殊師利不來相而來不見
相而見文殊師利言如是居士若來已更不來若去已更不去所以者何來者无
所從來去者无所至所可見者更不可見且置是事居士是疾寧可忍不
療治有損不至增乎世尊慇懃致問无量居士是疾何所因起其生久如當
云何滅維摩詰言從癡有愛則我病生以一切衆生病是故我病若一切衆生得
離病者則我病滅所以者何菩薩為衆生故入生死有生死則有病若衆生
得離病者則菩薩无復病譬如長者唯有一子其子得病父母亦病若子病
愈父母亦愈菩薩如是於諸衆生愛之若子衆生病則菩薩病衆生病愈菩
薩亦愈又言是疾何所因起菩薩疾者以大悲起文殊師利言居士此室何
以空无侍者維摩詰言諸佛國土亦復皆空又問以何為空答曰以空空又問
空何用空答曰以无分別空故空又問空可分別耶答曰分別亦空又問空當
於何求答曰當於六十二見中求又問六十二見當於何求答曰當於諸佛解脫
中求又問諸佛解脫當於何求答曰當於一切衆生心行中求又仁所問何
无侍者一切衆魔及諸外道皆吾侍也所以者何衆魔者樂生死
菩薩於生死而不捨外道者樂諸見菩薩於諸見而不動文殊師利

BD03224號 1　維摩詰所說經卷中　（23–1）

以空无侍者維摩詰言諸佛國土亦復皆空又問以何為空答曰以空空又問
空何用空答曰以无分別空故空又問空可分別耶答曰分別亦空又問空當
於何求答曰當於六十二見中求又問六十二見當於何求答曰當於諸佛解脫
中求又問諸佛解脫當於何求答曰當於一切衆生心行中求又仁所問何
无侍者一切衆魔及諸外道皆吾侍也所以者何衆魔者樂生死
菩薩於生死而不捨外道者樂諸見菩薩於諸見而不動文殊師利
言居士所疾為何等相維摩詰言我病无形不可見又問此病
身合耶心合耶答曰非身合身相離故亦非心合心如幻故又問地大水大火
大風大於此四大何大之病答曰是病非地大亦不離地大水火風大
亦復如是而衆生病從四大起以其有病是故我病尒時文殊師利問維
摩詰言菩薩應云何慰喻有疾菩薩維摩詰言說身无常不
說厭離於身說身有苦不說樂於涅槃說身无我而說教導衆生說身
空寂不說畢竟寂滅說悔先罪而不說入於過去以己之疾愍於彼疾當
識宿世无數劫苦當念饒益一切衆生憶所脩福念於淨命勿生憂惱常起
精進當作醫王療治衆病菩薩應如是慰喻有疾菩薩令其歡喜文殊
師利言居士有疾菩薩云何調伏其心維摩詰言有疾菩薩應作是念今
我此病皆從前世妄想顛倒諸煩惱生无有實法誰受病者所以者何四大合故
假名為身四大无主身亦无我又此病起皆由著我是故於我不應生著既知
病本即除我想及衆生想當起法想應作是念但以衆法合成此身起唯法
起滅唯法滅又此法者各不相知起時不言我起滅時不言我滅彼有疾菩
薩為滅法想當作是念此法想者亦是顛倒顛倒者是即大患我應離
之云何離謂離我我所云何離我我所謂離二法云何離二法謂不念內外諸
法行於平等云何平等謂我等涅槃等所以者何我及涅槃此二皆空以何為空但
以名字故空如此二法无決定性得是平等无有餘病唯有空病空病亦空
是有疾菩薩以无所受而受諸受未具佛法亦不滅受而取證也設身有苦
當念惡趣衆生起大悲心我既調伏亦當調伏一切衆生但除其病而不除法為
斷病本而教導之何謂病本謂有攀緣從有攀緣則為病本何所攀
緣謂之三界云何斷攀緣以无所得若无所得則无攀緣何謂无所得謂
離二見何謂二見謂內見外見是无所得文殊師利是為有疾菩薩調
伏其心為斷老病死苦是菩薩菩提若不如是己所脩治為无慧利譬
如勝怨乃可為勇如是兼除老病死者菩薩之謂也彼有疾菩薩

BD03224號1　維摩詰所說經卷中

(23-2)

緣謂之三界云何斷攀緣以无所得若无所得則无攀緣何謂无所得謂
離二見何謂二見謂內見外見是无所得文殊師利是為有疾菩薩調
伏其心為斷老病死苦是菩薩菩提若不如是己所脩治為无慧利譬
如勝怨乃可為勇如是兼除老病死者菩薩之謂也彼有疾菩薩
應復作是念如我此病非真非有衆生病亦非真非有作是觀時於
諸衆生若起愛見悲者則應捨離所以者何菩薩斷除客塵煩惱而
起大悲愛見悲者則於生死有疲厭心若能離此无有疲厭在在所生
不為愛見之所覆也所生无縛能為衆生說法解縛如佛所說若自有縛
能解彼縛无有是處若自无縛能解彼縛斯有是處是故菩薩不應
起縛何謂縛何謂解貪著禪味是菩薩縛以方便生是菩薩解又无方便慧
縛有方便慧解无慧方便縛有慧方便解何謂无方便慧縛謂菩薩以
愛見心莊嚴佛土成就衆生於空无相无作法中而自調伏是名无方便慧
縛何謂有方便慧解謂不以愛見心莊嚴佛土成就衆生於空无相无作法中
以自調伏而不疲厭是名有方便慧解何謂无慧方便縛謂菩薩住貪欲瞋
恚邪見等諸煩惱而殖衆德本是名无慧方便縛何謂有慧方便解謂離
諸貪欲瞋恚邪見等諸煩惱而殖衆德本迴向阿耨多羅三藐三菩提是名
有慧方便解文殊師利彼有疾菩薩應如是觀諸法又復觀身无常苦
非我是名為慧雖身有疾常在生死饒益一切而不厭惓是名
方便又復觀身身不離病病不離身是病是身
非新非故是名為慧設身有疾而不永滅是名方便文殊師利有疾菩薩應如是調伏
其心不住其中亦復不住不調伏心所以者何若住不調伏心是愚人法若住調伏心是聲聞法
是故菩薩不當住於調伏不調伏心離此二法是菩薩行在於生死不為汙行住於涅槃不
永滅度是菩薩行非凡夫行非賢聖行是菩薩行非垢行非淨行是菩薩行雖過魔
行而現降衆魔是菩薩行求一切智无非時求是菩薩行雖觀諸法不生而不入正位是菩
薩行雖觀十二緣起而入諸邪見是菩薩行雖攝一切衆生而不愛著是菩薩行雖樂遠
離而不依身心盡是菩薩行雖行三界而不壞法性是菩薩行雖行於空而殖衆德本是菩
薩行雖行无相而度衆生是菩薩行雖行无作而現受身是菩薩行雖行无起而起一切善行
菩薩行雖行六波羅蜜而遍知衆生心心數法是菩薩行雖行六通而不盡漏是菩薩行
雖行四无量心而不貪著生於梵世是菩薩行雖行禪定解脫三昧而不隨禪生是菩
薩行雖行四念處而不畢竟永離身受心法是菩薩行雖行四正勤而不捨身心精進是
菩薩行雖行四如意足而得自在神通是菩薩行雖行五根而分別衆生諸根利鈍是菩
薩行雖行五力而樂求佛十力是菩薩行雖行八正道而樂行无量佛道是菩薩行雖行

BD03224號1　維摩詰所說經卷中

(23-3)

菩薩行雖行六波羅蜜而遍知衆生心心數法是菩薩行雖行六通而不盡漏是菩薩行
雖行四无量心而不貪著生於梵世是菩薩行雖行禪定解脫三昧而不隨禪生是菩
薩行雖行四念處而不永離身受心法是菩薩行雖行四正勤而不捨身心精進是
菩薩行雖行四如意足而得自在神通是菩薩行雖行五根而分別衆生諸根利鈍是菩
薩行雖行五力而樂求佛十力是菩薩行雖行八正道而樂行无量佛法是菩薩行雖行
止觀助道之法而不畢竟墮於寂滅是菩薩行雖行諸法不生不滅而以相好莊嚴其身是
菩薩行雖現聲聞辟支佛威儀而不捨佛法是菩薩行雖隨諸法究竟淨相而隨所應為
現其身是菩薩行雖觀諸佛國土永寂如空而現種種清淨佛土是菩薩行雖得佛道轉
于法輪入於涅槃而不捨於菩薩之道是菩薩行說是語時文殊師利所將大衆其中八千
天子皆發阿耨多羅三藐三菩提心

不思議品第六

尒時舍利弗見此室中无有牀座作是念斯諸菩薩大弟子衆當於何坐長者維摩詰知
其意語舍利弗言云何仁者為法來耶求牀座耶舍利弗言我為法來非為牀座維摩詰
言唯舍利弗夫求法者不貪軀命何況牀座夫求法者非有色受想行識之求非有界入
之求非有欲色无色之求唯舍利弗夫求法者不著佛求不著法求不著衆求夫求法者
无見苦求无斷集求无造盡證脩道之求所以者何法无戲論若言我當見苦斷集證滅脩
道是則戲論非求法也唯舍利弗法名寂滅若行生滅是求生滅非求法也法名无染若
染於法乃至涅槃是則染著非求法也法无行處若行於法是則行處非求法也法无取
捨若取捨法是則取捨非求法也法无處所若著處所是則著處非求法也法名无相若
隨相識是則求相非求法也法不可住若住於法是則住法非求法也法不可見聞覺
知若行見聞覺知是則見聞覺知非求法也法名无為若行有為是求有為非求法也是
故舍利弗若求法者於一切法應无所求說是語時五百天子於諸法中得法眼淨
尒時長者維摩詰問文殊師利仁者遊於无量千万億阿僧祇國何等佛土有好上妙功德
成就師子之座文殊師利言居士東方度卅六恒河沙國有世界名須弥相其佛号須弥
燈王今現在彼佛身長八万四千由旬其師子座高八万四千由旬嚴飾第一於是長者維
摩詰現神通力即時彼佛遣三万二千師子座高廣嚴好来入維摩詰室諸菩薩大弟
子釋梵四天王等昔所未見其室廣博悉皆包容三万二千師子座无所妨礙於毗耶離
城及閻浮提四天下亦不迫迮悉見如故尒時維摩詰語文殊師利就師子座與諸菩薩
上人俱坐當自立身如彼座像其得神通菩薩即自變形為四万二千由旬坐師子座諸
新發意菩薩及大弟子皆不能昇尒時維摩詰語舍利弗就師子座舍利弗言居士此座
高廣吾不能昇維摩詰言唯舍利弗為須弥燈王如来作礼乃可得坐於是新發意菩薩
及大弟子即為須弥燈王如来作礼便得坐師子座舍利弗言居士未曾有也如是小室
乃容受此高廣之座於毗耶離城无所妨礙又於閻浮提聚落城邑及四天下諸天龍王
鬼神宮殿亦不迫迮維摩詰言唯舍利弗諸佛菩薩有解脫名不可思議若菩薩住是解

BD03224 號 1　維摩詰所說經卷中　（23–4）

新發意菩薩及大弟子皆不能昇尒時維摩詰語舍利弗就師子座舍利弗言居士此座
高廣吾不能昇維摩詰言唯舍利弗為須弥燈王如来作礼乃可得坐於是新發意菩薩
及大弟子即為須弥燈王如来作礼便得坐師子座舍利弗言居士未曾有也如是小室
乃容受此高廣之座於毗耶離城无所妨礙又於閻浮提聚落城邑及四天下諸天龍王
鬼神宮殿亦不迫迮維摩詰言唯舍利弗諸佛菩薩有解脫名不可思議若菩薩住是解
脫者以須弥之高廣內芥子中无所增減須弥山王本相如故而四天王忉利諸天不覺不知
己之所入唯應度者乃見須弥入芥子中是名不可思議解脫法門又以四大海水入一
毛孔不嬈魚鱉黿鼉水性之屬而彼大海本相如故諸龍鬼神阿脩羅等不覺不知
己之所入於此衆生亦无所嬈又舍利弗住不可思議解脫菩薩斷取三千大千世界如陶
家輪著右掌中擲過恒河沙世界之外其中衆生不覺不知己之所往又復還置本處
都不使人有往来想而此世界本相如故又舍利弗或有衆生樂久住世而可度者菩薩即
演七日以為一劫令彼衆生謂之一劫或有衆生不樂久住而可度者菩薩即促一劫
以為七日令彼衆生謂之七日又舍利弗住不可思議解脫菩薩以一切佛土嚴飾之事集
在一國示於衆生又菩薩以一佛土衆生置之右掌飛到十方遍示一切而不動本處又
舍利弗十方衆生供養諸佛之具菩薩於一毛孔皆令得見又十方國土所有日月星
宿於一毛孔普使見之又舍利弗十方世界所有諸風菩薩悉能吸著口中而身无損外
諸樹木亦不摧折又十方世界劫盡燒時以一切火內於腹中火事如故而不為害又於下
方過恒河沙等諸佛世界取一佛土舉著上方過恒河沙无數世界如持針鋒舉一棗
葉而无所嬈又舍利弗住不可思議解脫菩薩能以神通現作佛身或現辟支佛身或現
聲聞身或現帝釋身或現梵王身或現世主身或現轉輪王身又十方世界所有衆聲上
中下音皆能變之令作佛聲演出无常苦空无我之音及十方諸佛所說種種之法皆於
其中普令得聞舍利弗我今略說菩薩不可思議解脫之力若廣說者窮劫不盡是時大
迦葉聞說菩薩不可思議解脫法門歎未曾有謂舍利弗譬如有人於盲者前現衆色
像非彼所見一切聲聞聞是不可思議解脫法門不能解了為若此也智者聞是其誰不發
阿耨多羅三藐三菩提心我等何為永絕其根於此大乘已如敗種一切聲聞聞是不可思議解
脫法門皆應號泣聲震三千大千世界一切菩薩應大欣慶頂受此法若菩薩信解
不可思議解脫法門者一切魔衆无如之何大迦葉說是語時三万二千天子皆發阿耨多
羅三藐三菩提心
尒時維摩詰語大迦葉仁者十方无量阿僧祇世界中作魔王者多住不可思議解脫
菩薩以方便力教化衆生現作魔王又迦葉十方无量菩薩或有人從乞手足耳鼻頭目
髓腦血肉皮骨聚落城邑妻子奴婢象馬車乘金銀瑠璃車璩馬瑙珊瑚虎珀真珠珂
貝衣服飲食如此乞者多是住不可思議解脫菩薩以方便力而往試之令其堅固所以者

BD03224 號 1　維摩詰所說經卷中　（23–5）

羅三藐三菩提心
尒時維摩詰語大迦葉仁者十方无量阿僧祇世界中作魔王者多住不可思議解脫
菩薩以方便力教化衆生現作魔王又迦葉十方无量菩薩或有人從乞手足耳鼻頭目
髓腦血肉皮骨聚落城邑妻子奴婢象馬車乘金銀瑠璃車𤦲馬瑙珊瑚虎珀真珠珂
貝衣服飲食如此乞者多是住不可思議解脫菩薩以方便力而往試之令其堅固所以者
何住不可思議解脫菩薩有威德力故行逼迫示諸衆生如是難事凡夫下劣无有力勢
不能如是逼迫菩薩譬如龍象蹴踏非驢所堪是名住不可思議解脫菩薩智慧方
便之門

觀衆生品第七

尒時文殊師利問維摩詰言菩薩云何觀於衆生維摩詰言譬如幻師見所幻人菩薩觀
衆生為若此如智者見水中月如鏡中見其面像如熱時焰如呼聲響如空中雲如水聚沫
如水上泡如芭蕉堅如電久住如第五大如第六陰如第七情如十三入如十九界菩
薩觀衆生為若此如无色界色如焦穀牙如須陁洹身見如阿那含入胎如阿羅漢三毒
如得忍菩薩貪恚毀禁如佛煩惱習如盲者見色如入滅盡定出入息如空中鳥跡如石
女兒如化人煩惱如夢所見已寤如滅度者受身如无烟之火菩薩觀衆生為若此
文殊師利言若菩薩作是觀者云何行慈維摩詰言菩薩作是觀已自念我當為衆生
說如斯法是即真實慈也行寂滅慈无所生故行不熱慈无煩惱故行等之慈等三世故
行无諍慈无所起故行不二慈內外不合故行不壞慈畢竟盡故行堅固慈心无毀故行
清淨慈諸法性淨故行无邊慈如虛空故行阿羅漢慈破結賊故行菩薩慈安衆生故
行如來慈得如相故行佛之慈覺衆生故行自然慈无因得故行菩提慈等一味故行无
等慈斷諸愛故行大悲慈導以大乘故行无猒慈觀空无我故行法施慈无遺惜故行
持戒慈化毀禁故行忍辱慈護彼我故行精進慈荷負衆生故行禪定慈不受味故行智
慧慈无不知時故行方便慈一切示現故行无隱慈直心清淨故行深心慈无雜行故行无誑
慈不虛假故行安樂慈令得佛樂故菩薩之慈為若此也
文殊師利又問何謂為悲答曰菩薩所作功德皆與一切衆生共之何謂為喜答曰有所饒益
歡喜无悔何謂為捨答曰所作福祐无所希望文殊師利又問生死有畏菩薩當何所依
維摩詰言菩薩於生死畏中當依如來功德之力文殊師利又問菩薩欲依如來功德之力
當於何住答曰菩薩欲依如來功德力者當住度脫一切衆生又問欲度衆生當何所除答
曰欲度衆生除其煩惱又問欲除煩惱當何所行答曰當行正念又問云何行於正念答曰
當行不生不滅又問何法不生何法不滅答曰不善不生善法不滅又問善不善孰為
本答曰身為本又問身孰為本答曰欲貪為本又問欲貪孰為本答曰虛妄分別
為本又問虛妄分別孰為本答曰顛倒想為本又問顛倒想孰為本答曰无住為本又
問无住孰為本答曰无住則无本文殊師利從无住本立一切法
時維摩詰室有一天女見諸大人聞所說法便現其身即以天華散諸菩薩大弟子上華

BD03224號1　維摩詰所說經卷中　（23－6）

當行不生不滅又問何法不生何法不滅答曰不善不生善法不滅又問善不善孰為
本答曰身為本又問身孰為本答曰欲貪為本又問欲貪孰為本答曰虛妄分別
為本又問虛妄分別孰為本答曰顛倒想為本又問顛倒想孰為本答曰无住為本又
問无住孰為本答曰无住則无本文殊師利從无住本立一切法
時維摩詰室有一天女見諸大人聞所說法便現其身即以天華散諸菩薩大弟子上華
至諸菩薩即皆墮落至大弟子便著不墮一切弟子神力去華不能令去尒時天問舍利
弗何故去華答曰此華不如法是以去之天曰勿謂此華為不如法所以者何是華无所分
別仁者自生分別想耳若於佛法出家有所分別為不如法若无分別是則如法觀諸
菩薩華不著者以斷一切分別想故譬如人畏時非人得其便如是弟子畏生死故色聲
香味觸得其便已離畏者一切五欲无能為也結習未盡華著身耳結習盡者華不著也
舍利弗言天止此室其已久如答曰我止此室如耆年解脫舍利弗言止此久耶天曰耆
年解脫亦何如久舍利弗默然不答天曰如何耆舊大智而默答曰解脫者无所言說故吾
於是不知所云天曰言說文字皆解脫相所以者何解脫者不內不外不在兩間文字亦
不內不外不在兩間是故舍利弗无離文字說解脫也所以者何一切諸法是解脫相舍
利弗言不復以離婬怒癡為解脫乎天曰佛為增上慢人說離婬怒癡為解脫耳若无增
上慢者佛說婬怒癡性即是解脫舍利弗言善哉善哉天女汝何所得以何為證辯乃
如是天曰我无得无證故辯如是所以者何若有得有證者則於佛法為增上慢
舍利弗問天汝於三乘為何志求天曰以聲聞法化衆生故我為聲聞以因緣法化衆生
故我為辟支佛以大悲法化衆生故我為大乘舍利弗如人入瞻蔔林唯齅瞻蔔不齅餘香
如是若入此室但聞佛功德之香不樂聞聲聞辟支佛功德香也舍利弗其有釋梵四天
王龍諸天龍鬼神等入此室者聞斯上人講說正法皆樂佛功德之香發心而出舍利弗吾
止此室十有二年初不聞說聲聞辟支佛法但聞菩薩大慈大悲不可思議諸佛之法舍利
弗此室常現八未曾有難得之法何等為八此室常以金色光照晝夜无異不以日月所照
為明是為一未曾有難得之法此室入者不為諸垢之所惱也是為二未曾有難得之法此
室常有釋梵四天王他方菩薩來會不絕是為三未曾有難得之法此室常說六波
羅蜜不退轉法是為四未曾有難得之法此室常作天人第一之樂絃出无量法化之聲
是為五未曾有難得之法此室有四大藏衆寶積滿周窮濟乏求得无盡是為六未曾
有難得之法此室釋迦牟尼佛阿彌陁佛阿閦佛寶德寶炎寶月寶嚴難勝師子響一切
利成如是等十方无量諸佛是上人念時即皆為來廣說諸佛祕要法藏說已還去是為
七未曾有難得之法此室一切諸天嚴飾宮殿諸佛淨土皆於中現是為八未曾有難得之
法舍利弗此室常現八未曾有難得之法誰有見斯不思議事而復樂於聲聞法乎舍
利弗言汝何以不轉女身天曰我從十二年來求女人相了不可得當何所轉譬如幻師化作幻女
若有人問何以不轉女身是人為正問不舍利弗言不也幻无定相當何所轉天曰一切諸法
亦復如是无有定相云何乃問不轉女身即時天女以神通力變舍利弗令如天女天自化身

BD03224號1　維摩詰所說經卷中　（23－7）

七未曾有難得之法此室一切諸天嚴飾宮殿諸佛淨土皆於中現是爲八未曾有難得之
法舍利弗此室常現八未曾有難得之法誰有見斯不思議事而復樂於聲聞法乎舍
利弗言汝何以不轉女身天曰我從十二年來求女人相了不可得當何所轉譬如幻師化作幻女
若有人問何以不轉女身是人爲正問不舍利弗言不也幻无定相當何所轉天曰一切諸法
亦復如是无有定相云何乃問不轉女身即時天女以神通力變舍利弗令如天女天自化身
如舍利弗而問言何以不轉女身舍利弗以天女像而答言我今不知何轉而變爲女身天
曰舍利弗若能轉此女身則一切女人亦當能轉如舍利弗非女而現女身一切女人亦復如是
雖現女身而非女也是故佛說一切諸法非男非女即時天女還攝神力舍利弗身還復如故
天問舍利弗女身色相今何所在舍利弗言女身色相无在无不在天曰一切諸法亦復如是
无在无不在夫无在无不在者佛所說也舍利弗問天汝於沒當生何所天曰佛化所生
吾如彼生曰佛化所生非沒生也天曰衆生猶然无沒生也舍利弗問天汝久如當得阿耨多
羅三藐三菩提天曰如舍利弗還爲凡夫我乃當成阿耨多羅三藐三菩提舍利弗言
我作凡夫无是處天曰我得阿耨多羅三藐三菩提亦无是處所以者何菩提无住處
是故无有得者舍利弗言今諸佛得阿耨多羅三藐三菩提已得當得今得如恒河沙
皆何謂乎天曰皆以世俗文字數故說有三世非謂菩提有去來今天曰舍利弗汝得阿羅
漢道耶曰无所得故而得天曰諸佛菩薩亦復如是无所得故而得尒時維摩詰語舍利弗是
天女曾已供養九十二億佛已能遊戲菩薩神通所願具足得无生忍住不退轉以本願
故隨意能現教化衆生

佛道品第八

尒時文殊師利問維摩詰言菩薩云何通達佛道維摩詰言若菩薩行於非道是爲通達
佛道又問云何菩薩行於非道答曰若菩薩行五无間而无惱恚至于地獄无諸罪垢至
于畜生无有无明憍慢等過至于餓鬼而具足功德行色无色界道不以爲勝示行貪欲
離諸染著示行瞋恚於諸衆生无有恚閡示行愚癡而以智慧調伏其心示行慳貪而捨
內外所有不惜身命示行毀禁而安住淨戒乃至小罪猶懷大懼示行瞋恚而常慈忍示行
懈怠而懃脩功德示行乱意而常念定示行愚癡而通達世間出世間慧示行諂偽而善
方便隨諸經義示行憍慢而於衆生猶如橋梁示行諸煩惱而心常清淨示入於魔而順
佛智慧不隨他教示入聲聞而爲衆生說未聞法示入辟支佛而成就大悲教化衆生示入
貧窮而有寶手功德无盡示入形殘而具諸相好以自莊嚴示入下賤而生佛種姓中
具諸功德示入羸劣醜陋而得那羅延身一切衆生之所樂見示入老病而永斷病根超
越死畏示有資生而恒觀无常實无所貪示有妻妾婇女而常遠離五欲淤泥現於訥鈍而
成就辯才揔持无失示入耶濟而以正濟度諸衆生現遍入諸道而斷其因緣現於涅槃而
不斷生死文殊師利菩薩能如是行於非道是爲通達佛道
於是維摩詰問文殊師利何等爲如來種文殊師利言有身爲種无明有愛爲種貪恚癡

BD03224 號 1　維摩詰所說經卷中　（23–8）

具諸功德示入羸劣醜陋而得那羅延身一切衆生之所樂見示入老病而永斷病根超
越死畏示有資生而恒觀无常實无所貪示有妻妾婇女而常遠離五欲淤泥現於訥鈍而
成就辯才揔持无失示入耶濟而以正濟度諸衆生現遍入諸道而斷其因緣現於涅槃而
不斷生死文殊師利菩薩能如是行於非道是爲通達佛道
於是維摩詰問文殊師利何等爲如來種文殊師利言有身爲種无明有愛爲種貪恚癡
爲種四顛倒爲種五蓋爲種六入爲種七識處爲種八耶法爲種九惱處爲種十不善道爲
種以要言之六十二見及一切煩惱皆是佛種曰何謂也答曰若見无爲入正位者不能復發阿耨
多羅三藐三菩提心譬如高原陸地不生蓮華卑濕淤泥乃生此華如是見无爲法入
正位者終不復能生於佛法煩惱泥中乃有衆生起佛法耳又如殖種於空終不得生糞
壤之地乃能滋茂如是入无爲正位者不生佛法起於我見如須弥山猶能發于阿耨多
羅三藐三菩提心生佛法矣是故當知一切煩惱爲如來種譬如不入巨海不能得无價寶
珠如是不入煩惱大海則不能生一切智寶之心
尒時大迦葉歎言善哉善哉文殊師利快說此語誠如所言塵勞之疇爲如來種我等今
者不復堪任發阿耨多羅三藐三菩提心乃至五无間罪猶能發意生於佛法而今我等
永不能發譬如根敗之士其於五欲不能復利如是聲聞諸結斷者於佛法中无所復益
永不志願是故文殊師利凡夫於佛法有反復而聲聞无也所以者何凡夫聞佛法能起
无上道心不斷三寶正使聲聞終身聞佛法力无畏等永不能發无上道意尒時會中
有菩薩名普現色身問維摩詰言居士父母妻子親戚眷屬吏民知識悉爲是誰奴婢
僮僕象馬車乘皆何所在於是維摩詰以偈答曰
智度菩薩母　方便以爲父　一切衆導師　无不由是生　法喜以爲妻　慈悲心爲女
善心誠實男　畢竟空寂舍　弟子衆塵勞　隨意之所轉　道品善知識　由是成正覺
諸度法等侶　四攝爲妓女　歌詠誦法言　以此爲音樂　揔持之園苑　无漏法林樹
覺意淨妙華　解脫智慧果　八解之浴池　定水湛然滿　布以七淨華　浴此无垢人
象馬五通馳　大乘以爲車　調御以一心　遊於八正路　相具以嚴容　衆好飾其姿
慚愧之上服　深心之上服　富有七財寶　教受以滋息　如所說脩行　迴向爲大利
四禪爲林座　從於淨命生　多聞增智慧　以爲自覺音　甘露法之食　解脫味爲漿
淨心以澡浴　戒品爲塗香　摧滅煩惱賊　勇健无能踰　降伏四種魔　勝幡建道場
雖知无起滅　示彼故有生　悉現諸國土　如日无不現　供養於十方　无量億如來
諸佛及己身　无有分別想　雖知諸佛國　及與衆生空　而常脩淨土　教化於群生
諸有衆生類　形聲及威儀　无畏力菩薩　一時能盡現　覺知衆魔事　而示隨其行
以善衆方便智　隨意皆能現　或示老病死　成就諸群生　了知如幻化　通達无有礙
或現劫盡燒　天地皆洞然　衆人有常想　照令知无常　无數億衆生　俱來請菩薩
一時到其舍　化令向佛道　經書禁呪術　工巧諸伎藝　盡現行此事　饒益諸群生
世間衆道法　悉於中出家　因以解人惑　而不墮邪見　或作日月天　梵王世界主

BD03224 號 1　維摩詰所說經卷中　（23–9）

諸有衆生類 形聲及威儀 无畏力菩薩 一時能盡現 覺知衆魔事 而示隨其行
以善方便智 隨意皆能現 或示老病死 成就諸群生 了知如幻化 通達无有礙
或現劫盡燒 天地皆洞然 衆人有常想 照令知无常 无數億衆生 俱來請菩薩
一時到其舍 化令向佛道 經書禁呪術 工巧諸伎藝 盡現行此事 饒益諸群生
世間衆道法 悉於中出家 因以解人惑 而不墮邪見 或作日月天 梵王世界主
世間衆道法 悉才
或時作地水 或復作風火 劫中有疾疫 現作諸藥草 若有服之者 除病消衆毒
劫中有飢饉 現身作飲食 先救彼飢渴 却以法語人 劫中有刀兵 為之起慈悲
化彼諸衆生 令住无諍地 若有大戰陣 立之以等力 菩薩現威勢 降伏使和安
一切國土中 諸有地獄處 輙往到于彼 勉濟其苦惱 一切國土中 畜生相食噉
皆現生於彼 為之作利益 示受於五欲 亦復現行禪 令魔心憒亂 不能得其便
火中生蓮華 是可謂希有 在欲而行禪 希有亦如是 或現作婬女 引諸好色者
先以欲鉤牽 後令入佛智 或為邑中主 或作商人導 國師及大臣 以祐利衆生
諸有貧窮者 現作无盡藏 因以勸導之 令發菩提心 我心憍慢者 為現大力士
消伏諸貢高 令住无上道 其有恐懼者 居前而安慰 先施以无畏 後令發道心
或現離婬欲 為五通仙人 開導諸群生 令住戒忍慈 見須供事者 現為作僮僕
既悅可其意 乃發以道心 隨彼之所須 得入於佛道 以善方便力 皆能給足之
如是道无量 所行无有崖 智慧无邊際 度脫无數衆 假令一切佛 於无數億劫
讃歎其功德 猶尚不能盡 誰聞如是法 不發菩提心 除彼不肖人 癡冥无智者

入不二法門品第九

尒時維摩詰謂衆菩薩言諸仁者云何菩薩入不二法門各隨所樂說之會中有菩薩名法
自在說言諸仁者生滅為二法本不生今則无滅得此无生法忍是為入不二法門
德守菩薩曰我我所為二因有我故便有我所若无有我則无我所是為入不二法門
不眴菩薩曰受不受為二若法不受則不可得以不可得故无取无捨无作无行是為入不二
法門
德頂菩薩曰垢淨為二見垢實性則无淨相順於滅相是為入不二法門
善宿菩薩曰是動是念為二不動則无念无念則无分別通達此者是為入不二法門
善眼菩薩曰一相无相為二若知一相即是无相亦不取无相入於平等是為入不二法門
妙臂菩薩曰菩薩心聲聞心為二觀心相空如幻化者无菩薩心无聲聞心是為入不二法門
弗沙菩薩曰善不善為二若不起善不善入无相際而通達者是為入不二法門
師子菩薩曰罪福為二若達罪性則與福无異以金剛慧決了此相无縛无解者是為
入不二法門
師子意菩薩曰有漏无漏為二若得諸法等則不起漏不漏想不著於相亦不住无
相是為入不二法門

BD03224 號 1　維摩詰所說經卷中　（23–10）

妙臂菩薩曰菩薩心聲聞心為二觀心相空如幻化者无菩薩心无聲聞心是為入不二法門
弗沙菩薩曰善不善為二若不起善不善入无相際而通達者是為入不二法門
師子菩薩曰罪福為二若達罪性則與福无異以金剛慧決了此相无縛无解者是為
入不二法門
師子意菩薩曰有漏无漏為二若得諸法等則不起漏不漏想不著於相亦不住无
相是為入不二法門
淨解菩薩曰有為无為為二若離一切數則心如虛空以清淨慧无所礙者是為入
不二法門
那羅延菩薩曰世間出世間為二世間性空即是出世間於其中不入不出不溢不散是
為入不二法門
善意菩薩曰生死涅槃為二若見生死性則无生死无縛无解不然不滅如是解者
是為入不二法門
現見菩薩曰盡不盡為二法若究竟盡若不盡皆是无盡相无盡相即是空空則
无有盡不盡相如是入者是為入不二法門
普守菩薩曰我无我為二我尚不可得非我何可得見我實性者不復起二是為入
不二法門
電天菩薩曰明无明為二无明實性即是明明亦不可取離一切數於其中平等无二
者是為入不二法門
喜見菩薩曰色色空為二色即是空非色滅空色性自空如是受想行識識空為二
識即是空非識滅空識性自空於其中而通達者是為入不二法門
明相菩薩曰四種異空種異為二四種性即是空種性如前際後際空故中際亦空若能
如是知諸種性者是為入不二法門
妙意菩薩曰眼色為二若知眼性於色不貪不恚不癡是名寂滅如是耳聲鼻香舌味身
觸意法為二若知意性於法不貪不恚不癡是名寂滅安住其中是為入不二法門
无盡意菩薩曰布施迴向一切智為二布施性即是迴向一切智性如是持戒忍辱精進禪
定智慧迴向一切智為二智慧性即是迴向一切智性於其中入一相者是為入不二法門
深慧菩薩曰是空是无相是无作為二空即是无相无相即是无作若空无相无作則无
心意識於一解脫門即是三解脫門者是為入不二法門
寂根菩薩曰佛法衆為二佛即是法法即是衆是三寶皆无為相與虛空等一切法亦尒
能隨此行者是為入不二法門
心无礙菩薩曰身身滅為二身即是身滅所以者何見身實相者不起見身及見滅身
身與滅身无二无分別於其中不驚不懼者是為入不二法門
上善菩薩曰身口意善為二是三業皆无作相身无作相即口无作相口无作相即意无
作相是三業无作相即一切法无作相能隨此无作慧者是為入不二法門

BD03224 號 1　維摩詰所說經卷中　（23–11）

能隨此行者是爲入不二法門
心无礙菩薩曰身身滅爲二身即是身滅所以者何見身實相者不起見身及見滅身
身與滅身无二无分別於其中不驚不懼者是爲入不二法門
上善菩薩曰身口意善爲二是三業皆无作相身无作相即口无作相口无作相即意无
作相是三業无作相即一切法无作相能如是隨无作慧者是爲入不二法門
福田菩薩曰福行罪行不動行爲二三行實性即是空空則无福行无罪行无不動行
於此三行而不起者是爲入不二法門
華嚴菩薩曰從我起二爲二見我實相者不起二法若不住二法則无有識无所識
者是爲入不二法門
德藏菩薩曰有所得相爲二若无所得則无取捨无取捨者是爲入不二法門
月上菩薩曰闇與明爲二无闇无明則无有二所以者何如入滅受想定无闇无明
一切法相亦復如是於其中平等入者是爲入不二法門
寶印手菩薩曰樂涅槃不樂世間爲二若不樂涅槃不猒世間則无有二所以者何
若有縛則有解若本无縛其誰求解无縛无解則无樂猒是爲入不二法門
珠頂王菩薩曰正道邪道爲二住正道者則不分別是邪是正離此二法是爲入不二法門
樂實菩薩曰實不實爲二實見者尚不見實何況非實所以者何非肉眼所見慧眼
乃能見而此慧眼无見无不見是爲入不二法門
如是諸菩薩各各說已問文殊師利何等是菩薩入不二法門文殊師利曰如我意者於
一切法无言无說无示无識離諸問答是爲入不二法門於是文殊師利問維摩詰言
我等各自說已仁者當說何等是菩薩入不二法門時維摩詰默然无言文殊師利歎曰
言善哉善哉乃至无有文字語言是真入不二法門說是不二法門時於此衆中五千
菩薩皆入不二法門得无生法忍

維摩詰所說經卷下

香積佛品第十

於是舍利弗心念日時欲至此諸菩薩當於何食時維摩詰知其意而
語言佛說八解脫仁者受行豈雜欲食而聞法乎若欲食者且待須臾
當令汝得未曾有食時維摩詰即入三昧以神通力示諸大衆上方界分
過四十二恒河沙佛土有國名衆香佛号香積今現在其國香氣比於十
方諸佛世界人天之香最爲第一彼土无有聲聞辟支佛名唯有清淨大
菩薩衆佛爲說法其界一切皆以香作樓閣經行香地苑園其食香氣周

BD03224 號 1　維摩詰所說經卷中
BD03224 號 2　維摩詰所說經卷下

(23–12)

當令汝得未曾有食時維摩詰即入三昧以神通力示諸大衆上方界分
過四十二恒河沙佛土有國名衆香佛号香積今現在其國香氣比於十
方諸佛世界人天之香最爲第一彼土无有聲聞辟支佛名唯有清淨大
菩薩衆佛爲說法其界一切皆以香作樓閣經行香地苑園其食香氣周
流十方无量世界時彼佛與諸菩薩方共坐食有諸天子皆号香嚴悉
發阿耨多羅三藐三菩提心供養彼佛及諸菩薩此諸大衆莫不目見
時維摩詰問衆菩薩諸仁者誰能致彼佛飯以文殊師利威神力故咸皆
嘿然維摩詰言仁者今此諸大衆无乃可恥文殊師利曰如佛所言勿輕未學於是
維摩詰不起于座居衆會前化作菩薩相好光明威德殊勝蔽於衆會而
告之曰汝往上方界分度如四十二恒河沙佛土有國名衆香佛号香積與
諸菩薩方共坐食汝往到彼如我辭曰維摩詰稽首世尊足下致敬无量
問訊起居少病少惱氣力安不願得世尊所食之餘當於娑婆世界施作佛事
令此樂小法者得弘大道亦使如來名聲普聞時化菩薩即於會前昇于上方舉
衆皆見其去到衆香界礼彼佛足又聞其言維摩詰稽首世尊足下致敬无
量問訊起居少病少惱氣力安不願得世尊所食之餘欲於娑婆世界施作佛
事使此樂小法者得弘大道亦使如來名聲普聞彼諸大士見化菩薩歎未曾有
今此上人從何所來娑婆世界爲在何許云何名爲樂小法者即以問佛佛告之
曰下方度如四十二恒河沙佛土有世界名娑婆佛号釋迦牟尼今現在於五濁惡
世爲樂小法衆生敷演道教彼有菩薩名維摩詰住不可思議解脫爲諸菩
薩說法故遣化來稱揚我名并讚此土令彼菩薩增益功德彼菩薩言其人何
如乃作是化德力无畏神足若斯佛言甚大一切十方皆遣化往施作佛事
饒益衆生於是香積如來以衆香鉢盛滿香飯與化菩薩時彼九百万菩
薩俱發聲言我欲詣娑婆世界供養釋迦牟尼佛并欲見維摩詰等諸
菩薩衆佛言可往攝汝身香无令彼諸衆生起惑著心又當捨汝本形勿
使彼國求菩薩者而自鄙恥又汝於彼莫懷輕賤而作礙想所以者何十方國土皆如虛
空又諸佛爲欲化諸樂小法者不盡現其清淨土耳時化菩薩既受鉢飯與彼
九百万菩薩俱承佛威神及維摩詰力於彼世界忽然不現須臾之間至維
摩詰舍維摩詰即化作九百万師子之座嚴好如前諸菩薩皆坐其上化
菩薩以滿鉢香飯與維摩詰飯香普熏毗耶離城及三千大千世界時毗耶
離婆羅門居士等聞是香氣身意快然歎未曾有於是長者主月蓋從

BD03224 號 2　維摩詰所說經卷下

(23–13)

空又諸佛為欲化諸樂小法者不盡現其清淨土耳時化菩薩既受鉢飯與彼
九百万菩薩俱承佛威神及維摩詰力於彼世界忽不現須臾之間至維
摩詰舍維摩詰即化作九百万師子之座嚴好如前諸菩薩皆坐其上化
菩薩以滿鉢香飯與維摩詰飯香普熏毗耶離城及三千大千世界時毗耶
離婆羅門居士等聞是香氣身意快然歎未曾有於是長者主月蓋從
八万四千人來入維摩詰舍見其室中菩薩甚多諸師子座高廣嚴好皆大
歡喜礼眾菩薩及大弟子卻住一面諸地神虛空神及欲色界諸天聞此香
氣亦皆來入維摩詰舍時維摩詰語舍利弗等諸大聲聞仁者可食如來甘
露味飯大悲所熏无以限意食之使不消也有異聲聞念是飯少而此大眾
人人當食化菩薩曰勿以聲聞小德小智稱量如來无量福慧四海有竭
此飯无盡使一切人食揣若須弥乃至一劫猶不能盡所以者何无盡戒定智
慧解脫解脫知見功德具足者所食之餘終不可盡於是鉢飯悉飽眾會
猶故不賜其諸菩薩聲聞天人食此飯者身安快樂譬如一切樂莊嚴國
諸菩薩也又毛孔皆出妙香亦如眾香國土諸樹之香尒時維摩詰問眾
香菩薩香積如來以何說法彼菩薩曰我土如來无文字說但以眾香令諸天
人得入律行菩薩各各坐香樹下聞斯妙香即獲一切德藏三昧得是三昧者菩
薩所有功德皆悉具足彼諸菩薩問維摩詰今世尊釋迦牟尼以何說法維摩
詰言此土眾生剛強難化故佛為說剛強之語以調伏之言是地獄是畜生
是我鬼是諸難處是愚人生處是身耶行報是口耶行是口耶行報是意
耶行報是意耶行報是煞生是煞生報是不與取是不與取報是耶婬
是耶婬報是妄語是妄語報是兩舌是兩舌報是惡口是惡口報是无義
是无義報是貪嫉是貪嫉報是瞋惱是瞋惱報是耶見是耶見報是
慳悋是慳悋報是毀戒是毀戒報是瞋恚是瞋恚報是懈怠是懈怠
報是乱意是乱意報是愚癡是愚癡報是結戒是持戒報是犯戒是
應作是不應作是鄣礙是不鄣礙是得罪是離罪是淨是垢是有漏
是无漏是耶道是正道是有為是无為是世間是涅槃以難化之人心如
猨猴故以若干種法制御其心乃可調伏譬如象馬𢤱悷不調加諸楚毒
乃至徹骨然後調伏如是剛強難化眾生故以一切苦切之言乃可入律
彼諸菩薩聞說是已皆曰未曾有也如世尊釋迦牟尼佛隱其无量自在之力
乃以貧所樂法度脫眾生斯菩薩亦能勞謙以无量大悲生是佛土維摩詰
言此土菩薩於諸眾生大悲堅固誠如所言然其一世饒益眾生多於彼國百千

猨猴故以若干種法制御其心乃可調伏譬如象馬𢤱悷不調加諸楚毒
乃至徹骨然後調伏如是剛強難化眾生故以一切苦切之言乃可入律
彼諸菩薩聞說是已皆曰未曾有也如世尊釋迦牟尼佛隱其无量自在之力
乃以貧所樂法度脫眾生斯菩薩亦能勞謙以无量大悲生是佛土維摩詰
言此土菩薩於諸眾生大悲堅固誠如所言然其一世饒益眾生多於彼國百千
劫行所以者何此娑婆世界有十事善法諸餘淨土之所无有何等為十
以布施攝貧窮以淨戒攝毀禁以忍辱攝瞋恚以精進攝懈怠以禪定攝
乱意以智慧攝愚癡說除難法度八難者以大乘法度樂小乘者以諸善
根濟无德者常以四攝成就眾生是為十彼菩薩曰菩薩成就幾法於此世界
行无瘡疣生于淨土維摩詰言菩薩成就八法於此世界行无瘡疣生于淨
土何等為八饒益眾生而不望報代一切眾生受諸苦惱所作功德盡以施之等
心眾生謙下无礙於諸菩薩視之如佛所未聞之不疑不與聲聞而相違背不嫉
彼供不高己利而於其中調伏其心常省己過不訟彼短恒以一心求諸功德
是為八維摩詰文殊師利於大眾中說是法時百千天人皆發阿耨多羅三
藐三菩提心十千菩薩得无生法忍

菩薩行品第十一

是時佛說法於菴羅樹園其地忽然廣博嚴事一切眾皆作金色阿難白
佛言世尊以何因緣有此瑞應是處忽然廣博嚴事一切眾會皆作金色佛告
阿難是維摩詰文殊師利與諸大眾恭敬圍遶發意欲來故先為瑞應於
是維摩詰語文殊師利可共見佛與諸菩薩礼事供養文殊師利言善
哉行矣今正是時維摩詰即以神力持諸大眾并師子座置於右掌往詣
佛所到已著地稽首佛足右遶七匝一心合掌在一面立其諸菩薩即皆避
座稽首佛足亦遶七匝於一面立諸大弟子釋梵四天王等亦皆避座稽首
佛足在一面立於是世尊如法慰問諸菩薩已各令復座即皆受教眾坐已
定佛語舍利弗汝見菩薩大士自在神力之所為乎唯然已見汝意云何世尊
我覩其為不可思議非意所圖非度所測尒時阿難白佛言世尊今所聞香
自昔未有是為何香佛告阿難是彼菩薩毛孔之香於是舍利弗語阿難
言我等毛孔亦出是香阿難言此所從來曰是長者維摩詰從眾香國取
佛餘飯於舍食者一切毛孔皆香若此阿難問維摩詰是香氣住當久如維摩
詰至此飯消曰此飯久如當消曰此飯勢力至于七日然後乃消又阿難若聲

自昔未有是為何香佛告阿難是彼菩薩毛孔之香於是舍利弗語阿難
言我等毛孔亦出是香阿難言此所從來曰是長者維摩詰從衆香國取
佛餘飯於舍食者一切毛孔皆香若此阿難問維摩詰是香氣住當久如維摩
詰至此飯消曰此飯久如當消曰此飯勢力至于七日然後乃消又阿難若聲
聞人未入正位食此飯者得入正位然後乃消已入正位食此飯者得心解脫然後乃
消若未發大乘意食此飯者至發意乃消已發意食此飯者得无生忍然後乃
消已得无生忍食此飯者至一生補處然後乃消譬如有藥名曰上味其有服者
身諸毒滅然後乃消此飯如是滅除一切諸煩惱毒然後乃
消阿難白佛言未曾有也世尊如此香飯能作佛事佛言如是如是阿難或有
佛土以佛光明而作佛事又以諸菩薩而作佛事又以佛所化人而作佛事又以菩提
樹而作佛事又以佛衣服臥具而作佛事又以飯食而作佛事又以園林臺觀而
作佛事又以三十二相八十隨形好而作佛事又以佛身而作佛事又以虛空而作佛
事衆生應以此緣得入律行又以夢幻影響鏡中像水中月熱時炎如是等
喻而作佛事又以音聲語言文字而作佛事或有清淨佛土寂漠无言无說无
示无識无作无為而作佛事如是阿難諸佛威儀進止諸所施為无非佛事
阿難有此四魔八万四千諸煩惱門而諸衆生為諸疲勞諸佛即以此法而作佛事
是名入一切諸法門菩薩入此門者若見一切淨好佛土不以為喜不貪不高若
見一切不淨佛土不以為憂不礙不沒但於諸佛生清淨心歡喜恭敬未曾
有也諸佛如來功德平等為教化衆生故而現佛土不同阿難汝見諸佛國土
地有若干而虛空无若干也如是見諸佛色身若干耳其无礙慧无若干也阿難諸佛
色身威德種性戒定智慧解脫解脫知見力无所畏不共之法大慈大悲威儀所
行及其壽命說法教化成就衆生淨佛國土具諸佛法悉皆同等是故名為
三藐三佛陁名為多陁阿伽度名為佛陁阿難若我廣說此三句義汝以劫
壽不能盡受正使三千大千世界滿中衆生皆如阿難多聞第一得念總持此諸
人等以劫之壽亦不能受如是阿難諸佛阿耨多羅三藐三菩提无有限量
智慧辯才不可思議阿難白佛言我從今已往不敢自謂以為多聞佛告阿
難勿起退意所以者何我說汝於聲聞中最為多聞非謂菩薩且止阿難其有
智者不應限度諸菩薩也一切海淵尚可測量菩薩禪定智慧總持辯才一切
功德不可量也阿難汝等捨置菩薩所行是維摩詰一時所現神通之力一切聲聞辟

智慧辯才不可思議阿難白佛言我從今已往不敢自謂以為多聞佛告阿
難勿起退意所以者何我說汝於聲聞中最為多聞非謂菩薩且止阿難其有
智者不應限度諸菩薩也一切海淵尚可測量菩薩禪定智慧總持辯才一切
功德不可量也阿難汝等捨置菩薩所行是維摩詰一時所現神通之力一切聲聞辟
支佛於百千劫盡力變化所不能作
爾時衆香世界菩薩來者合掌白佛言世尊我等初見此土生下劣想今自悔責捨離
是心所以者何諸佛方便不可思議為度衆生故隨其所應現佛國土異唯然世
尊願賜少法還於今土當念如來佛告諸菩薩有盡无盡解脫法門汝等當學何
謂為盡謂有為法何謂无盡謂无為法如菩薩者不盡有為不住无為何謂
不盡有為謂不離大慈不捨大悲深發一切智心而不忽忘教化衆生終不厭惓於
四攝法常念順行護持正法不惜軀命種諸善根无有疲厭志常安住方便迴
向求法不懈說法无悋勤供諸佛故入生死而无所畏於諸榮辱心无憂喜不輕
未學敬學如佛墮煩惱者令發正念於遠離樂不以為貴不著己樂慶於彼樂在諸禪
定如地獄想於生死中如園觀想見來求者為善師想捨諸所有具一切智想見
毀戒人起救護想諸波羅蜜為父母想道品之法為眷屬想發行善根无有齊
限以諸淨國嚴飾之事成己佛土行无限施具足相好除一切惡淨身口意故生死
无數劫意而有勇聞佛无量功德志而不惓以智慧劍破煩惱賊出陰界入
荷負衆生永使解脫以大精進摧伏魔軍常求无念實相智慧行世間法少
欲知足於出世間法求之无厭而不捨世間法不壞威儀而能隨俗起神通慧引導
衆生得念總持所聞不忘善別諸根斷衆生疑以樂說辯演法无礙淨十善道
受天人福脩四无量開梵天道勸請說法隨喜讚善得佛音聲身口意善得
佛威儀深脩善法所行轉勝以大乘教成菩薩僧心无放逸不失衆善行如此法
是名菩薩不盡有為何謂菩薩住无為謂脩學空不以空為證脩學无相
无作不以无相无作為證脩學无起不以无起為證觀於无常而不厭善本觀
世間苦而不惡生死觀於无我而誨人不惓觀於寂滅而不永寂滅觀於遠離
而身心脩善觀无所歸而歸趣善法觀於无生而以生法荷負一切觀於无漏
而不斷諸漏觀无所行而以行法教化衆生觀於空无而不捨大悲觀正法位
而不隨小乘觀諸法虛妄无牢无人无主无相本願未滿而不虛福德禪定
智慧脩如此法是名菩薩不住无為又具福德故不住无為具智慧故不盡有為
大慈悲故不住无為滿本願故不盡有為集法藥故不盡有為知衆生病故

[illegible]
而不隨小乘觀諸法虛妄无牢无人无主无相本願未滿而不虛福德禪定
智慧脩如此法是名菩薩不住无為又具福德故不住无為具智慧故不盡有為
大慈悲故不住无為滿本願故不盡有為集法藥故不盡有為知衆生病故
不住无為滅衆生病故不盡有為諸正士菩薩已脩此法不盡有為不住无為
是名盡无盡觧脫法門汝等當學尒時彼諸菩薩聞說是法皆大歡喜以
衆妙華若干種色若干種香散遍三千大千世界供養於佛及此經法并諸菩
薩已稽首佛足歎未曾有言釋迦牟尼佛乃能於此善行方便言已忽然不現還到彼國

見阿閦佛品弟十二

尒時世尊問維摩詰汝欲見如來為以何等觀如來乎維摩詰言如自觀身
實相觀佛亦然我觀如來前際不來後際不去今則不住不觀色不觀色如不觀色
性不觀受想行識不觀識如不觀識性非四大起同於虛空六入无積眼耳鼻
舌身心已過不在三界三垢已離順三脫門三明與无明等不一相不異相不自相
不他相非无相非取相不此岸不彼岸不中流而化衆生觀於寂滅亦不永滅
滅不此不彼不在此不在彼不可以智知不可以識識无晦无明无名无相无
彊无弱非淨非穢不在方不離方非有為非无為无示无說不施不慳不戒
不犯不忍不恚不進不怠不定不亂不智不愚不誠不欺不來不去不出不入
一切言語道斷非福田非不福田非應供養非取非捨非有相非无相同真際
等法性不可稱不可量過諸稱量非大非小非見非聞非覺非知離衆結
縛等諸智同衆生於法无分別一切无失无濁无惱无作无起无生无滅无
畏无憂无喜无猒无著无已有无當有无今有不可以一切言說分別顯示世
尊如來身為若此作如是觀以斯觀者名為正觀若他觀者名為耶觀
尒時舍利弗問維摩詰汝於何沒而來生此維摩詰言汝所得法有沒生乎
舍利弗言无沒生也若諸法无沒生相云何問言汝於何沒而來生此於意云
何譬如幻師幻作男女寧沒生也舍利弗言无沒生也汝豈不聞佛說諸法如
幻相乎答曰如是若一切法如幻相者云何問言汝於何沒而來生此舍利
弗沒者為虛誑法壞敗之相生者為虛誑法相續之相菩薩雖沒不盡
善本雖生不長諸惡是時佛告舍利弗有國名妙喜佛号无動是維摩詰
於彼國沒而來生此舍利弗言未曾有也世尊是人乃能捨清淨土而來樂
此多怒害處維摩詰語舍利弗於意云何日光出時與冥合乎答曰不也

BD03224號2　維摩詰所說經卷下　　（23–18）

弗沒者為虛誑法壞敗之相生者為虛誑法相續之相菩薩雖沒不盡
善本雖生不長諸惡是時佛告舍利弗有國名妙喜佛号无動是維摩詰
於彼國沒而來生此舍利弗言未曾有也世尊是人乃能捨清淨土而來樂
此多怒害處維摩詰語舍利弗於意云何日光出時與冥合乎答曰不也
日光出時則无衆冥維摩詰言夫日何故行閻浮提答曰欲以明照為之除冥
維摩詰言菩薩如是雖生不淨佛土為化衆生不與愚闇而共合也但滅衆
生煩惱闇耳是時大衆渴仰欲見妙喜世界无動如來及其菩薩聲聞之
衆佛知一切衆會所念告維摩詰言善男子為此衆會現妙喜國无動如來及
諸菩薩聲聞之衆衆皆欲見於是維摩詰心念吾當不起于座接妙喜
國鐵圍山川溪谷江河大海泉源須弥諸山及日月星宿天龍鬼神梵天等宮
并諸菩薩聲聞之衆城邑聚落男女大小乃至无動如來及菩提樹諸妙
蓮華能於十方作佛事者三道寶階從閻浮提至忉利天以此寶階諸天
來下悉為礼敬无動如來聽受經法閻浮提人亦上昇忉利見彼諸天妙喜
世界成就如是无量功德上至阿迦膩吒天下至水際以有斷取如陶家輪入
此世界猶持華鬘示一切衆作是念已入於三昧現神通力以其右手斷取妙
喜世界置於此土彼得神通菩薩及聲聞衆并餘天人俱發聲言唯然世尊誰
取我去願見救護无動佛言非我所為是維摩詰神力所作其餘未得神通
者不覺不知己之所往妙喜世界雖入此土而不增減於是世界亦不迫隘如本
无異
尒時釋迦牟尼佛告諸大衆汝等且觀妙喜世界无量如來其
國嚴飾菩薩行淨弟子清白皆曰唯然已見佛言若菩薩欲得如是清淨佛
土當學无動如來所行之道現此妙喜國時娑婆世界十四那由他人發阿
耨多羅三藐三菩提心皆願生於妙喜佛土釋迦牟尼佛即記之曰當生彼國
妙喜世界於此國土所應饒益其事訖已還復本處舉衆皆見佛告舍利
弗汝見此妙喜世界及无動佛不唯然已見世尊願使一切衆生得清淨土如
无動佛獲神通力如維摩詰世尊我等快得善利得見是人親近供養
其諸衆生若今現在若佛滅後聞此經者亦得善利況復聞已信解受
持讀誦解說如法脩行若有手得是經典者便為已得法寶之藏若有
讀誦解釋其義如說脩行則為諸佛之所護念其有供養如是人者當知
則為供養於佛其有書持此經卷者當知其室則有如來若聞是經能隨
喜者斯人則為取一切智若能信解此經乃至一四句偈為他說者當知此人
即是受阿耨多羅三藐三菩提記

BD03224號2　維摩詰所說經卷下　　（23–19）

持讀誦解說如法修行若有手得是經典便為已得法寶之藏若有
讀誦解釋其義如說修行則為諸佛之所護念其有供養如是人者當知
則為供養於佛其有書持此經卷者當知其室則有如來若聞是經能隨
喜者斯人則為取一切智若能信解此經乃至一四句偈為他說者當知此人
即是授阿耨多羅三藐三菩提記

法供養品第十三

尒時釋提桓因於大眾中白佛言世尊我雖從佛及文殊師利聞百千經
未曾聞此不可思議自在神通決定實相經典如我解佛所說義趣若有眾生
聞是經法信解受持讀誦之者必得是法不疑何況如說修行斯人則為
閉諸惡趣開諸善門常為諸佛之所護念降伏外學摧滅魔怨修治菩提道
安處道場履踐如來所行之跡世尊若有受持讀誦如說修行者我當
與諸眷屬聽受法故共到其所其未信者當令生信其已信者當為作護佛言
善哉善哉天帝如汝所說吾助汝喜此經廣說過去未來現在諸佛不
可思議阿耨多羅三藐三菩提是故天帝若善男子善女人受持讀誦供
養是經者則為供養去來今佛天帝正使三千大千世界如來滿中譬如甘
蔗竹葦稻麻叢林若有善男子善女人或一劫或減一劫恭敬尊重讚歎供
養奉諸所安至諸佛滅後以一一全身舍利起七寶塔縱廣一四天下高至梵
天表剎莊嚴以一切華香瓔珞幢幡伎樂微妙第一若一劫若減一劫而供
養之於天帝意云何其人殖福寧為多不釋提桓因言多矣世尊彼之
福德若以百千萬億劫說不能盡佛告天帝當知是善男子善女人聞
是不可思議解脫經典信解受持讀誦修行福多於彼所以者何諸
佛菩提皆從是生菩提之相不可限量以是因緣福不可量佛告天帝過
去无量阿僧祇劫時世有佛號曰藥王如來應供正遍知明行足善逝世
間解无上士調御丈夫天人師佛世尊世界曰大莊嚴劫曰莊嚴佛壽二十
小劫其聲聞僧三十六億那由他菩薩僧有十二億天帝是時有轉輪聖
王名曰寶蓋七寶具足主四天下王有千子端政勇健能伏怨敵尒時寶
蓋與其眷屬供養藥王如來施諸所安至滿五劫過五劫已告其千子汝
等亦當如我以深心供養於佛於是千子受父王命供養藥王如來復滿
五劫一切所安其王一子名月蓋獨坐思惟寧有供養殊過此者以佛神力
空中有天曰善男子法之供養勝諸供養即問何謂法之供養天曰汝可
往問藥王如來當廣為汝說法之供養即時月蓋王子行詣藥王如來

等亦當如我以深心供養於佛於是千子受父王命供養藥王如來復滿
五劫一切所安其王一子名月蓋獨坐思惟寧有供養殊過此者以佛神力
空中有天曰善男子法之供養勝諸供養即問何謂法之供養天曰汝可
往問藥王如來當廣為汝說法之供養即時月蓋王子行詣藥王如來
稽首佛足卻住一面白佛言世尊諸供養中法供養勝云何為法供養佛
言善男子法供養者謂諸佛所說深經一切世間難信難受微妙難
見清淨无染非但分別思惟之所能得菩薩法藏所攝陀羅尼印印之至
不退轉成就六度善分別義順菩提法眾經之上入大慈悲離眾魔事
及諸邪見順因緣法无我无人无眾生无壽命空无相无作无起能令眾生坐
於道場如轉法輪諸天龍神乾闥婆等所共歎譽能令眾生入佛法藏攝
諸賢聖一切智慧說眾菩薩所行之道依於諸法實相之義明宣无常
苦空无我寂滅之法能救一切毀禁眾生諸魔外道及貪著者能使怖
畏諸佛賢聖所共稱難背生死苦示涅槃樂十方三世諸佛所說若聞如
是等經信解受持讀誦以方便力為諸眾生分別解說顯示分明守護法
故是名法之供養又於諸法如說修行隨順十二因緣離諸邪見得无生忍
決定无我无有眾生而於因緣果報无違无諍離諸我所依於義不依語
依於智不依識依了義經不依不了義經依於法不依人隨順法相无所入无
所歸无明畢竟滅故諸行亦畢竟滅乃至生畢竟滅故老死亦畢竟滅作
如是觀十二緣无有盡相不復起見是名最上法之供養佛告天帝王子月
蓋從藥王佛聞如是法得柔順忍即解寶衣嚴身之具以供養佛白佛言
世尊如來滅後我當行法供養守護正法願以威神加哀建立令我得降
魔怨修菩薩行佛知其深心所念而記之曰汝於末後守護法城天帝時王
子月蓋見法清淨聞佛授記以信出家修集善法精進不久得五神通
具菩薩道得陀羅尼斷辯才於佛滅後以其所得神通總持辯才之力
滿十小劫藥王如來所轉法輪隨而分布月蓋比丘以護持法勤行精進即
於此身化百萬億人於阿耨多羅三藐三菩提立不退轉十四那由他人深發
聲聞辟支佛心无量眾生得生天上天帝時寶蓋豈異人乎今現得佛號
寶焰如來其王千子即賢劫中千佛是也從迦羅鳩孫馱為始得佛最
後如來號曰樓至月蓋比丘則我身是如是天帝當知此要以法供養於諸
供養為上為最第一无比是故天帝當以法之供養供養於佛

囑累品第十四

聲聞辟支佛心无量衆生得生天上天帝於寶蓋當與人等今現得佛号
寶焰如來其王千子即賢劫中千佛是也從迦羅鳩孫䭾為所得佛東
後如來号曰樓至月蓋比丘則我身是如是天帝當知此要以法供養於諸
供養為上為最第一无比是故天帝當以法之供養供養於佛

囑累品第十四

於是佛告弥勒菩薩言弥勒我今以是无量億阿僧祇劫所集阿耨多羅
三藐三菩提法付囑於汝如是輩經於佛滅後末世之中汝等當以神力廣
宣流布於閻浮提无令斷絶所以者何未來世中當有善男子善女人及天
龍鬼神乾闥婆羅刹等發阿耨多羅三藐三菩提心樂于大法若使不聞如
是等經則失善利如此輩人聞是等經必多信樂發希有心當以頂受隨
諸衆生所應得利而為廣說弥勒當知菩薩有二相何謂為二一者好於雜
句文飾之事二者不畏深義如實能入若好雜句文飾事者當知是為新
學菩薩若於如是无染无著甚深經典无有恐畏能入其中聞已心淨受
持讀誦而說脩行當知是為久脩道行弥勒復有二法名新學者不能
決定於甚深法何等為二一者所未聞深經聞之驚怖生疑不能隨順毀謗不
信而作是言我初不聞從何所來二者若有護持解說如是深經者不肯
親近供養恭敬或時於中說其過惡有此二法當知是學菩薩為自毀傷
不能於深法中調伏其心弥勒復有二法菩薩雖信解深法猶自毀傷而不
能得无生法忍何等為二一者輕慢新菩薩而不教誨二者雖解深法而
取相分別是為二法弥勒菩薩聞說是已白佛言世尊未曾有也如佛
所說我當遠離如斯之惡奉持如來无數阿僧祇劫所集阿耨多羅
三藐三菩提法若未來世善男子善女人求大乘者當令手得如是等
經與其念力使受持讀誦為他廣說世尊若後末世有能受持讀誦
為他說者當知是弥勒神力之所建立佛言善哉善哉弥勒如汝所
說佛助令喜於是一切菩薩合掌白佛我等於如來滅後十方國土廣
宣流布阿耨多羅三藐三菩提復當開導諸說法者令得是經爾時
四天王白佛言世尊在在處處城邑聚落山林曠野有是經讀誦解說者我
當率諸官屬為聽法故往詣其所擁護其人面百由旬令无伺求得其便
者時是佛告阿難受持是經廣宣流布阿難言唯我已受持要者世尊
當何名斯經佛告阿難是名為維摩詰所說亦名不可思議解脫法門

BD03224號2　維摩詰所說經卷下

(23–22)

能得无生法忍何等為二一者輕慢新菩薩而不教誨二者雖解深法而
取相分別是為二法弥勒菩薩聞說是已白佛言世尊未曾有也如佛
所說我當遠離如斯之惡奉持如來无數阿僧祇劫所集阿耨多羅
三藐三菩提法若未來世善男子善女人求大乘者當令手得如是等
經與其念力使受持讀誦為他廣說世尊若後末世有能受持讀誦
為他說者當知是弥勒神力之所建立佛言善哉善哉弥勒如汝所
說佛助令喜於是一切菩薩合掌白佛我等於如來滅後十方國土廣
宣流布阿耨多羅三藐三菩提復當開導諸說法者令得是經爾時
四天王白佛言世尊在在處處城邑聚落山林曠野有是經讀誦解說者我
當率諸官屬為聽法故往詣其所擁護其人面百由旬令无伺求得其便
者時是佛告阿難受持是經廣宣流布阿難言唯我已受持要者世尊
當何名斯經佛告阿難是名為維摩詰所說亦名不可思議解脫法門
如是受持佛說是經已長者維摩詰文殊師利舍利弗阿難等及諸
天人阿脩羅一切大衆聞佛所說皆大歡喜

維摩詰經卷下

BD03224號2　維摩詰所說經卷下

(23–23)

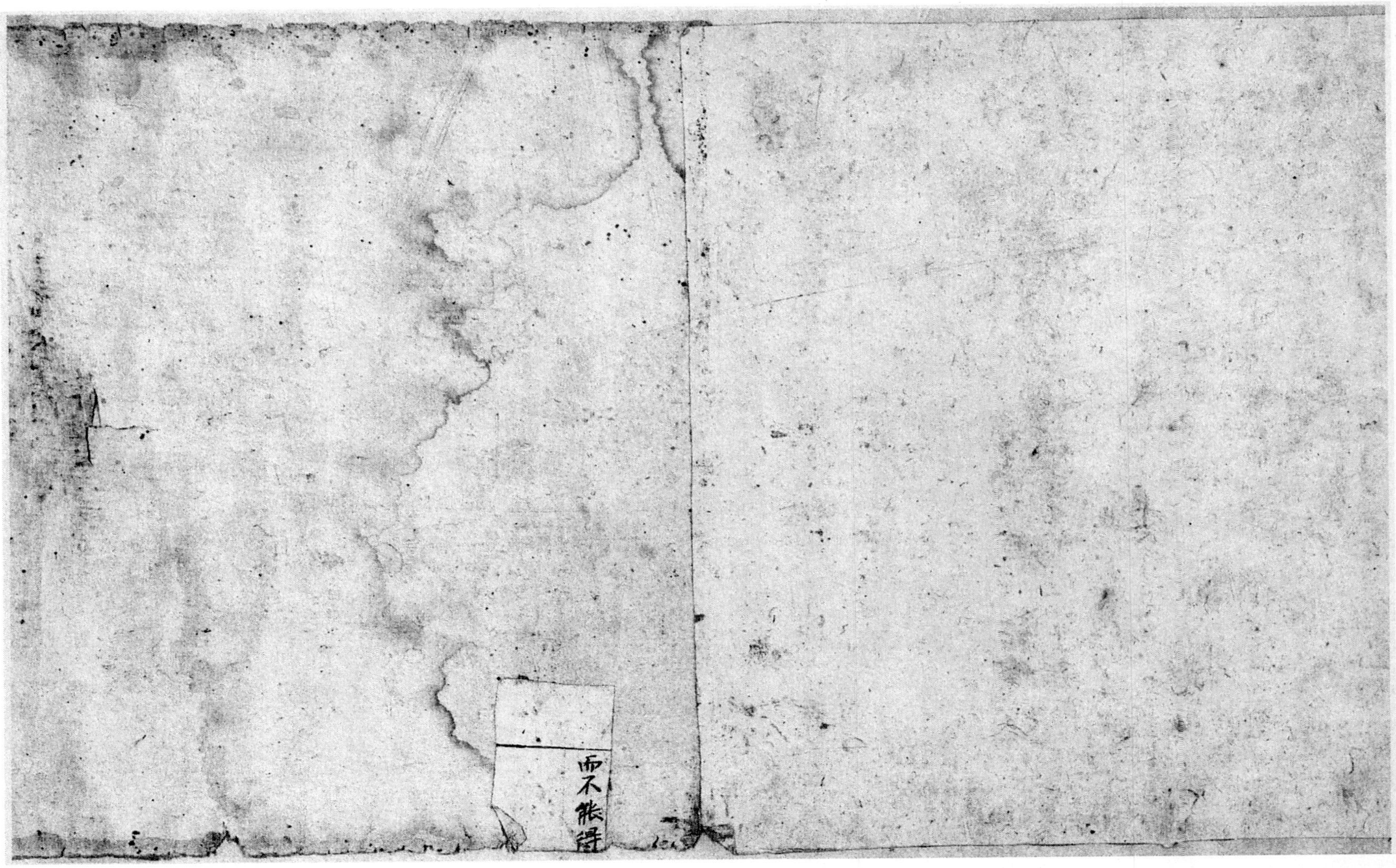

BD03224號背　雜寫　　（3–1）

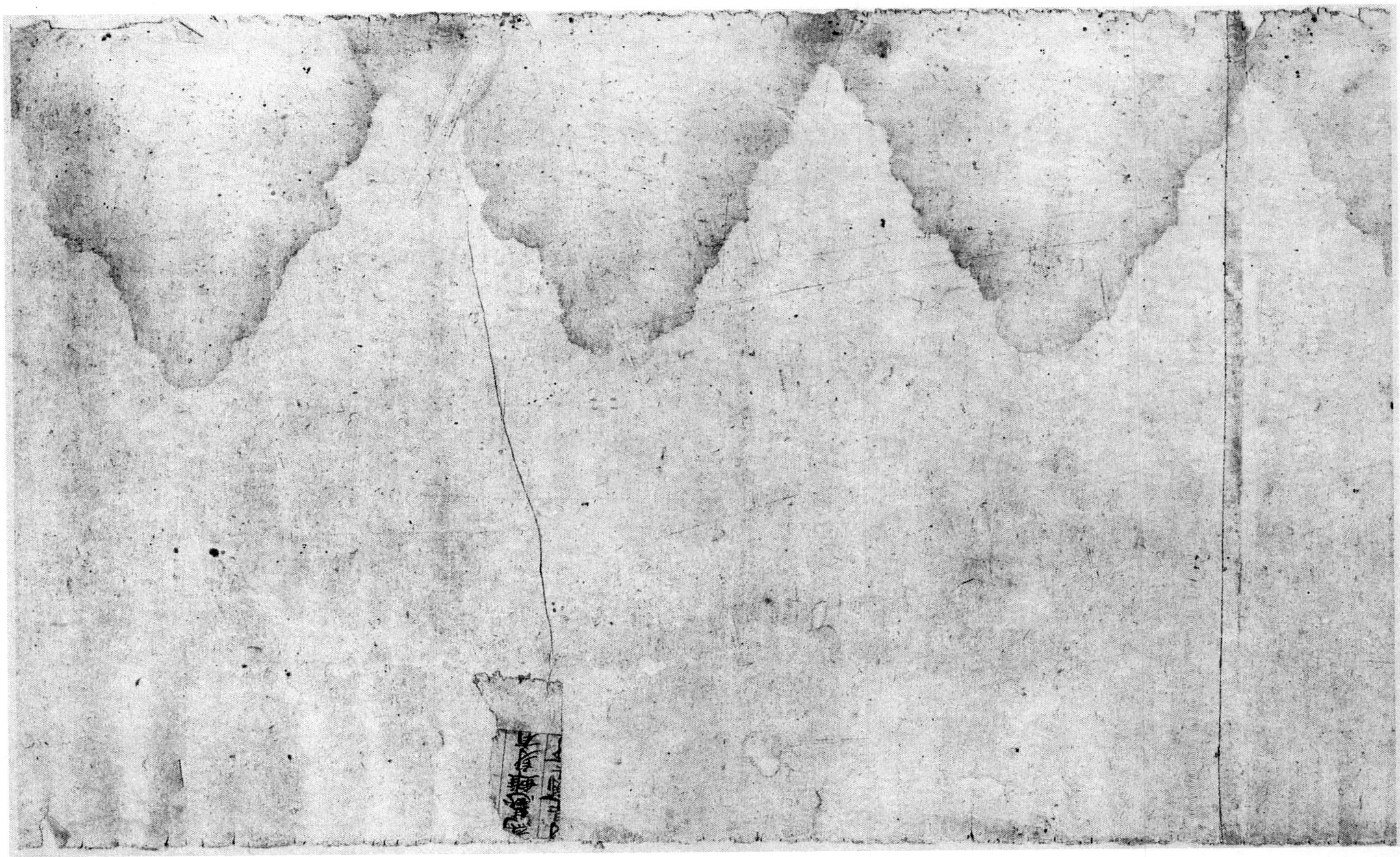

BD03224號背　雜寫　　（3–2）

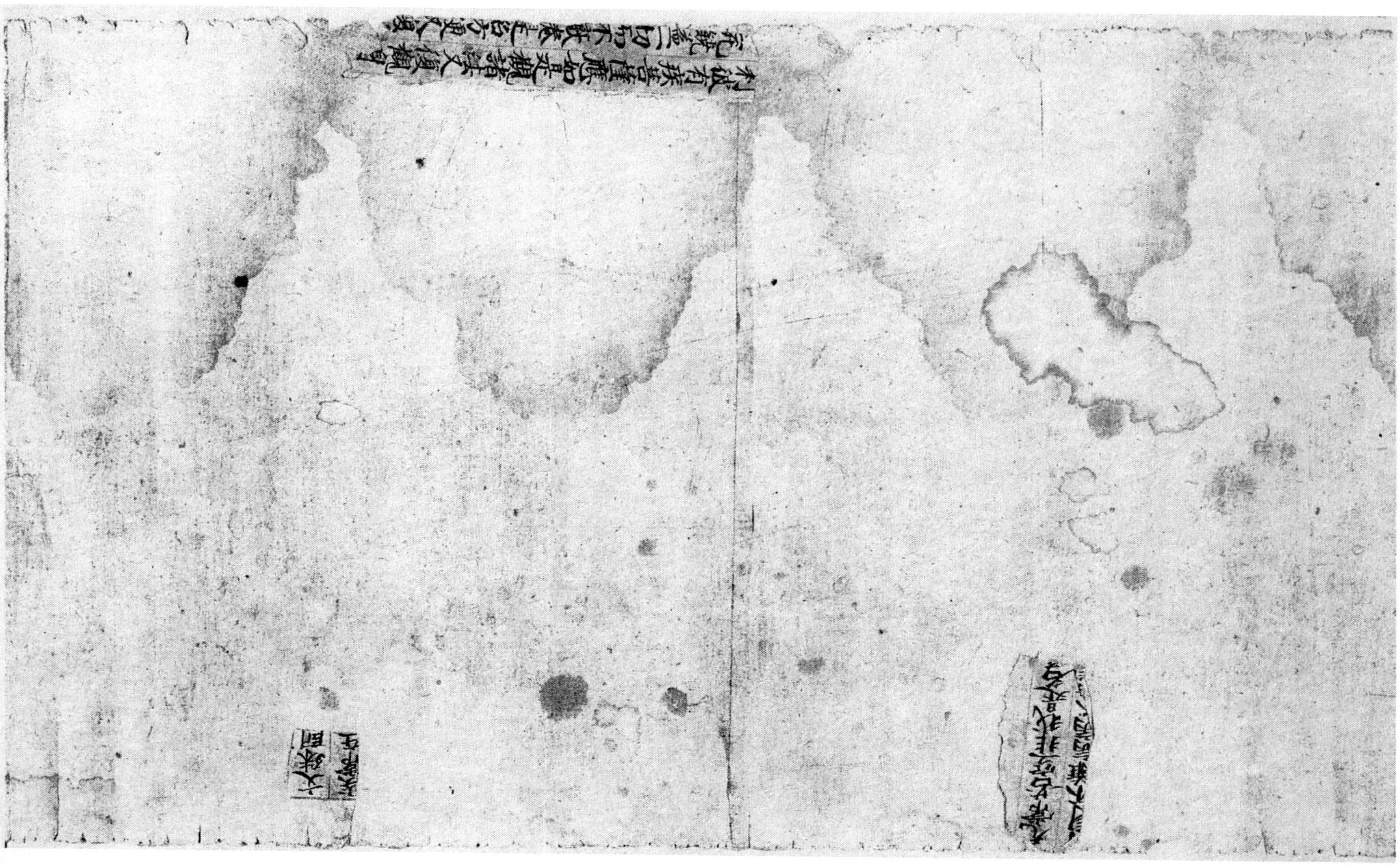

BD03224 號背　雜寫

（3–3）

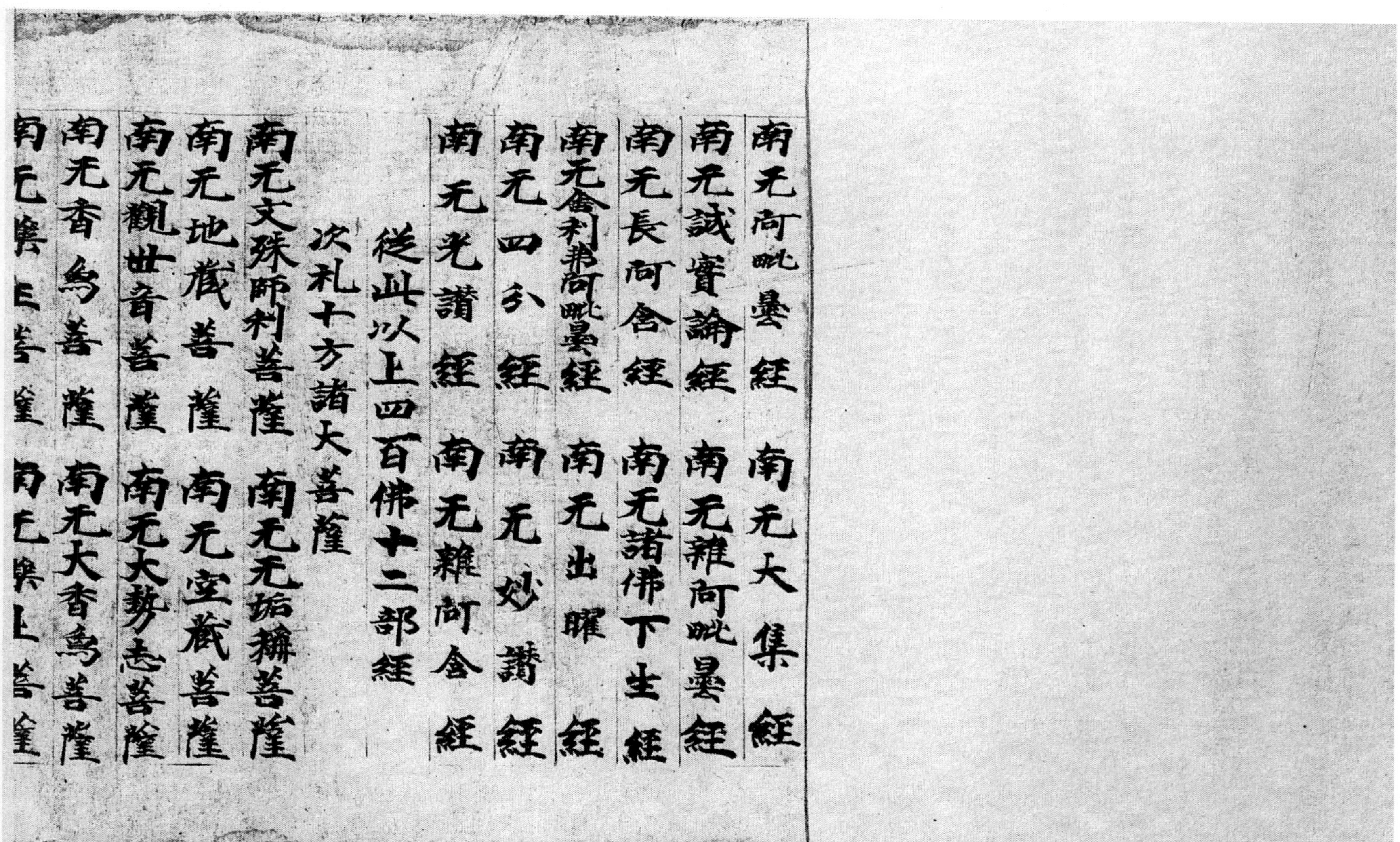

南无阿毗曇經　南无大集經
南无誠實論經　南无雜阿毗曇經
南无長阿含經　南无諸佛下生經
南无舍利弗阿毗曇經　南无出曜經
南无四分經　南无妙讚經
南无光讚經　南无雜阿含經
從此以上四百佛十二部經
次礼十方諸大菩薩
南无文殊師利菩薩　南无无垢稱菩薩
南无地藏菩薩　南无空藏菩薩
南无觀世音菩薩　南无大勢志菩薩
南无香烏菩薩　南无大香烏菩薩
南无寶上菩薩　南无寶上菩薩

BD03225 號　佛名經（十六卷本）卷一

（31–1）

南无地藏菩薩　南无空藏菩薩
南无觀世音菩薩　南无大勢志菩薩
南无香烏菩薩　南无大香烏菩薩
南无藥王菩薩　南无藥上菩薩
南无金剛藏菩薩　南无鮮勝月菩薩
南无彌勒菩薩　南无奮迅菩薩
南无无所發菩薩　南无陁羅尼自在王菩薩
南无无盡意菩薩　南无堅意菩薩
南无歸命如是无量无邊菩薩
南无東方九十億百千万同名梵勝菩薩
南无南方九十億百千万同名不陁羅菩薩
南无西方九十億百千万同名大功德菩薩
南无北方九十億百千万同名大藥王菩薩
南无歸命如是等十方世界无量无邊菩薩
南无舍利弗應當敬礼十方諸菩薩摩訶薩
南无文殊師利菩薩摩訶薩
南无觀世音菩薩
南无大勢至菩薩　南无普賢菩薩
南无龍勝菩薩　南无龍德菩薩
次礼聲聞緣覺一切賢聖
南无阿利多辟支佛　南无婆利多辟支佛
南无多伽樓辟支佛　南无稱辟支佛

BD03225號　佛名經（十六卷本）卷一　（31–2）

次礼聲聞緣覺一切賢聖
南无阿利多辟支佛　南无婆利多辟支佛
南无多伽樓辟支佛　南无稱辟支佛
南无見辟支佛　南无愛見辟支佛
南无見辟支佛　南无乳陁羅辟支佛
南无无妻辟支佛　南无剎沙婆辟支佛
歸命如是等无量无邊辟支佛
礼三寶已次復懺悔
夫欲礼懺必須先敬三寶所以然者三寶即
是一切衆生良友福田若能歸向者則滅
无量罪長无量福能令行者離生死苦得解
脫樂是故弟子某甲等歸依十方盡虛空界
一切諸佛歸依十方盡虛空界一切尊法歸
依十方盡虛空界一切菩薩聖僧弟子
今日所以懺悔者正言无始以來在
凡夫地莫問貴賤罪自无量或因三業而
生罪或從六根而起過或以內心自邪思惟
或藉外境起於染著如是乃至十惡增
長八万四千諸塵勞門然其罪相雖復
无量大而為語不出有三何等為三一
者煩惱二者是業三者是果報此三種
法能障聖道及以人天勝妙好事是故經

BD03225號　佛名經（十六卷本）卷一　（31–3）

者煩惱二者是業三者是果報此三種
法能障聖道及以人天勝妙好事是故經
中自為三障所以諸佛菩薩教作方便
懺悔除滅此三滅者則六根十惡乃至
八万四千諸塵勞門皆悉清淨是故弟子
今日運此增上勝心懺悔三障欲此滅三罪
者當用何等心可令此罪滅除先當興七
種心以為方便然後此罪乃可得滅何等
為七一者慚愧二者恐怖三者厭離四者
發菩提心五者怨親平等六者念報佛
恩七者觀罪性空
第一慚愧者自惟我與釋迦如來同為凡
夫而今世尊成道以來已經尒所塵沙劫
數而我等相與耽染六塵流浪生死永无
出期此實天下可慚可愧可羞可恥第
二恐怖者既是凡夫身口意業常与罪
相應以是因緣命終之後應墮地獄畜生
餓鬼受无量苦如此實為可驚可恐可怖可
懼第三厭離者相与當觀生死之中唯有
无常苦空无我不淨虛假如水上泡速起速
滅往來流轉猶若車輪生老病死八苦交
煎无時暫息衆等相与但觀自身從頭

无常苦空无我不淨虛假如水上泡速起速
滅往來流轉猶若車輪生老病死八苦交
煎无時暫息衆等相与但觀自身從頭
至足其中但有卅六物髮毛爪齒眵淚涕
唾生熟二藏大腸小腸脾腎心肺肝膽胞
胃肪膏腦膜筋脉骨髓大小便利九孔
常流是故經言此身苦所集一切皆不淨
何有智慧者而當樂此身生死既有如此
種種惡法甚可患猒
第四發菩提心者經言當樂佛身佛身
者即法身也從无量功德智慧生
從六波羅蜜生從慈悲喜捨生從卅七
助菩提法生從如是等種種功德智慧
生如來身欲得此身者當發菩提心
求一切種智常樂我淨薩婆若果淨
佛國土成就衆生於身命財无所悋惜
第五怨親平等者於一切衆生起慈
悲心无彼我相何以故尒若見怨異親
即是分別以分別故起諸相着相着
因緣生諸煩惱煩惱因緣造諸惡業
惡業因緣故得苦果
第六念報佛恩者如來往昔无量劫中

因緣生諸煩惱煩惱因緣造諸惡業
惡業因緣故得苦果
第六念報佛恩者如来往昔无量劫中
捨頭目髓腦支節手足國城妻子象
馬七珎為我等故脩諸苦行此恩此德
實難酬報是故經言若以頂戴兩肩
荷負於恒沙劫亦不能報我等欲報如
来恩者當於此世勇猛精進捍勞忍
苦不惜身命建立三寶弘通大乘廣
化衆生同入正道
第七觀罪性空者罪无有實相從因緣
生顛倒而有既從因緣而生則可從
因緣而生者狎近惡友造作无端從
因緣而滅者即是今日洗心懺悔是
故經言此罪相不在內不在外不在
中間故知此罪從本是空生如是等七
種心已緣想十方諸佛賢聖擎拳合掌
披陳至到慙愧改革舒歷心肝洗蕩腸
胃如此懺悔亦何罪而不滅亦何障而
不消若復以尒彼攸緩縱情慮徒自
勞形於事何益且復人命无常喻如
轉燭一息不還便向灰壞三塗苦報即身

勞形於事何益且復人命无常喻如
轉燭一息不還便向灰壞三塗苦報即身
應受不可以錢財寶貨囑託求脫窮窮
冥冥恩救无期獨嬰此苦无代受者莫
言我今生中无有此罪所以不能懇到
懺悔經中道言凡夫之人舉足動步无非
是罪又復過去生中皆悉成就无量惡
業追逐行者如影隨形若不懺悔罪惡
日深故苞藏瑕疵佛教不許訖悔先
罪淨名所尚故知長淪苦海寔由隱覆
是故弟子今日發露懺悔不敢覆藏
所言三障者一曰煩惱二名為業三是果
報此三種法更相由藉因煩惱故所以起
惡業惡業因緣故得苦果是故弟子今
日至心第一先應懺悔煩惱障又此煩
惱諸佛菩薩入理聖人種種呵責亦
稱此煩惱以為怨家何以故能斷衆生
慧命根故亦稱此煩惱以之為賊能劫
衆生諸善法故亦稱此煩惱以為瀑河
能漂衆生入於生死大苦海故亦稱此煩
惱以為羈鏁能繫衆生於生死獄不能得
出故所以六道牽連四生不絕惡業无窮

惱以為羇鏁所繫衆生於生死獄不能得
出故所以六道牽連四生不絕惡業无窮
苦果不息當知皆是煩惱過患是故弟子
今日運此增上善心歸依佛
南无東方善德佛　南无南方寶相佛
南无西方普光佛　南无北方相德佛
南无東南方網明佛　南无西南方上智佛
南无西北方華德佛　南无東北方明智佛
南无下方明德佛　南无上方香積佛
如是十方盡虛空界一切三寶
弟子從无始以來至於今日或在人天六
道受報有此心識常懷愚惑煩惱充拴
或因三毒根造一切罪或因三漏造一切
罪或因三覺造一切罪或因三受造一切罪
或因三苦造一切罪或緣三假造一切罪
或貪三有造一切罪如是等无量无邊惱
乱一切六道四生今日慚愧皆悉懺悔
又復弟子无始以來至于今日或因四識
住造一切罪或因四流造一切罪或因四
取造一切罪或因四執造一切罪或因四
緣造一切罪或因四大造一切罪或因四
縛造一切罪或因四食造一切造罪或因四

BD03225號　佛名經（十六卷本）卷一　（31–8）

取造一切罪或因四執造一切罪或因四
緣造一切罪或因四大造一切罪或因四
縛造一切罪或因四食造一切造罪或因四
生造一切罪如是等罪无量无邊惱乱六
道一切衆生今日慚愧皆悉懺悔
又復弟子无始以來至於今日或因五住
地煩惱造一切罪或因五受根造一切
罪或因五蓋造一切罪或因五慳造一切
罪或因五見造一切罪或因五塵造一切
罪如是等煩惱无量无邊惱乱六道一切
四生今日發露皆悉懺悔
又復弟子无始以來至於今日因六情根造
一切罪或因六識造一切罪或因六想
造一切罪或因六受造一切罪或因六行
造一切罪或因六愛造一切罪或因六疑造
一切罪如是等煩惱无量无邊惱乱六道
一切四生今日慚愧發露皆悉懺悔
又復弟子无始以來至於今日或因七漏
造一切罪或因七使造一切罪或因八到造
一切罪或因八垢造一切罪或因八苦造一
切罪惱乱六道一切四生今日發露皆悉懺
悔
又復无始以來至於今日或因九惱造一

BD03225號　佛名經（十六卷本）卷一　（31–9）

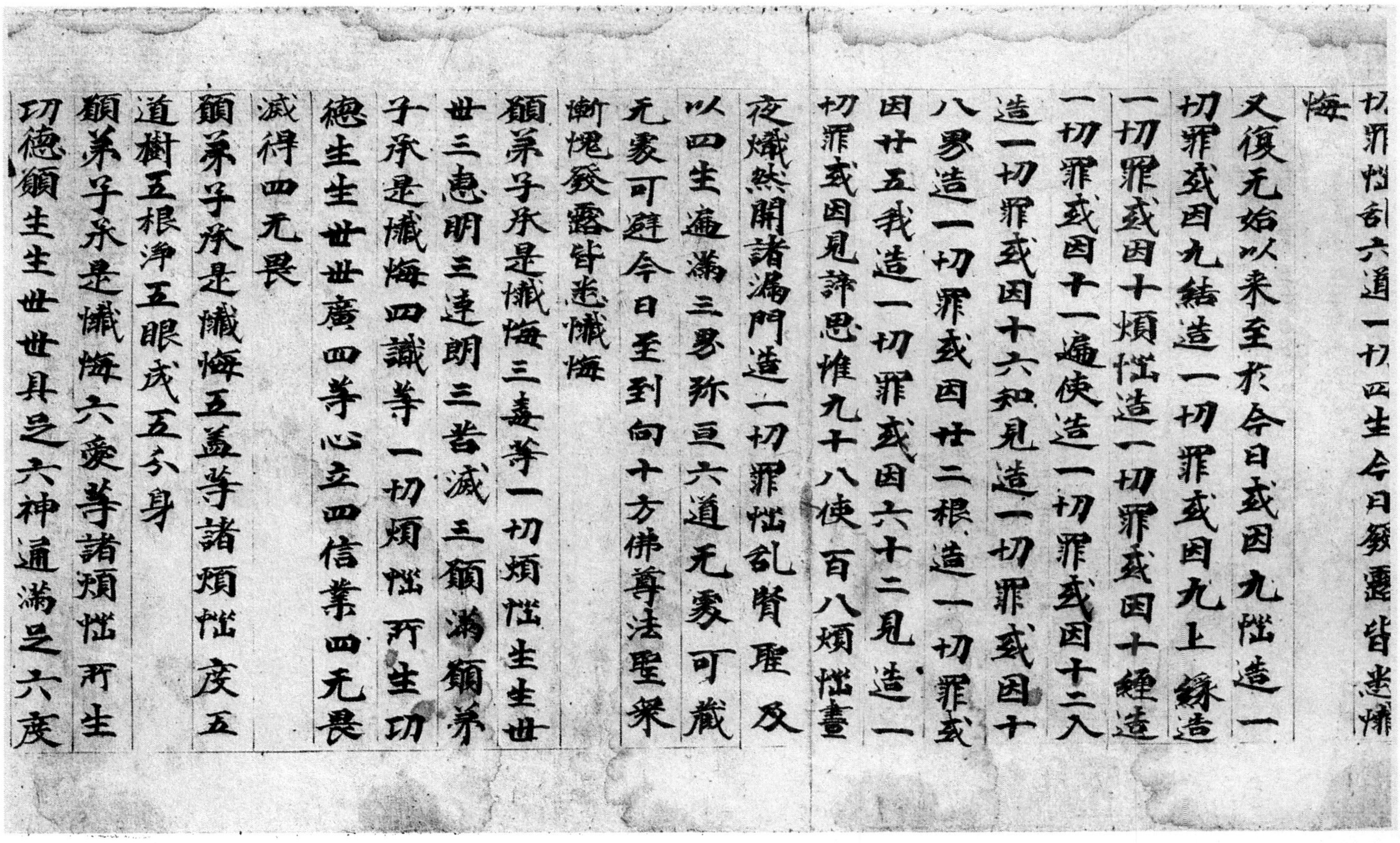

切罪惱訖六道一切四生今日發露皆悉懺
悔
又復无始以来至於今日或因九惱造一
切罪或因九結造一切罪或因九上緣造
一切罪或因十煩惱造一切罪或因十纏造
一切罪或因十一遍使造一切罪或因十二入
造一切罪或因十六知見造一切罪或因十
八界造一切罪或因廿二根造一切罪或
因廿五我造一切罪或因六十二見造一
切罪或因見諦思惟九十八使百八煩惱晝
夜熾然開諸漏門造一切罪惱亂賢聖及
以四生遍滿三界弥亘六道无處可藏
无處可避今日至到向十方佛尊法聖衆
慚愧發露皆悉懺悔
願弟子承是懺悔三毒等一切煩惱生生世
世三慧明三達朗三苦滅三願滿願弟
子承是懺悔四識等一切煩惱所生功
德生生世世廣四等心立四信業四无畏
滅得四无畏
願弟子承是懺悔五蓋等諸煩惱度五
道樹五根淨五眼成五分身
願弟子承是懺悔六愛等諸煩惱所生
功德願生生世世具足六神通滿足六度

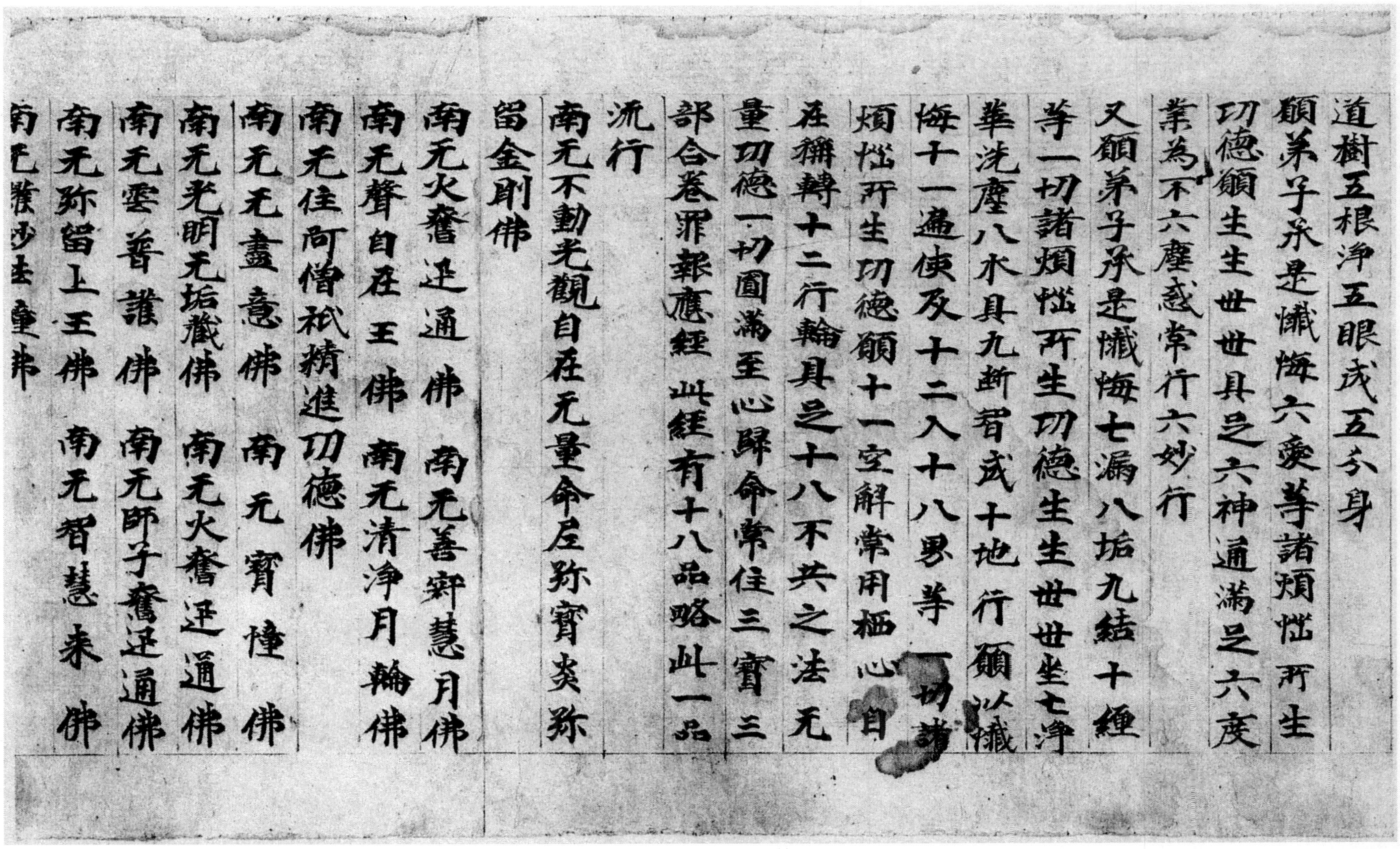

道樹五根淨五眼成五分身
願弟子承是懺悔六愛等諸煩惱所生
功德願生生世世具足六神通滿足六度
業爲不六塵惑常行六妙行
又願弟子承是懺悔七漏八垢九結十纏
等一切諸煩惱所生功德生生世世坐七淨
華洗塵八水具九斷智成十地行願以懺
悔十一遍使及十二入十八界等一切諸
煩惱所生功德願十一空解常用栖心自
在能轉十二行輪具足十八不共之法无
量功德一切圓滿至心歸命常住三寶三
部合卷罪報應經　此經有十八品略此一品
流行
南无不動光觀自在无量命足弥寶炎弥
留金剛佛
南无火奮迅通佛　南无善寂慧月佛
南无聲自在王佛　南无清淨月輪佛
南无住阿僧祇精進功德佛
南无无盡意佛　南无寶幢佛
南无光明无垢藏佛　南无火奮迅通佛
南无雲音護佛　南无師子奮迅通佛
南无弥留上王佛　南无智慧来佛
南无勝步去幢佛

南无光明无垢藏佛 南无火奮迅通佛
南无雲普護佛 南无師子奮迅通佛
南无弥留上王佛 南无智慧来佛
南无護妙法幢佛
南无金光明師子奮迅王佛
南无普照積上功德王佛
南无善住如意積王佛
南无普現佛 南无釋迦牟尼佛
南无无量光佛 南无放炎佛
南无栴檀香佛 南无无垢慧深聲王佛
南无斷一切障佛 南无无量光明佛
南无作功德佛 南无普香上佛
南无不可勝奮迅聲去佛
南无降伏憍慢佛
南无毗婆尸佛 南无尸弃佛
南无毗舍浮佛 南无拘留孫佛
南无拘那含牟尼佛 南无迦葉佛
南无釋迦牟尼佛 南无成就一切義佛
南无能作无畏佛 南无寂静王佛
南无阿閦佛 南无盧至佛
南无阿弥多佛 南无尼弥佛
南无住法佛 南无寶炎佛
南无弥留佛 南无住持佛

BD03225號　佛名經（十六卷本）卷一　（31–12）

南无阿弥多佛 南无尼弥佛
南无住法佛 南无寶炎佛
南无弥留佛 南无住持佛
從此以上五百佛十二部經一切賢聖
南无金剛佛 南无勇猛法佛
南无妙法光明佛 南无法月面佛
南无住法佛 南无法幢佛
南无法威德佛 南无法自在佛
南无善住法佛 南无法寂佛
南无善智力佛 南无弥勒等无量佛
南无毗婆尸佛 南无尸弃佛
南无毗舍浮佛 南无拘留孫佛
南无拘那含牟尼佛 南无迦葉佛
南无釋迦牟尼佛 南无阿弥陁佛
南无聪佛 南无勝色佛
南无樂意佛 南无大尊師佛
南无大聖天佛 南无那羅延佛
南无樹提佛 南无慈他佛
南无毗盧遮那佛 南无栴檀佛
南无具足佛 南无化佛
南无善化佛 南无世自在佛
南无人自在佛 南无摩醯那自在佛

BD03225號　佛名經（十六卷本）卷一　（31–13）

南无具足佛　南无化佛
南无善化佛　南无世自在佛
南无人自在佛　南无摩醯那自在佛
南无勝自在佛　南无十力自在佛
南无毗頭羅佛　南无離諸畏佛
南无離諸憂佛　南无能破諸邪佛
南无散諸邪佛　南无破異意佛
南无智慧嚴佛　南无寶嶽佛
南无弥留嶽佛　南无降魔佛
南无善才佛　南无堅才佛
南无堅奮迅佛　南无堅精進佛
南无堅涉羅佛　南无堅心佛
南无堅勇猛破陣佛　南无破陣佛
南无寶體佛　南无曇无竭佛
南无尸弃佛
南无波羅堅佛　南无善光佛
南无普賢佛　南无勝海佛
南无功德海佛　南无法海佛
南无虛空佛　南无虛空功德佛
南无虛空庫藏佛　南无虛空心佛
南无虛空多羅佛　南无无垢心佛
南无放光世界中現在說法虛空勝離塵
无垢塵平等眼清淨功德幢光明華波

BD03225號　佛名經（十六卷本）卷一　（31–14）

南无虛空多羅佛　南无无垢心佛
南无放光世界中現在說法虛空勝離塵
无垢塵平等眼清淨功德幢光明華波
頭摩瑠璃光寶音色身勝妙羅網莊
嚴頂无量光明照莊嚴願上莊嚴法
界善化无障导王佛　彼佛世界中有菩
薩名无比彼佛授記不久得阿耨多羅三
藐三菩提号種種光華寶波頭摩金
色身普照莊嚴不住眼放光照十方世
界幢王佛　若有善男子善女人信心受
持讀誦彼佛及菩薩名是善男子善
女人超越閻浮提微塵數劫得陀羅尼
一切諸惡病不及其身
南无无量功德寶集樂示現金光明師子
奮迅王佛
南无師子奮迅心雲聲王佛
南无无垢清淨光明覺寶華不斷光莊
嚴王佛
南无寶光明莊嚴智功德聲自在王佛
南无寶波頭摩智清淨上王佛
南无摩善住山王佛
南无光花種種奮迅王佛

BD03225號　佛名經（十六卷本）卷一　（31–15）

南无寶波頭摩智清淨上王佛
南无摩善住山王佛
南无光花種種奮迅王佛
南无枸蘇摩奮迅王佛
南无波頭摩華上弥留幢王佛
南无法幢空俱蘇摩王佛
南无娑羅華上光王佛
南无无垢眼上光王佛
南无垢意山王佛
南无種種樂說莊嚴王佛
南无无礙藥王成就勝王佛
南无千雷雲聲王佛
南无金光明師子奮迅王佛
南无善智慧月聲自在王佛
南无善住摩尼山王佛
南无歡喜藏勝山王佛
南无普光上勝功德王佛
南无功德藏增上山王佛
南无動山聲王佛
南无善住諸禪藏王佛
南无法海潮功德王佛
從此以上六百佛十二部經一切賢聖
南无一切華香自在王佛

BD03225號　佛名經（十六卷本）卷一　（31–16）

南无善住諸禪藏王佛
南无法海潮功德王佛
從此以上六百佛十二部經一切賢聖
南无一切華香自在王佛
南无銀幢蓋王佛　南无雷燈幢王佛
南无月摩尼光佛　南无波頭摩上星宿王佛
南无无量香上佛　南无覺王佛
南无上弥留幢王佛　南无娑羅華上王佛
南无因陀羅幢王佛　南无師子奮迅王佛
南无俱蘇摩生王佛　南无微細華佛
南无說義佛　南无无量精進佛
南无无邊弥留佛　南无離藏佛
南无无量銀佛　南无无量發行佛
南无發行難佛　南无无所發行佛
南无无量發行佛　南无斷諸難佛
南无不定願佛　南无善住諸願佛
南无不念示現佛　南无无量善根成就諸行佛
南无无垢奮迅佛　南无不住奮迅佛
南无妙色佛　南无无相聲佛
南无虛空星宿增上佛
南无栴檀室佛
南无樂意佛　南无善行佛

BD03225號　佛名經（十六卷本）卷一　（31–17）

南无栴檀室佛
南无集意佛　南无善行佛
南无境界自在佛　南无集行佛
南无集解脫佛　南无遠離怖畏毛竪佛
南无清淨眼佛　南无進寂靜佛
南无世間可樂佛　南无隨世間意佛
南无隨世間眼佛　南无寶佛
南无寶愛佛　南无羅睺羅佛
南无羅睺天佛　南无羅睺羅淨佛
南无寶慧佛　南无寶顯佛
南无寶形佛　南无羅網手佛
南无摩尼輪佛　南无下解脫威德佛
南无善行佛　南无大愛佛
南无人面佛　南无吉佛
南无夢陀羅佛　南无淨聖佛
南无淨宿佛　南无離胎佛
南无虛空莊嚴佛　南无集功德佛
南无師子步佛　南无功德海佛
南无摩尼功德佛　南无廣功德佛
南无稱威佛　南无大如意輪佛
南无无畏上王佛　南无俱蘇摩國土佛
南无功德幢佛　南无威德佛

南无稱威佛　南无大如意輪佛
南无无畏上王佛　南无俱蘇摩國土佛
南无功德幢佛　南无威德佛
南无華眼佛　南无喜身佛
南无惠國佛　南无喜威德佛
南无波頭池智慧奮迅佛
南无功德聚佛　南无寂滅慧佛
南无降魔佛　南无无上光佛
南无法自在佛　南无得世間功德佛
南无寶帝稱佛　南无智勝佛
南无智愛佛　南无得智佛
南无智幢佛　南无羅網光幢佛
善男子善女人與一切衆生安隱樂如
諸佛者當讀誦是諸佛名復作是言
南无離諸无智闇佛
南无虛空平等心佛
南无清淨无垢佛
南无善无垢藏佛
南无堅固行佛
南无精進聲佛
從此以上七百佛十二部經一切賢聖
南无不離一切衆生門佛
南无斷諸過佛　南无戒无覓佛

從此以上七百佛十二部經一切賢聖
南无不離一切衆生門佛
南无斷諸過佛　南无成就觀佛
南无平等須弥面佛
南无无障无㝵精進堅佛
南无莎羅華華王佛
南无无量功德王佛
南无弥留燈王佛
南无華王聲聲王佛
南无梵聲王佛　南无妙鼓聲佛
南无雲聲王佛　南无龍自在王佛
南无世間不自在王佛
南无陁羅尼自在王佛
南无深王佛　南无治諸病王佛
南无華王佛　南无鷹王佛
南无燈王佛　南无樹提王佛
南无善王佛　南无星宿王佛
南无雲王佛　南无雷王佛
南无莎羅王佛
南无堅固自在王佛
南无功德聚佛　南无華聚佛
南无寶聚佛　南无寶積佛

BD03225號　佛名經（十六卷本）卷一　（31-20）

南无堅固自在王佛
南无功德聚佛　南无華聚佛
南无寶聚佛　南无寶積佛
南无寶住持庭燎佛
南无住持功德佛
南无住持无障力佛
南无住持地力進去佛
南无住持妙无垢位佛
南无一切寶莊嚴色位持佛
南无自在轉一切法佛
南无轉法輪佛　南无勝威德佛
南无淨威德佛　南无聖威德佛
南无大威德佛　南无師子威德佛
南无娑羅威德佛　南无悲威德佛
南无地威德佛　南无无垢威德佛
南无无垢瑠璃佛　南无无垢辟支佛
南无垢眼佛　南无无垢面佛
南无波頭摩面佛
南无月面佛　南无日面佛
南无日威德莊嚴佛
南无金色佛　南无金色形佛
南无可樂色佛　南无瞻婆伽色佛

BD03225號　佛名經（十六卷本）卷一　（31-21）

南无金色佛 南无金色形佛
南无可樂色佛 南无瞻婆伽色佛
南无能興樂佛 南无能與眼佛
南无難勝佛 南无難降伏佛
南无斷諸惡佛 南无難量佛
南无難成佛 南无俱蘇摩成佛
南无甘露成佛 南无寶成就佛
南无功德成就佛 南无日成佛
南无花成就佛 南无成就樂有佛
南无成就功德佛 南无大勝佛
南无妙佛 南无无垢佛
南无離諸障佛 南无婆樓那佛
南无婆樓那天佛 南无勇猛仙佛
南无精進仙佛 南无无垢仙佛
南无金剛仙佛 南无觀眼佛
南无无障导佛 南无住虛空佛
南无住清淨佛
南无善住清淨功德寶佛
南无善跡佛 南无善思義佛
南无善化佛 南无善愛佛
南无善眼佛 南无善親佛
南无善行佛 南无善生佛
南无善花佛 南无善香佛

BD03225號　佛名經（十六卷本）卷一　（31–22）

南无善眼佛 南无善親佛
南无善行佛 南无善生佛
南无善花佛 南无善香佛
南无善聲佛
從此以上八百佛十二部經一切賢聖
南无善辟佛 南无善光佛
南无善山佛 南无功德山佛
南无寶山佛 南无智山佛
南无勝山佛 南无上山佛
南无光明莊嚴佛
南无大光明莊嚴佛
南无清淨莊嚴佛
南无波頭摩莊嚴佛
南无寶中佛 南无金剛合佛
南无金剛齊佛 南无碎金剛佛
南无碎金剛堅佛 南无降伏魔佛
南无不空見佛 南无愛見佛
南无現見佛 南无善見佛
南无大善見佛 南无善見佛
南无无垢見佛 南无見平等不平等佛
南无見一切義佛
南无斷一切障导佛
南无斷一切衆生病佛

BD03225號　佛名經（十六卷本）卷一　（31–23）

南无无垢見佛　南无見平等不平等佛
南无見一切義佛
南无斷一切障导佛
南无斷一切衆生病佛
南无一切世間愛見佛
南无上妙佛　南无大莊嚴佛
南无一切三昧佛　南无度一切疑佛
南无度一切法佛　南无不取諸法佛
南无一切清淨佛　南无一切義成就佛
南无一切通佛　南无華通佛
南无波頭摩樹提奮迅佛
南无俱蘇摩通佛
南无海住持勝智慧奮迅通佛
次礼十二部尊經大藏法輪
南无賢思經　南无雜寶藏經
南无賢劫經　南无大般涅槃經
南无十住毗婆沙經
南无三藏經
南无大莊嚴論經　南无阿育王經
南无優婆塞經　南无道行經
南无小品經　南无菩薩地經
南无菩薩地持經　南无阿差尼經
南无雜心經　南无中阿含經

BD03225 號　佛名經（十六卷本）卷一　（31–24）

南无小品經　南无菩薩地經
南无菩薩地持經　南无阿差尼經
南无雜心經　南无中阿含經
南无彌勒成佛經　南无大臣經
南无百緣經　南无兆手經
南无悲華經　南无觀佛三昧經
南无大哀經　南无中論經
南无法華經　南无普曜經
南无大樓炭經　南无佛本行經
次礼十方諸大菩薩
南无勝成就菩薩　南无勝藏菩薩
南无波頭摩勝菩薩　南无成就有菩薩
南无地持菩薩　南无寶掌菩薩
南无寶印手菩薩　南无師子意菩薩
南无師子奮迅吼聲菩薩
南无虛空藏菩薩
南无發心即轉法輪菩薩
南无一聲差別樂說菩薩
南无山樂說菩薩
南无大海意菩薩
南无大山菩薩
南无愛見菩薩

BD03225 號　佛名經（十六卷本）卷一　（31–25）

南无大山菩薩
南无愛見菩薩
南无歡喜王菩薩
南无无邊觀菩薩
南无无邊觀行菩薩
南无破邪見魔菩薩
南无无憂德菩薩
南无成就一切義菩薩
南无師子菩薩
南无善住意菩薩
南无无比心菩薩
南无那羅德菩薩
從此以上九百佛十二部經一切賢聖
次礼聲聞緣覺一切賢聖
南无毗耶離辟支佛　南无俱薩羅辟支佛
南无波藪陁羅辟支佛　南无无毒淨心辟支佛
南无寶无垢辟支佛　南无福德辟支佛
南无黑辟支佛　南无唯黑辟支佛
南无直福德辟支佛　南无識辟支佛
南无香辟支佛　南无有香辟支佛
歸命如是等无量无邊辟支佛
礼三寶已次復懺悔
夫論懺悔者本是改往脩來滅惡興善人生

BD03225號　佛名經（十六卷本）卷一　（31–26）

歸命如是等无量无邊辟支佛
礼三寶已次復懺悔
夫論懺悔者本是改往脩來滅惡興善人生
居世誰能无過學人失念尚起煩惱羅
漢結習動身口業豈況凡夫而當无過但
智者先覺便能改悔愚者覆藏遂使滋
蔓所以積習長夜曉悟无期若能慙愧
發露懺悔者豈惟正是罪滅而已亦復增
長无量功德樹立如來涅槃妙果若欲行
此法者先當外肅形儀瞻奉尊像內起敬
意緣相法身懺切至切利一種心何等為二
一者自念我此形命難可常保一朝散壞不
知此身何時可復若復不值諸佛賢聖忽
遇惡友造衆罪業復應墮落深坑險趣
二者自念我此生中雖得值遇如來正法為
佛弟子弟子之法紹繼聖種淨身口意善
法自居而今我等公自作惡而復覆藏
言他不知謂彼不見隱遙在心傲然无愧此
實天下愚惑之甚即今現有十方諸佛諸大
地菩薩諸天神仙何曾不以清淨天眼見於
我等所作罪惡又復幽顯靈祇注記罪福纖
豪无差夫論作罪之人命終之後牛頭獄卒
錄其精神在閻羅王所辯覈是非當爾之時

BD03225號　佛名經（十六卷本）卷一　（31–27）

切善産謗天神仙何曾不以清淨天眼見才
我等所作罪惡又復幽顯靈祇注記罪福纖
豪无差夫論作罪之人命終之後牛頭獄卒
録其精神在閻羅王所辯覈是非當尒之時
一切怨對皆来證據各言汝先屠戮我身
炮煑蒸炙或言汝先剥奪於我一切財寶離
我眷屬我於今者始得汝便于時現前證據
何得敢諱唯應甘心分受宿殃如經所明
地獄之中不枉治人若其平素所作衆罪心
自忘失者是其生時造惡之處一切諸相皆
現在前各言汝昔在於我邊作如是罪今何
得諱是為作罪无藏隱處於是閻魔
羅王切齒呵責将付地獄歷劫窮年求出
莫由此事不遠不關他人正是我身自作自
受雖父母至親一旦對至无代受者衆等相
與及其形休體无衆疾各自努力與性命
競大怖至時悔无所及是故弟子至心歸
依佛
南无東方破疑淨光佛
南无南方无憂功德佛
南无西方華嚴神通佛
南无北方月殿清淨佛
南无東南方破一切闇佛
南无西南方大衰觀衆生佛

南无西方華嚴神通佛
南无北方月殿清淨佛
南无東南方破一切闇佛
南无西南方大衰觀衆生佛
南无西北方香氣放光明佛
南无東北方无量功德海佛
南无下方斷一切疑佛
南无上方離一切憂佛
如是十方盡虚空界一切三寶
弟子等從无始以来至於今日積聚无明
障蔽心目隨煩惱性造三世罪或耽染愛著
起於貪欲煩惱或瞋恚忿怒懷害煩惱
或惛懵瞪瞢不了煩惱或我慢自高輕
傲煩惱疑惑正道猶豫煩惱謗无因果
耶見煩惱不識緣假著我煩惱迷於三世
執斷常煩惱朋狎惡法起見取煩惱僻禀
邪師造衆取煩惱乃至一等四執横計煩
惱今日至誠皆悉懺悔
又復无始以来至於今日守惜堅著起慳
悋煩惱不攝六情奢誕煩惱心行弊惡不
忍煩惱怠墮緩縱不勤煩惱猜慮躁動
覺觀煩惱觸境迷惑无知解煩惱隨世
八風生彼我煩惱諂曲面譽不直心煩惱穢

惱煩惱不攝六情奢誕煩惱心行弊惡不
忍煩惱怠墮緩縱不勤煩惱情慮躁動
覺觀煩惱觸境迷惑无知解煩惱隨世
八風生彼我煩惱諂曲面譽不直心煩惱獷
𢙣難觸不調和煩惱易忿難悅多含恨
煩惱嫉妬擊刺很戾煩惱凶險暴害諂毒
煩惱乖背二諦執相煩惱於苦集滅道生顛倒
煩惱隨從生死十二因緣流轉煩惱乃至无始
无明住地恒沙煩惱起四住地構於三界苦果
煩惱如是如是諸煩惱如是諸煩惱无量无邊
惱亂賢聖衆皆悉懺悔
願弟子等承是懺悔貪瞋癡等一切煩惱生
生世世折憍慢幢竭愛欲水滅瞋恚火破愚
癡闇拔斷疑根裂諸見網深識三界猶如
牢獄四大毒蛇五陰怨賊六入空聚愛詐親
善循八聖道斷无明源正向涅槃不休不息
卅七品心心相應十波羅蜜常現在前至
心歸命常住三寶

佛〻卷第一

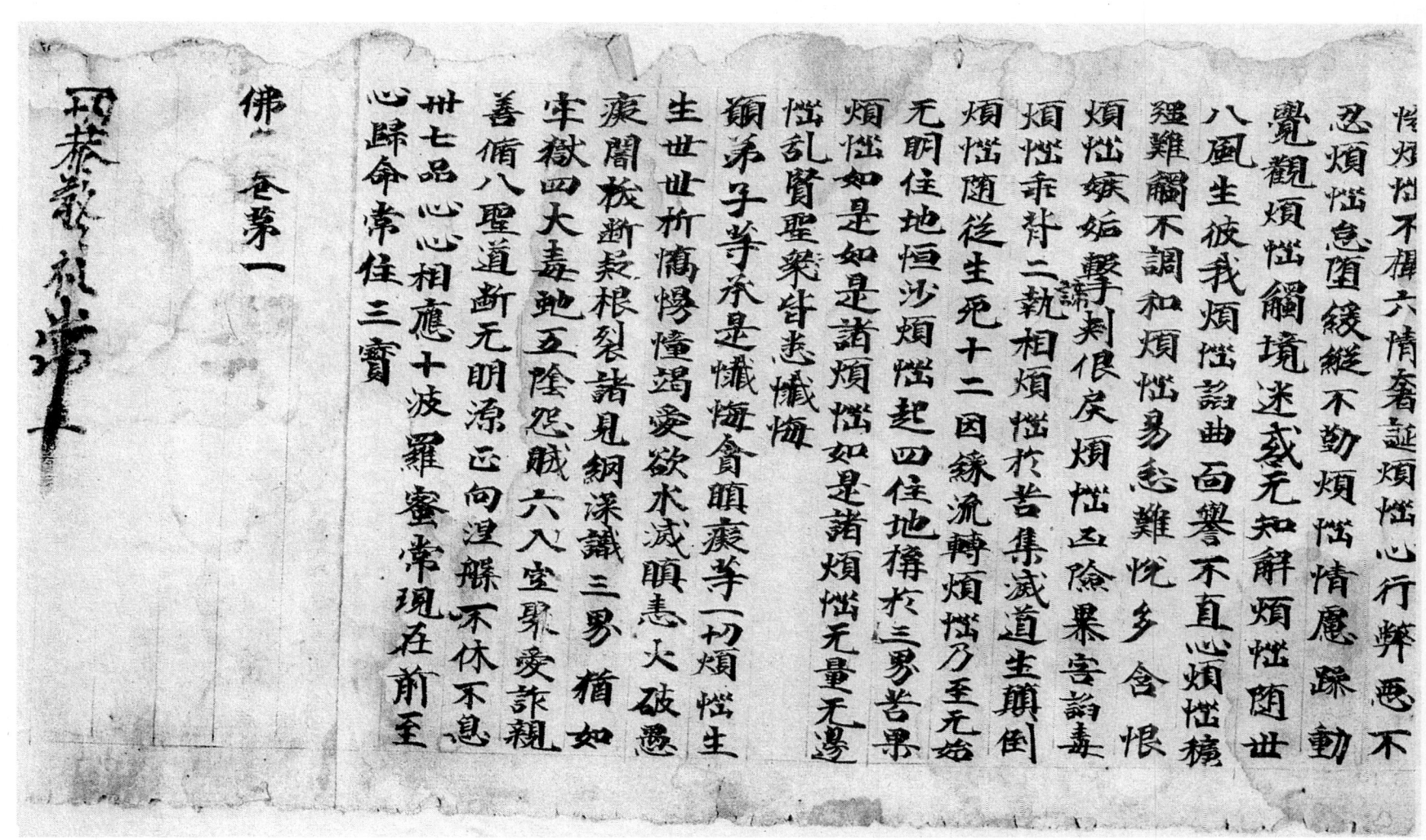

丙恭敬礼常

BD03225 號　佛名經（十六卷本）卷一　（31–30）

佛〻卷第一

丙恭敬礼常

BD03225 號　佛名經（十六卷本）卷一　（31–31）

寶以用布施是人所得福
提言甚多世尊何以故是福
是故如來說得福德多須菩
復有人於此經中受持乃至
人說其福勝彼何以故須菩
諸佛阿耨多羅三藐三菩
須菩提所謂佛法者即非
須菩提於意云何須陁洹
陁洹果不須菩提言不也
洹名為入流而无所入不入
是名須陁洹須菩提於意
是念我得斯陁含果不須
何以故斯陁含名一往來
斯陁含須菩提於意云
我得阿那含果不須菩提
故阿那含名為不來而實
含須菩提於意云何阿羅
行阿羅漢道不須菩提言不
實无有法名阿羅漢世尊若阿羅
我得阿羅漢道即為著我人衆生

BD03226號　金剛般若波羅蜜經　（12-1）

斯陁含須菩提於意云
我得阿那含果不須菩提
故阿那含名為不來而實
含須菩提於意云何阿羅
行阿羅漢道不須菩提言不
實无有法名阿羅漢世尊若阿羅
我得阿羅漢道即為著我人衆生壽
佛說我得无諍三昧人中最為第一是
離欲阿羅漢我不作是念我是離欲阿羅
世尊我若作是念我得阿羅漢道世尊則不
說須菩提是樂阿蘭那行者以須菩提實无
所行而名須菩提是樂阿蘭那行
佛告須菩提於意云何如來昔在然燈佛所
於法有所得不世尊如來在然燈佛所於法
實无所得須菩提於意云何菩薩莊嚴佛土
不不也世尊何以故莊嚴佛土者則非莊嚴
是名莊嚴是故須菩提諸菩薩摩訶薩應如
是生清淨心不應住色生心不應住聲香味
觸法生心應无所住而生其心須菩提譬如
有人身如須彌　身為大不
須菩提言甚大世尊何以故佛說非身是名
大身須菩提如恒河中所有沙數如是沙等
恒河於意云何是諸恒河沙寧為多不
提言甚多世尊但諸恒河尚多无數何況其
沙須菩提我今實言告汝若有善男子善女
人以七寶滿爾所恒河沙數三千大千世界
以用布施得福　菩提言甚多世尊佛
告須菩提若善男子善女人於此經中乃至

BD03226號　金剛般若波羅蜜經　（12-2）

沙須菩提我今實言告汝若有善男子善女
人以七寶滿尒所恒河沙數三千大千世界
以用布施得福多不須菩提言甚多世尊佛
告須菩提若善男子善女人於此經中乃至
受持四句偈等為他人說而此福德勝前福
德復次須菩提隨說是經乃至四句偈等當
知此處一切世間天人阿脩羅皆應供養如
佛塔廟何況有人盡能受持讀誦須菩提當
知是人成就最上第一希有之法若是經典
所在之處則為有佛若尊重弟子
尒時須菩提白佛言世尊當何名此經我等
云何奉持佛告須菩提是經名為金剛般若
波羅蜜以是名字汝當奉持所以者何須菩
提佛說般若波羅蜜則非般若波羅蜜須菩
提於意云何如來有所說法不須菩提白佛
言世尊如來无所說須菩提於意云何三千
大千世界所有微塵是為多不須菩提言甚
多世尊須菩提諸微塵如來說非微塵是名
微塵如來說世界非世界是名世界須菩提
於意云何可以三十二相見如來不不也世
尊不可以三十二相得見如來何以故如來說
三十二相即是非相是名三十二相須菩提
若有善男子善女人以恒河沙等身命布施
若復有人於此經中乃至受持四句偈等為
他人說其福甚多
尒時須菩提聞說是經深解義趣涕淚悲泣
而白佛言希有世尊佛說如是甚深經典我

BD03226號　金剛般若波羅蜜經　（12–3）

他人說其福甚多
尒時須菩提聞說是經深解義趣涕淚悲泣
而白佛言希有世尊佛說如是甚深經典我
從昔來所得慧眼未曾得聞如是之經世尊
若復有人得聞是經信心清淨則生實相當
知是人成就第一希有功德世尊是實相者
則是非相是故如來說名實相世尊我今得
聞如是經典信解受持不足為難若當來世
後五百歲其有眾生得聞是經信解受持是
人則為第一希有何以故此人无我相人相
眾生相壽者相所以者何我相即是非相人
相眾生相壽者相即是非相何以故離一切
諸相則名諸佛佛告須菩提如是如是若復
有人得聞是經不驚不怖不畏當知是人甚
為希有何以故須菩提如來說第一波羅蜜
非第一波羅蜜是名第一波羅蜜
須菩提忍辱波羅蜜如來說非忍辱波羅蜜
何以故須菩提如我昔為歌利王割截身體
我於尒時无我相无人相无眾生相无壽者
相何以故我於往昔節節支解時若有我相
人相眾生相壽者相應生瞋恨須菩提又念
過去於五百世作忍辱仙人於尒所世无我
相无人相无眾生相无壽者相是故須菩提
菩薩應離一切相發阿耨多羅三藐三菩提
心不應住色生心不應住聲香味觸法生心
應生无所住心若心有住則為非住是故佛
說菩薩心不應住色布施須菩提菩薩為利

BD03226號　金剛般若波羅蜜經　（12–4）

心不應住色生心不應住聲香味觸法生心
應生无所住心若心有住則為非住是故佛
說菩薩心不應住色布施須菩提菩薩為利
益一切衆生應如是布施如來說一切諸相
即是非相又說一切衆生則非衆生須菩提
如來是真語者實語者如語者不誑語者不
異語者須菩提如來所得法此法无實无虛
須菩提若菩薩心住於法而行布施如人入
闇則无所見若菩薩心不住法而行布施如
人有目日光明照見種種色須菩提當來之
世若有善男子善女人能於此經受持讀誦
則為如來以佛智慧悉知是人悉見是人皆
得成就无量无邊功德
須菩提若有善男子善女人初日分以恒河
沙等身布施中日分復以恒河沙等身布施
後日分亦以恒河沙等身布施如是无量百
千万億劫以身布施若復有人聞此經典信
心不逆其福勝彼何況書寫受持讀誦為人
解說須菩提以要言之是經有不可思議不
可稱量无邊功德如來為發大乘者說為發
冣上乘者說若有人能受持讀誦廣為人說
如來悉知是人悉見是人皆得成就不可量
不可稱无有邊不可思議功德如是人等則
為荷擔如來阿耨多羅三藐三菩提何以故
須菩提若樂小法者著我見人見衆生見壽
者見則於此經不能聽受讀誦為人解說須
菩提在在處處若有此經一切世間天人阿
脩羅所應供養當知此處則為是塔皆應恭

為荷擔如來阿耨多羅三藐三菩提何以故
須菩提若樂小法者著我見人見衆生見壽
者見則於此經不能聽受讀誦為人解說須
菩提在在處處若有此經一切世間天人阿
脩羅所應供養當知此處則為是塔皆應恭
敬作礼圍繞以諸華香而散其處
復次須菩提若善男子善女人受持讀誦此
經若為人輕賤是人先世罪業應墮惡道以
今世人輕賤故先世罪業則為消滅當得阿
耨多羅三藐三菩提須菩提我念過去无量
阿僧祇劫於然燈佛前得值八百四千万億
那由他諸佛悉皆供養承事无空過者若復
有人於後末世能受持讀誦此經所得功德
於我所供養諸佛功德百分不及一千万億
分乃至筭數譬喻所不能及須菩提若善男
子善女人於後末世有受持讀誦此經所得
功德我若具說者或有人聞心則狂亂狐疑
不信須菩提當知是經義不可思議果報亦
不可思議
尒時須菩提白佛言世尊善男子善女人發
阿耨多羅三藐三菩提心云何應住云何降
伏其心佛告須菩提善男子善女人發阿耨
多羅三藐三菩提者當生如是心我應滅度
一切衆生滅度一切衆生已而无有一衆生
實滅度者何以故若菩薩有我相人相衆生
相壽者相則非菩薩所以者何須菩提實无
有法發阿耨多羅三藐三菩提者須菩提於
[illegible]

實滅度者何以故若菩薩有我相人相衆生
相壽者相則非菩薩所以者何須菩提實无
有法發阿耨多羅三藐三菩提者須菩提於
意云何如來於然燈佛所有法得阿耨多羅
三藐三菩提不不也世尊如我解佛所說義
佛於然燈佛所无有法得阿耨多羅三藐三
菩提佛言如是如是須菩提實无有法如來
得阿耨多羅三藐三菩提
須菩提若有法如來得阿耨多羅三藐三菩
提者然燈佛則不與我受記汝於來世當
得作佛号釋迦牟尼以實无有法得阿耨多
羅三藐三菩提是故然燈佛與我受記作是
言汝於來世當得作佛号釋迦牟尼何以故
如來者即諸法如義若有人言如來得阿耨
多羅三藐三菩提須菩提實无有法佛得阿
耨多羅三藐三菩提須菩提如來所得阿耨
多羅三藐三菩提於是中无實无虛是故如
來說一切法皆是佛法須菩提所言一切法
者即非一切法是故名一切法須菩提譬如
人身長大須菩提言世尊如來說人身長大
則非大身是名大身須菩提菩薩亦如是若
作是言我當滅度无量衆生則不名菩薩何
以故須菩提實无有法名為菩薩是故佛
說一切法无我无人无衆生无壽者須菩提
若菩薩作是言我當莊嚴佛土是不名菩薩
何以故如來說莊嚴佛土者即非莊嚴是名
莊嚴須菩提若菩薩通達无我法者如來
說名真是菩薩

BD03226號　金剛般若波羅蜜經　（12–7）

若菩薩作是言我當莊嚴佛土是不名菩薩
何以故如來說莊嚴佛土者即非莊嚴是名
莊嚴須菩提若菩薩通達无我法者如來
說名真是菩薩
須菩提於意云何如來有肉眼不如是世尊
如來有肉眼須菩提於意云何如來有天眼
不如是世尊如來有天眼須菩提於意云何
如來有慧眼不如是世尊如來有慧眼須菩
提於意云何如來有法眼不如是世尊如來
有法眼須菩提於意云何如來有佛眼不如
是世尊如來有佛眼須菩提於意云何恒河
中所有沙佛說是沙不如是世尊如來說是
沙須菩提於意云何如一恒河中所有沙有
如是等恒河是諸恒河所有沙數佛世界如
是寧為多不甚多世尊佛告須菩提爾所國
土中所有衆生若干種心如來悉知何以故
如來說諸心皆為非心是名為心所以者何
須菩提過去心不可得現在心不可得未來
心不可得須菩提於意云何若有人滿三千
大千世界七寶以用布施是人以是因緣得
福多不如是世尊此人以是因緣得福甚多
須菩提若福德有實如來不說得福德多以
福德无故如來說得福德多
須菩提於意云何佛可以具足色身見不不也
世尊如來不應以具足色身見何以故如來說
具足色身即非具足色身是名具足色身須
菩提於意云何如來可以具足諸相見不不
也世尊如來不應以具足諸相見何以故如

BD03226號　金剛般若波羅蜜經　（12–8）

世尊如来不應以具足色身見何以故如来說
具足色身即非具足色身是名具足色身須
菩提於意云何如来可以具足諸相見不不
也世尊如来不應以具足諸相見何以故如
来說諸相具足即非具足是名諸相具足須
菩提汝莫謂如来作是念我當有所說法
莫作是念何以故若人言如来有所說法即
為謗佛不能解我所說故須菩提說法者无
法可說是名說法須菩提白佛言世尊佛得
阿耨多羅三藐三菩提為无所得耶如是如
是須菩提我於阿耨多羅三藐三菩提乃至
无有少法可得是名阿耨多羅三藐三菩提
復次須菩提是法平等无有高下是名阿耨
多羅三藐三菩提以无我无人无衆生无壽
者脩一切善法則得阿耨多羅三藐三菩提
須菩提所言善法者如来說非善法是名
善法須菩提若三千大千世界中所有諸須
弥山王如是等七寶聚有人持用布施若人以
此般若波羅蜜經乃至四句偈等受持讀誦
為他人說於前福德百分不及一百千万億
分乃至筭數譬喻所不能及
須菩提於意云何汝等勿謂如来作是念我
當度衆生須菩提莫作是念何以故實无有
衆生如来度者若有衆生如来度者如来則
有我人衆生壽者須菩提如来說有我者則
非有我而凡夫之人以為有我須菩提凡夫
者如来說則非凡夫須菩提於意云何可以

BD03226號　金剛般若波羅蜜經

（12–9）

非有我而凡夫之人以為有我須菩提凡夫
者如来說則非凡夫須菩提於意云何可以
三十二相觀如来不須菩提言如是如是以
三十二相觀如来佛言須菩提若以三十二
相觀如来者轉輪聖王則是如来須菩提白
佛言世尊如我解佛所說義不應以三十二
相觀如来爾時世尊而說偈言
若以色見我　以音聲求我　是人行邪道　不能見如来
須菩提汝若作是念如来不以具足相故得阿
耨多羅三藐三菩提須菩提莫作是念如来
不以具足相故得阿耨多羅三藐三菩提須
菩提汝若作是念發阿耨多羅三藐三菩提
者說諸法斷滅相莫作是念何以故發阿
耨多羅三藐三菩提者於法不說斷滅相須
菩提若菩薩以滿恒河沙等世界七寶布施
若復有人知一切法无我得成於忍此菩
薩勝前菩薩所得功德須菩提以諸菩薩
不受福德故須菩提白佛言世尊云何菩薩
不受福德須菩提菩薩所作福德不應貪著
是故說不受福德須菩提若有人言如来若
来若去若坐若卧是人不解我所說義何以
故如来者无所從来亦无所去故名如来
須菩提若善男子善女人以三千大千世界
碎為微塵於意云何是微塵衆寧為多不甚
多世尊何以故若是微塵衆實有者佛則不
說是微塵衆所以者何佛說微塵衆則非微
塵衆是名微塵衆世尊如来所說三千大千

BD03226號　金剛般若波羅蜜經

（12–10）

多世尊何以故若是微塵衆實有者佛則不
說是微塵衆所以者何佛說微塵衆則非微
塵衆是名微塵衆世尊如來所說三千大千
世界則非世界是名世界何以故若世界實
有者則是一合相如來說一合相則非一合
相是名一合相須菩提一合相者則是不可
說但凡夫之人貪著其事
須菩提若人言佛說我見人見衆生見壽者
見須菩提於意云何是人解我所說義不不
也世尊是人不解如來所說義何以故世尊
說我見人見衆生見壽者見即非我見人見
衆生見壽者見是名我見人見衆生見壽者
見須菩提發阿耨多羅三藐三菩提心者於
一切法應如是知如是見如是信解不生法
相須菩提所言法相者如來說即非法相是
名法相須菩提若有人以滿无量阿僧祇世
界七寶持用布施若有善男子善女人發菩
薩心者持於此經乃至四句偈等受持讀誦
為人演說其福勝彼云何為人演說不取於
相如如不動何以故
一切有為法　如夢幻泡影　如露亦如電　應作如是觀
佛說是經已長老須菩提及諸比丘比丘尼
優婆塞優婆夷一切世間天人阿脩羅聞佛
所說皆大歡喜信受奉行

般若波羅蜜經

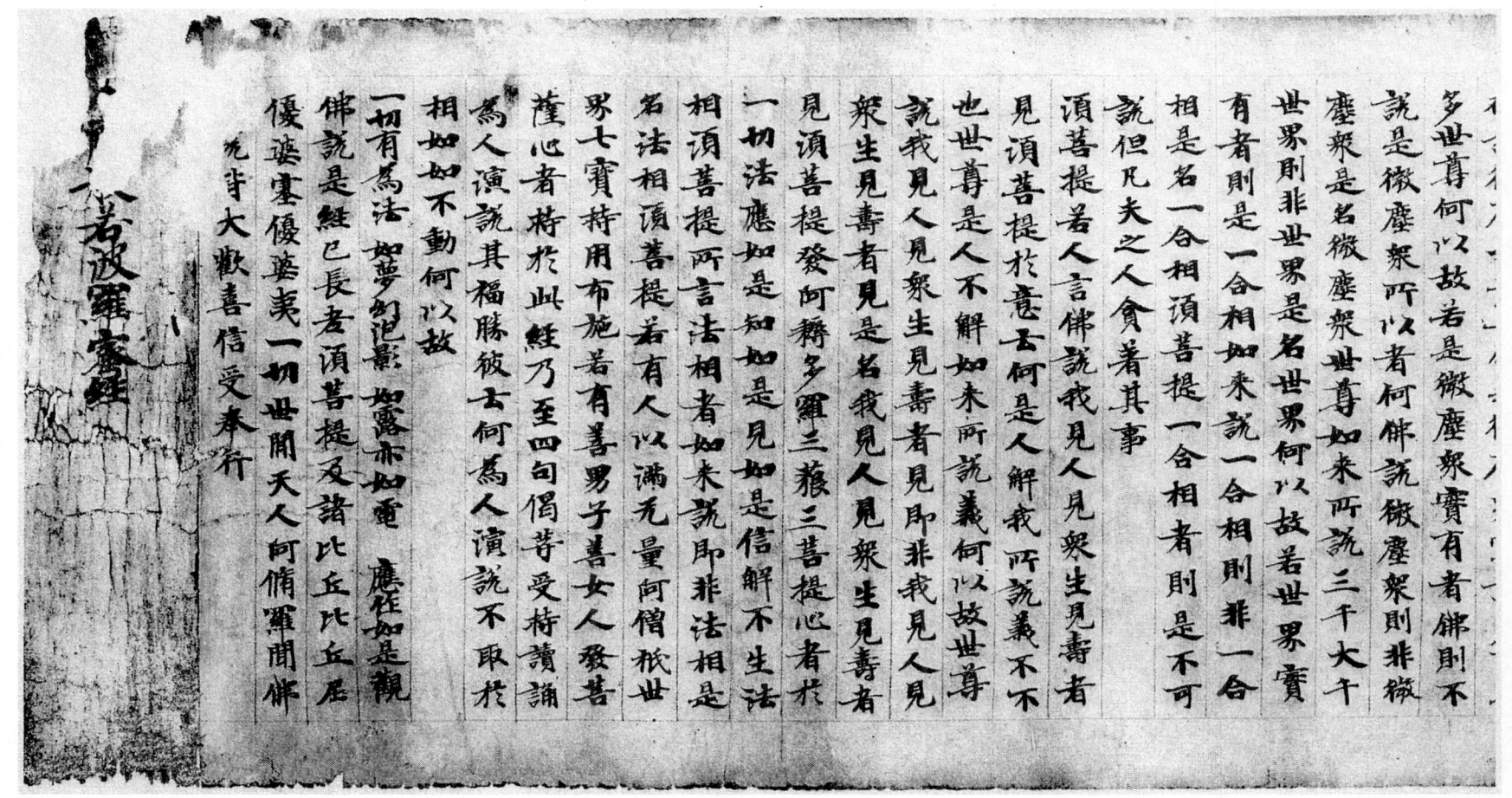

BD03226號　金剛般若波羅蜜經　（12–11）

見須菩提發阿耨多羅三藐三菩提心者於
一切法應如是知如是見如是信解不生法
相須菩提所言法相者如來說即非法相是
名法相須菩提若有人以滿无量阿僧祇世
界七寶持用布施若有善男子善女人發菩
薩心者持於此經乃至四句偈等受持讀誦
為人演說其福勝彼云何為人演說不取於
相如如不動何以故
一切有為法　如夢幻泡影　如露亦如電　應作如是觀
佛說是經已長老須菩提及諸比丘比丘尼
優婆塞優婆夷一切世間天人阿脩羅聞佛
所說皆大歡喜信受奉行

般若波羅蜜經

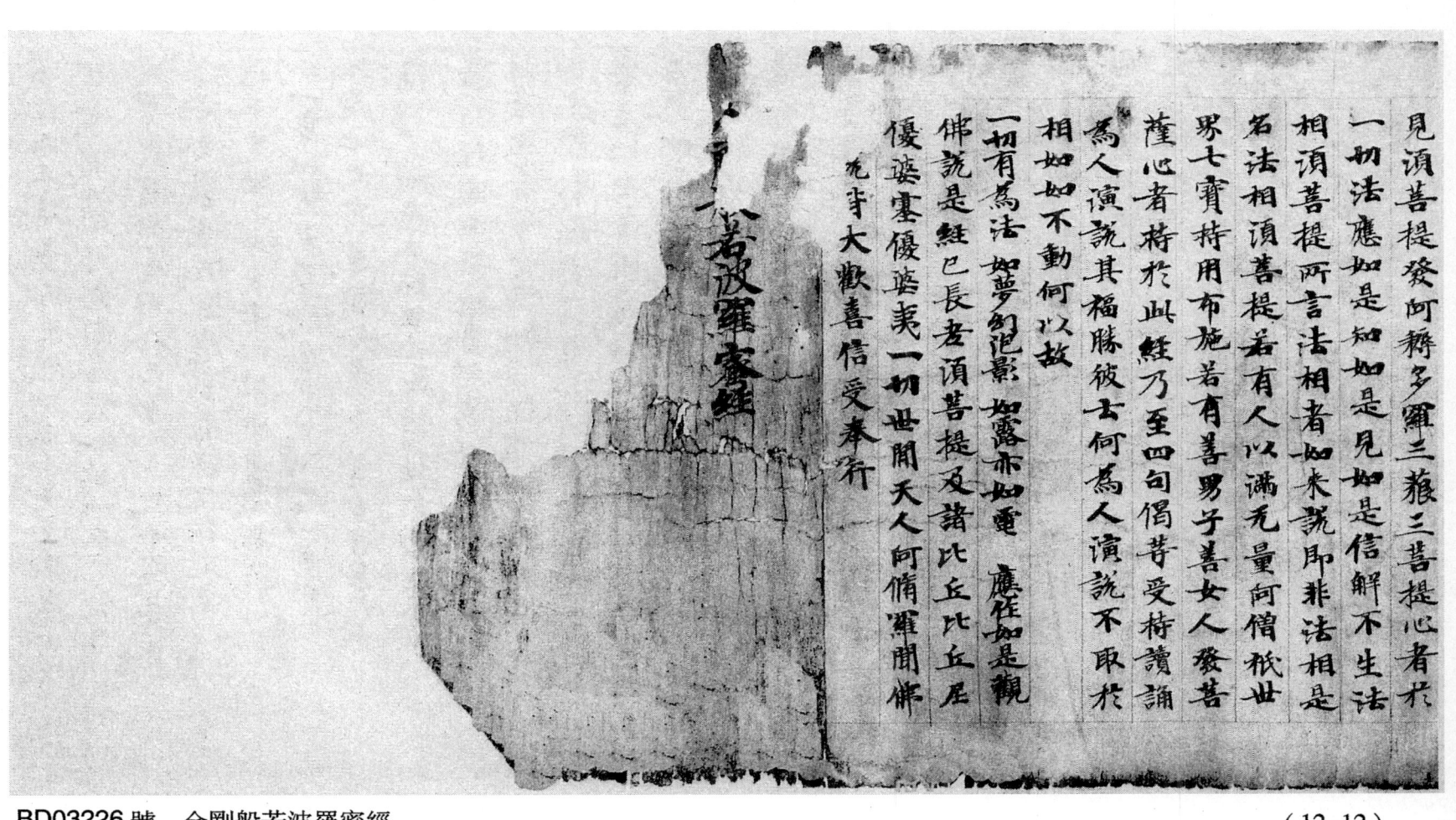

BD03226號　金剛般若波羅蜜經　（12–12）

生古
能施
得月光三昧能斷瞿
斷欝單越有得如幻三
一切法不動三昧能斷
能斷□十三天處有得悅
摩天有得青色三昧能斷兜率
三昧能斷化樂天有得赤色三
自在天有得白色三昧能斷初禪
三昧能斷大梵王有得雙三昧能斷二
得雷音三昧能斷三禪有得澍雨三昧
四禪有得如虛空三昧能斷无想有
三昧能斷淨居阿那含有得无礙三昧
空處有得常三昧能斷識處有得樂
斷不用處有得我三昧能斷非想
有善男子是名菩薩得廿五三昧斷
善男子如是廿五三昧名諸三昧王
菩薩摩訶薩入如是等諸三昧王若欲
須弥山王隨意即能欲知三千大千世界所
有衆生心之所念亦悉能知欲以三千大千
世界所有衆生內於己身一毛孔中隨意即
能亦令衆生无迫迮想若欲化作无量

BD03227號　大般涅槃經（北本）卷一四　（12-1）

須弥山王隨意即能欲知三千大千世界所
有衆生心之所念亦悉能知欲以三千大千
世界所有衆生內於己身一毛孔中隨意即
能亦令衆生无迫迮想若欲化作无量衆
悉令充滿三千大千世界中者亦能隨
分一身以爲多身復合多身以爲一身
如是心无所著猶如蓮華善男子菩薩摩
薩得入如是三昧王已即得住於自在之
菩薩住是自在地者得自在力隨欲生處即
得往生善男子譬如聖王領四天下隨意所
行无能鄣閡菩薩摩訶薩亦復如是一切生
處若欲生者隨意往生善男子菩薩摩
若見地獄一切衆生有可得令住善根者
薩即往而生其中菩薩雖生非本業果菩薩
摩訶薩住自在地力因緣故而生其中善男
子菩薩摩訶薩雖在地獄不受燒燃碎身等
苦善男子菩薩摩訶薩所可成就如是功德
无量无邊百千万億尚不可說何況諸佛所
有功德而當可說
尒時衆中有菩薩名住无垢藏王有大威
德成就神通得大總持三昧具足得无所畏
即從座起偏袒右肩右膝著地長跪合掌白
佛言世尊如佛所說諸佛菩薩所可成就功
德智慧无量无邊百千万億實不可說我意
猶謂故不如是大乘經典何以故因是大乘
方等經力故能出生諸佛世尊阿耨多羅三
貌三菩是身中贊言善哉善哉善男子如

BD03227號　大般涅槃經（北本）卷一四　（12-2）

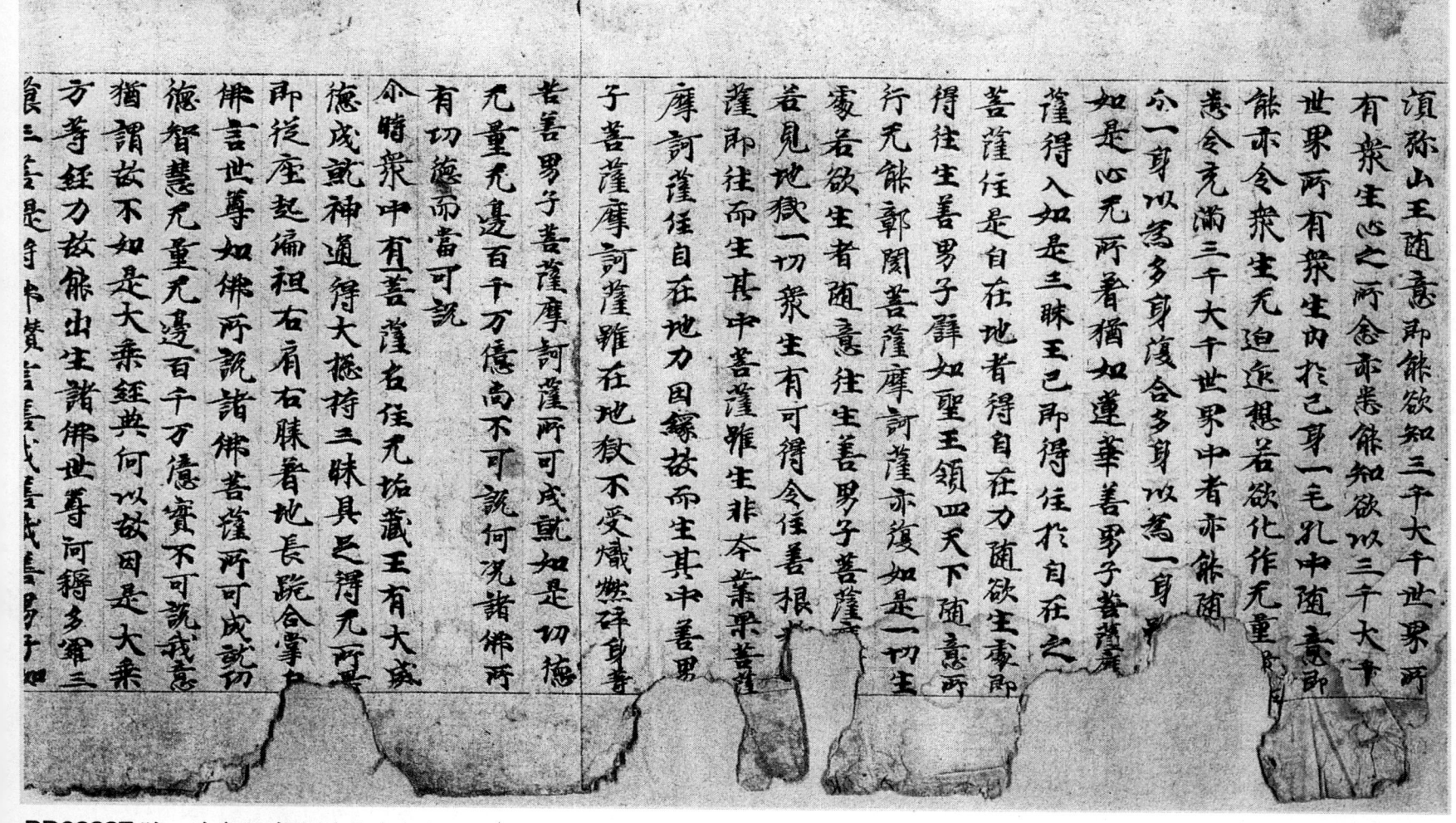

佛言世尊如佛所說諸佛菩薩所可成就功
德智慧无量无邊百千万億實不可說我意
猶謂故不如是大乘經典何以故因是大乘
方等經力故能出生諸佛世尊阿耨多羅三
藐三菩提時佛讚言善哉善哉善男子如
是如是如汝所說是諸大乘方等經典雖復成
就无量功德欲比是經不得爲喻百倍千倍
百千万億乃至筭數譬喻所不能及善男子
譬如從牛出乳從乳出酪從酪出生穌從生
穌出熟穌從熟穌出醍醐醍醐最上若有服
者衆病皆除所有諸藥悉入其中善男子佛
亦如是從佛出於十二部經從十二部經出
脩多羅從脩多羅出方等經從方等經出般
若波羅蜜從般若波羅蜜出大涅槃猶如醍
醐言醍醐者譬於佛性佛性者即是如來善
男子以是義故說言如來所有功德无量无
邊不可稱計
迦葉菩薩白佛言世尊如佛所讚大涅槃經
猶如醍醐最上最妙若有能服衆病悉除一
切諸藥悉入其中我聞是已竊復思念若有
不能聽受是經當知是人爲大愚癡无有善
心世尊我於今者實能堪忍剝皮爲紙刺血
爲墨以髓爲水析骨爲筆書寫如是大涅槃
經書已讀誦令其通利然後爲人廣說其義
世尊若有衆生貪著財物我當施財然後以
是大涅槃經勸之令讀若尊貴者先以愛語
隨順其意然後漸當以是大乘大涅槃經勸

BD03227號　大般涅槃經（北本）卷一四　（12–3）

爲墨以髓爲水析骨爲筆書寫如是大涅槃
經書已讀誦令其通利然後爲人廣說其義
世尊若有衆生貪著財物我當施財然後以
是大涅槃經勸之令讀若尊貴者先以愛語
隨順其意然後漸當以是大乘大涅槃經勸
之令讀若凡庶者當以威勢逼之令讀若憍
慢者爲作僕使隨順其意令其歡喜然後復
以大涅槃經而教導之若有誹謗方等經者
當以勢力摧之令伏既摧伏已然後勸令讀
大涅槃若有愛樂大乘經者我當躬往恭敬
供養尊重讚歎尒時佛讚迦葉菩薩善哉善
哉汝甚愛樂大乘經典貪大乘經受大乘經
味大乘經信敬尊重供養大乘善男子汝今
以此善心因緣當得超越无量无邊恒河沙
等大菩薩前成就阿耨多羅三藐三菩提汝
亦不久復當如我廣爲大衆演說如是大般
涅槃如來佛性諸佛所說祕密之藏善男子
過去之世佛日未出我於尒時作婆羅門脩
菩薩行悉能通達一切外道所有經論脩寂
滅行具足威儀其心清淨不爲外來能生欲
想之所破壞滅瞋恚火受持常樂淨我之法
周遍求索大乘經典乃至不聞方等名字我
於尒時住於雪山其山清淨流泉浴池樹林
藥木充滿其地處處石間有清流水多諸香
華周遍嚴飾衆鳥禽狩不可稱計甘菓滋繁
種別難計復有无量藕根甘根青木香根我
於尒時獨處其中唯食諸菓食已繫心思惟
坐禪經无量歲亦不聞有如來出世大乘經

BD03227號　大般涅槃經（北本）卷一四　（12–4）

華周遍嚴飾衆鳥翕狩不可稱計甘菓滋繁
種別難計復有无量藕根甘根青木香根我
於尒時獨處其中唯食諸菓食已繫心思惟
坐禪經无量歲亦不聞有如來出世大乘經
名善男子我脩如是苦難行時釋提桓因諸
天人等心大驚怪即共集會各各相謂而說
偈言
各共相指示　清淨雪山中　寂靜離欲主　功德莊嚴王
已離貪瞋慢　永斷諂邪癡　口初未曾說　麤惡等語言
尒時衆中有一天子名曰歡喜復說偈言
如是離欲人　清淨勤精進　將不求帝釋　及以諸天耶
若是求道者　脩行諸苦行　是人多欲求　帝釋所坐處
尒時復有一仙天子即爲帝釋而說偈言
天主憍尸迦　不應生是念　外道脩苦行　何必求帝處
說是偈已復作是言憍尸迦世有大士爲衆
生故不貪己身爲欲利益諸衆生故而脩種
種无量苦行如是之人見生死中諸過咎故
設見珎寶滿此大地諸山大海不生貪著如
視涕唾如是大士棄捨財寶所愛妻子頭目
髓腦手足支節所居舍宅象馬車乘奴婢僮
僕亦不願求生於天上唯求欲令一切衆生
得受快樂如我所解如是大士清淨无染衆
結永盡唯欲志求阿耨多羅三藐三菩提釋
提桓因復作是言如汝言者是人則爲攝取
一切世間衆生大仙若此世間有佛樹者能
除一切諸天世人及阿脩羅煩惱毒虵若諸
衆生住是佛樹蔭涼中者煩惱諸毒悉得消

BD03227號　大般涅槃經（北本）卷一四　（12–5）

提桓因復作是言如汝言者是人則爲攝取
一切世間衆生大仙若此世間有佛樹者能
除一切諸天世人及阿脩羅煩惱毒虵若諸
衆生住是佛樹蔭涼中者煩惱諸毒悉得消
滅大仙是人若當未來世中作善逝者我等
悉當得度无量熾然煩惱如是之事實爲
難信何以故无量衆生發阿耨多羅三藐三菩
提心見少微緣於阿耨多羅三藐三菩提即
便動轉如水中月水動則動猶如畫像難成
易壞菩提之心亦復如是難發易壞大仙如
有多人以諸鎧仗牢自莊嚴欲前討賊臨陣
恐怖則便退散无量衆生亦復如是發菩提
心牢自莊嚴見生死過心生恐怖即便退散
大仙我見如是无量衆生發心之後皆生動
轉是故我今雖見是人脩於苦行无惱无熱
住於道嶮其行清淨未能信也我今要當自
往試之知其實能堪任荷負阿耨多羅三藐
三菩提大重擔不大仙猶如車有三輪則有
載用鳥有二翼堪任飛行是苦行者亦復如
是我雖見其堅持禁戒未知其人有深智不
若有深智當知則能堪任荷負阿耨多羅
三藐三菩提之重擔也大仙譬如魚母多有胎
子成就者少如菴羅樹華多菓少衆生發心
乃有无量及其成就少不足言大仙我當與
汝俱往試之大仙譬如真金三種試已乃知
其真謂燒打磨試彼苦行亦當如是尒時釋
提桓因自變其身作羅剎像形甚可畏下至

BD03227號　大般涅槃經（北本）卷一四　（12–6）

汝俱往試之大仙譬如真金三種試已乃知
其真謂燒打磨試彼苦行亦當如是尒時釋
提桓因自變其身作羅刹像形甚可畏下至
雪山去其不遠而便立住是時羅刹心无所
畏勇健難當辯才次第其聲清雅宣過去
佛所說半偈
諸行无常　是生滅法
說是半偈已便住其前所現形貌甚可怖畏
顧眄遍視觀於四方是苦行者聞是半偈心
生歡喜譬如估客於嶮難處夜行失伴恐怖
推索還遇同侶心生歡喜踊躍无量亦如久
病未遇良醫瞻病好藥後卒得之如人沒海
卒遇船舫如渴之人遇清冷水如為怨逐忽
然得脫如久繫人卒聞得出亦如農夫炎旱
值雨亦如行人還得歸家家人見已生大歡
喜善男子我於尒時聞是半偈心中歡喜亦
復如是即從座起以手舉髮四向顧視而作
是語向所聞偈誰之所說尒時亦更不見餘
人唯見羅刹即說是言誰開如是解脫之門
誰能雷震諸佛音聲誰於生死睡眠之中而
獨覺寤唱如是言誰能於此示導生死飢饉
眾生无上道味无量眾生沈生死海誰能於
中作大船師是諸眾生常為煩惱重病所纏
誰能於中為作良醫說是半偈啟悟我心猶
如半月漸開蓮華善男子我於尒時更无所
見唯見羅刹復作是念將是羅刹說是偈耶
覆復生疑或非其說何以故是人形容甚可

眾生无上道味无量眾生沈生死海誰能於
中作大船師是諸眾生常為煩惱重病所纏
誰能於中為作良醫說是半偈啟悟我心猶
如半月漸開蓮華善男子我於尒時更无所
見唯見羅刹復作是念將是羅刹說是偈耶
覆復生疑或非其說何以故是人形容甚可
怖畏若有得聞是偈句者一切恐怖醜陋即
除何有此人形貌如是能說此偈不應火中
出生華華非日光中出生冷水善男子我於
尒時復作是念我今无智而此羅刹或能得
見過去諸佛從諸佛所聞是半偈我今當問
即便前至是羅刹所作如是言善哉大士汝
於何處得是過去離怖畏者所說半偈大士
汝於何處而得如是半如意珠大士是半偈
義乃是過去未來現在諸佛世尊之正道也
一切世間无量眾生常為諸見羅網所覆終
身於此外道法中初不得聞如是出世十力世
雄所說空義善男子我問是已即荅我言
大婆羅門汝今不應問我是義何以故我不
食來已逕多日處處求索了不能得飢渴苦
惱心亂謬語非我本心之所知也我今力能
飛行虛空至欝單曰乃至天上處處求食亦
不能得以是之故我說是語善男子我時即
復語羅刹言大士若能為我說是偈竟我當
終身為汝弟子大士汝所說者名字不終義
亦不盡以何因緣不欲說耶夫財施者則有
竭盡法施因緣不可盡也雖无所盡多所利

復語羅刹言大士若能爲我說是偈竟我當
終身爲汝弟子大士汝所說者名字不終義
亦不盡以何因緣不欲說耶夫財施者則有
竭盡法施因緣不可盡也雖无所盡多所利
益我今聞此半偈法已心生驚疑汝今幸可
爲我除斷說此偈竟我當終身爲汝弟子羅
刹答言汝智太過但自憂身都无見念今我
定爲飢苦所逼實不能說我即問言汝所食
者爲是何物羅刹答言汝不足問我若說者
令多人怖我復語言此中獨處更无有人我
不畏汝何故不說羅刹答言我所食者唯人
暖肉其所飲者唯人熱血自我薄福唯食此
食周遍求索困不能得世雖多人皆有福德
兼爲諸天之所守護而我无力不能得煞善
男子我復語言汝但具足說是半偈我聞偈
已當以此身奉施供養大士我設命終如此
之身无所復用當爲虎狼鵄梟鵰鷲之所
食而復不得一豪之福我今爲求阿耨多羅
三藐三菩提捨不堅身以易堅身羅刹答言
誰當信汝如是之言爲八字故棄所愛身善
男子我即答言汝真无智譬如有人施他瓦
器得七寶器我亦如是捨不堅身得金剛身
汝言誰當信者我今有證大梵天王釋提桓
因及四天王能證是事復有天眼諸菩薩等
爲欲利益无量衆生脩行大乘具六度者亦
能證知復有十方諸佛世尊利衆生者亦能
證我爲八字故捨是身命羅刹復言汝若如

爲欲利益无量衆生脩行大乘具六度者亦
能證知復有十方諸佛世尊利衆生者亦能
證我爲八字故捨是身命羅刹復言汝若如
是能捨身者諦聽諦聽當爲汝說其餘半偈
善男子我於尒時聞是語已心中歡喜即解
己身所著鹿皮爲此羅刹敷置法座白言和
上願坐此座我即於前叉手長跪而作是言
唯願和上善爲我說其餘半偈令得具足羅
刹即說

生滅滅已　寂滅爲樂

尒時羅刹說是偈已復作是言菩薩摩訶薩
汝今已聞具足偈義汝之所願爲悉滿足若
必欲利諸衆生者時施我身善男子我於尒
時深思此義然後處處若石若壁若樹若道
書寫此偈即便更繫所著衣裳恐於死後身體
露現即上高樹尒時樹神復問我言善哉
仁者欲作何事善男子我時答言我欲捨身
以報偈價樹神問言如是偈者何所利益我
時答言如是偈句乃是過去未來現在諸佛
所說開空法道我爲此法棄捨身命不爲利
養名聞財寶轉輪聖王四大天王釋提桓因大
梵天王人天中樂爲欲利益一切衆生故捨
此身善男子我捨身時復作是願願令一切
慳惜之人悉來見我捨離此身若有少施起
貢高者亦令得見我爲一偈捨此身命如棄
草木我於尒時說是語已尋即放身自投樹
下未至地時虛空之中出種種聲[illegible]

慳惜之人悉來見我捨離此身若有少施起
貢高者亦令得見我為一偈捨此身命如棄
草木我於尒時說是語已尋所放身自投樹
下未至地時虛空之中出種種聲其聲乃至
阿迦尼吒尒時羅刹還復釋身即於空中
接取菩薩安置平地尒時釋提桓因及諸天
人大梵天王稽首頂礼菩薩足下讚言善哉
善哉真是菩薩能大利益无量衆生欲於
明黑闇之中然大法炬由我愛惜如來大法
故相嬈惱唯願聽我懺悔罪咎汝於未來必
定成就阿耨多羅三藐三菩提願見濟度尒
時釋提桓因及諸天衆頂礼我足於是辭去
忽然不現善男子如我往昔為半偈故捨棄
此身以是因緣便得超越足十二劫在弥勒
前成阿耨多羅三藐三菩提善男子我得如
是无量功德皆由供養如來正法善男子汝
今亦尒發阿耨多羅三藐三菩提心則已超過
无量无邊恒河沙等諸菩薩上善男子是
名菩薩住於大乘大般涅槃脩於聖行

大般涅槃經卷苐十四

BD03227號　大般涅槃經（北本）卷一四　（12–11）

定成就阿耨多羅三藐三菩提願見濟度尒
時釋提桓因及諸天衆頂礼我足於是辭去
忽然不現善男子如我往昔為半偈故捨棄
此身以是因緣便得超越足十二劫在弥勒
前成阿耨多羅三藐三菩提善男子我得如
是无量功德皆由供養如來正法善男子汝
今亦尒發阿耨多羅三藐三菩提心則已超過
无量无邊恒河沙等諸菩薩上善男子是
名菩薩住於大乘大般涅槃脩於聖行

大般涅槃經卷苐十四

BD03227號　大般涅槃經（北本）卷一四　（12–12）

造罪一剎那中不得
多時若有犯罪欲
求來必有惡報生大
被火燒頭燒衣救令速
安若人犯罪亦復如是
速除滅若有願生富樂之家多
寶復欲發意修習大乘亦應懺悔滅除
業障欲生豪貴婆羅門種剎帝利家及轉輪
王七寶具足亦應懺悔滅除業障
善男子若有欲生四天王衆三十三天夜摩
天都史多天樂變化天他化自在天亦應懺
悔滅除業障若欲生梵衆梵輔大梵天少光
无量光極光淨天少淨无量淨遍淨天无雲
福生廣果无煩无熱善現天善色究竟天亦
應懺悔滅除業障若欲求預流果一來果不
還果阿羅漢果亦應懺悔滅除業障若欲願
求三明六通聲聞獨覺自在菩提至究竟地
求一切智智淨智不思議智不動智三藐三
菩提正遍知者亦應懺悔滅除業障何以故
善男子一切諸法從因緣生如來所說異相
生異相滅因緣異故如是過去諸法皆已滅
盡所有業障无復遺餘是諸行法未得現生

BD03228號　金光明最勝王經卷三　（12–1）

求一切智智淨智不思議智不動智三藐三
菩提正遍知者亦應懺悔滅除業障何以故
善男子一切諸法從因緣生如來所說異相
生異相滅因緣異故如是過去諸法皆已滅
盡所有業障无復遺餘是諸行法未得現生
而今得生未來業障更不復起何以故善男
子一切法空如來所說无有我人衆生壽者
亦无生滅亦无行法善男子一切諸法皆依
於本亦不可說何以故過一切相故若有善
男子善女人如是入於微妙真理生信敬心
是名无衆生而有於本以是義故說於懺悔
滅除業障
善男子若人成就四法能除業障永得清淨
云何為四一者不起邪心正念成就二者於
甚深理不生誹謗三者於初行菩薩起一切智
心四者於諸衆生起慈无量是謂為四尒時世
尊而說頌曰
專心護三業　不誹謗正法　作一切智想　慈心淨業障
善男子有四業障難可滅除云何為四一者
於菩薩律儀犯極重惡二者於大乘經心生
誹謗三者於自善根不能增長四者貪著三
有无出離心復有四種對治業障云何為四一
者於十方世界一切如來至心親近說一切
罪二者為一切衆生勸請諸佛說深妙法三者
隨喜一切衆生所有功德四者所有一切
功德善根悉皆迴向阿耨多羅三藐三菩提
尒時天帝釋白佛言世尊世間所有男子女
人於大乘行有能行者有不行者云何能得

BD03228號　金光明最勝王經卷三　（12–2）

隨喜一切衆生所有功德四者所有一切
功德善根悉皆迴向阿耨多羅三藐三菩提
尒時天帝釋白佛言世尊世間所有男子女
人扵大乘行有能行者有不行者云何能得
隨喜一切衆生功德善根佛言善男子若有
衆生雖扵大乘未能修習然扵晝夜六時偏
袒右肩右膝著地合掌恭敬一心專念作隨
喜時得福无量應作是言十方世界一切
衆生現在修行施戒心慧我今皆悉深心隨
喜由作如是隨喜福故必當獲得尊重殊勝
无上无等最妙之果如是過去未來一切衆
生所有善根皆悉隨喜又扵現在初地菩薩
發菩提心所有功德過百大劫行菩薩行有
大功德獲无生忍至不退轉一生補處如是一
切功德之蘊皆悉至心隨喜讚歎過去未來
一切菩薩所有功德隨喜讚歎亦復如是復
扵現在十方世界一切諸佛應正遍知證妙
菩提為度无邊諸衆生故轉无上法輪行无
礙法施擊法鼓吹法螺建法幢雨法雨哀愍
勸化一切衆生咸令信受皆蒙法施悉得充
足无盡安樂又復所有菩薩聲聞獨覺功德
積集善根若有衆生未具如是諸功德者
悉令具足我皆隨喜如是過去未來諸佛菩
薩聲聞獨覺所有功德亦皆至心隨喜讚歎
善男子如是隨喜當得无量功德之聚如恒
河沙三千大千世界所有衆生皆斷煩惱成
阿羅漢若有善男子善女人盡其形壽常以
上妙衣服飲食臥具醫藥而為供養如是功

BD03228號　金光明最勝王經卷三　（12–3）

善男子如是隨喜當得无量功德之聚如恒
河沙三千大千世界所有衆生皆斷煩惱成
阿羅漢若有善男子善女人盡其形壽常以
上妙衣服飲食臥具醫藥而為供養如是功
德不及如前隨喜功德千分之一何以故供
養功德有數有量不攝一切諸功德故隨喜功
德无量无數能攝三世一切功德是故若人
欲求增長勝善根者應修如是隨喜功德若
有女人願轉女身為男子者亦應修習隨喜
功德必得隨心現成男子尒時天帝釋白佛
言世尊已知隨喜功德勸請功德唯願為說
欲令未來一切菩薩當轉法輪現在菩薩正
修行故佛告帝釋若有善男子善女人願求
阿耨多羅三藐三菩提者應當修行聲聞
獨覺大乘之道是人當扵晝夜六時如前威
儀一心專念作如是言我今歸依十方一切諸
佛世尊已得阿耨多羅三藐三菩提未轉无
上法輪欲捨報身入涅槃者我皆至誠頂礼
勸請轉大法輪雨大法雨然大法燈照明理
趣施无礙法莫般涅槃久住扵世度脫安樂一
切衆生如前所說乃至无盡安樂我今以
此勸請功德迴向阿耨多羅三藐三菩提如
過去未來現在諸大菩薩勸請功德迴向菩
提我亦如是勸請功德迴向无上正等菩提
善男子假使有人以三千大千世界滿中七
寶供養如來若復有人勸請如來轉大法輪
所得功德其福勝彼何以故彼是財施此是
法施善男子且置三千大千世界七寶布施

BD03228號　金光明最勝王經卷三　（12–4）

善男子假使有人以三千大千世界滿中七
寶供養如来若復有人勸請如来轉大法輪
所得功德其福勝彼何以故彼是財施此是
法施善男子且置三千大千世界七寶布施
若人以滿恒河沙數大千世界七寶供養一
切諸佛勸請功德亦勝於彼由其法施有五
勝利云何為五一者法施兼利自他財施不
尒二者法施能令衆生出於三界財施之福不
出欲界三者法施能淨法身財施但唯增長
於色四者法施无窮財施有盡五者法施能
斷无明財施唯伏貪愛是故善男子勸請
功德无量无邊難可辟喻如我昔行菩薩
道時勸請諸佛轉大法輪由彼善根是故今日
一切帝釋諸梵王等勸請於我轉大法輪善
男子請轉法輪為欲度脫安樂諸衆生故我
於往昔為菩提行勸請如来久住於世莫
般涅槃依此善根得十力四无所畏四无礙
辯大慈大悲證得无數不共之法我當入於
无餘涅槃我之正法久住於世我法身者清
淨无比種種妙相无量智慧无量自在无量
功德難可思議一切衆生皆蒙利益百千万
劫說不能盡法身攝藏一切諸法一切諸法
不攝法身法身常住不墮常見雖復斷滅
亦非斷見能破衆生種種異見能生衆生種種
真見能解一切衆生之縛无縛可解能植衆
生諸善根本未成熟者令成熟已成熟者令
解脫无作无動遠離憒閙寂靜无為自在安
樂過於三世能現三世出於聲聞獨覺之境
諸大菩薩之所修行一切如来體无有異此

BD03228號　金光明最勝王經卷三　（12–5）

生諸善根本未成熟者令成熟已成熟者令
解脫无作无動遠離憒閙寂靜无為自在安
樂過於三世能現三世出於聲聞獨覺之境
諸大菩薩之所修行一切如来體无有異此
等皆由勸請功德善根力故如是法身我今
已得是故若有欲得阿耨多羅三藐三菩提
者於諸經中一句一頌為人解說功德善根
尚无限量何況勸請如来轉大法輪久住於
世莫般涅槃
時天帝釋復白佛言世尊若善男子善女人
為求阿耨多羅三藐三菩提故修三乘道所
有善根云何迴向一切智佛告天帝善男子
若有衆生欲求菩提修三乘道所有善根願
迴向者當於晝夜六時殷重至心作如是說
我從无始生死以来於三寶所修行成就所
有善根乃至施與傍生一摶之食或以善言
和解諍訟或受三歸及諸學處或復懺
悔勸請隨喜所有善根我今作意悉皆攝取
迴施一切衆生无悔恡心是解脫分善根所
攝如佛世尊之所知見不可稱量无礙清淨
如是所有功德善根悉以迴施一切衆生不
住相心不捨相心我亦如是功德善根悉以
迴施一切衆生願皆獲得如意之手搖空出寶
滿衆生願富樂无盡智慧无窮妙法辯才
悉皆无滯共諸衆生同證阿耨多羅三藐三
菩提得一切智因此善根更復出生无量善
法亦皆迴向无上菩提又如過去諸大菩薩修
行之時功德善根悉皆迴向一切種智現在
未来亦復如是然我所有功德善根亦皆迴
向阿耨多羅三藐三菩提是諸善根願共一

BD03228號　金光明最勝王經卷三　（12–6）

行之時一切德善根悉皆迴向一切種智現在
未來亦復如是然我所有一切德善根亦皆迴
向阿耨多羅三藐三菩提是諸善根願共一
切衆生俱成正覺如餘諸佛坐於道場菩提
樹下不可思議無礙清淨住於無盡法藏陁
羅尼首楞嚴定破魔波旬無量兵衆應見
覺知應可通達如是一切一刹那中悉皆照
了於後夜中獲甘露法證甘露義我及衆生
願皆同證如是妙覺猶如
無量壽佛　勝光佛　妙光佛　阿閦佛
一切德善光佛　師子光明佛　百光明佛　網光明佛
寶相佛　寶焰佛　焰明佛　焰盛光明佛
吉祥上王佛　微妙聲佛　妙莊嚴佛　法幢佛
上勝身佛　可愛色身佛　光明遍照佛　梵淨王佛
上性佛
如是等如來應正遍知過去未來及以現在
示現應化得阿耨多羅三藐三菩提轉無上
法輪為度衆生我亦如是廣說如上
善男子若有淨信男子女人於此金光明最
勝經王懺業障品受持讀誦憶念不忘為他
廣說得無量無邊大功德聚譬如三千大千
世界所有衆生一時皆得成就人身得人身
已成獨覺道若有男子女人盡其形壽恭敬
尊重四事供養一一獨覺各施七寶如須彌山
此諸獨覺入涅槃後皆以珍寶起塔供養其
塔高廣十二踰繕那以諸花香寶幢幡蓋常
為供養善男子於意云何是人所獲功德寧
為多不天帝釋言甚多世尊善男子若復有
人於此金光明微妙經典衆經之王懺業障

BD03228號　金光明最勝王經卷三　（12–7）

為供養善男子於意云何是人所獲功德寧
為多不天帝釋言甚多世尊善男子若復有
人於此金光明微妙經典衆經之王懺業障
品受持讀誦憶念不忘為他廣說所獲功德
於前所說供養功德百分不及一百千萬億
分乃至校量譬喻所不能及何以故是善男
子善女人住正行中勸請十方一切諸佛轉
無上法輪皆為諸佛歡喜讚歎善男子如我
所說一切施中法施為勝是故善男子於三
寶所設諸供養不可為比勸受三歸持一切
戒無有毀犯三業不空不可為比一切世界一
切衆生隨力隨能隨所願樂於三乘中勸發
菩提心不可為比於三世中一切世界所有
衆生皆得無礙速令成就無量功德不為可
比三世刹土一切衆生令無障礙得三菩提
不可為比三世刹土一切衆生勸令速出四
惡道苦不可為比三世刹土一切衆生勸令
除滅極重惡業不可為比一切苦惱勸令解
脫不可為比一切怖畏苦惱逼切皆令得解
脫不可為比三世佛前一切衆生所有功德勸
令隨喜發菩提願不可為比勸除惡行罵
辱之業一切功德皆願成就所在生中勸
請供養尊重讚歎一切三寶勸請衆生淨
修福行成滿菩提不可為比是故當知勸請
一切世界三世三寶勸請滿足六波羅蜜勸
請轉於無上法輪勸請住世經無量劫演說
無量甚深妙法功德甚深無能比者
爾時天帝釋及恒河女神無量梵王四大天
衆從座而起偏袒右肩右膝著地合掌頂

BD03228號　金光明最勝王經卷三　（12–8）

无量甚深妙法功德甚深无能比者
尒時天帝釋及恒河女神无量梵王四大天
衆從座而起偏袒右肩右膝著地合掌頂
礼白佛言世尊我等皆得聞是金光明㝡勝王
經今悉受持讀誦通利為他廣說依此法住
何以故世尊我等欲求阿耨多羅三藐三菩
提隨順此義種種勝相如是法行故尒時梵
王及天帝釋等於說法處皆以種種曼陁羅
花而散佛上三千大千世界地皆大動一切天
皷及諸音樂不皷自鳴放金色光遍滿世界
出妙音聲時天帝釋白佛言世尊此等皆
是金光明經威神之力慈悲普救種種利益
種種增長菩薩善根滅諸業障佛言如是如
是如汝所說何以故善男子我念往昔過无
量百千阿僧祇劫有佛名寶王大光照如来
應正遍知出現於世住世六百八十億劫尒時
寶王大光照如来為欲度脫人天釋梵沙門婆
羅門一切衆生令安樂故當出現時初會說
法度百千億億万衆皆得阿羅漢果諸漏
已盡三明六通自在无礙於第二會復度九
十千億億万衆皆得阿羅漢果諸漏已盡三
明六通自在无礙於第三會復度九十八千
億億万衆皆得阿羅漢果圓滿如上
善男子我於尒時作女人身名福寶光明於
第三會親近世尊受持讀誦是金光明經為
他廣說求阿耨多羅三藐三菩提故時彼世
尊為我授記此福寶光明女於未来世當
得作佛号釋迦牟尼如来應正遍知明行足

BD03228號　金光明最勝王經卷三　（12–9）

第三會親近世尊受持讀誦是金光明經為
他廣說求阿耨多羅三藐三菩提故時彼世
尊為我授記此福寶光明女於未来世當
得作佛号釋迦牟尼如来應正遍知明行足
善逝世間解无上士調御丈夫天人師佛世
尊捨女身後從是以来越四惡道生人天中
受上妙樂八十四百千生作轉輪王至于今
日得成正覺名稱普聞遍滿世界時會大衆
忽然皆見寶王大光照如来轉无上法輪說微
妙法善男子去索訶世界東方過百千恒沙
數佛土有世界名寶莊嚴其寶王大光照如
来今現在彼未般涅槃說微妙法廣化羣生
汝等見者即是彼佛
善男子若有善男子善女人聞是寶王大光
照如来名号者於菩薩地得不退轉至大涅
槃若有女人聞是佛名者臨命終時得見彼
佛来至其所既見佛已究竟不復更受女身
善男子是金光明微妙經典種種利益種種
增長菩薩善根滅諸業障善男子若有苾蒭
苾蒭尼鄔波索迦鄔波斯迦隨在何處為
人講說是金光明微妙經典於其國土皆獲
四種福利善根云何為四一者國王无病
離諸災厄二者壽命長遠无有障礙三者无
諸怨敵兵衆勇健四者安隱豊樂正法流通
何以故如是人王常為釋梵四王藥叉之衆
共守護故尒時世尊告天衆曰善男子是事
實不是時无量釋梵四王及藥叉衆俱時同
聲白世尊言如是如是若有國土講宣讀誦此
妙經王是諸國主我等四王常来擁護行住之

BD03228號　金光明最勝王經卷三　（12–10）

何以故如是人王常為釋梵四王藥叉之衆
共守護故尒時世尊告天衆日善男子是事
實不是時无量釋梵四王及藥叉衆俱時同
聲白世尊言如是如是若有國土講宣讀誦此
妙經王是諸國主我等四王常来擁護行住共
俱其王若有一切灾障及諸惡怨我等四王
皆使消殄憂愁疾疫亦令除差增益壽命感
應禎祥所願遂心恒生歡喜我等亦能令其
國中所有軍兵悉皆勇健佛言善哉善哉善
男子如汝所說汝當修行何以故是諸國王
如法行時一切人民隨王修習如法行者汝
等皆蒙色力勝利宮殿光明眷屬強盛時釋
梵等白佛言如是世尊佛言若有講讀此妙
經典流通之處於其國中大臣輔相有四種
益云何為四一者更相親穆尊重愛念二者
常為人王心所愛重亦為沙門婆羅門大國小
國之所遵敬三者輕財重法不求世利嘉名
普暨衆所欽仰四者壽命延長安隱快樂是
名四益若有國土宣說是經沙門婆羅門得
四種勝利云何為四一者衣服飲食臥具醫
藥无所乏少二者皆得安心思惟讀誦三者依
於山林得安樂住四者隨心所願皆得滿足
是名四種勝利若有國土宣說是經一切人民
皆得豐樂无諸疾疫商估往還多獲寶貨
具足勝福是名種種功德利益
尒時梵釋四天王及諸大衆白佛言世尊如
是經典甚深之義若現在者當知如來卅七
種助菩提法住世未滅若是經典滅盡之時
正法亦滅佛言如是如是善男子是故汝等
於此金光明經一句一頌一品一

BD03228號　金光明最勝王經卷三　（12-11）

藥无所乏少二者皆得安心思惟讀誦三者依
於山林得安樂住四者隨心所願皆得滿足
是名四種勝利若有國土宣說是經一切人民
皆得豐樂无諸疾疫商估往還多獲寶貨
具足勝福是名種種功德利益
尒時梵釋四天王及諸大衆白佛言世尊如
是經典甚深之義若現在者當知如來卅七
種助菩提法住世未滅若是經典滅盡之時
正法亦滅佛言如是如是善男子是故汝等
於此金光明經一句一頌一品一部皆當一心
正讀誦正聞持正思惟正修習為諸衆生廣
宣流布長夜安樂福利无邊時諸大衆聞佛
說已咸蒙勝益歡喜受持

金光明最勝王經卷第三

弟子李暀敬寫此金光明經一部十卷從今年
已前所有負債負命怨家債主願乘此功德
速證菩提願得解怨釋結府君等同霑此福

BD03228號　金光明最勝王經卷三　（12-12）

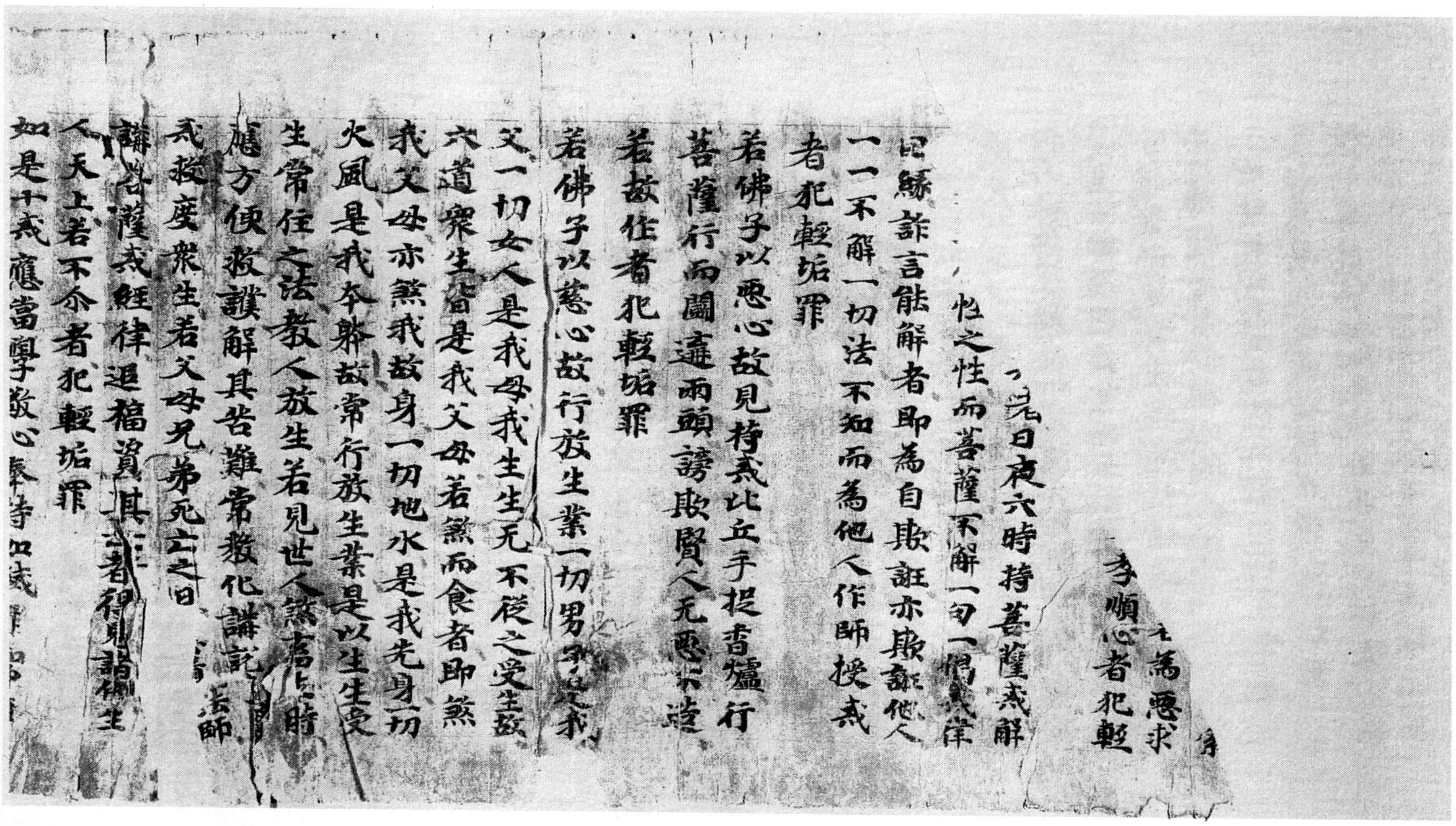

為惡求
孝順心者犯輕
日夜六時持菩薩戒解
性之性而菩薩不解一句一偈戒律
已緣詐言能解者即為自欺誑亦欺誑他人
一一不解一切法不知而為他人作師授戒
者犯輕垢罪
若佛子以惡心故見持戒比丘手捉香爐行
菩薩行而鬪遘兩頭謗欺賢人无惡不造
若故作者犯輕垢罪
若佛子以慈心故行放生業一切男子是我
父一切女人是我母我生生无不從之受生故
六道衆生皆是我父母若煞而食者即煞
我父母亦煞我故身一切地水是我先身一切
火風是我本躰故常行放生業是以生生受
生常住之法教人放生若見世人煞畜生時
應方便救護解其苦難常教化講說[illegible]法師
戒救度衆生若父母兄弟死亡之日
講菩薩戒經律福資亡者得見諸佛生
人天上若不尒者犯輕垢罪
如是十戒應當學敬心奉持如滅罪品中

BD03229號　梵網經盧舍那佛說菩薩心地戒品第十卷下　（2–1）

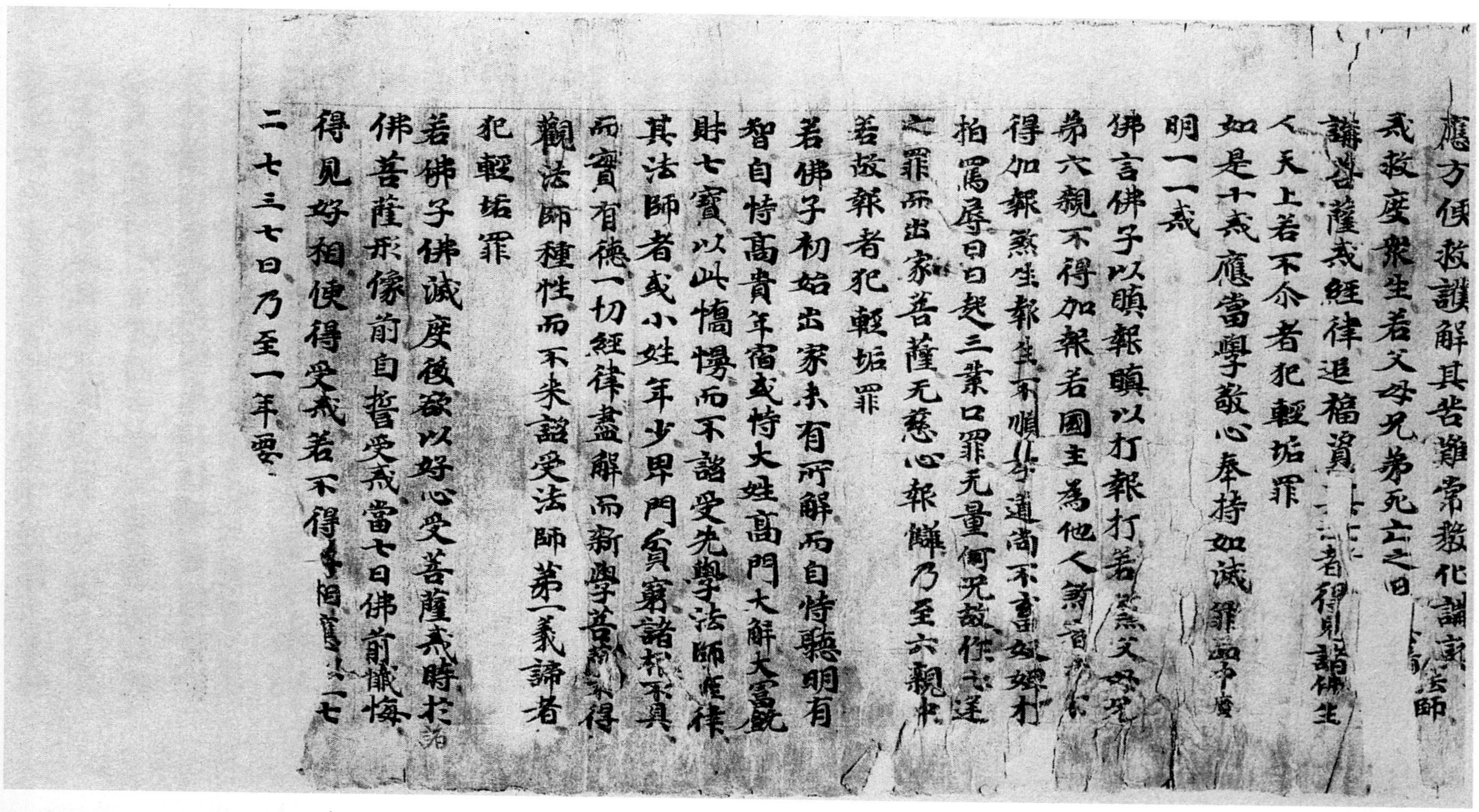

應方便救護解其苦難常教化講說[illegible]法師
戒救度衆生若父母兄弟死亡之日
講菩薩戒經律福資亡者得見諸佛生
人天上若不尒者犯輕垢罪
如是十戒應當學敬心奉持如滅罪品中廣
明一一戒
佛言佛子以瞋報瞋以打報打若煞父母兄
弟六親不得加報若國主為他人煞者亦不
得加報煞生報生不順孝道尚不畜奴婢打
拍罵辱日日起三業口罪无量何况故作七逆
之罪而出家菩薩无慈心報讎乃至六親中
若故報者犯輕垢罪
若佛子初始出家未有所解而自恃聰明有
智自恃高貴年宿或恃大姓高門大解大富饒
財七寶以此憍慢而不諮受先學法師經律
其法師者或小姓年少卑門貧窮諸根不具
而實有德一切經律盡解而新學菩薩不得
觀法師種性而不来諮受法師第一義諦者
犯輕垢罪
若佛子佛滅度後欲以好心受菩薩戒時於
佛菩薩形像前自誓受戒當七日佛前懺悔
得見好相便得受戒若不得好相應二七
二七三七日乃至一年要

BD03229號　梵網經盧舍那佛說菩薩心地戒品第十卷下　（2–2）

二邊增長貪愛生老病死憂悲苦惱我及諸
佛說名財利親近世論之所獲得云何法利
謂了法是心見二无我不取於相无有分別
善知諸地離心意識一切諸佛所共灌頂具
足受行十无盡願於一切法悉得自在是名
法利以是不墮一切諸見戲論分別常斷二邊
大慧外道世論令諸癡人墮在二邊謂常及
斷受无因論則起常見以因壞滅則生斷見
我說不見生住滅者名得法利是名財法二
差別相汝及諸菩薩摩訶薩應勤觀察
尒時世尊重說頌言
調伏攝衆生　以戒降諸惡　智慧滅諸見　解脫得增長
外道虛妄說　皆是世俗論　橫計作所作　不能自成立
唯我一自宗　不著於能所　為諸弟子說　令離於世論
能取所取法　唯心无所有　二種皆心現　斷常不可得
乃至心流動　是則為世論　分別不起者　是人見自心
來者見事生　去者事不現　明了知來去　不起於分別
有常及无常　所作无所作　此世他世等　皆是世論法
尒時大慧菩薩摩訶薩復白佛言世尊佛說

能取所取法　唯心无所有　二種皆心現　斷常不可得
乃至心流動　是則為世論　分別不起者　是人見自心
來者見事生　去者事不現　明了知來去　不起於分別
有常及无常　所作无所作　此世他世等　皆是世論法
尒時大慧菩薩摩訶薩復白佛言世尊佛說
涅槃說何等法以為涅槃而諸外道種種
分別佛言大慧如諸外道分別涅槃皆不隨
順涅槃之相諦聽諦聽當為汝說大慧或有
外道言見法无常不貪境界蘊界處滅心心
所法不現在前不念過現未來境界如燈盡如
種敗如火滅諸取不起分別不生起涅槃相
大慧非以見壞名為涅槃或謂至方名得涅
槃境界想離猶如風止或謂不見能覺所
覺名為涅槃或謂不起分別常无常見名得
涅槃或有說言分別諸相發生於苦而不能
知自心所現以不知故怖畏於相以求无相
深生愛樂執為涅槃或謂覺知內外諸法自
相共相去來現在有性不壞作涅槃想或計
我人衆生壽命及一切法无有壞滅作涅槃
想復有外道无有智慧計有自性及以士夫求
那轉變作一切物以為涅槃或有外道計福
非福盡或計不由智慧諸煩惱盡或計自在
是實作者以為涅槃或謂衆生展轉相生以
此為因更无異因彼无智故不能覺了以不
了故執為涅槃或計證於諦道虛妄分別以
為涅槃或計求那與求那者而共和合一性
具生具足不具執為涅槃或計諸物從自然

此為因更无異因彼无智故不能覺了以不
了故執為涅槃或計諦道虛妄分別以
為涅槃或計求那與求那者而共和合一性
異性俱及不俱執為涅槃或計諸物從自然
生孔雀文彩棘針銛利生寶之處出種種寶
如此等事是誰能作即執自然以為涅槃或
謂能解廿五諦即得涅槃或有說言能受六
分守護衆生斯得涅槃或有說言時生世間
時即涅槃或執有物以為涅槃或計无物以
為涅槃或有計著有物无物為涅槃者或計
諸物與涅槃无別作涅槃想大慧復有異彼
外道所說以一切智大師子吼說能了達唯心
所現不取外境遠離四句住如實見不墮二
邊離能所取不入諸量不著真實住於聖智
所現證法悟二无我離二煩惱淨二種障轉
修諸地入於佛地得如幻等諸大三昧永超
心意及以意識名得涅槃大慧彼諸外道虛
妄計度不如於理智者所棄皆墮二邊作
涅槃想於此无有若住若出彼諸外道皆依
自宗而生妄覺違背於理无所成就唯令心
意馳散往來一切无有得涅槃者汝及諸
菩薩宜應遠離尒時世尊重說頌言
外道涅槃見　各各異分別　彼唯是妄想　无解脫方便
遠離諸方便　不至无縛處　妄生解脫想　而實无解脫
外道所成立　衆智各異取　彼悉无解脫　愚癡妄分別
一切癡外道　妄見作所作　悉著有无論　是故无解脫

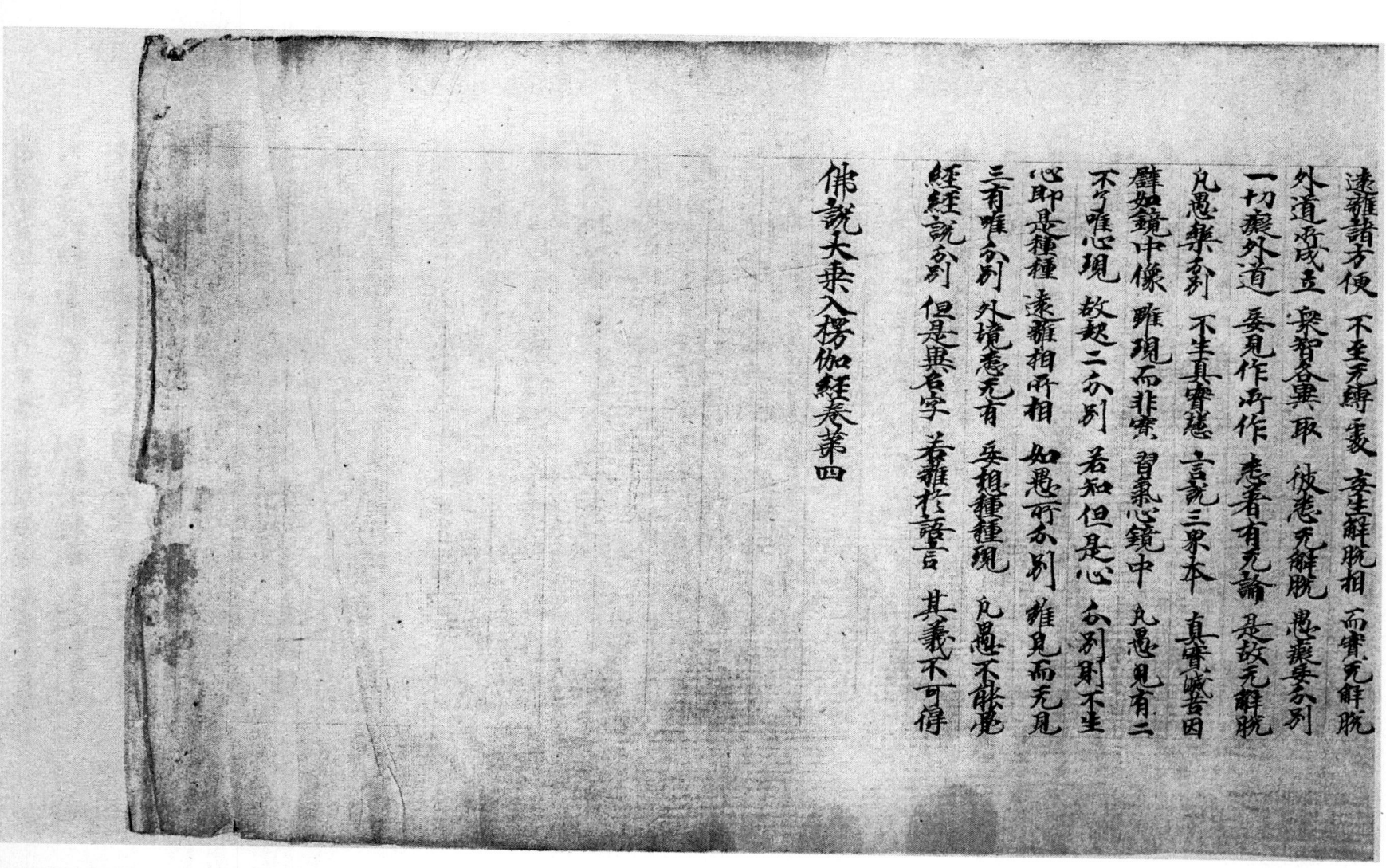

BD03230號　大乘入楞伽經卷四　（4–3）

遠離諸方便　不至无縛處　妄生解脫相　而實无解脫
外道所成立　衆智各異取　彼悉无解脫　愚癡妄分別
一切癡外道　妄見作所作　悉著有无論　是故无解脫
凡愚樂分別　不生真實慧　言說三界本　真實滅苦因
譬如鏡中像　雖現而非實　習氣心鏡中　凡愚見有二
不了唯心現　故起二分別　若知但是心　分別則不生
心即是種種　遠離相所相　如愚所分別　雖見而无見
三有唯分別　外境悉无有　妄想種種現　凡愚不能覺
經經說分別　但是異名字　若離於語言　其義不可得

佛說大乘入楞伽經卷第四

BD03230號　大乘入楞伽經卷四　（4–4）

金光明經銀主陁羅尼品第十一
尒時世尊告命者舍利弗言舍利弗此諸菩
薩堇脩諸法所謂諸菩薩母菩薩昔行菩薩
攝受有法亦名不染著陁羅尼如是語已命
者舍利弗白佛言世尊言陁羅尼陁羅尼者
此何句義爲陁羅尼非陁羅尼世尊爲方處
非方處如是語已佛告命者舍利弗言甚善
甚善舍利弗如汝發行大乘信解大乘增力
大乘如汝所說其陁羅尼非方處非不方處
非法非不法非過去非未來非現在非事物
非不事物非緣非不緣非行非不行无有法
生亦无有滅但爲利益菩薩故如是說是陁
羅尼所作道合力住所謂佛諸功德佛戒佛
學佛密意佛出生所謂法亦名不染著陁羅
尼如是語已命者舍利弗白佛言世尊願爲
演說脩伽多願爲演說此陁羅尼法亦菩薩
於中住已當成不退轉於阿耨多羅三藐三
菩提當成正願不依止法自性辯才當得希
有自安住道所謂得陁羅尼故如是語已佛
告命者舍利弗言甚善甚善舍利弗如是如
是舍利弗得陁羅尼菩薩應言如佛舍利弗
得陁羅尼菩薩若有供養尊重承事供給者

BD03231號　合部金光明經卷六　（4-1）

有自安住道所謂得陁羅尼故如是語已佛
告命者舍利弗言甚善甚善舍利弗如是如
是舍利弗得陁羅尼菩薩應言如佛舍利弗
得陁羅尼菩薩若有供養尊重承事供給者
當如供養於佛舍利弗若當有聞此陁羅尼
若持若信解彼等還應如是供養不離菩提
心如佛无異舍利弗此是陁羅尼
哆姪他一 删陁囉尼二 欝多囉尼三 三鉢囉帝
馱寢瞀去多四 脩那摩五 脩鉢囉帝沙吒六 鼻闍夜
婆羅七 薩帝耶鉢囉帝闍若八 脩阿嚧訶九 闍耶摩
帝十 欝多波馱泥十一 阿婆耶摩泥十二 阿鼻師馱泥十三
阿鼻婢耶訶囉十四 首婆嚧帝十五 脩泥尸利多十六
婆眤窮婆十七 阿鼻婆陁十八 婆婆訶
舍利弗此是陁羅尼句名不染著正住正受
作已若菩薩持者彼若一劫若百劫若千劫
若百千劫不捨諸願彼身當能降伏刀仗毒
藥惡獸皆能降伏何以故舍利弗此不染著
陁羅尼過去諸佛母未來諸佛母現在諸佛
母所謂法亦名不染著陁羅尼舍利弗若有
十阿僧祇三千大千世界七寶滿中作已施
與諸佛世尊及以上勝衣服飲食當持供養
彼菩諸佛阿僧祇劫若於此不染著陁羅尼
法亦當持一句此生福德過多於彼何以故
舍利弗此不染著陁羅尼法亦是諸佛母故
金光明經大辯天品第十二
尒時大辯天神白佛言世尊是說法者我當
益其樂說辯才力令具說法莊嚴次第善得

BD03231號　合部金光明經卷六　（4-2）

金光明經大辯天品第十二
尒時大辯天神白佛言世尊是說法者我當
益其樂說辯才力令具說法莊嚴次第善得
大智若是經中有失文字句義違錯我能令
是說法比丘次第還得能與捴持令不忘失
若有衆生於百千佛所種諸善根是說法者
爲是等故於閻浮提廣說流布是妙經典令
不斷絶復令无量无邊衆生得聞是經當令
是等悉得猛利不可思議大智慧聚不可稱
量福德之報善解无量種種方便善能辯暢
一切諸論善知世間種種伎術能出生死得
不退轉必定疾得阿耨多羅三藐三菩提
我今復欲說其呪藥洗浴法若有比丘受持
此經復有衆生深樂聽聞是經典者爲是人
等能除一切惡星災恠除其疫氣疾病生死
之苦惡口鬪諍縣官口舌夜卧惡夢惡神鄣
難癥蠱呪咀一切惡鄣悉得除滅是諸衆生
若有聽受是經法者應當誦持此呪呪藥作
湯洗浴其身是故我說呪藥之法取好昌蒲
雄黄𦱎着香尸利沙(合)苷松香奢弥(杷爲)草藿
香嵩高草沉香桂皮丁香風香白膠香安
息香阿𦾔婆前香零陵香艾納香栴檀香石
雄黄青木香欝金香附子芥子䌷師蜜欝金
根那羅陁草龍華如是等藥名等分擣之用
鬼星日和合擣之擣說以此呪呪之一百八
遍而說呪曰

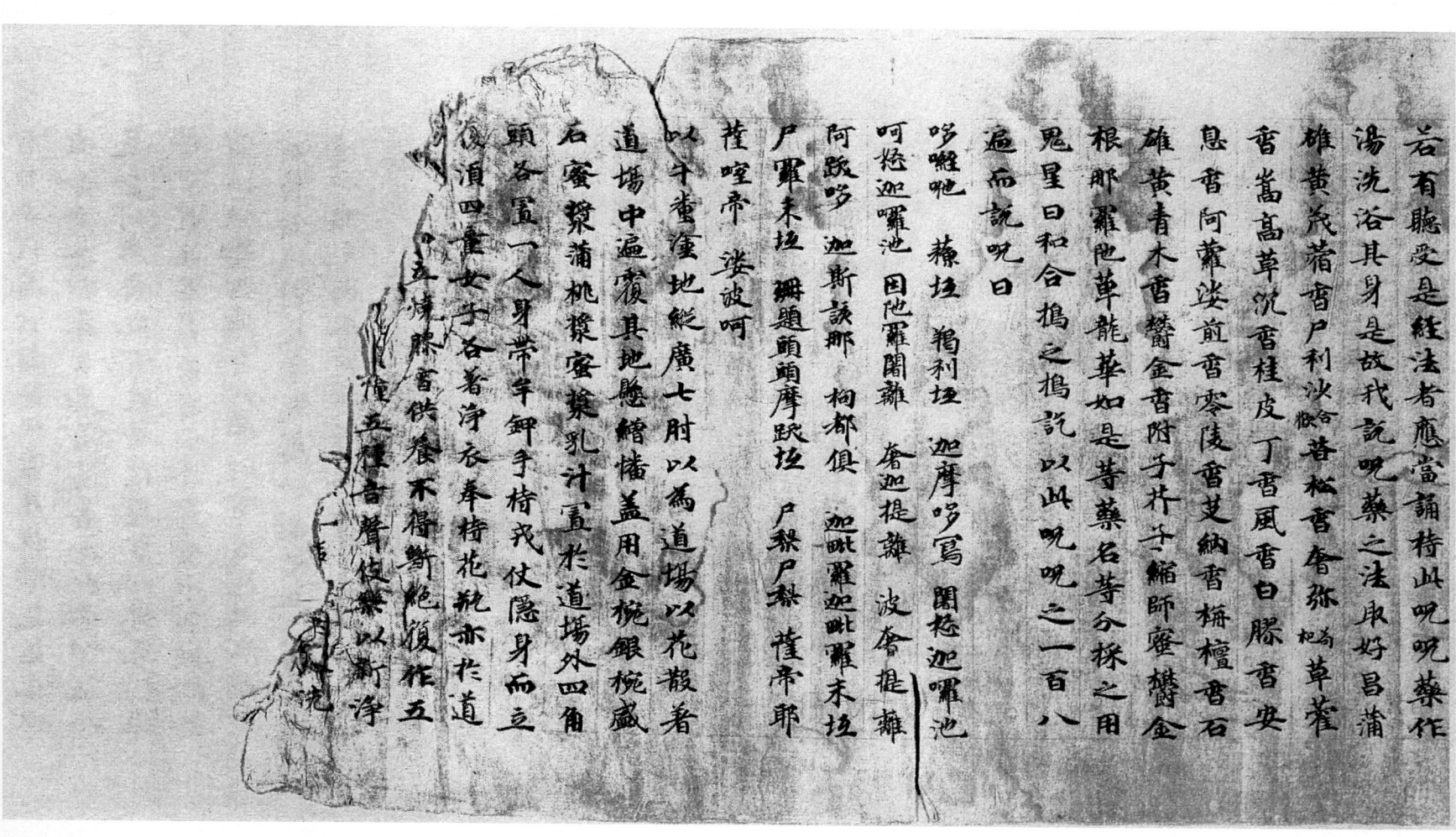

BD03231 號　合部金光明經卷六　（4–3）

若有聽受是經法者應當誦持此呪呪藥作
湯洗浴其身是故我說呪藥之法取好昌蒲
雄黄𦱎着香尸利沙(合)苷松香奢弥(杷爲)草藿
香嵩高草沉香桂皮丁香風香白膠香安
息香阿𦾔婆前香零陵香艾納香栴檀香石
雄黄青木香欝金香附子芥子䌷師蜜欝金
根那羅陁草龍華如是等藥名等分擣之用
鬼星日和合擣之擣說以此呪呪之一百八
遍而說呪曰
哆𠯋他　蔴垤　鵮利垤　迦摩哆寫　闍悠迦囉池
呵悠迦囉池　因陁羅闍離　奢迦提離　波奢提離
阿跋哆　迦斯詃那　栒都俱　迦毗羅迦毗羅末垤
尸羅末垤　㒵題頭頭摩跋垤　尸棃尸棃　薩帝耶
薩喠帝　娑波呵
以牛糞塗地縱廣七肘以爲道場以花散着
道場中遍覆其地懸繒幡蓋用金椀銀椀盛
石蜜漿蒲桃漿蜜漿乳汁置於道場外四角
頭各置一人身帶弓鉀手持戎仗隱身而立
復須四童女子各著淨衣奉持花瓶亦於道
[illegible]五燈膝香供養不得斷絕復作五
[illegible]種五種音聲伎樂以新淨
[illegible]洗

BD03231 號　合部金光明經卷六　（4–4）

□□心背大乘常住經律言非佛
持二乘聲聞外道惡見一切禁戒邪見經律
者犯輕垢罪
若佛子見一切疾病人常應供養如佛无異八
福田中看病福田是第一福田若父母師僧
弟子疾病諸根不具百種病苦皆養令差而
菩薩以瞋心恨心不至僧房中城邑曠野山林
道路中見病不救濟者犯輕垢罪
若佛子不得畜一切刀杖弓箭鉾斧鬭戰之
具及惡網羅煞生之器一切不得畜而菩薩
乃至他煞父母尚不加報况煞一切衆生不得
畜刀杖者犯輕垢罪
如是十戒應當學敬心奉持下六品中應當
廣明佛言佛子不得爲利養惡心故通國使
命軍陣合會興師相伐煞无量衆生而菩薩
不得入軍中往来何况故作國賊若故作者犯
輕垢罪
若佛子故販賣良人奴婢六畜市易棺材板
木盛死之具尚不應自作何况教人作若故作
者犯輕垢罪
若佛子以惡心故无事謗他良人善人法師師
僧國王貴人言犯七逆十重於父母兄弟六親
中應生孝順心慈悲心而返更加於逆害墮

BD03232 號　梵網經盧舍那佛說菩薩心地戒品第十卷下　（3–1）

木盛死之具尚不應自作何况教人作若故作
者犯輕垢罪
若佛子以惡心故无事謗他良人善人法師師
僧國王貴人言犯七逆十重於父母兄弟六親
中應生孝順心慈悲心而返更加於逆害墮
不如意處者犯輕垢罪
若佛子以惡心故放大火燒山林曠野田四月
乃至九月不得放火若燒他人屋宅城邑僧
房田木及鬼神官物一切有主物不得故燒
若故燒者犯輕垢罪
若佛子自佛弟子見外道惡人六親一切善
知識應一一教受持大乘經律教解義理使
發菩提心十發趣心十長養心十金剛心卅心中
一一解其次第法用而菩薩以惡心瞋心横
教二乘聲聞經律外道耶見論等犯輕
垢罪
若佛子應好心先學大乘威儀經律廣開
解義味見後新學菩薩有百里千里来求大
乘經律應如法爲說一切苦行若燒身燒臂
燒指若不燒身不燒臂指供養諸佛非出家
菩薩乃至餓虎狼師子口中一切餓鬼悉應
捨身肉手足而供養之然後一一次第爲說正
法使心開意解而菩薩爲利養故應答不
答倒說經律文字无前无後謗三寶說者
犯輕垢罪
若佛子不得自爲飲食錢物利養名譽故親

BD03232 號　梵網經盧舍那佛說菩薩心地戒品第十卷下　（3–2）

知識應一一教受持大乘經律教解義理使
發菩提心十發趣心十長養心十金剛心卅心中
一一解其次第法用而菩薩以惡心瞋心横
教二乘聲聞經律外道耶見論等犯輕
垢罪
若佛子應好心先學大乘威儀經律廣開
解義味見後新學菩薩有百里千里來求大
乘經律應如法為說一切苦行若燒身燒臂
燒指若不燒身不燒臂指供養諸佛非出家
菩薩乃至餓虎狼師子口中一切餓鬼悉應
捨身肉手足而供養之然後一一次第為說正
法使心開意解而菩薩為利養故應答不
答到說經律文字无前无後謗三寶說者
犯輕垢罪
若佛子不得自為飲食錢物利養名譽故親
近國王王子大臣百官恃作形勢威力乞
打拍牽挽横取人錢物一切求利
多求教他人求都无慈心无
垢罪
若佛子學誦戒
其義理佛

BD03232 號　梵網經盧舍那佛說菩薩心地戒品第十卷下　（3–3）

尒時帝釋即於此日初夜分時以種種花鬘
塗香末香以妙天衣莊嚴執持往詣誓多
林園於世尊所到已頂礼佛足右遶七帀即於
佛前廣大供養佛前跏趺而白佛言世尊善
住天子云何當受七返畜生惡道之身具如
上說
尒時如來頂上放種種光遍滿十方一切世
界已其光還來遶佛三帀從佛口入佛便微
笑告帝釋言天帝有陁羅尼名為如來佛
尊勝頂能淨一切惡道能淨除一切生死苦惱
又能淨除諸地獄閻羅王界畜生之苦又破
一切地獄能回向善道天帝此佛頂尊勝陁
羅尼若有人聞一經於耳先世所造一切地獄
惡業皆悉消滅當得清淨之身隨所生處
憶持不忘從一佛刹至一佛刹從一天界至一
天界遍歷三十三天所生之處憶持不忘天
帝若人命欲將終須臾憶念此陁羅尼還
得增壽得身口意淨身无苦痛隨其福利隨
處安隱一切如來之所觀視一切天神恒常侍
衛為人所敬惡鄣消滅一切菩薩同心覆護
天帝若人能須臾讀誦此陁羅尼者此人所
有一切地獄畜生閻羅王界餓鬼之苦破壞

BD03233 號　佛頂尊勝陁羅尼經（佛陀波利本）　（8–1）

處安隱一切如來之所觀視一切天神恒常侍
衛為人所敬惡鄣消滅一切菩薩同心覆護
天帝若人能須臾讀誦此陁羅尼者此人所
有一切地獄畜生閻羅王界餓鬼之苦破壞
消滅无有遺餘諸佛刹土及諸天宮一切菩
薩所住之門无有鄣礙隨意遊入
尒時帝釋白佛言世尊唯願如來為衆生說
增益壽命之法
尒時世尊知帝釋意心之所念樂聞佛說
是陁羅尼法即說呪曰
那謨薄伽跋帝一啼入聲囇歟路迦瞥飛反鉢羅底毗
失瑟咤長聲耶余何反下同二勃陁長聲耶薄伽跋底三怛
姪他四唵長聲五毗輸駄耶娑摩三漫多嚩父阿反下準
婆長聲娑六娑撥羅姈揭底伽訶那娑婆長聲
嚩秫輸律反下音同地七阿鼻詵去聲者蘇揭多伐祈那八
阿嚂嚛多毗曬罽九阿上聲訶囉長聲阿訶囉
下同十阿長聲瑜散陁長聲囉尼十一輸馱耶輸駄耶
十二伽伽那毗秫提十三烏瑟尼沙毗逝耶秫提
十四娑訶娑囉喝囉濕弭珊珠地帝十五薩婆
怛他揭多地瑟咤長聲耶阿地瑟恥帝慕姪
㘑十六秋祈囉迦長聲耶僧訶多耶秫提十七薩
婆伐羅姈毗秫提十八鉢囉底祢伐怛耶阿
上聲瑜秫提十九薩末耶阿地瑟恥帝廿末祢末
祢廿一怛闥多部多俱胝鉢唎秫提廿二毗薩普
咤勃地秫提廿三社耶社耶余何反下同廿四毗社耶毗社
耶廿五薩末囉薩末囉勃陁阿地瑟恥多秫提
廿六跋折梨跋折羅揭鞞廿七跋折藍婆伐都

BD03233號　佛頂尊勝陀羅尼經（佛陀波利本）　（8–2）

祢廿一怛闥多部多俱胝鉢唎秫提廿二毗薩普
咤勃地秫提廿三社耶社耶余何反下同廿四毗社耶毗社
耶廿五薩末囉薩末囉勃陁阿地瑟恥多秫提
廿六跋折梨跋折羅揭鞞廿七跋折藍婆伐都
廿八摩摩其甲受持者自稱名薩婆薩埵寫迦長聲耶毗秫提
廿九薩婆揭底鉢唎秫提卅薩婆怛他揭多三
摩濕婆娑遏地瑟恥帝卅一勃陁地耶反勃陁同上
蒲陁耶蒲陁耶三漫多鉢唎秫提卅二薩婆
怛他揭多地瑟咤長聲耶遏地瑟恥帝卅三莎婆
長聲訶
佛告帝釋言此呪名淨除一切惡道佛頂尊
勝陁羅尼能除一切罪業等鄣能破一切穢惡
道苦天帝此陁羅尼八十八殑伽沙俱胝百
千諸佛同共宣說隨喜受持大如來智印
印之為破一切衆生穢惡道義故為一切地獄
畜生閻羅王界衆生得解脫故臨急苦難墮
生死海中衆生得解脫故短命薄福无救護
衆生樂造雜染惡業衆生故說又此陁羅
尼於贍部洲住持力故能令地獄惡道衆生
種種流轉生死薄福衆生不信善惡道失正
道衆生等得解脫義故
佛告天帝我說此陁羅尼付囑於汝汝當授
與善住天子復當受持讀誦思惟愛樂憶念
供養於贍部洲一切衆生廣為宣說此陁羅
尼亦為一切諸天子故說此陁羅尼印付囑
於汝天帝汝當善持守護勿令忘失
天帝若人須臾得聞此陁羅尼千劫已來積

BD03233號　佛頂尊勝陀羅尼經（佛陀波利本）　（8–3）

供養於贍部洲一切衆生廣為宣說此陀羅
尼亦為一切諸天子故說此陀羅尼印付囑
於汝天帝汝當善持守護勿令忘失
天帝若人須臾得聞此陀羅尼千劫已來積
造惡業重鄣應受種種流轉生死地獄餓鬼
畜生閻羅王界阿脩羅身夜叉羅剎鬼神布
單那羯吒布單那阿波娑摩囉蚊蝱龜狗蟒
虵一切諸鳥及諸猛獸一切蠢動含靈乃至蟻
子之身更不重受即得轉生諸佛如來一生
補處菩薩同會處生或得大姓婆羅門家生
或得剎利種家生或得豪貴最勝家生天帝
此人身如上貴處生者皆由聞此陀羅尼故
轉所生處皆得清淨天帝乃至得到菩提道
場最勝之處皆由讚歎此陀羅尼功德如是
天帝此陀羅尼名吉祥能淨一切惡道此佛
頂尊勝陀羅尼猶如日藏摩尼之寶淨无瑕
穢淨等虛空光焰照徹无不周遍若諸衆生
持此陀羅尼亦復如是亦如閻浮檀金明淨柔
軟令人喜見不為穢惡之所染著天帝若有
衆生持此陀羅尼亦復如是乘斯善淨得生
善道天帝此陀羅尼所在之處若能書寫
流通受持讀誦聽聞供養能如是者一切惡
道皆得清淨一切地獄苦惱皆消滅
佛告天帝若人能書寫此陀羅尼安高幢
上或安高山或安樓上乃至安置窣堵波中天
帝若有苾蒭尼優婆塞優婆夷族姓男族

BD03233號　佛頂尊勝陀羅尼經（佛陀波利本）　（8–4）

道皆得清淨一切地獄苦惱皆消滅
佛告天帝若人能書寫此陀羅尼安高幢
上或安高山或安樓上乃至安置窣堵波中天
帝若有苾蒭尼優婆塞優婆夷族姓男族
姓女於幢等上或見或與相近其影映身或風吹
陀羅尼上幢等上塵落在身上天帝彼諸
衆生所有罪業應墮惡道地獄畜生閻羅
王界餓鬼阿脩羅身惡道之苦皆悉不受亦
不為罪垢染汙天帝此等衆生為一切諸佛之
所授記皆得不退轉於阿耨多羅三藐三菩
提
天帝何況更以多諸供具花鬘塗香末香幢
幡蓋等衣服瓔珞作諸莊嚴於四衢道造
窣堵波安陀羅尼合掌恭敬旋遶行道歸
命禮拜天帝彼人能如是供養者名摩訶
薩埵真是佛子持法棟梁又是如來全身
舍利窣堵波塔
尒時閻摩羅法王於時夜分來詣佛所到已
以種種天衣妙花塗香莊嚴供養佛已遶
佛七帀頂禮佛足而作是言我聞如來演說讚
持大力陀羅尼者我常隨逐守護不令持
者墮於地獄以彼隨順如來言教而護念之
尒時護世四天大王遶佛三帀白佛言世尊
唯願如來為我廣說持陀羅尼法尒時佛告
四天王汝今諦聽我當為汝宣說受持此陀羅
尼法亦為短命諸衆生說當先洗浴著新淨
衣白月圓滿十五日時持齋誦此陀羅尼滿

BD03233號　佛頂尊勝陀羅尼經（佛陀波利本）　（8–5）

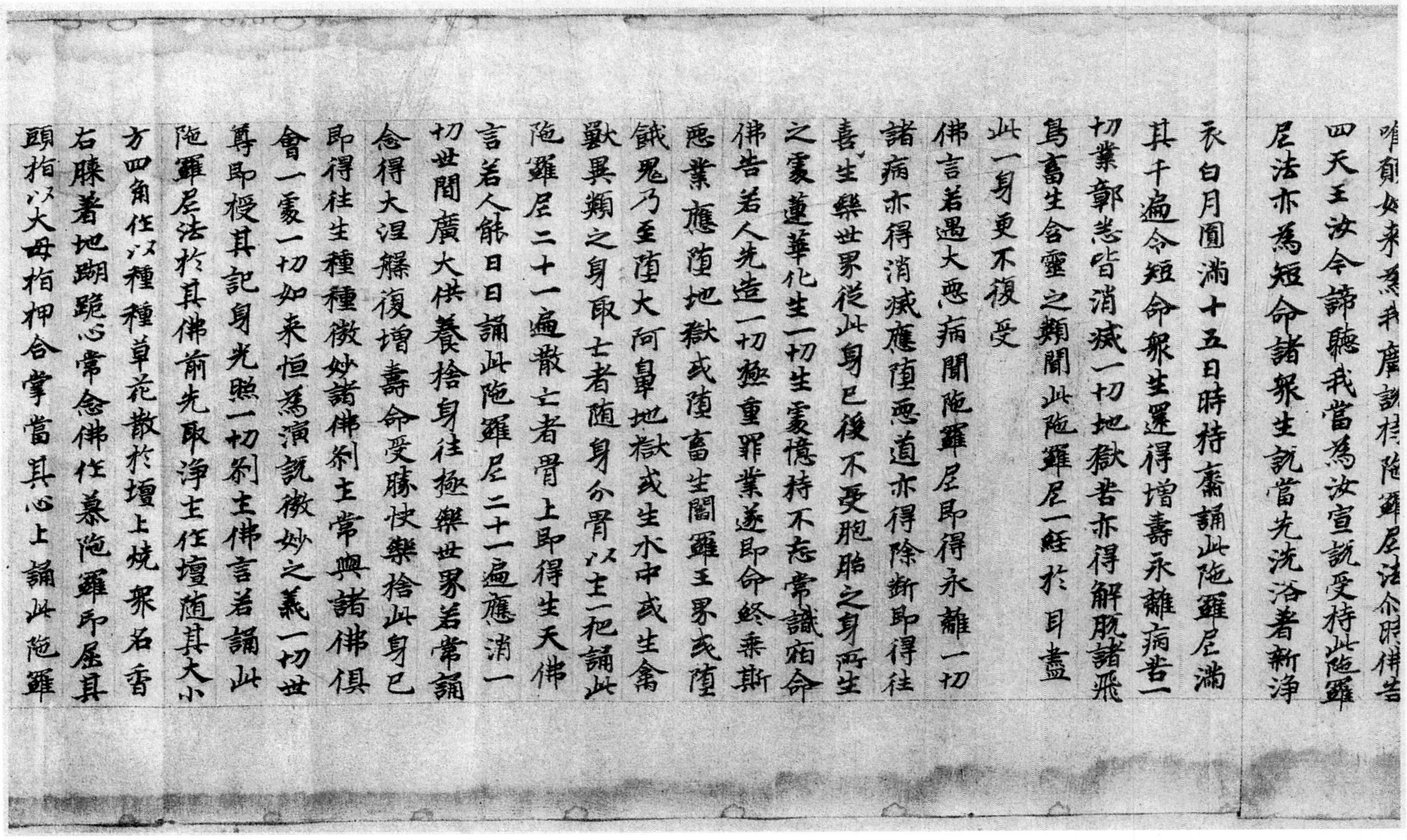

唯願如來為我廣說持陀羅尼法尒時佛告
四天王汝今諦聽我當為汝宣說受持此陀羅
尼法亦為短命諸衆生說當先洗浴著新淨
衣白月圓滿十五日時持齋誦此陀羅尼滿
其千遍令短命衆生還得增壽永離病苦一
切業鄣悉皆消滅一切地獄苦亦得解脫諸飛
鳥畜生含靈之類聞此陀羅尼一經於耳盡
此一身更不復受
佛言若遇大惡病聞此陀羅尼即得永離一切
諸病亦得消滅應墮惡道亦得除斷即得往
喜生樂世界從此身已後不受胞胎之身所生
之處蓮華化生一切生處憶持不忘常識宿命
佛告若人先造一切極重罪業遂即命終乘斯
惡業應墮地獄或墮畜生閻羅王界或墮
餓鬼乃至墮大阿鼻地獄或生水中或生禽
獸異類之身取亡者隨身分骨以土一把誦此
陀羅尼二十一遍散亡者骨上即得生天佛
言若人能日日誦此陀羅尼二十一遍應消一
切世間廣大供養捨身往極樂世界若常誦
念得大涅槃復增壽命受勝快樂捨此身已
即得往生種種微妙諸佛刹土常與諸佛俱
會一處一切如來恒為演說微妙之義一切世
尊即授其記身光照一切刹土佛言若誦此
陀羅尼法於其佛前先取淨土作壇隨其大小
方四角作以種種草花散於壇上燒衆名香
右膝著地胡跪心常念佛作慕陀羅尼印屈其
頭指以大母指押合掌當其心上誦此陀羅

BD03233號　佛頂尊勝陀羅尼經（佛陀波利本）　（8–6）

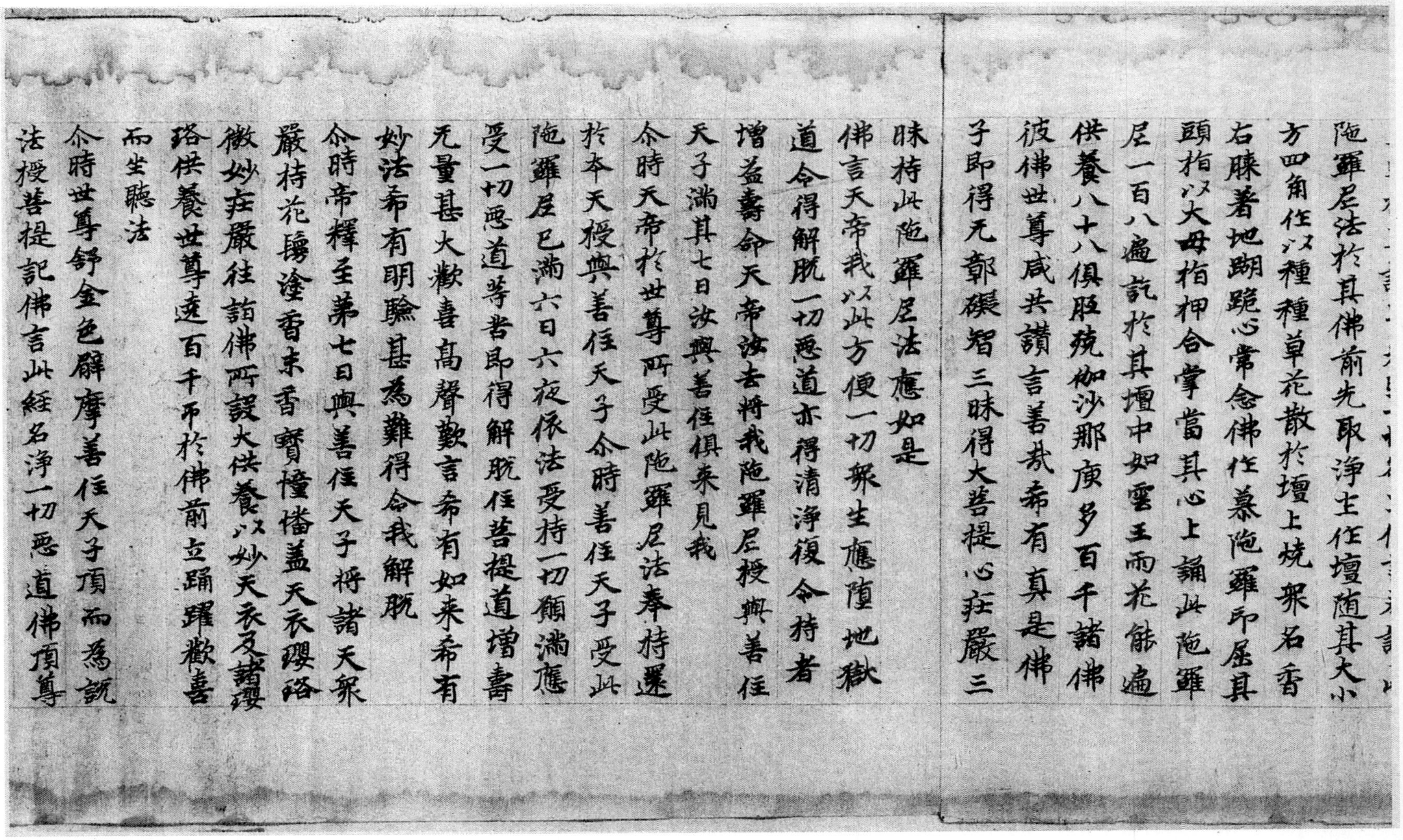

陀羅尼法於其佛前先取淨土作壇隨其大小
方四角作以種種草花散於壇上燒衆名香
右膝著地胡跪心常念佛作慕陀羅尼印屈其
頭指以大母指押合掌當其心上誦此陀羅
尼一百八遍訖於其壇中如雲王雨花能遍
供養八十八俱胝殑伽沙那庾多百千諸佛
彼佛世尊咸共讚言善哉希有真是佛
子即得无鄣礙智三昧得大菩提心莊嚴三
昧持此陀羅尼法應如是
佛言天帝我以此方便一切衆生應墮地獄
道令得解脫一切惡道亦得清淨復令持者
增益壽命天帝汝去將我陀羅尼授與善住
天子滿其七日汝與善住俱來見我
尒時天帝於世尊所受此陀羅尼法奉持還
於本天授與善住天子尒時善住天子受此
陀羅尼已滿六日六夜依法受持一切願滿應
受一切惡道等苦即得解脫住菩提道增壽
无量甚大歡喜高聲歎言希有如來希有
妙法希有明驗甚為難得令我解脫
尒時帝釋至第七日與善住天子將諸天衆
嚴持花鬘塗香末香寶幢幡蓋天衣瓔珞
微妙莊嚴往詣佛所設大供養以妙天衣及諸瓔
珞供養世尊遶百千帀於佛前立踊躍歡喜
而坐聽法
尒時世尊舒金色臂摩善住天子頂而為說
法授菩提記佛言此經名淨一切惡道佛頂尊

BD03233號　佛頂尊勝陀羅尼經（佛陀波利本）　（8–7）

於本天授與善住天子尒時善住天子受此
陁羅尼已滿六日六夜依法受持一切願滿應
受一切惡道等苦即得解脫住菩提道增壽
无量甚大歡喜高聲歎言希有如來希有
妙法希有明驗甚為難得令我解脫
尒時帝釋至第七日與善住天子將諸天衆
嚴持花鬘塗香末香寶幢幡蓋天衣瓔珞
微妙莊嚴往詣佛所設大供養以妙天衣及諸瓔
珞供養世尊遶百千帀於佛前立踊躍歡喜
而坐聽法
尒時世尊舒金色臂摩善住天子頂而為說
法授菩提記佛言此經名淨一切惡道佛頂尊
勝陁羅尼汝當受持尒時大衆聞法歡喜信
受奉行
佛頂尊勝陁羅尼經

BD03233號　佛頂尊勝陀羅尼經（佛陀波利本）　（8–8）

吉祥威[illegible]
佛日光明常普遍
牟尼月照極清涼
三十二相遍莊嚴　八十隨好皆[illegible]
福德難思无與等　如日流光照世間
色如琉璃淨无垢　猶如滿月處虛空
妙頗梨網映金軀　種種光明以嚴飾
於生死苦暴流内　老病憂愁水所漂
如是苦海難堪忍　佛日舒光令永竭
我今稽首一切智　三千世界希有尊
光明晃耀紫金身　種種妙好皆嚴飾
如大海水量難知　大地微塵不可數
如妙高山叵稱量　亦如虛空无有際
諸佛功德亦如是　一切有情不能知
於无量劫諦思惟　无有能知德海岸
盡此大地諸山岳　析如微塵能筭知
毛端渧海尚可量　佛之功德无能數
一切有情皆共讚　世尊名稱諸功德
清淨相好妙莊嚴　不可稱量知分齊
我之所有衆善業　願得速成無上尊

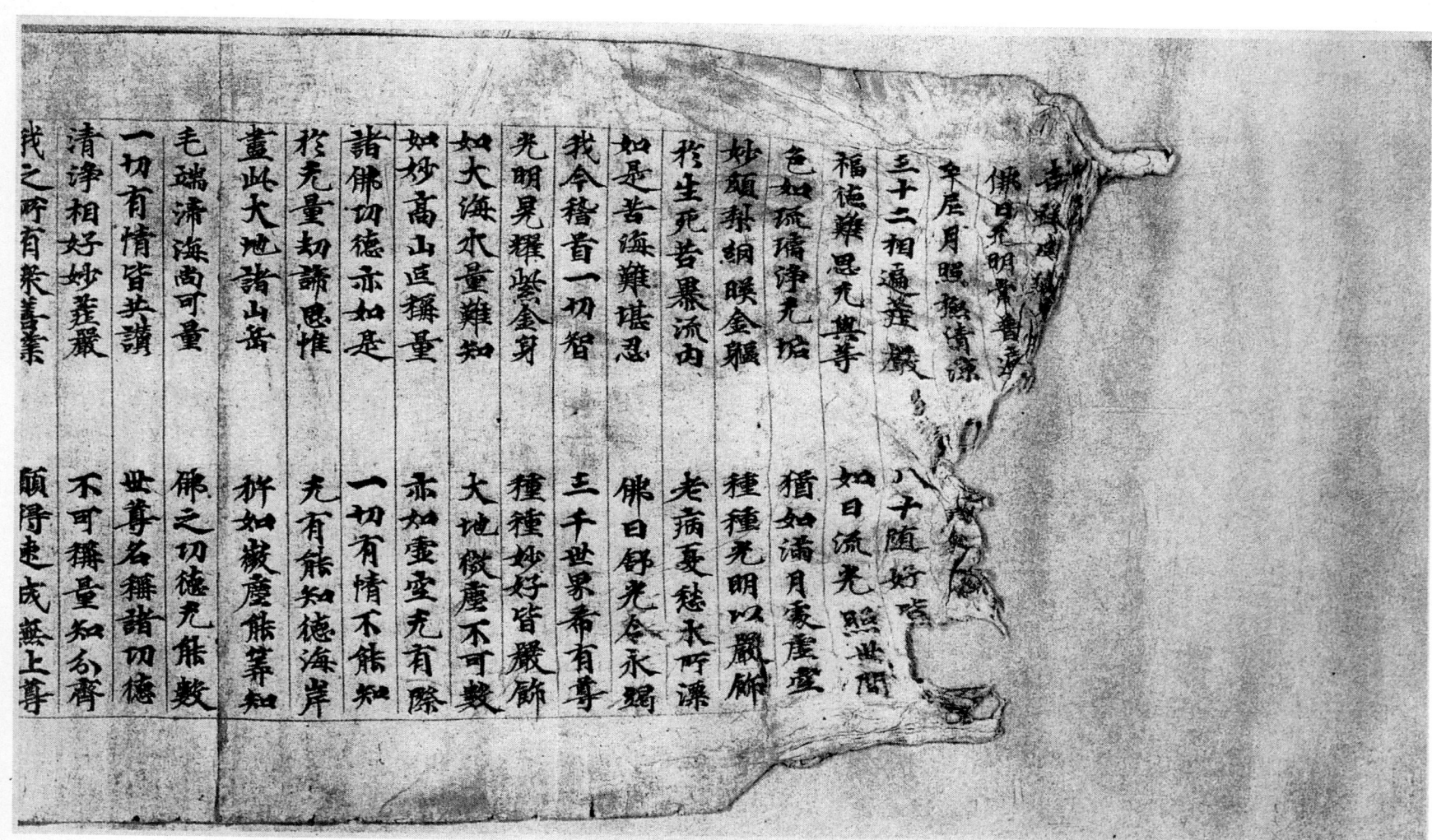

BD03234號　金光明最勝王經卷二　（5–1）

毛端渧海尚可量　佛之功德无能數
一切有情皆共讚　世尊名稱諸功德
清淨相好妙莊嚴　不可稱量知分齊
我之所有衆善業　願得速成無上尊
廣說正法利群生　悉令解脫於衆苦
降伏大力魔軍衆　當轉无上正法輪
久住劫數難思議　充足衆生甘露味
猶如過去諸最勝　六波羅蜜皆圓滿
滅諸貪欲及瞋癡　降伏煩惱除衆苦
願我常得宿命智　能憶過去百千生
亦常憶念牟尼尊　得聞諸佛甚深法
願我以斯諸善業　奉事无邊最勝尊
遠離一切不善因　恒得修行真妙法
一切世界諸衆生　悉皆離苦得安樂
所有諸根不具足　令彼身相皆圓滿
若有衆生遭病苦　身形羸瘦无所依
咸令病苦得消除　諸根色力皆充滿
若犯王法當刑戮　衆苦逼迫生憂惱
彼受如斯極苦時　无有歸依能救護
若受鞭杖枷鎖繫　種種苦具切其身
无量百千憂惱時　逼迫身心无暫樂
皆令得免於繫縛　及以鞭杖苦楚事
將臨形者得命全　衆苦皆令永除盡
若有衆生飢渴逼　令得種種殊勝味
盲者得視聾者聞　跛者能行瘂能語
貧窮衆生獲寶藏　倉庫盈溢无所乏
[illegible]

BD03234號　金光明最勝王經卷二　（5–2）

將臨形者得命全　衆苦皆令永除盡
若有衆生飢渴逼　令得種種殊勝味
盲者得視聾者聞　跛者能行瘂能語
貧窮衆生獲寶藏　倉庫盈溢无所乏
皆令得受上妙樂　无一衆生受苦惱
一切人天皆樂見　容儀溫雅甚端嚴
悉皆現受无量樂　受用豐饒福德具
隨彼衆生念伎樂　衆妙音聲皆現前
念水即現清涼池　金色蓮花泛其上
隨彼衆生心所念　飲食衣服及牀敷
金銀珍寶妙琉璃　瓔珞莊嚴皆具足
勿令衆生聞惡響　亦復不見有相違
所受容貌悉端嚴　各各慈心相愛樂
世間資生諸樂具　隨心念時皆滿足
所得珍財无悋惜　分布施與諸衆生
燒香末香及塗香　衆妙雜花非一色
每日三時從樹墮　隨心受用生歡喜
普願衆生咸供養　十方一切最勝尊
三乘清淨妙法門　菩薩獨覺聲聞衆
常願勿處於卑賤　不墮无暇八難中
生在有暇人中尊　恒得親承十方佛
願得常生富貴家　財寶倉庫皆盈滿
顏貌名稱无與等　壽命延長經劫數
悉願女人變為男　勇健聰明多智慧
一切常行菩薩道　勤修六度到彼岸
常見十方无量佛　寶王樹下而安處

BD03234號　金光明最勝王經卷二　（5–3）

顏貌名稱无與等　壽命延長經劫數
悉願女人變為男　勇健聰明多智慧
一切常行菩薩道　勤修六度到彼岸
常見十方无量佛　寶王樹下而安處
處妙瑠璃師子座　恒得親承轉法輪
若於過去及現在　輪迴三有造諸業
能招可猒不善趣　願得消滅永无餘
一切衆生於有海　生死羅網堅牢縛
願以智劍為斷除　離苦速證菩提處
衆生於此贍部內　或於他方世界中
所作種種勝福因　我今皆悉生隨喜
以此隨喜福德事　及身語意造衆善
願此勝業常增長　速證无上大菩提
所有礼讚佛功德　深心清淨无瑕穢
迴向發願福无邊　當超惡趣六十劫
若有男子及女人　婆羅門等諸勝族
合掌一心讚歎佛　生生常憶宿世事
諸根清淨身圓滿　殊勝功德皆成就
願於未來所生處　常得人天共瞻仰
非於一佛十佛所　修諸善根今得聞
百千佛所種善根　方得聞斯懺悔法
尒時世尊聞此說已讚妙幢菩薩言善哉善
哉善男子如汝所夢金鼓出聲讚歎如來真
實功德并懺悔法若有聞者獲福甚多廣
利有情滅除罪障汝今應知此之勝業皆是
過去讚歎發願宿習因緣及由諸佛威力加護

BD03234號　金光明最勝王經卷二　（5-4）

百千佛所種善根　方得聞斯懺悔法
尒時世尊聞此說已讚妙幢菩薩言善哉善
哉善男子如汝所夢金鼓出聲讚歎如來真
實功德并懺悔法若有聞者獲福甚多廣
利有情滅除罪障汝今應知此之勝業皆是
過去讚歎發願宿習因緣及由諸佛威力加護
此之因緣當為汝說時諸大衆聞是法已咸
皆歡喜信受奉行

金光明最勝王經卷第二

礦古猛　鍊蓮見　鎔欲鍾　渟大丁　桴覆子　鎖蘇果　羂古懸

BD03234號　金光明最勝王經卷二　（5-5）

悚慄一心合掌瞻仰世尊目不暫捨即共同
聲而說偈言
大雄猛世尊 諸釋之法王 哀愍我等故 而賜佛音聲
若知我深心 見為授記者 如以甘露灑 除熱得清涼
如從飢國來 忽遇大王饍 心猶懷疑懼 未敢即便食
若復得王教 然後乃敢食 我等亦如是 每惟小乘過
不知當云何 得佛无上慧 雖聞佛音聲 言我等作佛
心尚懷憂懼 如未敢便食 若蒙佛授記 尒乃快安樂
大雄猛世尊 常欲安世間 願賜我等記 如飢須教食
尒時世尊知諸大弟子心之所念告諸比丘
是須菩提於當來世奉覲三百万億那由他
佛供養恭敬尊重讚嘆常脩梵行具菩薩道
於最後身得成為佛号曰名相如來應供正
遍知明行足善逝世間解无上士調御丈夫
天人師佛世尊劫名有寶國名寶生其土平
正頗梨為地寶樹莊嚴无諸丘坑沙礫荊棘
便利之穢寶華覆地周遍清淨其土人民皆
處寶臺珍妙樓閣聲聞弟子无量无邊算數
譬喻所不能知諸菩薩眾无數千万億那由
他佛壽十二小劫正法住世二十小劫像法
亦住二十小劫其佛常處虛空為眾說法度

BD03235號　妙法蓮華經卷三　（19–1）

處寶臺珍妙樓閣聲聞弟子无量无邊算數
譬喻所不能知諸菩薩眾无數千万億那由
他佛壽十二小劫正法住世二十小劫像法
亦住二十小劫其佛常處虛空為眾說法度
脫无量菩薩及聲聞眾尒時世尊欲重宣此
義而說偈言
諸比丘眾 今告汝等 皆應一心 聽我所說
我大弟子 須菩提者 當得作佛 号曰名相
當供无數 万億諸佛 隨佛所行 漸具大道
最後身得 三十二相 端正姝妙 猶如寶山
其佛國土 嚴淨第一 眾生見者 无不愛樂
佛於其中 度无量眾 其佛法中 多諸菩薩
皆悉利根 轉不退輪 彼國常以 菩薩莊嚴
諸聲聞眾 不可稱數 皆得三明 具六神通
住八解脫 有大威德 其佛說法 現於无量
神通變化 不可思議 諸天人民 數如恒沙
皆共合掌 聽受佛語 其佛當壽 十二小劫
正法住世 二十小劫 像法亦住 二十小劫
尒時世尊復告諸比丘眾我今語汝是大迦
旃延於當來世以諸供具供養奉事八千億
佛恭敬尊重諸佛滅後各起塔廟高千由旬
縱廣正等五百由旬皆以金銀瑠璃車𤦲馬
瑙真珠玫瑰七寶合成眾華瓔珞塗香末香
燒香繒蓋幢幡供養塔廟過是已後當復供
養二万億佛亦復如是供養是諸佛已具菩
薩道當得作佛号曰閻浮那提金光如來應
供正遍知明行足善逝世間解无上士調御
丈夫天人師佛世尊其土平正頗梨為地寶

BD03235號　妙法蓮華經卷三　（19–2）

養二万億佛亦復如是供養是諸佛已具善
薩道當得作佛号曰閻浮那提金光如来應
供正遍知明行足善逝世間解无上士調御
丈夫天人師佛世尊其土平正頗梨為地寶
樹莊嚴黄金為繩以界道側妙華覆地周遍
清淨見者歡喜无四惡道地獄餓鬼畜生阿
脩羅道多有天人諸聲聞衆及諸菩薩无量
万億莊嚴其國佛壽十二小劫正法住世二
十小劫像法亦住二十小劫尒時世尊欲重
宣此義而說偈言
諸比丘衆　皆一心聽　如我所說　真實无異
是迦旃延　當以種種　妙好供具　供養諸佛
諸佛滅後　起七寶塔　亦以華香　供養舍利
其冣後身　得佛智慧　成等正覺　國土清淨
度脫无量　万億衆生　皆為十方　之所供養
佛之光明　无能勝者　其佛号曰　閻浮金光
菩薩聲聞　斷一切有　无量无數　莊嚴其國
尒時世尊復告大衆我今語汝是大目揵連
當以種種供具供養八千諸佛恭敬尊重諸
佛滅後各起塔廟高千由旬縱廣正等五百
由旬以金銀瑠璃車𤦲馬瑙真珠玫瑰七寶
合成衆華瓔珞塗香末香燒香繒蓋幢幡以
用供養過是已後當復供養二百万億諸佛
亦復如是當得成佛号曰多摩羅跋栴檀香
如来應供正遍知明行足善逝世間解无上
士調御丈夫天人師佛世尊劫名喜滿國名
意樂其土平正頗梨為地寶樹莊嚴散真珠

BD03235號　妙法蓮華經卷三　（19-3）

如来應供正遍知明行足善逝世間解无上
士調御丈夫天人師佛世尊劫名喜滿國名
意樂其土平正頗梨為地寶樹莊嚴散真珠
華周遍清淨見者歡喜多諸天人菩薩聲聞
其數无量佛壽二十四小劫正法住世四十
小劫像法亦住四十小劫尒時世尊欲重宣
此義而說偈言
我此弟子　大目揵連　捨是身已　得見八千
二百万億　諸佛世尊　為佛道故　供養恭敬
於諸佛所　常脩梵行　於无量劫　奉持佛法
諸佛滅後　起七寶塔　長表金刹　華香伎樂
而以供養　諸佛塔廟　漸漸具足　菩薩道已
於意樂國　而得作佛　号多摩羅　栴檀之香
其佛壽命　二十四劫　常為天人　演說佛道
聲聞无量　如恒河沙　三明六通　有大威德
菩薩无數　志固精進　於佛智慧　皆不退轉
佛滅度後　正法當住　四十小劫　像法亦尒
我諸弟子　威德具足　其數五百　皆當授記
於未来世　咸得成佛
我及汝等　宿世因緣　吾今當說　汝等善聽

妙法蓮華經化城喻品第七

佛告諸比丘乃往過去无量无邊不可思議
阿僧祇劫尒時有佛名大通智勝如来應供
正遍知明行足善逝世間解无上士調御丈
夫天人師佛世尊其國名好成劫名大相諸
比丘彼佛滅度已来甚大久遠譬如三千大
千世界所有地種假使有人磨以為墨過於

BD03235號　妙法蓮華經卷三　（19-4）

正遍知明行足善逝世間解无上士調御丈
夫天人師佛世尊其國名好成劫名大相諸
比丘彼佛滅度已來甚大久遠譬如三千大
千世界所有地種假使有人磨以為墨過於
東方千國土乃下一點大如微塵又過千國
土復下一點如是展轉盡地種墨於汝等意
云何是諸國土若筭師若筭師弟子能得邊
際知其數不不也世尊諸比丘是人所經國
土若點不點盡末為塵一塵一劫彼佛滅度
已來復過是數无量无邊百千万億阿僧祇
劫我以如來知見力故觀彼久遠猶若今日
尒時世尊欲重宣此義而說偈言
我念過去世　无量无邊劫　有佛兩足尊　名大通智勝
如人以力磨　三千大千土　盡此諸地種　皆悉以為墨
過於千國土　乃下一塵點　如是展轉點　盡此諸塵墨
如是諸國土　點與不點等　復盡末為塵　一塵為一劫
此諸微塵數　其劫復過是　彼佛滅度來　如是无量劫
如來无礙智　知彼佛滅度　及聲聞菩薩　如見今滅度
諸比丘當知　佛智淨微妙　無漏无所礙　通達无量劫
佛告諸比丘大通智勝佛壽五百四十万億
那由他劫其佛本坐道場破魔軍已垂得阿
耨多羅三藐三菩提而諸佛法不現在前如
是一小劫乃至十小劫結跏趺坐身心不動
而諸佛法猶不在前尒時忉利諸天先為彼
佛於菩提樹下敷師子座高一由旬佛於此
座當得阿耨多羅三藐三菩提適坐此座時
諸梵天王雨衆天華面百由旬香風時來吹

BD03235 號　妙法蓮華經卷三　（19-5）

佛於菩提樹下敷師子座高一由旬佛於此
座當得阿耨多羅三藐三菩提適坐此座時
諸梵天王雨衆天華面百由旬香風時來吹
去萎華更雨新者如是不絕滿十小劫供養
於佛及至滅度常雨此華四王諸天為供養
佛常擊天鼓其餘諸天作天伎樂滿十小劫
至于滅度亦復如是諸比丘大通智勝佛過
十小劫諸佛之法乃現在前成阿耨多羅三
藐三菩提其佛未出家時有十六子其第一
者名曰智積諸子各有種種珎異玩好之具
聞父得成阿耨多羅三藐三菩提皆捨所珎
往詣佛所諸母涕泣而隨送之其祖轉輪聖
王與一百大臣及餘百千万億人民皆共圍
遶隨至道場咸欲親近大通智勝如來供養
恭敬尊重讚嘆到已頭面礼足遶佛畢已一
心合掌瞻仰世尊以偈頌曰
大威德世尊　為度衆生故　於无量億歲　尒乃得成佛
諸願已具足　善哉吉无上　世尊甚希有　一坐十小劫
身體及手足　靜然安不動　其心常惔怕　未曾有散亂
究竟永寂滅　安住无漏法　今者見世尊　安隱成佛道
我等得善利　稱慶大歡喜　衆生常苦惱　盲冥无導師
不識苦盡道　不知求解脫　長夜增惡趣　減損諸天衆
從冥入於冥　永不聞佛名　今佛得最上　安隱無漏道
我等及天人　為得最大利　是故咸稽首　歸命无上尊
尒時十六王子偈讚佛已勸請世尊轉於法
輪咸作是言世尊說法多所安隱憐愍饒益
諸天人民重說偈言

BD03235 號　妙法蓮華經卷三　（19-6）

尒時十六王子偈讚佛已勸請世尊轉於法
輪咸作是言世尊說法多所安隱憐愍饒益
諸天人民重說偈言
世雄无等倫 百福自莊嚴 得无上智慧 願為世間說
度脫於我等 及諸衆生類 為分別顯示 令得是智慧
若我等得佛 衆生亦復然 世尊知衆生 深心之所念
亦知所行道 又知智慧力 欲樂及脩福 宿命所行業
世尊悉知已 當轉无上輪
佛告諸比丘大通智勝佛得阿耨多羅三藐
三菩提時十方各五百万億諸佛世界六種
震動其國中間幽冥之處日月威光所不能
照而皆大明其中衆生各得相見咸作是言
此中云何忽生衆生又其國界諸天宮殿乃
至梵宮六種震動大光普照遍滿世界勝諸
天光尒時東方五百万億諸國土中梵天宮
殿光明照曜倍於常明諸梵天王各作是念
今者宮殿光明昔所未有以何因緣而現此
相是時諸梵天王即各相詣共議此事而彼
衆中有一大梵天王名救一切為諸梵衆而
說偈言
我等諸宮殿 光明昔未有 此是何因緣 宜各共求之
為大德天生 為佛出世間 而此大光明 遍照於十方
尒時五百万億國土諸梵天王與宮殿俱各
以衣裓盛諸天華共詣西方推尋是相見大
通智勝如来處于道場菩提樹下坐師子座
諸天龍王乾闥婆緊那羅摩睺羅伽人非人
等恭敬圍遶及見十六王子請佛轉法輪即

通智勝如来處于道場菩提樹下坐師子座
諸天龍王乾闥婆緊那羅摩睺羅伽人非人
等恭敬圍遶及見十六王子請佛轉法輪即
時諸梵天王頭面礼佛遶百千匝即以天華
天散佛上其所散華如須弥山并以供養佛
菩提樹其菩提樹高十由旬華供養已各以
宮殿奉上彼佛而作是言唯見哀愍饒益我
等所獻宮殿願垂納處尒時諸梵天王即於
佛前一心同聲以偈頌曰
世尊甚希有 難可得值遇 具无量功德 能救護一切
天人之大師 哀愍於世間 十方諸衆生 普皆蒙饒益
我等所從来 五百万億國 捨深禪定樂 為供養佛故
我等先世福 宮殿甚嚴飾 今以奉世尊 唯願哀納受
尒時諸梵天王偈讚佛已各作是言唯願世
尊轉於法輪度脫衆生開涅槃道時諸梵天
王一心同聲而說偈言
世雄兩足尊 唯願演說法 以大慈悲力 度苦惱衆生
尒時大通智勝如来默然許之又諸比丘東
南方五百万億國土諸大梵王各自見宮殿
光明照曜昔所未有歡喜踊躍生希有心即
各相詣共議此事而彼衆中有一大梵天王
名曰大悲為諸梵衆而說偈言
是事何因緣 而現如此相 我等諸宮殿 光明昔未有
為大德天生 為佛出世間 未曾見此相 當共一心求
過千万億土 尋光共推之 多是佛出世 度脫苦衆生
尒時五百万億諸梵天王與宮殿俱各以衣
裓盛諸天華共詣西北方推尋是相見大通

為大德天生　為佛出世間　未曾見此相　當共一心求
過千万億土　尋光共推之　多是佛出世　度脫苦衆生
尒時五百万億諸梵天王與宮殿俱各以衣
裓盛諸天華共詣西北方推尋是相見大通
智勝如來處于道場菩提樹下坐師子座諸
天龍王乹闥婆緊那羅摩睺羅伽人非人等
恭敬圍遶及見十六王子請佛轉法輪時諸
梵天王頭面礼佛遶百千帀即以天華而散
佛上所散之華如須弥山并以供養佛菩提
樹華供養已各以宮殿奉上彼佛而作是言
唯見哀愍饒益我等所獻宮殿願垂納處尒
時諸梵天王即於佛前一心同聲以偈頌曰
聖主天中王　迦陵頻伽聲　哀愍衆生者　我等今敬礼
世尊甚希有　久遠乃一現　一百八十劫　空過无有佛
三惡道充滿　諸天衆減少　今佛出於世　為衆生作眼
世間所歸趣　救護於一切　為衆生之父　哀愍饒益者
我等宿福慶　今得值世尊
尒時諸梵天王偈讚佛已各作是言唯願世
尊哀愍一切轉於法輪度脫衆生時諸梵天
王一心同聲而說偈言
大聖轉法輪　顯示諸法相　度苦惱衆生　令得大歡喜
衆生聞是法　得道若生天　諸惡道減少　忍善者增益
尒時大通智勝如來默然許之
又諸比丘南方五百万億國土諸大梵王各
自見宮殿光明照曜昔所未有歡喜踊躍生
希有心即各相詣共議此事以何因緣我等
宮殿有此光曜而彼衆中有一大梵天王名

BD03235號　妙法蓮華經卷三　（19–9）

又諸比丘南方五百万億國土諸大梵王各
自見宮殿光明照曜昔所未有歡喜踊躍生
希有心即各相詣共議此事以何因緣我等
宮殿有此光曜而彼衆中有一大梵天王名
曰妙法為諸梵衆而說偈言
我等諸宮殿　光明甚威曜　此非无因緣　是相宜求之
過於百千劫　未曾見是相　為大德天生　為佛出世間
尒時五百万億諸梵天王與宮殿俱各以衣
裓盛諸天華共詣北方推尋是相見大通智
勝如來處于道場菩提樹下坐師子座諸天
龍王乹闥婆緊那羅摩睺羅伽人非人等恭
敬圍遶及見十六王子請佛轉法輪即時諸
梵天王頭面礼佛遶百千帀即以天華而散
佛上所散之華如須弥山并以供養佛菩提
樹華供養已各以宮殿奉上彼佛而作是言
唯見哀愍饒益我等所獻宮殿願垂納處尒
時諸梵天王即於佛前一心同聲以偈頌曰
世尊甚難見　破諸煩惱者　過百三十劫　今乃得一見
諸飢渴衆生　以法雨充滿　昔所未曾覩　无量智慧者
如優曇鉢華　今日乃值遇　我等諸宮殿　蒙光故嚴飾
世尊大慈愍　唯願垂納受
尒時諸梵天王偈讚佛已各作是言唯願世
尊轉於法輪令一切世間諸天魔梵沙門婆
羅門皆獲安隱而得度脫時諸梵天王一心
同聲以偈頌曰
唯願天人尊　轉无上法輪　擊于大法鼓　而吹大法螺
普雨大法雨　度无量衆生　我等咸歸請　當演深遠音

BD03235號　妙法蓮華經卷三　（19–10）

羅門皆獲安隱而得度脫時諸梵天王一心
同聲以偈頌曰
唯願天人尊　轉无上法輪　擊于大法鼓　而吹大法蠡
普雨大法雨　度无量衆生　我等咸歸請　當演深遠音
尒時大通智勝如来嘿然許之西南方乃至
下方亦復如是
尒時上方五百万億國土諸大梵王皆悉自
覩所止宮殿光明威曜昔所未有歡喜踊躍
生希有心即各相詣共議此事以何因緣我
等宮殿有斯光明而彼衆中有一大梵天王
名曰尸棄為諸梵衆而說偈言
今以何因緣　我等諸宮殿　威德光明曜　嚴飾未曾有
如是之妙相　昔所不聞見　為大德天生　為佛出世間
尒時五百万億諸梵天王與宮殿俱各以衣
裓盛諸天華共詣下方推尋是相見大通智
勝如来處于道場菩提樹下坐師子座諸天
龍王乹闥婆緊那羅摩睺羅伽人非人等恭
敬圍遶及見十六王子請佛轉法輪時諸梵
天王頭面礼佛遶百千帀即以天華而散佛
上所散之華如須弥山并以供養佛菩提樹
華供養已各以宮殿奉上彼佛而作是言唯
見哀愍饒益我等所獻宮殿願垂納處尒時
諸梵天王即於佛前一心同聲以偈頌曰
善哉見諸佛　救世之聖尊　能於三界獄　勉出諸衆生
普智天人尊　愍哀群萌類　能開甘露門　廣度於一切
於昔无量劫　空過无有佛　世尊未出時　十方常闇冥
三惡道增長　阿脩羅亦盛　諸天衆轉減　死多墮惡道

普智天人尊　愍哀群萌類　能開甘露門　廣度於一切
於昔无量劫　空過无有佛　世尊未出時　十方常闇冥
三惡道增長　阿脩羅亦盛　諸天衆轉減　死多墮惡道
不從佛聞法　常行不善事　色力及智慧　斯等皆減少
罪業因緣故　失樂及樂想
住於耶見法　不識善儀則　不蒙佛所化　常墮於惡道
佛為世間眼　久遠時乃出　哀愍諸衆生　故現於世間
超出成正覺　我等甚欣慶　及餘一切衆　喜嘆未曾有
我等諸宮殿　蒙光故嚴飾　今以奉世尊　唯垂哀納受
願以此功德　普及於一切　我等與衆生　皆共成佛道
尒時五百万億諸梵天王偈讚佛已各白佛
言唯願世尊轉於法輪多所安隱多所度脫
時諸梵天王而說偈言
世尊轉法輪　擊甘露法鼓　度苦惱衆生　開示涅槃道
唯願受我請　以大微妙音　哀愍而敷演　无量劫集法
尒時大通智勝如来受十方諸梵天王及十
六王子請即時三轉十二行法輪若沙門婆
羅門若天魔梵及餘世間所不能轉謂是苦
是苦集是苦滅是苦滅道及廣說十二因緣
法无明緣行行緣識識緣名色名色緣六入
六入緣觸觸緣受受緣愛愛緣取取緣有有
緣生生緣老死憂悲苦惱无明滅則行滅行
滅則識滅識滅則名色滅名色滅則六入滅
六入滅則觸滅觸滅則受滅受滅則愛滅愛
滅則取滅取滅則有滅有滅則生滅生滅則
老死憂悲苦惱滅佛於天人大衆之中說是
法時六百万億那由他人以不受一切法故

六入滅則觸滅觸滅則受滅受滅則愛滅愛
滅則取滅取滅則有滅有滅則生滅生滅則
老死憂悲苦惱滅佛於天人大衆之中說是
法時六百万億那由他人以不受一切法故
而於諸漏心得解脫皆得深妙禪定三明六
通具八解脫第二第三第四說法時千万億
恒河沙那由他等衆生亦以不受一切法故
而於諸漏心得解脫從是已後諸聲聞衆无
量无邊不可稱數尒時十六王子皆以童子
出家而為沙弥諸根通利智慧明了已曾供
養百千万億諸佛淨脩梵行求阿耨多羅三
藐三菩提俱白佛言世尊是諸无量千万億
大德聲聞皆已成就世尊亦當為我等說阿
耨多羅三藐三菩提法我等聞已皆共脩學
世尊我等志願如來知見深心所念佛自證
知尒時轉輪聖王所將衆中八万億人見十
六王子出家亦求出家王即聽許尒時彼佛
受沙弥請過二万劫已乃於四衆之中說是
大乘經名妙法蓮華教菩薩法佛所護念說
是經已十六沙弥為阿耨多羅三藐三菩提
故皆共受持諷誦通利說是經時十六菩薩
沙弥皆悉信受聲聞衆中亦有信解其餘衆
生千万億種皆生疑惑佛說是經於八千劫
未曾休癈說此經已即入靜室住於禪定八
万四千劫是時十六菩薩沙弥知佛入室寂
然禪定各昇法座亦於八万四千劫為四部
衆廣說分別妙法華經一一皆度六百万億

BD03235號　妙法蓮華經卷三

（19–13）

未曾休癈說此經已即入靜室住於禪定八
万四千劫是時十六菩薩沙弥知佛入室寂
然禪定各昇法座亦於八万四千劫為四部
衆廣說分別妙法華經一一皆度六百万億
那由他恒河沙等衆生示教利喜令發阿耨
多羅三藐三菩提心大通智勝佛過八万四
千劫已從三昧起往詣法座安詳而坐普告
大衆是十六菩薩沙弥甚為希有諸根通利
智慧明了已曾供養无量千万億數諸佛於
諸佛所常脩梵行受持佛智開示衆生令入
其中汝等皆當數數親近而供養之所以者
何若聲聞辟支佛及諸菩薩能信是十六菩
薩所說經法受持不毀者是人皆當得阿耨
多羅三藐三菩提如來之慧佛告諸比丘是
十六菩薩常樂說是妙法華經一一菩薩所
化六百万億那由他恒河沙等衆生世世所
生與菩薩俱從其聞法悉皆信解以此因緣
得值四万億諸佛世尊于今不盡諸比丘我
今語汝彼佛弟子十六沙弥今皆得阿耨多
羅三藐三菩提於十方國土現在說法有无
量百千万億菩薩聲聞以為眷屬其二沙弥
東方作佛一名阿閦在歡喜國二名須弥頂
東南方二佛一名師子音二名師子相南方
二佛一名虛空住二名常滅西南方二佛一
名帝相二名梵相西方二佛一名阿弥陁二
名度一切世間苦惱西北方二佛一名多摩
羅跋栴檀香神通二名須弥相北方二佛一

BD03235號　妙法蓮華經卷三

（19–14）

二佛一名壇空住二名常滅西南方二佛一
名帝相二名梵相西方二佛一名阿弥陁二
名度一切世間苦惱西北方二佛一名多摩
羅跋栴檀香神通二名須弥相北方二佛一
名雲自在二名雲自在王東北方佛名壞一切
世間怖畏第十六我釋迦牟尼佛於娑婆
國土成阿耨多羅三藐三菩提諸比丘我等
為沙弥時各各教化无量百千万億恒河沙
等衆生從我聞法為阿耨多羅三藐三菩提
此諸衆生于今有住聲聞地者我常教化阿
耨多羅三藐三菩提是諸人等應以是法漸
入佛道所以者何如来智慧難信難解尒時
所化无量恒河沙等衆生者汝等諸比丘及我
滅度後未来世中聲聞弟子是也我滅度
後復有弟子不聞是經不知不覺菩薩所行
自於所得功德生滅度想當入涅槃我於餘
國作佛更有異名是人雖生滅度之想入於
涅槃而於彼土求佛智慧得聞是經唯以佛
乘而得滅度更无餘乘除諸如来方便說法
諸比丘若如来自知涅槃時到衆又清淨信
解堅固了達空法深入禪定便集諸菩薩及
聲聞衆為說是經世間无有二乘而得滅度
唯一佛乘得滅度耳比丘當知如来方便深
入衆生之性知其志樂小法深著五欲為是
等故說於涅槃是人若聞則便信受譬如五
百由旬險難惡道曠絶无人怖畏之處若有
多衆欲過此道至珎寶處有一導師聰慧明

BD03235號　妙法蓮華經卷三

(19–15)

入衆生之性知其志樂小法深著五欲為是
等故說於涅槃是人若聞則便信受譬如五
百由旬險難惡道曠絶无人怖畏之處若有
多衆欲過此道至珎寶處有一導師聰慧明
達善知險道通塞之相將導衆人欲過此難
所將人衆中路懈退白導師言我等疲極而
復怖畏不能復進前路猶遠今欲退還導師
多諸方便而作是念此等可愍云何捨大珎
寶而欲退還作是念已以方便力於險道中
過三百由旬化作一城告衆人言汝等勿怖
莫得退還今是大城可於中止隨意所作若
入是城快得安隱若能前至寶所亦可得去
是時疲極之衆心大歡喜歎未曾有我等今
者免斯惡道快得安隱於是衆人前入化城
生已度想生安隱想尒時導師知此人衆既
得止息无復疲倦即滅化城語衆人言汝等
去来寶處在近向者大城我所化作為止息
耳諸比丘如来亦復如是今為汝等作大導
師知諸生死煩惱惡道險難長遠應去應度
若衆生但聞一佛乘者則不欲見佛不欲親
近便作是念佛道長遠久受勤苦乃可得成
佛知是心怯弱下劣以方便力而於中道為
止息故說二涅槃若衆生住於二地如来尒
時即便為說汝等所作未辦汝所住地近於
佛慧當觀察籌量所得涅槃非真實也但是
如来方便之力於一佛乘分別說三如彼導師
為止息故化作大城既知息已而告之言寶

BD03235號　妙法蓮華經卷三

(19–16)

時即便為說汝等所作未辦汝所住地近於
佛慧當觀察籌量所得涅槃非真實也但是
如来方便之力於一佛乘分別說三如彼導師
為止息故化作大城既知息已而告之言寶
處在近此城非實我化作耳尒時世尊欲重
宣此義而說偈言

大通智勝佛　十劫坐道場　佛法不現前　不得成佛道
諸天龍神王　阿脩羅衆等　常雨於天華　以供養彼佛
諸天擊天皷　并作衆伎樂　香風吹萎華　更雨新好者
過十小劫已　乃得成佛道　諸天及世人　心皆懷踊躍
彼佛十六子　皆與其眷屬　千万億圍遶　俱行至佛所
頭面礼佛足　而請轉法輪　聖師子法雨　充我及一切
世尊甚難值　久遠時一現　為覺悟群生　震動於一切
東方諸世界　五百万億國　梵宮殿光曜　昔所未曾有
諸梵見此相　尋来至佛所　散華以供養　并奉上宮殿
請佛轉法輪　以偈而讚歎　佛知時未至　受請嘿然坐
三方及四維　上下亦復尒　散華奉宮殿　請佛轉法輪
世尊甚難值　願以大慈悲　廣開甘露門　轉无上法輪
无量慧世尊　受彼衆人請　為宣種種法　四諦十二緣
无明至老死　皆從生緣有　如是衆過患　汝等應當知
宣暢是法時　六百万億姟　得盡諸苦際　皆成阿羅漢
第二說法時　千万恒沙衆　於諸法不受　亦得阿羅漢
從是後得道　其數无有量　万億劫筭數　不能得其邊
時十六王子　出家作沙弥　皆共請彼佛　演說大乘法
我等及營從　皆當成佛道　願得如世尊　慧眼第一淨
佛知童子心　宿世之所行　以无量因緣　種種諸譬喻
說六波羅蜜　及諸神通事　分別真實法　菩薩所行道

時十六王子　出家作沙弥　皆共請彼佛　演說大乘法
我等及營從　皆當成佛道　願得如世尊　慧眼第一淨
佛知童子心　宿世之所行　以无量因緣　種種諸譬喻
說六波羅蜜　及諸神通事　分別真實法　菩薩所行道
說是法華經　如恒河沙偈　彼佛說經已　靜室入禪定
一心一處坐　八万四千劫
是諸沙弥等　知佛禪未出　為无量億衆　說佛无上慧
各各坐法座　說是大乘經　於佛宴寂後　宣揚助法化
一一沙弥等　所度諸衆生　有六百万億　恒河沙等衆
彼佛滅度後　是諸聞法者　在在諸佛土　常與師俱生
是十六沙弥　具足行佛道　今現在十方　各得成正覺
尒時聞法者　各在諸佛所　其有住聲聞　漸教以佛道
我在十六數　曾亦為汝說　是故以方便　引汝趣佛慧
以是本因緣　今說法華經　令汝入佛道　慎勿懷驚懼
譬如險惡道　逈絕多毒獸　又復无水草　人所怖畏處
无數千万衆　欲過此險道　其路甚曠遠　經五百由旬
時有一導師　强識有智慧　明了心決定　在險濟衆難
衆人皆疲倦　而白導師言　我等今頓乏　於此欲退還
導師作是念　此輩甚可愍　如何欲退還　而失大珎寶
尋時思方便　當設神通力　化作大城郭　莊嚴諸舍宅
周帀有園林　渠流及浴池　重門高樓閣　男女皆充滿
即作是化已　慰衆言勿懼　汝等入此城　各可隨所樂
諸人既入城　心皆大歡喜　皆生安隱想　自謂已得度
導師知息已　集衆而告言　汝等當前進　此是化城耳
我見汝疲極　中道欲退還　故以方便力　權化作此城
汝今勤精進　當共至寶所　我亦復如是　為一切導師
見諸求道者　中路而懈廢　不能度生死　煩惱諸險道

諸人既入城　心皆大歡喜　皆生安隱想　自謂已得度
導師知息已　集衆而告言　汝等當前進　此是化城耳
我見汝疲極　中道欲退還　故以方便力　權化作此城
汝今勤精進　當共至寶所　我亦復如是　為一切導師
見諸求道者　中路而懈廢　不能度生死　煩惱諸險道
故以方便力　為息說涅槃　言汝等苦滅　所作皆已辦
既知到涅槃　皆得阿羅漢　尒乃集大衆　為說真實法
諸佛方便力　分別說三乘　唯有一佛乘　息處故說二
今為汝說實　汝所得非滅　為佛一切智　當發大精進
汝證一切智　十力等佛法　具三十二相　乃是真實滅
諸佛之導師　為息說涅槃　既知是息已　引入於佛慧

妙法蓮華經卷第三

BD03235號　妙法蓮華經卷三　（19–19）

哉彼四如來乃能為諸衆生饒益安樂勸請於
我宣揚妙法尒時世尊而說頌曰
我常在鷲山　宣說此經寶　成就衆生故　示現般涅槃
凡夫起邪見　不信我所說　為成就彼故　示現般涅槃
時大會中有婆羅門姓憍陳如名曰法師授記與無
量百千婆羅門衆供養佛已聞世尊說入般涅槃
涕淚交流前禮佛足白言世尊若實如來於諸
衆生有大慈悲憐愍利益令得安樂猶如父母
餘無等者能與世間作歸依處如淨滿月以大智
慧能為照明如日初出普觀衆生愛無偏黨如羅
怙羅唯願世尊施我一願尒時世尊默然而止佛
威力故於此衆中有離車毗童子名一切衆生喜見語
婆羅門憍陳如言大婆羅門汝今從佛欲乞何願
我能與汝婆羅門言童子我欲供養無上世尊今從
如來求請舍利如芥子許何以故我曾聞說若善男子
善女人得佛舍利如芥子許恭敬供養是人當生三
十三天而為帝釋是時童子語婆羅門曰若欲願生
三十三天受勝報者應當至心聽是金光明最勝王
經於諸經中最為殊勝難解難入聲聞獨覺所
不能知此經能生無量無邊福德果報乃至成辦無
上菩提我今為汝略說其事婆羅門言善哉童子

BD03236號　金光明最勝王經卷一　（8–1）

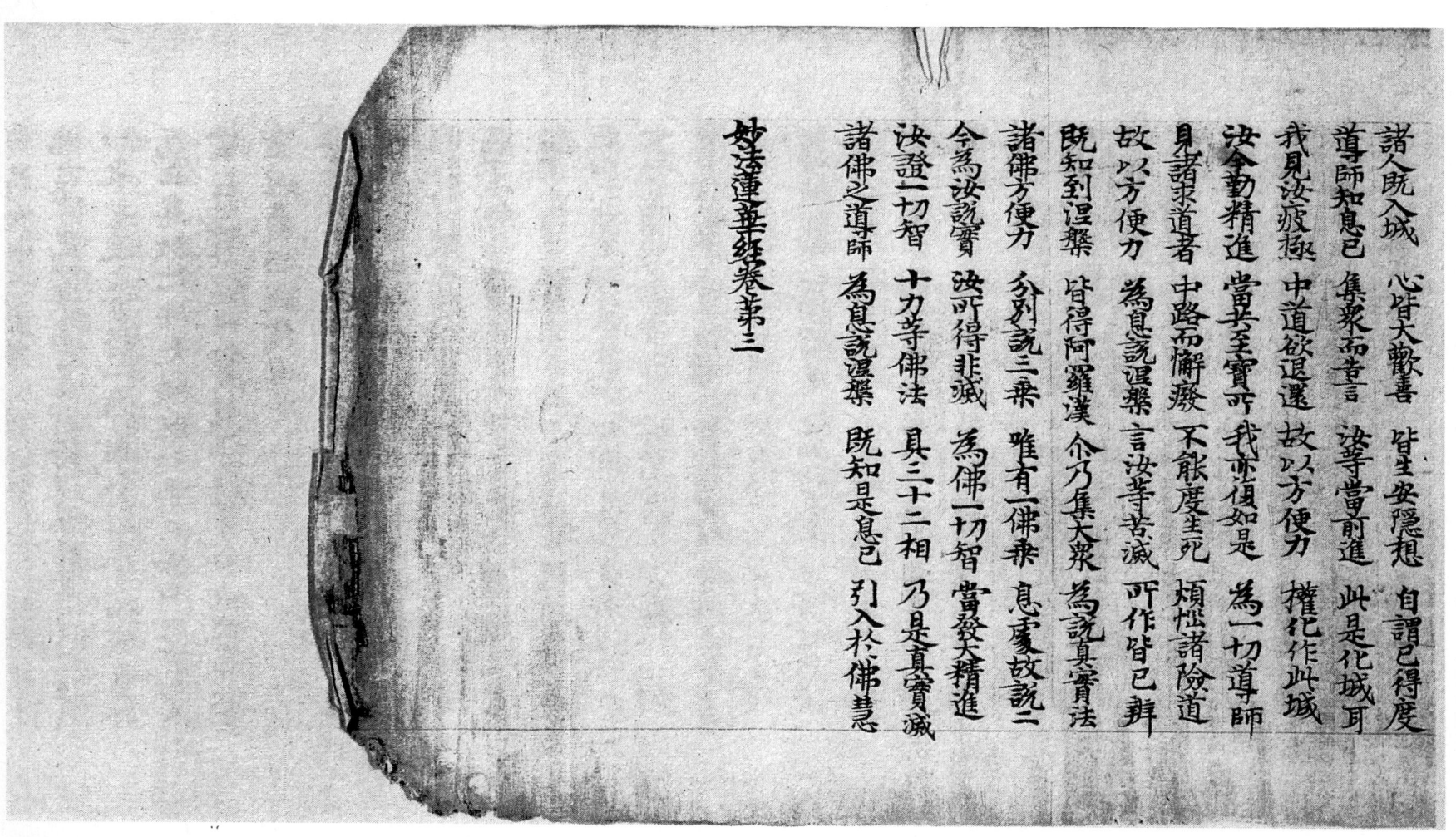

十三天而為帝釋是時童子語婆羅門曰若欲願生
三十三天受勝報者應當至心聽是金光明最勝王
經於諸經中最為殊勝難解難入聲聞獨覺所
不能知此經能生無量無邊福德果報乃至成辦無
上菩提我今為汝略說其事婆羅門言善哉童
子此金光明甚深最上難解難入聲聞獨覺尚不
能知何況我等邊鄙之人智慧微淺而能解了
是故我今求佛舍利如芥子許持還本處置寶
函中恭敬供養命終之後得為帝釋常受安樂云
何汝今不能為我從明行足求斯一願作是語已爾
時童子即為婆羅門而說頌曰

恒河駛流水　可生白蓮花　黃鳥作白形　黑鳥變為赤
假使贍部樹　可生多羅果　朅樹羅枝中　能出菴羅葉
斯等希有物　或容可轉變　世尊之舍利　畢竟不可得
假使用龜毛　織成上妙服　寒時可被著　方求佛舍利
假使蚊蚋足　可使成樓觀　堅固不搖動　方求佛舍利
假使水蛭蟲　口中生白齒　長大利如鋒　方求佛舍利
假使持兔角　用成於梯蹬　可昇上天宮　方求佛舍利
鼠緣此梯上　除去阿蘇羅　能障空中月　方求佛舍利
若蠅飲酒醉　周行村邑中　廣造於舍宅　方求佛舍利
若使驢脣色　赤如頻婆果　善作於歌舞　方求佛舍利
烏與鵂鶹鳥　同共一處遊　彼此相順從　方求佛舍利
假使波羅葉　可成於傘蓋　能遮於大雨　方求佛舍利
假使大舩舶　盛滿諸財寶　能令陸地行　方求佛舍利
假使鷦鷯鳥　以觜銜香山　隨處任遊行　方求佛舍利

爾時法師授記婆羅門聞此頌已亦以伽他答一切

BD03236號　金光明最勝王經卷一　（8–2）

烏與鵂鶹鳥　同共一處遊　彼此相順從　方求佛舍利
假使波羅葉　可成於傘蓋　能遮於大雨　方求佛舍利
假使大舩舶　盛滿諸財寶　能令陸地行　方求佛舍利
假使鷦鷯鳥　以觜銜香山　隨處任遊行　方求佛舍利

爾時法師授記婆羅門聞此頌已亦以伽他答一切
眾生喜見童子曰

善哉大童子　此眾中吉祥　善巧方便心　得佛無上記
如來大威德　能救護世間　仁可至心聽　我今次第說
諸佛境難思　世間無與等　法身性常住　修行無差別
諸佛體皆同　所說法亦爾　諸佛無作者　亦復本無生
世尊金剛體　權現於化身　是故佛舍利　無如芥子許
佛非血肉身　云何有舍利　方便留身骨　為益諸眾生
法身是正覺　法界即如來　此是佛真身　亦說如是法

爾時會中三萬二千天子聞說如來壽命長遠皆發阿
耨多羅三藐三菩提心歡喜踊躍得未曾有
異口同音而說頌曰

佛不般涅槃　正法亦不滅　為利眾生故　示現有滅盡
世尊不思議　妙體無異相　為利眾生故　現種種莊嚴

爾時妙幢菩薩親於佛前及四如來并二大士諸天
子所聞說釋迦牟尼如來壽量事已復從座起
合掌恭敬白佛言世尊若實如是諸佛如來不般
涅槃無舍利者云何經中說有涅槃及佛舍利
令諸人天恭敬供養過去諸佛現有身骨流布
於世人天供養得福無邊今復言無致生疑惑唯願
世尊哀愍我等廣為分別
爾時佛告妙幢菩薩及諸大眾汝等當知云般涅
槃有舍利者是密意說如是之義當一心聽

BD03236號　金光明最勝王經卷一　（8–3）

於世人天供養得福無邊今復言無致生疑惑唯願
世尊哀愍我等廣為分別
爾時佛告妙幢菩薩及諸大眾汝等當知般涅
槃有舍利者是密意說如是之義當一心聽
善男子菩薩摩訶薩如是應知有其十法能解
如來應正等覺真實理趣說有究竟大般涅槃
云何為十一者諸佛如來究竟斷盡諸煩惱障所
知障故名為涅槃二者諸佛如來善能解了有
情無性及法無性故名為涅槃三者能轉身依
及法依故名為涅槃四者於諸有情任運休息
化因緣故名為涅槃五者證得真實無差別相
平等法身故名為涅槃六者了知生死及以涅槃
無二性故名為涅槃七者於一切法了其根本證清
淨故名為涅槃八者於一切法無生無滅善修行
故名為涅槃九者真如法界實際平等得正智
故名為涅槃十者於諸法性及涅槃性得無差
別故名為涅槃是謂十法說有涅槃
復次善男子菩薩摩訶薩如是應知復有十
法能解如來應正等覺真實理趣說有究竟
大般涅槃云何為十一者一切煩惱以樂欲為本從
樂欲生諸佛世尊斷樂欲故名為涅槃二者
以諸如來斷諸樂欲不取一法以不取故無去無
來無所取故名為涅槃三者以無去來及無
所取是則法身不生不滅無生滅故名為涅槃
四者此無生滅非言所宣言語斷故名為涅槃

BD03236號　金光明最勝王經卷一　（8–4）

樂欲生諸佛世尊斷樂欲故名為涅槃二者
以諸如來斷諸樂欲不取一法以不取故無去無
來無所取故名為涅槃三者以無去來及無
所取是則法身不生不滅無生滅故名為涅槃
四者此無生滅非言所宣言語斷故名為涅槃
五者無有我人唯法生滅得轉依故名為涅槃六者
煩惱隨惑皆是客塵法性是主無來無去佛了
知故名為涅槃七者真如是實餘皆虛妄實
性體者即是真如真如性者即是如來名為
涅槃八者實際之性無有戲論唯獨如來證
實際法戲論永斷名為涅槃九者無生是實生
是虛妄愚癡之人漂溺生死如來體實無有
虛妄名為涅槃十者不實之法是從緣生真實之
法不從緣起如來法身體是真實名為涅槃善
男子是謂十法說有涅槃
復次善男子菩薩摩訶薩如是應知復有十
法能解如來應正等覺真實理趣說有究竟
大般涅槃云何為十一者如來善知施及施果無我
我所此施及果不正分別永除滅故名為涅槃
二者如來善知戒及戒果無我我所此戒及果不
正分別永除滅故名為涅槃三者如來善知忍及
忍果無我我所此忍及果不正分別永除滅故名
為涅槃四者如來善知勤及勤果無我我所
此勤及果不正分別永除滅故名為涅槃五者如
來善知定及定果無我我所此定及果不正分別
永除滅故名為涅槃六者如來善知慧及慧果
[illegible]

BD03236號　金光明最勝王經卷一　（8–5）

[illegible]如來善知勤及勤果無我我所
此勤及果不生分別永除戲故名為涅槃五者如
來善知定及定果無我我所此定及果不生分別
永除戲故名為涅槃六者如來善知慧及慧果
無我我所此慧及果不生分別永除戲故名為涅槃
七者諸佛如來善能了知一切有情非有情一切諸法
皆無性不生分別永除戲故名為涅槃八者自愛
善便起追求由追求故受眾苦惱諸佛如來除
自愛故永絕追求無追求故名為涅槃九者有為之
法皆有數量無為法者數量皆除佛離有為證
無為法無數量故名為涅槃十者如來了知有情
及法體性皆空離空非有空性即是真法身故
名為涅槃善男子是謂十法說有涅槃
復次善男子豈唯如來不般涅槃是為希有復有
十種希有之法是如來行云何為十一者生死過失涅
槃寂靜由於生死及以涅槃證平等故不處流轉
不住涅槃於諸有情不生厭背是如來行二者佛
於眾生不作是念此諸愚夫行顛倒見為諸煩
惱之所纏迫我今開悟令得解脫然由往昔慈善
根力於彼有情隨其根性意樂勝解不起分別
任運濟度示教利喜盡未來際無有窮盡如來
行二者佛無是念我今演說十二分教利益有情然
由往昔慈善根力於彼有情廣說乃至盡未來
際無有窮盡是如來行四者佛無是念我今往
彼城邑聚落王及大臣婆羅門剎帝利薜舍戍

由往昔慈善根力於彼有情廣說乃至盡未來
際無有窮盡是如來行四者佛無是念我今往
彼城邑聚落王及大臣婆羅門剎帝利薜舍戍
達羅等舍從其乞食然由往昔身語意業行
習力故任運詣彼為利益事而行乞食是如來行
五者如來之身無有飢渴亦無便利羸憊之
相雖行乞食頗而無所食亦無分別然為任運
利益有情是有食相是如來行六者佛無是念
此諸眾生有上中下隨彼機性而為說法然佛世
尊無有分別隨其器量善應機緣為彼說
法是如來行七者佛無是念此類有情不恭敬
我常於我所出呵罵言不能與彼共為言論
彼類有情恭敬於我常於我所共相讚歎我
常與彼共為言說然而如來起慈悲心平等無
二是如來行八者諸佛如來無有愛憎憍慢貪
惜及諸煩惱然而如來常樂寂靜讚歎少欲離諸
諠鬧是如來行九者如來無有一法不知不善通達
於一切處鏡智現前無有分別然而如來見彼有
情所作事業隨彼意轉方便誘引令得出離
是如來行十者如來若見一分有情得富盛時不生
歡喜見其衰損不起憂慼然而如來見彼有情
修習正行無礙大慈自然救攝若見有情修習
邪行無礙大悲自然救攝是如來行善男子如是
當知如來應正等覺說有如是無邊正行汝等
當知是為涅槃真實之相或時見有般涅槃者

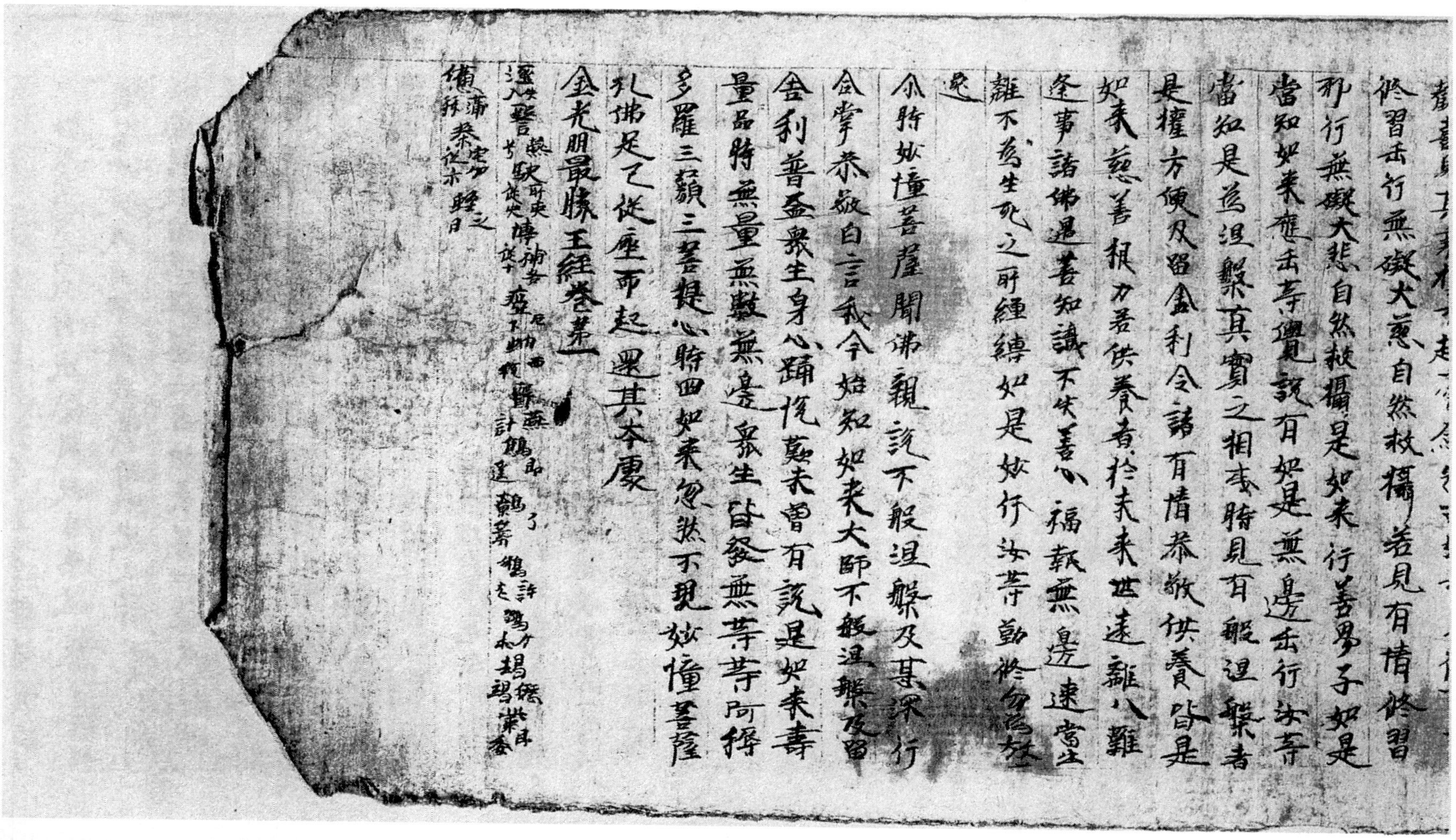

BD03236號　金光明最勝王經卷一

（8–8）

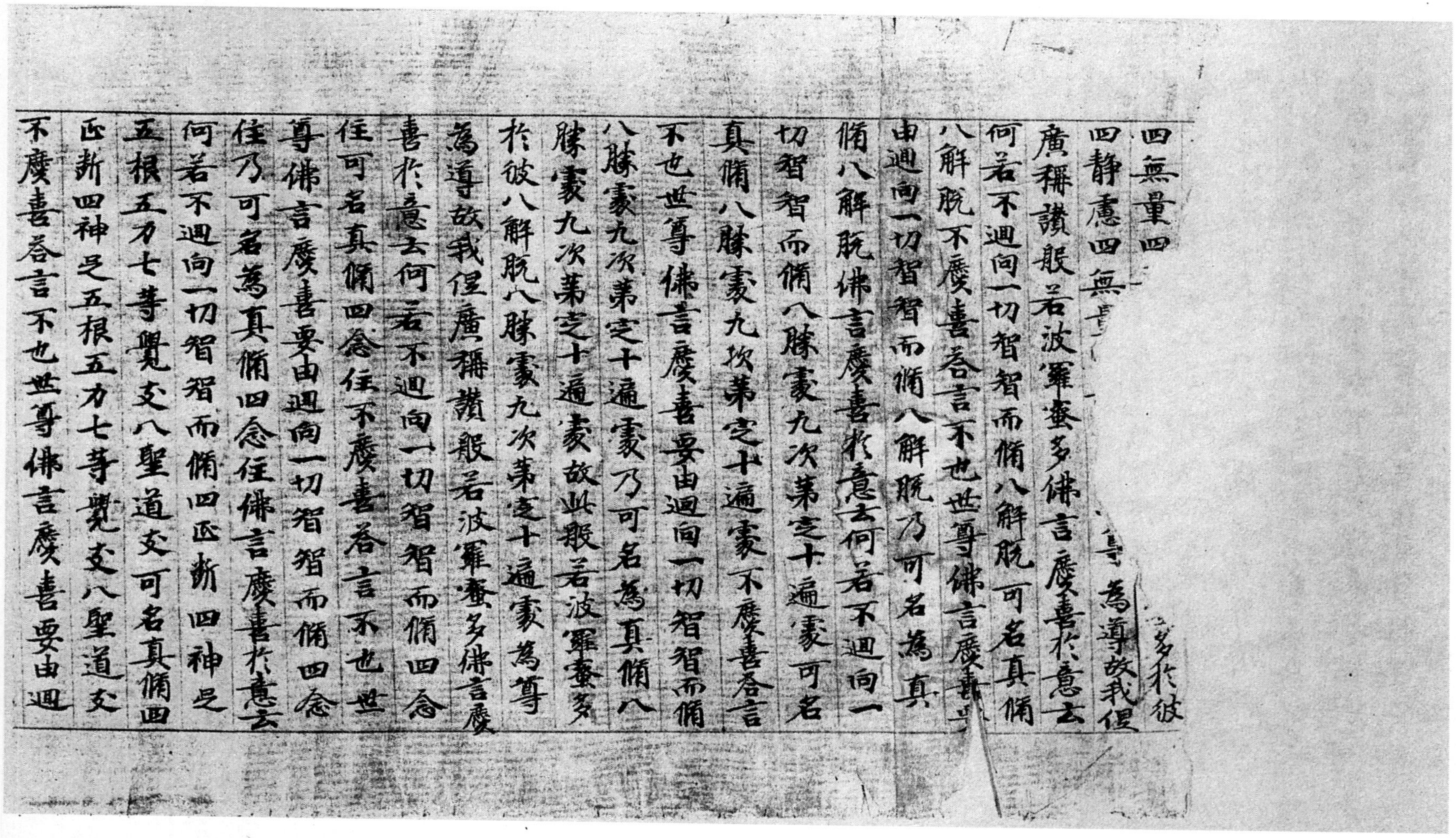

BD03237號　大般若波羅蜜多經卷一〇六

（6–1）

住可名真脩四念住不慶喜荅言不也世
尊佛言慶喜要由迴向一切智智而脩四念
住乃可名為真脩四念住佛言慶喜於意云
何若不迴向一切智智而脩四正斷四神足
五根五力七等覺支八聖道支可名真脩四
正斷四神足五根五力七等覺支八聖道支
不慶喜荅言不也世尊佛言慶喜要由迴
向一切智智而脩四正斷四神足五根五力七
等覺支八聖道支乃可名為真脩四正斷四
神足五根五力七等覺支八聖道支故此般
若波羅蜜多於彼四念住四正斷四神足五
根五力七等覺支八聖道支為尊為導故我
但廣稱讚般若波羅蜜多佛言慶喜於意云
何若不迴向一切智智而脩空解脫門可名
真脩空解脫門不慶喜荅言不也世尊佛言
慶喜要由迴向一切智智而脩空解脫門乃可
名為真脩空解脫門佛言慶喜於意云何若
不迴向一切智智而脩無相無願解脫門可
名真脩無相無願解脫門不慶喜荅言不也世
尊佛言慶喜要由迴向一切智智而脩無相
無願解脫門乃可名為真脩無相無願解脫
門故此般若波羅蜜多於彼空解脫門無相解
脫門無願解脫門為尊為導故我但廣稱讚
般若波羅蜜多佛言慶喜於意云何若不迴
向一切智智而脩五眼可名真脩五眼不
慶喜荅言不也世尊佛言慶喜要由迴向
一切智智而脩五眼乃可名為真脩五眼佛

般若波羅蜜多佛言慶喜於意云何若不迴
向一切智智而脩五眼可名真脩五眼不
慶喜荅言不也世尊佛言慶喜要由迴向
一切智智而脩五眼乃可名為真脩五眼佛
言慶喜於意云何若不迴向一切智智而脩
六神通可名真脩六神通不慶喜荅言不也
世尊佛言慶喜要由迴向一切智智而脩六
神通乃可名為真脩六神通故此般若波羅
蜜多於彼五眼六神通為尊為導故我但廣
稱讚般若波羅蜜多佛言慶喜於意云何
若不迴向一切智智而脩佛十力可名真脩佛
十力不慶喜荅言不也世尊佛言慶喜要由
迴向一切智智而脩佛十力乃可名為真脩佛
十力佛言慶喜於意云何若不迴向一切智
智而脩四無所畏四無礙解大慈大悲大喜
大捨十八佛不共法可名真脩四無所畏四
無礙解大慈大悲大喜大捨十八佛不共法
不慶喜荅言不也世尊佛言慶喜要由迴
向一切智智而脩四無所畏四無礙解大慈大
悲大喜大捨十八佛不共法乃可名為真脩
四無所畏四無礙解大慈大悲大喜大捨十
八佛不共法故此般若波羅蜜多於彼佛十
力四無所畏四無礙解大慈大悲大喜大捨
十八佛不共法為尊為導故我但廣稱讚般
若波羅蜜多佛言慶喜於意云何若不迴向
一切智智而脩無忘失法可名真脩無忘失

八佛不共法故此般若波羅蜜多於彼佛十
力四無所畏四無礙解大慈大悲大喜大捨
十八佛不共法為尊為導故我但廣稱讚般
若波羅蜜多佛言慶喜於意云何若不迴向
一切智智而修無忘失法可名真修無忘失
法不慶喜荅言不也世尊佛言慶喜要由
迴向一切智智而修無忘失法乃可名為真修
無忘失法佛言慶喜於意云何若不迴向一
切智智而修恒住捨性可名真修恒住捨性
不慶喜荅言不也世尊佛言慶喜要由迴向
一切智智而修恒住捨性乃可名為真修恒
住捨性故此般若波羅蜜多於彼無忘失法
恒住捨性為尊為導故我但廣稱讚般若波
羅蜜多佛言慶喜於意云何若不迴向一切
智智而修一切智可名真修一切智不慶喜
荅言不也世尊佛言慶喜要由迴向一切智
智而修一切智乃可名為真修一切智佛言
慶喜於意云何若不迴向一切智智而修道
相智一切相智可名真修道相智一切相智
不慶喜荅言不也世尊佛言慶喜要由迴向
一切智智而修道相智一切相智乃可名為真
修道相智一切相智故此般若波羅蜜多於
彼一切智道相智一切相智為尊為導故我
但廣稱讚般若波羅蜜多佛言慶喜於意
云何若不迴向一切智智而修一切陁羅尼
門可名真修一切陁羅尼門不慶喜荅言不
也世尊佛言慶喜要由迴向一切智智而修一

BD03237號　大般若波羅蜜多經卷一〇六

（6–4）

云何若不迴向一切智智而修一切陁羅尼
門可名真修一切陁羅尼門不慶喜荅言不
也世尊佛言慶喜要由迴向一切智智而修一
切陁羅尼門乃可名為真修一切陁羅尼門
佛言慶喜於意云何若不迴向一切智智而
修一切三摩地門可名真修一切三摩地門
不慶喜荅言不也世尊佛言慶喜要由迴
向一切智智而修一切三摩地門乃可名為真
修一切三摩地門故此般若波羅蜜多於彼
一切陁羅尼門一切三摩地門為尊為導故
我但廣稱讚般若波羅蜜多佛言慶喜於
意云何若不迴向一切智智而修菩薩摩訶薩
行可名真修菩薩摩訶薩行不慶喜荅言不
也世尊佛言慶喜要由迴向一切智智而修
菩薩摩訶薩行乃可名為真修菩薩摩訶
薩行故此般若波羅蜜多於彼菩薩摩訶薩
行為尊為導故我但廣稱讚般若波羅蜜多
佛言慶喜於意云何若不迴向一切智智而修
無上正等菩提可名真修無上正等菩提不
慶喜荅言不也世尊佛言慶喜要由迴向一
切智智而修無上正等菩提乃可名為真修
無上正等菩提故此般若波羅蜜多於彼無
上正等菩提為尊為導故我但廣稱讚般若
波羅蜜多
具壽慶喜復白佛言世尊云何迴向一切智
智而修布施波羅蜜多佛言慶喜以無二為

BD03237號　大般若波羅蜜多經卷一〇六

（6–5）

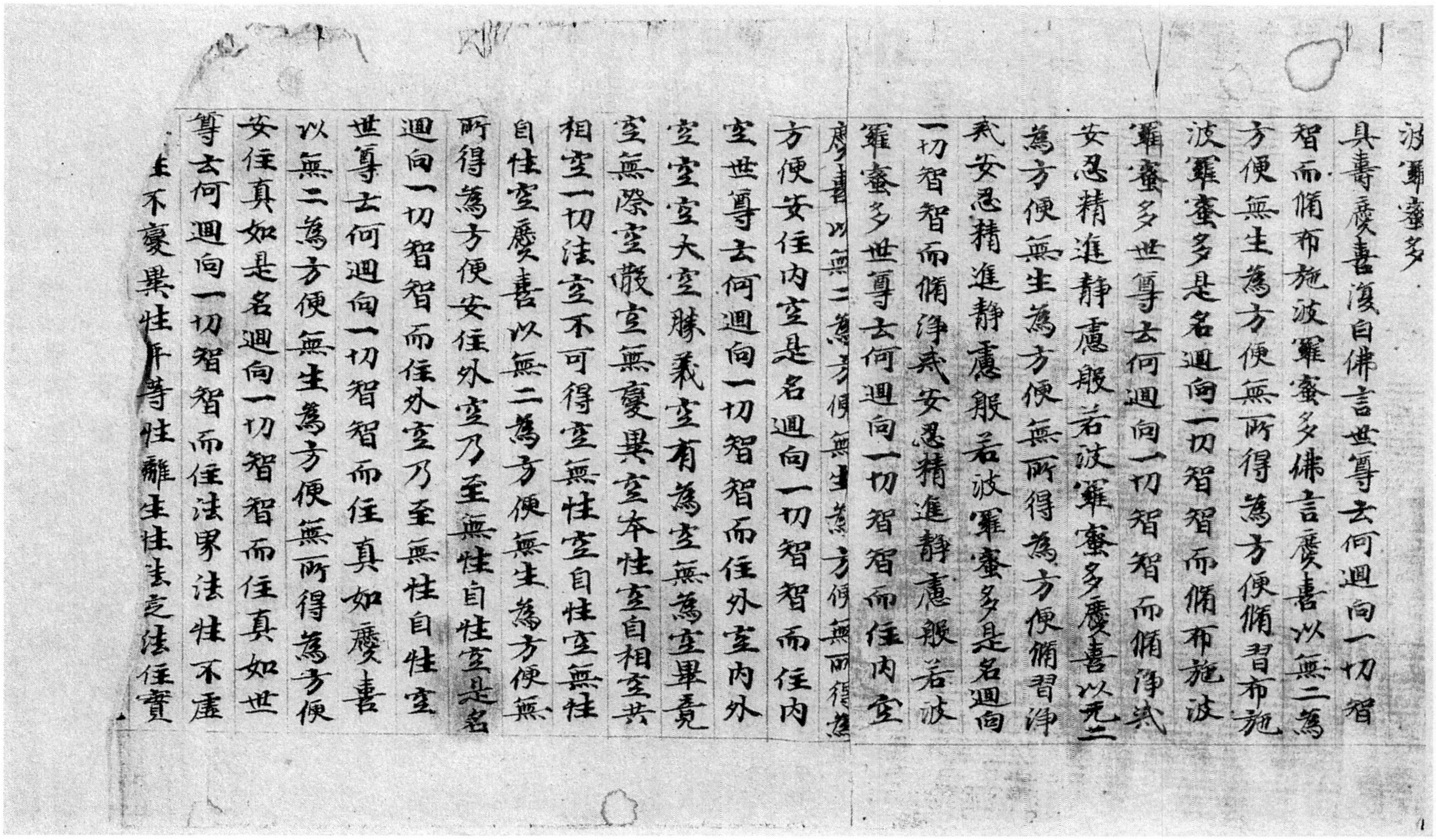

波羅蜜多
具壽慶喜復白佛言世尊云何迴向一切智
智而修布施波羅蜜多佛言慶喜以無二為
方便無生為方便無所得為方便修習布施
波羅蜜多是名迴向一切智智而修布施波
羅蜜多世尊云何迴向一切智智而修淨戒
安忍精進靜慮般若波羅蜜多慶喜以無二
為方便無生為方便無所得為方便修習淨
戒安忍精進靜慮般若波羅蜜多是名迴向
一切智智而修淨戒安忍精進靜慮般若波
羅蜜多世尊云何迴向一切智智而住內空
慶喜以無二為方便無生為方便無所得為
方便安住內空是名迴向一切智智而住內
空世尊云何迴向一切智智而住外空內外
空空空大空勝義空有為空無為空畢竟
空無際空散空無變異空本性空自相空共
相空一切法空不可得空無性空自性空無性
自性空慶喜以無二為方便無生為方便無
所得為方便安住外空乃至無性自性空是名
迴向一切智智而住外空乃至無性自性空
世尊云何迴向一切智智而住真如慶喜
以無二為方便無生為方便無所得為方便
安住真如是名迴向一切智智而住真如世
尊云何迴向一切智智而住法界法性不虛
妄性不變異性平等性離生性法定法住實

BD03237 號　大般若波羅蜜多經卷一〇六　　　　（6–6）

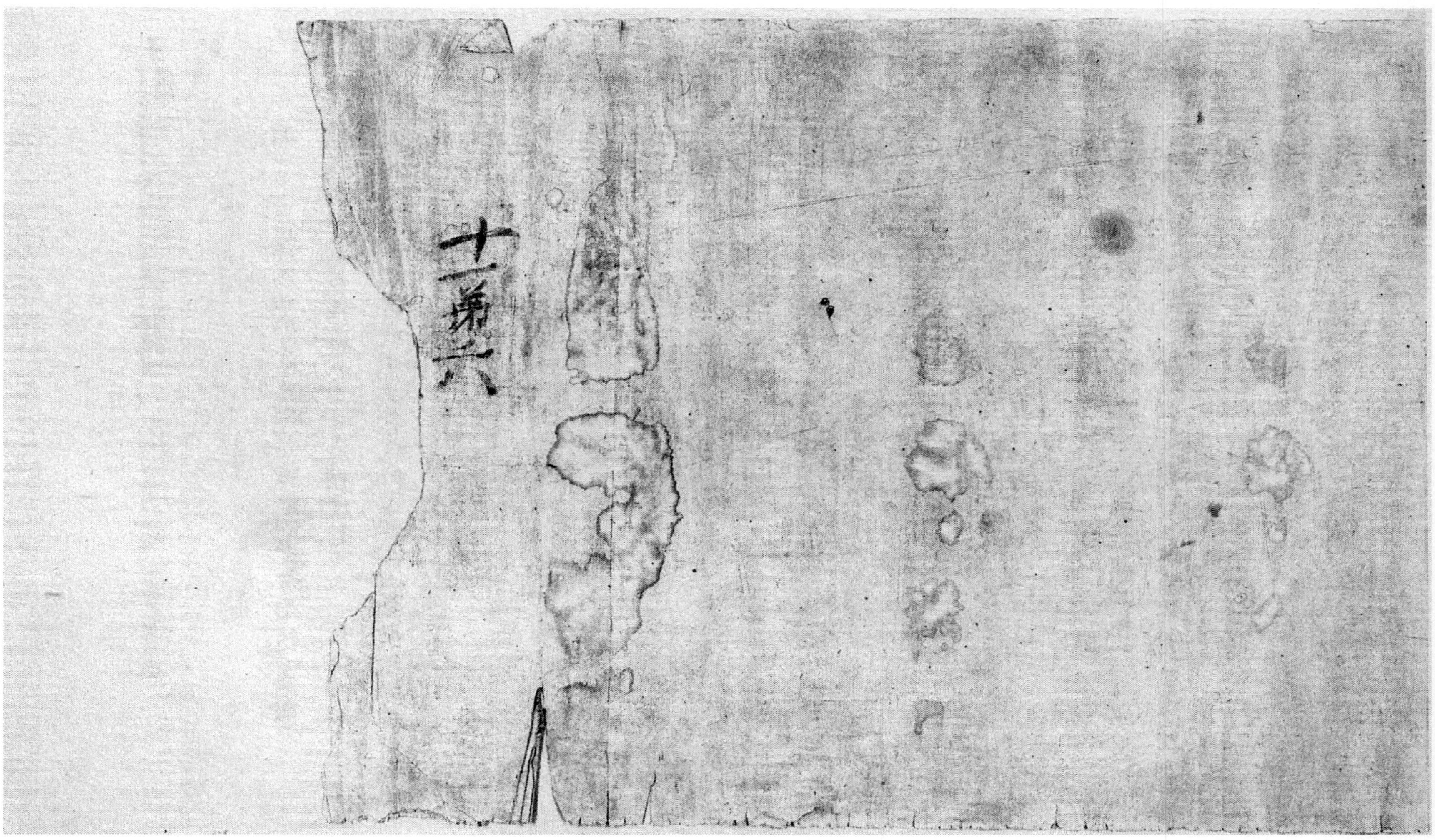

BD03237 號背　勘記　　　　（2–1）

廿五至廿八袟兌經

BD03237 號背　勘記　　（2–2）

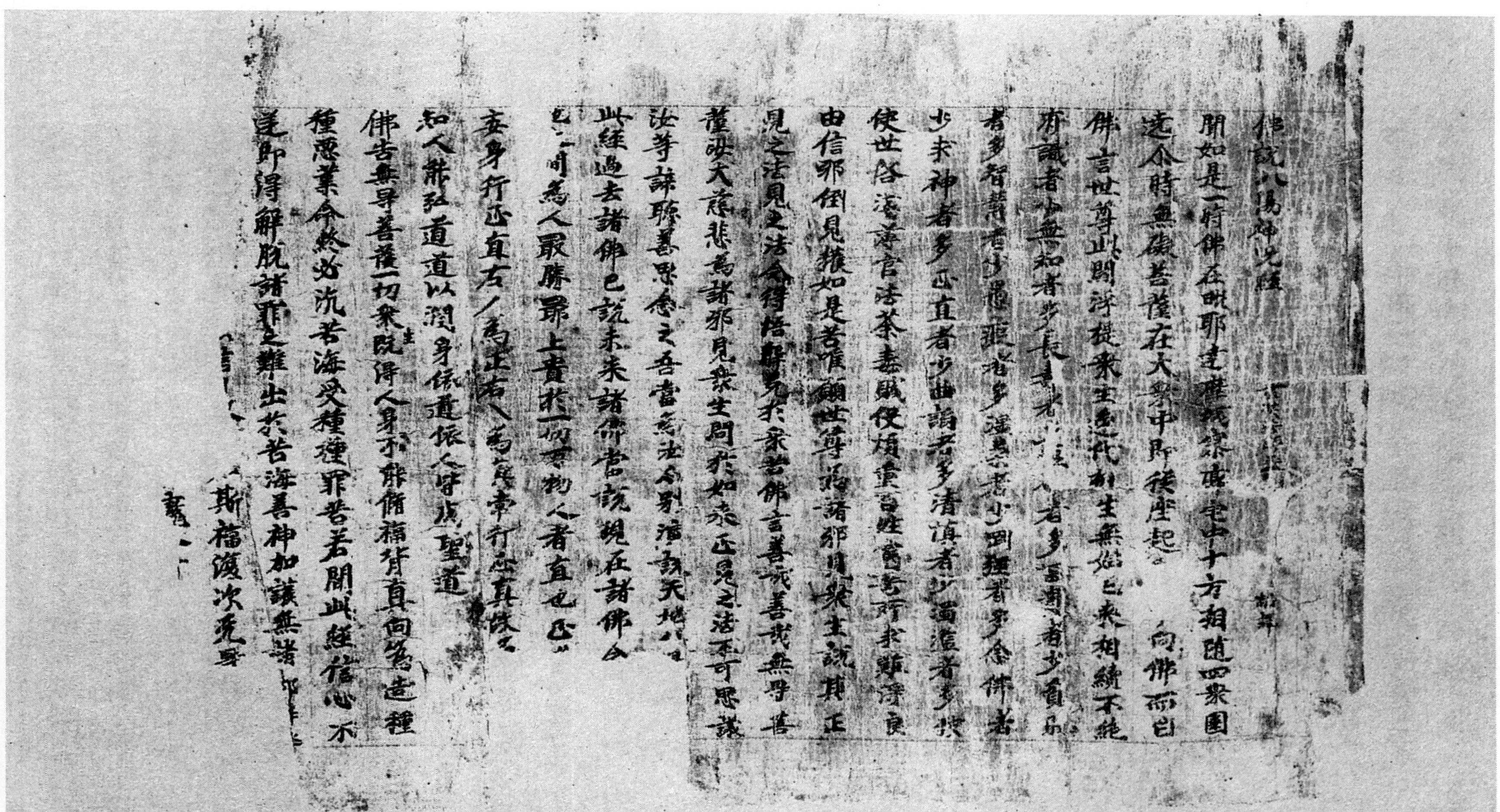

佛說八陽神咒經
聞如是一時佛在毗耶達摩城寂廓宅中十方相隨四衆圍
遶爾時無礙菩薩在大衆中即從座起　向佛而白
佛言世尊此閻浮提衆生遞代相生無始已來相續不絶
有識者少無知者多長壽者少短命者多富貴者少貧賤
者多智慧者少愚癡者多強梁者少剛強者多念佛者
少求神者多正直者少曲諂者多清慎者少貪濁者多致
使世俗淺薄官法荼毒賦役煩重百姓窮苦所求難得良
由信邪倒見獲如是苦唯願世尊爲諸邪見衆生說其正
見之法令得悟解免於衆苦佛言善哉善哉無礙菩
薩汝大慈悲爲諸邪見衆生問於如來正見之法不可思議
汝等諦聽善思念之吾當爲汝分別解說天地八陽
此經過去諸佛已說未來諸佛當說現在諸佛今
也ミ間爲人最勝最上貴於一切万物人者直也正ミ
妄身行正直左丿爲正右乀爲真常行正真故名
知人能弘道道以潤身依道依人皆成聖道
佛告無礙菩薩一切衆生既得人身不能修福背真向僞造種
種惡業命終必沈苦海受種種罪若聞此經信心不
逆即得解脫諸罪之難出於苦海善神加護無諸

BD03238 號　天地八陽神咒經　　（1–1）

……以潤 一切諸樹 上中下等
稱其大小 各得生長 根莖枝葉 華菓光色
一雨所及 皆得鮮澤 如其體相 性分大小
所潤是一 而各滋茂 佛亦如是 出現於世
譬如大雲 普覆一切 既出于世 為諸眾生
分別演說 諸法之實 大聖世尊 於天諸人
一切眾中 而宣是言 我為如來 兩足之尊
出于世間 猶如大雲 充潤一切 枯槁眾生
……得安隱樂 世間之樂 及涅槃樂
諸天人眾 一心善聽 皆應到此 覲无上尊
我為世尊 无能及者 安隱眾生 故現於世
為大眾說 甘露淨法 其法一味 解脫涅槃
以一妙音 演暢斯義 常為大乘 而作因緣
我觀一切 普皆平等 无有彼此 愛憎之心
我无貪著 亦无限礙 恒為一切 平等說法
如為一人 眾多亦然 常演說法 曾无他事
去來坐立 終不疲厭 充足世間 如雨普潤
貴賤上下 持戒毀戒 威儀具足 及不具足
正見邪見 利根鈍根 等雨法雨 而无懈惓
一切眾生 聞我法者 隨力所受 住於諸地
或處人天 轉輪聖王 釋梵諸王 是小藥草

BD03239號　妙法蓮華經卷三　（2–1）

以一妙音 演暢斯義 常為大乘 而作因緣
我觀一切 普皆平等 无有彼此 愛憎之心
我无貪著 亦无限礙 恒為一切 平等說法
如為一人 眾多亦然 常演說法 曾无他事
去來坐立 終不疲厭 充足世間 如雨普潤
貴賤上下 持戒毀戒 威儀具足 及不具足
正見邪見 利根鈍根 等雨法雨 而无懈惓
一切眾生 聞我法者 隨力所受 住於諸地
或處人天 轉輪聖王 釋梵諸王 是小藥草
知无漏法 能得涅槃 起六神通 及得三明
獨處山林 常行禪定 得緣覺證 是中藥草
求世尊處 我當作佛 行精進定 是上藥草
又諸佛子 專心佛道 常行慈悲 自知作佛
決定无疑 是名小樹 安住神通 轉不退輪
度无量億 百千眾生 如是菩薩 名為大樹
佛平等說 如一味雨 隨眾生性 所受不同
如彼草木 所稟各異 佛以此喻 方便開示
種種言辭 演說一法 於佛智慧 如海一渧
我雨法雨 充滿世間 一味之法 隨力脩行

BD03239號　妙法蓮華經卷三　（2–2）

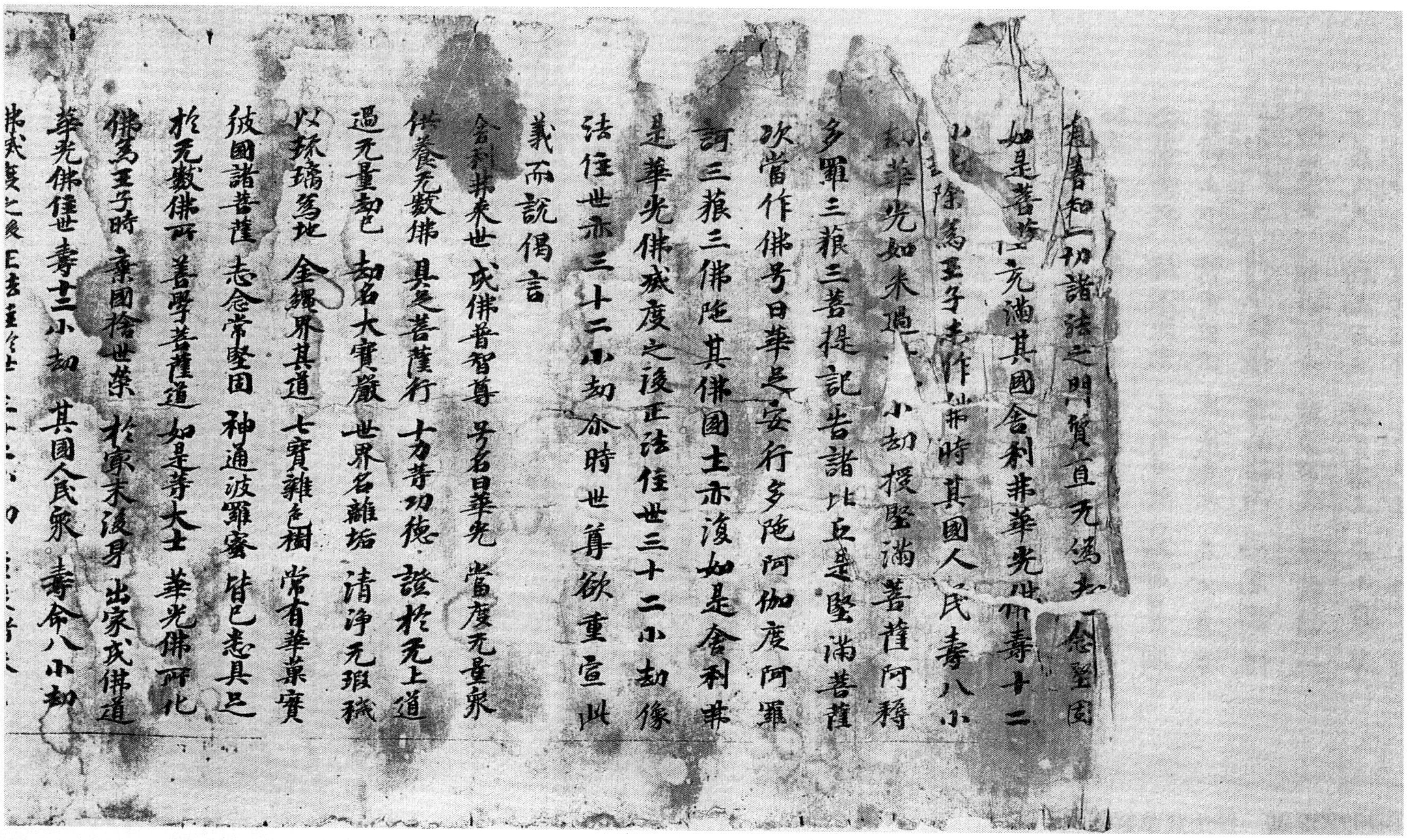

具善知一切諸法之門質直无僞志念堅固
如是菩薩□充滿其國舍利弗華光佛壽十二
小劫除爲王子未作佛時其國人民壽八小
劫華光如來過□小劫授堅滿菩薩阿耨
多羅三藐三菩提記告諸比丘是堅滿菩薩
次當作佛号曰華足安行多陁阿伽度阿羅
訶三藐三佛陁其佛國土亦復如是舍利弗
是華光佛滅度之後正法住世三十二小劫像
法住世亦三十二小劫尒時世尊欲重宣此
義而說偈言
舍利弗來世　成佛普智尊　号名曰華光　當度无量衆
供養无數佛　具足菩薩行　十力等功德　證於无上道
過无量劫已　劫名大寶嚴　世界名離垢　清淨无瑕穢
以琉璃爲地　金繩界其道　七寶雜色樹　常有華菓實
彼國諸菩薩　志念常堅固　神通波羅蜜　皆已悉具足
於无數佛所　善學菩薩道　如是等大士　華光佛所化
佛爲王子時　棄國捨世榮　於冣末後身　出家成佛道
華光佛住世　壽十二小劫　其國人民衆　壽命八小劫
佛滅度之後　正法住於世　三十二小劫　廣度諸衆生

BD03240號　妙法蓮華經卷二　（4–1）

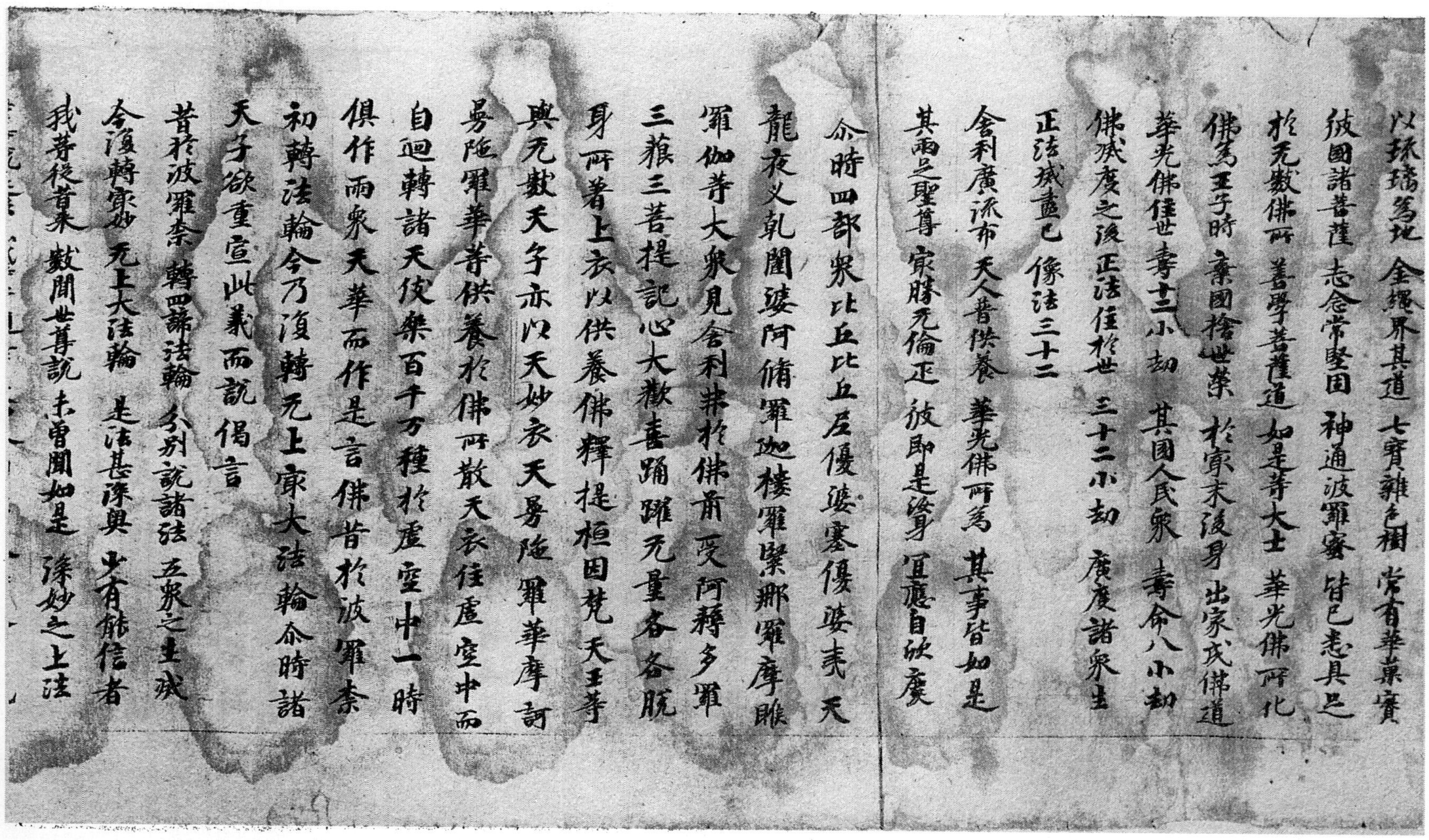

以琉璃爲地　金繩界其道　七寶雜色樹　常有華菓實
彼國諸菩薩　志念常堅固　神通波羅蜜　皆已悉具足
於无數佛所　善學菩薩道　如是等大士　華光佛所化
佛爲王子時　棄國捨世榮　於冣末後身　出家成佛道
華光佛住世　壽十二小劫　其國人民衆　壽命八小劫
佛滅度之後　正法住於世　三十二小劫　廣度諸衆生
正法滅盡已　像法三十二
舍利廣流布　天人普供養　華光佛所爲　其事皆如是
其兩足聖尊　冣勝无倫匹　彼即是汝身　宜應自欣慶
尒時四部衆比丘比丘尼優婆塞優婆夷天
龍夜叉乾闥婆阿脩羅迦樓羅緊那羅摩睺
羅伽等大衆見舍利弗於佛前受阿耨多羅
三藐三菩提記心大歡喜踊躍无量各各脫
身所著上衣以供養佛釋提桓因梵天王等
與无數天子亦以天妙衣天曼陁羅華摩訶
曼陁羅華等供養於佛所散天衣住虛空中而
自迴轉諸天伎樂百千万種於虛空中一時
俱作雨衆天華而作是言佛昔於波羅㮈
初轉法輪今乃復轉无上冣大法輪尒時諸
天子欲重宣此義而說偈言
昔於波羅㮈　轉四諦法輪　分別說諸法　五衆之生滅
今復轉冣妙　无上大法輪　是法甚深奧　少有能信者
我等從昔來　數聞世尊說　未曾聞如是　深妙之上法

BD03240號　妙法蓮華經卷二　（4–2）

昔於波羅㮈　轉四諦法輪　分別說諸法　五衆之生滅
今復轉最妙　无上大法輪　是法甚深奧　少有能信者
我等從昔來　數聞世尊說　未曾聞如是　深妙之上法
世尊說是法　我等皆隨喜　大智舍利弗　今得受尊記
我等亦如是　必當得作佛　於一切世間　最尊无有上
佛道叵思議　方便隨宜說
我所有福業　今世若過世　及見佛功德　盡迴向佛道
尒時舍利弗白佛言世尊我今无復疑悔親
於佛前得受阿耨多羅三藐三菩提記是諸
千二百心自在者昔住學地佛常教化言我法
能離生老病死究竟涅槃是學无學人亦各
自以離我見及有无見等謂得涅槃而今於
世尊前聞所未聞皆墮疑惑善哉世尊願為
四衆說其因緣令離疑悔尒時佛告舍利弗
我先不言諸佛世尊以種種因緣譬喻言辭
方便說法皆為阿耨多羅三藐三菩提耶是
諸所說皆為化菩薩故然舍利弗今當復以
譬喻更明此義諸有智者以譬喻得解舍利
弗若國邑聚落有大長者其年衰邁財富无
量多有田宅及諸僮僕其家廣大唯有一門
多諸人衆一百二百乃至五百人止住其中堂
閣朽故墻壁頹落柱根腐敗梁棟傾危周
帀俱時欻然火起焚燒舍宅長者諸子若十二

BD03240號　妙法蓮華經卷二　（4–3）

方便說法皆為阿耨多羅三藐三菩提耶是
諸所說皆為化菩薩故然舍利弗今當復以
譬喻更明此義諸有智者以譬喻得解舍利
弗若國邑聚落有大長者其年衰邁財富无
量多有田宅及諸僮僕其家廣大唯有一門
多諸人衆一百二百乃至五百人止住其中堂
閣朽故墻壁頹落柱根腐敗梁棟傾危周
帀俱時欻然火起焚燒舍宅長者諸子若十二
十或至三十在此宅中長者見是大火從四
面起即大驚怖而作是念我雖能於此所
燒之門安隱得出而諸子等於火宅內樂著
嬉戲不覺不知不驚不怖火來逼身苦痛切
己心不厭患无求出意舍利弗是長者作是
思惟我身手有力當以衣裓若以机案從舍
出之復更思惟是舍唯有一門而復狹小諸
子幼稚未有所識戀著戲處或當墮落為火
所燒我當為說怖畏之事此舍已燒宜時疾
……害作是念已如所思惟

BD03240號　妙法蓮華經卷二　（4–4）

如彼叢林 藥草諸樹 隨其大小 漸增茂好
諸佛之法 常以一味 令諸世間 普得具足
漸次修行 皆得道果 聲聞緣覺 處於山林
住最後身 聞法得果 是名藥草 各得增長
若諸菩薩 智慧堅固 了達三界 求最上乘
是名小樹 而得增長 復有住禪 得神通力
聞諸法空 心大歡喜 放无數光 度諸眾生
是名大樹 而得增長 如是迦葉 佛所說法
譬如大雲 以一味雨 潤於人華 各得成實
迦葉當知 以諸因緣 種種譬喻 開示佛道
是我方便 諸佛亦然 今為汝等 說最實事
諸聲聞眾 皆非滅度 汝等所行 是菩薩道
漸漸修學 悉當成佛
妙法蓮華經授記品第六
尒時世尊說是偈已告諸大眾唱如是言我此
弟子摩訶迦葉於未來世當得奉覲三百
万億諸佛世尊供養恭敬尊重讚歎廣宣
諸佛无量大法於最後身得成為佛名曰光
明如來應供正遍知明行足善逝世間解无上
士調御丈夫天人師佛世尊國名光德劫名
大莊嚴佛壽十二小劫正法住世二十小劫像
法亦住二十小劫國界嚴飾无諸穢惡瓦

BD03241 號　妙法蓮華經卷三

（2–1）

尒時世尊說是偈已告諸大眾唱如是言我此
弟子摩訶迦葉於未來世當得奉覲三百
万億諸佛世尊供養恭敬尊重讚歎廣宣
諸佛无量大法於最後身得成為佛名曰光
明如來應供正遍知明行足善逝世間解无上
士調御丈夫天人師佛世尊國名光德劫名
大莊嚴佛壽十二小劫正法住世二十小劫像
法亦住二十小劫國界嚴飾无諸穢惡瓦
礫荊棘便利不淨其土平正无有高下坑坎
堆阜瑠璃為地寶樹行列黃金為繩以界
道側散諸寶華周遍清淨其國菩薩无量
千億諸聲聞眾亦復无數无有魔事雖有魔
及魔民皆護佛法尒時世尊欲重宣此義而
說偈言
告諸比丘 我以佛眼 見是迦葉 於未來世
過无數劫 當得作佛 而於來世 供養奉覲
三百万億 諸佛世尊 為佛智慧 淨修梵行

BD03241 號　妙法蓮華經卷三

（2–2）

善女天
修已方得授記此諸天子於妙天宮捨五欲
樂故來聽是金光明經既聞法已於是經中
心生慇重如淨琉璃无諸瑕穢復得聞此三
大菩薩授記之事亦由去久修正行誓願因
緣是故我今皆與授記於未來世當成阿
耨多羅三藐三菩提時彼樹神聞佛說已
歡喜信受
金光明最勝王經除病品第廿四
佛告菩提樹神善女天諦聽諦聽善思念
之是十千天子本願因緣今為汝說善女天過
去无量不可思議阿僧企耶劫爾時有佛出現
於世名曰寶髻如來應正遍知明行足善逝世
間解无上士調御丈夫天人師佛世尊善女
天時彼世尊般涅槃後正法滅已於像法中
有王名曰天自在光常以正法化於人民猶如

去无量不可思議阿僧企耶劫爾時有佛出現
於世名曰寶髻如來應正遍知明行足善逝世
間解无上士調御丈夫天人師佛世尊善女
天時彼世尊般涅槃後正法滅已於像法中
有王名曰天自在光常以正法化於人民猶如
父母是王國中有一長者名曰持水善解醫明
妙通八術衆生病苦四大不調咸能救療善
女天爾時持水長者唯有一子名曰流水顏
容端正人所樂觀受性聰敏妙閑諸論書
畫筭印无不通達時王國內有无量百千諸
衆生類皆遇疫疾衆苦所逼乃至无有歡樂
之心善女天爾時長者子流水見是无量百
千衆生受諸病苦起大悲心作如是念无量
衆生為諸極苦之所逼迫我父長者雖善醫
方妙通八術能療衆病四大增損然已衰
邁老耄虛羸要假扶策方能進步不復能
往城邑聚落救諸病苦今有无量百千衆生
皆遇重病无能救者我今當至大醫父所諮
問治病醫方祕法若得解已當往城邑聚落
之所救諸衆生種種疾病令於長夜得受安
樂時長者子作是念已即詣父所稽首禮足
合掌恭敬却住一面即以伽他請其父曰
慈父當哀愍　我欲救衆生　今請諸醫方　幸願為我說
云何身衰壞　諸大有增損　復在何時中　能生諸疾病
云何噉飲食　得受於安樂　能使內身中　火勢不衰損
衆生有四病　風黃熱痰癊　及以惣集病　云何而療治
何時風病起　何時熱病發　何時動痰癊　何時惣集生

合掌恭敬却住一面即以伽他請其父曰
慈父當哀愍 我欲救衆生 今請諸醫方 幸願為我說
云何身衰壞 諸大有增損 復在何時中 能生諸疾病
云何噉飲食 得受於安樂 能使內身中 火勢不衰損
衆生有四病 風黃熱痰癊 及以總集病 云何而療治
何時風病起 何時熱病發 何時動痰癊 何時總集生
時彼長者聞子請已復以伽他而荅之曰
我今依古仙 所有療病法 次第為汝說 善聽救衆生
三月是春時 三月名為夏 三月名秋分 三月謂冬時
此據一年中 三三而別說 二二為一節 便成歲六時
初二是花時 三四名熱際 五六名雨際 七八謂秋時
九十是寒時 後二名冰雪 既知如是別 授藥勿令差
當隨此時中 調息於飲食 入腹令消散 衆病則不生
節氣若變改 四大有推移 此時无藥資 必生於病苦
醫人解四時 復知其六節 明閑身七界 食藥使无差
謂味界血肉 膏骨及髓腦 病入此中時 知其可療不
病有四種別 謂風熱痰癊 及以總集病 應知發動時
春中痰癊動 夏內風病生 秋時黃熱增 冬節三俱起
春食澁熱辛 夏膩熱醎醋 秋時冷甜膩 冬酸澁膩甜
於此四時中 服藥及飲食 若依如是味 衆病无由生
食後病由癊 食消時由熱 消後起由風 準時須識病
既識病源已 隨病而設藥 假令患狀殊 先須療其本
風病服油膩 患熱利為良 癊病應變吐 總集須三藥
風熱癊俱有 是名為總集 雖知病起時 應觀其本性
如是觀知已 順時而授藥 飲食藥无差 斯名善醫者
復應知八術 總攝諸醫方 於此若明閑 可療衆生病
謂針刺傷破 身疾并鬼神 惡毒及孩童 延年增氣力

BD03242號　金光明最勝王經卷九　（13–3）

風病服油膩 患熱利為良 癊病應變吐 總集須三藥
風熱癊俱有 是名為總集 雖知病起時 應觀其本性
如是觀知已 順時而授藥 飲食藥无差 斯名善醫者
復應知八術 總攝諸醫方 於此若明閑 可療衆生病
謂針刺傷破 身疾并鬼神 惡毒及孩童 延年增氣力
先觀彼形色 語言及性行 然後問其夢 知風熱癊殊
乾瘦少頭髮 其心无定住 多語夢飛行 斯人是風性
少年生白髮 多汗及多瞋 聰明夢見火 斯人是熱性
心定身平整 慮審頭津膩 夢見水白物 是癊性應知
總集性俱有 或二或具三 隨有一偏增 應知是其性
既知本性已 準病而授藥 驗其无死相 方名可救人
諸根倒取境 尊醫人起慢 親友生瞋恚 是死相應知
左眼白色變 舌黑鼻梁欹 耳輪與舊殊 下脣垂向下
訶梨勒一種 具足有六味 能除一切病 无忌藥中王
又三果三辛 諸藥中易得 沙糖蜜酥乳 此能療衆病
自餘諸藥物 隨病可增加 先起慈愍心 莫規於財利
我已為汝說 療疾中要事 以此救衆生 當獲无邊果
善女天尒時長者子流水親問其父八術之要
四大增損時節不同餌藥方法既善了知
自忖堪能救療衆病即便遍至城邑聚落所
在之處隨有百千万億病苦衆生皆至其所
善言慰喻作如是語我是醫人我是醫人善
知方藥今為汝等療治衆病悉令除愈善女
天尒時衆人聞長者子善言慰喻許為治病
時有无量百千衆生遇極重病聞是語已身
心踊躍得未曾有以此因緣所有病苦悉得
蠲除氣力充實平復如本善女天尒時復有

BD03242號　金光明最勝王經卷九　（13–4）

善言慰喻作如是語我是醫人我是醫人善
知方藥今爲汝等療治衆病悉令除愈善女
天尒時衆人聞長者子善言慰喻許爲治病
時有无量百千衆生遇極重病聞是語已身
心踊躍得未曾有以此因緣所有病苦悉得
蠲除氣力充實平復如本善女天尒時復有
无量百千衆生病苦深重難療治者即共往
詣長者子所重請醫療時長者子即以妙藥
令服皆蒙除差善女天是長者子於此國內
百千万億衆生病苦悉得除差
金光明最勝王經長者子流水品第廿五
尒時佛告菩提樹神善女天尒時長者子流
水於往昔時在天自在光王國內療諸衆生
所有病苦令得平復受安隱樂時諸衆生以
病除故多修福業廣行惠施以自歡娛即共
往詣長者子所咸生尊敬作如是言善哉善
哉大長者子善能滋長福德之事增益我等
安隱壽命仁今實是力醫王慈悲菩薩妙
閑醫藥善療衆生无量病苦如是稱歎周
遍城邑善女天時長者子妻名水肩藏有其
二子一名水滿二名水藏是時流水將其二子漸
次遊行城邑聚落過空澤中深險之處見
諸禽獸豺狼狐玃鵰鷲之屬食血肉者皆悉
奔飛一向而去時長者子作如是念此諸禽獸
何因緣故一向飛去我當隨後暫往觀之即
便隨去見有大池名曰野生其水將盡於此
池中多有衆魚流水見已生大悲心時有樹

BD03242號　金光明最勝王經卷九　（13–5）

次遊行城邑聚落過空澤中深險之處見
諸禽獸豺狼狐玃鵰鷲之屬食血肉者皆悉
奔飛一向而去時長者子作如是念此諸禽獸
何因緣故一向飛去我當隨後暫往觀之即
便隨去見有大池名曰野生其水將盡於此
池中多有衆魚流水見已生大悲心時有樹
神示現半身作如是語善哉善哉善男子
汝有實義名流水者可愍此魚應与其水有
二因緣名爲流水一能流水二能与水汝今應當
隨名而作是時流水問樹神言此魚頭數爲
有幾何樹神答曰數滿十千善女天時長
者子聞是數已倍益悲心時此大池爲日所暴
餘水无幾是十千魚將入死門旋身婉轉見是
長者心有所希隨逐瞻視目未曾捨時長
者子見是事已馳趣四方欲覓於水竟不能
得復望一邊見有大樹即便昇上折取
枝葉爲作蔭涼復更推求是池中水從何處
來尋覓不已見一大河名曰水生時此河邊有
諸魚人爲取魚故於河上流懸險之處決棄
其水不令下過於所決處卒難修補便作
是念此崖深峻設百千人時經三月亦未能
斷況我一身而堪濟辦時長者子速還本城
至大王所頭面礼足却住一面合掌恭敬作
如是言我爲大王國土人民治種種病悉令
安隱漸次遊行至其空澤見有一池名曰野
生其水欲涸有十千魚爲日所暴將死不久
惟願大王慈悲愍念与二十大象暫往負水

BD03242號　金光明最勝王經卷九　（13–6）

甚況我一身而堪濟辦時長者子速還本城
至大王所頭面礼足却住一面合掌恭敬作
如是言我為大王國土人民治種種病悉令
安隱漸次遊行至其空澤見有一池名曰野
生其水欲涸有十千魚為日所暴將死不久
惟願大王慈悲愍念与二十大象暫往負水
濟彼魚命如我与諸病人壽命尒時大王即
勅大臣速疾与此醫王大象時彼大臣奉王
勅已白長者子善哉大士仁今自可至象廄
中隨意選取二十大象利益衆生令得安樂
是時流水及其二子將二十大象又從酒家多
借皮囊往決水處以囊盛水象負至池瀉置
池中水即弥滿還復如故善女天時長者
子於池四邊周旋而視時彼衆魚亦復隨逐
循岸而行時長者子復作是念衆魚何故隨
我而行必為飢火之所惱逼復欲從我求索於
食我今當与尒時長者子流水告其子言
汝取一象最大力者速至家中啓父長者家
中所有可食之物乃至父母食噉之分及以妻子
奴婢之分悉皆收取即可將來尒時二子受
父教已乘最大象速往家中至祖父所說如
上事收取家中可食之物置於象上疾還
父所至彼池邊是時流水見其子來身心喜踊
遂取餅食遍散池中魚得食已悉皆飽足便
作是念我今施食令魚得命願於未來世當
施法食充濟无邊復更思惟我先曾於空
閑林處見一苾芻讀大乘經說十二緣生甚深
法要又經中說若有衆生臨命終時得聞寶

BD03242號　金光明最勝王經卷九　（13–7）

上事收取家中可食之物置於象上疾還
父所至彼池邊是時流水見其子來身心喜踊
遂取餅食遍散池中魚得食已悉皆飽足便
作是念我今施食令魚得命願於未來世當
施法食充濟无邊復更思惟我先曾於空
閑林處見一苾芻讀大乘經說十二緣生甚深
法要又經中說若有衆生臨命終時得聞寶
髻如來名者即生天上我今當為是十千
魚演說甚深十二緣起亦當稱說寶髻佛
名然瞻部洲有二種人一者深信大乘二者
不信毀呰亦當為彼增長信心時長者子作
如是念我入池中可為衆魚說深妙法作是
念已即便入水唱言南謨過去寶髻如來應
正遍知明行足善逝世間解无上士調御丈
夫天人師佛世尊此佛往昔修菩薩行時作
是誓願於十方界所有衆生臨命終時聞我
名者命終之後得生三十三天尒時流水復為
池魚演說如是甚深妙法此有故彼有此
生故彼生所謂无明緣行行緣識識緣名色
名色緣六處六處緣觸觸緣受受緣愛愛
緣取取緣有有緣生生緣老死憂悲苦惱
此滅故彼滅所謂无明滅則行滅行滅則識滅
識滅則名色滅名色滅則六處滅六處滅則觸
觸滅則受滅受滅則愛滅愛滅則取滅取
滅則有滅有滅則生滅生滅則老死滅老死
滅則憂悲苦惱滅如是純極苦蘊悉皆除
滅說是法已復為宣說十二緣起相應陁羅

BD03242號　金光明最勝王經卷九　（13–8）

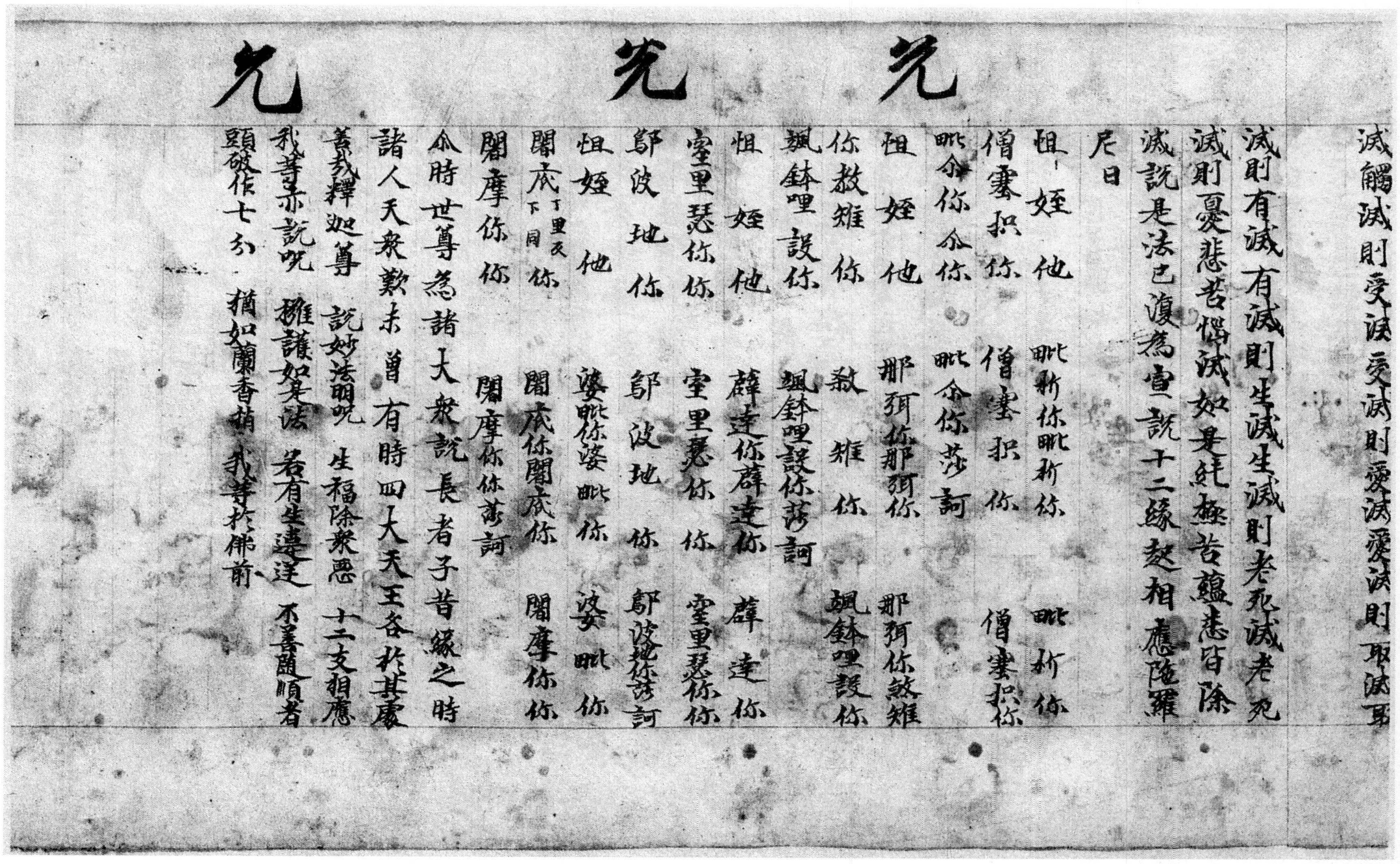
光 光 光
滅觸滅則受滅受滅則愛滅愛滅則取滅取
滅則有滅有滅則生滅生滅則老死滅老死
滅則憂悲苦惱滅如是純極苦蘊悉皆除
滅說是法已復為宣說十二緣起相應陁羅
尼曰
怛姪他 毗折你毗折你 毗折你
僧塞枳你 僧塞枳你 僧塞枳你
毗介你介你 毗介你莎訶
怛姪他 那狦你那狦你 那狦你敎雞
你敎雞你 敎雞你 颯鉢哩設你
颯鉢哩設你 颯鉢哩設你莎訶
怛姪他 薜達你薜達你 薜達你
室里瑟你 室里瑟你 室里瑟你
鄔波地你 鄔波地你 鄔波地你莎訶
怛姪他 婆毗你婆毗你 婆毗你
闍底丁里反下同你 闍底你闍底你 闍底你
闍摩你你 闍摩你你莎訶 闍摩你你
尒時世尊為諸大眾說長者子昔緣之時
諸人天眾歎未曾有時四大天王各於其處
善哉釋迦尊 說妙法明呪 生福除眾惡 十二支相應
我等亦說呪 擁護如是法 若有生違逆 不善隨順者
頭破作七分 猶如蘭香梢 我等於佛前

BD03242號　金光明最勝王經卷九　（13–9）

光
頭破作七分 猶如蘭香梢 我等於佛前
滅則有滅有滅則生滅生滅則老死滅老死
滅則憂悲苦惱滅如是純極苦蘊悉皆除
滅說是法已復為宣說十二緣起相應陁羅
尼曰
怛姪他 毗折你毗折你 毗折你
僧塞枳你 僧塞枳你 僧塞枳你
毗介你介你 毗介你莎訶
怛姪他 那狦你那狦你 那狦你敎雞
你敎雞你 敎雞你 颯鉢哩設你
颯鉢哩設你 颯鉢哩設你莎訶
怛姪他 薜達你薜達你 薜達你
室里瑟你 室里瑟你 室里瑟你
鄔波地你 鄔波地你 鄔波地你莎訶
怛姪他 婆毗你婆毗你 婆毗你
闍底丁里反下同你 闍底你闍底你 闍底你
闍摩你你 闍摩你你莎訶 闍摩你你
尒時世尊為諸大眾說長者子昔緣之時
諸人天眾歎未曾有時四大天王各於其處
異口同音作如是說

BD03242號　金光明最勝王經卷九　（13–10）

怛姪他　婆毗你婆毗你　婆　毗你
闍底（丁里反下同）你　闍底你闍底你　闍摩你你
闍摩你你　闍摩你你莎訶
尒時世尊為諸大衆說長者子昔緣之時
諸人天衆歎未曾有時四大天王各於其處
異口同音作如是說
善哉釋迦尊　說妙法明呪　生福除衆惡　十二支相應
我等亦說呪　擁護如是法　若有生違逆　不善隨順者
頭破作七分　猶如蘭香梢　我等於佛前　共說其呪曰
怛姪他　哩里謎　揭睇健陁　哩
旃荼里地　䍲　騷代䍲　石呬代䍲
補囉布䍲矩矩末底　崎囉末底達皆契
窶嚕婆　母嚕婆　具荼母嚕儣提
拄嚕拄嚕　毗䍲　醫泥悉泥沓（徒洽下同）娓
達沓娓鄔悉怛哩　烏率吒囉代底
頞刺婆代底　鉢杜摩代底
俱蘇摩代底　莎訶
佛告善女天尒時長者子流水及其二子為
彼池魚施水施食并說法已俱共還家是長
者子流水復於後時因有聚會設衆伎樂醉
酒而卧時十千魚同時命過生三十三天起如
是念我等以何善業因緣生此天中便相謂
曰我等先於贍部洲內墮傍生中共受魚身
長者子流水施我等水及以餅食復為我等
說其深法十二緣起及陁羅尼復稱寶髻如
來名号以是因緣能令我等得生此天是故
我今咸應詣彼長者子所報恩供養尒時十

BD03242號　金光明最勝王經卷九

（13-11）

長者子流水施我等水及以餅食復為我等
說其深法十二緣起及陁羅尼復稱寶髻如
來名号以是因緣能令我等得生此天是故
我今咸應詣彼長者子所報恩供養尒時十
千天子即於天沒至贍部洲大醫王所時長者
子在高樓上安隱而睡時十千天子共以十千
真珠瓔珞置其頭邊復以十千置其足處復
以十千置於右脅復以十千置左脅邊雨曼
陁羅花摩訶曼陁羅花積至于膝光明普
照種種天樂出妙音聲令贍部洲有睡眠
者皆悉覺悟長者子流水亦從睡寤是時
十千天子為供養已即於空中飛騰而去於
天自在光王國內處處皆雨天妙蓮花是諸
天子復至本處空澤池中雨衆天花便於此沒
還天宮殿隨意自在受五欲樂天自在光王
至天曉已問諸大臣昨夜何緣忽現如是希
有瑞相放大光明大臣答言大王當知有諸
天衆於長者子流水家中雨四十千真珠瓔
珞及天曼陁羅花積至于膝王告臣曰詣長
者家喚取其子大臣受勅即至其家奉宣王
命喚長者子時長者子即至王所王曰何緣
昨夜示現如是希有瑞相長者子言如我思
忖定應是彼池內衆魚如經所說命終之後
得生三十三天彼來報恩故現如是希奇之
相王曰何以得知流水答曰王可遣使并我二子
往彼池所驗其虛實彼十千魚為死為活
王聞是語即便遣使及子向彼池邊見其池

BD03242號　金光明最勝王經卷九

（13-12）

得生三十三天彼來報恩故現如是希奇之
相王曰何以得知流水荅曰王可遣使幷我二子
往彼池所驗其虛實彼十千魚為死為活
王聞是語即便遣使及子向彼池邊見其池
中多有曼陁羅花積成大聚諸魚並死見
已馳還為王廣說王聞是已心生歡喜歎未曾
有尒時佛告菩提樹神善女天汝今當知昔
時長者子流水者即我身是持水長者即妙
幢是彼之二子長子水滿即銀幢是次子水
藏即銀光是彼天自在光王者即汝菩提樹
神是十千魚者即十千天子是因我往昔以
水濟魚与食令飽為說甚深十二緣起幷此
相應陁羅尼呪又為稱彼寶髻佛名因此善
根得生天上今來我所歡喜聽法我皆當為
授於阿耨多羅三藐三菩提記說其名号善
女天如我往昔於生死中輪迴諸有廣為利
益令无量衆生悉令次第成无上覺与其授
記汝等皆應勤求出離勿為放逸尒時大衆
聞說是已悉皆悟解由大慈悲救護一切苦
修苦行方能證獲无上菩提咸發深心信受
歡喜

金光明最勝王經卷第九

耄毛報 痰徒甘 癊於禁 纙俱綺 枳居你 頞弥氏 媲普詣 腪許計 梢所交

BD03242號　金光明最勝王經卷九　（13–13）

護世四王　問是事已　時梵尊師　即說偈言
汝今雖以　此義問我　我要當為　一切衆生
敷楊宣暢　第一勝論　因集業故　生於人中
王領國土　故稱人王　處在胎中　諸天守護
或先守護　然後入胎　雖在人中　生為人王
以天護故　復稱天子　三十三天　各以己德
分與是人　故稱天子　神力所加　故得自在
遠離惡法　遮令不起　安住善法　脩令增廣
能令衆生　多生天上　半名人王　亦名執樂
羅刹魁膾　能遮諸惡　亦名父母　教誨脩善
亦現果報　諸天所護　善惡諸業　現在未來
現受果報　諸天所護　善有惡事　縱而不問
不讁其罪　不以正教　捨遠善法　增長惡聚
故使國中　多諸姧鬪　三十三天　各生瞋恨
由其國王　縱惡不治　壞國惡法　姧詐熾盛
他方怨敵　競來侵掠　自家所有　錢財珍寶
諸惡盜賊　共相劫奪　如法治世　不行是事
若行是者　其國殄滅　辟如狂象　蹋蓮花池

BD03243號　金光明經卷三　（5–1）

他方怨敵　競來侵掠　自家所有　錢財珍寶
諸惡盜賊　共相劫奪　如法治世　不行是事
若行是者　其國殄滅　譬如狂象　蹋蓮花池
暴風卒起　屢降惡雨　惡星數出　日月无光
五穀菓實　咸不滋茂　由王捨正　使國飢饉
天於宮殿　悉懷愁惱　由王暴虐　不脩善事
是諸天王　各相謂言　是王行惡　與惡為伴
以造惡故　速得天瞋　以天瞋故　不久國敗
非法兵仗　奸詐鬪訟　疾疫惡病　集其國土
諸天即便　捨離是王　令其國敗　生大愁惱
兄弟姉妹　眷屬妻子　孤逆瑠璃　身亦滅亡
流星墜墮　二日端現　他方怨賊　侵掠其土
人民飢餓　多諸疾疫　所重大臣　捨離薨亡
象馬車乘　一念衰滅　諸家財產　國土所有
互相劫奪　刀兵而死　五星諸宿　違失常度
諸惡疾疫　流遍其國　諸受寵祿　所任大臣
及諸羣僚　專行非法　如是行惡　偏受恩遇
脩善法者　日日衰滅　於行惡者　而生恭敬
見脩善者　心不顧錄　故使世間　災異端起
星宿失度　降暴風雨　破壞甘露　无上正法
衆生種類　及以地肥　恭敬弊惡　毀諸善人
故天降雹　飢餓疾死　穀米菓實　滋味衰滅
多病衆生　充滿其國　甘美盛菓　日月損減
苦澁惡味　隨時增長　本所遊戲　可愛之處

BD03243號　金光明經卷三

(5–2)

故天降雹　飢餓疾死　穀米菓實　滋味衰滅
多病衆生　充滿其國　甘美盛菓　日月損減
苦澁惡味　隨時增長　本所遊戲　可愛之處
悉皆枯悴　无可樂着　衆生所食　精妙上味
漸漸損減　食无肌膚　顏貌醜陋　氣力衰微
凡所食噉　不知猒足　力精勇猛　悉滅无有
嬾隨懈怠　充滿其國　多有病苦　逼切其身
惡星變動　羅剎亂行　若有人王　行於非法
增長惡伴　損人天道　於三有中　多受苦惱
起如是等　无量惡事　皆由人王　愛着眷屬
縱之造惡　捨而不治　若為諸天　所護生者
如是人王　終不為惡　若行善者　得生天中
行不善者　隨在三塗　三十三天　皆生燋熱
由生縱惡　捨而不論　違逆諸天　及父母勅
不能正治　則非孝子　起諸奸惡　壞國土者
不應縱捨　當正治罪　是故諸天　護持是王
以滅惡法　脩集善根　現世正治　得增王位
應各為說　善不善業　能示因果　故得為王
諸天護持　隣王佐助　能自為他　脩正治國
有壞國者　應當正教　為命及國　脩行正法
不應行惡　惡不應縱　所有餘事　不能壞國
惡因多奸　然後傾敗　若起多奸　壞於國土
譬如大象　壞蓮花池　怨恨諸天　故天生惱
起諸惡事　弥滿其國　是故應隨　正法治惡
以善化國　不順非法　寧捨身命　不愛眷屬

BD03243號　金光明經卷三

(5–3)

諸天訶持　隨王[illegible]　能自[illegible]　脩正治國
有壞國者　應當正教　為命及國　脩行正法
不應行惡　惡不應縱　所有餘事　不能壞國
惡因多奸　然後傾敗　若起多奸　壞於國土
譬如大為　壞蓮花池　悲恨諸天　故天生惱
起諸惡事　弥滿其國　是故應隨　正法治惡
以善化國　不順非法　寧捨身命　不愛眷屬
於親非親　心常平等　視親非親　和合為一
正行名稱　流布三界　正法治國　人多行善
常以善心　仰瞻國主　能令天衆　具足充滿
是故正法　名為人王　一切諸天　愛護人王
猶如父母　擁護其子　故令日月　五星諸宿
隨其分齊　不失常度　風雨隨時　无諸災禍
令國豊實　安樂熾盛　增益人民　諸天之衆
以是因緣　諸人王等　寧捨身命　不應為惡
不應捨離　王法珎寶　由正法寶　世人愛樂
常當親近　脩正法者　聚集功德　莊嚴其身
於自眷屬　常知止足　當遠惡人　脩治正法
安止衆生　於諸善法　教勅防護　令離不善
是故國土　安隱豊樂　是王亦得　威德具足
若諸人民　所行惡法　應當調伏　如法教詔
是王當得　好名善譽　善能攝護　安樂衆生

金光明經善集品第十二

尒時如来　復為地神　說往因緣　而作偈言
我昔曾為　轉輪聖王　捨四大地　及以大海

BD03243號　金光明經卷三　（5-4）

是故正法　名為人王　一切諸天　愛護人王
猶如父母　擁護其子　故令日月　五星諸宿
隨其分齊　不失常度　風雨隨時　无諸災禍
令國豊實　安樂熾盛　增益人民　諸天之衆
以是因緣　諸人王等　寧捨身命　不應為惡
不應捨離　王法珎寶　由正法寶　世人愛樂
常當親近　脩正法者　聚集功德　莊嚴其身
於自眷屬　常知止足　當遠惡人　脩治正法
安止衆生　於諸善法　教勅防護　令離不善
是故國土　安隱豊樂　是王亦得　威德具足
若諸人民　所行惡法　應當調伏　如法教詔
是王當得　好名善譽　善能攝護　安樂衆生
金光明經善集品第十二
尒時如来　復為地神　說往因緣　而作偈言
我昔曾為　轉輪聖王　捨四大地　及以大海
又於是時　以四天下　滿中珎寶　奉上諸佛
凡所布施　皆捨所重　不見可愛　而不捨者
於過去世　无數劫中　求正法故　常捨身命
又過去世　不可識劫　有佛世尊　名曰寶勝
其佛世尊　般涅槃後　時有聖王　名曰善集

BD03243號　金光明經卷三　（5-5）

眚者終無見咎例汝今日以目觀見山河
國土及諸眾生皆是無始見病所成見與見
緣似現前境元我覺明見所緣眚覺見即眚
本覺明心覺緣非眚覺所覺眚覺非眚中此
實見見云何復名覺聞知見是故汝今見我及
汝并諸世間十類眾生皆即見眚非見眚
者彼見真精性非眚者故不名見阿難如彼眾
生同分妄見例彼妄見別業一人一病目人
同彼一國彼見圓影眚妄所生此眾同分所
現不祥同見業中瘴惡所起俱是無始見妄
所生例閻浮提三千洲中兼四大海娑婆世
界并洎十方諸有漏國及諸眾生同是覺
明無漏妙心見聞覺知虛妄病緣和合妄生
和合妄死若能遠離諸和合緣及不和合則
復滅除諸死因圓滿菩提不生滅性清淨本
心本覺常住
阿難汝雖先悟本覺妙明性非因緣非自然
性而猶未明如是覺元非和合生及不和合

BD03244號　大佛頂如來密因修證了義諸菩薩萬行首楞嚴經卷二　（3–1）

心本覺常住
阿難汝雖先悟本覺妙明性非因緣非自然
性而猶未明如是覺元非和合生及不和合
阿難吾今復以前塵問汝汝今猶以一切世
間妄想和合諸因緣性而自疑惑證菩提心
和合起者則汝今者妙淨見精為與明和為
與闇和為與通和為與塞和若明和者且汝
觀明當明現前何處雜見見相可辨雜何
形像若非見者云何見明若即見者云何見
見必見圓滿何處和明若明圓滿不合見和
見必異明雜則失彼性明名字雜失明性和明
非義彼暗與通及諸群塞亦復如是
復次阿難又汝今者妙淨見精為與明合
為與暗合為與通合為與塞合若明合者至
暗時明相已滅此見即不與諸暗合云何見暗
若見暗時不與暗合與明合者應非見明
既不見明云何明合了明非暗彼暗與通及
諸群塞亦復如是
阿難白佛言世尊如我思惟此妙覺元與諸
緣塵及心念慮非和合耶佛言汝今又言覺
非和合吾復問汝此妙見精非和合者為非
明和為非暗和為非通和為非塞和若非明
和則見與明必有邊畔汝且諦觀何處是
明何處是見在見在明自何為畔阿難若明

BD03244號　大佛頂如來密因修證了義諸菩薩萬行首楞嚴經卷二　（3–2）

非和合吾復問汝此妙見精非和合者為非
明和為非暗和為非通和為非塞和若非明
和則見與明必有邊畔汝且諦觀何處是
明何處是見在見在明自何為畔阿難若明
際中必無見者則不相及自不知其明相所在
畔云何成彼暗與通及諸群塞亦復如是
又妙見精非和合者為非明合為非暗合為
非通合為非塞合若非明合則見與明性相
乖角如見與明了不相觸見且不知明相所
在云何甄明合非合理彼暗與通及諸群塞
亦復如是
阿難汝猶未明一切浮塵諸幻化相當處出
生隨處滅盡幻妄稱相其性真為妙覺明
體如是乃至五陰六入從十二處至十八界因
緣和合虛妄有生因緣別離虛妄名滅殊不
能知生滅去來本如來藏常住妙明不動周
圓妙真如性性真常中求於去來迷悟死
生了無所得
阿難云何吾蔭本如來藏妙真如性阿難譬

BD03244號　大佛頂如來密因修證了義諸菩薩萬行首楞嚴經卷二　（3–3）

法相亦无非法相何以故是諸
取相則為著我人眾生壽者若取
相即著我人眾生壽者何以故若取
相即著我人眾生壽者是故不應取法不應
取非法以是義故如來常說汝等比丘知我
說法如筏喻者法尚應捨何況非法
須菩提於意云何如來得阿耨多羅三藐三
菩提耶如來有所說法耶須菩提言如我解
佛所說義无有定法名阿耨多羅三藐三菩
提亦无有定法如來可說何以故如來所說
法皆不可取不可說非法非非法所以者何
一切賢聖皆以无為法而有差別
須菩提於意云何若人滿三千大千世界七
寶以用布施是人所得福德寧為多不須菩
提言甚多世尊何以故是福德即非福德
性是故如來說得福德多須菩提於意云何若
復有人於此經中受持乃至四句偈等為他
人說其福勝彼何以故須菩提一切諸佛及
諸佛阿耨多羅三藐三菩提法皆從此經出
須菩提所謂佛法者即非佛法
須菩提於意云何須陁洹能作是念我得須
陁洹果不須菩提言不也世尊何以故須陁
洹名為入流而无所入不入色聲香味觸法
是名須陁洹須菩提於意云何斯陁含能作

BD03245號　金剛般若波羅蜜經　（5–1）

諸佛阿耨多羅三藐三菩提法皆從此經出
須菩提所謂佛法者即非佛法
須菩提於意云何須陁洹能作是念我得須
陁洹果不須菩提言不也世尊何以故須陁
洹名為入流而无所入不入色聲香味觸法
是名須陁洹須菩提於意云何斯陁含能作
是念我得斯陁含果不須菩提言不也世尊
何以故斯陁含名一往来而實无往来是名
斯陁含須菩提於意云何阿那含能作是念
我得阿那含果不須菩提言不也世尊何以故
阿那含名為不来而實无来是故名阿那含
須菩提於意云何阿羅漢能作是念我得
阿羅漢道不須菩提言不也世尊何以故
實无有法名阿羅漢世尊若阿羅漢作是念
我得阿羅漢道即為著我人衆生壽者世尊
佛說我得无諍三昧人中最為第一是第一
離欲阿羅漢我不作是念我是離欲阿羅漢
世尊我若作是念我得阿羅漢道世尊則不
說須菩提是樂阿蘭那行者以須菩提實无
所行而名須菩提是樂阿蘭那行
佛告須菩提於意云何如来昔在然燈佛所
於法有所得不世尊如来在然燈佛所於法
實无所得須菩提於意云何菩薩莊嚴佛土
不不也世尊何以故莊嚴佛土者則非莊嚴
是名莊嚴是故須菩提諸菩薩摩訶薩應如
是生清淨心不應住色生心不應住聲香味觸
法生心應无所住而生其心須菩提譬
如有人身如須弥山王於意云何是身為大不
須菩提言甚大世尊何以故佛說非身是名

BD03245號　金剛般若波羅蜜經　（5–2）

是生清淨心不應住色生心不應住聲香味觸
法生心應无所住而生其心須菩提譬
如有人身如須弥山王於意云何是身為大不
須菩提言甚大世尊何以故佛說非身是名
大身須菩提如恒河中所有沙數如是沙等
恒河於意云何是諸恒河沙寧為多不須菩
提言甚多世尊但諸恒河尚多无數何況其
沙須菩提我今實言告汝若有善男子善女
人以七寶滿尒所恒河沙數三千大千世界以
用布施得福多不須菩提言甚多世尊佛
告須菩提若善男子善女人於此經中乃至
受持四句偈等為他人說而此福德勝前福
德復次須菩提隨說是經乃至四句偈等當
知此處一切世間天人阿脩羅皆應供養如
佛塔廟何況有人盡能受持讀誦須菩提當
知是人成就最上第一希有之法若是經典
所在之處則為有佛若尊重弟子
尒時須菩提白佛言世尊當何名此經我等
云何奉持佛告須菩提是經名為金剛般若波
羅蜜經以是名字汝當奉持所以者何須菩提
佛說般若波羅蜜則非般若波羅蜜須菩提於
意云何如来有所說法不須菩提白佛言世
尊如来无所說須菩提於意云何三千大千
世界所有微塵是為多不須菩提言甚多世
尊須菩提諸微塵如来說非微塵是名微塵
如来說世界非世界是名世界須菩提於意
云何可以三十二相見如来不不也世尊不可
以三十二相得見如来何以故如来說三
十二相即是非相是名三十二相須菩提
若有善男子善女人以恒河沙等身命布施

BD03245號　金剛般若波羅蜜經　（5–3）

以三十二相得見如来何以故如来說三
十二相即是非相是名三十二相須菩提
若有善男子善女人以恒河沙等身命布施
若復有人於此經中乃至受持四句偈等為
他人說其福甚多
尒時須菩提聞說是經深解義趣涕淚悲泣而
白佛言希有世尊佛說如是甚深經典我從
昔來所得慧眼未曾得聞如是之經世尊若
復有人得聞是經信心清淨則生實相當知
是人成就第一希有功德世尊是實相者
則是非相是故如来說名實相世尊我今得聞
如是經典信解受持不足為難若當来世後五
百歲其有衆生得聞是經信解受持是人則為
第一希有何以故此人无我相人相衆生相
壽者相所以者何我相即是非相人相衆生
相壽者相即是非相何以故離一切諸相則
名諸佛佛告須菩提如是如是若復有人得
聞是經不驚不怖不畏當知是人甚為希
有何以故須菩提如来說第一波羅蜜非
第一波羅蜜是名第一波羅蜜
須菩提忍辱波羅蜜如来說非忍辱波羅蜜
何以故須菩提如我昔為歌利王割截身體
我於尒時无我相无人相无衆生相无壽者
相何以故我於往昔節節支解時若有我相
人相衆生相壽者相應生瞋恨須菩提又念
過去於五百世作忍辱仙人於尒所世无我
相无人相无衆生相无壽者相是故須菩提
菩薩應離一切相發阿耨多羅三藐三菩提心
不應住色生心不應住聲香味觸法生心應生

BD03245號　金剛般若波羅蜜經　（5–4）

聞是經不驚不怖不畏當知是人甚為希
有何以故須菩提如来說第一波羅蜜非
第一波羅蜜是名第一波羅蜜
須菩提忍辱波羅蜜如来說非忍辱波羅蜜
何以故須菩提如我昔為歌利王割截身體
我於尒時无我相无人相无衆生相无壽者
相何以故我於往昔節節支解時若有我相
人相衆生相壽者相應生瞋恨須菩提又念
過去於五百世作忍辱仙人於尒所世无我
相无人相无衆生相无壽者相是故須菩提
菩薩應離一切相發阿耨多羅三藐三菩提心
不應住色生心不應住聲香味觸法生心應生
无所住心若心有住則為非住是故佛說菩薩
心不應住色布施須菩提菩薩為利益一切
衆生應如是布施如来說一切諸相即是
非相又說一切衆生則非衆生須菩提如
来是真語者實語者如語者不誑語者不
異語者須菩提如来所得法此法无實无虛
須菩提若菩薩心住於法而行布施
闇則无所見若菩薩心
人有目日光明

BD03245號　金剛般若波羅蜜經　（5–5）

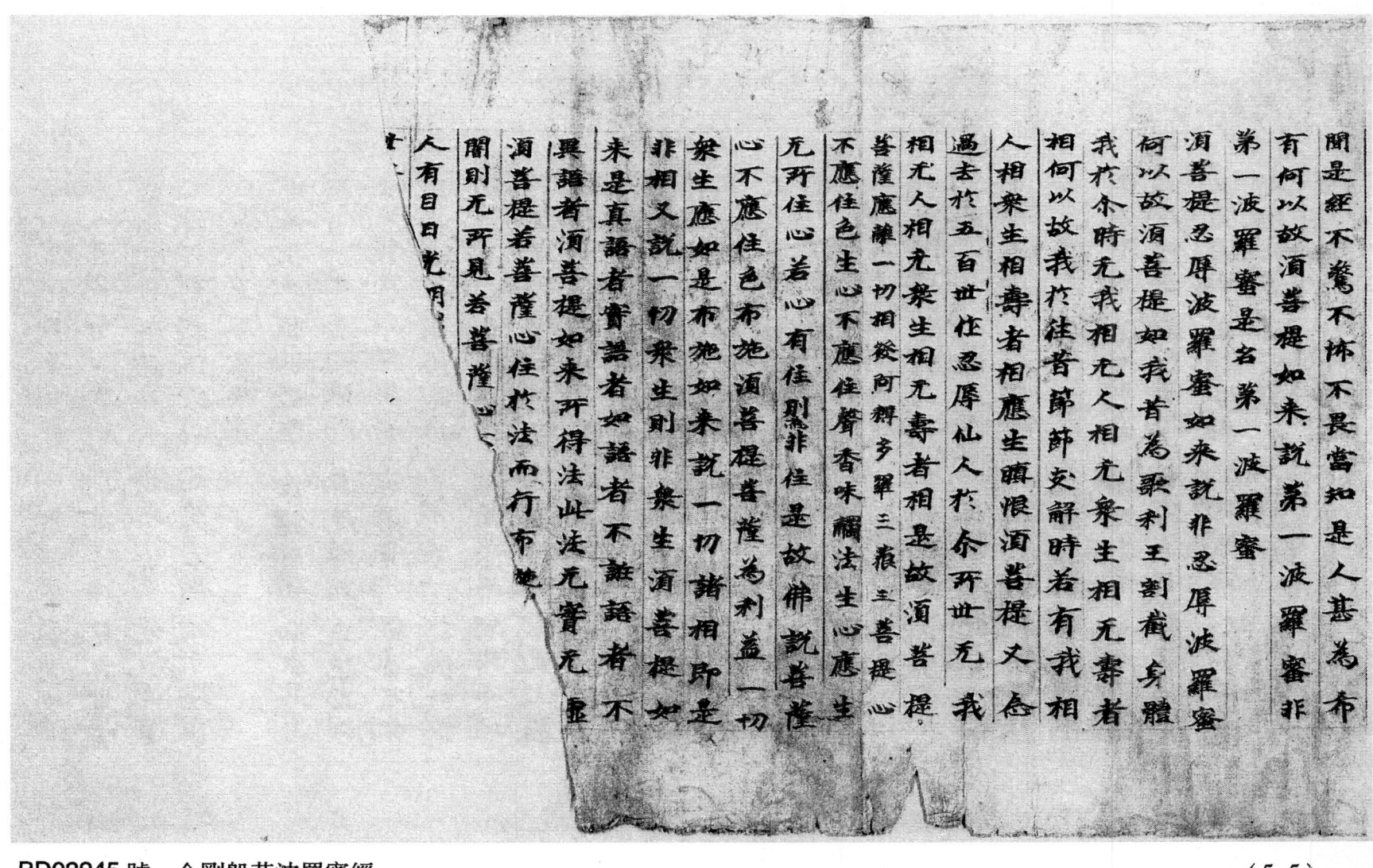

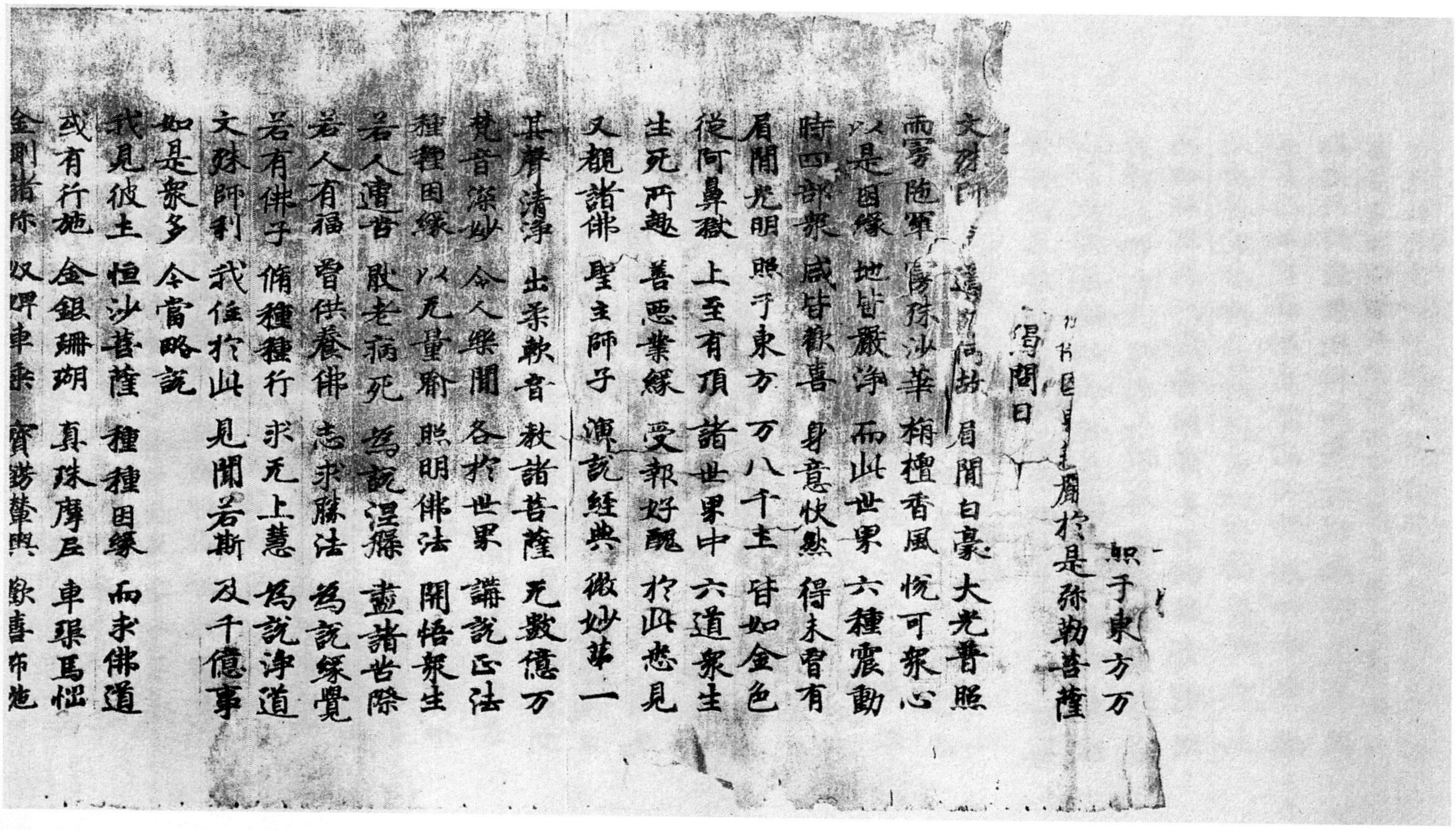

照于東方万
…於是彌勒菩薩
偈問曰
文殊師利　導師何故　眉間白毫　大光普照
雨曼陀羅　曼殊沙華　栴檀香風　悅可衆心
以是因緣　地皆嚴淨　而此世界　六種震動
時四部衆　咸皆歡喜　身意快然　得未曾有
眉間光明　照于東方　万八千土　皆如金色
從阿鼻獄　上至有頂　諸世界中　六道衆生
生死所趣　善惡業緣　受報好醜　於此悉見
又覩諸佛　聖主師子　演說經典　微妙第一
其聲清淨　出柔軟音　教諸菩薩　无數億万
梵音深妙　令人樂聞　各於世界　講說正法
種種因緣　以无量喻　照明佛法　開悟衆生
若人遭苦　厭老病死　為說涅槃　盡諸苦際
若人有福　曾供養佛　志求勝法　為說緣覺
若有佛子　脩種種行　求无上慧　為說淨道
文殊師利　我住於此　見聞若斯　及千億事
如是衆多　今當略說
我見彼土　恒沙菩薩　種種因緣　而求佛道
或有行施　金銀珊瑚　真珠摩尼　車𤦲馬瑙
金剛諸珎　奴婢車乘　寶餝輦輿　歡喜布施

BD03246 號　妙法蓮華經卷一

(9–1)

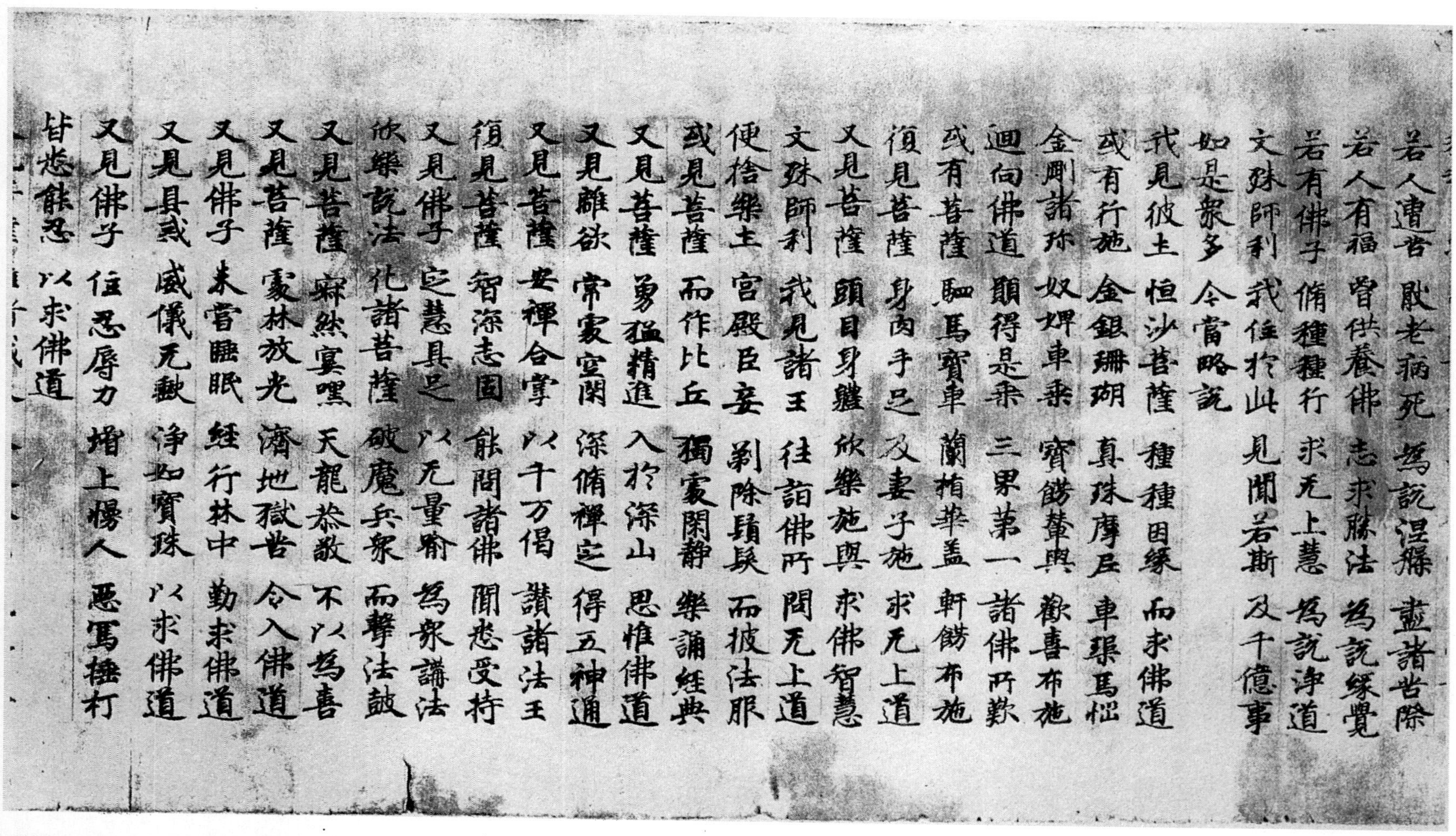

若人遭苦　厭老病死　為說涅槃　盡諸苦際
若人有福　曾供養佛　志求勝法　為說緣覺
若有佛子　脩種種行　求无上慧　為說淨道
文殊師利　我住於此　見聞若斯　及千億事
如是衆多　今當略說
我見彼土　恒沙菩薩　種種因緣　而求佛道
或有行施　金銀珊瑚　真珠摩尼　車𤦲馬瑙
金剛諸珎　奴婢車乘　寶餝輦輿　歡喜布施
迴向佛道　願得是乘　三界第一　諸佛所歎
或有菩薩　駟馬寶車　欄楯華蓋　軒餝布施
復見菩薩　身肉手足　及妻子施　求无上道
又見菩薩　頭目身體　欣樂施與　求佛智慧
文殊師利　我見諸王　往詣佛所　問无上道
便捨樂土　宮殿臣妾　剃除鬚髮　而被法服
或見菩薩　而作比丘　獨處閑靜　樂誦經典
又見菩薩　勇猛精進　入於深山　思惟佛道
又見離欲　常處空閑　深脩禪定　得五神通
又見菩薩　安禪合掌　以千万偈　讚諸法王
復見菩薩　智深志固　能問諸佛　聞悉受持
又見佛子　定慧具足　以无量喻　為衆講法
欣樂說法　化諸菩薩　破魔兵衆　而擊法鼓
又見菩薩　寂然宴默　天龍恭敬　不以為喜
又見菩薩　處林放光　濟地獄苦　令入佛道
又見佛子　未嘗睡眠　經行林中　懃求佛道
又見具戒　威儀无缺　淨如寶珠　以求佛道
又見佛子　住忍辱力　增上慢人　惡罵捶打
皆悉能忍　以求佛道

BD03246 號　妙法蓮華經卷一

(9–2)

[illegible]
又見佛子 未嘗睡眠 經行林中 勤求佛道
又見具戒 威儀无缺 淨如寶珠 以求佛道
又見佛子 住忍辱力 增上慢人 惡罵捶打
皆悉能忍 以求佛道
又見菩薩 離諸戲咲 及癡眷屬 親近智者
一心除亂 攝念山林 億千万歲 以求佛道
或見菩薩 餚饍飲食 百種湯藥 施佛及僧
名衣上服 價直千万 或无價衣 施佛及僧
千万億種 栴檀寶舍 眾妙卧具 施佛及僧
清淨園林 華菓茂盛 流泉浴池 施佛及僧
如是等施 種種微妙 歡喜无猒 求无上道
或有菩薩 說寂滅法 種種教詔 无數眾生
或見菩薩 觀諸法性 无有二相 猶如虛空
又見佛子 心无所著 以此妙慧 求无上道
文殊師利 又見菩薩 佛滅度後 供養舍利
又見佛子 造諸塔廟 无數恒沙 嚴餝國界
寶塔高妙 五千由旬 縱廣正等 二千由旬
一一塔廟 各千幢幡 珠交露幔 寶鈴和鳴
諸天龍神 人及非人 香華伎樂 常以供養
文殊師利 諸佛子等 為供舍利 嚴餝塔廟
國界自然 殊特妙好 如天樹王 其華開敷
佛放一光 我及眾會 見此國界 種種殊妙
諸佛神力 智慧希有 放一淨光 照无量國
我等見此 得未曾有 佛子文殊 願決眾疑
四眾欣仰 瞻仁及我 世尊何故 放斯光明
佛子時荅 決疑令喜 何所饒益 演斯光明
佛坐道場 所得妙法 為欲說此 為當受記

BD03246號　妙法蓮華經卷一　（9–3）

諸佛神力 智慧希有 放一淨光 照无量國
我等見此 得未曾有 佛子文殊 願決眾疑
四眾欣仰 瞻仁及我 世尊何故 放斯光明
佛子時荅 決疑令喜 何所饒益 演斯光明
佛坐道場 所得妙法 為欲說此 為當受記
示諸佛土 眾寶嚴淨 及見諸佛 此非小緣
文殊當知 四眾龍神 瞻察仁者 為說何等
是時文殊師利語彌勒菩薩摩訶薩及諸大
士善男子等如我惟忖今佛世尊欲說大法
雨大法雨吹大法蠡擊大法鼓演大法義諸
善男子我於過去諸佛曾見此瑞放斯光已
即說大法是故當知今佛現光亦復如是欲
令眾生咸得聞知一切世間難信之法故現
斯瑞諸善男子如過去无量无邊不可思議
阿僧祇劫尒時有佛号日月燈明如來應供
正遍知明行足善逝世間解无上士調御丈
夫天人師佛世尊演說正法初善中善後善
其義深遠其語巧妙純一无雜具足清白梵
行之相為求聲聞者說應四諦法度生老病
死究竟涅槃為求辟支佛者說應十二因緣
法為諸菩薩說應六波羅蜜令得阿耨多羅
三藐三菩提成一切種智次復有佛亦名日
月燈明次復有佛亦名日月燈明如是二万
佛皆同一字号日月燈明又同一姓姓頗羅
墮彌勒當知初佛後佛皆同一字名日月燈
明十号具足所可說法初中後善其最後佛
未出家時有八王子一名有意二名善意三
名无量意四名寶意五名增意六名除疑意

BD03246號　妙法蓮華經卷一　（9–4）

佛皆同一字号日月燈明又同一姓姓頗羅
隨弥勒當知初佛後佛皆同一字名日月燈
明十号具足所可說法初中後善其最後佛
未出家時有八王子一名有意二名善意三
名无量意四名寶意五名增意六名除疑意
七名響意八名法意是八王子威德自在各
領四天下是諸王子聞父出家得阿耨多羅
三藐三菩提悉捨王位亦隨出家發大乘意
常脩梵行皆為法師已於千万億佛所殖衆
善本是時日月燈明佛說大乘經名无量義
教菩薩法佛所護念說是經已即於大衆中
結跏趺坐入於无量義處三昧身心不動是
時天雨曼陁羅華摩訶曼陁羅華曼殊沙華
摩訶曼殊沙華而散佛上及諸大衆普佛世
界六種震動尒時會中比丘比丘尼優婆塞
優婆夷天龍夜叉乾闥婆阿脩羅迦樓羅緊
那羅摩睺羅伽人非人及諸小王轉輪聖王
等是諸大衆得未曾有歡喜合掌一心觀佛
尒時如來放眉間白毫相光明照東方万八
千佛土靡不周遍如今所見是諸佛土弥勒
當知尒時會中有廿億菩薩樂欲聽法是諸
菩薩見此光明普照佛土得未曾有欲知此
光所為因緣時有菩薩名曰妙光有八百弟
子是時日月燈明佛從三昧起因妙光菩薩
說大乘經名妙法蓮華教菩薩法佛所護念
六十小劫不起于坐時會聽者亦坐一處六
十小劫身心不動聽佛所說謂如食頃是時
衆中无有一人若身若心而生懈惓日月燈

BD03246號　妙法蓮華經卷一　（9–5）

子是時日月燈明佛從三昧起因妙光菩薩
說大乘經名妙法蓮華教菩薩法佛所護念
六十小劫不起于坐時會聽者亦坐一處六
十小劫身心不動聽佛所說謂如食頃是時
衆中无有一人若身若心而生懈惓日月燈
明佛於六十小劫說是經已即於梵魔沙門
婆羅門及天人阿脩羅衆中而宣此言如來於
今日中夜當入无餘涅槃時有菩薩名曰德
藏日月燈明佛即授其記告諸比丘是德藏
菩薩次當作佛号曰淨身多陁阿伽度阿羅
訶三藐三佛陁佛授記已便於中夜入无餘涅
槃佛滅度後妙光菩薩持妙法蓮華經滿八
十小劫為人演說日月燈明佛八子皆師妙
光妙光教化令其堅固阿耨多羅三藐三菩
提是諸王子供養无量百千万億佛已皆成
佛道其最後成佛者名曰然燈八百弟子中
有一人号曰求名貪著利養雖復讀誦衆經
而不通利多所忘失故号求名是人亦以種
諸善根因緣故得值无量百千万億諸佛供
養恭敬尊重讚歎弥勒當知尒時妙光菩薩
豈異人乎我身是也求名菩薩汝身是也今
見此瑞與本无異是故惟忖今日如來當說
大乘經名妙法蓮華教菩薩法佛所護念尒
時文殊師利於大衆中欲重宣此義而說偈
言
我念過去世　无量无數劫　有佛人中尊　号日月燈明
世尊演說法　度无量衆生　无數億菩薩　令入佛智慧
佛未出家時　所生八王子　見大聖出家　亦隨脩梵行

BD03246號　妙法蓮華經卷一　（9–6）

時文殊師利於大衆中欲重宣此義而說偈
言
我念過去世 无量无數劫 有佛人中尊 号日月燈明
世尊演說法 度无量衆生 无數億菩薩 令入佛智慧
佛未出家時 所生八王子 見大聖出家 亦隨脩梵行
時佛說大乘 經名无量義 於諸大衆中 而為廣分別
佛說此經已 即於法坐上 跏趺坐三昧 名无量義處
天雨曼陁華 天鼓自然鳴 諸天龍鬼神 供養人中尊
一切諸佛土 即時大震動 佛放眉間光 現諸希有事
此光照東方 万八千佛土 示一切衆生 生死業報處
有見諸佛土 以衆寶莊嚴 琉璃頗梨色 斯由佛光照
及見諸天人 龍神夜叉衆 乾闥緊那羅 各供養其佛
又見諸如來 自然成佛道 身色如金山 端嚴甚微妙
如淨琉璃中 內現真金像 世尊在大衆 敷演深法義
一一諸佛土 聲聞衆无數 因佛光所照 悉見彼大衆
或有諸比丘 在於山林中 精進持淨戒 猶如護明珠
又見諸菩薩 行施忍辱等 其數如恒沙 斯由佛光照
又見諸菩薩 深入諸禪定 身心寂不動 以求无上道
又見諸菩薩 知法寂滅相 各於其國土 說法求佛道
尒時四部衆 見日月燈佛 現大神通力 其心皆歡喜
各各自相問 是事何因緣
天人所奉尊 適從三昧起 讚妙光菩薩 汝為世間眼
一切所歸信 能奉持法藏 如我所說法 唯汝能證知
世尊既讚歎 令妙光歡喜 說是法華經 滿六十小劫
不起於此坐 所說上妙法 是妙光法師 悉皆能受持
佛說是法華 令衆歡喜已 尋即於是日 告於天人衆
諸法實相義 已為汝等說 我今於中夜 當入於涅槃
汝一心精進 當離於放逸 諸佛甚難值 億劫時一遇

BD03246號 妙法蓮華經卷一 (9-7)

世尊既讚歎 令妙光歡喜 說是法華經 滿六十小劫
不起於此坐 所說上妙法 是妙光法師 悉皆能受持
佛說是法華 令衆歡喜已 尋即於是日 告於天人衆
諸法實相義 已為汝等說 我今於中夜 當入於涅槃
汝一心精進 當離於放逸 諸佛甚難值 億劫時一遇
世尊諸子等 聞佛入涅槃 各各懷悲惱 佛滅一何速
聖主法之王 安慰无量衆 我若滅度時 汝等勿憂怖
是德藏菩薩 於无漏實相 心已得通達 其次當作佛
号曰為淨身 亦度无量衆
佛此夜滅度 如薪盡火滅 分布諸舍利 而起无量塔
比丘比丘尼 其數如恒沙 倍復加精進 以求无上道
是妙光法師 奉持佛法藏 八十小劫中 廣宣法華經
是諸八王子 妙光所開化 堅固无上道 當見无數佛
供養諸佛已 隨順行大道 相繼得成佛 轉次而授記
最後天中天 号曰然燈佛 諸仙之導師 度脫无量衆
是妙光法師 時有一弟子 心常懷懈怠 貪著於名利
求名利无猒 多遊族姓家 棄捨所習誦 癈忘不通利
以是因緣故 号之為求名 亦行衆善業 得見无數佛
供養於諸佛 隨順行大道 具六波羅蜜 今見釋師子
其後當作佛 号名曰弥勒 廣度諸衆生 其數无有量
彼佛滅度後 懈怠者汝是 妙光法師者 今則我身是
我見燈明佛 本光瑞如此 以是知今佛 欲說法華經
今相如本瑞 是諸佛方便 今佛放光明 助發實相義
諸人今當知 合掌一心待 佛當雨法雨 充足求道者
諸求三乘人 若有疑悔者 佛當為除斷 令盡无有餘
妙法蓮華經方便品第二
尒時世尊從三昧安詳而起告舍利弗諸佛
智慧甚深无量 其智慧門難解難入一切聲

BD03246號 妙法蓮華經卷一 (9-8)

佛此夜滅度　如薪盡火滅　分布諸舍利　而起无量塔
比丘比丘尼　其數如恒沙　倍復加精進　以求无上道
是妙光法師　奉持佛法藏　八十小劫中　廣宣法華經
是諸八王子　妙光所開化　堅固无上道　當見无數佛
供養諸佛已　隨順行大道　相繼得成佛　轉次而授記
最後天中天　号曰然燈佛　諸仙之導師　度脫无量眾
是妙光法師　時有一弟子　心常懷懈怠　貪著於名利
求名利无厭　多遊族姓家　弃捨所習誦　廢忘不通利
以是因緣故　号之為求名　亦行眾善業　得見无數佛
供養於諸佛　隨順行大道　具六波羅蜜　今見釋師子
其後當作佛　号名曰弥勒　廣度諸眾生　其數无有量
彼佛滅度後　懈怠者汝是　妙光法師者　今則我身是
我見燈明佛　本光瑞如此　以是知今佛　欲說法華經
今相如本瑞　是諸佛方便　今佛放光明　助發實相義
諸人今當知　合掌一心待　佛當雨法雨　充足求道者
諸求三乘人　若有疑悔者　佛當為除斷　令盡无有餘

妙法蓮華經方便品第二

尒時世尊從三昧安詳而起告舍利弗諸佛
智慧甚深无量　其智慧門難解難入一切聲

BD03246號　妙法蓮華經卷一　（9–9）

之滅度无量无數无
得滅度者何以故須菩提若菩薩有我相
人相眾生相壽者相即非菩薩
復次須菩提菩薩於法應無所住行於布施
所謂不住色布施不住聲香味觸法布施須
菩提菩薩應如是布施不住於相何以故若
菩薩不住相布施其福德不可思量須菩提
於意云何東方虛空可思量不不也世尊須
菩提南西北方四維上下虛空可思量不不
也世尊須菩提菩薩无住相布施福德亦復
如是不可思量須菩提菩薩但應如所教住
須菩提於意云何可以身相見如來不不也
世尊不可以身相得見如來何以故如來所
說身相即非身相佛告須菩提凡所有相皆
是虛妄若見諸相非相則見如來
須菩提白佛言世尊頗有眾生得聞如是言
說章句生實信不佛告須菩提莫作是說如
來滅後後五百歲有持戒脩福者於此章句
能生信心以此為實當知是人不於一佛二

BD03247號　金剛般若波羅蜜經　（2–1）

說身相即非身相佛告須菩提凡所有相皆
是虛妄若見諸相非相則見如來
須菩提白佛言世尊頗有衆生得聞如是言
說章句生實信不佛告須菩提莫作是說如
來滅後後五百歲有持戒脩福者於此章句
能生信心以此為實當知是人不於一佛二
佛三四五佛而種善根已於无量千万佛
所種諸善根聞是章句乃至一念生淨信
者須菩提如來悉知悉見是諸衆生得如是
无量福德何以故是諸衆生无復我相人相
衆生相壽者相无法相亦无非法相何以故
是諸衆生若心取相則為著我人衆生壽者
若取法相即著我人衆生壽者何以故若取
非法相即著我人衆生壽者是故不應取法
不應取非法以是義故如來常說汝等比丘
知我說法如筏喻者法尚應捨何況非法
須菩提於意云何如來得阿耨多羅三藐三
菩提耶如來有所說法耶須菩提言如我解
佛所說義无有定法名阿耨多羅三藐三菩
提亦无有定法如來可說何以故如來所說
法皆不可取不可說非法非非法所以者何
一切賢聖皆以无為法而有差別

BD03247號　金剛般若波羅蜜經　　（2-2）

若有強夫所守護者不
施等五波羅蜜多亦復
如是若有般若波羅蜜多力所攝護一切天
魔及彼眷屬不能沮壞善現當知如有軍將
臨戰陣時善備種種鎧鉀刀仗隣國怨敵所
不能害布施等五波羅蜜多亦復如是若不
遠離甚深般若波羅蜜多天魔眷屬增上慢
人乃至菩薩旃荼羅等皆不能壞善現當知
如贍部洲諸小王等隨時朝侍轉輪聖王因
轉輪王得遊勝處布施等五波羅蜜多亦復
如是隨順般若波羅蜜多由彼勢力所引導
故速趣無上正等菩提善現當知如贍部洲
東方諸水無不皆趣殑伽大河與殑伽河俱
入大海布施等五波羅蜜多亦復如是無不
皆為甚深般若波羅蜜多所攝引故能到無
上正等菩提善現當知如人右手能作衆事
甚深般若波羅蜜多亦復如是能引一切殊
勝善法善現當知如人左手所作不便布施
等五波羅蜜多亦復如是不能引生殊勝善
法善現當知譬如衆流若大若小皆入大海
同一鹹味布施等五波羅蜜多亦復如是皆
為般若波羅蜜多所攝引故同至無上正等
菩提由此皆名能到彼岸善現當知如轉輪

BD03248號　大般若波羅蜜多經卷三五一　　（2-1）

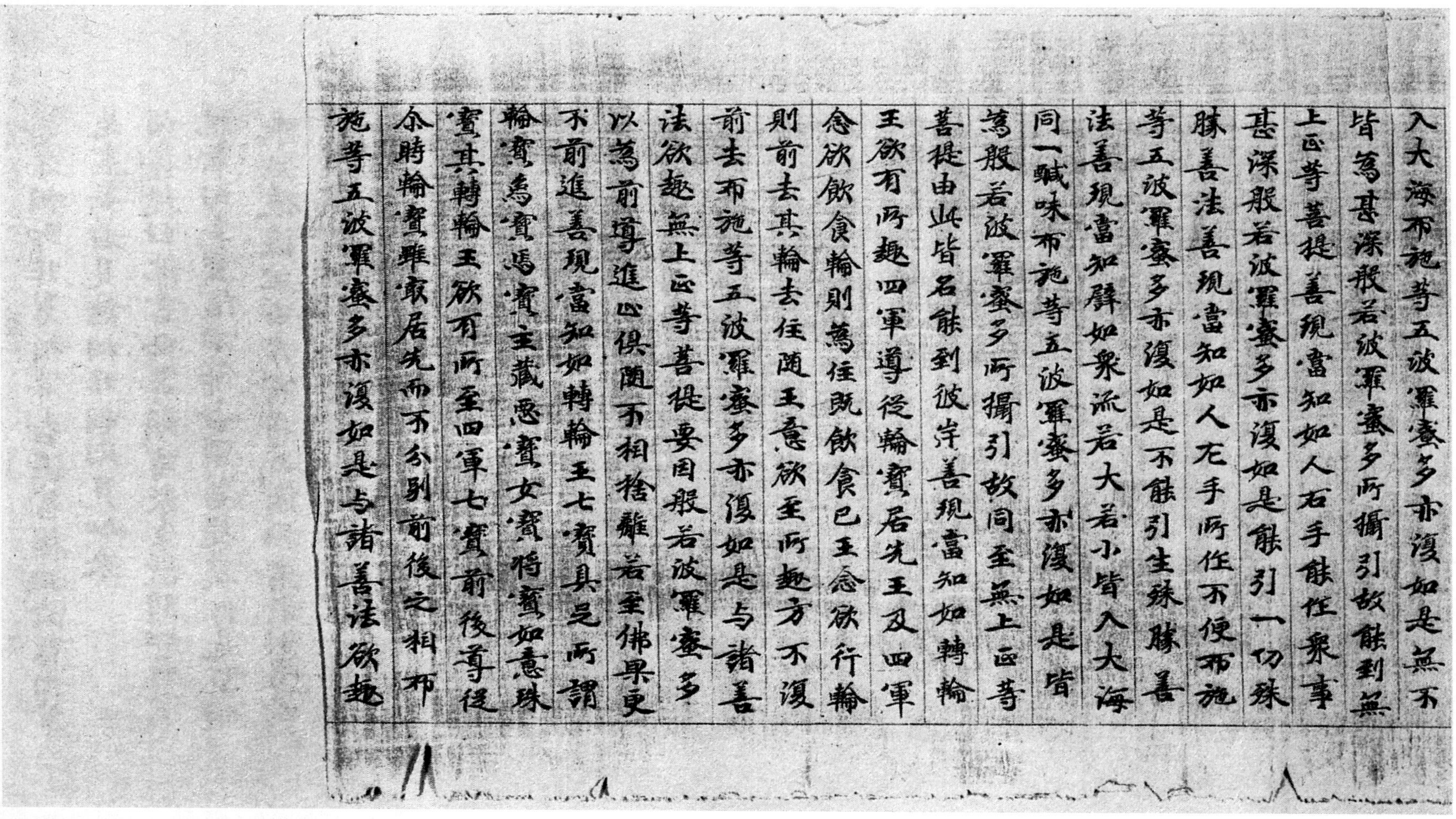
入大海布施等五波羅蜜多亦復如是無不
皆為甚深般若波羅蜜多所攝引故能到無
上正等菩提善現當知如人右手能作衆事
甚深般若波羅蜜多亦復如是能引一切殊
勝善法善現當知如人左手所作不便布施
等五波羅蜜多亦復如是不能引生殊勝善
法善現當知譬如衆流若大若小皆入大海
同一鹹味布施等五波羅蜜多亦復如是皆
為般若波羅蜜多所攝引故同至無上正等
菩提由此皆名能到彼岸善現當知如轉輪
王欲有所趣四軍導從輪寶居先王及四軍
念欲飲食輪則為住既飲食已王念欲行輪
則前去其輪去住隨王意欲至所趣方不復
前去布施等五波羅蜜多亦復如是与諸善
法欲趣無上正等菩提要因般若波羅蜜多
以為前導進止俱隨不相捨離若至佛果更
不前進善現當知如轉輪王七寶具足所謂
輪寶象寶馬寶主藏臣寶女寶將寶如意珠
寶其轉輪王欲有所至四軍七寶前後導從
尒時輪寶雖最居先而不分別前後之相布
施等五波羅蜜多亦復如是与諸善法欲趣

BD03248號　大般若波羅蜜多經卷三五一　　（2–2）

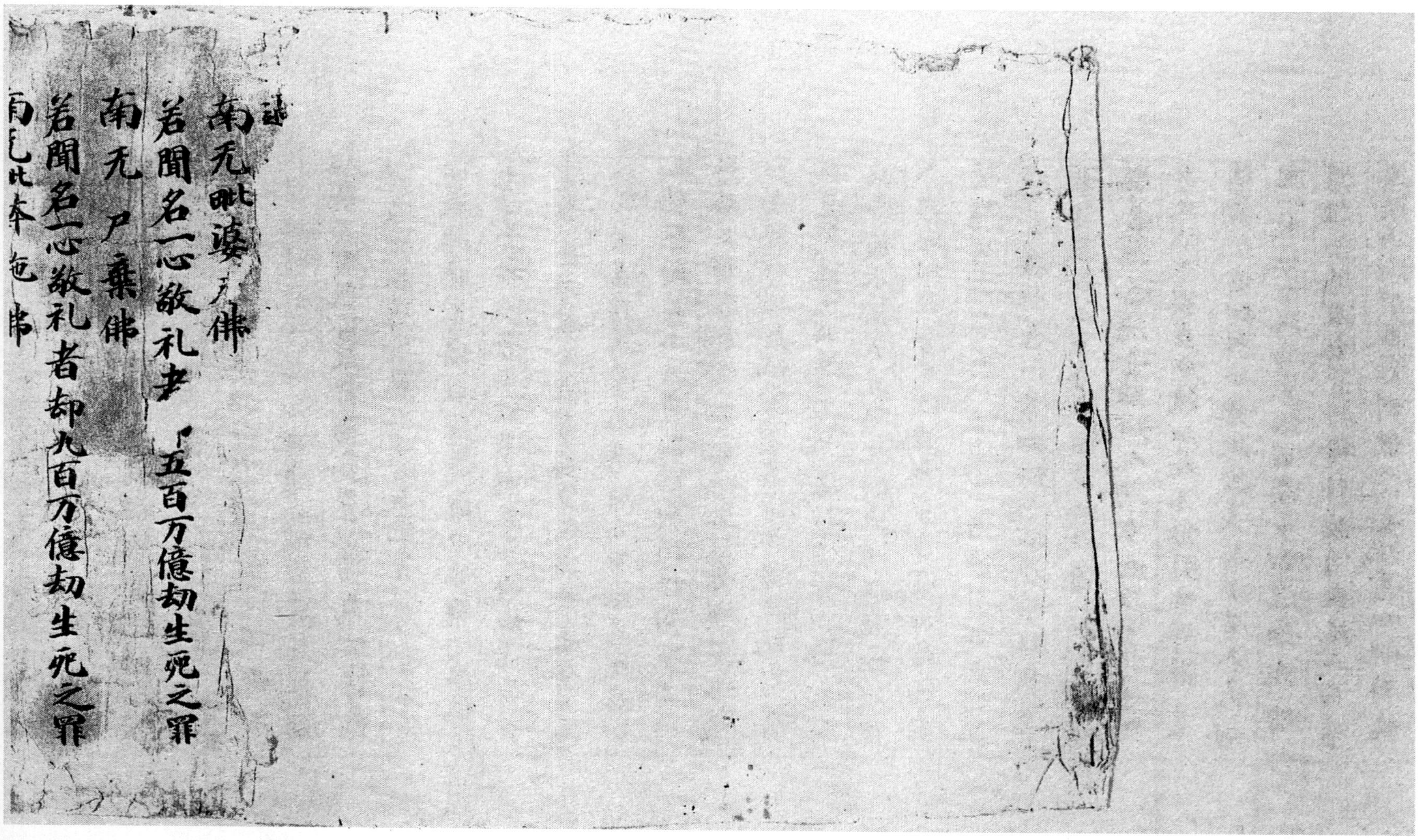
南无毗婆尸佛
若聞名一心敬礼者 五百万億劫生死之罪
南无尸棄佛
若聞名一心敬礼者却九百万億劫生死之罪
南无比本[illegible]佛

BD03249號　賢劫千佛名經（一卷本　異本）　　（27–1）

若聞名一心敬礼者□五百万億劫生死之罪
南无尸棄佛
若聞名一心敬礼者卻九百万億劫生死之罪
南无毗鉢施佛
若聞名敬礼者永破地獄業不生三悪道
南无拘留孫佛
聞名稱讚敬礼者除无數億劫生死之罪
南无迦葉佛
聞名敬礼者除一億九十恒沙劫生死之罪
南无釋迦牟尼佛
聞名敬礼者除七百万億阿僧祇劫生死之罪
南无拘樓孫佛（爲千佛首）　南无拘那含牟尼佛
南无迦葉佛　南无釋迦文尼佛
南无彌勒佛　南无師子佛
南无明炎佛　南无牟尼佛
南无妙華佛　南无華氏佛
南无善宿佛　南无導師佛
南无大臂佛　南无大力佛
南无宿王佛　南无脩藥佛
南无名相佛　南无大明佛
南无炎肩佛　南无照曜佛
南无日藏佛　南无月氏佛
南无衆炎佛　南无善明佛
南无无憂佛　南无提沙佛
南无明曜佛　南无持纉佛
南无功德明佛　南无示義佛

BD03249號　賢劫千佛名經（一卷本　異本）　（27–2）

南无衆炎佛　南无善明佛
南无无憂佛　南无提沙佛
南无明曜佛　南无持纉佛
南无功德明佛　南无示義佛
南无燈曜佛　南无興盛佛
南无藥師佛　南无善濡佛
南无白豪佛　南无堅固佛
南无福威德佛　南无不可壞佛
南无德相佛　南无羅曜佛
南无衆生佛　南无梵聲佛
南无堅際佛　南无不高佛
南无作明佛　南无大山佛
南无金剛佛　南无將衆佛
南无无畏佛　南无珎寶佛
南无華國佛　南无軍力佛
南无華光佛　南无仁愛佛
南无大威德佛　南无梵王佛
南无无量明佛　南无龍德佛
南无堅步佛　南无不虛見佛
南无精進德佛　南无善守佛
南无歡喜佛　南无不退佛
南无師子相佛　南无勝智佛
南无法氏佛　南无喜王佛
南无妙御佛　南无愛作佛
南无德臂佛　南无香象佛
南无□□佛　南无□□佛

BD03249號　賢劫千佛名經（一卷本　異本）　（27–3）

南无師子相佛　南无勝智佛
南无法氏佛　南无喜王佛
南无妙御佛　南无愛作佛
南无德辟佛　南无香鳥佛
南无觀視佛　南无雲音佛
南无善思佛　南无善意佛
南无離垢佛　南无月相佛
南无大名佛　南无珠髻佛
南无威猛佛　南无師子步佛
南无德樹佛　南无歡釋佛
南无慧聚佛　南无安住佛
南无有意佛　南无鴦伽陁佛
南无无量意佛　南无妙色佛
南无多智佛　南无光明佛
南无堅戒佛　南无吉祥佛
南无寶相佛　南无蓮華佛
南无那羅延佛　南无安樂佛
南无智積佛　南无德敬佛
一百佛已竟
南无梵德佛　南无寶積佛
南无華天佛　南无善思義佛
南无法自在佛　南无名聞意佛
南无樂說聚佛　南无金剛相佛
南无求利佛　南无遊戲佛
南无離闇佛　南无多天佛
南无弥樓相佛　南无衆明佛

BD03249號　賢劫千佛名經（一卷本　異本）　（27-4）

南无法自在佛　南无名聞意佛
南无樂說聚佛　南无金剛相佛
南无求利佛　南无遊戲佛
南无離闇佛　南无多天佛
南无弥樓相佛　南无衆明佛
南无寶藏佛　南无遊高行佛
南无提沙佛　南无珠角佛
南无德讚佛　南无日月明佛
南无日明佛　南无星宿佛
南无師子相佛　南无建藍王佛
南无福藏佛　南无見有邊佛
南无電明佛　南无金剛山佛
南无師子德佛　南无勝相佛
南无明讚佛　南无堅精進佛
南无具足讚佛　南无離畏師佛
南无應天佛　南无大燈佛
南无世明佛　南无妙香佛
南无持上切德佛　南无師子頰佛
南无寶讚佛　南无滅過佛
南无持甘露佛　南无人月佛
南无喜見佛　南无莊嚴佛
南无珠明佛　南无山頂佛
南无名相佛　南无法積佛
南无定義佛　南无施願佛
南无寶衆佛　南无衆王佛
南无遊步佛　南无安隱佛

BD03249號　賢劫千佛名經（一卷本　異本）　（27-5）

南无[illegible]佛　南无[illegible]佛
南无珠明佛　南无山頂佛
南无名相佛　南无法積佛
南无之義佛　南无施願佛
南无寶衆佛　南无衆王佛
南无遊步佛　南无安隱佛
南无法差别佛　南无上尊佛
南无極高德佛　南无師子音佛
南无樂戲佛　南无龍明佛
南无華山佛　南无龍喜佛
南无香自在佛　南无大名佛
南无天力佛　南无德鬘佛
南无龍手佛　南无善行意佛
南无目莊嚴佛　南无智勝佛
南无无量月佛　南无寶語佛
南无日明佛　南无樂智佛
南无无量形佛　南无照明佛
南无寶相佛　南无斷疑佛
南无善明佛　南无不虛步佛
南无覺悟佛　南无華相佛
南无山主王佛　南无大威德佛
南无遍見佛　南无无量名佛
南无寶天佛　南无住義佛
南无滿意佛　南无上讚佛
南无无憂佛　南无无垢佛
南无梵天佛　南无華眼佛

BD03249 號　賢劫千佛名經（一卷本　異本）　（27–6）

南无寶天佛　南无住義佛
南无滿意佛　南无上讚佛
南无无憂佛　南无无垢佛
南无梵天佛　南无華眼佛
南无耳差别佛　南无法眼佛
南无盡見佛　南无德淨佛
二百佛已竟
南无月面佛　南无寶燈佛
南无寶相佛　南无上名佛
南无作名佛　南无无量音佛
南无蓮藍佛　南无師子身佛
南无明意佛　南无无能勝佛
南无一切德品佛　南无月相佛
南无得勢佛　南无无邊行佛
南无開華佛　南无淨垢佛
南无見一切義佛　南无勇力佛
南无留足佛　南无福德佛
南无隨時佛　南无廣意佛
南无一切德敬佛　南无善窮滅佛
南无財天佛　南无淨斷疑佛
南无无量持佛　南无妙樂佛
南无不負佛　南无无住佛
南无德叉伽佛　南无衆首佛
南无世光佛　南无名德佛
南无弗沙佛　南无无邊威德佛

BD03249 號　賢劫千佛名經（一卷本　異本）　（27–7）

南无不負佛　南无无住佛
南无德叉伽佛　南无衆首佛
南无世光佛　南无名德佛
南无弗沙佛　南无无邊威德佛
南无義意佛　南无藥王佛
南无斷惡佛　南无无勢佛
南无善調佛　南无名德佛
南无華德佛　南无勇德佛
南无金剛軍佛　南无大德佛
南无穷滅意佛　南无香烏佛
南无耶羅延佛　南无善住佛
南无无所負佛　南无月相佛
南无電相佛　南无恭敬佛
南无威德守佛　南无智日佛
南无上利佛　南无須弥頂佛
南无治怨賊佛　南无蓮華佛
南无應讃佛　南无知次佛
南无離憍佛　南无耶羅達佛
南无常樂佛　南无不少國佛
南无天名佛　南无見有邊佛
南无甚良佛　南无多功德佛
南无寶月佛　南无師子相佛
南无樂禪佛　南无无所少佛
南无遊戲佛　南无德寶佛
南无應名稱佛　南无華身佛

BD03249號　賢劫千佛名經（一卷本　異本）　（27–8）

南无樂禪佛　南无无所少佛
南无遊戲佛　南无德寶佛
南无應名稱佛　南无華身佛
南无大音聲佛　南无辯才讚佛
南无金剛珠佛　南无无量壽佛
南无珠莊嚴佛　南无大王佛
南无德高德佛　南无高名佛
南无百光佛　南无喜悅佛
南无龍步佛　南无意願佛
南无寶月佛　南无滅已佛
南无喜王佛　南无調御佛
南无喜自在佛　南无寶語佛
南无離畏佛　南无寶藏佛
南无日面佛　南无淨名佛
三百佛已竟
南无威德穷滅佛　南无愛相佛
南无多天佛　南无須炎摩辟佛
南无大威佛　南无寶衆佛
南无寶步佛　南无師子分佛
南无攄高行佛　南无人王佛
南无善意佛　南无世明佛
南无寶威德佛　南无德乘佛
南无覺相佛　南无喜莊嚴佛
南无香濟佛　南无香烏佛
南无衆炎佛　南无慈相佛

BD03249號　賢劫千佛名經（一卷本　異本）　（27–9）

南无寶威德佛　南无德乘佛
南无覺相佛　南无喜莊嚴佛
南无香濟佛　南无香象佛
南无衆炎佛　南无慈相佛
南无妙香佛　南无堅鎧佛
南无威德猛佛　南无珠鎧佛
南无仁賢佛　南无善逝月佛
南无梵自在佛　南无師子月佛
南无福威德佛　南无正生佛
南无无勝佛　南无月觀佛
南无寶名佛　南无大精進佛
南无山光佛　南无德聚佛
南无供養名佛　南无法讚佛
南无施明佛　南无電德佛
南无寶語佛　南无救命佛
南无善戒佛　南无善衆佛
南无定意佛　南无破有闇佛
南无喜勝佛　南无師子光佛
南无照明佛　南无上名佛
南无利慧佛　南无珠月佛
南无威光佛　南无不破論佛
南无光明佛　南无珠論佛
南无世師佛　南无告手佛
南无善月佛　南无寶炎佛
南无羅睺守佛　南无樂菩提佛

BD03249 號　賢劫千佛名經（一卷本　異本）　（27-10）

南无世師佛　南无告手佛
南无善月佛　南无寶炎佛
南无羅睺守佛　南无樂菩提佛
南无等光佛　南无至寂滅佛
南无世寂妙佛　南无无憂佛
南无十勢力佛　南无喜力佛
南无德勢力佛　南无得勢佛
南无大勢力佛　南无功德藏佛
南无真行佛　南无上安佛
南无提沙佛　南无大光佛
南无電明佛　南无廣德佛
南无珎寶佛　南无福德明佛
南无造鎧佛　南无成手佛
南无善華佛　南无集寶佛
南无大海佛　南无持地佛
南无義意佛　南无善思惟佛
南无德輪佛　南无寶火佛
南无利益佛　南无世月佛
南无美音佛　南无梵相佛
南无衆師首佛　南无師子行佛
南无難陁佛　南无應供佛
南无明威德佛　南无大光佛
四百佛已竟
南无寶名佛　南无衆清淨佛
南无无邊名佛　南无不虛光佛

BD03249 號　賢劫千佛名經（一卷本　異本）　（27-11）

南无明威德佛　南无大光佛
四百佛已竟
南无寶名佛　南无衆清淨佛
南无無邊名佛　南无不虛光佛
南无聖天佛　南无智王佛
南无金剛衆佛　南无善鄣佛
南无建慈佛　南无華國佛
南无法意佛　南无風行佛
南无善思名佛　南无多明佛
南无容衆佛　南无一切德守佛
南无利意佛　南无無懼佛
南无堅觀佛　南无住法佛
南无珠足佛　南无解脫得佛
南无妙身佛　南无善意佛
南无普德佛　南无妙智佛
南无梵賊佛　南无寶音佛
南无正智佛　南无力得佛
南无師子意佛　南无華齒佛
南无一切德藏佛　南无名寶佛
南无希有名佛　南无上戒佛
南无無畏佛　南无日明佛
南无梵壽佛　南无一切天佛
南无樂智佛　南无寶天佛
南无珠藏佛　南无德流布佛
南无智王佛　南无無縛佛
南无堅法佛　南无天德佛

BD03249 號　賢劫千佛名經（一卷本　異本）　（27–12）

南无梵壽佛　南无一切天佛
南无樂智佛　南无寶天佛
南无珠藏佛　南无德流布佛
南无智王佛　南无無縛佛
南无堅法佛　南无天德佛
南无梵牟尼佛　南无安祥行佛
南无懃精進佛　南无炎肩佛
南无大威德佛　南无瞻蔔華佛
南无歡喜佛　南无善衆佛
南无帝幢佛　南无大愛佛
南无須蔓色佛　南无衆妙佛
南无可樂佛　南无勢力行佛
南无善定義佛　南无牛王佛
南无妙辯佛　南无大車佛
南无滿願佛　南无德光佛
南无寶音佛　南无金剛軍佛
南无富貴佛　南无師子力德佛
南无淨目佛　南无迦葉佛
南无淨意佛　南无知次第佛
南无猛威德佛　南无大光明佛
南无日光曜佛　南无淨藏佛
南无分別威佛　南无月光佛
南无容口佛　南无光明破闇起三昧王佛
南无持明佛　南无善窮行佛
南无不動佛　南无大讚佛

BD03249 號　賢劫千佛名經（一卷本　異本）　（27–13）

南无分別威佛　南无月光佛
南无密口佛　南无光明破闇起三昧王佛
南无持明佛　南无善穷行佛
南无不動佛　南无大讚佛
南无德法佛　南无嚴土佛
南无莊嚴王佛　南无高出佛
南无炎熾佛　南无華德佛
南无寶嚴佛　南无上善佛
南无寶上佛　南无利慧佛
五百佛已竟
南无得海佛　南无梵相佛
南无月蓋佛　南无多炎佛
南无蓮蓋王佛　南无智稱佛
南无覺相佛　南无切德光佛
南无聲流布佛　南无滿月佛
南无華光佛　南无善戒佛
南无燈王佛　南无電光佛
南无光王佛　南无光明佛
南无具足讚佛　南无華藏佛
南无弗沙佛　南无目端嚴佛
南无淨義佛　南无威猛軍佛
南无福威德佛　南无力行佛
南无羅睺天佛　南无智聚佛
南无調御佛　南无如王佛
南无華相佛　南无羅睺羅佛

BD03249號　賢劫千佛名經（一卷本　異本）　（27–14）

南无福威德佛　南无力行佛
南无羅睺天佛　南无智聚佛
南无調御佛　南无如王佛
南无華相佛　南无羅睺羅佛
南无大藥佛　南无宿王佛
南无藥王佛　南无德手佛
南无得叉伽佛　南无流布王佛
南无日光佛　南无德藏佛
南无妙意佛　南无德主佛
南无金剛衆佛　南无慧頂佛
南无善住佛　南无意行佛
南无梵音佛　南无師子佛
南无雷音佛　南无通相佛
南无慧陰佛　南无安隱佛
南无梵王佛　南无大香佛
南无梨陁目佛　南无龍德佛
南无寶德佛　南无莊嚴佛
南无不没音佛　南无華持佛
南无音德佛　南无師子佛
南无莊嚴辭佛　南无勇智佛
南无華積佛　南无華開佛
南无力行佛　南无得積佛
南无上形色佛　南无明曜佛
南无月燈佛　南无威德王佛
南无菩提王佛　南无无盡佛

BD03249號　賢劫千佛名經（一卷本　異本）　（27–15）

南无力行佛　南无得積佛
南无上形色佛　南无明曜佛
南无月燈佛　南无威德王佛
南无菩提王佛　南无无盡佛
南无善提眼佛　南无身充滿佛
南无慧國佛　南无宗上佛
南无清涼照佛　南无慧德佛
南无妙音聲佛　南无導師佛
南无无导藏佛　南无上施佛
南无大尊佛　南无智勢力佛
南无火炎佛　南无帝王佛
南无制力佛　南无威德佛
南无善明佛　南无名聞佛
南无端嚴佛　南无无塵垢佛
南无威儀佛　南无師子軍佛
南无天王佛　南无名聲佛
南无殊勝佛　南无大藏佛
南无福德光佛　南无梵聞佛
六百佛已竟
南无燈王佛　南无智頂佛
南无上天佛　南无地王佛
南无至解脫佛　南无金語佛
南无羅睺日佛　南无莫能勝佛
南无牟尼淨佛　南无善光佛
南无金齊佛　南无衆德天王佛

BD03249號　賢劫千佛名經（一卷本　異本）　（27–16）

南无至解脫佛　南无金語佛
南无羅睺日佛　南无莫能勝佛
南无牟尼淨佛　南无善光佛
南无金齊佛　南无衆德天王佛
南无法益佛　南无德辟佛
南无鴦伽陁佛　南无美妙慧佛
南无微音佛　南无諸威德佛
南无師子語佛　南无解脫相佛
南无慧藏佛　南无智聚佛
南无威相佛　南无斷流佛
南无无导讚佛　南无寶聚佛
南无善音佛　南无山王相佛
南无法頂佛　南无解脫德佛
南无善端嚴佛　南无吉身佛
南无愛語佛　南无師子利佛
南无和樓那佛　南无師子法佛
南无法力佛　南无愛樂佛
南无讚不動佛　南无衆明王佛
南无覺悟佛　南无妙眼佛
南无意住義佛　南无光照佛
南无香德佛　南无令喜佛
南无不虛行佛　南无滅恚佛
南无上色佛　南无善步佛
南无大音讚佛　南无淨願佛
南无日天佛　南无樂慧佛
[illegible]

BD03249號　賢劫千佛名經（一卷本　異本）　（27–17）

南无上色佛　南无善步佛
南无大音讚佛　南无淨願佛
南无日天佛　南无樂慧佛
南无攝身佛　南无威德勢佛
南无剎利佛　南无德乘佛
南无上金佛　南无解脫語佛
南无樂法佛　南无住行佛
南无捨憍慢佛　南无智藏佛
南无梵行佛　南无栴檀佛
南无无憂名佛　南无端嚴身佛
南无相國佛　南无蓮華佛
南无无邊德佛　南无无光佛
南无慧華佛　南无頻頭摩佛
南无智留佛　南无梵財佛
南无寶手佛　南无淨根佛
南无異足輪佛　南无上論佛
南无弗沙佛　南无提沙佛
南无有日佛　南无出泥佛
南无得智佛　南无讚羅佛
南无上吉佛　南无法樂佛
南无求勝佛　南无智慧佛
南无善聖佛　南无網光佛
南无琉璃藏佛　南无名聞佛
南无利家佛　南无教化佛
南无日明佛　南无善明佛

BD03249 號　賢劫千佛名經（一卷本　異本）　（27-18）

南无琉璃藏佛　南无名聞佛
南无利家佛　南无教化佛
南无日明佛　南无善明佛
南无衆德上明佛　南无寶德佛
七百佛已竟
南无人月佛　南无羅睺佛
南无甘露明佛　南无妙意佛
南无大明佛　南无一切主佛
南无樂智佛　南无山王佛
南无家滅佛　南无德聚力佛
南无天王佛　南无妙音聲佛
南无妙華佛　南无住義佛
南无切德威聚佛　南无智无等佛
南无甘露音佛　南无善手佛
南无利慧佛　南无思解脫義佛
南无勝音佛　南无梨向行佛
南无善義佛　南无无過佛
南无行善佛　南无華藏佛
南无妙色佛　南无樂說佛
南无善濟佛　南无衆王佛
南无離畏佛　南无辯才日佛
南无名聞佛　南无寶月明佛
南无上意佛　南无无畏佛
南无大見佛　南无梵音佛
南无善音佛　南无慧濟佛

BD03249 號　賢劫千佛名經（一卷本　異本）　（27-19）

南无名聞佛　南无寶月明佛
南无上意佛　南无无畏佛
南无大見佛　南无梵音佛
南无善音佛　南无慧海佛
南无无等意佛　南无金剛軍佛
南无菩提意佛　南无樹王佛
南无槃陁音佛　南无福德力佛
南无勢德佛　南无聖愛佛
南无勢行佛　南无端泊佛
南无雷音雲佛　南无善愛目佛
南无善智佛　南无具足佛
南无德積佛　南无大音佛
南无法相佛　南无智音佛
南无虛空佛　南无祠音佛
南无慧音差別佛　南无功德光佛
南无聖王佛　南无衆意佛
南无辯才輪佛　南无善寂佛
南无月面佛　南无日名佛
南无无垢佛　南无功德集佛
南无華德相佛　南无辯才國佛
南无寶袍佛　南无愛月佛
南无不高佛　南无師子目佛
南无自在王佛　南无无量淨佛
南无等定佛　南无不壞佛
南无滅垢佛　南无不失方佛

BD03249號　賢劫千佛名經（一卷本　異本）　（27–20）

南无不高佛　南无師子目佛
南无自在王佛　南无无量淨佛
南无等定佛　南无不壞佛
南无滅垢佛　南无不失方佛
南无无嬈佛　南无妙面佛
南无智制住佛　南无法師王佛
南无大天佛　南无深意佛
南无无量佛　南无法力佛
南无世供養佛　南无華光佛
南无三世供養佛　南无應日藏佛
南无天供養佛　南无上智人佛
南无真語佛　南无信甘露佛
南无金剛佛　南无堅固佛
八百佛已竟
南无寶肩明佛　南无梨陁步佛
南无明力佛　南无功德聚佛
南无隨日佛　南无清淨佛
南无具足德佛　南无師子行佛
南无高出佛　南无華施佛
南无珠明佛　南无蓮華佛
南无愛智佛　南无槃陁嚴佛
南无不虛行佛　南无生法佛
南无相好佛　南无思惟樂佛
南无樂解脫佛　南无知道理佛
南无多聞海佛　南无持華佛

BD03249號　賢劫千佛名經（一卷本　異本）　（27–21）

南无不盡行佛　南无生法佛
南无相好佛　南无思惟樂佛
南无樂解脫佛　南无知道理佛
南无多聞海佛　南无持華佛
南无不隨世佛　南无喜衆佛
南无孔雀音佛　南无不退沒佛
南无斷有愛垢佛　南无威儀濟佛
南无諸天流布佛　南无寶步佛
南无華手佛　南无威德佛
南无破怨賊佛　南无富多聞佛
南无妙國佛　南无華光佛
南无師子智佛　南无月出佛
南无滅闇佛　南无无動佛
南无次第行佛　南无福燈佛
南无喜聲治佛　南无撝曇佛
南无勢力佛　南无身心住佛
南无善月佛　南无覺意華佛
南无上吉佛　南无善威德佛
南无智力智佛　南无善燈佛
南无堅行佛　南无天音佛
南无樂安佛　南无日面佛
南无樂解脫佛　南无焰明佛
南无住戒佛　南无无垢佛
南无堅出佛　南无柰闍那佛
南无增益佛　南无香明佛

BD03249號　賢劫千佛名經（一卷本　異本）　（27-22）

南无樂解脫佛　南无焰明佛
南无住戒佛　南无无垢佛
南无堅出佛　南无柰闍那佛
南无增益佛　南无香明佛
南无建藍明佛　南无信念王佛
南无蜜鉢佛　南无无量相佛
南无信戒佛　南无至妙道佛
南无樂寶佛　南无明法佛
南无具威德佛　南无大慈佛
南无上慈佛　南无至寂滅佛
南无甘露主佛　南无祢樓明佛
南无聖讚佛　南无廣照佛
南无威德佛　南无見明佛
南无善行報佛　南无善喜佛
南无无憂佛　南无寶明佛
南无威儀佛　南无樂福德佛
南无功德海佛　南无盡相佛
南无斷魔佛　南无盡魔佛
南无過衰道佛　南无不壞意佛
南无水王佛　南无淨魔佛
南无衆上王佛　南无愛明佛
南无菩提相佛　南无智音佛
南无隨日佛　南无清淨佛
九百佛已竟
南无善滅佛　南无梵命佛
[illegible]

BD03249號　賢劫千佛名經（一卷本　異本）　（27-23）

南无[illegible]相佛　南无智音佛
南无随日佛　南无清淨佛
九百佛已竟
南无善滅佛　南无梵命佛
南无智喜佛　南无神相佛
南无如衆王佛　南无持地佛
南无愛日佛　南无羅睺月佛
南无華明佛　南无藥師子佛
南无持勢力佛　南无福德明佛
南无喜明佛　南无好音佛
南无法自在佛　南无梵音佛
南无善業佛　南无意无錯佛
南无大施佛　南无名讚佛
南无衆相佛　南无德流布佛
南无世自在佛　南无德樹佛
南无滅癡佛　南无无量佛
南无善月佛　南无无邊辯相佛
南无梨陁法佛　南无應供養佛
南无度憂佛　南无樂安佛
南无世意佛　南无愛身佛
南无妙足佛　南无憂鉢羅佛
南无華瓔佛　南无无邊辯光佛
南无信聖佛　南无德精進佛
南无真實佛　南无天主佛
南无樂高音佛　南无信淨佛
[illegible]

BD03249號　賢劫千佛名經（一卷本　異本）　（27–24）

南无信聖佛　南无德精進佛
南无真實佛　南无天主佛
南无樂高音佛　南无信淨佛
南无婆耆羅陁佛　南无福德意佛
南无炎熾佛　南无无邊德佛
南无聚戍佛　南无師子遊佛
南无不動佛　南无信清淨佛
南无行明佛　南无龍音佛
南无持輪佛　南无時戍佛
南无世愛佛　南无法名佛
南无无量寶名佛　南无雲相佛
南无慧道佛　南无妙香佛
南无虛空音佛　南无虛空佛
南无天王佛　南无珠淨佛
南无善時佛　南无燈炎佛
南无寶音聲佛　南无人主王佛
南无羅睺守佛　南无安隱佛
南无師子意佛　南无寶名聞佛
南无得利佛　南无遍見佛
南无世華佛　南无高頂佛
南无无邊辯才佛　南无差別智見佛
南无師子牙佛　南无梨陁步佛
南无福德佛　南无法燈蓋佛
南无目揵連佛　南无无憂國佛
南无意思佛　南无樂菩提佛

BD03249號　賢劫千佛名經（一卷本　異本）　（27–25）

南无無邊稱才佛　南无善分智見佛
南无師子牙佛　南无梨陁步佛
南无福德佛　南无法燈蓋佛
南无目揵連佛　南无无憂國佛
南无意思佛　南无樂菩提佛
南无法天敬佛　南无斷勢力佛
南无敬勢力佛　南无慧華佛
南无堅音佛　南无安樂佛
南无妙義佛　南无愛淨佛
南无慙愧顔佛　南无妙譆佛
南无欲思佛　南无樓至佛
一千佛已竟
南无弥勒菩薩今在兜率天宮當下作佛
稱讚礼拜除百千万億阿僧祇劫生死之
罪
南无觀世音戌佛号普光功德山王如来
聞此佛名信敬作礼者滅无量劫生死之罪
南无得大勢戌佛号善住功德王如来
聞此佛名信敬作礼者滅无量劫生死之罪
棄陰蓋菩薩　寂根菩薩　慧上菩薩　常不離世菩薩
若有聞此四菩薩名作礼者所得功德勝
滿三千大千世界紫磨黄金布施三寶此
賢劫中諸佛出世名号如是若人聞此千
佛名字不畏不謬錯必得涅槃諸有智
者聞諸佛名應當一心勿懷放逸懃行
精進无失是緣還墮惡趣受諸苦惱若

BD03249號　賢劫千佛名經（一卷本　異本）　（27–26）

南无觀世音戌佛号普光功德山王如来
聞此佛名信敬作礼者滅无量劫生死之罪
南无得大勢戌佛号善住功德王如来
聞此佛名信敬作礼者滅无量劫生死之罪
棄陰蓋菩薩　寂根菩薩　慧上菩薩　常不離世菩薩
若有聞此四菩薩名作礼者所得功德勝
滿三千大千世界紫磨黄金布施三寶此
賢劫中諸佛出世名号如是若人聞此千
佛名字不畏不謬錯必得涅槃諸有智
者聞諸佛名應當一心勿懷放逸懃行
精進无失是緣還墮惡趣受諸苦惱若
持誦此千佛名者則滅无量阿僧祇所集
衆罪

佛說賢劫千佛名經

BD03249號　賢劫千佛名經（一卷本　異本）　（27–27）

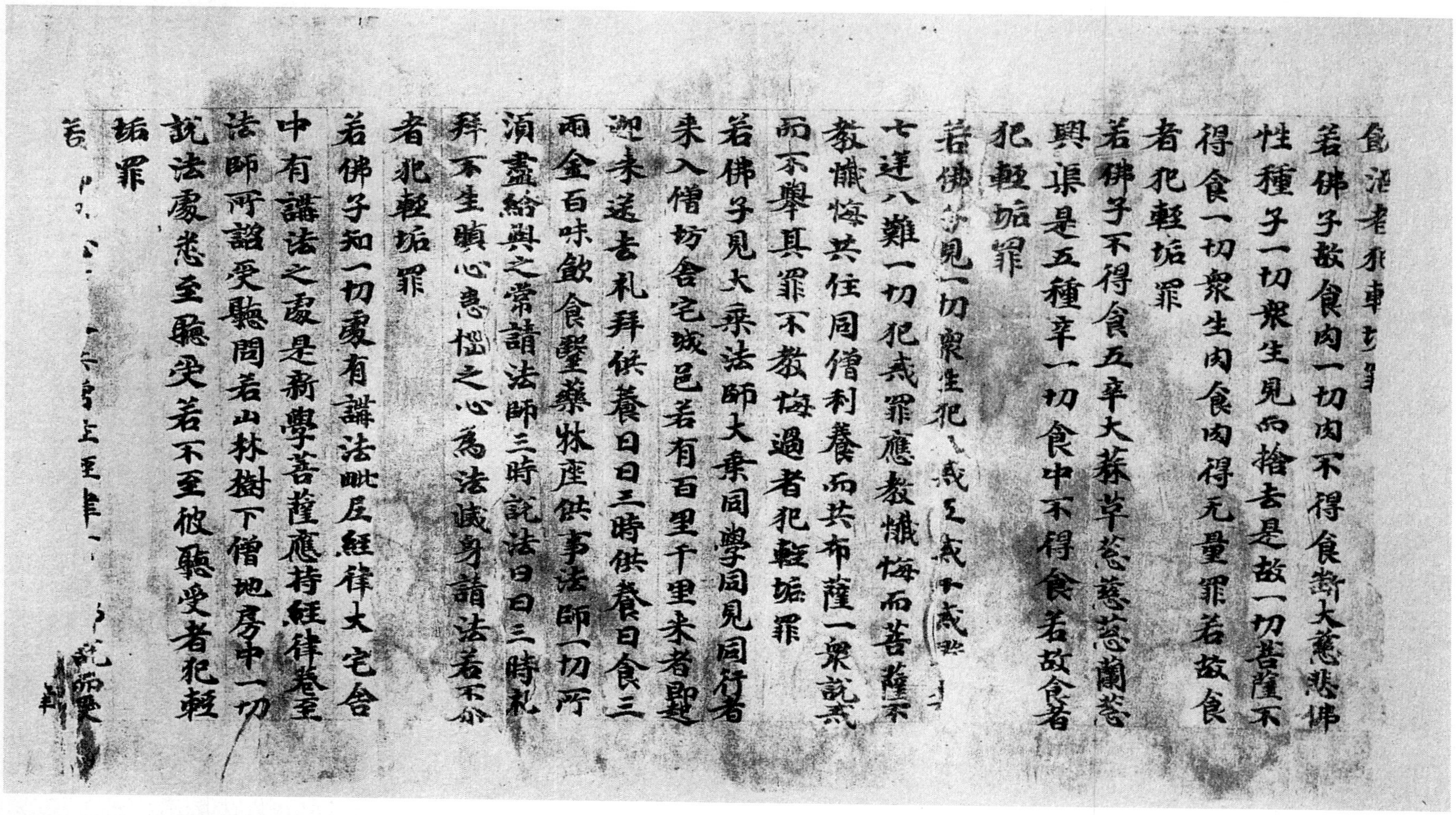

食[illegible]者犯輕垢罪
若佛子故食肉一切肉不得食斷大慈悲佛
性種子一切衆生見而捨去是故一切菩薩不
得食一切衆生肉食肉得无量罪若故食
者犯輕垢罪
若佛子不得食五辛大蒜草葱慈葱蘭葱
興渠是五種辛一切食中不得食若故食者
犯輕垢罪
若佛子見一切衆生犯八戒五戒十戒毁禁
七逆八難一切犯戒罪應教懺悔而菩薩不
教懺悔共住同僧利養而共布薩一衆說戒
而不舉其罪不教悔過者犯輕垢罪
若佛子見大乘法師大乘同學同見同行者
來入僧坊舍宅城邑若有百里千里來者起
迎來送去禮拜供養日日三時供養日食三
兩金百味飲食牀座醫藥供事法師一切所
須盡給與之常請法師三時說法日日三時禮
拜不生瞋心患惱之心為法滅身請法若不尒
者犯輕垢罪
若佛子知一切處有講法毗尼經律大宅舍
中有講法之處是新學菩薩應持經律卷至
法師所諮受聽問若山林樹下僧地房中一切
說法處悉至聽受若不至彼聽受者犯輕
垢罪
若[illegible]

BD03250號　梵網經盧舍那佛說菩薩心地戒品第十卷下

（1–1）

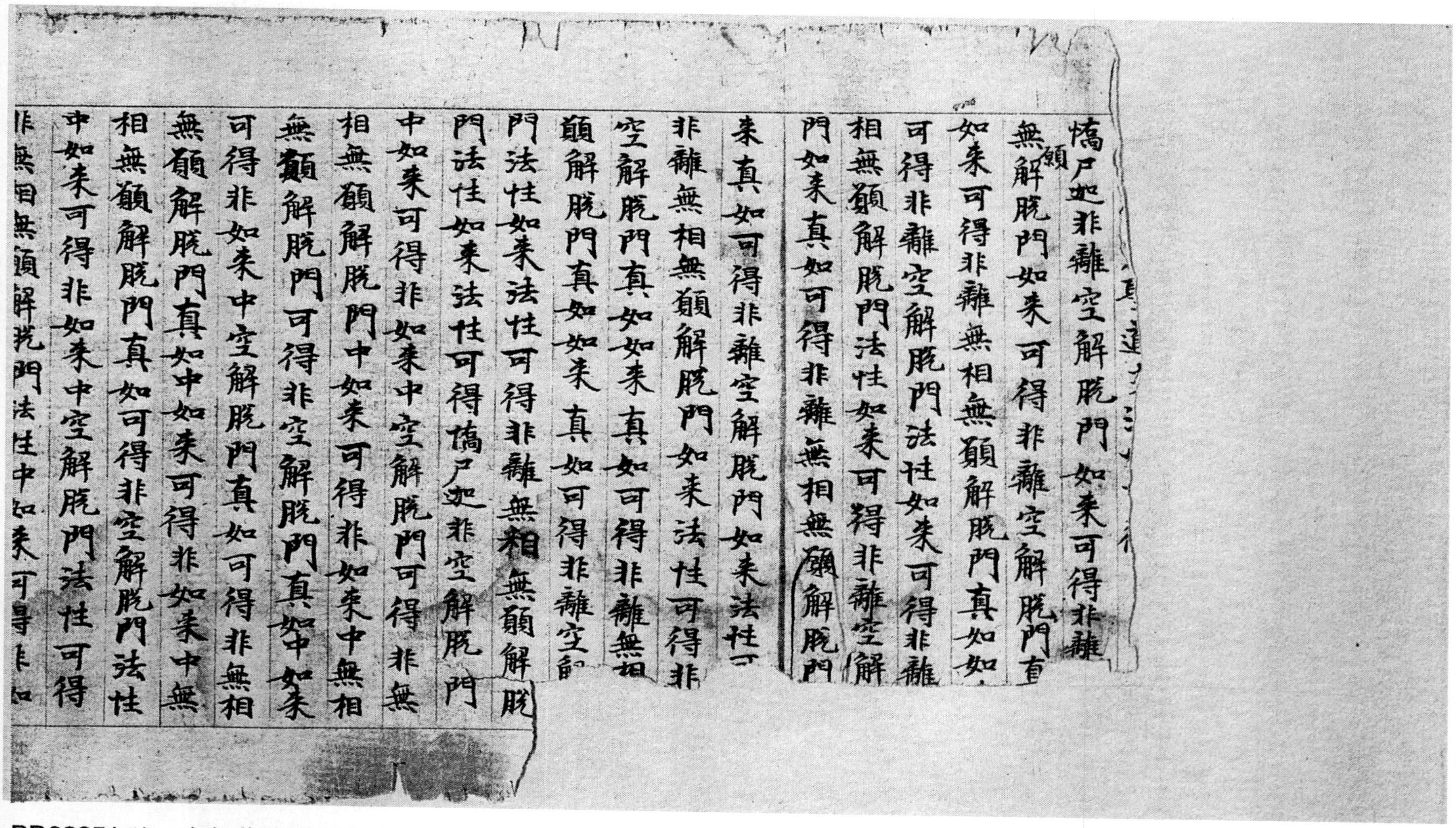

憍尸迦非離空解脫門如來可得非離
無願解脫門如來可得非離空解脫門真
如如來可得非離無相無願解脫門真如如
來可得非離空解脫門法性如來可得非離
無相無願解脫門法性如來可得非離空解
門如來真如可得非離無相無願解脫門
來真如可得非離空解脫門如來法性可
非離無相無願解脫門如來法性可得非
空解脫門真如如來真如可得非離無相
願解脫門真如如來真如可得非離空解
門法性如來法性可得非離無相無願解脫
門法性如來法性可得憍尸迦非空解脫門
中如來可得非如來中空解脫門可得非無
相無願解脫門中如來可得非如來中無相
無願解脫門可得非空解脫門真如中如來
可得非如來中空解脫門真如可得非無相
無願解脫門真如中如來可得非如來中無
相無願解脫門真如可得非空解脫門法性
中如來可得非如來中空解脫門法性可得
非無相無願解脫門法性中如來可得非如

BD03251號　大般若波羅蜜多經卷九一

（20–1）

可得非如来中空解脫門真如可得非無相
無願解脫門真如中如来可得非如来中無
相無願解脫門真如可得非空解脫門法性
中如来可得非如来中空解脫門法性可得
非無相無願解脫門法性中如来可得非如
来中無相無願解脫門法性可得非空解脫
門中如来真如可得非如来真如中空解脫
門可得非無相無願解脫門中如来真如可得
非如来真如中無相無願解脫門可得非
空解脫門中如来法性可得非如来法性中
空解脫門可得非無相無願解脫門中如来
法性可得非如来法性中無相無願解脫門
可得非空解脫門真如中如来真如可得非
如来真如中空解脫門真如可得非無相無
願解脫門真如中如来真如可得非如来真
如中無相無願解脫門真如可得非空解脫
門法性中如来法性可得非如来法性中空
解脫門法性可得非無相無願解脫門法性
中如来法性可得非如来法性中無相無願
解脫門法性可得
憍尸迦非離五眼如来可得非離六神通如
来可得非離五眼真如如来可得非離六神
通真如如来可得非離五眼法性如来可得
非離六神通法性如来可得非離五眼如来
真如可得非離六神通如来真如可得非離
五眼如来法性可得非離六神通如来法性

BD03251號　大般若波羅蜜多經卷九一　（20–2）

通真如如来可得非離五眼法性如来可得
非離六神通法性如来可得非離五眼如来
真如可得非離六神通如来真如可得非離
五眼如来法性可得非離六神通如来法性
可得非離五眼真如如来真如可得非離六
神通真如如来真如可得非離五眼法性如
来法性可得非離六神通法性如来法性可
得憍尸迦非五眼中如来可得非如来中五眼
可得非六神通中如来可得非如来中六
神通可得非五眼真如中如来可得非如来
中五眼真如可得非六神通真如中如来可
得非如来中六神通真如可得非五眼法性
中如来可得非如来中五眼法性可得非六
神通法性中如来可得非如来中六神通法
性可得非五眼中如来真如可得非如来真
如中五眼可得非六神通中如来真如可得
非如来真如中六神通可得非五眼中如来
法性可得非如来法性中五眼可得非六神
通中如来法性可得非如来法性中六神通
可得非五眼真如中如来真如可得非如来
真如中五眼真如可得非六神通真如中如
来真如可得非如来真如中六神通真如可
得非五眼法性中如来法性可得非如来法
性中五眼法性可得非六神通法性中如来
法性可得非如来法性中六神通法性可得
憍尸迦非離佛十力如来可得非離四無所

BD03251號　大般若波羅蜜多經卷九一　（20–3）

得非五眼法性中如来法性可得非如来法
性中五眼法性可得非六神通法性中如来
法性可得非如来法性中六神通法性可得
憍尸迦非離佛十力如来可得非離四無所
畏四無礙解大慈大悲大喜大捨十八佛不
共法如来可得非離佛十力真如如来可得
非離四無所畏乃至十八佛不共法真如如
来可得非離佛十力法性如来可得非離四
無所畏乃至十八佛不共法法性如来可得
非離佛十力如来真如可得非離四無所畏
乃至十八佛不共法如来真如可得非離佛
十力如来法性可得非離四無所畏乃至十
八佛不共法如来法性可得非離佛十力真
如如来真如可得非離四無所畏乃至十八
佛不共法真如如来真如可得非離佛十力
法性如来法性可得非離四無所畏乃至十
八佛不共法法性如来法性可得憍尸迦非
佛十力中如来可得非如来中佛十力可得非
四無所畏四無礙解大慈大悲大喜大捨
十八佛不共法中如来可得非如来中四無所
畏乃至十八佛不共法可得非佛十力真
如中如来可得非如来中佛十力真如可得
非四無所畏乃至十八佛不共法真如中如
来可得非如来中四無所畏乃至十八佛不共
法真如可得非佛十力法性中如来可得
非如来中佛十力法性可得非四無所畏乃

BD03251號　大般若波羅蜜多經卷九一

(20–4)

非四無所畏乃至十八佛不共法真如中如
来可得非如来中四無所畏乃至十八佛不共
法真如可得非佛十力法性中如来可得
非如来中佛十力法性可得非四無所畏乃
至十八佛不共法法性中如来可得非如来
中四無所畏乃至十八佛不共法法性可得
非佛十力如来真如可得非如来真如中
佛十力可得非四無所畏乃至十八佛不共
法中如来真如可得非如来真如中四無所
畏乃至十八佛不共法可得非佛十力中如来
法性可得非如来法性中佛十力可得非
四無所畏乃至十八佛不共法中如来法性
可得非如来法性中四無所畏乃至十八佛
不共法可得非佛十力真如中如来真如可
得非如来真如中佛十力真如可得非四無
所畏乃至十八佛不共法真如中如来真如
可得非如来真如中四無所畏乃至十八佛不
共法真如可得非佛十力法性中如来法性
可得非如来法性中佛十力法性可得非
四無所畏乃至十八佛不共法法性中如来
法性可得非如来法性中四無所畏乃至十
八佛不共法法性可得
憍尸迦非離無忘失法如来可得非離恒住
捨性如来可得非離無忘失法真如如来可
得非離恒住捨性真如如来可得非離無忘
失法法性如来可得非離恒住捨性法性如

BD03251號　大般若波羅蜜多經卷九一

(20–5)

憍尸迦非離無忘失法如来可得非離恒住
捨性如来可得非離無忘失法真如如来可
得非離恒住捨性真如如来可得非離無忘
失法法性如来可得非離恒住捨性法性如
来可得非離無忘失法如来真如可得非離
恒住捨性如来真如可得非離無忘失法如
来法性可得非離恒住捨性如来法性可得
非離無忘失法真如如来真如可得非離恒
住捨性真如如来真如可得非離無忘失法
法性如来法性可得非離恒住捨性法性如
来法性可得憍尸迦非無忘失法中如来可
得非如来中無忘失法可得非恒住捨性
中如来可得非如来中恒住捨性可得非無忘
失法真如中如来可得非如来中無忘失法
真如可得非恒住捨性真如中如来可得非
如来中恒住捨性真如可得非無忘失法法
性中如来可得非如来中無忘失法法性可
得非恒住捨性法性中如来可得非如来中
恒住捨性法性可得非無忘失法中如来真
如可得非如来真如中無忘失法可得非恒
住捨性中如来真如可得非如来真如中恒
住捨性可得非無忘失法中如来法性可得
非如来法性中無忘失法可得非恒住捨性
中如来法性可得非如来法性中恒住捨性
可得非無忘失法真如中如来真如可得非
如来真如中無忘失法真如可得非恒住捨

BD03251號　大般若波羅蜜多經卷九一　（20–6）

非如来法性中無忘失法可得非恒住捨性
中如来法性可得非如来法性中恒住捨性
可得非無忘失法真如中如来真如可得非
如来真如中無忘失法真如可得非恒住捨
性真如中如来真如可得非如来真如中恒
住捨性真如可得非無忘失法法性中如来
法性可得非如来法性中無忘失法法性可
得非恒住捨性法性中如来法性可得非如
来法性中恒住捨性可得
憍尸迦非離一切智如来可得非離道相智
一切相智如来可得非離一切智真如如来
可得非離道相智一切相智真如如来可得
非離一切智法性如来可得非離道相智一
切相智法性如来可得非離一切智如来真
如可得非離道相智一切相智如来真如可
得非離一切智如来法性可得非離道相智
一切相智如来法性可得非離一切智真如
如来真如可得非離道相智一切相智真如
如来真如可得非離一切智法性如来法性
可得非離道相智一切相智法性如来法性
可得憍尸迦非一切智中如来可得非如来
中一切智可得非道相智一切相智中如来
可得非如来中道相智一切相智可得非一
切智真如中如来可得非如来中一切智真
如可得非道相智一切相智真如中如来可
得非如来中道相智一切相智真如可得非

BD03251號　大般若波羅蜜多經卷九一　（20–7）

中一切智可得非道相智一切相智中如来
可得非如来中道相智一切相智可得非一
切智真如中如来可得非如来中一切智真
如可得非道相智一切相智真如中如来可
得非如来中道相智一切相智真如可得非
一切智法性中如来可得非如来中一切智
法性可得非道相智一切相智法性中如来
可得非如来中道相智一切相智法性可得
非一切智中如来真如可得非如来真如中
一切智可得非道相智一切相智中如来真
如可得非如来真如中道相智一切相智可
得非一切智中如来法性可得非如来法性
中一切智可得非道相智一切相智中如来
法性可得非如来法性中道相智一切相智
可得非一切智真如中如来真如可得非如
来真如中一切智真如可得非道相智一切
相智真如中如来真如可得非如来真如中
道相智一切相智真如可得非一切智法性
中如来法性可得非如来法性中一切智法性
性可得非道相智一切相智法性中如来法
性可得非如来法性中道相智一切相智法
性可得
憍尸迦非離一切陁羅尼門如来可得非離
一切三摩地門如来可得非離一切陁羅尼
門真如如来可得非離一切三摩地門真如
如来可得非離一切陁羅尼門法性如来可

BD03251 號　大般若波羅蜜多經卷九一　（20–8）

憍尸迦非離一切陁羅尼門如来可得非離
一切三摩地門如来可得非離一切陁羅尼
門真如如来可得非離一切三摩地門真如
如来可得非離一切陁羅尼門法性如来可
得非離一切三摩地門法性如来可得非離
一切陁羅尼門如来真如可得非離一切三
摩地門如来真如可得非離一切陁羅尼門
如来法性可得非離一切三摩地門如来法
性可得非離一切陁羅尼門真如如来真如
可得非離一切三摩地門真如如来真如可
得非離一切陁羅尼門法性如来法性可得
非離一切三摩地門法性如来法性可得憍
尸迦非一切陁羅尼門中如来可得非如来
中一切陁羅尼門可得非一切三摩地門中如
来可得非如来中一切三摩地門可得非
一切陁羅尼門真如中如来可得非如来中
一切陁羅尼門真如可得非一切三摩地門
真如中如来可得非如来中一切三摩地門
真如可得非一切陁羅尼門法性中如来可
得非如来中一切陁羅尼門法性可得非一
切三摩地門法性中如来可得非如来中一
切三摩地門法性可得非一切陁羅尼門中
如来真如可得非如来真如中一切陁羅尼
門可得非一切三摩地門中如来真如可得
非如来真如中一切三摩地門可得非一切陁
羅尼門真如中如来真如可得非如来真

BD03251 號　大般若波羅蜜多經卷九一　（20–9）

門可得非一切三摩地門中如來真如可得
非如來真如中一切三摩地門可得非一切陁
羅尼門真如中如來真如可得非如來真
如中一切陁羅尼門真如可得非一切三摩地門
真如中如來真如可得非如來真如中一切
三摩地門真如可得非一切陁羅尼門法
性中如來法性可得非如來法性中一切
陁羅尼門法性可得非一切三摩地門法性
中如來法性可得非如來法性中一切三摩
地門法性可得
憍尸迦非離預流如來可得非離一來不還
阿羅漢如來可得非離預流真如如來可得
非離一來不還阿羅漢真如如來可得非離
預流法性如來可得非離一來不還阿羅漢
法性如來可得非離預流如來真如可得非
離一來不還阿羅漢如來真如可得非離預
流如來法性可得非離一來不還阿羅漢
如來法性可得非離預流真如如來真如可
得非離一來不還阿羅漢真如如來真如可得
非離預流法性如來法性可得非離一來不
還阿羅漢法性如來法性可得憍尸迦非預
流中如來可得非如來中預流可得非一來
不還阿羅漢中如來可得非如來中一來不
還阿羅漢可得非預流真如中如來可得非
如來中預流真如可得非一來不還阿羅漢

流中如來可得非如來中預流可得非一來
不還阿羅漢中如來可得非如來中一來不
還阿羅漢可得非預流真如中如來可得非
如來中預流真如可得非一來不還阿羅漢
真如中如來可得非如來中一來不還阿羅
漢真如可得非預流法性中如來可得非如
來中預流法性可得非一來不還阿羅漢法
性中如來可得非如來中一來不還阿羅漢
法性可得非預流中如來真如可得非如來
真如中預流可得非一來不還阿羅漢中如
來真如可得非如來真如中一來不還阿羅
漢可得非預流中如來法性可得非如來法
性中預流可得非一來不還阿羅漢中如來
法性可得非如來法性中一來不還阿羅漢
可得非預流真如中如來真如可得非如來
真如中預流真如可得非一來不還阿羅漢
真如如來真如可得非如來真如中一來不
還阿羅漢真如可得非預流法性中如來
法性可得非如來法性中預流法性可得非
一來不還阿羅漢法性中如來法性可得非
如來法性中一來不還阿羅漢法性可得
憍尸迦非離預流向預流果如來可得非離
一來向一來果不還向不還果阿羅漢向阿
羅漢果如來可得非離預流向預流果真如
如來可得非離一來向一來果不還向不還
果阿羅漢向阿羅漢果真如如來可得非

如来法性中一来不還阿羅漢法性可得
憍尸迦非離預流向預流果如来可得非離
一来向一来果不還向不還果阿羅漢向阿
羅漢果如来可得非離預流向預流果真如
如来可得非離一来向一来果不還向不還
果阿羅漢向阿羅漢果真如如来可得非
離預流向預流果法性如来可得非離一来向
一来果不還向不還果阿羅漢向阿羅漢果
法性如来可得非離預流向預流果如来真
如可得非離一来向一来果不還向不還果
阿羅漢向阿羅漢果如来真如可得非離預
流向預流果如来法性可得非離一来向一来
果不還向不還果阿羅漢向阿羅漢果如来
法性可得非離預流向預流果真如如来真
如可得非離一来向一来果不還向不還果
阿羅漢向阿羅漢果真如如来真如可得非
離預流向預流果法性如来法性可得非離
一来向一来果不還向不還果阿羅漢向阿
羅漢果法性如来法性可得憍尸迦非預
流向預流果中如来可得非如来中預流向預
流果可得非一来向一来果不還向不還果
阿羅漢向阿羅漢果中如来可得非如来中
一来向一来果不還向不還果阿羅漢向阿
羅漢果可得非預流向預流果真如中如来
可得非如来中預流向預流果真如可得非
一来向一来果不還向不還果阿羅漢向阿

BD03251號　大般若波羅蜜多經卷九一　（20–12）

一来向一来果不還向不還果阿羅漢向阿
羅漢果可得非預流向預流果真如中如来
可得非如来中預流向預流果真如可得非
一来向一来果不還向不還果阿羅漢向阿
羅漢果真如中如来可得非如来中一来
向一来果不還向不還果阿羅漢向阿羅漢
果真如可得非預流向預流果法性中如来
可得非如来中預流向預流果法性可得非一
来向一来果不還向不還果阿羅漢向阿羅
漢果法性中如来可得非如来中一来向一
来果不還向不還果阿羅漢向阿羅漢果
法性可得非預流向預流果中如来真如可
得非如来真如中預流向預流果可得非一来
向一来果不還向不還果阿羅漢向阿羅漢
果中如来真如可得非如来真如中一来向
一来果不還向不還果阿羅漢向阿羅漢果
可得非預流向預流果中如来法性可得非
如来法性中預流向預流果可得非一来向
一来果不還向不還果阿羅漢向阿羅漢果
中如来法性可得非如来法性中一来向一来
果不還向不還果阿羅漢向阿羅漢果可
得非預流向預流果真如中如来真如可得
非如来真如中預流向預流果真如可得非
一来向一来果不還向不還果阿羅漢向阿
羅漢果真如中如来真如可得非如来真
如中一来向一来果不還向不還果阿羅漢向

BD03251號　大般若波羅蜜多經卷九一　（20–13）

一來向一來果不還向不還果阿羅漢向阿
羅漢果真如中如來真如可得非如來真
如中一來向一來果不還向不還果阿羅漢向
阿羅漢果真如可得非預流向預流果法性
中如來法性可得非如來法性中預流向預
流果法性可得非一來向一來果不還向不
還果阿羅漢向阿羅漢果法性中如來法性
可得非如來法性中一來向一來果不還向
不還果阿羅漢向阿羅漢果法性可得憍尸
迦非離獨覺如來可得非離獨覺向獨覺
果如來可得非離獨覺真如如來可得非離獨
覺向獨覺果真如如來可得非離獨覺法
性如來可得非離獨覺向獨覺果法性如來可
得非離獨覺如來真如可得非離獨覺向
獨覺果如來真如可得非離獨覺如來法性
可得非離獨覺向獨覺果如來法性可得非離
獨覺真如如來真如可得非離獨覺向獨覺
果真如如來真如可得非離獨覺法性如來
法性可得非離獨覺向獨覺果法性如來法
性可得憍尸迦非獨覺中如來可得非如來
中獨覺可得非獨覺向獨覺果中如來可得非
如來中獨覺向獨覺果可得非獨覺真如
中如來可得非如來中獨覺真如可得非獨
覺向獨覺果真如中如來可得非如來中獨
覺向獨覺果真如可得非獨覺法性中如來

BD03251號　大般若波羅蜜多經卷九一　（20–14）

中如來可得非如來中獨覺真如可得非獨
覺向獨覺果真如中如來可得非如來中獨
覺向獨覺果真如可得非獨覺法性中如來
可得非如來中獨覺法性可得非獨覺向獨
覺果法性中如來可得非如來中獨覺向獨
覺果法性可得非獨覺中如來真如可得非
如來真如中獨覺可得非獨覺向獨覺果中
如來真如可得非如來真如中獨覺向獨覺
果可得非獨覺中如來法性可得非如來法
性中獨覺可得非獨覺向獨覺果中如來法
性可得非如來法性中獨覺向獨覺果可得
非獨覺真如中如來真如可得非如來真如
中獨覺真如可得非獨覺向獨覺果真如中
如來真如可得非如來真如中獨覺向獨覺
果真如可得非獨覺法性中如來法性可得
非如來法性中獨覺法性可得非獨覺向獨
覺果法性中如來法性可得非如來法性中
獨覺向獨覺果法性可得
憍尸迦非離菩薩摩訶薩如來可得非離三
藐三佛陀如來可得非離菩薩摩訶薩真如
如來可得非離三藐三佛陀真如如來可得
非離菩薩摩訶薩法性如來可得非離三藐
三佛陀法性如來可得非離菩薩摩訶薩如
來真如可得非離三藐三佛陀如來真如可
得非離菩薩摩訶薩如來法性可得非離

BD03251號　大般若波羅蜜多經卷九一　（20–15）

三佛陀法性如来可得非離菩薩摩訶薩如
来真如可得非離三藐三佛陀如来真如可
得非離菩薩摩訶薩如来法性可得非離
三藐三佛陀如来法性可得非離菩薩摩訶
薩真如如来真如可得非離三藐三佛陀真如
如来真如可得非離菩薩摩訶薩法性如来
法性可得非離三藐三佛陀法性如来 法性
可得憍尸迦非菩薩摩訶薩中如来可得非
如来中菩薩摩訶薩可得非三藐三佛陀中
如来可得非如来中三藐三佛陀可得非菩
薩摩訶薩真如中如来可得非三藐三佛陀
真如中如来可得非菩薩摩訶薩法性中如
来可得非如来中菩薩摩訶薩法性可得
非三藐三佛陀法性中如来可得非如来中三
藐三佛陀法性可得非菩薩摩訶薩中如来
真如可得非如来真如中菩薩摩訶薩可得
非三藐三佛陀如来真如可得非如来真如
中三藐三佛陀可得非菩薩摩訶薩中如
来法性可得非如来法性中菩薩摩訶薩
可得非三藐三佛陀中如来法性可得非如来
法性中三藐三佛陀可得非菩薩摩訶薩真
如中如来真如可得非如来真如菩薩摩
訶薩真如可得非三藐三佛陀真如中如来
真如可得非如来真如中三藐三佛陀真如
可得非菩薩摩訶薩法性中如来法性可得

BD03251 號　大般若波羅蜜多經卷九一　（20–16）

如中如来真如可得非如来真如菩薩摩
訶薩真如可得非三藐三佛陀真如中如来
真如可得非如来真如中三藐三佛陀真如
可得非菩薩摩訶薩法性中如来法性可得
非如来法性中菩薩摩訶薩法性可得非三
藐三佛陀法性中如来法性可得非如来法
性中三藐三佛陀法性可得
憍尸迦非離菩薩摩訶薩法 如来可得非離
無上正等菩提如来可得非離菩薩摩訶薩
法真如如来可得非離無上正等菩提真如
如来可得非離菩薩摩訶薩法性如来可得
非離無上正等菩提法性如来可得非離
菩薩摩訶薩法如来真如可得非離無上正
等菩提如来真如可得非離菩薩摩訶薩法
如来法性可得非離無上正等菩提如来法
性可得非離菩薩摩訶薩法真如如来真如
可得非離無上正等菩提真如如来真如可
得非離菩薩摩訶薩法性法如来法性可得
非離無上正等菩提法性如来法性可得憍
尸迦非菩薩摩訶薩法中如来可得非如来
中菩薩摩訶薩法可得非無上正等菩提中
如来可得非如来中無上正等菩提可得非
菩薩摩訶薩法真如中如来可得非如来中
菩薩摩訶薩法真如可得非無上正等菩提
真如中如来可得非如来中無上正等菩提
真如可得非菩薩摩訶薩法生中如来可

BD03251 號　大般若波羅蜜多經卷九一　（20–17）

菩薩摩訶薩法真如中如来可得非如来中
菩薩摩訶薩法真如可得非無上正等菩提
真如中如来可得非無上正等菩提
真如可得非菩薩摩訶薩法法性中如来可
得非如来中菩薩摩訶薩法性可得非無
上正等菩提法性中如来可得非如来中無
上正等菩提法性可得非菩薩摩訶薩法
中如来真如可得非如来真如中菩薩摩訶
薩法可得非無上正等菩提中如来真如可
得非如来中無上正等菩提可得非菩薩
摩訶薩法中如来法性可得非如来法性中
菩薩摩訶薩法可得非無上正等菩提中如
来法性可得非如来法性中無上正等菩提
可得非菩薩摩訶薩法真如中如来真如可
得非如来真如中菩薩摩訶薩法真如可得
非無上正等菩提真如中如来真如可得非
如来真如中無上正等菩提真如可得非菩
薩摩訶薩法法性中如来法性可得非如来
法性中菩薩摩訶薩法法性可得非無上正
等菩提法性中如来法性可得非如来法性
中無上正等菩提法性可得
憍尸迦非離聲聞乘如来可得非離獨覺
乘無上乘如来可得非離聲聞乘真如如
来可得非離獨覺乘無上乘真如如来可得
非離聲聞乘法性如来可得非離獨覺乘無
上乘法性如来可得非離聲聞乘如来真如可

乘無上乘如来可得非離聲聞乘真如如
来可得非離獨覺乘無上乘真如如来可得
非離聲聞乘法性如来可得非離獨覺乘無
上乘法性如来可得非離聲聞乘如来真如可
得非離獨覺乘無上乘如来真如可得非離
聲聞乘如来法性可得非離獨覺乘無上乘
如来法性可得非離聲聞乘真如如来真如
可得非離獨覺乘無上乘真如如来真如可
得非離聲聞乘法性如来法性可得非離獨
覺乘無上乘法性如来法性可得憍尸迦非聲
聞乘中如来可得非如来中聲聞乘可得非
獨覺乘無上乘中如来可得非如来中獨覺
乘無上乘可得非聲聞乘真如中如来可得
非如来中聲聞乘真如可得非獨覺乘无上
乘真如中如来可得非如来中獨覺乘無上
乘真如可得非聲聞乘法性中如来可得非
如来中聲聞乘法性可得非獨覺乘无上乘
法性中如来可得非如来中獨覺乘無上乘
法性可得非聲聞乘中如来真如可得非如
来真如中聲聞乘可得非獨覺乘无上乘中
如来真如可得非如来真如中獨覺乘無上
乘可得非聲聞乘中如来法性可得非如来
法性中聲聞乘可得非獨覺乘無上乘中如
来法性可得非如来法性中獨覺乘無上乘
可得非聲聞乘真如中如来真如可得非如
来真如中聲聞乘真如可得非獨覺乘无上

乘可得非聲聞乘中如來法性可得非如來
法性中聲聞乘可得非獨覺乘無上乘中如
來法性可得非如來法性中獨覺乘無上乘
可得非聲聞乘真如中如來真如可得非如
來真如中聲聞乘真如可得非獨覺乘无上
乘真如中如來真如可得非如來真如中獨
覺乘無上乘真如可得非聲聞乘法性中如
來法性可得非如來法性中聲聞乘法性可
得非獨覺乘無上乘法性中如來法性可得
非如來法性中獨覺乘無上乘法性可得

大般若波羅蜜多經卷苐九十一

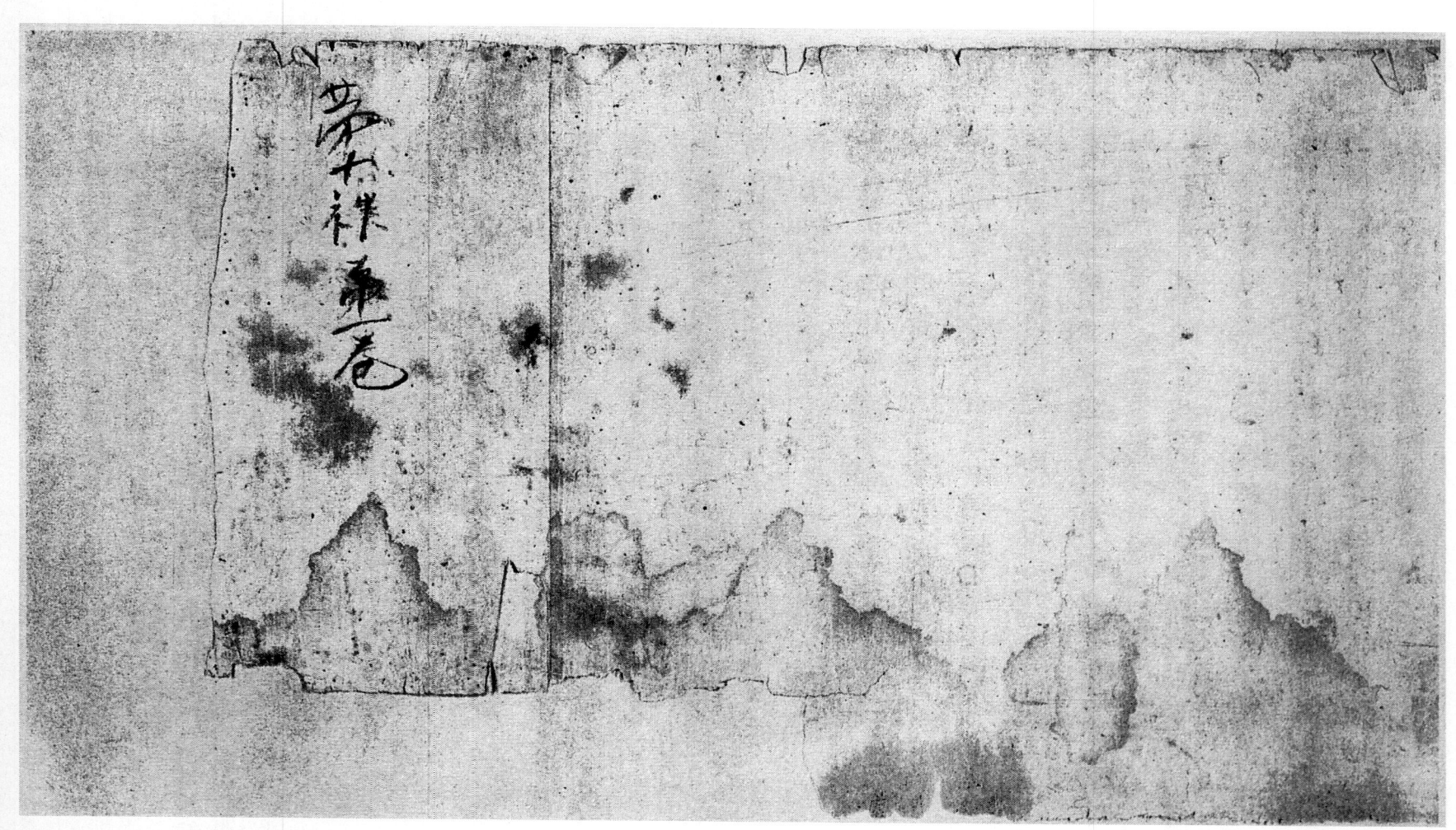

BD03251 號　大般若波羅蜜多經卷九一　　（20–20）

苐十袟苐一卷

BD03251 號背　勘記　　（1–1）

故汁
无所隨故法住實際
搖不依六塵故法无去
…隨无相應无作法離好
…法无生滅法无所歸法過眼耳
鼻舌身心法无高下法常住不動法離一切
觀行唯大目連法相如是豈可說乎夫說法
者无說无示其聽法者无聞无得譬如幻士
為幻人說法當建是意而為說法當了眾生
根有利鈍善於知見无所罣礙以大悲心讚
于大乘念報佛恩不斷三寶然後說法維摩
詰說是法時八百居士發阿耨多羅三藐三
菩提心我无此辯是故不任詣彼問疾
佛告大迦葉汝行詣維摩詰問疾迦葉白佛
言世尊我不堪任詣彼問疾所以者何憶念
我昔於貧里而行乞時維摩詰來謂我言唯
大迦葉有慈悲心而不能普捨豪富從貧乞
迦葉住平等法應次行乞食為不食故應行
乞食為壞和合相故應取揣食為不食故應

BD03252號　維摩詰所說經卷上　（16–1）

大迦葉有慈悲心而不能普捨豪富從貧乞
迦葉住平等法應次行乞食為不食故應行
乞食為壞和合相故應取揣食為不食故應
受彼食以空聚想入於聚落所見色與盲等
所聞聲與響等所嗅香與風等所食味不分
別受諸觸如智證知諸法如幻相无自性无
他性本自不然今則无滅迦葉若能不捨八
耶入八解脫以耶相入正法以一食施一切
供養諸佛及眾賢聖然後可食如是食者非
有煩惱非離煩惱非入定意非起定意非住
世間非住涅槃其有施者无大福无小福不
為益不為損是為正入佛道不依聲聞迦葉
若如是食為不空食人之施也時我世尊聞
說是語得未曾有即於一切菩薩深起敬心
復作是念斯有家名辯才智慧乃能如是其
誰不發阿耨多羅三藐三菩提心我從是來
不復勸人以聲聞辟支佛行是故不任詣彼
問疾
佛告須菩提汝行詣維摩詰問疾須菩提白
佛言世尊我不堪任詣彼問疾所以者何憶
念我昔入其舍從乞食時維摩詰取我鉢盛
滿飯謂我言唯須菩提若能於食等者諸法
亦等諸法等者於食亦等如是行乞乃可取
食若須菩提不斷婬怒癡亦不與俱不壞於
身而隨一相不滅癡愛起於明脫以五逆相

BD03252號　維摩詰所說經卷上　（16–2）

滿飯謂我言唯須菩提若能於食等者諸法
亦等諸法等者於食亦等如是行乞乃可取
食若須菩提不斷婬怒癡亦不與俱不壞於
身而隨一相不滅癡愛起於明脫以五逆相
而得解脫亦不解不縛不見四諦非不見諦
非得果非凡夫非離凡夫法非聖人非不聖
人雖成就一切法而離諸法相乃可取食若
須菩提不見佛不聞法彼外道六師富蘭那
迦葉末伽離拘賒梨子珊闍夜毗羅胝子阿
耆多翅舍欽婆羅迦羅鳩馱迦旃延尼揵陁
若提子等是汝之師因其出家彼師所墮汝
亦隨墮乃可取食若須菩提入諸耶見不到
彼岸住於八難不得无難同於煩惱離清淨
法汝得无諍三昧一切衆生亦得是定其施
汝者不名福田供養汝者墮三惡道為與衆
魔共一手作諸勞侶汝與衆魔及諸塵勞等
无有異於一切衆生而有怨心謗諸佛毀於法
不入衆數終不得滅度汝若如是乃可取
食時我世尊聞此茫然不識是何言不知以
何荅便置鉢欲出其舍維摩詰言唯須菩提
取鉢勿懼於意云何如來所作化人若以是
事詰寧有懼不我言不也維摩詰言一切諸
法如幻化相汝今不應有所懼也所以者何
一切言說不離是相至於智者不著文字故
无所懼何以故文字性離无有文字是則解
脫解脫相者則諸法也維摩詰說是法時二

BD03252 號　維摩詰所說經卷上

（16–3）

事詰寧有懼不我言不也維摩詰言一切諸
法如幻化相汝今不應有所懼也所以者何
一切言說不離是相至於智者不著文字故
无所懼何以故文字性離无有文字是則解
脫解脫相者則諸法也維摩詰說是法時二
百天子得法眼淨故我不任詣彼問疾
佛告富樓那彌多羅尼子汝行詣維摩詰問
疾富樓那白佛言世尊我不堪任詣彼問疾
所以者何憶念我昔於大林中在一樹下為
諸新學比丘說法時維摩詰來謂我言唯富
樓那先當入定觀此人心然後說法无以穢
食置於寶器當知是比丘心之所念无以琉
璃同彼水精汝不能知衆生根源无得發起
以小乘法彼自无瘡勿傷之也欲行大道莫
示小徑无以大海內於牛跡无以日光等彼
螢火富樓那此比丘久發大乘心中忘此意
如何以小乘法而教導之我觀小乘智慧微
淺猶如盲人不能分別一切衆生根之利鈍
時維摩詰即入三昧令此比丘自識宿命曾
於五百佛所殖衆德本迴向阿耨多羅三藐
三菩提即時豁然還得本心於是諸比丘稽
首礼維摩詰足時維摩詰因為說法於阿耨
多羅三藐三菩提不復退轉我念聲聞不觀
人根不應說法是故不任詣彼問疾
佛告摩訶迦旃延汝行詣維摩詰問疾迦旃
延白佛言世尊我不堪任詣彼問疾所以者

BD03252 號　維摩詰所說經卷上

（16–4）

首礼維摩詰足時維摩詰因為說法於阿耨
多羅三藐三菩提不復退轉我念聲聞不觀
人根不應說法是故不任詣彼問疾
佛告摩訶迦旃延汝行詣維摩詰問疾迦旃
延白佛言世尊我不堪任詣彼問疾所以者
何憶念昔者佛為諸比丘略說法要我即於
後敷演其義謂无常義苦義空義无我義寂
滅義時維摩詰來謂我言唯迦旃延无以生
滅心行說實相法迦旃延諸法畢竟不生不
滅是无常義五受陰洞達空无所起是苦義
諸法究竟无所有是空義於我无我而不二
是无我義法本不然今則无滅是寂滅義說
是法時彼諸比丘心得解脫故我不任詣彼
問疾
佛告阿那律汝行詣維摩詰問疾阿那律白
佛言世尊我不堪任詣彼問疾所以者何憶
念我昔於一處經行時有梵王名曰嚴淨與
万梵俱放淨光明來詣我所稽首作礼問我
言幾何阿那律天眼所見我即答言仁者吾
見此釋迦牟尼佛土三千大千世界如觀掌
中阿摩勒果時維摩詰來謂我言唯阿那律
天眼所見為作相耶无作相耶假使作相則
與外道五通等若无作相即是无為不應有
見世尊我時默然彼諸梵聞其言得未曾有
即為作礼而問言世孰有真天眼者維摩詰
言有佛世尊得真天眼常在三昧悉見諸佛

BD03252 號　維摩詰所說經卷上　（16–5）

見世尊我時默然彼諸梵聞其言得未曾有
即為作礼而問言世孰有真天眼者維摩詰
言有佛世尊得真天眼常在三昧悉見諸佛
國不以二相於是嚴淨梵王及其眷屬五百
梵天皆發阿耨多羅三藐三菩提心礼維摩
詰足忽然不現故我不任詣彼問疾
佛告優波離汝行詣維摩詰問疾優波離
白佛言世尊我不堪任詣彼問疾所以者何
憶念昔者有二比丘犯律行以為恥不敢問
佛來問我言唯優波離我等犯律誠以為恥
不敢問佛願解疑悔得免斯咎我即為其如
法解說時維摩詰來謂我言唯優波離无重
增此二比丘罪當直除滅勿擾其心所以者何
彼罪性不在內不在外不在中間如佛所說
心垢故衆生垢心淨故衆生淨心亦不在
內不在外不在中間如其心然罪垢亦然諸
法亦然不出於如如優波離以心相得解脫
時寧有垢不我言不也維摩詰言一切衆生心
想无垢亦復如是唯優波離妄想是垢无妄
想是淨顛倒是垢无顛倒是淨取我是垢不
取我是淨優波離一切法生滅不住如幻如
電諸法不相待乃至一念不住諸法皆妄見
如夢如焰如水中月如鏡中像以妄想生其
知此者是名奉律其知此者是名善解於是
二比丘言上智哉是優波離所不及持律之

BD03252 號　維摩詰所說經卷上　（16–6）

知此者是名奉律其知此者是名善解於是
二比丘言上智哉是優波離所不及持律之
上而不能說我即答言自捨如來未有聲聞
及菩薩能制其樂說之辯其智慧明達為若
此也時二比丘疑悔即除發阿耨多羅三藐三
菩提心作是願言令一切衆生皆得是辯故
我不任詣彼問疾
佛告羅睺羅汝行詣維摩詰問疾羅睺羅白
佛言世尊我不堪任詣彼問疾所以者何憶
念昔時毗耶離城諸長者子來詣我所稽首
作礼問我言唯羅睺羅汝佛之子捨轉輪王
位出家為道其出家者有何等利我即如法
為說出家功德之利時維摩詰來謂我言唯
羅睺羅不應說出家功德之利所以者何无
利无功德是為出家有為法者可說有利有
功德夫出家者為无為法无為法中无利无
功德羅睺羅出家者无彼无此亦无中間離
六十二見處於涅槃智者所受聖所行處降
伏衆魔度五道淨五眼得五力立五根不惱
於彼離衆雜惡摧諸外道超越假名出淤泥
无繫著无我所无所受无擾亂內懷喜護彼
意隨禪定離衆過若能如是是真出家於是
維摩詰語諸長者子汝等於正法中宜共出
家所以者何佛世難值諸長者子言居士我
聞佛言父母不聽不得出家維摩詰言然汝

BD03252號　維摩詰所說經卷上

(16–7)

維摩詰語諸長者子汝等於正法中宜共出
家所以者何佛世難值諸長者子言居士我
聞佛言父母不聽不得出家維摩詰言然汝
等便發阿耨多羅三藐三菩提心是即出家
是即具足尒時三十二長者子皆發阿耨多
羅三藐三菩提心故我不任詣彼問疾
佛告阿難汝行詣維摩詰問疾阿難白佛言
世尊我不堪任詣彼問疾所以者何憶念昔
時世尊身少有疾當用牛乳我即持鉢詣大
婆羅門家門下立時維摩詰來謂我言唯阿
難何為晨朝持鉢住此我言居士世尊身少
有疾當用牛乳故來至此維摩詰言止止阿
難莫作是語如來身者金剛之體諸惡已斷
衆善普會當有何疾當有何惱默住阿難勿
謗如來莫使異人聞此麤言无令大威德諸
天及他方淨土諸來菩薩得聞斯語阿難轉
輪聖王以少福故尚得无病豈況如來无量
福會普勝者哉行矣阿難勿使我等受斯恥
也外道梵志若聞此語當作是念何名為師
自疾不能救而能救諸疾人可密速去勿使
人聞當知阿難諸如來身即是法身非思欲
身佛為世尊過於三界佛身无漏諸漏已盡
佛身无為不墮諸數如此之身當有何疾時
我世尊實懷慚愧得无近佛而謬聽耶即聞
空中聲曰阿難如居士言但為佛出五濁惡世
現行斯法度脫衆生行矣阿難取乳勿慚

BD03252號　維摩詰所說經卷上

(16–8)

我世尊實懷慚愧得无近佛而謬聽耶即聞
空中聲曰阿難如居士言但為佛出五濁惡世
現行斯法度脫衆生行矣阿難取乳勿慙
世尊維摩詰智慧辯才為若此也是故不任
詣彼問疾如是五百大弟子各各向佛說其
本緣稱述維摩詰所言皆曰不任詣彼問疾
菩薩品第四
於是佛告弥勒菩薩汝行詣維摩詰問疾弥
勒白佛言世尊我不堪任詣彼問疾所以者
何憶念我昔為兜率天王及其眷屬說不退
轉地之行時維摩詰来謂我言弥勒世尊授
仁者記一生當得阿耨多羅三藐三菩提為
用何生得受記乎過去耶未来耶現在耶若
過去生過去生已滅若未来生未来生未至
若現在生現在生无住如佛所說比丘汝今
即時亦生亦老亦滅若以无生得受記者无
生即是正位於正位中亦无受記亦无得阿
耨多羅三藐三菩提云何弥勒受一生記乎
為從如生得受記耶為從如滅得受記耶若
以如生得受記者如无有生若以如滅得受記
者如无有滅一切衆生皆如也一切法亦如
也衆聖賢亦如也至於弥勒亦如也若弥
勒得受記者一切衆生亦應受記所以者何
夫如者不二不異若弥勒得阿耨多羅三藐
三菩提者一切衆生皆亦應得所以者何一

BD03252號　維摩詰所說經卷上　（16–9）

勒得受記者一切衆生亦應受記所以者何
夫如者不二不異若弥勒得阿耨多羅三藐
三菩提者一切衆生皆亦應得所以者何一
切衆生即菩提相若弥勒得滅度者一切衆
生亦當滅度所以者何佛知一切衆生畢竟
寂滅即涅槃相不復更滅是故弥勒无以此
法誘諸天子實无發阿耨多羅三藐三菩提心
者亦无退者弥勒當令此諸天子捨於分別
菩提之見所以者何菩提者不可以身得不
可以心得寂滅是菩提滅諸相故不觀是菩
提離諸緣故不行是菩提无憶念故斷是菩
提捨諸見故離是菩提離諸妄想故障是菩
提障諸願故不入是菩提无貪着故順是菩
提順於如故住是菩提住法性故至是菩提
至實際故不二是菩提離意法故等是菩提
等虛空故无為是菩提无生住滅故知是菩
提了衆生心行故不會是菩提諸入不會故
不合是菩提離煩惱習故无處是菩提无形
色故假名是菩提名字空故如化是菩提无
取捨故无亂是菩提常自靜故善寂是菩提
性清淨故无取是菩提離攀緣故无異是菩
提諸法等故无比是菩提无可喻故微妙是
菩提諸法難知故世尊維摩詰說是法時二
百天子得无生法忍故我不任詣彼問疾
佛告光嚴童子汝行詣維摩詰問疾光嚴白
佛言世尊我不堪任詣彼問疾所以者何憶

BD03252號　維摩詰所說經卷上　（16–10）

菩[illegible]世尊維摩詰說是法時二
百天子得无生法忍故我不任詣彼問疾
佛告光嚴童子汝行詣維摩詰問疾光嚴白
佛言世尊我不堪任詣彼問疾所以者何憶
念我昔出毗耶離大城時維摩詰方入城我
即為作礼而問言居士從何所来荅我言
吾從道塲来我問言道塲者何所是荅曰
直心是道塲无虗假故發行是道塲能辦事
故深心是道塲增益功德故菩提心是道塲
无錯謬故布施是道塲不望報故持戒是道塲
得願具故忍辱是道塲於諸衆生心无礙故
精進是道塲不懈怠故禪定是道塲心調柔
故智慧是道塲現見諸法故慈是道塲等衆
生故悲是道塲忍疲苦故喜是道塲悅樂法
故捨是道塲憎愛斷故神通是道塲成就六
通故解脫是道塲能背捨故方便是道塲教
化衆生故四攝法是道塲攝衆生故多聞是
道塲如聞行故伏心是道塲正觀諸法故三
十七品是道塲捨有為法故諦是道塲不誑
世間故緣起是道塲无明乃至老死皆无盡
故諸煩惱是道塲知如實故衆生是道塲知
无我故一切法是道塲知諸法空故降魔是
道塲不傾動故三界是道塲无所趣故師子
吼是道塲无所畏故力无畏不共法是道塲
无諸過故三明是道塲无餘礙故一念知一
切法是道塲成就一切智故如是善男子菩

道塲不傾動故三界是道塲无所趣故師子
吼是道塲无所畏故力无畏不共法是道塲
无諸過故三明是道塲无餘礙故一念知一
切法是道塲成就一切智故如是善男子菩
薩若應諸波羅蜜教化衆生諸有所作舉足
下足當知皆從道塲来住於佛法矣說是法
時五百天人皆發阿耨多羅三藐三菩提心
故我不任詣彼問疾
佛告持世菩薩汝行詣維摩詰問疾持世白
佛言世尊我不堪任詣彼問疾所以者何憶
念我昔住於静室時魔波旬從万二千天女
狀如帝釋鼓樂絃歌来詣我所與其眷屬稽
首我足合掌恭敬於一面立我意謂是帝釋
而語之言善来憍尸迦雖福應有不當自恣
當觀五欲无常以求善本於身命財而脩堅
法即語我言居士受是万二千天女可備掃灑
我言憍尸迦无以此非法之物要我沙門釋
子此非我宜所言未訖時維摩詰来謂我
言非帝釋也是為魔来嬈固汝耳即語魔言
是諸女等可以與我如我應受魔即驚懼念
維摩詰将无惱我欲隱形去而不能隱盡其
神力亦不得去即聞空中聲曰波旬以女與之
乃可得去魔以畏故俛仰而與尒時維摩詰
語諸女言魔以汝等與我今汝皆當發阿耨
多羅三藐三菩提心即隨所應而為說法令
發道意復言汝等已發道意有法樂可以自

乃可得去魔以畏故俛仰而與尒時維摩詰
語諸女言魔以汝等與我今汝皆當發阿耨
多羅三藐三菩提心即隨所應而為說法令
發道意復言汝等已發道意有法樂可以自
娛不應復樂五欲樂也天女即問何謂法樂
荅言樂常信佛樂欲聽法樂供養衆樂離五
欲樂觀五陰如怨賊樂觀四大如毒虵樂觀内
入如空聚樂隨護道意樂饒益衆生樂敬
養師樂廣行施樂堅持戒樂忍辱柔和樂勤
集善根樂禪定不亂樂離垢明慧樂廣菩提心
樂降伏衆魔樂斷諸煩惱樂淨佛國土樂成
就相好故脩諸功德樂嚴餝道場樂聞深法
不畏樂三脫門不樂非時樂近同學樂於非
同學中心无恚礙樂將護惡知識樂近善知
識樂心喜清淨樂脩无量道品之法是為菩
薩法樂於是波旬告諸女言我欲與汝俱還
天宮諸女言以我等與此居士有法樂我等
甚樂不復樂五欲樂也魔言居士可捨此女
一切所有施於彼者是為菩薩維摩詰言我
已捨矣汝便將去令一切衆生得法願具足
於是諸女問維摩詰我等云何止於魔宮維
摩詰言諸姊有法門名无盡燈汝等當學无
盡燈者譬如一燈然百千燈冥者皆明明終
不盡如是諸姊夫一菩薩開導百千衆生令
發阿耨多羅三藐三菩提心於其道意亦不

BD03252 號　維摩詰所說經卷上　（16–13）

盡燈者譬如一燈然百千燈冥者皆明明終
不盡如是諸姊夫一菩薩開導百千衆生令
發阿耨多羅三藐三菩提心於其道意亦不
滅盡隨所說法而自增益一切善法是名无
盡燈也汝等雖住魔宮以是无盡燈令无數
天子天女發阿耨多羅三藐三菩提心者為
報佛恩亦大饒益一切衆生尒時天女頭面
礼維摩詰足隨魔還宮忽然不現世尊維
摩詰有如是等自在神力智慧辯才故我不
任詣彼問疾
佛告長者子善德汝行詣維摩詰問疾善德
白佛言世尊我不堪任詣彼問疾所以者何憶
念我昔自於父舍設大施會供養一切沙門
婆羅門及諸外道貧窮下賤孤獨乞人期
滿七日時維摩詰來入會中謂我言長者子
夫大施會不當如汝所說當為法施之會何
用是財施會為我言居士何謂法施之會法
施會者无前无後一時供養一切衆生是名
法施之會何謂也謂以菩提起於慈心以救
衆生起大悲心以持正法起於喜心以攝智
慧行於捨心以攝慳貪起檀波羅蜜以化犯
戒起尸波羅蜜以无我法起羼提波羅蜜以
離身心相起毗梨耶波羅蜜以菩提相起禪
波羅蜜以一切智起般若波羅蜜教化衆生
而起於空不捨有為法而起无相示現受生

BD03252 號　維摩詰所說經卷上　（16–14）

戒起尸波羅蜜以无我法起羼提波羅蜜以
離身心相起毗梨耶波羅蜜以菩提相起禪
波羅蜜以一切智起般若波羅蜜教化衆生
而起於空不捨有為法而起无相示現受生
而起无作護持正法起方便力以度衆生起四
攝法以敬事一切起除慢法於身命財起三
堅法於六念中起思念法於六和敬起質直
心正行善法起於淨命心淨歡喜起近賢
聖不憎惡人起調伏心以出家法起於深心以
如說行起於多聞以无諍法起空閑處趣
向佛慧起於宴坐解衆生縛起脩行地以具
相好及淨佛土起福德業知一切衆生心念
如應說法起於智業知一切法不取不捨入
一相門起於慧業斷一切煩惱一切障礙一
切不善法起一切善業以得一切智慧一切
善法起於一切助佛道法如是善男子是為
法施之會若菩薩住是法施會者為大施主
亦為一切世間福田世尊維摩詰說是法時
婆羅門衆中二百人皆發阿耨多羅三藐三
菩提心我時心得清淨歎未曾有稽首禮維
摩詰足即解瓔珞價直百千以上之不肯取
我言居士願必納受隨意所與維摩詰乃受
瓔珞分作二分持一分施此會中一最下乞
人持一分奉彼難勝如來一切衆會皆見光
明國土難勝如來又見珠瓔在彼佛上變成
四柱寶臺四面嚴餝不相障蔽時維摩詰現

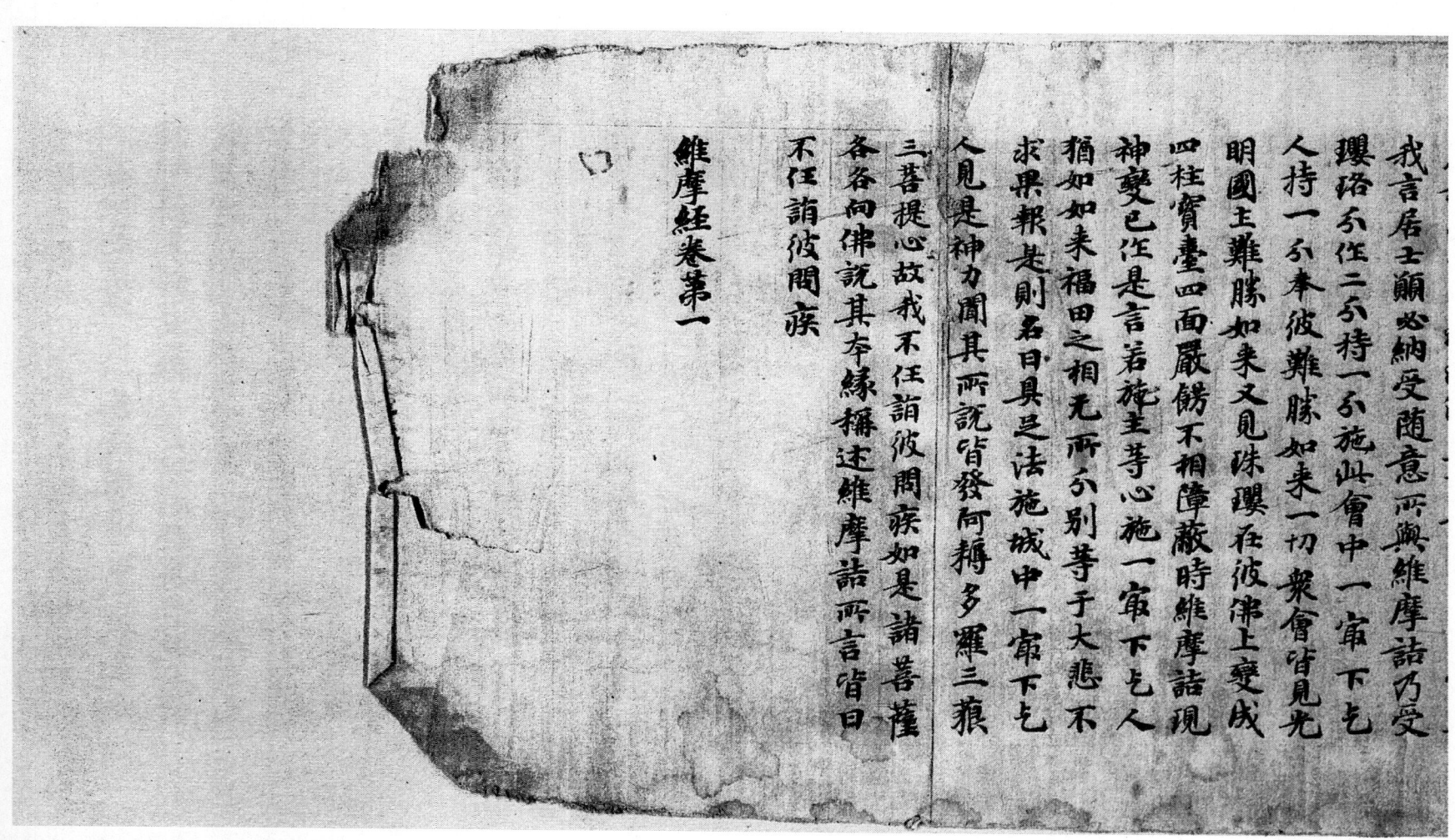

BD03252 號　維摩詰所說經卷上　（16–15）

我言居士願必納受隨意所與維摩詰乃受
瓔珞分作二分持一分施此會中一最下乞
人持一分奉彼難勝如來一切衆會皆見光
明國土難勝如來又見珠瓔在彼佛上變成
四柱寶臺四面嚴餝不相障蔽時維摩詰現
神變已作是言若施主等心施一最下乞人
猶如如來福田之相无所分別等于大悲不
求果報是則名曰具足法施城中一最下乞
人見是神力聞其所說皆發阿耨多羅三藐
三菩提心故我不任詣彼問疾如是諸菩薩
各各向佛說其本緣稱述維摩詰所言皆曰
不任詣彼問疾

維摩經卷第一

BD03252 號　維摩詰所說經卷上　（16–16）

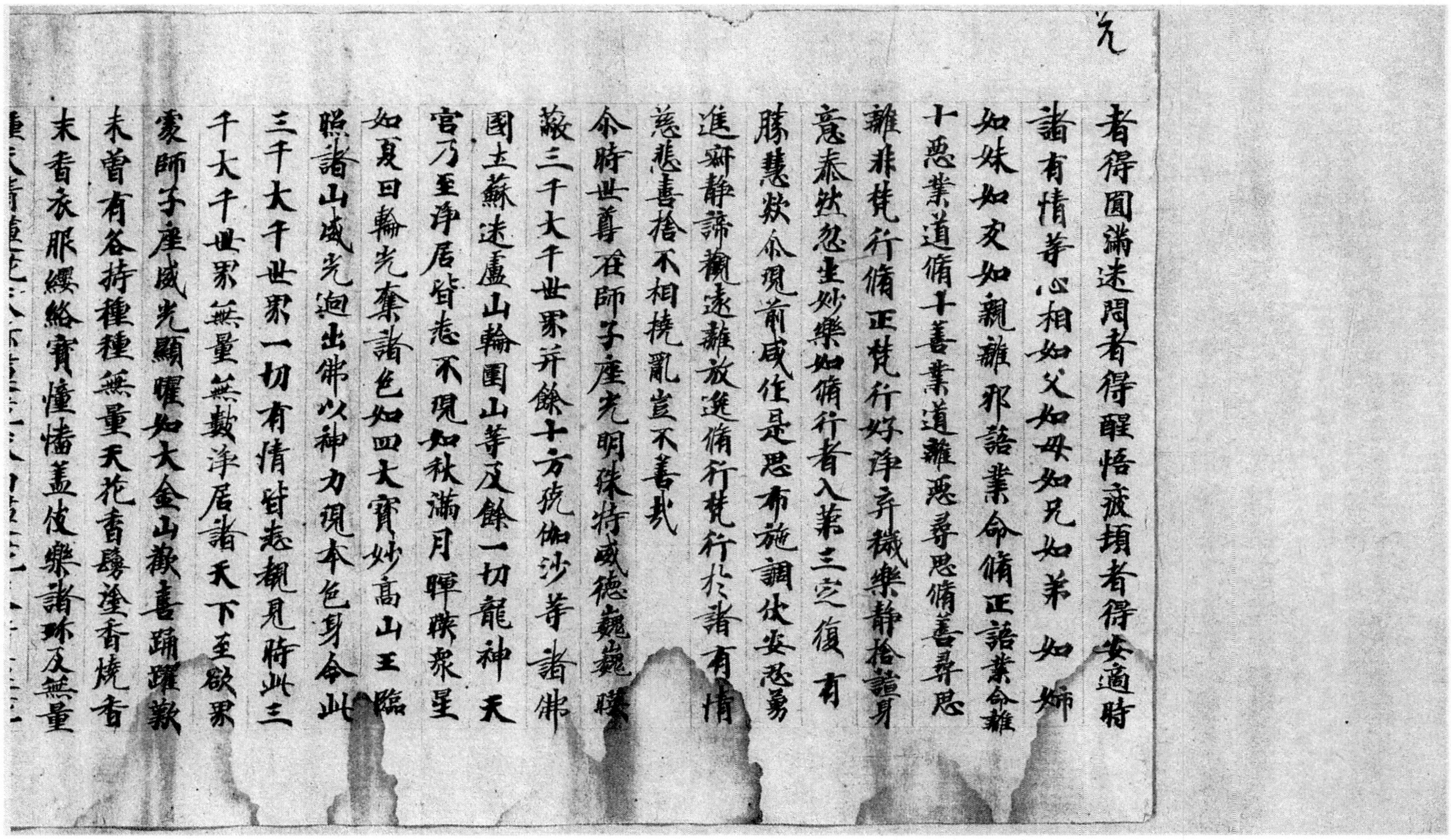

兑

者得圓滿迷悶者得醒悟疲頓者得安適時
諸有情等心相如父如母如兄如弟如姊
如妹如友如親離邪語業命脩正語業命離
十惡業道脩十善業道離惡尋思脩善尋思
離非梵行脩正梵行好淨弃穢樂靜捨諠身
意泰然忽生妙樂如脩行者入第三定復有
勝慧欻然現前咸作是思布施調伏安忍勇
進靜慮遠離放逸脩行梵行於諸有情
慈悲喜捨不相撓亂豈不善哉
爾時世尊在師子座光明殊特威德巍巍映
蔽三千大千世界并餘十方殑伽沙等諸佛
國土蘇迷盧山輪圍山等及餘一切龍神天
宮乃至淨居皆悉不現如秋滿月暉映眾星
如夏日輪光奪諸色如四大寶妙高山王臨
照諸山威光迴出佛以神力現本色身令此
三千大千世界一切有情皆悉覩見時此三
千大千世界無量無數淨居諸天下至欲界
處師子座威光顯曜如大金山歡喜踊躍歎
未曾有各持種種無量天花香鬘塗香燒香
末香衣服纓絡寶幢幡蓋伎樂諸珍及無量

BD03253號　大般若波羅蜜多經（兑廢稿）卷一　（2–1）

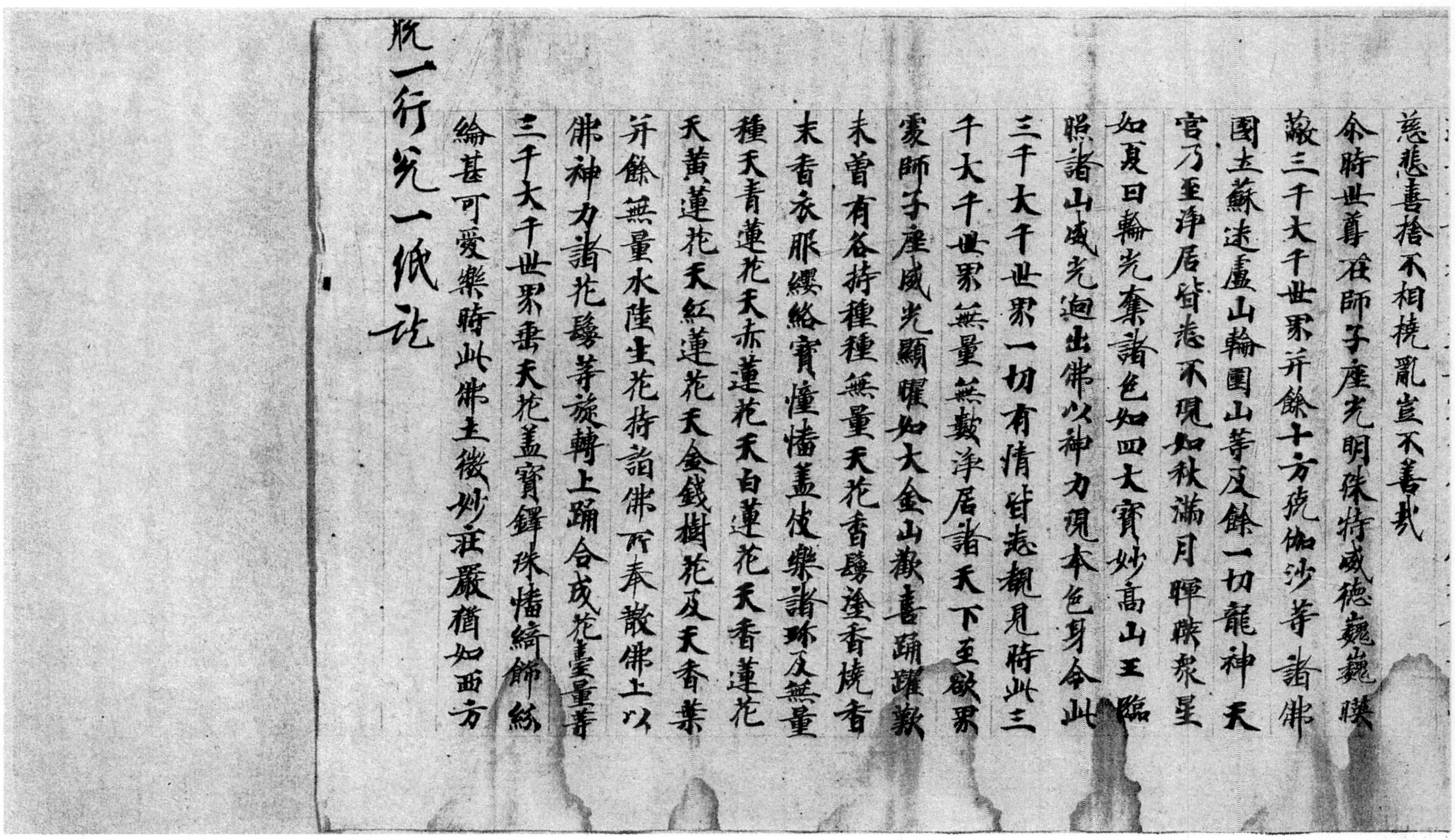

慈悲喜捨不相撓亂豈不善哉
爾時世尊在師子座光明殊特威德巍巍映
蔽三千大千世界并餘十方殑伽沙等諸佛
國土蘇迷盧山輪圍山等及餘一切龍神天
宮乃至淨居皆悉不現如秋滿月暉映眾星
如夏日輪光奪諸色如四大寶妙高山王臨
照諸山威光迴出佛以神力現本色身令此
三千大千世界一切有情皆悉覩見時此三
千大千世界無量無數淨居諸天下至欲界
處師子座威光顯曜如大金山歡喜踊躍歎
未曾有各持種種無量天花香鬘塗香燒香
末香衣服纓絡寶幢幡蓋伎樂諸珍及無量
種天青蓮花天赤蓮花天白蓮花天香蓮花
天黃蓮花天紅蓮花天金錢樹花及天香葉
并餘無量水陸生花持詣佛所奉散佛上以
佛神力諸花鬘等旋轉上踊合成花臺量等
三千大千世界垂天花蓋寶鐸珠幡綺飾紛
綸甚可愛樂時此佛土微妙莊嚴猶如西方

脫一行兑一紙訖

BD03253號　大般若波羅蜜多經（兑廢稿）卷一　（2–2）

不忍者說僧已忍同一住處同一說戒解不失衣界竟僧
忍嘿然故事如是持
結解食界法第三佛言有四種淨地一者擅越淨若為僧作伽藍未施与僧二者院相不周淨若僧住處半有籬障多无籬
障都无籬障若垣若壍若柵亦如是三者處分淨初作僧伽藍時擅越若經營人處分如是言某處為僧作淨地四者僧作白二羯磨結若疑先有
淨地應解已更結　結攝食界法時有比丘下霜比丘亦又得粥使死佛言聽在伽藍內邊房衆房得住除去比丘五分云若作一房兩
半房半角或中庭或通結僧坊內作淨地並得律令唱相令結淨法時僧在院外還唱遙結應唱相言　大德僧聽我比脁
丘為僧唱淨地處所此僧伽藍內東廟廚院中若諸果
樹下並作淨地如是三唱若更唱餘處任時據量隨事通局羯磨者作是白言　大德僧聽若僧時
到僧忍聽僧令結東廟廚院中若諸果樹下作淨地白如是　大德僧聽僧
令結東廟廚院中又諸果樹下作淨地誰諸長老忍僧結作淨地者嘿然
誰不忍者說僧已忍結東廟廚院中又諸果樹下作淨地竟僧忍嘿然
故是事如是持
解淨地法律云若有緣者解已更結不出文解例准解法應言大德僧聽若僧時到僧忍聽
僧令解某處淨地白如是　大德僧聽僧令解某處淨
地誰諸長老忍僧解某處淨地者嘿然誰不忍者說
僧已忍解某處淨地竟僧忍嘿然故是事如是持
諸戒受法篇第三戒法理通義該道俗以五戒有犯則具戒成難故須篠貪始終體相明練七衆所受次如下列
受三歸法薩婆多論云以三寶為所歸欲令救護不得侵淩故也歸依佛者歸於法身謂一切智无學功德五分所成歸依法者歸於自他盡
處謂斷无欲滅諦涅槃歸依僧者歸於第一義僧謂良祐福田聲聞學无學功
德也善見論云並須師受言音相順若言不出戒不具

BD03254號　四分律刪補隨機羯磨卷上　（2–1）

樹下並作淨地如是三唱若更唱餘處任時據量隨事通局羯磨者作是白言　大德僧聽若僧時
到僧忍聽僧令結東廟廚院中若諸果樹下作淨地白如是　大德僧聽僧
令結東廟廚院中又諸果樹下作淨地誰諸長老忍僧結作淨地者嘿然
誰不忍者說僧已忍結東廟廚院中又諸果樹下作淨地竟僧忍嘿然
故是事如是持
解淨地法律云若有緣者解已更結不出文解例准解法應言大德僧聽若僧時到僧忍聽
僧令解某處淨地白如是　大德僧聽僧令解某處淨
地誰諸長老忍僧解某處淨地者嘿然誰不忍者說
僧已忍解某處淨地竟僧忍嘿然故是事如是持
諸戒受法篇第三戒法理通義該道俗以五戒有犯則具戒成難故須篠貪始終體相明練七衆所受次如下列
受三歸法薩婆多論云以三寶為所歸欲令救護不得侵淩故也歸依佛者歸於法身謂一切智无學功德五分所成歸依法者歸於自他盡
處謂斷无欲滅諦涅槃歸依僧者歸於第一義僧謂良祐福田聲聞學无學功
德也善見論云並須師受言音相順若言不出戒不具
足不稱名不解故不成應云　我某甲盡形
壽歸依佛歸依法歸依僧如是三說得法屬已我某甲盡形壽歸依
佛竟歸依法竟歸依僧竟三結已律无受法准諸論文具出世受歸法无有戒法故論云三歸下有所
加得歸及戒若无加者有歸无戒受五戒法經云有善男女布施滿四天下衆生四事供養盡於百年不如一日一夜持戒功德以戒
法類通情非情境故也論云由戒故施得清淨也當於受戒前具問遮難
故善生經云汝不盜現前僧物不於六親所比丘比丘尼所行不淨行父母師長
有病棄去不然答是心衆生如是等具問已若无者應語言戒此甚難能
為聲聞菩薩戒而作根本善男子戒有五種始從不煞乃至不飲酒若受一戒是名

BD03254號　四分律刪補隨機羯磨卷上　（2–2）

……時寶華……菩薩非初發意
……知
皆久殖德本於无量百千万億佛所淨修梵
行恒為諸佛之所稱歎常修佛慧具大神通
善知一切諸法之門質直无偽志念堅固如
是菩薩充滿其國舍利弗華光佛壽十二小
劫除為王子未作佛時其國人民壽八小劫
華光如來過十二小劫授堅滿菩薩阿耨多
羅三藐三菩提記告諸比丘是堅滿菩薩次
當作佛号曰華足安行多陀阿伽度阿羅訶
三藐三佛陀其佛國土亦復如是舍利弗是
華光佛滅度之後正法住世三十二小劫像
法住世亦三十二小劫尒時世尊欲重宣此
義而說偈言
舍利弗來世　成佛普智尊　号名曰華光　當度无量衆
供養无數佛　具足菩薩行　十力等功德　證於无上道
過无量劫已　劫名大寶嚴　世界名離垢　清淨无瑕穢
以瑠璃為地　金繩界其道　七寶雜色樹　常有華菓實
彼國諸菩薩　志念常堅固　神通波羅蜜　皆已悉具足
[illegible]

BD03255號　妙法蓮華經卷二　（18–1）

供養无數佛　具足菩薩行　十力等功德　證於无上道
過无量劫已　劫名大寶嚴　世界名離垢　清淨无瑕穢
以瑠璃為地　金繩界其道　七寶雜色樹　常有華菓實
彼國諸菩薩　志念常堅固　神通波羅蜜　皆已悉具足
於无數佛所　善學菩薩道　如是等大士　華光佛所化
佛為王子時　棄國捨世榮　於最末後身　出家成佛道
華光佛住世　壽十二小劫　其國人民衆　壽命八小劫
佛滅度之後　正法住於世　三十二小劫　廣度諸衆生
正法滅盡已　像法三十二
舍利廣流布　天人普供養　華光佛所為　其事皆如是
其兩足聖尊　最勝无倫匹　彼即是汝身　宜應自欣慶
尒時四部衆比丘比丘尼優婆塞優婆夷天
龍夜叉乾闥婆阿脩羅迦樓羅緊那羅摩睺
羅伽等大衆見舍利弗於佛前受阿耨多羅
三藐三菩提記心大歡喜踊躍无量各各脫
身所著上衣以供養佛釋提桓因梵天王等
與无數天子亦以天妙衣天曼陀羅華摩訶
曼陀羅華等供養於佛所散天衣住虛空中
而自迴轉諸天伎樂百千万種於虛空中一
時俱作雨衆天華而作是言佛昔於波羅柰
初轉法輪今乃復轉无上最大法輪尒時諸
天子欲重宣此義而說偈言
昔於波羅柰　轉四諦法輪　分別說諸法　五衆之生滅
今復轉最妙　无上大法輪　是法甚深奧　少有能信者
我等從昔來　數聞世尊說　未曾聞如是　深妙之上法

BD03255號　妙法蓮華經卷二　（18–2）

昔於波羅柰　轉四諦法輪　分別說諸法　五衆之生滅
今復轉最妙　无上大法輪　是法甚深奧　少有能信者
我等從昔來　數聞世尊說　未曾聞如是　深妙之上法
世尊說是法　我等皆隨喜　大智舍利弗　今得受尊記
我等亦如是　必當得作佛　於一切世間　最尊无有上
佛道叵思議　方便隨宜說
我所有福業　今世若過世　及見佛功德　盡迴向佛道
尒時舍利弗白佛言世尊我今无復疑悔親
於佛前得受阿耨多羅三藐三菩提記是諸
千二百心自在者昔住學地佛常教化言我
法能離生老病死究竟涅槃是學无學人亦
各自以離我見及有无見等謂得涅槃而今於
世尊前聞所未聞皆墮疑惑善哉世尊願為
四衆說其因緣令離疑悔尒時佛告舍利弗
我先不言諸佛世尊以種種因緣譬喻言辭
方便說法皆為阿耨多羅三藐三菩提耶是
諸所說皆為化菩薩故然舍利弗今當復以
譬喻更明此義諸有智者以譬喻得解舍利
弗若國邑聚落有大長者其年衰邁財富无
量多有田宅及諸僮僕其家廣大唯有一門
多諸人衆一百二百乃至五百人止住其中
堂閣朽故墻壁隤落柱根腐敗梁棟傾危周
帀俱時欻然火起焚燒舍宅長者諸子若十
二十或至三十在此宅中長者見是大火從
四面起即大驚怖而作是念我雖能於此所

BD03255號　妙法蓮華經卷二　（18–3）

堂閣朽故墻壁隤落柱根腐敗梁棟傾危周
帀俱時欻然火起焚燒舍宅長者諸子若十
二十或至三十在此宅中長者見是大火從
四面起即大驚怖而作是念我雖能於此所
燒之門安隱得出而諸子等於火宅內樂著
嬉戲不覺不知不驚不怖火來逼身苦痛切
己心不猒患无求出意舍利弗是長者作是
思惟我身手有力當以衣祴若以机案從舍
出之復更思惟是舍唯有一門而復狹小諸
子幼稚未有所識戀著戲處或當墮落為火
所燒我當為說怖畏之事此舍已燒宜時疾
出无令為火之所燒害作是念已如所思惟
具告諸子汝等速出父雖憐愍善言誘喻而
諸子等樂著嬉戲不肯信受不驚不畏了无
出心亦復不知何者是火何者為舍云何為
失但東西走戲視父而已尒時長者即作是
念此舍已為大火所燒我及諸子若不時出
必為所焚我今當設方便令諸子等得免斯
害父知諸子先心各有所好種種珍玩奇異
之物情必樂著而告之言汝等所可玩好希
有難得汝若不取後必憂悔如此種種羊車
鹿車牛車今在門外可以遊戲汝等於此火
宅宜速出來隨汝所欲皆當與汝尒時諸子
聞父所說珍玩之物適其願故心各勇銳互
相推排競共馳走爭出火宅是時長者見諸
子等安隱得出皆於四衢道中露地而坐无

BD03255號　妙法蓮華經卷二　（18–4）

鹿車牛車今在門外可以遊戲汝等於此火
宅宜速出來隨汝所欲皆當與汝尒時諸子
聞父所説珎玩之物適其願故心各勇鋭互
相推排競共馳走爭出火宅是時長者見諸
子等安隱得出皆於四衢道中露地而坐无
復鄣㝵其心泰然歡喜踊躍時諸子等各白
父言父先所許玩好之具羊車鹿車牛車願
時賜與舍利弗尒時長者各賜諸子等一大
車其車高廣衆寶莊挍周迊欄楯四面懸鈴
又於其上張設幰蓋亦以珎奇雜寶而嚴飾
之寶繩交絡垂諸華纓重敷綩綖安置丹枕
駕以白牛膚色充潔形體姝好有大筋力行
步平正其疾如風又多僕從而侍衛之所以
者何是大長者財富无量種種諸藏悉皆充
溢而作是念我財物无極不應以下劣小車
與諸子等今此幼童皆是吾子愛无偏黨我
有如是七寶大車其數无量應當等心各各
與之不宜差別所以者何以我此物周給一
國猶尚不匱何况諸子是時諸子各乘大車
得未曾有非本所望舍利弗於汝意云何是
長者等與諸子珎寶大車寧有虛妄不舍利
弗言不也世尊是長者但令諸子得免火難
全其軀命非為虛妄何以故若全身命便為
已得玩好之具况復方便於彼火宅而拔濟
之世尊若是長者乃至不與冣小一車猶不
虛妄何以故是長者先作是意我以方便令

BD03255號　妙法蓮華經卷二　（18-5）

已得玩好之具况復方便於彼火宅而拔濟
之世尊若是長者乃至不與冣小一車猶不
虛妄何以故是長者先作是意我以方便令
子得出以是因緣无虛妄也何况長者自知
財富无量欲饒益諸子等與大車佛告舍利弗
善哉善哉如汝所言舍利弗如来亦復如是則
為一切世間之父於諸怖畏衰惱憂患无明闇
蔽永盡无餘而悉成就无量知見力无所畏有
大神力及智慧力具足方便智慧波羅蜜大慈
大悲常无懈惓恒求善事利益一切而生三界
朽故火宅為度衆生生老病死憂悲苦惱愚癡
闇蔽三毒之火教化令得阿耨多羅三藐三菩提
見諸衆生為生老病死憂悲苦惱之所燒煑亦以五
欲財利故受種種苦又以貪著追求故現受衆苦
後受地獄畜生餓鬼之苦若生天上及在人間貧
窮困苦愛別離苦怨憎會苦如是等種種諸苦
衆生沒在其中歡喜遊戲不覺不知不驚不
怖亦不生猒不求解脫於此三界火宅東西
馳走雖遭大苦不以為患舍利弗佛見此已
便作是念我為衆生之父應拔其苦難與无
量无邊佛智慧樂令其遊戲舍利弗如来復
作是念若我但以神力及智慧力捨於方便
為諸衆生讚如来知見力无所畏者衆生不
能以是得度所以者何是諸衆生未免生老
病死憂悲苦惱而為三界火宅所燒何由能

BD03255號　妙法蓮華經卷二　（18-6）

作是念若我但以神力及智慧力捨於方便
為諸衆生讚如来知見力无所畏者衆生不
能以是得度所以者何是諸衆生未免生老
病死憂悲苦惱而為三界火宅所燒何由能
解佛之智慧舍利弗如彼長者雖復身手有
力而不用之但以慇懃方便勉濟諸子火宅
之難然後各與珍寶大車如来亦復如是雖
有力无所畏而不用之但以智慧方便於三
界火宅拔濟衆生為說三乘聲聞辟支佛佛
乘而作是言汝等莫得樂住三界火宅勿貪
麁弊色聲香味觸也若貪著生愛則為所燒
汝速出三界當得三乘聲聞辟支佛佛乘我
今為汝保任此事終不虛也汝等但當懃修
精進如来以是方便誘進衆生復作是言汝
等當知此三乘法皆是聖所稱歎自在无繫
无所依求乘是三乘以无漏根力覺道禪定
解脫三昧等而自娛樂便得无量安隱快樂
舍利弗若有衆生內有智性從佛世尊聞法
信受慇懃精進欲速出三界自求涅槃是名
聲聞乘如彼諸子為求羊車出於火宅若有
衆生從佛世尊聞法信受慇懃精進求自然慧
樂獨善寂深知諸法因緣是名辟支佛乘如
彼諸子為求鹿車出於火宅若有衆生從佛
世尊聞法信受懃修精進求一切智佛智自
然智无師智如来知見力无所畏愍念安樂

樂獨善寂深知諸法因緣是名辟支佛乘如
彼諸子為求鹿車出於火宅若有衆生從佛
世尊聞法信受懃修精進求一切智佛智自
然智无師智如来知見力无所畏愍念安樂
无量衆生利益天人度脫一切是名大乘菩
薩求此乘故名為摩訶薩如彼諸子為求牛
車出於火宅舍利弗如彼長者見諸子等安
隱得出火宅到无畏處自惟財富无量等以
大車而賜諸子如来亦復如是為一切衆生
之父若見无量億千衆生以佛教門出三界苦
怖畏險道得涅槃樂如来尒時便作是念我
有无量无邊智慧力无畏等諸佛法藏是諸
衆生皆是我子等與大乘不令有人獨得滅
度皆以如来滅度而滅度之是諸衆生脫三
界者悉與諸佛禪定解脫等娛樂之具皆是
一相一種聖所稱歎能生淨妙第一之樂舍
利弗如彼長者初以三車誘引諸子然後但
與大車寶物莊嚴安隱第一然彼長者无虛
妄之咎如来亦復如是无有虛妄初說三乘
引導衆生然後但以大乘而度脫之何以故
如来有无量智慧力无所畏諸法之藏能與
一切衆生大乘之法但不盡能受舍利弗以
是因緣當知諸佛方便力故於一佛乘分別
說三佛欲重宣此義而說偈言
譬如長者 有一大宅 其宅久故 而復頓弊
堂舍高危 柱根摧朽 梁棟傾斜 基陛隤毀

是因緣當知諸佛方便力故於一佛乘分別
說三佛欲重宣此義而說偈言
譬如長者 有一大宅 其宅久故 而復頓弊
堂舍高危 柱根摧朽 梁棟傾斜 基陛隤毀
墻壁圮坼 泥塗褫落 覆苫亂墜 椽梠差脫
周障屈曲 雜穢充遍 有五百人 止住其中
鵄梟鵰鷲 烏鵲鳩鴿 蚖蛇蝮蝎 蜈蚣蚰蜒
守宮百足 狖狸鼷鼠 諸惡虫輩 交橫馳走
屎尿臭處 不淨流溢 蜣蜋諸虫 而集其上
狐狼野干 咀嚼踐蹋 嚌齧死屍 骨肉狼藉
由是群狗 競來搏撮 飢羸慞惶 處處求食
鬪諍齟掣 啀喍嘷吠 其舍恐怖 變狀如是
處處皆有 魑魅魍魎 夜叉惡鬼 食噉人肉
毒虫之屬 諸惡禽獸 孚乳產生 各自藏護
夜叉競來 爭取食之 食之既飽 惡心轉熾
鬪諍之聲 甚可怖畏 鳩槃荼鬼 蹲踞土埵
或時離地 一尺二尺 往返遊行 縱逸嬉戲
捉狗兩足 撲令失聲 以腳加頸 怖狗自樂
復有諸鬼 其身長大 裸形黑瘦 常住其中
發大惡聲 叫呼求食 復有諸鬼 其咽如針
復有諸鬼 首如牛頭 或食人肉 或復噉狗
頭髮蓬亂 殘害兇險 飢渴所逼 叫喚馳走
夜叉餓鬼 諸惡鳥獸 飢急四向 窺看窓牖
如是諸難 恐畏无量 是朽故宅 屬于一人
其人近出 未久之間 於後宅舍 欻然火起
四面一時 其焰俱熾 棟梁椽柱 爆聲震裂

BD03255號　妙法蓮華經卷二　（18–9）

夜叉餓鬼 諸惡鳥獸 飢急四向 窺看窓牖
如是諸難 恐畏无量 是朽故宅 屬于一人
其人近出 未久之間 於後宅舍 欻然火起
四面一時 其焰俱熾 棟梁椽柱 爆聲震裂
摧折墮落 墻壁崩倒 諸鬼神等 揚聲大叫
鵰鷲諸鳥 鳩槃荼等 周慞惶怖 不能自出
惡獸毒虫 藏竄孔穴 毗舍闍鬼 亦住其中
薄福德故 為火所逼 共相殘害 飲血噉肉
野干之屬 並已前死 諸大惡獸 競來食噉
臭烟熢㶿 四面充塞 蜈蚣蚰蜒 毒蛇之類
為火所燒 爭走出穴 鳩槃荼鬼 隨取而食
又諸餓鬼 頭上火然 飢渴熱惱 周慞悶走
其宅如是 甚可怖畏 毒害火災 眾難非一
是時宅主 在門外立 聞有人言 汝諸子等
先因遊戲 來入此宅 稚小无知 歡娛樂着
長者聞已 驚入火宅 方宜救濟 令无燒害
告喻諸子 說眾患難 惡鬼毒虫 災火蔓莚
眾苦次第 相續不絕 毒蛇蚖蝮 及諸夜叉
鳩槃荼鬼 野干狐狗 鵰鷲鵄梟 百足之屬
飢渴惱急 甚可怖畏 此苦難處 況復大火
諸子无知 雖聞父誨 猶故樂着 嬉戲不已
是時長者 而作是念 諸子如此 益我愁惱
今此舍宅 无一可樂 而諸子等 耽湎嬉戲
不受我教 將為火害 即便思惟 設諸方便
告諸子等 我有種種 珍玩之具 妙寶好車

BD03255號　妙法蓮華經卷二　（18–10）

今此舍宅 无一可樂 而諸子等 耽湎嬉戲
不受我教 將為火害 即便思惟 設諸方便
告諸子等 我有種種 珎玩之具 妙寶好車
羊車鹿車 大牛之車 今在門外 汝等出來
吾為汝等 造作此車 隨意所樂 可以遊戲
諸子聞說 如此諸車 即時奔競 馳走而出
到於空地 離諸苦難 長者見子 得出火宅
住於四衢 坐師子座 而自慶言 我今快樂
此諸子等 生育甚難 愚小无知 而入險宅
多諸毒虫 魑魅可畏 大火猛焰 四面俱起
如此諸子 貪樂嬉戲 我已救之 令得脫難
是故諸人 我今快樂
尒時諸子 知父安坐 皆詣父所 而白父言
願賜我等 三種寶車 如前所許 諸子出來
當以三車 隨汝所欲 今正是時 唯垂給與
長者大富 庫藏眾多 金銀瑠璃 車𤦲馬瑙
以眾寶物 造諸大車 裝挍嚴飾 周帀欄楯
四面懸鈴 金繩交絡 真珠羅網 張施其上
金華諸瓔 處處垂下 眾綵雜飾 周帀圍繞
柔軟繒纊 以為裀褥 上妙細氎 價直千億
鮮白淨潔 以覆其上 有大白牛 肥壯多力
形體姝好 以駕寶車 多諸儐從 而侍衛之
以是妙車 等賜諸子 諸子是時 歡喜踊躍
乘是寶車 遊於四方 嬉戲快樂 自在无导
告舍利弗 我亦如是 眾聖中尊 世間之父
一切眾生 皆是吾子 深著世樂 无有慧心

以是妙車 等賜諸子 諸子是時 歡喜踊躍
乘是寶車 遊於四方 嬉戲快樂 自在无导
告舍利弗 我亦如是 眾聖中尊 世間之父
一切眾生 皆是吾子 深著世樂 无有慧心
三界无安 猶如火宅 眾苦充滿 甚可怖畏
常有生老 病死憂患 如是等火 熾然不息
如來已離 三界火宅 寂然閑居 安處林野
今此三界 皆是我有 其中眾生 悉是吾子
而今此處 多諸患難 唯我一人 能為救護
雖復教詔 而不信受 於諸欲染 貪著深故
是以方便 為說三乘 令諸眾生 知三界苦
開示演說 出世間道 是諸子等 若心決定
具是三明 及六神通 有得緣覺 不退菩薩
汝舍利弗 我為眾生 以此譬喻 說一佛乘
汝等若能 信受是語 一切皆當 成得佛道
是乘微妙 清淨第一 於諸世間 為无有上
佛所悅可 一切眾生 所應稱讚 供養礼拜
无量億千 諸力解脫 禪定智慧 及佛餘法
得如是乘 令諸子等 日夜劫數 常得遊戲
與諸菩薩 及聲聞眾 乘此寶乘 直至道場
以是因緣 十方諦求 更无餘乘 除佛方便
告舍利弗 汝諸人等 皆是吾子 我則是父
汝等累劫 眾苦所燒 我皆濟拔 令出三界
我雖先說 汝等滅度 但盡生死 而實不滅
今所應作 唯佛智慧
若有菩薩 於是眾中 能一心聽 諸佛實法

我雖先說 汝等滅度 但盡生死 而實不滅
今所應作 唯佛智慧
若有菩薩 於是眾中 能一心聽 諸佛實法
諸佛世尊 雖以方便 所化眾生 皆是菩薩
若人小智 深著愛欲 為此等故 說於苦諦
眾生心喜 得未曾有 佛說苦諦 真實无異
若有眾生 不知苦本 深著苦因 不能暫捨
為是等故 方便說道 諸苦所因 貪欲為本
若滅貪欲 无所依心 滅盡諸苦 名第三諦
為滅諦故 修行於道 離諸苦縛 名得解脫
是人於何 而得解脫 但離虛妄 名為解脫
其實未得 一切解脫 佛說是人 未實滅度
斯人未得 无上道故 我意不欲 令至滅度
我為法王 於法自在 安隱眾生 故現於世
汝舍利弗 我此法印 為欲利益 世間故說
在所遊方 勿妄宣傳 若有聞者 隨喜頂受
當知是人 阿鞞跋致 若有信受 此經法者
是人已曾 見過去佛 恭敬供養 亦聞是法
若人有能 信汝所說 則為見我 亦見於汝
及比丘僧 并諸菩薩
斯法華經 為深智說 淺識聞之 迷惑不解
一切聲聞 及辟支佛 於此經中 力所不及
汝舍利弗 尚於此經 以信得入 況餘聲聞
其餘聲聞 信佛語故 隨順此經 非己智分
又舍利弗 憍慢懈怠 計我見者 莫說此經
凡夫淺識 深著五欲 聞不能解 亦勿為說

BD03255號 妙法蓮華經卷二 (18-13)

一切聲聞 及辟支佛 於此經中 力所不及
汝舍利弗 尚於此經 以信得入 況餘聲聞
其餘聲聞 信佛語故 隨順此經 非己智分
又舍利弗 憍慢懈怠 計我見者 莫說此經
凡夫淺識 深著五欲 聞不能解 亦勿為說
若人不信 毀謗此經 則斷一切 世間佛種
或復顰蹙 而懷疑惑 汝當聽說 此人罪報
若佛在世 若滅度後 其有誹謗 如斯經典
見有讀誦 書持經者 輕賤憎嫉 而懷結恨
此人罪報 汝今復聽
其人命終 入阿鼻獄 具足一劫 劫盡更生
如是展轉 至无數劫 從地獄出 當墮畜生
若狗野干 其形頊瘦 黧黮疥癩 人所觸嬈
又復為人 之所惡賤 常困飢渴 骨肉枯竭
生受楚毒 死被瓦石 斷佛種故 受斯罪報
若作駱駝 或生驢中 身常負重 加諸杖捶
但念水草 餘无所知 謗斯經故 獲罪如是
有作野干 來入聚落 身體疥癩 又无一目
為諸童子 之所打擲 受諸苦痛 或時致死
於此死已 更受蟒身 其形長大 五百由旬
聾騃无足 蜿轉腹行 為諸小蟲 之所唼食
晝夜受苦 无有休息 謗斯經故 獲罪如是
若得為人 諸根闇鈍 矬陋攣躄 盲聾背傴
有所言說 人不信受 口氣常臭 鬼魅所著
貧窮下賤 為人所使 多病痟瘦 无所依怙
雖親附人 人不在意 若有所得 尋復忘失

BD03255號 妙法蓮華經卷二 (18-14)

所有言說　人不信受　口氣常臭　鬼魅所著
貧窮下賤　為人所使　多病痟瘦　无所依怙
雖親附人　人不在意　若有所得　尋復忘失
若脩醫道　順方治病　更增他疾　或復致死
若自有病　无人救療　設服良藥　而復增劇
若他反逆　抄劫竊盜　如是等罪　橫羅其殃
如斯罪人　永不見佛　衆聖之王　說法教化
如斯罪人　常生難處　狂聾心亂　永不聞法
於无數劫　如恒河沙　生輒聾瘂　諸根不具
常處地獄　如遊園觀　在餘惡道　如己舍宅
駝驢猪狗　是其行處　謗斯經故　獲罪如是
若得為人　聾盲瘖瘂　貧窮諸衰　以自莊嚴
水腫乾痟　疥癩癰疽　如是等病　以為衣服
身常臭處　垢穢不淨　深著我見　增益瞋恚
婬欲熾盛　不擇禽獸　謗斯經故　獲罪如是
告舍利弗　謗斯經者　若說其罪　窮劫不盡
以是因緣　我故語汝　无智人中　莫說此經
若有利根　智慧明了　多聞強識　求佛道者
如是之人　乃可為說
又舍利弗　若見有人　捨惡知識　親近善友
如是之人　乃可為說　若見佛子　持戒清潔
如淨明珠　求大乘經　如是之人　乃可為說
若人无瞋　質直柔軟　常愍一切　恭敬諸佛
如是之人　乃可為說
復有佛子　於大衆中　以清淨心　種種因緣

若人无瞋　質直柔軟　常愍一切　恭敬諸佛
如是之人　乃可為說
復有佛子　於大衆中　以清淨心　種種因緣
譬喻言辭　說法无导　如是之人　乃可為說
若有比丘　為一切智　四方求法　合掌頂受
但樂受持　大乘經典　乃至不受　餘經一偈
如是之人　乃可為說　如人至心　求佛舍利
如是求經　得已頂受　其人不復　志求餘經
亦未曾念　外道典籍　如是之人　乃可為說
告舍利弗　我說是相　求佛道者　窮劫不盡
如是等人　則能信解　汝當為說　妙法華經

妙法蓮華經信解品第四

尒時慧命須菩提摩訶迦旃延摩訶迦葉摩
訶目揵連從佛所聞未曾有法世尊授舍利
弗阿耨多羅三藐三菩提記發希有心歡喜
踊躍即從座起整衣服偏袒右肩右膝著地
一心合掌曲躬恭敬瞻仰尊顏而白佛言我
等居僧之首年並朽邁自謂已得涅槃无所
堪任不復進求阿耨多羅三藐三菩提世尊
往昔說法既久我時在座身體疲懈但念空
无相无作於菩薩法遊戲神通淨佛國土成
就衆生心不喜樂所以者何世尊令我等出
於三界得涅槃證又今我等年已朽邁於佛
教化菩薩阿耨多羅三藐三菩提不生一念好
樂之心我等今於佛前聞授聲聞阿耨多羅
三藐三菩提記心甚歡喜得未曾有不謂今

就衆生心不喜樂所以者何世尊令我等出
於三界得涅槃證又今我等年已朽邁於佛
教化菩薩阿耨多羅三藐三菩提不生一念好
樂之心我等今於佛前聞授聲聞阿耨多羅
三藐三菩提記心甚歡喜得未曾有不謂於
今忽然得聞希有之法深自慶幸獲大善利
无量珎寶不求自得世尊我等今者樂說譬
喻以明斯義譬若有人年既幼稚捨父逃逝久
住他國或十二十至五十歲年既長大加復
窮困馳騁四方以求衣食漸漸遊行遇向本
國其父先來求子不得中止一城其家大富
財寶无量金銀琉璃珊瑚虎珀頗梨珠等其
諸倉庫悉皆盈溢多有僮僕臣佐吏民象馬
車乘牛羊无數出入息利乃遍他國商估賈
客亦甚衆多時貧窮子遊諸聚落經歷國邑
遂到其父所止之城父每念子與子離別五
十餘年而未曾向人說如此事但自思惟心
懷悔恨自念老朽多有財物金銀珎寶倉庫
盈溢无有子息一旦終沒財物散失无所委
付是以慇懃每憶其子復作是念我若得子
委付財物坦然快樂无復憂慮世尊尒時窮
子傭賃展轉遇到父舍住立門側遙見其父
踞師子床寶机承足諸婆羅門剎利居士皆
恭敬圍繞以真珠瓔珞價直千万莊嚴其身
吏民僮僕手執白拂侍立左右覆以寶帳垂
諸華幡香水灑地散衆名華羅列寶物出內

子傭賃展轉遇到父舍住立門側遙見其父
踞師子床寶机承足諸婆羅門剎利居士皆
恭敬圍繞以真珠瓔珞價直千万莊嚴其身
吏民僮僕手執白拂侍立左右覆以寶帳垂
諸華幡香水灑地散衆名華羅列寶物出內
取與有如是等種種嚴飾威德特尊窮子見
父有大力勢即懷恐怖悔來至此竊作是念
此或是王或是王等非我傭力得物之處不
如往至貧里肆力有地衣食易得若久住此
或見逼迫強使我作作是念已疾走而去時
富長者於師子座見子便識心大歡喜即作
是念我財物庫藏今有所付我常思念此子
无由見之而忽自來甚適我願我雖年朽猶
故貪惜即遣傍人急追將還尒時使者疾走
往捉窮子驚愕稱怨大喚我不相犯何為見
捉使者執之逾急強牽將還于時窮子自念
无罪而被囚執此必定死轉更惶怖悶絕躄
地父遙見之而語使言不須此人勿強將來
以冷水灑面令得醒悟莫復與語所以者何
父知其子志意下劣自知豪貴為子所難審
知是子而以方便不語他人云是我子使者
語之我今放汝隨意所趣窮子歡喜得未曾
有從地而起往至貧里以求衣食尒時長者

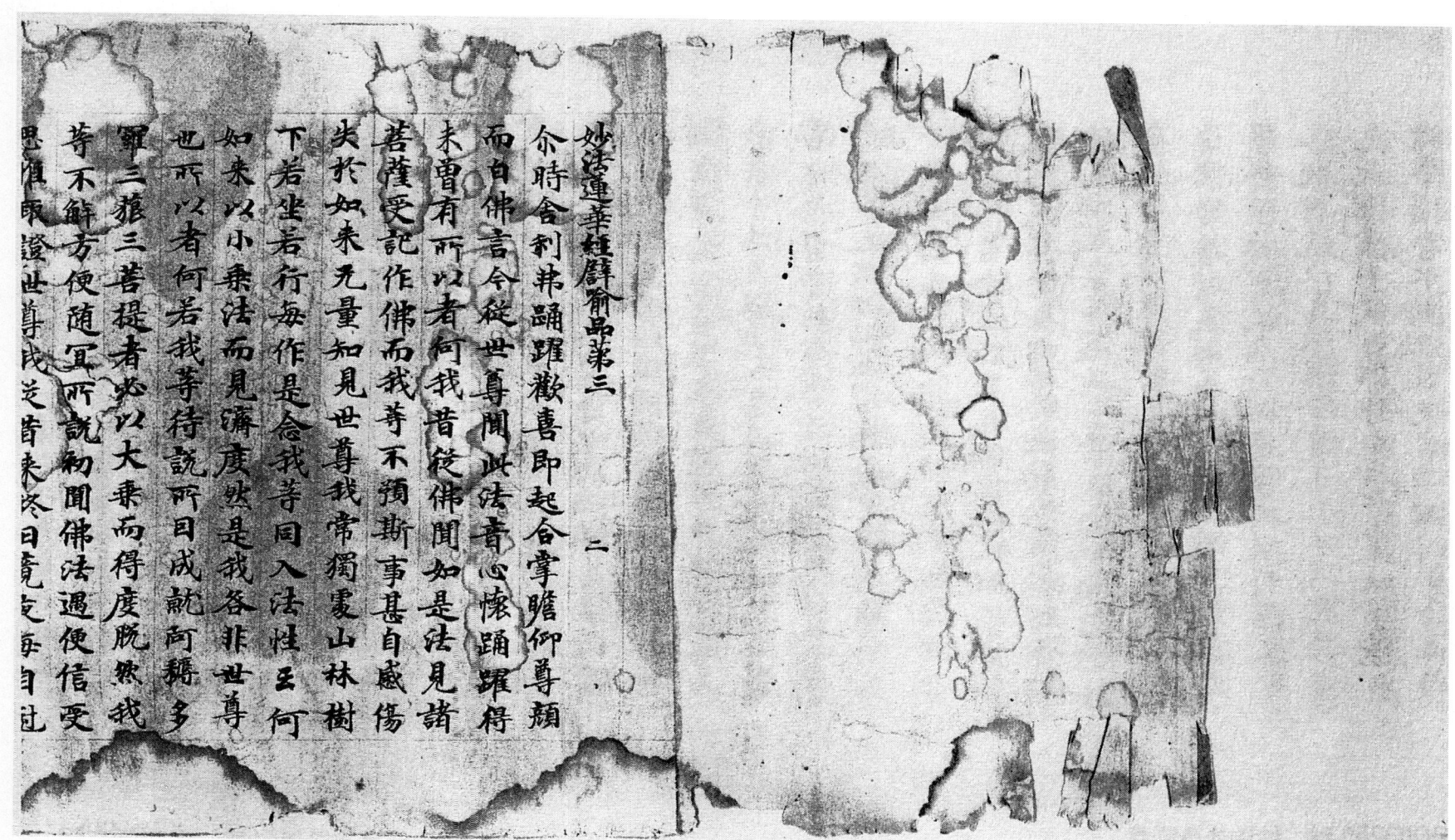

妙法蓮華經譬喻品第三　二
尒時舍利弗踊躍歡喜即起合掌瞻仰尊顏
而白佛言今從世尊聞此法音心懷踊躍得
未曾有所以者何我昔從佛聞如是法見諸
菩薩受記作佛而我等不預斯事甚自感傷
失於如來无量知見世尊我常獨處山林樹
下若坐若行每作是念我等同入法性云何
如來以小乘法而見濟度是我咎非世尊
也所以者何若我等待說所因成就阿耨多
羅三藐三菩提者必以大乘而得度脫然我
等不解方便隨宜所說初聞佛法遇便信受
思惟取證世尊我從昔來終日竟夜每自剋

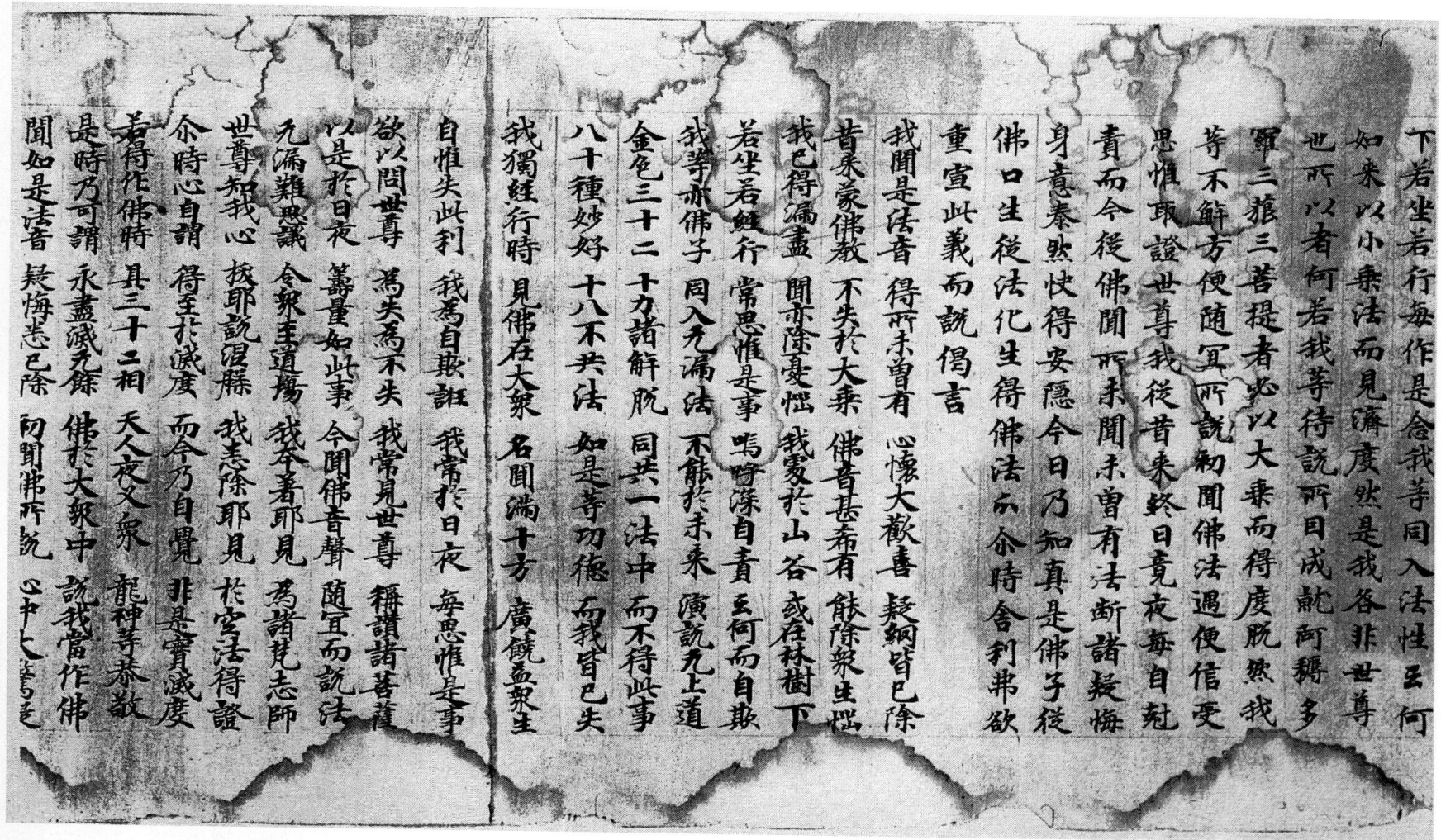

BD03256號　妙法蓮華經卷二

（13–1）

下若坐若行每作是念我等同入法性云何
如來以小乘法而見濟度是我咎非世尊
也所以者何若我等待說所因成就阿耨多
羅三藐三菩提者必以大乘而得度脫然我
等不解方便隨宜所說初聞佛法遇便信受
思惟取證世尊我從昔來終日竟夜每自剋
責而今從佛聞所未聞未曾有法斷諸疑悔
身意泰然快得安隱今日乃知真是佛子從
佛口生從法化生得佛法分尒時舍利弗欲
重宣此義而說偈言
我聞是法音　得所未曾有　心懷大歡喜　疑網皆已除
昔來蒙佛教　不失於大乘　佛音甚希有　能除衆生惱
我已得漏盡　聞亦除憂惱　我處於山谷　或在林樹下
若坐若經行　常思惟是事　嗚呼深自責　云何而自欺
我等亦佛子　同入无漏法　不能於未來　演說无上道
金色三十二　十力諸解脫　同共一法中　而不得此事
八十種妙好　十八不共法　如是等功德　而我皆已失
我獨經行時　見佛在大衆　名聞滿十方　廣饒益衆生
自惟失此利　我為自欺誑　我常於日夜　每思惟是事
欲以問世尊　為失為不失　我常見世尊　稱讚諸菩薩
以是於日夜　籌量如此事　今聞佛音聲　隨宜而說法
无漏難思議　令衆至道場　我本著耶見　為諸梵志師
世尊知我心　拔耶說涅槃　我悉除耶見　於空法得證
尒時心自謂　得至於滅度　而今乃自覺　非是實滅度
若得作佛時　具三十二相　天人夜叉衆　龍神等恭敬
是時乃可謂　永盡滅无餘　佛於大衆中　說我當作佛
聞如是法音　疑悔悉已除　初聞佛所說　心中大驚疑

BD03256號　妙法蓮華經卷二

（13–2）

若得作佛時　具三十二相　天人夜叉衆　龍神等恭敬
是時乃可謂　永盡滅无餘　佛於大衆中　說我當作佛
聞如是法音　疑悔悉已除　初聞佛所說　心中大驚疑
將非魔作佛　惱亂我心耶　佛以種種緣　譬喻巧言說
其心安如海　我聞疑網斷　佛說過去世　无量滅度佛
安住方便中　亦皆說是法　現在未來佛　其數无有量
亦以諸方便　演說如是法　如今者世尊　從生及出家
得道轉法輪　亦以方便說　世尊說實道　波旬无此事
以是我定知　非是魔作佛　我墮疑網故　謂是魔所為
聞佛柔軟音　深遠甚微妙　演暢清淨法　我心大歡喜
疑悔永已盡　安住實智中　我定當作佛　為天人所敬
轉无上法輪　教化諸菩薩
尒時佛告舍利弗吾今於天人沙門婆羅門
等大衆中說我昔曾於二万億佛所為无上
道故常教化汝汝亦長夜隨我受學我以方
便引導汝故生我法中舍利弗我昔教汝志
願佛道汝今悉忘而便自謂已得滅度我今
還欲令汝憶念本願所行道故為諸聲聞說
是大乘經名妙法蓮華教菩薩法佛所護念
舍利弗汝於未來世過无量无邊不可思議
劫供養若干千万億佛奉持正法具足菩薩
所行之道當得作佛号曰華光如來應供正
遍知明行足善逝世間解无上士調御丈夫
天人師佛世尊國名離垢其土平正清淨嚴
飾安隱豐樂天人熾盛瑠璃為地有八交道
黃金為繩以界其側其傍各有七寶行樹常

BD03256號　妙法蓮華經卷二

(13-3)

遍知明行足善逝世間解无上士調御丈夫
天人師佛世尊國名離垢其土平正清淨嚴
飾安隱豐樂天人熾盛瑠璃為地有八交道
黃金為繩以界其側其傍各有七寶行樹常
有華菓華光如來亦以三乘教化衆生舍利
弗彼佛出時雖非惡世以本願故說三乘法
其劫名大寶莊嚴何故名曰大寶莊嚴其國
中以菩薩為大寶故彼諸菩薩无量无邊不
可思議筭數譬喻所不能及非佛智力无能
知者若欲行時寶華承足此諸菩薩非初發
意皆久殖德本於无量百千万億佛所淨脩
梵行恒為諸佛之所稱歎常脩佛慧具大神
通善知一切諸法之門質直无偽志念堅固
如是菩薩充滿其國舍利弗華光佛壽十二
小劫除為王子未作佛時其國人民壽八小
劫華光如來過十二小劫授堅滿菩薩阿耨
多羅三藐三菩提記告諸比丘是堅滿菩薩
次當作佛号曰華足安行多陀阿伽度阿羅
訶三藐三佛陀其佛國土亦復如是舍利弗
是華光佛滅度之後正法住世三十二小劫
像法住世亦三十二小劫尒時世尊欲重宣
此義而說偈言
舍利弗來世　成佛普智尊　号名曰華光　當度无量衆
供養无數佛　具足菩薩行　十力等功德　證於无上道
過无量劫已　劫名大寶嚴　世界名離垢　清淨无瑕穢
以瑠璃為地　金繩界其道　七寶雜色樹　常有華菓實

BD03256號　妙法蓮華經卷二

(13-4)

舍利弗來世 成佛普智尊 号名曰華光 當度无量衆
供養无數佛 具足菩薩行 十力等功德 證於无上道
過无量劫已 劫名大寶嚴 世界名離垢 清淨无瑕穢
以瑠璃為地 金繩界其道 七寶雜色樹 常有華菓實
彼國諸菩薩 志念常堅固 神通波羅蜜 皆已悉具足
於无數佛所 善學菩薩道 如是等大士 華光佛所化
佛為王子時 棄國捨世榮 於最末後身 出家成佛道
華光佛住世 壽十二小劫 其國人民衆 壽命八十劫
佛滅度之後 正法住於世 三十二小劫 廣度諸衆生
正法滅盡已 像法三十二 舍利廣流布 天人普供養
華光佛所為 其事皆如是 其兩足聖尊 最勝无倫匹
彼即是汝身 宜應自欣慶
尒時四部衆比丘比丘尼優婆塞優婆夷天
龍夜叉乾闥婆阿脩羅迦樓羅緊那羅摩睺
羅伽等大衆見舍利弗於佛前受阿耨多羅
三藐三菩提記心大歡喜踊躍无量各各脫
身所著上衣以供養佛釋提桓因梵天王等
與无數天子亦以天妙衣天曼陁羅華摩訶
曼陁羅華等供養於佛所散天衣住虛空中
而自迴轉諸天伎樂百千万種於虛空中一
時俱作雨衆天華而作是言佛昔於波羅柰
初轉法輪今乃復轉无上最大法輪尒時諸
天子欲重宣此義而說偈言
昔於波羅柰 轉四諦法輪 分別說諸法 五衆之生滅
今復轉最妙 无上大法輪 是法甚深奧 少有能信者
我等從昔來 數聞世尊說 未曾聞如是 深妙之上法
世尊說是法 我等皆隨喜 大智舍利弗 今得受尊記

BD03256號　妙法蓮華經卷二　（13–5）

昔於波羅柰 轉四諦法輪 分別說諸法 五衆之生滅
今復轉最妙 无上大法輪 是法甚深奧 少有能信者
我等從昔來 數聞世尊說 未曾聞如是 深妙之上法
世尊說是法 我等皆隨喜 大智舍利弗 今得受尊記
我等亦如是 必當得作佛 於一切世間 最尊无有上
佛道叵思議 方便隨宜說 我所有福業 今世若過世
及見佛功德 盡迴向佛道
尒時舍利弗白佛言世尊我今无復疑悔親
於佛前得受阿耨多羅三藐三菩提記是諸
千二百心自在者昔住學地佛常教化言我
法能離生老病死究竟涅槃是學无學人亦
各自以離我見及有无見等謂得涅槃而今
於世尊前聞所未聞皆墮疑惑善哉世尊願
為四衆說其因緣令離疑悔尒時佛告舍利
弗我先不言諸佛世尊以種種因緣譬喻言
辭方便說法皆為阿耨多羅三藐三菩提耶
是諸所說皆為化菩薩故然舍利弗今當復
以譬喻更明此義諸有智者以譬喻得解舍
利弗若國邑聚落有大長者其年衰邁財富
无量多有田宅及諸僮僕其家廣大唯有一
門多諸人衆一百二百乃至五百人止住其
中堂閣朽故牆壁頹落柱根腐敗梁棟傾危
周帀俱時欻然火起焚燒舍宅長者諸子若
十二十或至三十在此宅中長者見是大火
從四面起即大驚怖而作是念我雖能於此
所燒之門安隱得出而諸子等於火宅內樂
著嬉戲不覺不知不驚不怖火來逼身苦痛

BD03256號　妙法蓮華經卷二　（13–6）

十二十或至三十在此宅中長者見是大火
從四面起即大驚怖而作是念我雖能於此
所燒之門安隱得出而諸子等於火宅內樂
著嬉戲不覺不知不驚不怖火來逼身苦痛
切己心不猒患无求出意舍利弗是長者作
是思惟我身手有力當以衣裓若以几案從
舍出之復更思惟是舍唯有一門而復狹小
諸子幼稚未有所識戀著戲處或當墮落為
火所燒我當為說怖畏之事此舍已燒宜時
疾出无令為火之所燒害作是念已如所思
惟具告諸子汝等速出父雖憐愍善言誘喻
而諸子等樂著嬉戲不肯信受不驚不畏了
无出心亦復不知何者是火何者為舍云何
為失但東西走戲視父而已尒時長者即作
是念此舍已為大火所燒我及諸子若不時
出必為所焚我今當設方便令諸子等得免
斯害父知諸子先心各有所好種種珎玩奇
異之物情必樂著而告之言汝等所可玩好
希有難得汝若不取後必憂悔如此種種羊
車鹿車牛車今在門外可以遊戲汝等於此
火宅宜速出來隨汝所欲皆當與汝尒時諸
子聞父所說珎玩之物適其願故心各勇銳
互相推排競共馳走爭出火宅是時長者見
諸子等安隱得出皆於四衢道中露地而坐
无復障礙其心泰然歡喜踊躍時諸子等各
白父言父先所許玩好之具羊車鹿車牛車
願時賜與舍利弗尒時長者各賜諸子等一

BD03256號　妙法蓮華經卷二　（13–7）

互相推排競共馳走爭出火宅是時長者見
諸子等安隱得出皆於四衢道中露地而坐
无復障礙其心泰然歡喜踊躍時諸子等各
白父言父先所許玩好之具羊車鹿車牛車
願時賜與舍利弗尒時長者各賜諸子等一
大車其車高廣衆寶莊挍周帀欄楯四面懸
鈴又於其上張設幰蓋亦以珎奇雜寶而嚴
飾之寶繩交絡垂諸華纓重敷綩綖安置丹
枕駕以白牛膚色充潔形體姝好有大筋力
行步平正其疾如風又多僕從而侍衛之所
以者何是大長者財富无量種種諸藏悉皆
充溢而作是念我財物无極不應以下劣小
車與諸子等今此幼童皆是吾子愛无偏黨
我有如是七寶大車其數无量應當等心各
各與之不宜差別所以者何以我此物周給
一國猶尚不匱何況諸子是時諸子各乘大
車得未曾有非本所望舍利弗於汝意云何
是長者等與諸子珎寶大車寧有虛妄不舍
利弗言不也世尊是長者但令諸子得免火
難全其軀命非為虛妄何以故若全身命便
為已得玩好之具況復方便於彼火宅而拔
濟之世尊若是長者乃至不與冣小一車猶
不虛妄何以故是長者先作是意我以方便
令子得出以是因緣无虛妄也何況長者自
知財富无量欲饒益諸子等與大車佛告舍
利弗善哉善哉如汝所言舍利弗如來亦復
如是則為一切世間之父於諸怖畏衰惱憂
患无明闇蔽永盡无餘而悉成就无量知見

BD03256號　妙法蓮華經卷二　（13–8）

令子得出以是因緣无虛妄也何况長者自
知財富无量欲饒益諸子等與大車佛告舍
利弗善哉善哉如汝所言舍利弗如來亦復
如是則為一切世間之父於諸怖畏衰惱憂
患无明暗蔽永盡无餘而悉成就无量知見
力无所畏有大神力及智慧力具足方便智
慧波羅蜜大慈大悲常无懈惓恒求善事利
益一切而生三界朽故火宅為度衆生生老
病死憂悲苦惱愚癡暗蔽三毒之火教化令
得阿耨多羅三藐三菩提見諸衆生為生老
病死憂悲苦惱之所燒煮亦以五欲財利故
受種種苦又以貪著追求故現受衆苦後受
地獄畜生餓鬼之苦若生天上及在人間貧
窮困苦愛別離苦怨憎會苦如是等種種諸
苦衆生沒在其中歡喜遊戲不覺不知不驚
不怖亦不生猒不求解脫於此三界火宅東
西馳走雖遭大苦不以為患舍利弗佛見此
已便作是念我為衆生之父應拔其苦難與
无量无邊佛智慧樂令其遊戲舍利弗如來
復作是念若我但以神力及智慧力捨於方
便為諸衆生讚如來知見力无所畏者衆生
不能以是得度所以者何是諸衆生未免生
老病死憂悲苦惱而為三界火宅所燒何由
能解佛之智慧舍利弗如彼長者雖復身手
有力而不用之但以殷勤方便免濟諸子火
宅之難然後各與珍寶大車如來亦復如是
雖有力无所畏而不用之但以智慧方便於
三界火宅拔濟衆生為說三乘聲聞辟支佛

BD03256號　妙法蓮華經卷二　（13–9）

有力而不用之但以殷勤方便免濟諸子火
宅之難然後各與珍寶大車如來亦復如是
雖有力无所畏而不用之但以智慧方便於
三界火宅拔濟衆生為說三乘聲聞辟支佛
佛乘而作是言汝等莫得樂住三界火宅勿
貪麁弊色聲香味觸也若貪著生愛則為所
燒汝等速出三界當得三乘聲聞辟支佛佛
乘我今為汝保任此事終不虛也汝等但當勤
脩精進如來以是方便誘進衆生復作是言
汝等當知此三乘法皆是聖所稱歎自在无
繫无所依求乘是三乘以无漏根力覺道禪
定解脫三昧等而自娛樂便得无量安隱快
樂舍利弗若有衆生內有智性從佛世尊聞
法信受殷勤精進欲速出三界自求涅槃是
名聲聞乘如彼諸子為求羊車出於火宅若
有衆生從佛世尊聞法信受殷勤精進求自
然慧樂獨善寂深知諸法因緣是名辟支佛
乘如彼諸子為求鹿車出於火宅若有衆生
從佛世尊聞法信受勤脩精進求一切智佛
智自然智无師智如來知見力无所畏愍念
安樂无量衆生利益天人度脫一切是名大
乘菩薩求此乘故名為摩訶薩如彼諸子為
求牛車出於火宅舍利弗如彼長者見諸子
等安隱得出火宅到无畏處自惟財富无量
等以大車而賜諸子如來亦復如是為一切
衆生之父若見无量億千衆生以佛教門出
三界苦怖畏險道得涅槃樂如來爾時便作

BD03256號　妙法蓮華經卷二　（13–10）

衆生之父若見无量億千衆生以佛教門出
三界苦怖畏嶮道得涅槃樂如来介時便作
是念我有无量无邊智慧力无畏等諸佛法
藏是諸衆生皆是我子等與大乘不令有人
獨得滅度皆以如来滅度而滅度之是諸衆
生脫三界者悉與諸佛禪定解脫等娛樂之
具皆是一相一種聖所稱歎能生淨妙第一
之樂舍利弗如彼長者初以三車誘引諸子
然後但與大車寶物莊嚴安隱第一然彼長
者无虛妄之咎如来亦復如是无有虛妄初
說三乘引導衆生然後但以大乘而度脫之
何以故如来有无量智慧力无所畏諸法之
藏能與一切衆生大乘之法但不盡能受舍
利弗以是因緣當知諸佛方便力故於一佛
乘分別說三佛欲重宣此義而說偈言
譬如長者 有一大宅 其宅久故 而復頓
弊 堂舍高危 柱根摧朽 梁棟傾斜 基陛頹
墻壁圮坼 泥塗褫落 覆苫亂墜 椽梠差
周障屈曲 雜穢充遍 有五百人 止住
鵄梟鵰鷲 烏鵲鳩鴿 蚖蛇蝮蝎 蜈蚣
守宮百足 狖狸鼷鼠 諸惡虫輩 交横
屎尿臭處 不淨流溢 蜣蜋諸虫
狐狼野干 咀嚼踐蹋 嚌齧死屍
由是群狗 競來搏撮 飢羸慞惶
鬪諍齟掣 啀喍嘷吠 其舍恐怖
處處皆有 魑魅魍魎 夜叉惡
毒虫之屬 諸惡禽獸 孚乳產

BD03256號　妙法蓮華經卷二　（13–11）

周障屈曲 雜穢充遍 有五百人 止住
鵄梟鵰鷲 烏鵲鳩鴿 蚖蛇蝮蝎 蜈
守宮百足 狖狸鼷鼠 諸惡虫輩 交横
屎尿臭處 不淨流溢 蜣蜋諸虫
狐狼野干 咀嚼踐蹋 嚌齧死屍
由是群狗 競來搏撮 飢羸慞惶
鬪諍齟掣 啀喍嘷吠 其舍恐怖
處處皆有 魑魅魍魎 夜叉惡
毒虫之屬 諸惡禽獸 孚乳產
夜叉競來 爭取食之 食之
鬪諍之聲 甚可怖畏 鳩槃
或時離地 一尺二尺 往
捉狗兩足 撲令失聲 以
復有諸鬼 其身長大 裸
發大惡聲 叫呼求食
復有諸鬼 首如牛頭
頭髮蓬亂 殘害兇
夜叉餓鬼 諸惡鳥
如是諸難 恐畏
其人近出 未久
四面一時 其焰
摧折墮落 墻
鵰鷲諸鳥 鳩
惡獸毒虫
薄福德故
野干之
臭烟烽

BD03256號　妙法蓮華經卷二　（13–12）

捉狗兩足 撲令失聲 以
復有諸鬼 其身長大 裸
發大惡聲 叫呼求食
復有諸鬼 首如牛頭
頭髮蓬亂 殘害兇
夜叉餓鬼 諸惡鳥
如是諸難 恐畏
其人近出 未久
四面一時 其焰
摧折墮落 墻
鵰鷲諸鳥 鳩
惡獸毒虫
薄福德故
野干之
臭烟熢
為火
又諸
其
是
[illegible]

BD03256 號　妙法蓮華經卷二

（13–13）

界主梵天王尸棄大梵光明大梵等與其眷
屬万二千天子俱有八龍王難陁龍王跋難
陁龍王娑伽羅龍王和脩吉龍王德叉迦龍
王阿那婆達多龍王摩那斯龍王優鉢羅龍
王等各與若干百千眷屬俱有四緊那羅王
法緊那羅王妙法緊那羅王大法緊那羅王
持法緊那羅王各與若干百千眷屬俱有四
乾闥婆王樂乾闥婆王樂音乾闥婆王美乾
闥婆王美音乾闥婆王各與若干百千眷屬
俱有四阿脩羅王婆稚阿脩羅王佉羅騫大
阿脩羅王毗摩質多羅阿脩羅王羅睺阿脩
羅王各與若干百千眷屬俱有四迦樓羅王
大威德迦樓羅王大身迦樓羅王大滿迦樓
羅王如意迦樓羅王各與若干百千眷屬俱
韋提希子阿闍世王與若干百千眷屬俱各
礼佛足退坐一面尒時世尊四衆圍繞供養
恭敬尊重讚歎為諸菩薩說大乘經名无量
義教菩薩法佛所護念佛說此經已結跏趺
坐入於无量義處三昧身心不動是時天雨
曼陁羅華摩訶曼陁羅華曼殊沙華摩訶曼
殊沙華而散佛上及諸大衆普佛世界六種震
動尒時會中比丘比丘尼優婆塞優婆夷

BD03257 號　妙法蓮華經卷一

（2–1）

乾闥婆王樂乾闥婆王樂音乾闥婆王美乾
闥婆王美音乾闥婆王各與若干百千眷屬
俱有四阿脩羅王婆稚阿脩羅王佉羅騫大
阿脩羅王毗摩質多羅阿脩羅王羅睺阿脩
羅王各與若干百千眷屬俱有四迦樓羅王
大威德迦樓羅王大身迦樓羅王大滿迦樓
羅王如意迦樓羅王各與若干百千眷屬俱
韋提希子阿闍世王與若干百千眷屬俱各
礼佛足退坐一面尒時世尊四衆圍繞供養
恭敬尊重讚歎為諸菩薩說大乘經名无量
義教菩薩法佛所護念佛說此經已結跏趺
坐入於无量義處三昧身心不動是時天雨
曼陁羅華摩訶曼陁羅華曼殊沙華摩訶曼
殊沙華而散佛上及諸大衆普佛世界六種震
動尒時會中比丘比丘尼優婆塞優婆夷
天龍夜叉乾闥婆阿脩羅迦樓羅緊那羅摩
睺羅伽人非人及諸小王轉輪聖王是諸大衆
得未曾有歡喜合掌一心觀佛尒時佛放
眉間白毫相光照東方万八千世界靡不周
遍下至阿鼻地獄上至阿迦尼吒天於此世
界盡見彼土六趣衆生又見彼土現在諸佛

BD03257號　妙法蓮華經卷一　（2–2）

兩間不應觀四正斷乃至八聖道支若在內
若在外若在兩間不應觀四念住若可得若
不可得不應觀四正斷乃至八聖道支若
可得若不可得
復次善現諸菩薩摩訶薩修行般若波羅蜜
多時不應觀苦聖諦若常若無常不應觀集
滅道聖諦若常若無常不應觀苦聖諦若樂
若苦不應觀集滅道聖諦若樂若苦不應觀
我若無我不應觀苦聖諦若淨若不淨不應
觀集滅道聖諦若淨若不淨不應觀苦聖諦
若空若不空不應觀集滅道聖諦若空若不
空不應觀苦聖諦若有相若無相不應觀集
滅道聖諦若有相若無相不應觀苦聖諦若
有願若無願不應觀集滅道聖諦若有願若
無願不應觀苦聖諦若寂靜若不寂靜不應
觀集滅道聖諦若寂靜若不寂靜不應觀苦
聖諦若遠離若不遠離不應觀集滅道聖諦
若遠離若不遠離不應觀苦聖諦若有為若
無為不應觀集滅道聖諦若有為若無為不
應觀苦聖諦若有漏若無漏不應觀集滅道
聖諦若有漏若無漏不應觀苦聖諦若生若
滅不應觀集滅道聖諦若生若滅不應觀苦

BD03258號　大般若波羅蜜多經（兌廢稿）卷一二　（2–1）

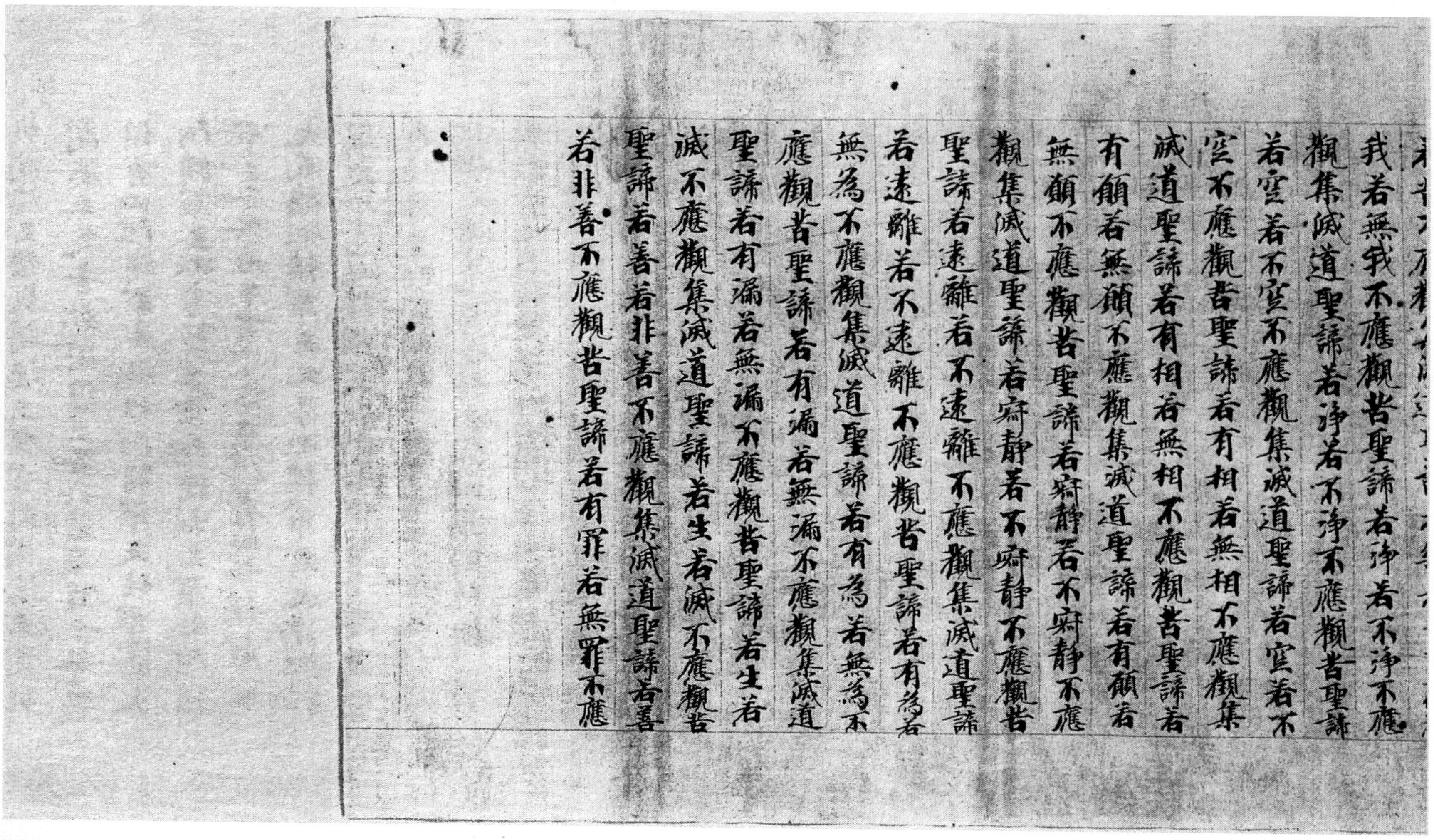
我若無我不應觀苦聖諦若淨若不淨不應
觀集滅道聖諦若淨若不淨不應觀苦聖諦
若空若不空不應觀集滅道聖諦若空若不
空不應觀苦聖諦若有相若無相不應觀集
滅道聖諦若有相若無相不應觀苦聖諦若
有願若無願不應觀集滅道聖諦若有願若
無願不應觀苦聖諦若寂靜若不寂靜不應
觀集滅道聖諦若寂靜若不寂靜不應觀苦
聖諦若遠離若不遠離不應觀集滅道聖諦
若遠離若不遠離不應觀苦聖諦若有為若
無為不應觀集滅道聖諦若有為若無為不
應觀苦聖諦若有漏若無漏不應觀集滅道
聖諦若有漏若無漏不應觀苦聖諦若生若
滅不應觀集滅道聖諦若生若滅不應觀苦
聖諦若善若非善不應觀集滅道聖諦若善
若非善不應觀苦聖諦若有罪若無罪不應

BD03258號　大般若波羅蜜多經（兌廢稿）卷一二　　（2–2）

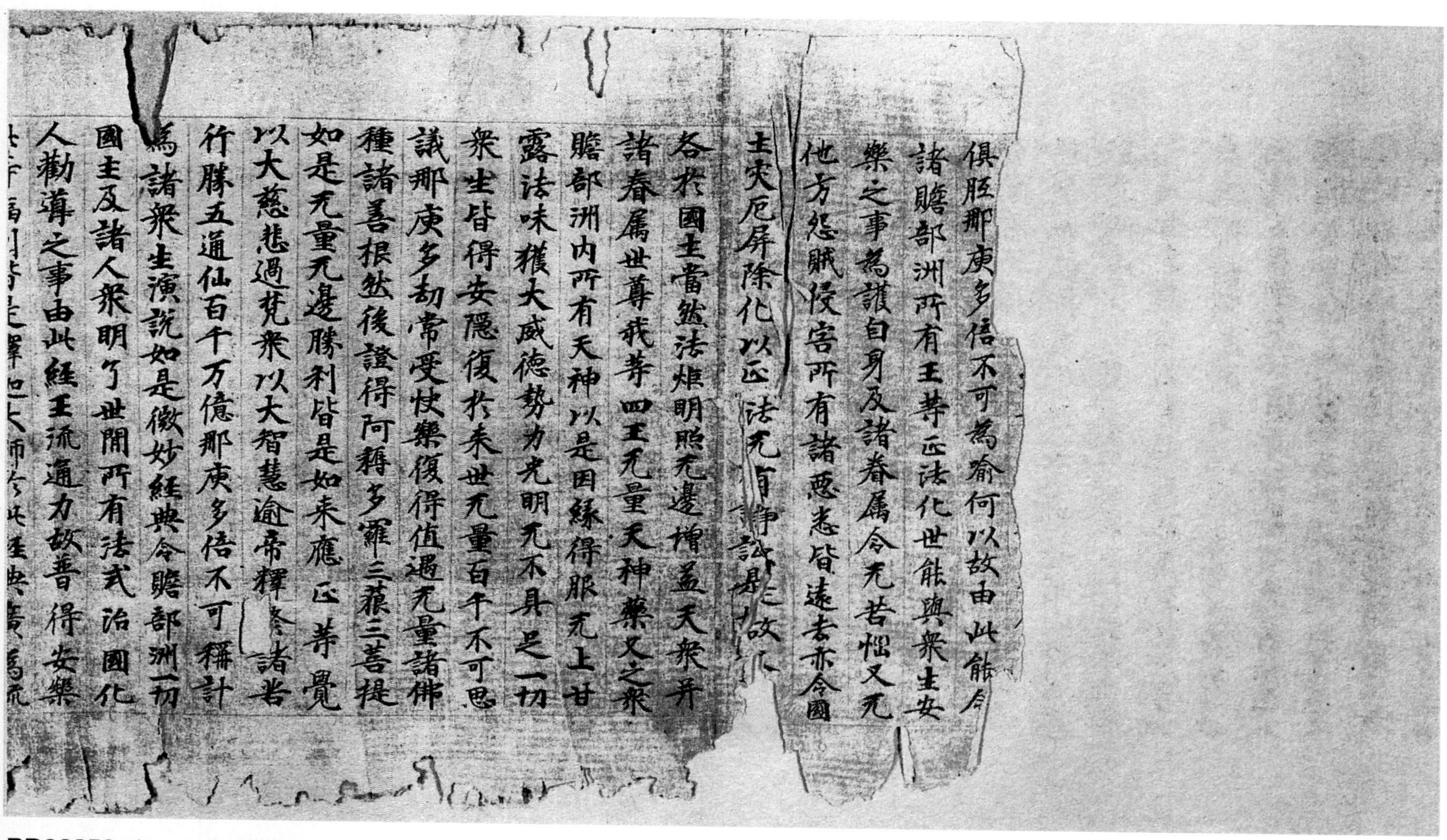
俱胝那庾多倍不可為喻何以故由此能令
諸贍部洲所有王等正法化世能與衆生安
樂之事為護自身及諸眷屬令无苦惱又无
他方怨賊侵害所有諸惡悉皆遠去亦令國
土災厄屏除化以正法无有諍訟是故
各於國土當然法炬明照无邊增益天衆并
諸眷屬世尊我等四王无量天神藥叉之衆
贍部洲內所有天神以是因緣得服无上甘
露法味獲大威德勢力光明无不具足一切
衆生皆得安隱復於未來世无量百千不可思
議那庾多劫常受快樂復得值遇无量諸佛
種諸善根然後證得阿耨多羅三藐三菩提
如是无量无邊勝利皆是如來應正等覺
以大慈悲過梵衆以大智慧逾帝釋修諸苦
行勝五通仙百千万億那庾多倍不可稱計
為諸衆生演說如是微妙經典令贍部洲一切
國主及諸人衆明了世間所有法式治國化
人勸導之事由此經王流通力故普得安樂

BD03259號　金光明最勝王經卷六　　（5–1）

行勝五通仙百千万億那庾多倍不可稱計
爲諸衆生演説如是微妙經典令贍部洲一切
國主及諸人衆明了世間所有法式治國化
人勸導之事由此經王流通力故普得安樂
此等福利皆是釋迦大師於此經典廣爲流
通慈悲力故世尊以是因緣諸人王等皆應
受持供養恭敬尊重讃歎此妙經王何以故
以如是等不可思議殊勝功德利益一切是
故名曰最勝經王
尒時世尊復告四天王汝等四王及餘眷屬
无量百千倶胝那庾多諸天大衆見彼人王
若能至心聽是經典供養恭敬尊重讃歎者
應當擁護除其衰患能令汝等亦受安樂若
四部衆能廣流布是經王者於人天中廣作
佛事普能利益无量衆生如是之人汝等四
王常當擁護如是四衆勿使他緣共相侵擾
令彼身心寂靜安樂於此經王廣宣流布令
不斷絶利益有情盡未來際
尒時多聞天王從座而起白佛言世尊我有
如意寶珠陁羅尼法若有衆生樂受持者功
德无量我常擁護令彼衆生離苦得樂能成
福智二種資糧欲受持者先當誦此護身之
呪即説呪曰
南謨薜室羅末拏也莫訶曷羅闍也（但是也上之字皆須引聲）
怛姪他　囉囉囉囉　矩怒矩怒
區怒區怒　窶怒窶怒　颯縛颯縛

BD03259號　金光明最勝王經卷六　（5–2）

呪即説呪曰
南謨薜室羅末拏也莫訶曷羅闍也（但是也上之字皆須引聲）
怛姪他　囉囉囉囉　矩怒矩怒
區怒區怒　窶怒窶怒　颯縛颯縛
羯囉羯囉　莫訶羯喇麼　莫訶毗羯喇麼
莫訶曷囉社　曷路叉曷路叉　覩濕（自稱己名）
薩婆薩埵難者　莎訶（此之二字皆長引聲）
世尊誦此呪者當以白線呪之七遍一遍一結
繫之肘後其事必成應取諸香所謂安息栴
檀龍腦蘇合多揭羅薰陸皆須等分和合一
處手執香爐燒香供養清淨澡浴著鮮潔衣
於一静室可誦神呪
請我薜室囉末拏天王即説呪曰
南謨薜室囉　末拏（引）也　南謨檀那馱也
檀泥説囉（引）也　阿揭撦　阿鉢喇弭哆
檀泥説囉　鉢囉麼　迦留尼迦
薩婆薩埵　呬哆振哆　麼麼（名己）檀那
末拏鉢喇拽撦　硶閣摩揭撦　莎訶
此呪誦滿一七遍已次誦本呪欲誦呪時先
當稱名敬礼三寶及薜室羅末拏大王能施
財物令諸衆生所求願滿悉能成就與其安
樂如是礼已次誦薜室羅末拏王如意末尼
寶心神呪能施衆生隨意安樂尒時多聞天
王即於佛前説如意末尼寶心呪曰
南謨曷喇怛娜　怛喇夜（引）也
南謨薜室囉末拏（引）也　莫訶囉闍（引）也
怛姪他　四弭四弭　蘇母蘇母

BD03259號　金光明最勝王經卷六　（5–3）

寶心神呪能施衆生隨意安樂尒時多聞天
王即於佛前説如意末尼寶心呪曰
南謨曷喇怛娜　怛喇夜　引也
南謨薜室囉末拏引也　莫訶羅闍引也
怛姪他　四弭四弭　蘇母蘇母
旃荼旃荼　折囉折囉　蘇囉薩囉
羯囉羯囉　枳哩枳哩　矩嚕矩嚕
母嚕母嚕　主嚕主嚕　娑大也頞貪
我名某甲　昵店頞他　達達覩莎訶
南謨薜室囉末拏也莎訶檀那䭾也莎訶
曼奴喇他鉢喇脯喇迦引也莎訶
受持呪時先誦千遍然後於淨室中瞿摩塗
地作小壇場隨時飲食一心供養常然妙香
令烟不絶誦前心呪晝夜繫心唯自耳聞勿
令他解時有薜室囉末拏王子名禪膩師現
童子形來至其所問言何故須喚我父即可
報言我為供養三寶事須財物願當施與時
禪膩師聞是語已即還父所白其父言今有
善人發至誠心供養三寶少乏財物為斯請
召其父報曰汝可速去日日與彼一百迦利沙
波拏（此是根本梵音唯目貝齒而隨方不定或是貝齒或是金銀銅鐵等錢然摩揭陁現今通用一迦利沙波拏有一千六百貝齒摠數可以准知若准物直隨處不定若人持呪得成就者獲物之時自知其數有本云每日与一百陳那羅即金錢也乃至盡形日日常得西方求者多有神驗除不至心也）
其持呪者見是相已知事得成當須獨處淨
室燒香而卧可於牀邊置一香篋每至天曉
觀其篋中獲所求物每得物時當日即須供

BD03259號　金光明最勝王經卷六

（5–4）

波拏（此是根本梵音唯目貝齒而隨方不定或是貝齒或是金銀銅鐵等錢然摩揭陁現今通用一迦利沙波拏有一千六百貝齒摠數可以准知若准物直隨處不定若人持呪得成就者獲物之時自知其數有本云每日与一百陳那羅即金錢也乃至盡形日日常得西方求者多有神驗除不至心也）
其持呪者見是相已知事得成當須獨處淨
室燒香而卧可於牀邊置一香篋每至天曉
觀其篋中獲所求物每得物時當日即須供

養三寶香花飲食兼施貧乏皆令罄盡不得
停留於諸有情起慈悲念勿生瞋詐諂害之
心若起瞋者即失神驗常可護心勿令瞋恚
又持此呪者於每日中憶我多聞天王及男女
眷屬稱揚讚歎恒以十善共相資助令彼天
等福力增明衆善普臻證菩提處彼諸天衆
見是事已皆大歡喜共來擁衛持呪之人又
持呪者壽命長遠經無量歲永離三塗常
無災厄亦令獲得如意寶珠及以伏藏神通
自在所願皆成若求官榮無不稱意亦解一
切禽獸之語
世尊若持呪時欲得見我自身現者可於月
八日或十五[illegible]

BD03259號　金光明最勝王經卷六

（5–5）

破裂无明顛倒重障斷滅生死虛僞苦因顯
發如来大明覺慧建立无上涅槃妙果
第四觀如来身者无為寂照離四句絶百非
衆德具足湛然常住雖復方便入於滅度慈
悲救接未曾暫捨生如是心可謂滅罪之良
津除障之要行是故弟子今日至誠稽首歸依
南无東方勝藏珠光佛　南无南方寶積示現佛
南无西方法界智燈佛　南无北方寂勝降伏佛
南无東南方龍自在王佛　南无西南方轉一切生死佛
南无西北方无邊智自在佛　南无東北方无邊功德月佛
南无下方海智神通佛　南无上方一切勝王佛
如是十方盡虛空界一切三寶
弟子等无始以来至於今日長養煩惱日深
日厚日滋日茂覆蓋慧眼令无所見斷除衆
善不得相續起障不得見佛不聞正法不值
聖僧煩惱起障不見過去未来一切世間善
惡業行之煩惱障受人天尊貴之煩惱障生
色无色界禪定福樂之煩惱障不得自在神
通飛騰隱顯遍至十方諸佛淨土聽法之煩

BD03260號　佛名經（十六卷本）卷二　（15–1）

聖僧煩惱起障不見過去未来一切世間善
惡業行之煩惱障受人天尊貴之煩惱障生
色无色界禪定福樂之煩惱障不得自在神
通飛騰隱顯遍至十方諸佛淨土聽法之煩
惱障學安那般那數息不淨觀諸煩惱障學
慈悲喜捨因緣煩惱障學七方便三觀義煩
惱障學四念處煖頂忍煩惱障學聞思脩第
一法煩惱障學空平等中道解煩惱障學八
正道示相之煩惱障學七覺枝不示相煩惱
障學於道品因緣觀煩惱障學八解脱九空
之煩惱障學於十智三三昧煩惱障學三明
六通四无礙煩惱障學六度四等煩惱障學
四攝法廣化之煩惱障學大乘心四弘誓願
煩惱障學十明十行之煩惱障學十迴向十
願之煩惱障學初地二地三地四地明解之
煩惱障五地六地七地諸知見煩惱障學八
地九地十地雙照之煩惱障如是乃至障學
佛果百万阿僧祇諸行上煩惱如是行障无
量无邊弟子今日至到稽顙向十方佛尊法
聖衆慙愧懺悔願皆消滅　願弟子等藉此
懺悔障於諸行一切煩惱願弟子等在在處處
自在受生不爲結業之所迴轉以如意通於一
念頃遍至十方淨諸佛土攝化衆生於諸禪定
甚深境界及諸知見通達无㝵心能普固一切
諸法樂說无窮而不涤著得心自在得法自在
智慧自在方便自在令此煩惱及无知結習畢
竟永斷不復相續无漏聖道朗然如日礼一拜
南无定慧賢佛　南无樂贊佛

BD03260號　佛名經（十六卷本）卷二　（15–2）

甚深境界及諸知見通達无导心能普園一切
諸法樂說无窮而不滐著得心自在得法自在
智慧自在方便自在令此煩惱及无知結習畢
竟永斷不復相續无漏聖道朗然如日 礼一拜
南无安隱聲佛 南无樂聲佛
南无妙鼓聲佛 南无天聲佛
南无月聲佛 南无日聲佛
南无師子聲佛 南无波頭摩聲佛
南无福德聲佛 南无金剛聲佛
南无自在聲佛 南无慧聲佛
南无妙聲佛 南无選擇聲佛
南无甘露聲佛 南无淨幢佛
南无金剛幢佛 南无法幢佛
南无住持法佛 南无樂法佛
南无護法佛 南无曇无竭佛
南无法奮迅佛 南无法界華佛
南无護法眼佛 南无然法庭燎佛
南无法自在佛 南无人自在佛
南无功德自在佛 南无聲自在佛
南无世自在佛 南无觀世自在佛
南无无量自在佛 南无意住持佛
南无地住持佛 南无尼弥住持佛
南无器住持佛 南无功德性住持佛
南无勝色佛 南无轉發起佛
南无一切觀形示佛 南无發一切无歇足行佛
南无發成就佛 南无善護佛
南无善思惟佛 南无善喜佛

BD03260號　佛名經（十六卷本）卷二

（15–3）

南无勝色佛 南无轉發起佛
南无一切觀形示佛 南无發一切无歇足行佛
南无發成就佛 南无善護佛
南无善思惟佛 南无善喜佛
南无善憂佛 南无普禪佛
南无甘露功德佛 南无善眼佛
南无師子仙化佛 南无佛眼佛
南无合聚佛 南无疾智勇佛
南无善住佛 南无寶行佛
南无師子手佛 南无海濡佛
南无善思惟佛 南无稱王佛
南无住慈佛 南无善夜摩佛
南无善行佛 南无善功德佛
南无善色佛 南无善識佛
南无善心佛 南无善光佛
從此以上一千五百佛十二部經一切賢聖
南无師子月佛 南无不可勝佛
南无不可勝无畏佛 南无无量佛
南无速与佛 南无不動心佛
南无應稱佛 南无應不怯弱聲佛
南无不歇足藏佛 南无不盡佛
南无不可動佛 南无名无畏佛
南无名自在護世間佛 南无名龍自在聲佛
南无名法行廣慧佛 南无名勝自在相通稱佛
南无名妙勝自在勝佛 南无名樂法奮迅佛
南无名法界莊嚴佛 南无名大乘莊嚴佛
南无名寂靜王佛 南无解脫行佛

BD03260號　佛名經（十六卷本）卷二

（15–4）

南无名法行廣慧佛　南无名勝自在相通稱佛
南无名妙勝自在勝佛　南无名樂法奮迅佛
南无名法界莊嚴佛　南无名大乘莊嚴佛
南无名寂靜王佛　南无解脫行佛
南无大海弥留起王佛　南无合乘那羅延王佛
南无散壞堅魔輪佛　南无精進根寶王佛
南无佛法波頭摩佛　南无得佛眼分陁利佛
南无隨前覺佛　南无平等作佛
南无名初發心遠離一切驚怖无煩惱起功德佛
南无教化菩薩佛　南无金剛奮迅佛
南无名寶像光明奮迅佛　南无破壞魔輪佛
南无初發心成就不退勝輪佛　南无寶蓋起无畏光明佛
南无初發心念斷疑煩惱佛
南无名光明破昧起三昧王佛
善男子善女人若有得聞是諸佛名者永離
業障不墮惡道若无眼者誦必得眼
南无十千同名星宿佛
南无一切同名星宿佛
南无三十千同名釋迦牟尼佛
南无一切同名釋迦牟尼佛
南无二億同名拘隣佛
南无一切同名拘隣佛
南无十八億同名寶法決定佛
南无一切同名寶法決定佛
南无十八億同名日月燈佛
南无一切同名日月燈佛
南无千五百同名大威德佛

BD03260號　佛名經（十六卷本）卷二　（15–5）

南无十八億同名寶法決定佛
南无一切同名寶法決定佛
南无十八億同名日月燈佛
南无一切同名日月燈佛
南无千五百同名大威德佛
南无一切同名大威德佛
南无千五百同名日佛
南无一切同名日佛
南无四万四千同名面佛
南无一切同名面佛
南无万千同名堅固自在佛
南无一切同名堅固自在佛
南无万八千同名普護佛
南无一切同名普護佛
南无千八百同名舍摩他佛
南无一切同名舍摩他佛
劫名善眼彼劫中有七十二那由他如來成
佛我悉歸命彼諸如來
劫名善見彼劫中有七十二億如來成佛我
悉歸命彼諸如來
劫名淨讚嘆彼劫中有一万八千如來成佛
我悉歸命彼諸如來
劫名善行彼劫中有三万二千如來成佛我
悉歸命彼諸如來
劫名莊嚴彼劫中有八万四千如來成佛我
悉歸命彼諸如來
南无現在十方世界不捨命說諸法佛所謂

BD03260號　佛名經（十六卷本）卷二　（15–6）

悲歸命彼諸如來
南无現在十方世界不捨命說諸法佛所謂
安樂世界中阿弥陁佛為上首
南无樂世界阿閦如來為上首
南无袈裟幢世界中碎金剛佛為上首
南无不退輪吼世界中清淨光波頭摩花身
如來為上首
南无无垢世界中法幢如來為上首
南无善燈世界中師子如來為上首
南无善住世界中盧舍那藏為上首
南无難過世界中功德華身如來為上首
南无莊嚴慧世界中一切通光明如來為上首
南无鏡輪光明世界中月智慧佛為上首
南无華勝世界中波頭摩勝如來為上首
南无波頭摩勝世界中賢勝如來為上首
南无不瞬世界中普賢如來為上首
南无普賢世界中自在王如來為上首
南无不可勝世界中成就一切義如來為上首
南无娑婆世界中釋迦牟尼佛為上首
南无善説佛為上首　南无自在幢王佛
南无作火光佛　南无无畏觀佛
如是等上首諸佛我以身口意業遍滿十方
一時礼拜讚嘆供養彼諸如來所說法甚
深境界不可量境界不可思議境界无量境
界等我悲以身口意業遍滿十方礼拜讚嘆
供養彼佛世界中不退菩薩僧不退聲聞僧
我悲以身口意業遍滿十方頭面礼足讚嘆
供養

BD03260號　佛名經（十六卷本）卷二　（15-7）

深境界不可量境界不可思議境界无量境
界等我悲以身口意業遍滿十方礼拜讚嘆
供養彼佛世界中不退菩薩僧不退聲聞僧
我悲以身口意業遍滿十方頭面礼足讚嘆
供養
南无降伏魔人自在佛　南无降伏貪自在佛
南无降伏瞋自在佛　南无降伏癡見自在佛
南无降伏怒自在佛　南无降伏見自在佛
南无降伏諸藏自在佛　南无了達法自在佛
南无得神通自在稱佛　南无得勝業自在稱佛
南无起施自在稱佛　南无起清淨戒自在稱佛
南无起忍辱人自在稱佛　南无起精進人自在稱佛
南无起禪那人自在稱佛　南无福德清淨光明自在佛
從此以上一千六百佛十二部經一切賢聖
南无起陁羅尼自在稱佛　南无高勝佛
南无光明勝佛　南无大勝佛
南无散香上勝佛　南无多寶勝佛
南无月上勝佛　南无賢上勝佛
南无摩上勝佛　南无无量上勝佛
南无波頭摩上勝佛　南无三昧手上勝佛
南无善説名稱佛　南无大海深勝佛
南无阿僧祇精進住勝佛　南无樂説一切法莊嚴勝佛
南无寶輪威德上勝佛　南无日輪上光明勝佛
南无无量慚愧金色上勝佛
南无功德海流離金山金色光明勝佛
南无寶華普照勝佛　南无起无邊功德无垢勝佛
南无起多羅王勝佛　南无樹王吼勝佛

BD03260號　佛名經（十六卷本）卷二　（15-8）

南无无量慙愧金色上勝佛
南无功德海流離金山金色光明勝佛
南无寶華普照勝佛　南无起无邊功德无垢勝佛
南无起多羅王勝佛　南无樹王孔勝佛
南无法海潮勝佛　南无智清淨功德勝佛
南无樂劫火勝佛　南无不可思議光明勝佛
南无寶月光明勝佛　南无寶賢幢勝佛
南无成就義勝佛　南无寶成就勝佛
南无寶集勝佛　南无奮迅勝佛
南无不可勝佛　南无聞勝佛
南无海勝佛　南无住持勝佛
南无善行勝佛　南无龍勝佛
南无波頭摩勝佛　南无福德勝佛
南无智勝佛　南无妙勝佛
南无賢勝佛　南无勝賢勝佛
南无栴檀勝佛　南无勝栴檀勝佛
南无无量光明佛　南无幢勝佛
南无勝幢勝佛　南无无憂勝佛
南无離一切憂勝佛　南无寶杖如来
南无善寶杖佛　南无拘蘓摩勝佛
南无華勝佛
南无三昧奮迅勝佛　南无樹提勝佛
南无火勝佛　南无廣功德勝佛
南无衆勝佛
南无清淨光世界有佛号積清淨增長勝上王佛
南无普光世界普花无畏王如来
南无普蓋世界名均寶莊嚴如来彼如来授

BD03260號　佛名經（十六卷本）卷二　（15–9）

南无衆勝佛
南无清淨光世界有佛号積清淨增長勝上王佛
南无普光世界普花无畏王如来
南无普蓋世界名均寶莊嚴如来彼如来授
羅因光菩薩阿耨多羅三藐三菩提記
南无一寶蓋世界名无量寶境界如来彼如
来授不空奮迅境界菩薩阿耨多羅三藐三
菩提記
南无相威德王世界名无量聲如来彼如来
授即發心轉法輪菩薩阿耨多羅三藐三菩
提記
南无名稱世界名須弥留聚集如来彼如来
授光明輪勝威德菩薩阿耨多羅三藐三菩
提記
南无善住世界名虛空寂如来彼如来授月
光菩薩阿耨多羅三藐三菩提記
南无地輪世界彌力王如来彼如来授智稱
菩薩阿耨多羅三藐三菩提記
南无月起光世界放光明如来彼如来授光
明輪菩薩阿耨多羅三藐三菩提記
南无袈裟幢世界名離袈裟如来彼如来授
无量寶發心起菩薩阿耨多羅三藐三菩提記
南无波頭摩華世界種種花勝成就如来彼
如来授名无量精進菩薩阿耨多羅三藐三
菩提記
南无一蓋世界名遠離諸怖毛竪如来彼如来
授羅因光明菩薩阿耨多羅三藐三菩提記
南无種種幢世界名須弥留如来彼如来

BD03260號　佛名經（十六卷本）卷二　（15–10）

如来授名无量精進菩薩阿耨多羅三藐三
菩提記
南无一蓋世界名遠離諸怖毛竪如来彼如来
授羅冈光明菩薩阿耨多羅三藐三菩提記
南无種種幢世界名須弥留聚如来彼如来
授大勝菩薩阿耨多羅三藐三菩提記
南无普光世界名无障礙眼如来彼如来授
名智勝菩薩阿耨多羅三藐三菩提記
南无賢世界名栴檀屋如来授名智功德幢
菩薩阿耨多羅三藐三菩提記
南无賢慧世界名合聚如来彼如来授名妙
智菩薩阿耨多羅三藐三菩提記
南无寶首世界名羅冈光明如来彼如来授
名智功德菩薩阿耨多羅三藐三菩提記
南无安樂首世界名寶蓮華勝如来彼如来
授名波頭摩勝功德菩薩阿耨多羅三藐三
菩提記
南无稱世界名智花寶光明勝如来彼如来
授第一莊嚴菩薩阿耨多羅三藐三菩提記
南无賢辟世界名起賢光明如来彼如来授
名寶光明菩薩阿耨多羅三藐三菩提記
南无无畏世界名滅散一切怖畏如来彼如
来授名无畏菩薩阿耨多羅三藐三菩提記
南无弥留幢世界名弥留序如来彼如来授
合聚菩薩阿耨多羅三藐三菩提記
南无遠離一切憂惱障礙世界名无畏王如
来彼如来授名多聲菩薩阿耨多羅三藐三

BD03260號　佛名經（十六卷本）卷二　（15-11）

南无弥留幢世界名弥留序如来彼如来授
合聚菩薩阿耨多羅三藐三菩提記
南无遠離一切憂惱障礙世界名无畏王如
来彼如来授名多聲菩薩阿耨多羅三藐三
菩提記
南无法世界名作法如来彼如来授名智作
菩薩阿耨多羅三藐三菩提記
南无善住世界名百一十光明如来彼如来授
名勝光明菩薩阿耨多羅三藐三菩提記
南无共光明世界名千上光明如来彼如来
授名普光明菩薩阿耨多羅三藐三菩提記
南无多伽羅世界名智光明如来彼如来授
名善眼菩薩阿耨多羅三藐三菩提記
南无香世界名寶勝光明如来彼如来授名
无量光明菩薩阿耨多羅三藐三菩提記
次礼十二部尊經大藏法輪
南无首楞嚴經　南无菩薩夢經
南无菩薩神通變化經　南无法界體性經
南无密藏經　南无般舟經
從此以上一千七百佛十二部經一切賢聖
南无超日月經　南无中本起經
南无无量壽經　南无百論經
南无寶梁經　南无善王皇帝經
南无發菩提心經　南无決罪福經
南无大乘方便經　南无法句經
南无蜜蜂王經　南无虛空藏經
南无辟支佛緣經　南无淨業障經

BD03260號　佛名經（十六卷本）卷二　（15-12）

南无寶梁經　南无善王皇帝經
南无發菩提心經　南无決罪福經
南无大乘方便經　南无法句經
南无蜜蜂王經　南无虛空藏經
南无辟支佛緣經　南无淨業障經
南无溫室洗浴經　南无太子讚經
南无睒經　南无光瑞經
南无法句辟喻經　南无衆要阿毗曇經
南无三受經　南无三乘无當經
次礼十方諸大菩薩
南无妙光菩薩　南无无邊光菩薩
南无无量明菩薩　南无勇施菩薩
南无普賢菩薩　南无勇智菩薩
南无度難菩薩　南无濟神菩薩
南无開化菩薩　南无淨智菩薩
南无安神菩薩　南无專通菩薩
南无无邊光菩薩　南无金剛慧菩薩
南无寶首菩薩　南无調慧菩薩
南无法藏菩薩　南无龍樹菩薩
南无淨藏菩薩　南无淨眼菩薩
南无大勢至菩薩　南无童真菩薩
南无成道菩薩　南无度難菩薩
南无祢陁羅菩薩
復次應稱辟支佛名
南无見人飛騰辟支佛　南无可波羅辟支佛
南无秦摩利辟支佛　南无月淨辟支佛
南无善智辟支佛　南无脩陁羅辟支佛

BD03260號　佛名經（十六卷本）卷二　（15-13）

南无祢陁羅菩薩
復次應稱辟支佛名
南无見人飛騰辟支佛　南无可波羅辟支佛
南无秦摩利辟支佛　南无月淨辟支佛
南无善智辟支佛　南无脩陁羅辟支佛
南无善法辟支佛　南无應求辟支佛
南无善求辟支佛　南无大勢辟支佛
南无脩不著辟支佛　南无難捨辟支佛
歸命如是等无量无邊辟支佛
礼三寶已次復懺悔
弟子等略懺煩惱障竟今當次第懺悔業障
夫業能莊飾世趣在在處處是以思惟求離
世解脫所以六道果報種種不同形類各異
當知皆是業力所作所以佛十力中業力甚
深凡夫之人多於此中好起疑惑何以故今
現見世間行善之人觸向轗軻為惡之者是
事諧偶謂言天下善惡无分如此計者皆是
不能深達業理何以故余經中說言有三種
業何等為三一者現報二者生報三者後報
現報業者現在作善作惡現身受報生報業
者此生作善作惡來生受報後報業者或是
過去无量生中作善作惡或於此生中受或
在未來无量生中方受其報向者行惡之
現在見好此是過去生報後報善業熟故所
以現在有此樂果豈關現在作諸惡業而得
好報行善之人現在見苦者是過去生中生
報後報惡業熟故現在善根力弱不能排遣

BD03260號　佛名經（十六卷本）卷二　（15-14）

以現在有此樂果豈關現在作諸惡業而得
好報行善之人現在見苦者是過去生中生
報後報惡業熟故現在善根力弱不能排遣
是故得此苦報豈關現在作善而招惡報何
以知然現見世間為善之者為人所讚歎人
所尊重故知未來必招樂果過去既有如此
惡業所以諸佛菩薩教令親近善行共行懺
悔善知識者於得道中則為令利是故弟子
等今日至誠歸依
南无東方无量離垢佛　南无南方樹根華王佛
南无西方蓮華自在佛　南无北方金剛能破佛
南无東南方悲檀義勝佛　南无西南方金海自在王佛
南无西北方无邊法自在王佛　南无東北方无㝵香象王佛
南无下方无㝵慧幢佛　南无上方甘露上王佛
如是十方盡虛空界一切三寶
弟子等无始以來至於今日積惡如恒沙造
罪滿天地捨身与受身不覺亦不知或作五
逆深厚濁纏无間罪業或造一闡提斷善根
業輕誣佛語謗方等業破滅三寶毀正法業
不信罪福起十惡業迷真返正癡惑之業不
孝二親反戾之業輕慢師長无禮敬業朋友
不信不義之業或作四重六重八重障聖道

BD03260 號　佛名經（十六卷本）卷二

（15–15）

及聞諸佛所說經法并見彼諸比丘比丘尼
優婆塞優婆夷諸脩行得道者復見諸菩
薩摩訶薩種種因緣種種信解種種相貌行菩
薩道復見諸佛般涅槃者復見諸佛般涅槃
後以佛舍利起七寶塔尒時弥勒菩薩作是
念今者世尊現神變相以何因緣而有此瑞
今佛世尊入于三昧是不可思議現希有事
當以問誰誰能荅者復作此念是文殊師利
法王之子已曾親近供養過去无量諸佛必
應見此希有之相我今當問尒時比丘比丘
尼優婆塞優婆夷及諸天龍鬼神等咸作此
念是佛光明神通之相今當問誰尒時弥勒
菩薩欲自決疑又觀四衆比丘比丘尼優婆
塞優婆夷及諸天龍鬼神等衆會之心而問
文殊師利言以何因緣而有此瑞神通之相
放大光明照于東方万八千土悉見彼佛國
界莊嚴於是弥勒菩薩欲重宣此義以偈
問曰

BD03261 號　妙法蓮華經卷一

（18–1）

放大光明照于東方万八千土悉見彼佛國
界莊嚴於是弥勒菩薩欲重宣此義以偈
問曰
文殊師利 導師何故 眉間白毫 大光普照
雨曼陁羅 曼殊沙華 栴檀香風 悅可衆心
以是因緣 地皆嚴淨 而此世界 六種震動
時四部衆 咸皆歡喜 身意快然 得未曾有
眉間光明 照于東方 万八千土 皆如金色
從阿鼻獄 上至有頂 諸世界中 六道衆生
生死所趣 善惡業緣 受報好醜 於此悉見
又覩諸佛 聖主師子 演說經典 微妙第一
其聲清淨 出柔軟音 教諸菩薩 无數億万
梵音深妙 令人樂聞 各於世界 講說正法
種種因緣 以无量喻 照明佛法 開悟衆生
若人遭苦 猒老病死 為說涅槃 盡諸苦際
若人有福 曾供養佛 志求勝法 為說緣覺
若有佛子 脩種種行 求无上慧 為說淨道
文殊師利 我住於此 見聞若斯 及千億事
如是衆多 今當略說 我見彼土 恒沙菩薩
種種因緣 而求佛道 或有行施 金銀珊瑚
真珠摩尼 車璖馬瑙 金剛諸珎 奴婢車乘
寶飾輦轝 歡喜布施 迴向佛道 願得是乘
三界第一 諸佛所歎 或有菩薩 駟馬寶車
欄楯華蓋 軒飾布施 復見菩薩 身肉手足
及妻子施 求无上道 又見菩薩 頭目身體

BD03261號　妙法蓮華經卷一　（18–2）

真珠摩尼 車璖馬瑙 金剛諸珎 奴婢車乘
寶飾輦轝 歡喜布施 迴向佛道 願得是乘
三界第一 諸佛所歎 或有菩薩 駟馬寶車
欄楯華蓋 軒飾布施 復見菩薩 身肉手足
及妻子施 求无上道 又見菩薩 頭目身體
欣樂施與 求佛智慧 文殊師利 我見諸王
往詣佛所 問无上道 便捨樂土 宮殿臣妾
剃除鬚髮 而被法服 或見菩薩 而作比丘
獨處閑靜 樂誦經典 又見菩薩 勇猛精進
入於深山 思惟佛道 又見離欲 常處空閑
深脩禪定 得五神通 又見菩薩 安禪合掌
以千万偈 讚諸法王 復見菩薩 智深志固
能問諸佛 聞悉受持 又見佛子 定慧具足
以无量喻 為衆講法 欣樂說法 化諸菩薩
破魔兵衆 而擊法鼓 又見菩薩 寂然宴默
天龍恭敬 不以為喜 又見菩薩 處林放光
濟地獄苦 令入佛道 又見佛子 未嘗睡眠
經行林中 勤求佛道 又見具戒 威儀无缺
淨如寶珠 以求佛道 又見佛子 住忍辱力
增上慢人 惡罵捶打 皆悉能忍 以求佛道
又見菩薩 離諸戲咲 及癡眷屬 親近智者
一心除亂 攝念山林 億千万歲 以求佛道
或見菩薩 餚饍飲食 百種湯藥 施佛及僧
名衣上服 價直千万 或无價衣 施佛及僧
千万億種 栴檀寶舍 衆妙卧具 施佛及僧

BD03261號　妙法蓮華經卷一　（18–3）

一心除亂 攝念山林 億千万歲 以求佛道
或見菩薩 餚饍飲食 百種湯藥 施佛及僧
名衣上服 價直千万 或无價衣 施佛及僧
千万億種 栴檀寶舍 衆妙卧具 施佛及僧
清淨園林 華菓茂盛 流泉浴池 施佛及僧
如是等施 種種微妙 歡喜无猒 求无上道
或有菩薩 說寂滅法 種種教詔 无數衆生
或見菩薩 觀諸法性 无有二相 猶如虛空
又見佛子 心无所著 以此妙慧 求无上道
文殊師利 又有菩薩 佛滅度後 供養舍利
又見佛子 造諸塔廟 无數恒沙 嚴飾國界
寶塔高妙 五千由旬 縱廣正等 二千由旬
一一塔廟 各千幢幡 珠交露幔 寶鈴和鳴
諸天龍神 人及非人 香華伎樂 常以供養
文殊師利 諸佛子等 為供舍利 嚴飾塔廟
國界自然 殊特妙好 如天樹王 其華開敷
佛放一光 我及衆會 見此國界 種種殊妙
諸佛神力 智慧希有 放一淨光 照无量國
我等見此 得未曾有 佛子文殊 願決衆疑
四衆欣仰 瞻仁及我 世尊何故 放斯光明
佛子時答 決疑令喜 何所饒益 演斯光明
佛坐道場 所得妙法 為欲說此 為當授記
示諸佛土 衆寶嚴淨 及見諸佛 此非小緣
文殊當知 四衆龍神 瞻察仁者 為說何等
尒時文殊師利語彌勒菩薩摩訶薩及諸大

BD03261號 妙法蓮華經卷一 (18-4)

示諸佛土 衆寶嚴淨 及見諸佛 此非小緣
文殊當知 四衆龍神 瞻察仁者 為說何等
尒時文殊師利語彌勒菩薩摩訶薩及諸大
士善男子等如我惟忖今佛世尊欲說大法
雨大法雨吹大法螺擊大法鼓演大法義諸
善男子我於過去諸佛曾見此瑞放斯光已
即說大法是故當知今佛現光亦復如是欲
令衆生咸得聞知一切世間難信之法故現
斯瑞諸善男子如過去无量无邊不可思議
阿僧祇劫尒時有佛号日月燈明如來應供
正遍知明行足善逝世間解无上士調御大
夫天人師佛世尊演說正法初善中善後善
其義深遠其語巧妙純一无雜具足清白梵
行之相為求聲聞者說應四諦法度生老病
死究竟涅槃為求辟支佛者說應十二因緣
法為諸菩薩說應六波羅蜜令得阿耨多羅
三藐三菩提成一切種智次復有佛亦名日
月燈明次復有佛亦名日月燈明如是二万佛
皆同一字号日月燈明又同一姓姓頗羅
墮彌勒當知初佛後佛皆同一字名日月燈
明十号具足所可說法初中後善其最後佛
未出家時有八王子一名有意二名善意三名
无量意四名寶意五名增意六名除疑意七名
響意八名法意是八王子威德自在各領

BD03261號 妙法蓮華經卷一 (18-5)

明十号具是所可說法初中後善其最後佛
未出家時有八王子一名有意二名善意三名
无量意四名寶意五名增意六名除疑意七名
響意八名法意是八王子威德自在各領
四天下是諸王子聞父出家得阿耨多羅三
藐三菩提悉捨王位亦隨出家發大乘意常
脩梵行皆為法師已於千万佛所殖諸善本
是時日月燈明佛說大乘經名无量義教菩
薩法佛所護念說是經已即於大眾中結加
趺坐入於无量義處三昧身心不動是時天
雨曼陁羅華摩訶曼陁羅華曼殊沙華摩訶
曼殊沙華而散佛上及諸大眾普佛世界六
種震動尒時會中比丘比丘尼優婆塞優婆
夷天龍夜叉乹闥婆阿脩羅迦樓羅緊那羅
摩睺羅伽人非人及諸小王轉輪聖王等是
諸大眾得未曾有歡喜合掌一心觀佛尒時
如來放眉間白豪相光照東方万八千佛土
靡不周遍如今所見是諸佛土彌勒當知尒
時會中有二十億菩薩樂欲聽法是諸菩薩
見此光明普照佛土得未曾有欲知此光所
為因緣時有菩薩名曰妙光有八百弟子是
時日月燈明佛從三昧起因妙光菩薩說大乘
經名妙法蓮華教菩薩法佛所護念六十
小劫不起于座時會聽者亦坐一處六十小
劫身心不動聽佛所說謂如食頃是時眾中
无有一人若身若心而生懈惓日月燈明佛於

BD03261號　妙法蓮華經卷一　（18–6）

時日月燈明佛從三昧起因妙光菩薩說大乘
經名妙法蓮華教菩薩法佛所護念六十
小劫不起于座時會聽者亦坐一處六十小
劫身心不動聽佛所說謂如食頃是時眾中
无有一人若身若心而生懈惓日月燈明佛於
六十小劫說是經已即於梵魔沙門婆羅
門及天人阿脩羅眾中而宣此言如來於今
日中夜當入无餘涅槃時有菩薩名曰德藏
日月燈明佛即授其記告諸比丘是德藏菩
薩次當作佛号曰淨身多陁阿伽度阿羅訶
三藐三佛陁佛授記已便於中夜入无餘涅
槃佛滅度後妙光菩薩持妙法蓮華經滿八
十小劫為人演說日月燈明佛八子皆師妙
光妙光教化令其堅固阿耨多羅三藐三菩
提是諸王子供養无量百千万億佛已皆成
佛道其最後成佛者名曰燃燈八百弟子中
有一人号曰求名貪著利養雖復讀誦衆經
而不通利多所忘失故号求名是人亦以種
諸善根因緣故得值无量百千万億諸佛供
養恭敬尊重讚歎彌勒當知尒時妙光菩薩
豈異人乎我身是也求名菩薩汝身是也今
見此瑞與本无異是故惟忖今日如來當說
大乘經名妙法蓮華教菩薩法佛所護念尒
時文殊師利於大眾中欲重宣此義而說
偈言

BD03261號　妙法蓮華經卷一　（18–7）

見此瑞與本无異 是故惟忖今日如來當說
大乘經名妙法蓮華教菩薩法佛所護念 尒
時文殊師利於大衆中欲重宣此義而說
偈言
我念過去世 无量无數劫 有佛人中尊 号日月燈明
世尊演說法 度无量衆生 无數億菩薩 令入佛智慧
佛未出家時 所生八王子 見大聖出家 亦隨脩梵行
時佛說大乘 經名无量義 於諸大衆中 而為廣分別
佛說此經已 即於法座上 跏趺坐三昧 名无量義處
天雨曼陁華 天皷自然鳴 諸天龍鬼神 供養人中尊
一切諸佛土 即時大震動 佛放眉間光 現諸希有事
此光照東方 万八千佛土 示一切衆生 生死業報處
有見諸佛土 以衆寶莊嚴 瑠璃頗梨色 斯由佛光照
及見諸天人 龍神夜叉衆 乾闥緊那羅 各供養其佛
又見諸如來 自然成佛道 身色如金山 端嚴甚微妙
如淨瑠璃中 內現真金像 世尊在大衆 敷演深法義
一一諸佛土 聲聞衆无數 因佛光所照 悉見彼大衆
或有諸比丘 在於山林中 精進持淨戒 猶如護明珠
又見諸菩薩 行施忍辱等 其數如恒沙 斯由佛光照
又見諸菩薩 深入諸禪定 身心寂不動 以求无上道
又見諸菩薩 知法寂滅相 各於其國土 說法求佛道
尒時四部衆 見日月燈佛 現大神通力 其心皆歡喜
各各自相問 是事何因緣 天人所奉尊 適從三昧起
讚妙光菩薩 汝為世間眼 一切所歸信 能奉持法藏
如我所說法 唯汝能證知 世尊既讚歎 令妙光歡喜
說是法華經 滿六十小劫 不起於此座 所說上妙法

BD03261號　妙法蓮華經卷一

（18–8）

各各自相問 是事何因緣 天人所奉尊 適從三昧起
讚妙光菩薩 汝為世間眼 一切所歸信 能奉持法藏
如我所說法 唯汝能證知 世尊既讚歎 令妙光歡喜
說是法華經 滿六十小劫 不起於此座 所說上妙法
是妙光法師 悉皆能受持 佛說是法華 令衆歡喜已
尋即於是日 告於天人衆 諸法實相義 已為汝等說
我今於中夜 當入於涅槃 汝一心精進 當離於放逸
諸佛甚難值 億劫時一遇 世尊諸子等 聞佛入涅槃
各各懷悲惱 佛滅一何速 聖主法之王 安慰无量衆
我若滅度時 汝等勿憂怖 是德藏菩薩 於无漏實相
心已得通達 其次當作佛 号曰為淨身 亦度无量衆
佛此夜滅度 如薪盡火滅 分布諸舍利 而起无量塔
比丘比丘尼 其數如恒沙 倍復加精進 以求无上道
是妙光法師 奉持佛法藏 八十小劫中 廣宣法華經
是諸八王子 妙光所開化 堅固无上道 當見无數佛
供養諸佛已 隨順行大道 相繼得成佛 轉次而授記
最後天中天 号曰燃燈佛 諸仙之導師 度脫无量衆
是妙光法師 時有一弟子 心常懷懈怠 貪著於名利
求名利无猒 多遊族姓家 棄捨所習誦 廢忘不通利
以是因緣故 号之為求名 亦行衆善業 得見无數佛
供養於諸佛 隨順行大道 具六波羅蜜 今見釋師子
其後當作佛 号名曰彌勒 廣度諸衆生 其數无有量
彼佛滅度後 懈怠者汝是 妙光法師者 今則我身是
我見燈明佛 本光瑞如此 以是知今佛 欲說法華經
今相如本瑞 是諸佛方便 今佛放光明 助發實相義

BD03261號　妙法蓮華經卷一

（18–9）

供養於諸佛　隨順行大道　具六波羅蜜　今見釋師子
其後當作佛　号名曰弥勒　廣度諸衆生　其數无有量
彼佛滅度後　懈怠者汝是　妙光法師者　今則我身是
我見燈明佛　本光瑞如此　以是知今佛　欲說法華經
今相如本瑞　是諸佛方便　今佛放光明　助發實相義
諸人今當知　合掌一心待　佛當雨法雨　充足求道者
諸求三乘人　若有疑悔者　佛當為除斷　令盡无有餘

妙法蓮華經方便品第二

尒時世尊從三昧安詳而起告舍利弗諸佛
智慧甚深无量其智慧門難解難入一切聲
聞辟支佛所不能知所以者何佛曾親近百
千万億无數諸佛盡行諸佛无量道法勇猛
精進名稱普聞成就甚深未曾有法隨宜所
說意趣難解舍利弗吾從成佛已來種種因
緣種種譬喻廣演言教无數方便引導衆生
令離諸著所以者何如來方便知見波羅蜜
皆已具足舍利弗如來知見廣大深遠无量
无礙力无所畏禪定解脫三昧深入无際成
就一切未曾有法舍利弗如來能種種分別
巧說諸法言辭柔軟悅可衆心舍利弗取要
言之无量无邊未曾有法佛悉成就止舍利
弗不須復說所以者何佛所成就第一希有
難解之法唯佛與佛乃能究盡諸法實相所
謂諸法如是相如是性如是體如是力如是
作如是因如是緣如是果如是報如是本末

BD03261號　妙法蓮華經卷一　（18–10）

弗不須復說所以者何佛所成就第一希有
難解之法唯佛與佛乃能究盡諸法實相所
謂諸法如是相如是性如是體如是力如是
作如是因如是緣如是果如是報如是本末
究竟等尒時世尊欲重宣此義而說偈言
世雄不可量　諸天及世人　一切衆生類　无能知佛者
佛力无所畏　解脫諸三昧　及佛諸餘法　无能測量者
本從无數佛　具足行諸道　甚深微妙法　難見難可了
於无量億劫　行此諸道已　道場得成果　我已悉知見
如是大果報　種種性相義　我及十方佛　乃能知是事
是法不可示　言辭相寂滅　諸餘衆生類　无有能得解
除諸菩薩衆　信力堅固者　諸佛弟子衆　曾供養諸佛
一切漏已盡　住是最後身　如是諸人等　其力所不堪
假使滿世間　皆如舍利弗　盡思共度量　不能測佛智
正使滿十方　皆如舍利弗　及餘諸弟子　亦滿十方剎
盡思共度量　亦復不能知　辟支佛利智　无漏最後身
亦滿十方界　其數如竹林　斯等共一心　於億无量劫
欲思佛實智　莫能知少分　新發意菩薩　供養无數佛
了達諸義趣　又能善說法　如稻麻竹葦　充滿十方剎
一心以妙智　於恒河沙劫　咸皆共思量　不能知佛智
不退諸菩薩　其數如恒沙　一心共思求　亦復不能知
又告舍利弗　无漏不思議　甚深微妙法　我今已具得
唯我知是相　十方佛亦然　舍利弗當知　諸佛語无異
於佛所說法　當生大信力　世尊法久後　要當說真實
告諸聲聞衆　及求緣覺乘　我令脫苦縛　逮得涅槃者

BD03261號　妙法蓮華經卷一　（18–11）

又告舍利弗　无漏不思議　甚深微妙法　我今已具得
唯我知是相　十方佛亦然　舍利弗當知　諸佛語无異
於佛所說法　當生大信力　世尊法久後　要當說真實
告諸聲聞衆　及求緣覺乘　我令脫苦縛　逮得涅槃者
佛以方便力　示以三乘教　衆生處處著　引之令得出
尒時大衆中有諸聲聞漏盡阿羅漢阿若憍
陳如等千二百人及發聲聞辟支佛心比丘
比丘尼優婆塞優婆夷各作是念今者世尊
何故慇懃稱歎方便而作是言佛所得法甚
深難解有所言說意趣難知一切聲聞辟支
佛所不能及佛說一解脫義我等亦得此法到
於涅槃而今不知是義所趣尒時舍利弗
知四衆心疑自亦未了而白佛言世尊何因
何緣慇懃稱歎諸佛第一方便甚深微妙難
解之法我自昔來未曾從佛聞如是說今者
四衆咸皆有疑唯願世尊敷演斯事世尊何
故慇懃稱歎甚深微妙難解之法尒時舍
利弗欲重宣此義而說偈言
慧日大聖尊　久乃說是法　自說得如是　力无畏三昧
禪定解脫等　不可思議法　道場所得法　无能發問者
我意難可測　亦无能問者　无問而自說　稱歎所行道
智慧甚微妙　諸佛之所得　无漏諸羅漢　及求涅槃者
今皆墮疑網　佛何故說是　其求緣覺者　比丘比丘尼
諸天龍鬼神　及乾闥婆等　相視懷猶豫　瞻仰兩足尊
是事為云何　願佛為解說　於諸聲聞衆　佛說我第一

BD03261號　妙法蓮華經卷一　（18–12）

今皆墮疑網　佛何故說是　其求緣覺者　比丘比丘尼
諸天龍鬼神　及乾闥婆等　相視懷猶豫　瞻仰兩足尊
是事為云何　願佛為解說　於諸聲聞衆　佛說我第一
我今自於智　疑惑不能了　為是究竟法　為是所行道
佛口所生子　合掌瞻仰待　願出微妙音　時為如實說
諸天龍神等　其數如恒沙　求佛諸菩薩　大數有八万
又諸万億國　轉輪聖王至　合掌以敬心　欲聞具足道
尒時佛告舍利弗止止不須復說若說是事
一切世間諸天及人皆當驚疑舍利弗重白
佛言世尊唯願說之唯願說之所以者何是
會无數百千万億阿僧祇衆生曾見諸佛諸
根猛利智慧明了聞佛所說則能敬信尒
時舍利弗欲重宣此義而說偈言
法王无上尊　唯說願勿慮　是會无量衆　有能敬信者
佛復止舍利弗若說是事一切世間天人阿
脩羅皆當驚疑增上慢比丘將墜於大坑尒
時世尊重說偈言
止止不須說　我法妙難思　諸增上慢者　聞必不敬信
尒時舍利弗重白佛言世尊唯願說之唯願
說之今此會中如我等比百千万億世世已
曾從佛受化如此人等必能敬信長夜安隱
多所饒益尒時舍利弗欲重宣此義而說
偈言
无上兩足尊　願說第一法　我為佛長子　唯垂分別說
是會无量衆　能敬信此法　佛已曾世世　教化如是等

BD03261號　妙法蓮華經卷一　（18–13）

偈言
无上兩之尊　願說第一法　我為佛長子　唯垂分别說
是會无量衆　能敬信此法　佛已曾世世　教化如是等
皆一心合掌　欲聽受佛語　我等千二百　及餘求佛者
願為此衆故　唯垂分别說　是等聞此法　則生大歡喜
尒時世尊告舍利弗汝已慇懃三請豈得不
說汝今諦聽善思念之吾當為汝分别解說
說此語時會中有比丘比丘尼優婆塞優婆
夷五千人等即從座起礼佛而退所以者何
此輩罪根深重及增上慢未得謂得未證謂
證有如此失是以不住世尊嘿然而不制止
尒時佛告舍利弗我今此衆无復枝葉純有
貞實舍利弗如是增上慢人退亦佳矣汝今
善聽當為汝說舍利弗言唯然世尊願樂
欲聞佛告舍利弗如是妙法諸佛如来時乃說
之如優曇鉢華時一現耳舍利弗汝等當
信佛之所說言不虛妄舍利弗諸佛隨宜說法
意趣難解所以者何我以无數方便種種因
緣譬喻言辭演說諸法是法非思量分别之
所能解唯有諸佛乃能知之所以者何諸佛
世尊唯以一大事因緣故出現於世舍利弗
云何名諸佛世尊唯以一大事因緣故出現
於世諸佛世尊欲令衆生開佛知見使得清
淨故出現於世欲示衆生佛之知見故出現於
世欲令衆生悟佛知見故出現於世欲令衆

BD03261號　妙法蓮華經卷一　(18–14)

云何名諸佛世尊唯以一大事因緣故出現
於世諸佛世尊欲令衆生開佛知見使得清
淨故出現於世欲示衆生佛之知見故出現於
世欲令衆生悟佛知見故出現於世欲令衆
生入佛知見道故出現於世舍利弗是為諸
佛以一大事因緣故出現於世佛告舍利弗
諸佛如来但教化菩薩諸有所作常為一事
唯以佛之知見示悟衆生舍利弗如来但以
一佛乘故為衆生說法无有餘乘若二若三
舍利弗一切十方諸佛法亦如是舍利弗過
去諸佛以无量无數方便種種因緣譬喻言
辭而為衆生演說諸法是法皆為一佛乘故
是諸衆生從諸佛聞法究竟皆得一切種智
舍利弗未来諸佛當出於世亦以无量无數
方便種種因緣譬喻言辭而為衆生演說諸
法是法皆為一佛乘故是諸衆生從佛聞法
究竟皆得一切種智舍利弗現在十方无量
百千万億佛土中諸佛世尊多所饒益安樂
衆生是諸佛亦以无量无數方便種種因緣
譬喻言辭而為衆生演說諸法是法皆為一
佛乘故是諸衆生從佛聞法究竟皆得一切
種智舍利弗是諸佛但教化菩薩欲以佛之
知見示衆生故欲以佛之知見悟衆生故欲
令衆生入佛之知見故舍利弗我今亦復如
是知諸衆生有種種欲深心所著隨其本性

BD03261號　妙法蓮華經卷一　(18–15)

種智舍利弗是諸佛但教化菩薩欲以佛之
知見示衆生故欲以佛之知見悟衆生故欲
令衆生入佛之知見故舍利弗我今亦復如
是知諸衆生有種種欲深心所著隨其本性
以種種因緣譬喻言辭方便力故而為說法
舍利弗如此皆為得一佛乘一切種智故舍
利弗十方世界中尚无二乘何況有三舍利
弗諸佛出於五濁惡世所謂劫濁煩惱濁衆
生濁見濁命濁如是舍利弗劫濁亂時衆生
垢重慳貪嫉妬成就諸不善根故諸佛以方
便力於一佛乘分別說三舍利弗若我弟子
自謂阿羅漢辟支佛者不聞不知諸佛如来
但教化菩薩事此非佛弟子非阿羅漢非辟
支佛又舍利弗是諸比丘比丘尼自謂已得
阿羅漢是㝡後身究竟涅槃便不復志求阿
耨多羅三藐三菩提當知此輩皆是增上慢
人所以者何若有比丘實得阿羅漢若不信
此法无有是處除佛滅度後現前无佛所以
者何佛滅度後如是等經受持讀誦解義者
是人難得若遇餘佛於此法中便得決了舍
利弗汝等當一心信解受持佛語諸佛如来言
无虛妄无有餘乘唯一佛乘尒時世尊欲重
宣此義而說偈言
比丘比丘尼　有懷增上慢　優婆塞我慢　優婆夷不信
如是四衆等　其數有五千　不自見其過　於戒有缺漏
護惜其瑕疵　是小智已出　衆中之糟糠　佛威德故去

宣此義而說偈言
比丘比丘尼　有懷增上慢　優婆塞我慢　優婆夷不信
如是四衆等　其數有五千　不自見其過　於戒有缺漏
護惜其瑕疵　是小智已出　衆中之糟糠　佛威德故去
斯人尟福德　不堪受是法　此衆无枝葉　唯有諸貞實
舍利弗善聽　諸佛所得法　无量方便力　而為衆生說
衆生心所念　種種所行道　若干諸欲性　先世善惡業
佛悉知是已　以諸緣譬喻　言辭方便力　令一切歡喜
或說脩多羅　伽陁及本事　本生未曾有　亦說於因緣
譬喻并祇夜　優波提舍經　鈍根樂小法　貪著於生死
於諸无量佛　不行深妙道　衆苦所惱亂　為是說涅槃
我設是方便　令得入佛慧　未曾說汝等　當得成佛道
所以未曾說　說時未至故　今正是其時　決定說大乘
我此九部法　隨順衆生說　入大乘為本　以故說是經
有佛子心淨　柔軟亦利根　无量諸佛所　而行深妙道
為此諸佛子　說是大乘經　我記如是人　来世成佛道
以深心念佛　脩持淨戒故　此等聞得佛　大喜充遍身
佛知彼心行　故為說大乘　聲聞若菩薩　聞我所說法
乃至於一偈　皆成佛无疑　十方佛土中　唯有一乘法
无二亦无三　除佛方便說　但以假名字　引導於衆生
說佛智慧故　諸佛出於世　唯此一事實　餘二則非真
終不以小乘　濟度於衆生　佛自住大乘　如其所得法
定慧力莊嚴　以此度衆生　自證无上道　大乘平等法
若以小乘化　乃至於一人　我則墮慳貪　此事為不可
若人信歸佛　如来不欺誑　亦无貪嫉意　斷諸法中惡

為此諸佛子　說是大乘經　我記如是人　來世成佛道
以深心念佛　修持淨戒故　此等聞得佛　大喜充遍身
佛知彼心行　故為說大乘　聲聞若菩薩　聞我所說法
乃至於一偈　皆成佛无疑　十方佛土中　唯有一乘法
无二亦无三　除佛方便說　但以假名字　引導於衆生
說佛智慧故　諸佛出於世　唯此一事實　餘二則非真
終不以小乘　濟度於衆生　佛自住大乘　如其所得法
定慧力莊嚴　以此度衆生　自證无上道　大乘平等法
若以小乘化　乃至於一人　我則墮慳貪　此事為不可
若人信歸佛　如來不欺誑　亦无貪嫉意　斷諸法中惡
故佛於十方　而獨无所畏　我以相嚴身　光明照世間
无量衆所尊　為說實相印　舍利弗當知　我本立誓願
欲令一切衆　如我等无異　如我昔所願　今者已滿足
化一切衆生　皆令入佛道　若我遇衆生　盡教以佛道
无智者錯亂　迷惑不受教　我知此衆生　未曾修善本
堅著於五欲　癡愛故生惱　以諸欲因緣　墜墮三惡道
輪迴六趣中　備受諸苦毒　受胎之微形　世世常增長

BD03261號　妙法蓮華經卷一　（18–18）

敘承有十七偈隨相而嘆二從今奉世尊說偈嘆
亂初隨相歎有六初二偈略嘆如来三業次二偈舉上用蓋所現
淨土法身嘆其神德不思議義五偈嘆善能演說深妙之義
次四偈嘆善能開發迷徒化儀次二偈嘆法論清淨摧惑果義
二偈嘆无異相屬被无私之義就嘆无彰导義中有四初四偈
嘆淨土无彰导義後三嘆法身无鄣导義就前二偈嘆身業
无鄣导次六偈嘆口業无鄣导下七偈嘆意業无鄣导就第一
弁脩淨土行中復有三段從初至願取佛國非於空也正明起淨
土行義二從寶積當知直心是菩薩淨土說正見衆生来生其國明
緣攝方便果淨土行三從如是寶積菩薩隨其直心說此下文
明因攝果淨土行就顯佛土平等清淨无鄣导義中有四從初
至則能見此佛土嚴淨明佛土平等清淨无导融於彼此義二
從於是佛以指足案地至悉皆自見坐寶蓮華明現相以表平
等清淨无鄣导義三從佛語舍利弗至便見此土功德莊嚴
明舉相引喻結會平等无鄣导義四從當佛現此國土嚴
淨之時說品耶彰淨土无鄣导為益之義極顯於此
方便品　前明淨土利他行備以嚴己功德行成顯故次宜弁諸

等清淨无鄣㝵義三從佛語舍利弗至便見此土功德莊嚴
明舉相引喻結會平等无鄣㝵義四從當佛現此國土嚴
淨之時訖品耶彰淨土无鄣㝵為益之義校顯於此
方便品　前明淨土利他行備以顯已功德行成勳故次宜弁法
身妙果无鄣㝵義論法身至極自在无㝵㝵均法界无身
非身顯茲殊能善巧之義故曰方便品然法身之果事興於
佛而以今者乃樓維摩為言者良以法身圓極義殊无量
語要而言不出於二一明真實法身本於法性而法性實性相
絕无二義顯後際圓實之妙故旨歸於佛二明報身殊能无功
〻齊法界无相之相湛若太虛无鄣无㝵用而无深故能形而
无相而相无朕自非託茲維摩權跡之妙无以顯其致是以首
斯人以樹其況終託阿閦以彰旨趣㝵之此經教之前後結
會可明義顯於此矣知語維摩形權方便義顯无量但文
該未若耶事故就茲毗耶離一應之跡以彰而說目就此品
有二從初至知是等无量方便饒益衆生明法身義二從其
以方便現身有疾明勸循法身行義就前法身中有二從
初至弟子釋梵世主所敬已明法身二從欲度人故下訖
此致明法身无鄣无㝵義就明法身中有二初明法身備因
行二明現所成就法身果德文顯可知就明法身无鄣无
㝵義中亦有於二從初至入諸酒肆能立其志明隨形身
方便相二從若在長者中尊明殊形身方便相就第二勸循
明法身因行中有二從初至陰界諸入所共合成明循遠離對
治方便行二從此可患厭當樂佛身訖品明循勝出真實行
[illegible]

方便拒二從若在長者中尊勝殊弟身方便相說第二勸循
明法身因行中有二從初王陰界諸入所共合成明循遠離對
治方便行二從此可患厭當樂佛身說品明循勝出真實行
弟子品　上之二品既樹果於前而果不虛成剋由於行々而
言之所謂大乘真實妙絕之道勝出二乘之域而自非對以々
真為莫曉故寄五百弟子等辭閑之校說申真致以顯真趣
位抱朗然　即因其對詵之人以為品目故曰弟子品數雖五百略舉
德行樹望者要唯斯十而上達之源猶抱滯壞愧辭在不勘
餘則義可知耳所以對明斯十者寄之以彰菩薩發心之行勝
出之妙非二乘境界故也以何為勝菩薩悟真法空解融莫二故循
行對治所除二鄣雙前莫是以第一明舍利弗既无勝定慧解
不明未得法空故不能斷煩惱鄣　第二明目蓮雖真諸通
其相未融猶有智导不能明達故不能斷於智鄣此明所除
不同次行不同明菩薩之行憂物之先要與俱利自利々人為美
故　第三明迦葉雖欲進循意存兼濟而志在元遠目迷發
足焉能救溺者哉雖復策進剋懃志存兼利如唯循空捨
靜以自安而菩薩不住道行義元可舉故次　第四明須菩
提況空滯有不能兩亡融之同軌故也雖復兩亡習行已成如
不達藥根闕在於道益利他之行要之莫由故
第五明富樓那闕於知藥劑增情或對症以彰大士深達
之美雖知其患如不曉藥性竟何所授鑒療元方故次　第六明迦
旃延不達教有言有鑒傳之謬對之以彰大士高悟玄同故能
契宗之說雖復說不乖宗如情量有限言則不能元导成融
善說是以　第七明阿那律雖天眼現見之明而照相未融

BD03262號　淨名經科要（擬）

祇迯不達教有言有覽傳之謀對之以彰大士高悟玄同故能
舉宗之說雖復說不示宗如情量有限言則不能无㝵成默
善說是以　第七明阿那律雖天眼現見之明而照相未融
有限有滯對茲以彰阿那律之失顯於如來无二之見朗達
无遺大士習同不異故能无㝵善說十中前四明自利行次
三明利他行論行之興起於真備故復三明備相行挂真備顯
淨剋有所除而之有法故能深達真本曉於妄相之由可
謂悲畢不待遣而自亡至道不假觧而顯淨是以　第八明優
波離雖知罪相輕重犯以不犯而不達妄相之本生死之原故
對茲以彰其失顯於大士深達實相悟宗无遺方是真淨故
也雖知真宗无遺遣遣由妄妄想想既除顯之以淨而淨用則能
義於衆行行之本謂備出離淨義之要是以　第九明羅侯
羅雖復出家奉特於戒而存賤貪未泯彼此有功於所為
非是清果之行故對茲以彰其失顯大士軆道殊律故能是
非虛泯无功於所為始是真淨之妙耳真淨之德既興
聲會固宗无二之旨習与佛同以成見義是以　第十阿難
若如來而行不相應不名為見故對茲以彰其檀顯於大士悟
宗淵極雖未窮原而分階其緒故稱真見之義備於此諸
相行互明斯要耳　其行要者何初明身子智慧第一
然智明由於妙定定既不深照慧何寄故舉晏坐以識行闕耳
目連神通第一事无知㝵故能朗達无滯今明於法不了說既
不當智鄣猶存照復安在故擬所說以彰其失耳
大迦葉者頭陁第一少欲无著位居衆首繼襲聖蹤道集引贈

自[illegible]通初[illegible]進第一事[illegible]知[illegible]能自[illegible]道[illegible]明今日於法不[illegible]言說
不當智節猶存膝復安在故攝所說以彰其失耳
大迦葉者頭陁第一少欲无著位居衆首縱襲聖蹤導引繒
素攝化内外憂物之重今明志存无遠导於取捨隠之目前失
於貴被自既滯於榮是何能濟拔沉淪與救者哉故就其
福利之儀徙彼所行耳　須菩提者解空第一謂已悟達玄
宗真心无耶俗情沉滯何能自返故欲造彼因食以啓其懷令
明真俗兩存情滯仍因執空昇有存有亦宗有无互興殊
於玄中元遠爲有乎等无二真宗妙悟者哉故因返跡耶心陣破
同鑒无順斉等无二到引以曉之耳　富樓那者說法第
一自謂知幾善於開化道利之儀故安處林開引彼始心不之
以人近今明失在非分无崖之量事絕玄殊爲能審也故因差襲
之說濫誤之甚以表於不足耳　迦旃延者論義第一自謂
深幹聖說明闡教旨冀欲傳暉分別解釋宣通於未聞今
明教有權實宗有淺深何得以已膚近之懷仰輪玄之旨言
何詣也故因茲詳論擊其失意之枝耳　阿那律者天眼第
一故守護如來舍利自謂見襄於時更无迦者今明妄想分別
情同闇昧矚視之源何能曉之於方外故因彼自詢之言以徵
其闕不足之失事顯然矣　優波離者持律第一自謂識達罪
相善能除犯悔　爲時侶諮訪請決所疑今明患累之興起於
妄想既不達本冀閑其緒壅本翦條勢獲方甚頓遺更增
理何所許自溺長津爲能拔之於世故託茲存寄之情蕩於忘
想之場衰死滅之趣因斯方知已謝於不足淨名懷哀於有
餘耳　羅侯羅者持戒第一自謂潔已清諸善於出離之道

妄想既不達本莫闚其緒蘊本冀攀勢獲方甚殞更增遺
理何所許自溺長津為能救之於世故託茲存寄之情濃於忘
想之場表死滅之趣因斯方知已謝於不足淨名懷疾於有
餘耳　羅睺羅者特哉第一自謂眾已清脩善於出離之道
願宿損捨榮位絕於恩礼之重恭厭纏位毋斯至道踰起
虛表慶利之深何須是遇今明不善取捨猶存勝負業
妄彼此仍回羅睺出為在故因茲自衆之言詰其不足仰有
斯愧耳　阿難者多聞第一為佛侍者自謂自覩尊顏親
飡聖教念侍有餘无愧群聖今明不達如来秘蜜之言法
身无為至極常湛故身關諸語抹目竊而不諫故託斯侍之言
研之以窮引失抱虛推之有在義顯於此耳　菩薩品
所以對斯諸菩薩等擊長檀者明於真趣大乘甚深妙行
其相窮絕隱而難惻非唯二乘所不逮亦非教脩方便大乘
行德相應境界故也以斯之妙故自非假跡彰尋真為之趣
无以可弁是以影響對而互彰耳　在衆既多而備彰斯四良以
行要義顯於此故也要者是何凡為大士必也仰習如来之行
自非明曉菩提玄旨者發路之趣義與莫由故創回
无上菩提剋會无於故次因　光嚴存於異相德脩之行望有
彌勒以彰發心之行雖漫發心如无自身相應真實之道
玄契蓋是非真之謂失在於此以彰大士形雖无身方相同軌
豈有殊二者哉故无跡非道道无道不治身躰斯噴故何行
而非道場雖復自縈惣脩脈行如不能轉於魔事尚自不
免羈身為能救世解人纏縛故次因　持世為魔所嬈而不

豈有殊二者哉故无跡非道无道不治耶斯順故何行
而非道場雖復自策懃備勝行如不能轉於魔事尚自不
免羈辱焉能救世解人纏縛故次因　持世為魔所嬈而不
識其校故居在於此以彰大士能制於魔而安處魔境以弘道
化濟拔沉淪真德若此雖復制伏不消斷魔任路導人之善
如无平等妙慧事為有限行成有滯何能法化衆生等被无
虗故次因　善德不違法化行成乃欲廣於財構可謂近
而不普致闕在茲以彰大士解達真原貯道殊津凡有所施
動皆成則法化衆生等構妙益行要義顯揄茲故也　此四之
中可以創對弥勒而舟首明菩薩之行可以至極之妙者良
以出於真性　真性澄湛古今莫易故致凡聖等一生死涅槃
百骸同軌顯之於不二故迷之者相累茲增以之為起為緣集
行滅有為悟之者息望歸宗顯之真實之无可起稱之為
而構滅无所滅義顯圓窮故曰菩提是乙菩提非起非滅非始非終
无得不得豈有二相而言者哉故云一切衆生一切法至於弥勒
皆如也義之極也焉可謂異乎但以衆生情迷妄想顛倒起於
分別故有違順生死果縛解脫而違生以縛相累之增攸稱為瞳
嗔滅以脫患累之息義顯真淨寂斯對治而言故云有發未
發有備有得不得證不證實而言之淨非彼斯非緣集
妙絕衆相圓而主旁焉可以發備得證而言之如能條達斯趣
乃可名為真發菩提行月故聞菩提經云發无可發是名發心
驗之聖說義顯於此故因茲發記存得之德以彰其失顯於大士晨
雖无端无得无證寔契真旁發心之義雖復發心如不違專

如[illegible]身相[illegible]
乃可名為真發菩提行耳故聞菩提經云發无所發是名發心
驗之聖說義顯於此故因茲授記存淂之德以彰其失顯於大士廣
顯无滯无淂无證復挈真實發心之義雖復發心如不違專
俯幹順可趣真實之行對治積聞身心斷除諸德菩提大果
義非可趣是以　第二明於光嚴以不違真道即是實〻
相〻之相百无不在䇺緣斯通行无不順凡所施造无非是道
陶瑩發真我非在外故因其人情別我所遠悕求於菩提
豈非我也以彰其失顯於大士悟達窮玄有存非外故辭遜
心自進念〻相應不捨於所行耳雖復隨念相應不墮於時
如不能轉於魔道乃即入正處而不除者真實遠離无動
尋之道焉容可說是以第三明持世不達於魔為之所嬈自不
免縛何能令他轉離故因茲不識之幾而為之也彰於大士力
能制彼感伏不消化〻相承啟即從正增長道法熾然於世故也
雖能化熾然佛法而不能等心廣被深達大乘正濟之道者
於无上菩提構化方便津通之路絶矣故宜遵於平等大慧
以隆洪業是以　第四明於善德雖復存懷事廣而情滯世
儀承於真趣不會法施等構之要故因斯闕以屬其極彰
於大士至妙平等法施之會等構之行功顯於此耳
文殊問疾品　　上明身義故此品已下次論正宗〻而言之所謂善
權妙道盡不盡解脫法門是以始從於此經終訖見阿閦佛品
廣弁真相何者凡真妙道之興起於真觀勝惠方便至順之
善故創明調伏為趣行既調伏已於弘別幹融真實出於思量
之域故次明不思議品耳　然不思議品出於中宗之奧旨於

[illegible]
能制彼威伏不消化〃相乘故耶從正增長道法熾盛於世故也
雖能化熾然佛法而不能等心普被深達大乘正濟之道者
於无上菩提構化方便津通之路絕矣故宜遵於平等大慧
以隆洪業是以　第四明於善德雖復存懷事普而情滯世
儀承於真趣不會法施等構之要故因斯闕以層其極耳
於大士至妙平等法施之會等構之行功顯於此耳
文殊問疾品　上明序義故此品已下次論正宗〃〃而言之所謂菩
薩妙道盡不盡解脫法門是以始從於此經終訖見阿閦佛品
廣弁其相何者凡夫妙道之興起於真觀勝惠方便至順之
善故創明調伏為趣行既調伏已於分別解融真實出於思量
之域故次明不思議品耳　然不思議獨出於沖玄之奧迭於
生死之原而實際无際故顯无所顯故次明　觀衆生品既達
本際悟解玄律塵所不染自在无得故生滅所不能羈惠辱所
不能汙顯道无外導利群生品功弃法雲普周法界故次明
通達佛道品　然至道无方妙顯殊能事普塵興而歸宗莫
二是以異解同津殊途合趣詮謂雖衆其致一也故次明
入不二法門品　然不二法門既是通玄之路達本窮真惠悟斯
融故動靜不移其懷淨識莫易其心道无不洽語默斯通

若
清淨
爲地金……皆七寶
亦如西方……等无差别於
其國中有二菩薩摩訶薩一名日光遍照二
名月光遍照是彼无量无數菩薩衆之上首
悉能持彼世尊藥師瑠璃光如來正法寶藏
是故曼殊室利諸有信心善男子善女人等
應當願生彼佛世界
尒時世尊復告曼殊室利童子言曼殊室利
有諸衆生不識善惡唯懷貪悋不知布施及
施果報愚癡无智闕於信根多聚財寶勤
加守護見乞者来其心不喜設不獲已而行
施時如割身宍深生痛惜復有无量慳貪
有情積集資財於其自身尚不受用何況能
與父母妻子奴婢作使及来乞者彼諸有
情從此命終生餓鬼界或傍生趣由昔人
間曾得暫聞藥師瑠璃光如来名故今在惡
趣暫得憶念彼如来名即於念時從彼處沒
還生人中得宿命念畏惡趣苦不樂欲樂好
行惠施讚歎施者一切所有悉无貪惜漸次
尚能以頭目手足血宍身分施来求者況餘財物
復次曼殊室利若諸有情雖於如来受諸
學處而破尸羅有雖不破尸羅而破軌則有

BD03263號　藥師琉璃光如來本願功德經　（11–1）

施時如割身宍深生痛惜復有无量慳貪
有情積集資財於其自身尚不受用何況能
與父母妻子奴婢作使及来乞者彼諸有
情從此命終生餓鬼界或傍生趣由昔人
間曾得暫聞藥師瑠璃光如来名故今在惡
趣暫得憶念彼如来名即於念時從彼處沒
還生人中得宿命念畏惡趣苦不樂欲樂好
行惠施讚歎施者一切所有悉无貪惜漸次
尚能以頭目手足血宍身分施来求者況餘財物
復次曼殊室利若諸有情雖於如来受諸
學處而破尸羅有雖不破尸羅而破軌則有
於尸羅軌則雖得不壞然毀正見有雖不毀
正見而棄多聞於佛所說契經深義不能解
了有雖多聞而增上慢由增上慢覆蔽心故
自是非他嫌謗正法爲魔伴黨如是愚人自
行邪見復令无量俱胝有情墮大嶮坑此諸
有情應於地獄傍生鬼趣流轉无窮若得聞
此藥師瑠璃光如来名号便捨惡行脩諸善法
不墮惡趣設有不能捨諸惡行脩行善法墮
惡趣者以彼如来本願威力令其現前暫聞
名号從彼命終還生人趣得正見精進善調意
樂便能捨家趣於非家如来法中受持學
處无有毀犯正見多聞解甚深義離增上慢
不謗正法不爲魔伴漸次脩行諸菩薩行速
得圓滿
復次曼殊室利若諸有情慳貪嫉妬自讚毀
他當墮三惡趣中无量千歲受諸劇苦受劇

BD03263號　藥師琉璃光如來本願功德經　（11–2）

不謗正法不爲魔伴漸次修行諸菩薩行速
得圓滿
復次曼殊室利若諸有情慳貪嫉妬自讚毀
他當墮三惡趣中无量千歲受諸劇苦受劇
苦已從彼命終還生人間作牛馬駝驢恒被鞭
撻飢渴逼惱又常負重隨路而行或得爲
人生居下賤作人奴婢受他駈使恒不自在
若昔人中曾聞世尊藥師瑠璃光如來名号
由此善因今復憶念至心歸依以佛神力衆
苦解脫諸根聰利智慧多聞恒求勝法常遇
善友永斷魔羂破无明鷇竭煩惱河解脫
一切生老病死憂悲苦惱
復次曼殊室利若諸有情好喜乖離更相
鬪訟惱亂自他以身語意造作增長種種惡
業展轉常爲不饒益事互相謀害告召山林
樹塚等神殺諸衆生取其血肉祭祀藥叉羅
刹娑等書怨人名作其形像以惡呪術而呪咀
之厭媚蠱道呪起屍鬼令斷彼命及壞其
身是諸有情若得聞此藥師瑠璃光如來名
号彼諸惡事悉不能害一切展轉皆起慈心利
益安樂无損惱意及嫌恨心各各歡悅於自
所受生於喜足不相侵凌互爲饒益
復次曼殊室利若有四衆苾芻苾芻尼鄔波
索迦鄔波斯迦及餘淨信善男子善女人等
有能受持八分齋戒或經一年或復三月受
持學處以此善根願生西方極樂世界无量
壽佛所聽聞正法而未定者若聞世尊藥
師瑠璃光如來名号臨命終時有八菩薩乘神

BD03263號　藥師琉璃光如來本願功德經

（11–3）

索迦鄔波斯迦及餘淨信善男子善女人等
有能受持八分齋戒或經一年或復三月受
持學處以此善根願生西方極樂世界无量
壽佛所聽聞正法而未定者若聞世尊藥
師瑠璃光如來名号臨命終時有八菩薩乘神
通來示其道路即於彼界種種雜色衆寶
華中自然化生或有因此生於天上雖生天中
而本善根亦未窮盡不復更生諸餘惡趣天
上壽盡還生人間或爲輪王統攝四洲威德
自在安立无量百千有情於十善道或生刹
帝利婆羅門居士大家多饒財寶倉庫盈
溢形相端嚴眷屬具足聰明智慧勇健威猛
如大力士若是女人得聞世尊藥師瑠璃光
如來名号至心受持於後不復更受女身
介時曼殊室利童子白佛言世尊我當誓於
像法轉時以種種方便令諸淨信善男子
善女人等得聞世尊藥師瑠璃光如來名号
乃至睡中亦以佛名覺悟其耳世尊若於此經
受持讀誦或復爲他演說開示若自書若使
人書恭敬尊重以種種華香塗香末香燒
香花鬘瓔珞幡蓋伎樂而爲供養以五色綵
作囊盛之掃灑淨處敷設高座而用安處
介時四大天王與其眷屬及餘无量百千天衆
皆詣其所供養守護世尊若此經寶流行之
處有能受持以彼世尊藥師瑠璃光如來本
願功德及聞名字當知是處无復橫死亦復
不爲諸惡鬼神奪其精氣設已奪者還得如
故身心安樂

BD03263號　藥師琉璃光如來本願功德經

（11–4）

處有能受持以彼世尊藥師瑠璃光如來本
願功德及聞名字當知是處无復橫死亦復
不為諸惡鬼神奪其精氣設已奪者還得如
故身心安樂
佛告曼殊室利如是如是如汝所說曼殊室
利若有淨信善男子善女人等欲供養彼世
尊藥師瑠璃光如來者應先造立彼佛形
像敷清淨座而安處之散種種花燒種種香
以種種幢幡莊嚴其處七日七夜受八分齋
戒食清淨食澡浴香潔著新淨衣應生无
垢濁心无怒害心於一切有情起利益安樂慈
悲喜捨平等之心鼓樂歌讚右遶佛像復應
念彼如來本願功德讀誦此經思惟其義
演說開示隨所樂願一切皆遂求長壽得長
壽求富饒得富饒求官位得官位求男女
得男女若復有人忽得惡夢見諸惡相或怪
鳥來集或於住處百怪出現此人若以衆妙
資具恭敬供養彼世尊藥師瑠璃光如來者
惡夢惡相諸不吉祥皆悉隱沒不能為患
或有水火刀毒懸嶮惡象師子虎狼熊羆毒
蛇惡蝎蜈蚣蚰蜒蚊虻等怖若能至心憶念彼
佛恭敬供養一切怖畏皆得解脫若他國侵擾
盜賊反亂憶念恭敬彼如來者亦皆解脫
復次曼殊室利若有淨信善男子善女人等
乃至盡形不事餘天唯當一心歸佛法僧受
持禁戒若五戒十善菩薩四百戒苾芻二
百五十戒苾芻尼五百戒於所受中或有毀

BD03263號　藥師琉璃光如來本願功德經　（11–5）

復次曼殊室利若有淨信善男子善女人等
乃至盡形不事餘天唯當一心歸佛法僧受
持禁戒若五戒十善菩薩四百戒苾芻二
百五十戒苾芻尼五百戒於所受中或有毀
犯怖墮惡趣若能專念彼佛名号恭敬供養
者必定不受三惡趣生或有女人臨當產時受
於極苦若能至心稱名礼讚恭敬供養彼如
來者衆苦皆除所生之子身分具足形色端
正見者歡喜利根聰明安隱小病无有非人
奪其精氣
尒時世尊告阿難言如我稱揚彼佛世尊藥
師瑠璃光如來所有功德此是諸佛甚深行
處難可解了汝為信不阿難白言大德世尊
我於如來所說契經不生疑惑所以者何一切
如來身語意業无不清淨世尊此日月輪可
令墮落妙高山王可使傾動諸佛所言无
有異也世尊有諸衆生信根不具聞說諸
佛甚深行處作是思惟云何但念藥師瑠璃
光如來一佛名号便獲尒所功德勝利由此不信
返生誹謗彼於長夜失大利樂墮諸惡趣
流轉无窮佛告阿難是諸有情若聞世尊藥
師瑠璃光如來名号至心受持不生疑惑墮惡
趣者无有是處阿難此是諸佛甚深所行
難可信解汝今能受當知皆是如來威力阿難
一切聲聞獨覺及未登地諸菩薩等皆悉
不能如實信解唯除一生所繫菩薩阿難人
身難得於三寶中信敬尊重難可得聞世尊

BD03263號　藥師琉璃光如來本願功德經　（11–6）

難可信解汝今能受當知皆是如来威力阿難
一切聲聞獨覺及未登地諸菩薩等皆悉
不能如實信解唯除一生所繫菩薩阿難人
身難得於三寶中信敬尊重難可得聞世尊
藥師瑠璃光如来名号復難於是阿難
彼藥師瑠璃光如来无量菩薩行无量巧方
便无量廣大願我若一劫若一劫餘而廣說
者劫可速盡彼佛行願善巧方便无有盡
也尒時衆中有一菩薩摩訶薩名曰救脫即
從座起偏袒一肩右膝著地曲躬合掌而白
佛言大德世尊像法轉時有諸衆生為種
種患之所困厄長病羸瘦不能飲食喉脣乾
燥見諸方暗死相現前父母親屬朋友知識啼
泣圍遶然彼自身卧在本處見琰魔使引其神
識至于琰魔法王之前然諸有情有俱生神
隨其所作若罪若福皆具書之盡持授與琰
魔法王尒時彼王推問其人筭計所作隨其
罪福而處斷之時彼病人親屬知識若能為
彼歸依世尊藥師瑠璃光如来請諸衆僧轉
讀此經然七層之燈懸五色續命神幡或有
是處神識得還如在夢中明了自見或經七日
或二十一日或三十五日或四十九日彼識還時
如從夢覺皆自憶知善不善業所得果
報由自證見業果報故乃至命難亦不造
作諸惡之業是故淨信善男子善女人等
皆應受持藥師瑠璃光如来名号隨力所能
恭敬供養

BD03263 號　藥師琉璃光如來本願功德經　（11–7）

如從夢覺皆自憶知善不善業所得果
報由自證見業果報故乃至命難亦不造
作諸惡之業是故淨信善男子善女人等
皆應受持藥師瑠璃光如来名号隨力所能
恭敬供養
尒時阿難問救脫菩薩曰善男子應云何
恭敬供養彼世尊藥師瑠璃光如来續命幡
燈復云何造救脫菩薩言大德若有病人欲
脫病苦當為其人七日七夜受持八分齋戒
應以飲食及餘資具隨力所辦供養苾蒭
僧晝夜六時礼拜供養彼世尊藥師瑠璃光
如來讀誦此經四十九遍燃四十九燈造彼如
來形像七軀一一像前各置七燈一一燈量
大如車輪乃至四十九日光明不絕造五色綵
幡長四十九搩手應放雜類衆生至四十九
可得過度危厄之難不為諸橫惡鬼所持
復次阿難若剎帝利灌頂王等災難起時所
謂人衆疾疫難他國侵逼難自界叛逆難星
宿變怪難日月薄蝕難非時風雨難過時
不雨難彼剎帝利灌頂王等尒時應於一切
有情起慈悲心赦諸繫閉依前所說供養之
法供養彼世尊藥師瑠璃光如来由此善根
及彼如来本願力故令其國界即得安隱風
雨順時穀稼成熟一切有情无病歡樂於其
國中无有暴惡藥叉等神惱有情者一切
惡相皆即隱沒而剎帝利灌頂王等壽命
色力无病自在皆得增益阿難若帝后妃

BD03263 號　藥師琉璃光如來本願功德經　（11–8）

雨順時穀稼成熟一切有情无病歡樂於其
國中无有暴惡藥叉等神惱有情者一切
惡相皆即隱沒而刹帝利灌頂王等壽命
色力无病自在皆得增益阿難若帝后妃
主儲君子王大臣輔相中宮綵女百官黎庶
為病所苦及餘厄難亦應造立五色神幡然
燈續命放諸生命散雜色華燒衆名香病
得除愈衆難解脫
尒時阿難問救脫菩薩言善男子云何已盡
之命而可增益救脫菩薩言大德汝豈不聞
如來說有九橫死耶是故勸造續命幡燈脩
諸福德以脩福故盡其壽命不經苦患阿難
問言九橫云何救脫菩薩言若諸有情得病
雖輕然无醫藥及看病者設得遇醫授以
非藥實不應死而便橫死又信世間邪魔
外道妖孽之師妄說禍福便生恐動心不自
正卜問覓禍殺種種衆生解奏神明呼諸魍
魎請乞福祐欲冀延年終不能得愚癡迷
惑信邪倒見遂令橫死入於地獄无有出期
是名初橫二者橫被王法之所誅戮三者畋
獵嬉戲耽婬嗜酒放逸無度橫為非人奪其
精氣四者橫為火焚五者橫為水溺六者橫
為種種惡獸所噉七者橫墮山崖八者橫為
毒藥厭禱呪咀起屍鬼等之所中害九者飢
渴所困不得飲食而便橫死是為如來略說
橫死有此九種其餘復有无量諸橫難可具說
復次阿難彼琰魔王主領世間名籍之記若
諸有情不孝五逆破辱三寶壞君臣法毀於

BD03263號　藥師琉璃光如來本願功德經　（11–9）

渴所困不得飲食而便橫死是為如來略說
橫死有此九種其餘復有无量諸橫難可具說
復次阿難彼琰魔王主領世間名籍之記若
諸有情不孝五逆破辱三寶壞君臣法毀於
信戒琰魔法王隨罪輕重考而罰之是故我
今勸諸有情然燈造幡放生脩福令度苦厄
不遭衆難
尒時衆中有十二藥叉大將俱在會坐所謂
宮毗羅大將　伐折羅大將　迷企羅大將　安底羅大將
頞你羅大將　珊底羅大將　因達羅大將　波夷羅大將
摩虎羅大將　真達羅大將　招杜羅大將　毗羯羅大將
此十二藥叉大將一一各有七千藥叉以為眷
屬同時舉聲白佛言世尊我等今者蒙佛威
力得聞世尊藥師瑠璃光如來名号不復更
有惡趣之怖我等相率皆同一心乃至盡形
歸佛法僧誓當荷負一切有情為作義利
饒益安樂隨於何等村城國邑空閑林中
若有流布此經或復受持藥師瑠璃光如
來名号恭敬供養者我等眷屬衛護是人
皆使解脫一切苦難諸有願求悉令滿足或
有疾厄求度脫者亦應讀誦此經以五色縷
結我名字得如願已然後解結
尒時世尊讚諸藥叉大將言善哉善哉大藥
叉大將汝等念報世尊藥師瑠璃光如來恩德
者常應如是利益安樂一切有情
尒時阿難白佛言世尊當何名此法門我等
云何奉持佛告阿難此法門名說藥師瑠璃
光如來本願功德亦名說十二神將饒益有
情結願神呪亦名拔除一切業障應如是持
時薄伽梵說是語已諸菩薩摩訶薩及大聲
聞國王大臣婆羅門居士天龍藥叉揵達縛阿

BD03263號　藥師琉璃光如來本願功德經　（11–10）

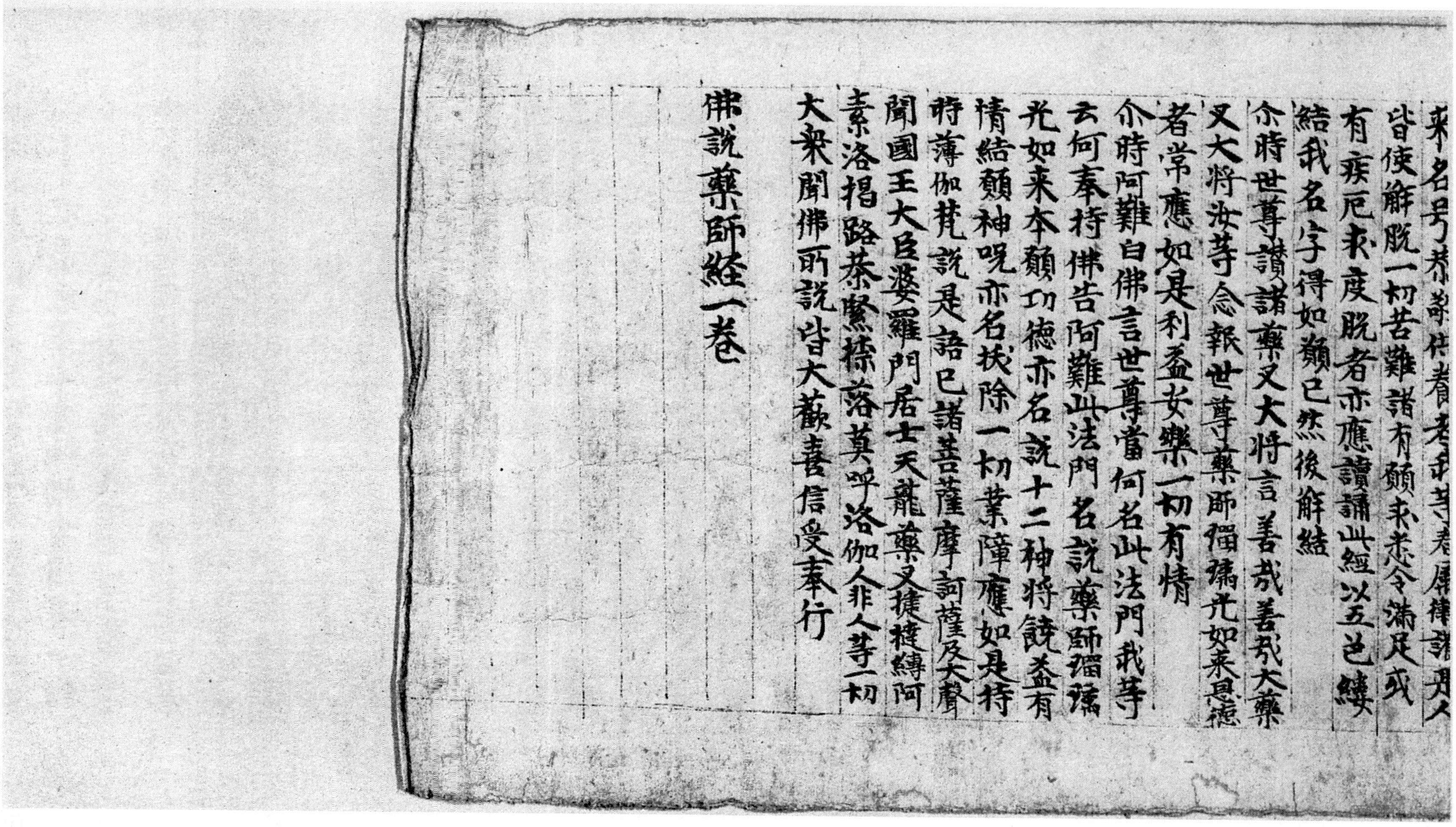

衆名号恭敬供養者我等眷屬衛護是人
皆使解脫一切苦難諸有願求悉令滿足或
有疾厄求度脫者亦應讀誦此經以五色縷
結我名字得如願已然後解結
尒時世尊讚諸藥叉大將言善哉善哉大藥
叉大將汝等念報世尊藥師琉璃光如來恩德
者常應如是利益安樂一切有情
尒時阿難白佛言世尊當何名此法門我等
云何奉持佛告阿難此法門名說藥師琉璃
光如來本願功德亦名說十二神將饒益有
情結願神呪亦名拔除一切業障應如是持
時薄伽梵說是語已諸菩薩摩訶薩及大聲
聞國王大臣婆羅門居士天龍藥叉揵達縛阿
素洛揭路荼緊捺落莫呼洛伽人非人等一切
大衆聞佛所說皆大歡喜信受奉行

佛說藥師經一卷

BD03263 號　藥師琉璃光如來本願功德經　（11–11）

社司轉帖　右緣年支春座局席次至
盈之通　娘　差純　人各

佛說佛佛佛佛佛佛佛佛佛佛佛佛佛
說說說說說說說說說說說說說說
地地地地地地地地地地地地地地地
藏藏藏藏藏藏藏藏藏藏藏藏藏
皆皆皆皆皆皆皆皆皆皆皆皆皆

BD03264 號　習字（擬）　（3–1）

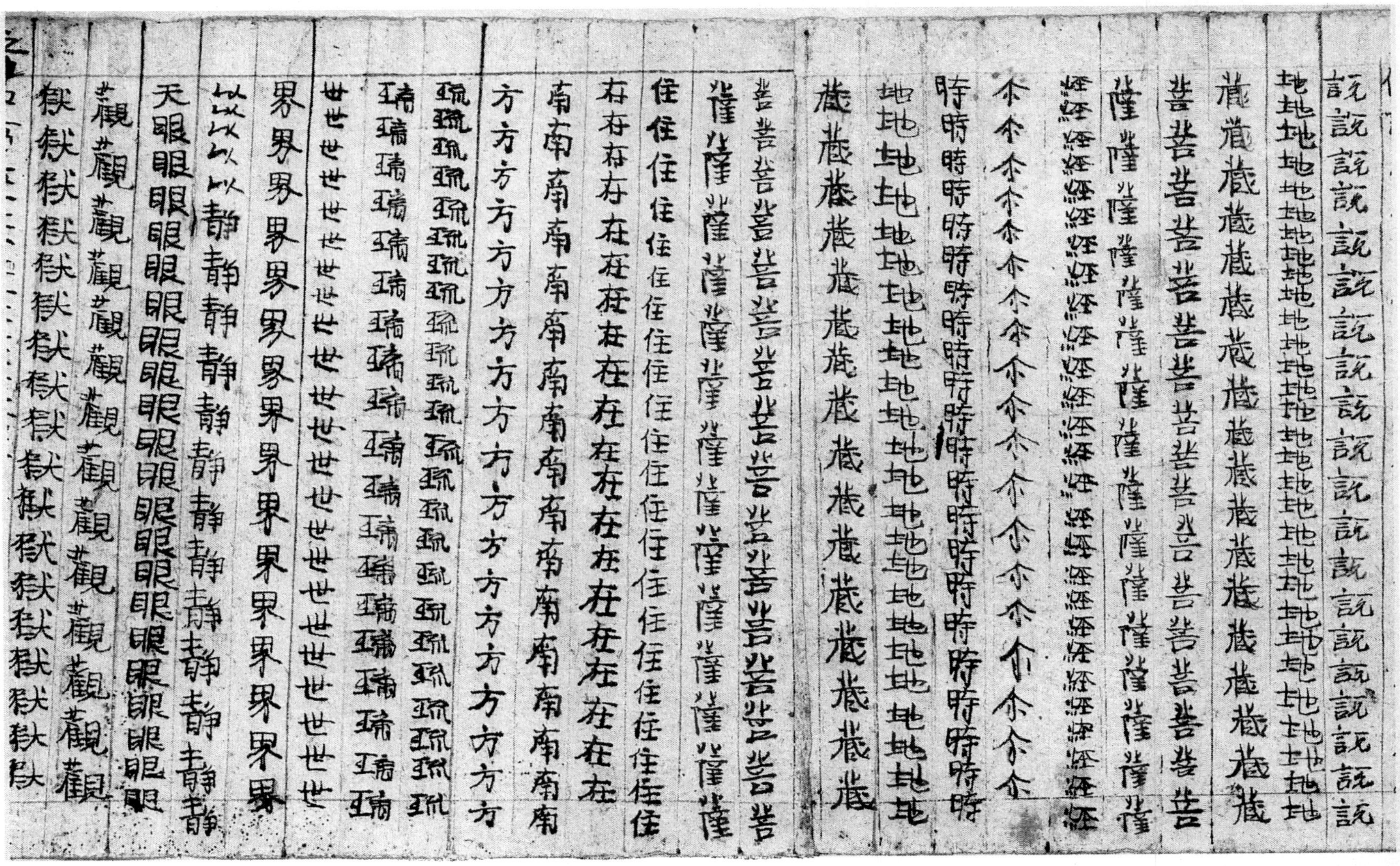

BD03264號　習字（擬）　（3–2）

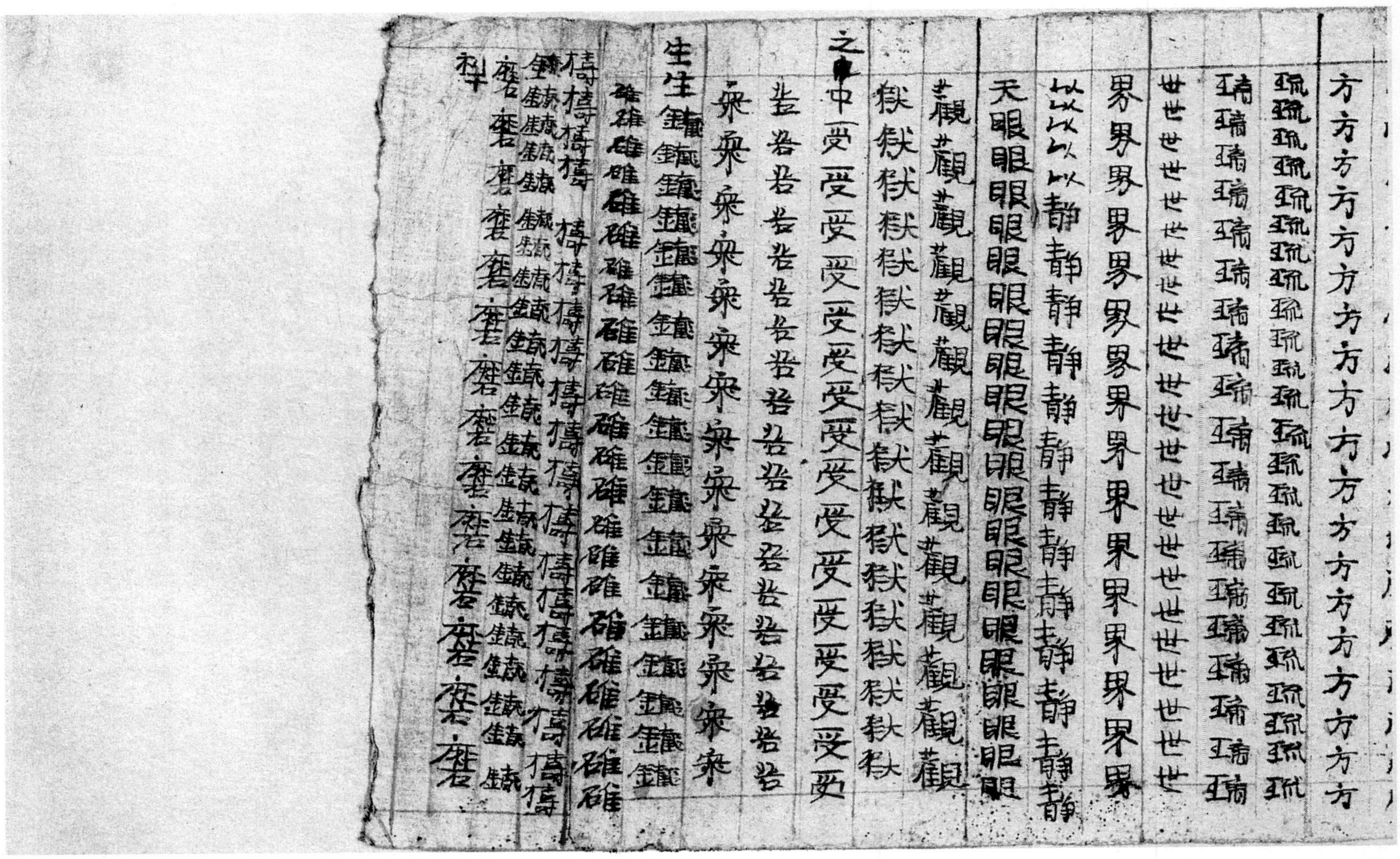

BD03264號　習字（擬）　（3–3）

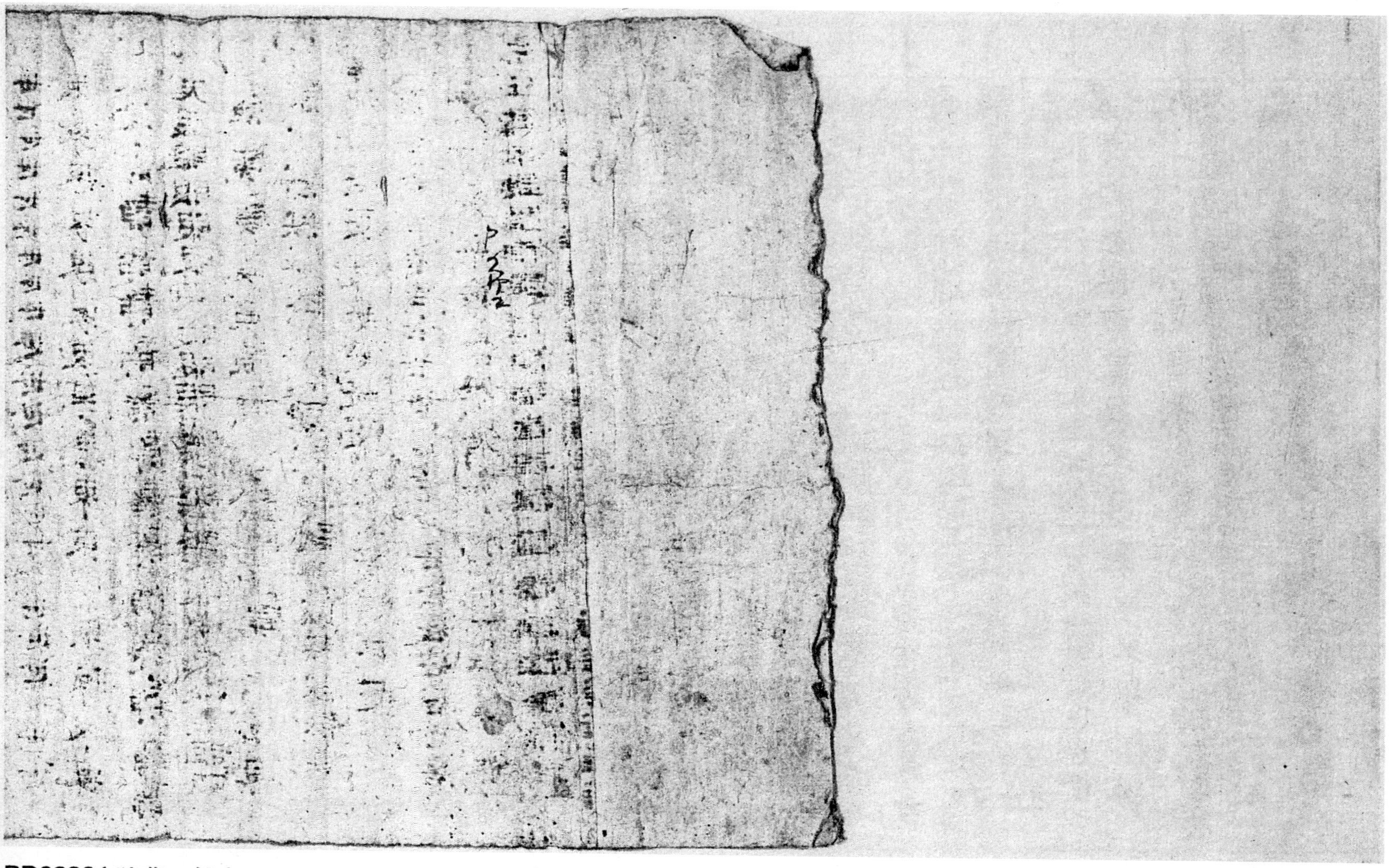

BD03264 號背　雜寫

（1–1）

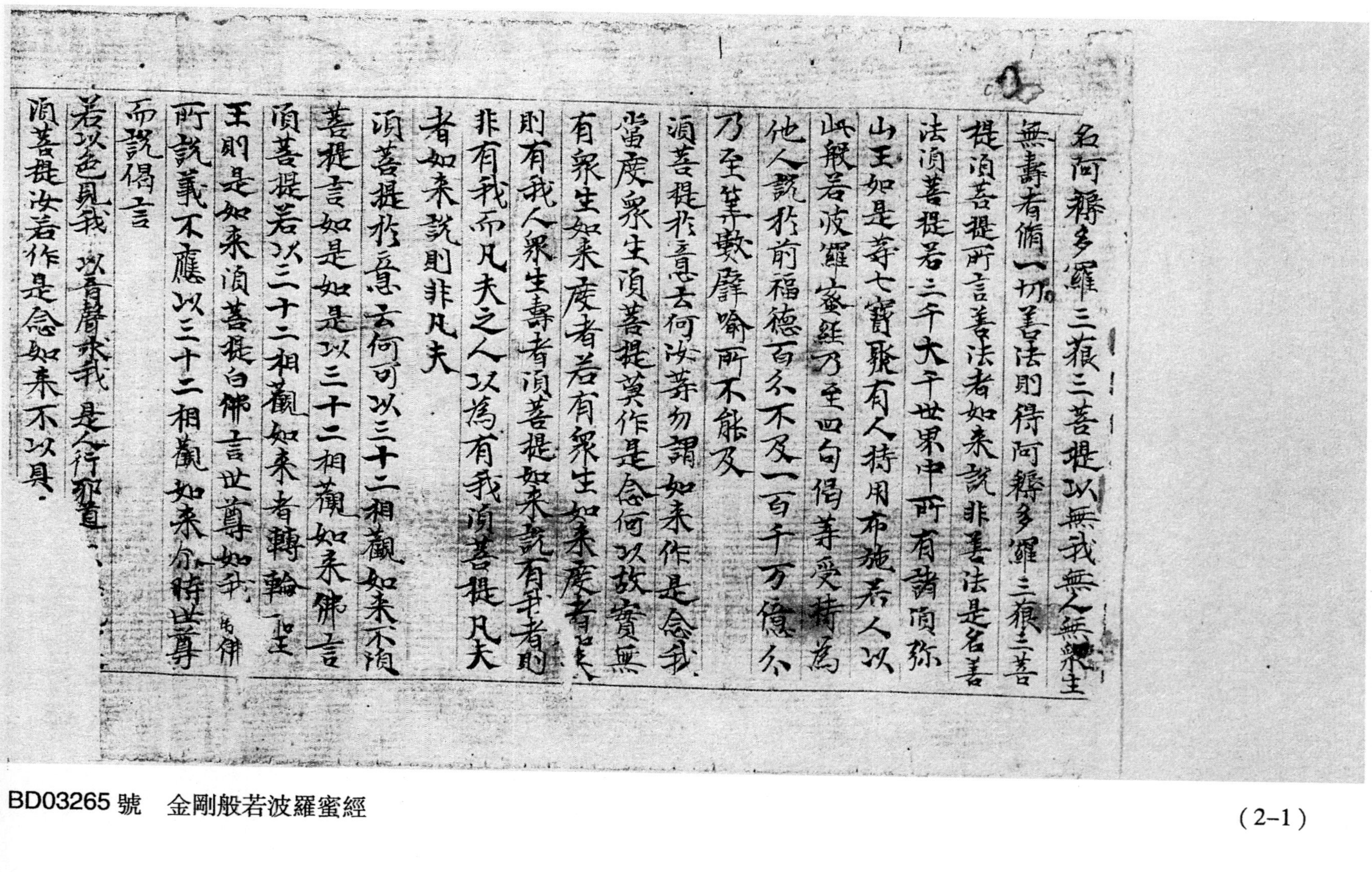

名阿耨多羅三藐三菩提以無我無人無衆生
無壽者脩一切善法則得阿耨多羅三藐三菩
提須菩提所言善法者如來說非善法是名善
法須菩提若三千大千世界中所有諸須弥
山王如是等七寶聚有人持用布施若人以
此般若波羅蜜經乃至四句偈等受持為
他人說於前福德百分不及一百千万億分
乃至筭數譬喻所不能及
須菩提於意云何汝等勿謂如來作是念我
當度衆生須菩提莫作是念何以故實無
有衆生如來度者若有衆生如來度者如來
則有我人衆生壽者須菩提如來說有我者則
非有我而凡夫之人以為有我須菩提凡夫
者如來說則非凡夫
須菩提於意云何可以三十二相觀如來不須
菩提言如是如是以三十二相觀如來佛言
須菩提若以三十二相觀如來者轉輪聖王
王則是如來須菩提白佛言世尊如我解佛
所說義不應以三十二相觀如來尒時世尊
而說偈言
若以色見我　以音聲求我　是人行邪道
須菩提汝若作是念如來不以具

BD03265 號　金剛般若波羅蜜經

（2–1）

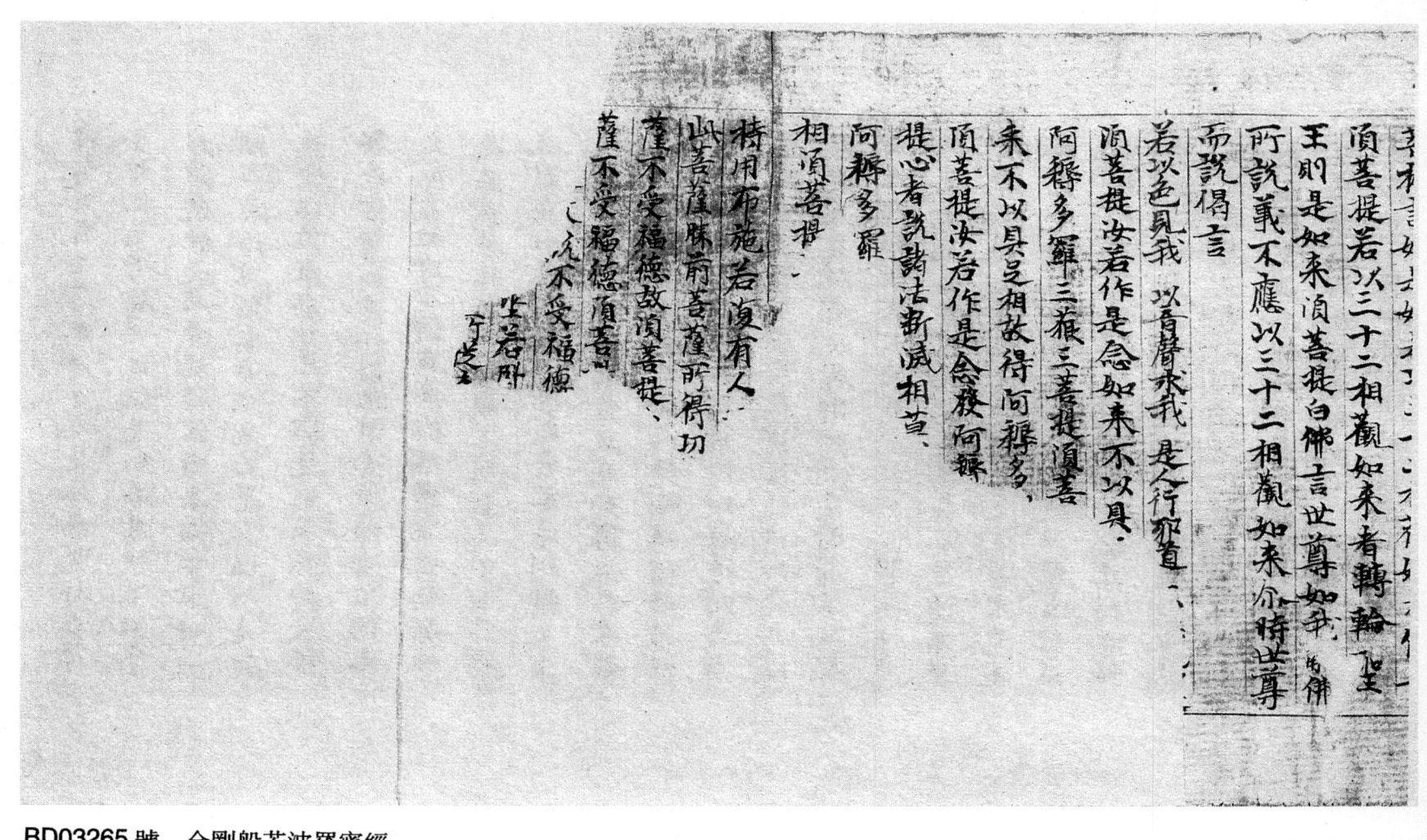

須菩提若以三十二相觀如來者轉輪聖
王則是如來須菩提白佛言世尊如我解佛
所說義不應以三十二相觀如來尒時世尊
而說偈言
若以色見我 以音聲求我 是人行邪道
須菩提汝若作是念如來不以具足
阿耨多羅三藐三菩提須菩
來不以具足相故得阿耨多
須菩提汝若作是念發阿耨
提心者說諸法斷滅相莫
阿耨多羅
相須菩提
持用布施若復有人
此菩薩勝前菩薩所得功
薩不受福德故須菩提
薩不受福德須菩
說不受福德
坐若臥

BD03265號　金剛般若波羅蜜經

（2–2）

若云何不
羅蜜云
子菩薩
布施
涅槃云何名大涅
摩訶薩循行方便般涅
布施不聞檀波羅蜜不見檀波羅蜜如
聞般若不見般若不聞般若波羅蜜不見般
若波羅蜜不聞涅槃不見涅槃不聞大涅槃
不見大涅槃菩薩摩訶薩循大涅槃知見法
界解了實相空无所有无有和合覺知之相
得无漏相无所作相如幻化相熱時炎相乾
闥婆城虛空之相菩薩尒時得是相已无貪
恚癡不聞不見是名菩薩摩訶薩真實之相
安住實相菩薩摩訶薩自知此是檀此是檀
波羅蜜乃至此是般若此是般若波羅蜜此
是涅槃此是大涅槃善男子云何是施非波
羅蜜見有乞者然後乃與是名為施非波羅
蜜若无乞者開心自施是則名為檀波羅蜜
若時時施是名為施非波羅蜜若循常施是
則名為檀波羅蜜若施他已還生悔心是名
為施非波羅蜜施已不悔是則名為檀波羅

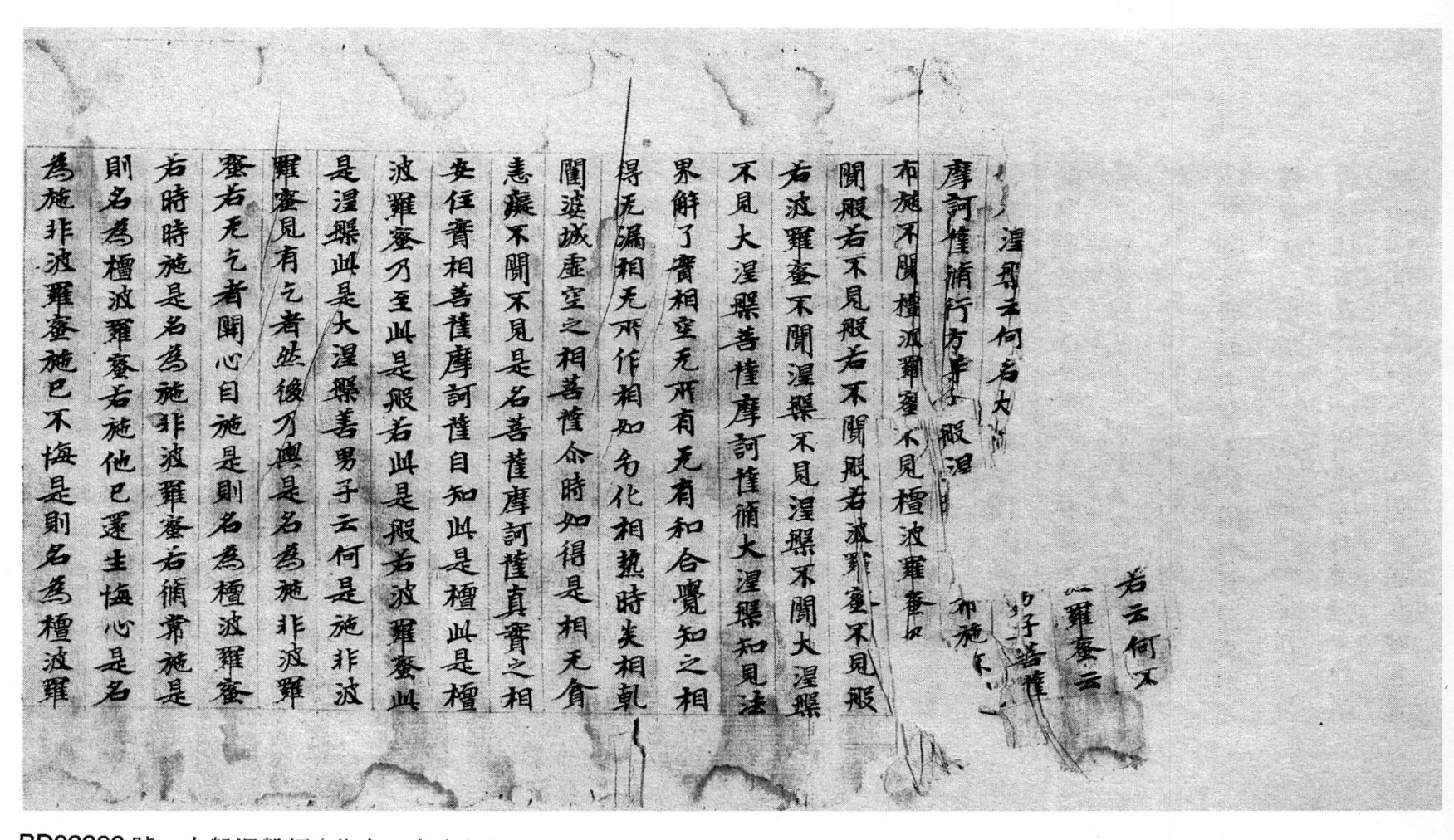

BD03266號　大般涅槃經（北本　宮本）卷二二

（24–1）

羅蜜見有乞者然後乃與是名為施非波羅
蜜若无乞者闓心自施是則名為檀波羅蜜
若時時施是名為施非波羅蜜若脩常施是
則名為檀波羅蜜若施他已還生悔心是名
為施非波羅蜜施已不悔是則名為檀波羅
蜜菩薩摩訶薩於財物中生四怖心王賊水
火歡喜施與是則名為檀波羅蜜若望報施
是名為施非波羅蜜施不望報是則名為檀
波羅蜜若為恐怖名聞利養家法相續天上
五欲為憍慢故為勝負故為知識故為求報
故如市易法善男子如人種樹為得蔭涼為
得華菓及以材木若人脩行如是等施是名
為施非波羅蜜菩薩摩訶薩脩行如是大涅
槃者不見施者受者財物不見時節不見福
田及非福田不見因不見緣不見果報不見
作者不見受者不見多不見少不見淨不見
不淨不輕受者己身財物不見見者不見不
見者不計己他唯為方等大般涅槃常住法
故脩行布施為利一切諸衆生故而行布施
為斷一切衆生煩惱故故行布施為諸衆生
不見受者施者財物故行於施善男子譬如
有人墮大海水抱持死屍財得度脫菩薩摩
訶薩脩大涅槃行布施時亦復如是如彼死
屍善男子譬如有人閇在深獄門戶堅牢唯

BD03266號　大般涅槃經（北本　宮本）卷二二　（24–2）

不見受者施者財物故行於施善男子譬如
有人墮大海水抱持死屍財得度脫菩薩摩
訶薩脩大涅槃行布施時亦復如是如彼死
屍善男子譬如有人閇在深獄門戶堅牢唯
有廁孔便從中出到无㝵處菩薩摩訶薩脩
大涅槃行布施時亦復如是善男子譬如貴
人恐怖急厄更无恃怙依栴陁羅菩薩摩訶
薩脩大涅槃行於布施亦復如是善男子譬
如病人為除病苦得安樂故服食不淨菩薩
摩訶薩脩大涅槃行於布施亦復如是善男
子如婆羅門値穀勇貴為壽命故食噉狗肉
菩薩摩訶薩脩大涅槃行於布施亦復如是
善男子大涅槃中如是之事從无量劫來不
聞而聞尸羅尸羅波羅蜜乃至般若般若波
羅蜜如佛雜華經中廣說善男子云何菩薩
摩訶薩脩大涅槃不聞而聞十二部經其義
深邃昔來不聞今因是經得具足聞先雖得
聞唯聞名字而今於此大涅槃經乃得聞義
聲聞緣覺雖聞十二部經名字不聞其義今
於此經具足得聞是名不聞而聞善男子一
切聲聞緣覺經中曾不聞佛有常樂我淨不
畢竟滅三寶佛性无差別相犯四重罪謗方
等經作五逆罪及一闡提悉有佛性今於此
經而得聞之是名不聞而聞光明遍照高貴

BD03266號　大般涅槃經（北本　宮本）卷二二　（24–3）

切聲聞緣覺經中曾不聞佛有常樂我淨不
畢竟滅三寶佛性无差別相犯四重罪謗方
等經作五逆罪及一闡提悉有佛性今於此
經而得聞之是名不聞而聞光明遍照高貴
德王菩薩摩訶薩白佛言世尊若犯重禁謗
方等經作五逆罪一闡提等有佛性者是等
云何復墮地獄世尊若使是等有佛性者云
何復言无常樂我淨世尊若斷善根名一闡
提者斷善根時所有佛性云何不斷佛性若
斷云何復言常樂我淨如其不斷何故名為
一闡提耶世尊犯四重禁名為不定謗方等
經作五逆罪及一闡提悉名不定如是等輩
若決定者云何得成阿耨多羅三藐三菩提
得須陀洹乃至辟支佛亦名不定若須陀洹
至辟支佛是決定者亦不應成阿耨多羅三
藐三菩提世尊若犯四重不決定者須陀洹
乃至辟支佛亦不決定如是不定諸佛如來
亦復不定若佛不定涅槃體性亦復不定至
一切法亦復不定云何不定若一闡提除一
闡提則成佛道諸佛如來亦應如是入涅槃
已亦應還出不入涅槃若如是者涅槃之性
則為不定不決定故當知无有常樂我淨云
何說言一闡提等當得涅槃尒時世尊告光
明遍照高貴德王菩薩摩訶薩言善哉善哉
善男子為欲利益无量衆生令得安樂憐愍

BD03266號　大般涅槃經（北本　宮本）卷二二　（24–4）

闡提則成佛道諸佛如來亦應如是入涅槃
已亦應還出不入涅槃若如是者涅槃之性
則為不定不決定故當知无有常樂我淨云
何說言一闡提等當得涅槃尒時世尊告光
明遍照高貴德王菩薩摩訶薩言善哉善哉
善男子為欲利益无量衆生令得安樂憐愍
慈念諸世間故為欲增長發菩提心諸菩薩
故作如是問善男子汝已親近過去无量諸
佛世尊於諸佛所殖諸善根久已成就菩提
功德降伏衆魔令其退散已教无量无邊衆
生悉令得至阿耨多羅三藐三菩提久已通
達諸佛如來所有甚深秘密之藏已問過去
无量无邊恒河沙等諸佛世尊如是甚深秘
密之藏我都不見一切世間若天若人沙門
婆羅門若魔若梵有能諮問如來是義今當
誠心諦聽諦聽吾當為汝分別演說善男子
一闡提者亦不決定若決定者是一闡提終
不能得阿耨多羅三藐三菩提以不定故是
故能得如汝所言佛性不斷云何一闡提斷
善根者善男子善根有二種一者內二者外
佛性非內非外以是義故佛性不斷復有二
種一者有漏二者无漏佛性非有漏非无漏
是故不斷復有二種一者常二者无常佛性
非常非无常是故不斷若是斷者則應還得
若不還得則名不斷若斷已得名一闡提犯

BD03266號　大般涅槃經（北本　宮本）卷二二　（24–5）

種一者有漏二者无漏佛性非有漏非无漏
是故不斷復有二種一者常二者无常佛性
非常非无常是故不斷若是斷者則應還得
若不還得則名不斷若斷已得名一闡提犯
四重者之是不定若決定者犯四重禁終不
能得阿耨多羅三藐三菩提謗方等經之復
不定若決定者謗正法人終不能得阿耨多
羅三藐三菩提作五逆罪之復不定若決定
者五逆之人終不能得阿耨多羅三藐三菩
提色与色相二俱不定香味觸相生相至无
明相陰界入相廿五有相四生乃至一切諸
法皆之不定善男子譬如幻師在大衆中化
作四兵車兵步兵象馬作諸瓔珞嚴身之具
城邑聚落山林樹木泉池河井而彼衆中有
諸小兒无有智慧觀見之時悉以為實其中
智人知其虛誑以幻力故惑人眼目善男子
一切凡夫乃至聲聞辟支佛等於一切法見
有定相之復如是諸佛菩薩於一切法不見
定相善男子譬如小兒於盛夏月見熱時炎
謂之為水有智之人於此熱炎終不生於實
水之相但是虛炎誑人眼目非實是水一切
凡夫聲聞緣覺見一切法之復如是悉謂是
實諸佛菩薩於一切法不見定相善男子譬
如山澗因聲有響小兒聞之謂是實聲有智
之人解无定實但有聲相誑於耳識善男子

BD03266號　大般涅槃經（北本　宮本）卷二二　（24-6）

謂之為水有智之人於此熱炎終不生於實
水之相但是虛炎誑人眼目非實是水一切
凡夫聲聞緣覺見一切法之復如是悉謂是
實諸佛菩薩於一切法不見定相善男子譬
如山澗因聲有響小兒聞之謂是實聲有智
之人解无定實但有聲相誑於耳識善男子
一切凡夫聲聞緣覺於一切法之復如是見
有定相諸菩薩等解了諸法悉无定相見无
常相空寂等相无生滅相以是故菩薩摩訶
薩見一切法是无常相善男子之有定相云
何為定常樂我淨在何處耶所謂涅槃善男
子須陁洹果之復不定不決定故逕八万劫
得阿耨多羅三藐三菩提心斯陁含果之復
不定不決定故逕六万劫得阿耨多羅三藐
三菩提心阿那含果之復不定以不定故逕
四万劫得阿耨多羅三藐三菩提心阿羅漢
果之復不定不決定故逕二万劫得阿耨多
羅三藐三菩提心辟支佛道之復不定不決
定故逕十千劫得阿耨多羅三藐三菩提心
善男子如來今於拘尸那城娑羅雙樹間示
現倚卧師子之床欲入涅槃令諸未得阿羅
漢果衆弟子等及諸力士生大憂苦之令人
天阿脩羅乾闥婆迦樓羅緊那羅摩睺羅伽
等大設供養欲使諸人以千端疊纏裹其身
七寶為棺盛滿香油積諸香木以火焚之唯
除二端不可得燒一者襯近二者最在外為

BD03266號　大般涅槃經（北本　宮本）卷二二　（24-7）

𦬇大設供養欲使諸人以千端疊纏裹其身
七寶為棺盛滿香油積諸香木以火焚之唯
除二端不可得燒一者親近二者最在外為
諸衆生分散舍利以為八分一切所有聲聞
弟子咸言如来入於涅槃當知如来之不畢
定入於涅槃何以故如来常住不變易故以
是義故如来涅槃之復不定善男子當知如
来之復不定如来非天何以故有四種天一
者世間天二者生天三者淨天四者義天世
間天者如諸國王生天者從四天王乃至非
有想非无想天淨天者從須陁洹至辟支佛
義天者十住菩薩摩訶薩等以何義故十住
菩薩名為義天以能善解諸法義故云何為
義見一切法是空義故善男子如来非王之
非四天乃至非有想非无想天從須陁洹至
辟支佛十住菩薩以是義故如来非天然諸
衆生之復稱佛為天中天是故如来非天非
非天非人非非人非鬼非非鬼非地獄畜生
餓鬼非非地獄畜生餓鬼非衆生非非衆生
非法非非法非色非非色非長非非長非短
非非短非相非非相非心非非心非有漏非
无漏非有為非无為非常非无常非名非非
名非名非非名非定非非定非有非无非説
非非説非如来非不如来以是義故如来不
定善男子何故如来不名世天世天即是諸

BD03266號　大般涅槃經（北本　宮本）卷二二　（24–8）

非非短非相非非相非心非非心非有漏非
无漏非有為非无為非常非无常非名非非
名非名非非名非定非非定非有非无非説
非非説非如来非不如来以是義故如来不
定善男子何故如来不名世天世天即是諸
王如来久於无量劫中已捨王位是故非王
非非王者如来生於迦毗羅城淨飯王家是
故非非王非生天者如来久已離諸有故是
故非生天非非生天何以故昇兜率天下閻
浮提故是故如来非非生天之非淨天何以
故如来非是須陁洹乃至非辟支佛是故如
来非是淨天非非淨天何以故世間八法所
不能汙猶如蓮華不受塵水是故如来非非
淨天之非義天何以故如来非是十住菩薩
故是故如来非義天也非非義天何以故如
来常脩十八空義故是故如来非非義天如
来非人何以故如来久於无量劫中離人有
故是故非人之非非人何以故生於迦毗羅
城故是故非非人如来非鬼何以故不害一
切諸衆生故是故非鬼之非非鬼何以故之
以鬼像化衆生故是故非非鬼如来之非地
獄畜生餓鬼何以故如来久離諸惡業故是
故非地獄畜生餓鬼之非非地獄畜生餓鬼
如来之復現受三惡諸趣之身化衆生故是
故非非地獄畜生餓鬼之非衆生何以故久

BD03266號　大般涅槃經（北本　宮本）卷二二　（24–9）

獄畜生餓鬼何以故如来久離諸惡業故是
故非地獄畜生餓鬼之非非地獄畜生餓鬼
如来之須現受三惡諸趣之身化衆生故是
故非非地獄畜生餓鬼之非衆生何以故久
已遠離衆生性故是故如来非衆生之非非
衆生何以故或時演說衆生相故是故如来
非非衆生如来非法何以故諸法各各有別
異相如来不尒唯有一相是故非法之非非
法何以故如来法界故是故非非法如来非
色何以故十色人所不攝故是故非色之非
非色何以故身有卅二相八十種好故是故
非非色如来非長何以故斷諸色故是故非
長之非非長何以故一切世間无有能見頂
髻相故是故非非長如来非短何以故久已
遠離憍慢結故是故非短之非非短何以故
為瞿師長者示三尺身故是故非非短如来
非相何以故久已遠離諸相相故是故非故
之非非相何以故善知諸相故是故非非相
如来非心何以故虛空相故是故非心之非
非心何以故有十力心法故之能知他衆生
心故是故非非心如来非有為何以故常樂
我淨故是故非有為之非无為何以故有来
去坐卧示現涅槃故是故非无為如来非常
何以故身有分故是故非常云何非常以有
知故常法无知猶如虛空如来有知是故非

BD03266號　大般涅槃經（北本　宮本）卷二二　（24－10）

我淨故是故非有為之非无為何以故有来
去坐卧示現涅槃故是故非无為如来非常
何以故身有分故是故非常云何非常以有
知故常法无知猶如虛空如来有知是故非
常云何非常有言說故常法无言之如虛空如
来有言是故无常有性氏故名曰无常无性
之法乃名為常虛空常故无有性氏如来有
性姓瞿曇氏是故无常有父母故名曰无常
无父母者乃名曰常虛空常故无有父母佛
有父母是故无常有四威儀名曰无常无四
威儀乃名曰常虛空常故无四威儀佛有四
威儀是故无常常住之法无有方所虛空常
故无有方所如来出在東天竺地住舍婆提
或王舍城是故无常以是義故如来非常之
非非常何以故生死斷故有生之法名曰无
常无生之法乃名為常如来无生是故為常
常法无性有性之法名曰无常如来无生无
性无生无性故常有常之法遍一切處猶如
虛空无處不有如来之尒遍一切處是故為
常无常之法或言此有或言彼无如来不尒
不可言說是處有彼處无是故為常无常之
法有時是有有時是无如来不尒有時是有
有時是无是故為常常住之法无名无色虛
空常故无名无色如来之尒无名无色是故
為常常住之法无因无果虛空常故无因无
果如来之尒无因无果是故為常常住之法

BD03266號　大般涅槃經（北本　宮本）卷二二　（24－11）

有時是无是故為常常住之法无名无色虛
空常故无名无色如来之介无名无色是故
為常常住之法无因无果虛空常故无因无
果如来之介无因无果是故為常常住之法
三世不攝如来之介三世不攝是故為常如
来非名何以故永斷一切虛誑心故是故非
名也非非名何以故如来或時示此一身為
无量身无量之身復為一身山壁直過无有
鄣㝵履水如地入地如水行空如地身出烟
炎如大火聚雲雷震動其聲可畏或為城邑
聚落舍宅山川樹木或作大身或作小身男
身女身童男女身是故如来之非非名如来
非定何以故如来於此拘尸那城娑羅雙樹
間示現入於般涅槃故是故非定之非非定
何以故常樂我淨故是故如来之非非定如
来非有漏何以故斷三漏故故非有漏三漏
者欲界一切煩惱除无明是名欲漏色无色
界一切煩惱除无明是名有漏三界无明名
无明漏如来永斷是故非漏復次一切凡夫
不見有漏云何凡夫不見有漏一切凡夫於
未来世悉有疑心未来世中當得身耶不得
身耶過去世中身本有耶為本无耶現在世
中是身有耶是身无耶若有我者是色耶非
色耶色非色耶非色非色耶想耶非想耶
想非想耶非想非非想耶是身屬他耶不屬

BD03266號　大般涅槃經（北本　宮本）卷二二　（24–12）

身耶過去世中身本有耶為本无耶現在世
中是身有耶是身无耶若有我者是色耶非
色耶色非色耶非色非色耶想耶非想耶
想非想耶非想非非想耶是身屬他耶不屬
他耶屬不屬耶非屬非不屬耶有命无身耶
有身无命耶有身有命耶无身无命耶身之
與命有常耶无常耶常无常耶非常非无常
耶身之與命自在作耶時節作耶无因作耶
世性作耶微塵作耶法非法作耶士夫作耶
煩惱作耶父母作耶我住心耶住眼中耶遍
滿身中耶從何来耶去何至耶誰生耶誰死
耶我於過去是婆羅門姓耶是剎利姓耶是
毗舍姓耶是首陁姓耶當於未来得何姓耶
我此身者過去之時是男身耶是女身耶畜
生身耶若我殺生當有罪耶當无罪耶乃至
飲酒當有罪耶當无罪耶我自作耶為他作
耶我受報耶身受報耶如是疑見无量煩惱
覆眾生心因是疑見生六種心決定有我決
定无我我見我我見无我无我見我我作我
受我知是名耶見如来永拔如是无量見漏
根本是故非漏善男子菩薩摩訶薩於大涅
槃脩聖行者之得永斷如是諸漏諸佛如来
常脩聖行是故无漏善男子凡夫不能善攝
五根則有三漏為惡所牽至不善處善男子
譬如惡馬其性悷㑦能令乘者至嶮惡處不

BD03266號　大般涅槃經（北本　宮本）卷二二　（24–13）

常脩聖行是故无漏善男子凡夫不能善攝
五根則有三漏為惡所牽至不善處善男子
譬如惡馬其性佷悷能令乘者至嶮惡處不
能善攝此五根者亦復如是令人遠離涅槃
善道至諸惡處譬如惡象心未調順有人乘
之不隨意去遠離城邑至空野處不能善攝
此五根者亦復如是將人遠離涅槃城邑至
於生死曠野之處善男子譬如佞臣教王作
惡五根佞臣亦復如是常教眾生造无量惡
善男子譬如惡子不受師長父母教勑則无
惡不造不調五根亦復如是不受師長善言
教勑无惡不造善男子凡夫之人不攝五根
常為地獄畜生餓鬼之所賊害亦如怨盜害
及善人善男子凡夫之人不攝五根馳騁五
塵譬如牧牛不善守護犯人苗稼凡夫之人
不攝五根常在諸有多受苦惱善男子菩薩
摩訶薩脩大涅槃行聖行時常能善調守攝
五根怖畏貪欲瞋恚愚癡憍慢嫉妬為得一
切諸善法故善男子若能善守此五根者則
能攝心若能攝心則攝五根譬如有人擁護
於王則護國土護國土者則護於王菩薩摩
訶薩亦復如是若得聞是大涅槃經則得智
慧得智慧故則得專念五根若散念則能止
何以故是念慧故善男子如善牧者設牛東
西噉他苗稼則便遮止不令犯暴菩薩摩訶

BD03266號　大般涅槃經（北本　宮本）卷二二　（24–14）

訶薩亦復如是若得聞是大涅槃經則得智
慧得智慧故則得專念五根若散念則能止
何以故是念慧故善男子如善牧者設牛東
西噉他苗稼則便遮止不令犯暴菩薩摩訶
薩亦復如是念慧因緣故守護五根不令馳
散菩薩摩訶薩有念慧者不見我相不見我
所相不見眾生及所受用見一切法同法性
相生於土石瓦礫之想譬如屋舍從眾緣生
无有定性見諸眾生四大五陰之所成立推
无定性无定性故菩薩於中不生貪著一切
凡夫見有眾生故起煩惱菩薩摩訶薩脩大
涅槃有念慧故於諸眾生不生貪著復次善
薩摩訶薩脩大涅槃經者不著眾生相作種
種法相善男子譬如畫師以眾雜彩畫作眾
像若男若女若牛若馬凡夫无智見之則生
男女等相畫師了知无有男女菩薩摩訶薩
亦復如是於法異相觀於一相終不生於眾
生之相何以故有念慧故菩薩摩訶薩脩大
涅槃或時觀見端政女人終不生於貪著之
心何以故善觀相故善男子菩薩摩訶薩知
五欲法无有歡樂不得暫停如犬齧枯骨如
人持火逆風而行如篋毒蛇夢中所得路首
菓樹多人所擲亦如段肉眾鳥競逐如水上
泡畫水之跡如織經盡如因趣市猶如假借
勢不得久觀欲如是多諸過惡復次菩薩摩

BD03266號　大般涅槃經（北本　宮本）卷二二　（24–15）

五欲法无有歡樂不得暫停如犬齧枯骨如
人持火逆風而行如篋毒蛇夢中所得路首
菓樹多人所擲之如段肉衆鳥競逐如水上
泡畫水之迹如織經盡如囚趣市猶如假借
勢不得久觀欲如是多諸過惡復次菩薩摩
訶薩觀諸衆生為色香味觸因緣故從昔无
數无量劫来常受苦惱一一衆生一劫之中所
積身骨如王舍城毗富羅山所飲乳汁如四
海水身所出血多四海水父母兄弟妻子眷
屬命終哭泣所出目淚多四大海盡地草木
為四寸籌以數父母亦不能盡无量劫来或
在地獄畜生餓鬼所受苦行不可稱計揣此
大地猶如棗等易可窮極生死難盡菩薩摩
訶薩如是深觀一切衆生以是欲因緣故受
苦无量菩薩已是生死行苦故不失念慧善
男子譬如世間有諸大衆滿廿五里王勑一
臣持一鉢油經由中過莫令傾覆若棄一渧
當斷汝命復遣一人拔刀在後隨而怖之臣
受王教盡心堅持經歷尒所大衆之中雖見
可意五色欲等心常念言我若放逸著彼所
欲當棄所持命不全濟是人以是怖因緣故
乃至不棄一渧之油菩薩摩訶薩亦復如是
於生死中不失念慧以不失故雖見五欲心
不貪著若見淨色不生色相唯觀苦相乃至
識相亦復如是不作生相不作滅相不作因

於生死中不失念慧以不失故雖見五欲心
不貪著若見淨色不生色相唯觀苦相乃至
識相亦復如是不作生相不作滅相不作因
相觀和合相菩薩尒時五根清淨根清淨故
護根戒具一切凡夫五根不淨不能善持名
曰根漏菩薩永斷是故无漏如来拔出永斷
根本是故非漏復次善男子復有離漏菩薩
摩訶薩欲為无上甘露佛果故離諸惡漏云
何為離若能循行大涅槃經書寫受持讀誦
解說思惟其義是名為離何以故善男子我
都不見十二部經能離惡漏如此方等大涅
槃經善男子譬如良師教諸弟子弟子之中
有受教者心不受惡菩薩摩訶薩循大涅槃
微妙經典亦復如是心不隨惡善男子譬如
世間有善呪術若有一聞却後七年不為一
切毒藥所中蛇不能螫若有誦者乃至命盡
无有衆惡善男子大涅槃經亦復如是若有
衆生一經耳者却後七劫不墮惡道若有書
寫讀誦解說思惟其義必得阿耨多羅三藐
三菩提淨見佛性如彼聖王得甘露味善男
子是大涅槃有如是等无量功德善男子若
有人能書寫是經讀誦解說為他敷演思惟
其義當知是人真我弟子善受我教是我所
見我之所念是人諦知我不涅槃隨如是人
所住之處若城邑聚落山林曠野房舍田宅

有人能書寫是經讀誦解說為他敷演思惟
其義當知是人真我弟子善受我教是我所
見我之所念是人諦知我不涅槃隨如是人
所住之處若城邑聚落山林曠野房舍田宅
樓閣殿堂我亦在中常住不移我於是人常
作受施或作比丘比丘尼優婆塞優婆夷婆
羅門梵志貧窮乞人云何當令是人得知如
來受其所施之物善男子是人或於夜卧夢
中夢見佛像或見天像沙門之像國王聖王
師子王像蓮華形像優曇華像或見大山或
大海水或見日月或見白象及白馬像或見
父母得華得菓金銀流離頗梨等寶五種牛
味尒時當知即是如來受其所施悟已喜樂
尋得種種所須之物心不念惡樂脩善法善
男子是大涅槃悉能成就如是无量阿僧祇
等不可思議无邊功德善男子汝今應當信
受我語若有善男子善女人欲見我者欲恭
敬我欲同法性而見於我欲得空定欲見實
相欲得脩集首楞嚴定師子王定欲破八魔
八魔者所謂四魔无常无樂无我无淨欲得
人中天上樂者見有受持大涅槃經書寫讀
誦為他解說思惟義者當往親近依附諮受
恭敬尊重讚歎為洗手足布置床廗四事供
給令无所乏若從遠來應十由旬路次奉迎
為是經故所重之物應以奉獻如其无者應

BD03266號　大般涅槃經（北本　宮本）卷二二　（24–18）

誦為他解說思惟義者當往親近依附諮受
恭敬尊重讚歎為洗手足布置床廗四事供
給令无所乏若從遠來應十由旬路次奉迎
為是經故所重之物應以奉獻如其无者應
自賣身何以故是經難遇過優曇華善男子
我念過去无量无邊那由他劫尒時世界名
曰娑婆有佛世尊號釋迦牟尼如來應正遍
知明行足善逝世間解无上士調御丈夫天
人師佛世尊為諸大眾宣說如是大涅槃經
我於尒時從善友所轉聞彼佛當為大眾說
大涅槃我聞是已其心歡喜欲設供養居貧
无物欲自賣身薄福不售即欲還家路見一
人而便語言吾欲賣身君能買不其人荅言
我家作業人无堪者汝設能為我當買汝我
即問言有何作業人无能堪其人見荅吾有
惡病良醫處藥應當日服人宍三兩卿若能
以身宍三兩日日見給便當与汝金錢五枚
我時聞已心生歡喜我復語言汝与我錢假
我七日須我事訖便還相就其人見荅七日
不可審能尒者當許一日善男子我於尒時
即取其錢還至佛所頭面礼足盡其所有而
以奉獻然後誠心聽受是經我時闇鈍雖得
聞經唯能受持一偈文句
如來證涅槃　永斷於生死　若有至心聽　常得无量樂
受是偈已即便還至彼病人家善男子我時

BD03266號　大般涅槃經（北本　宮本）卷二二　（24–19）

以華散然後誦心聽受是經我時闇鈍雖復
聞經唯能受持一偈文句
如來證涅槃　永斷於生死　若有至心聽　常得无量樂
受是偈已即便還至彼病人家善男子我時
雖復日日与三兩宍以念偈因緣故不以為
痛日日不廢具滿一月善男子以是因緣其
病得差我身平復亦无創夷我時見身具足
完具即發阿耨多羅三藐三菩提心一偈之
力尚能如是何況具足受持讀誦我見此經
有如是利復倍發心願於未來成得佛道字
釋迦牟尼善男子以是一偈因緣力故令我
今日於大衆中為諸天人具足宣說善男子
以是因緣是大涅槃不可思議成就无量无
邊功德乃是諸佛如來甚深秘密之藏以是
義故能受持者斷離惡漏所謂惡者惡象惡
馬惡牛惡狗毒虵住處惡刺土地懸崖嶮岸
暴水迴復惡人惡國惡城惡舍惡知識等如
是等輩若作漏因菩薩即離若不能作則不
遠離若增有漏則便離之若不增長則不遠
離若作惡法則便離之若能作善則不遠離
云何為離不持刀杖常以正慧方便而遠離
之是故名為正慧遠離為生善法則離惡法
菩薩摩訶薩自觀其身如病如創如癰如怨
如箭入體是大苦聚悉是一切善惡根本是
身雖復不淨如是菩薩猶故瞻視將養何以
故非為貪身為善法故為於涅槃不為生死

菩薩摩訶薩自觀其身如病如創如癰如怨
如箭入體是大苦聚悉是一切善惡根本是
身雖復不淨如是菩薩猶故瞻視將養何以
故非為貪身為善法故為於涅槃不為生死
為常樂我淨不為无常无樂我淨為菩提道
不為有道為於一乘不為三乘為卅二相八
十種好微妙之身不為乃至非有想非无想
身為法輪王不為轉輪王善男子菩薩摩訶
薩常當護身何以故若不護身命則不全命
若不全則不能得書寫是經受持讀誦為他
廣說思惟其義是故菩薩應善護身以是義
故菩薩得離一切惡漏善男子如欲度者
應善護栰臨路之人善護良馬田夫種殖善
護糞穢如為差毒善護毒虵如人為財護旃
陀羅為壞賊故將護健兒之如寒人愛護於
火如癩病者求於毒藥菩薩摩訶薩亦復如是
雖見是身无量不淨具足充滿為欲受持大
涅槃經故猶好將養不令乏少菩薩摩訶薩
觀於惡象及惡知識等无有二何以故俱壞
身故菩薩摩訶薩於惡象等心无怖懼於惡
知識生畏懼心何以故是惡象等唯能壞身
不能壞心惡知識者二俱壞故是惡象等唯
壞一身惡知識者壞无量善身无量善心是
惡象等唯能破壞不淨臭身惡知識者能壞
淨身及以淨心是惡象等能壞宍身惡知識

不能壞心惡知識者二俱壞故是惡象等唯
壞一身惡知識者壞无量善身无量善心是
惡象等唯能破壞不淨臭身惡知識者能壞
淨身及以淨心是惡象等能壞肉身惡知識
者壞於法身為惡象殺不至三惡為惡友殺
必至三惡是惡象等但為身怨惡知識者為
善法怨是故菩薩常當遠離諸惡知識如是
等漏凡夫不離是故生漏菩薩離之則不生
漏菩薩如是尚无有漏況於如來是故非漏
云何親近漏一切凡夫受取衣食卧具醫藥
為身心樂求如是物造種種惡不知過咎輪
迴三趣是故名漏菩薩摩訶薩見如是過則
便遠離若須衣時即便受取不為身故但為
於法不長憍慢心常卑下不為嚴飾但為羞
耻鄣諸寒熱惡風惡雨惡虫蚉蝱蠅蚤蚖蝮
雖受飲食心无貪着不為身故常為正法不
為膚肥但為衆生不為憍慢為身力故不為
怨害為治飢瘡雖得上味心无貪着受取房
舍之須如是貪慢之結不令居心為菩提舍
遮止結賊鄣惡風雨故受屋舍求醫藥者心
无貪慢但為正法不為壽命為常命故善男
子如人病創為穣麨塗以衣裹之為出膿血
穣麨塗拊為創愈故以藥塗之為惡風故在
㴽屋中菩薩摩訶薩亦復如是觀身是創故

BD03266號　大般涅槃經（北本　宮本）卷二二　（24-22）

子如人病創為穣麨塗以衣裹之為出膿血
穣麨塗拊為創愈故以藥塗之為惡風故在
㴽屋中菩薩摩訶薩亦復如是觀身是創故
以衣覆為九孔膿永棄飲食為惡風雨聽受
房舍為四毒蛇求覔醫藥菩薩受取四種供
養為菩提道非為壽命何以故菩薩摩訶薩
作是思惟我若不受是四供養身則磨滅不
得堅牢若不堅牢則不忍苦若不忍苦則不
能得脩集善法若能忍苦則能脩集无量善
法若我不能堪忍衆苦則於苦受生瞋恚心
於樂受中生貪着心若求樂不得則生无明
是故凡夫於四供養生於有漏菩薩摩訶薩
能深觀察不生於漏是故菩薩名為无漏云
何如來當名有漏是故如來不名有漏

大般涅槃經卷第廿二

BD03266號　大般涅槃經（北本　宮本）卷二二　（24-23）

於衆受中生貪著心若未衆不得則生无明
是故凡夫於四供養生於有漏菩薩摩訶薩
能深觀察不生於漏是故菩薩名為无漏云
何如来當名有漏是故如来不名有漏

大般涅槃經卷第廿二

BD03266號　大般涅槃經（北本　宮本）卷二二　（24–24）

地中
種種諸纓
天上諸華等　曼陀曼
天上諸宮殿　上中下差
天園林勝殿　諸觀妙法堂
諸天若聽法　或受五欲時　来
天女所著衣　好華香莊嚴　周旋遊戲時
如是展轉上　乃至於梵世　入禪出禪者　聞香
光音遍淨天　乃至于有頂　初生及退沒　聞香悉能
諸比丘衆等　於法常精進　若坐若經行　及讀誦經法
或在林樹下　專精而坐禪　持經者聞香　悉知其所在
菩薩志堅固　坐禪若讀誦　或為人說法　聞香悉能
在在方世尊　一切所恭敬　愍衆而說法　聞香悉能
衆生在佛前　聞經皆歡喜　如法而脩行　聞香悉能
雖未得菩薩　无漏法生鼻　而是持經者　先得此鼻
復次常精進　若善男子善女人受持是經　若
讀若誦若解說若書寫　得千二百舌功德　若
好若醜若美不美及諸苦澀物　在其舌根　皆
變成上味　如天甘露　无不美者　若以舌根於
大衆中有所演說　出深妙聲　能入其心　皆
天女釋梵諸天　聞是深

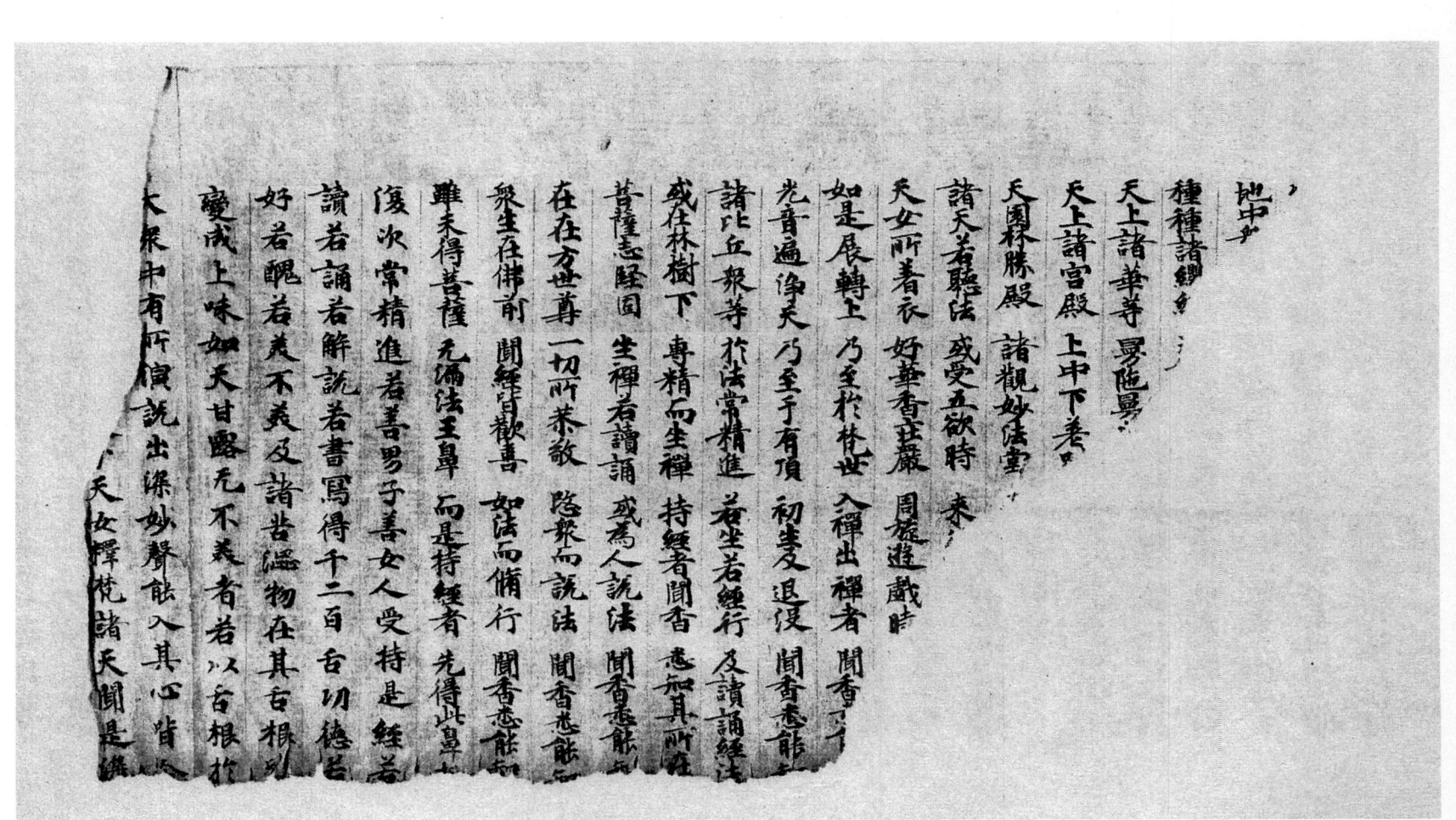

BD03267號　妙法蓮華經卷六　（1–1）

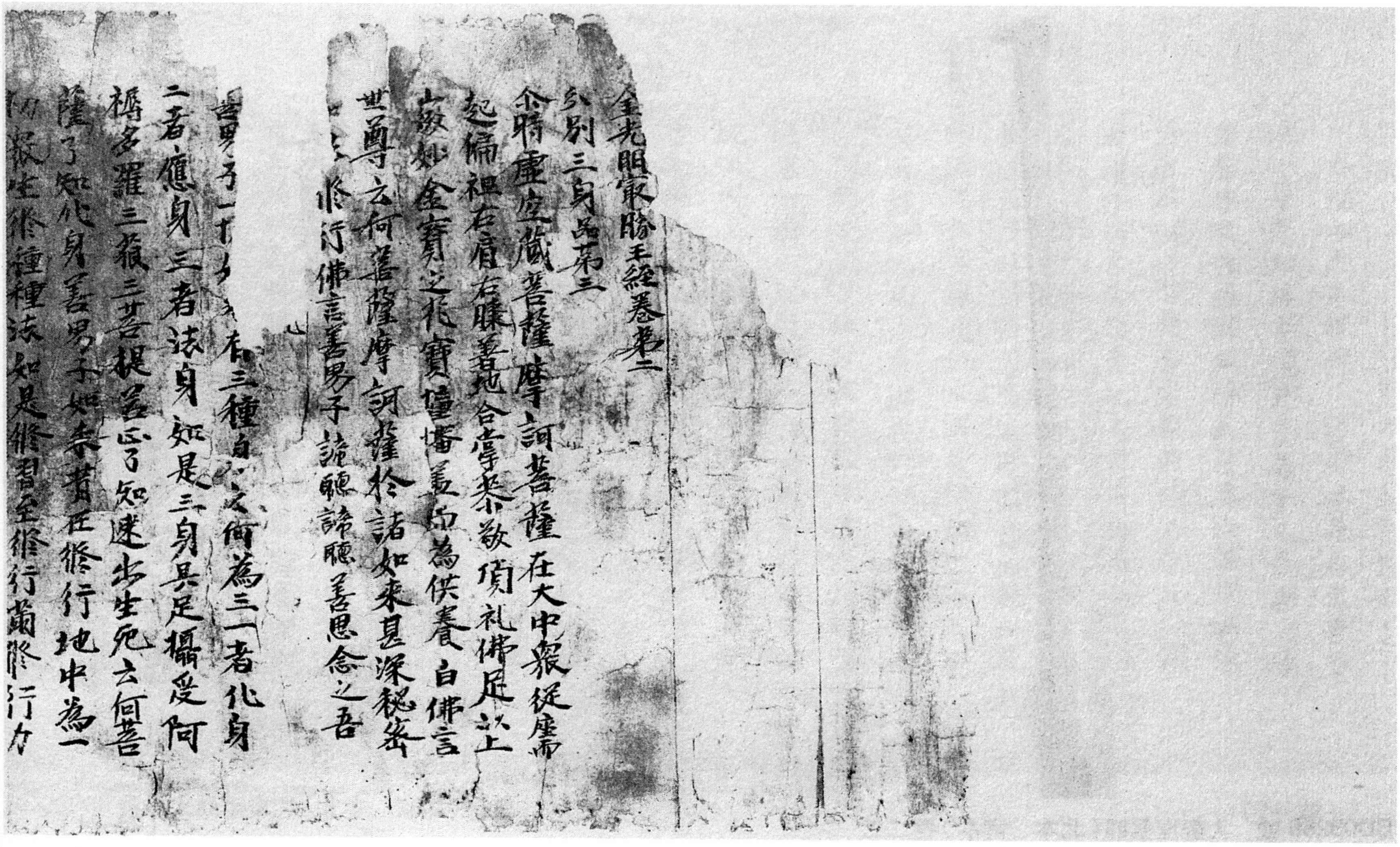

金光明最勝王經卷第二
分別三身品第三
爾時虛空藏菩薩摩訶薩在大衆中從座而
起偏袒右肩右膝著地合掌恭敬頂礼佛足以上
妙金寶之花寶幢幡蓋而為供養白佛言
世尊云何菩薩摩訶薩於諸如來甚深祕密
如法修行佛言善男子諦聽諦聽善思念之吾
善男子一切如來有三種身云何為三一者化身
二者應身三者法身如是三身具足攝受阿
耨多羅三藐三菩提若正了知速出生死云何菩
薩了知化身善男子如來昔在修行地中為一
切衆生修種種法如是修習至修行滿修行力

BD03268號　金光明最勝王經卷二　（19–1）

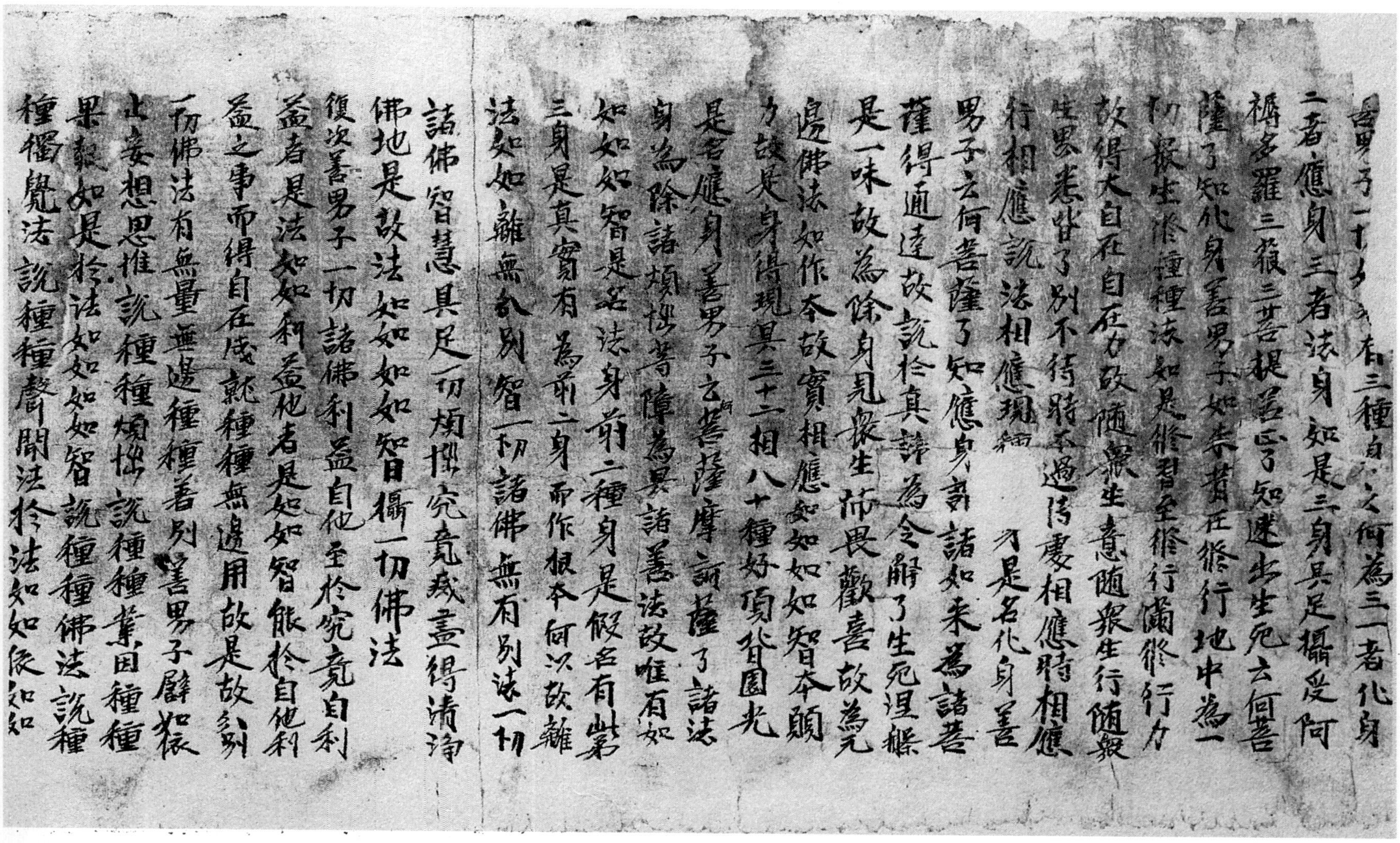

善男子一切如來有三種身云何為三一者化身
二者應身三者法身如是三身具足攝受阿
耨多羅三藐三菩提若正了知速出生死云何菩
薩了知化身善男子如來昔在修行地中為一
切衆生修種種法如是修習至修行滿修行力
故得大自在自在力故隨衆生意隨衆生行隨衆
生界悉皆了別不待時不過時處相應時相應
行相應說法相應現種種身是名化身善
男子云何菩薩了知應身謂諸如來為諸菩
薩得通達故說於真諦為令解了生死涅槃
是一味故為除身見衆生怖畏歡喜故為無
邊佛法而作本故實相應如如如如智本願
力故是身得現具三十二相八十種好項背圓光
是名應身善男子云何菩薩摩訶薩了知法
身為除諸煩惱等障為具諸善法故唯有如
如如如智是名法身前二種身是假名有此第
三身是真實有為前二身而作根本何以故離
法如如離無分別智一切諸佛無有別法一切
諸佛智慧具足一切煩惱究竟滅盡得清淨
佛地是故法如如如如智攝一切佛法
復次善男子一切諸佛利益自他至於究竟自利
益者是法如如利益他者是如如智能於自他利
益之事而得自在成就種種無邊用故是故分別
一切佛法有無量無邊種種差別善男子譬如依
止妄想思惟說種種煩惱說種種業用種種
果報如是依法如如依如如智說種種佛法說種
種獨覺法說種種聲聞法依法如如依如如

BD03268號　金光明最勝王經卷二　（19–2）

益之事而得自在成就種種無邊用故是故分別
一切佛法有無量無邊種種差別善男子譬如依
止妄想思惟說種種煩惱說種種業因種種
果報如是依法如如如如智說種種佛法說種
種獨覺法說種種聲聞法於法如如依如如
智一切佛法自在成就是為第一不可思議譬如
畫空作莊嚴具是難思議如是依法如如依如
如智成就佛法亦難思議善男子云何法如如如如
智二無分別而得自在事業成就善男子譬如
如來入於涅槃願自在故種種事業皆得成就
法如如如如智自在事成亦復如是
復次菩薩摩訶薩入無心定依前願力從禪定
起作眾事業如是二法無有分別自在事成善
男子譬如日月無有分別亦如水鏡無有分別
光明亦無分別三種和合得有影生如是法如
如如如智亦無分別以願自在故眾生有感
現應化身如日月影和合出現
復次善男子譬如無量無邊水鏡依於光故空
影得現種種異相空者即是無相善男子如
是受化諸弟子等是法身影以願力故於二種身
現種種相於法身地無有異相善男子於此二身
一切諸佛說有餘涅槃依此法身說無餘涅槃
何以故一切餘法究竟盡故依此三身一切諸佛說
無住處涅槃為二身故不住涅槃離於法身無有
別佛何以故二身不住涅槃二身假名不實念念生滅不定
住故數數出現以不定故法身不爾是故二身不住
涅槃法身不二是故不住涅槃故依三身說無住涅槃

BD03268號　金光明最勝王經卷二　（19–3）

無住處涅槃為二身故不住涅槃離於法身無有
別佛何以故二身不住涅槃二身假名不實念念生滅不定
住故數數出現以不定故法身不爾是故二身不住
涅槃法身不二是故不住涅槃故依三身說無住涅槃
善男子一切凡夫三相為故有縛有障遠離三身不
至三身何者為三一者遍計所執相二者依他起相
三者成就相如是諸相不能解故不能滅故不能
淨故不得至於三身如是三相能解能滅能
淨是故諸佛具足三身善男子諸凡夫人未能
除遣此三心故遠離三身不能得至何者為三一者
起事心二者依根本心三者根本心依諸伏道起事心
盡依法斷道依根本心盡依最勝道根本心盡起
事心滅故得現化身依根本心滅故得顯應身根
本心滅得至法身是故一切如來具足三身
善男子一切諸佛於第一身與諸佛同事於第
二身與諸佛同意於第三身與諸佛同體善
男子是初佛身隨眾生意有多種故現種種
相是故說多第二佛身弟子一意故現一相是故說
一第三佛身過一切種相非執相境界是故說名
不一不二善男子是第一身依於應身得顯現故
是第二身依於法身得顯現故是法身者是真
實有無依處故善男子如是三身以有義故
而說於常以有義故說於無常化身者恒轉法
輪處處隨緣方便相續不斷絕故是故說常非
是本故具足大用不顯現故說為無常應身者
從無始來相續不斷一切諸佛不共之法能攝持故眾
生無盡用亦無盡是故說常非是本故以具足用不

BD03268號　金光明最勝王經卷二　（19–4）

輪處處隨緣方便相續不斷絕故是故說常非
是本故具足大用不顯現故說為無常應身者
從無始來相續不斷一切諸佛不共之法能攝是故衆
生無盡用亦無盡是故說常非是本故以具足用不
顯現故說為無常法身者非是行法無有異相是
根本故猶如虛空是故說常善男子離無分別
智更勝智離法如如無勝境界是法如如是慧
如如是二種如如如如不一不異是故法身慧清淨
故滅清淨是二清淨是故法身具足清淨
復次善男子分別三身有四種異有化身非應身有
應身非化身有化身亦應身有非化身亦非應
身何者化身非應身謂諸如來般涅槃後以願
自在故隨緣利益是名化身何者應身非化身是
地前身何者化身亦應身謂住有餘涅槃之身
何者非化身非應身謂是法身善男子是法身者
二無所有所顯現故何者名為二無所有於此法
身於及相處二皆是無非有非無非一非異非數
非非數非明非闇如是如如智不見相及相處
不見非有非一無不見非一非異不見數非非數不
見非明非闇是故當知境界清淨智慧清
淨不可分別無有中間為滅道本故於此法身
能顯如來種種事業
善男子是身因緣境界處所果依於本難思議
故若了此義是身即是大乘是如來性是如來藏
依於此身得發初心修行地心而得顯現不退地
亦皆得現一生補處心金剛之心如來之心而悉顯
現無量無邊如來如法皆悉顯現於此法身不可

故若了此義是身即是大乘是如來性是如來藏
依於此身得發初心修行地心而得顯現不退地
亦皆得現一生補處心金剛之心如來之心而悉顯
現無量無邊如來如法皆悉顯現於此法身不可
思議摩訶三昧而行顯現依此法身得現一切大
智是故二身依於三昧依於智慧而得顯現如此法
身依於自體說常說我依大三昧故說於樂依於
大智故說清淨是故如來常住自在安樂清淨
依大三昧一切禪定首楞嚴等一切念處大法念
等大慈大悲一切陀羅尼一切神通一切自在一切
法平等攝受如是佛法悉皆出現依此大智十力
四無所畏四無礙辯一百八十不共之法一切希有不可
思議法悉皆顯現譬如依如意寶珠無量無
邊種種珍寶悉皆得現如是於大三昧寶依大智
慧寶能出種種無量無邊諸佛妙法善男子
如是法三昧智慧過一切相不著於相不可分別
非常非斷是名中道雖有分別體無分別雖有三數
而無三體不增不減猶如夢幻亦無所執亦無能
執法體如如是解脫處過死王境越生死闇一切
衆生不能修行所不能至一切諸佛菩薩之所住
處善男子譬如有人願欲得金處處求覓遂
得金礦既得礦已即便碎之擇取精者爐中銷
鍊得清淨金隨意迴轉作諸鐶釧種種嚴具
雖有諸用金性不改
復次善男子若善男子善女人求勝解脫修行世善
得見如來及弟子衆得親近已白佛言世尊何者為善

鐶釧注注金隨意迴轉作諸鐶釧種種嚴具
雖有諸用金性不改
復次善男子善女人求勝解脫修行世善
得見如來及弟子衆得親近已白佛言世尊何者為善
何者不善何者无修得清淨行諸佛如來及弟子衆
見彼問時如是思惟是善男子善女人欲求清淨欲聽
无法即便為說令其開悟彼既聞已无念憶持發心
修行得精進力除懶墮障滅一切罪於諸學處
離不尊重息掉悔心入於初地依初地心除利有情
障得入二地中除不逼惱障入於三地於此地中除心
軟淨障入於四地於此地中除善方便障入於五地
於此地中除見真俗障入於六地於此地中除見行相
障入於七地於此地中除不見滅相障入於八地於此地
除不見生相障入於九地於此地中除六通障入於
十地於此地中除所知障除根本心入如來地如來
地者由三淨故名極清淨云何為三一者煩惱淨
二者苦淨三者相淨譬如真金鎔銷冶鍊既燒打已
無復塵垢為顯金性本清淨故金體清淨非謂無
金譬如濁水澄渟清淨無復滓穢為顯水性本清
淨故非謂無水如是法身與煩惱雜苦集除已無
復餘習為顯佛性本清淨故非謂無體譬如
虛空烟雲塵霧之所障蔽若除屏已是空界淨
非謂無空如是法身一切衆苦悉皆盡故說為清
淨非謂無體譬如有人於睡夢中見大河水漂泛
其身運手動足截流如渡得至彼岸由彼身心

BD03268號　金光明最勝王經卷二　（19-7）

虛空烟雲塵霧之所障蔽若除屏已是空界淨
非謂無空如是法身一切衆苦悉皆盡故說為清
淨非謂無體譬如有人於睡夢中見大河水漂泛
其身運手動足截流如渡得至彼岸由彼身心
不懈退故從夢覺已不見有水彼此岸別非謂
無心生死妄想既滅盡已是覺清淨非謂無覺
如是法界一切妄想不復生故說為清淨非是諸佛無
其實體
復次善男子是法身者惑障清淨能現應身業
障清淨能現化身智障清淨能現法身譬如依
空出電於電出光如是依法身故能現應身依應
身故能現化身由性淨故能現法身智慧清淨能
現應身三昧清淨能現化身此三清淨是法如如不異
如如解脫如如究竟如如是故諸佛體無有異善男
子若有善男子善女人說於如來是我大師若作如
是決定信者此人即應深心解了如來之身無有別
異善男子以是義故於諸境界不无思惟悉皆除
斷即知彼法無有二相亦無分別聖所修行如如
於彼無有二相无修行故如是如是一切諸障悉皆
除滅如如一切障滅如是法如如如如智得最清
淨如如法界无智清淨如是如是一切自在具足攝
受皆得成就一切諸障悉皆除滅一切諸得清淨
故是名真如无智真實之相如是見者是名聖見
是則名為真實見佛何以故如實得見法真如故是
故諸佛悉皆普見一切如來何以故聲聞獨覺已出

BD03268號　金光明最勝王經卷二　（19-8）

受皆得成就一切諸障悉皆除滅一切諸得清
故是名真如正智真實之相如是見者是名聖見
是則名為真實見佛何以故如實得見法真如故是
故諸佛悉皆普見一切如來何以故聲聞獨覺已出
三界求真實境不能知見如是聖人所不知見一切
凡夫皆生疑惑顛倒分別不能得度如兔浮海必
不能過所以者何力微劣故凡夫之人亦復如是不能
通達法如如故然諸如來無分別心於一切法得大自
在具足清淨智慧故是自境界不共他故是故諸
佛如來於無量無邊阿僧祇劫不惜身命難行苦
行方得此身最上無比不可思議過言說境是妙
寂靜離諸怖畏
善男子如是知見法真如者無生老病死壽命無限無
有睡眠亦無飢渴心常在定無有散動若於如來
諸佛所說皆能利益有聽聞者無不解脫諸惡
禽獸惡人惡鬼不相逢值由聞法故果報無盡然
諸如來無無記事一切境界無欲知心生死涅槃無有
異想如來所說無不決定諸佛如來四威儀中
無非智攝一切諸法無有不為慈悲所攝無有利
益安樂諸眾生善男子若有善男子善女於此金
光明經聽聞信解不墮地獄餓鬼傍生阿蘇羅
道常處人天不生下賤恒得親近諸佛如來聽受
正法常生諸佛清淨國土所以者何由得聞此甚深
法故是善男子善女人則為如來已智已當得不
退阿耨多羅三藐三菩提若善男子善女人於此甚
深微妙之法一經耳者當知是人不謗如來不毀

BD03268 號　金光明最勝王經卷二　（19–9）

道常處人天不生下賤恒得親近諸佛如來聽受
正法常生諸佛清淨國土所以者何由得聞此甚深
法故是善男子善女人則為如來已智已當得不
退阿耨多羅三藐三菩提若善男子善女人於此甚
深微妙之法一經耳者當知是人不謗如來不毀
正法不輕聖眾一切眾生未種善根令得種故既
種善根令增長成就故一切世界所有眾生皆勸修
行六波羅蜜多
爾時虛空藏菩薩梵釋四王諸天眾等即從座起
偏袒右肩合掌恭敬頂禮佛足白佛言世尊若
所在處講說如是金光明王微妙經典於其國土
有四種利益何者為四一者國王軍眾強盛無諸
怨敵離於疾病壽命延長吉祥安樂正法興
顯二者中宮妃后王子諸臣和悅無諍離於諂佞
王所愛重三者沙門婆羅門及諸國人修行正
法無病安樂無枉死者於諸福田悉皆修立四者
於三時中四大調適常為諸天增加守護慈悲
平等無傷害心令諸眾生歸敬三寶皆願修習
菩提之行是為四種利益之事世尊我等亦常為
弘經故隨逐如是持經之人所在住處為作利益
佛言善哉善哉善男子如是如是汝等當應勤
心流布此妙經王則令正法久住於世
金光明最勝王經夢見懺悔品第四
爾時妙幢菩薩親於佛前聞妙法已歡喜踊躍
一心思惟還至本處於夜夢中見一大金鼓光明晃

BD03268 號　金光明最勝王經卷二　（19–10）

心流布此妙經王則令正法久住於世

金光明最勝王經夢見懺悔品第四

爾時妙幢菩薩親於佛前聞妙法已歡喜踊躍
一心思惟還至本處於夜夢中見一大金鼓光明晃
耀猶如日輪於此光中得見十方無量諸佛於寶
樹下坐瑠璃座無量百千大衆圍繞而為說法見一婆
羅門桴擊金鼓出大音聲聲中演說妙伽
他明懺悔法妙幢聞已皆悉憶持繫念而住
至天曉已與無量百千大衆圍繞持諸供具出王舍
城詣鷲峯山至世尊所禮佛足已布設香花
右繞三帀退坐一面合掌恭敬瞻仰尊顏白佛言
世尊我於夢中見婆羅門以手執桴擊妙金鼓
出大音聲聲中演說微妙伽他明懺悔法我皆
憶持唯願世尊降大慈悲聽我所說即於佛前而說頌曰

我於昨夜中　夢見大金鼓　其形極姝妙　周遍有金光
猶如盛日輪　光明皆普耀　充滿十方界　咸見於諸佛
在於寶樹下　各處瑠璃座　無量百千衆　恭敬而圍繞
有一婆羅門　以杖擊金鼓　於其鼓聲內　說此妙伽他
金光明鼓出妙聲　遍至三千大千界
能滅三塗極重罪　及以人中諸苦厄
由此金鼓聲威力　永滅一切煩惱障
斷除怖畏令安隱　譬如自在牟尼尊
佛於生死大海中　積行修成一切智
能令衆生覺品具　究竟咸歸功德海
由此金鼓出妙聲　普令聞者獲梵響
證得無上菩提果　常轉清淨妙法輪

BD03268號　金光明最勝王經卷二　（19–11）

佛於生死大海中　積行修成一切智
能令衆生覺品具　究竟咸歸功德海
由此金鼓出妙聲　普令聞者獲梵響
證得無上菩提果　常轉清淨妙法輪
住壽不可思議劫　隨機說法利群生
能斷煩惱衆苦流　貪瞋癡等皆除滅
若有衆生處惡趣　大火猛焰周遍身
若得聞是妙鼓音　即能離苦歸依佛
皆得成就宿命智　能憶過去百千生
悉皆正念牟尼尊　得聞如來甚深教
由聞金鼓勝妙音　常得親近於諸佛
悉能捨離諸惡業　純修清淨諸善品
一切天人有情類　慇重至誠祈願者
得聞金鼓妙音聲　能令所求皆滿足
衆生墮在無間獄　猛火炎熾苦焚身
無有救護處輪迴　聞者能令苦除滅
人天餓鬼傍生中　所有現受諸苦難
得聞金鼓發妙響　皆蒙離苦得解脫
現在十方界　常住兩足尊　願以大悲心　哀愍憶念我
衆生無歸依　亦無有救護　為如是等類　能作大歸依
我先所作罪　極重諸惡業　今對十力前　至心皆懺悔
我不信諸佛　亦不敬尊親　不務修衆善　常造諸惡業
或自恃尊高　種姓及財位　盛年行放逸　常造諸惡業
心恒起邪念　口陳於惡言　不見於過罪　常造諸惡業
恒作愚夫行　無明闇覆心　隨順不善友　常造諸惡業
或因諸戲樂　或復懷憂惱　為貪瞋所纏　故我造諸惡

BD03268號　金光明最勝王經卷二　（19–12）

或自恃尊高　種姓及財位　盛年行放逸　常造諸惡業
心恒起邪念　口陳於惡業　不見於過罪　常造諸惡業
恒作愚夫行　無明闇覆心　隨順不善友　常造諸惡業
或因諸戲樂　或復懷憂惱　為貪瞋所纏　故我造諸惡
親近不善人　及由慳嫉意　貧窮行諂誑　故我造諸惡
雖不樂眾過　由有怖畏故　及不得自在　故我造諸惡
或為躁動心　或因瞋恚恨　及以飢渴惱　故我造諸惡
由飲食衣服　及貪愛女人　煩惱火所燒　故我造諸惡
於佛法僧眾　不生恭敬心　作如是眾罪　我今悉懺悔
於獨覺菩薩　亦無恭敬心　作如是眾罪　我今悉懺悔
無知謗正法　不孝於父母　作如是眾罪　我今悉懺悔
由愚癡憍慢　及以貪瞋力　作如是眾罪　我今悉懺悔
我於十方界　供養無數佛　當願拔眾生　令離諸苦難
願一切有情　皆令住十地　福智圓滿已　成佛導群迷
我為諸眾生　苦行百千劫　以大智慧力　皆令出苦海
我為諸含識　演說甚深經　最勝金光明　能除諸惡業
若人百千劫　造諸極重罪　暫時能發露　眾惡盡消除
依此金光明　作如是懺悔　由斯能速盡　一切諸苦業
勝定百千種　不思議總持　根力覺道支　修習常無倦
我當至十地　具足珍寶處　圓滿佛功德　濟度生死流
我於諸佛海　甚深功德藏　妙智難思議　皆令得具足
唯願十方佛　觀察護念我　皆以大悲心　哀受我懺悔
我於多劫中　所造諸惡業　由斯生苦惱　哀愍願消除
我造諸惡業　常生憂怖心　於四威儀中　曾無歡樂想
諸佛具大悲　能除眾生怖　願受我懺悔　令得離憂苦

BD03268號　金光明最勝王經卷二　（19–13）

唯願十方佛　觀察護念我　皆以大悲心　哀受我懺悔
我於多劫中　所造諸惡業　由斯生苦惱　哀愍願消除
我造諸惡業　常生憂怖心　於四威儀中　曾無歡樂想
諸佛具大悲　能除眾生怖　願受我懺悔　令得離憂苦
我有煩惱障　及以諸報業　願以大悲水　洗濯令清淨
我先作諸罪　及現造惡業　至心皆發露　咸願得蠲除
未來諸惡業　防護令不起　設令有違者　終不敢覆藏
身三語四種　意業復有三　繫縛有情類　無始恒相續
由斯三種行　造作十惡業　如是眾多罪　我今皆懺悔
我造諸惡業　苦報當自受　今於諸佛前　至誠皆懺悔
於此贍部洲　及他方世界　所有諸善業　今我皆隨喜
願離十惡業　修行十善道　安住十地中　常見十方佛
我以身語意　所修福智業　願以此善根　速成無上慧
我今親對十方前　發露眾多苦事難
凡愚迷惑三有難　恒造極重惡業難
我所積集欲邪難　常起貪愛流轉難
於此世間耽著難　一切愚夫煩惱難
狂心散動顛倒難　及以親近惡友難
於生死中貪染難　瞋癡闇鈍造罪難
生八無暇惡處難　未曾積集功德難
我今皆於最勝前　懺悔無邊罪惡業
我今歸依諸善逝　我禮德海無上尊
如大金山照十方　唯願慈悲哀攝受
身色金光淨無垢　目如清淨紺琉璃
吉祥威德名稱尊　大悲慧日除眾闇

BD03268號　金光明最勝王經卷二　（19–14）

我今歸依諸善逝　我礼德海無上尊
如大金山照十方　唯願慈悲哀攝受
身色金光淨無垢　目如清淨紺瑠璃
吉祥威德名稱尊　大悲慧日除衆闇
佛日光明常普遍　善淨無垢離諸塵
牟尼月照極清涼　能除衆生煩惱熱
三十二相遍莊嚴　八十隨好皆圓滿
福德難思無與等　如日流光照世間
色如琉璃淨無垢　猶如滿月處虛空
妙頗梨網映金軀　種種光明以嚴飾
於生死苦暴流內　老病憂愁水所漂
如是苦海難堪忍　佛日舒光令永竭
我今稽首一切智　三千世界希有尊
光明晃耀紫金身　種種妙好皆嚴飾
如大海水量難知　大地微塵不可數
如妙高山可稱量　亦如虛空無有際
諸佛功德亦如是　一切有情不能知
於無量劫諦思惟　無有能知德海岸
盡是大地諸山岳　析如微塵能算知
毛端滴海尚可量　佛諸功德無能數
一切有情皆共讚　世尊名稱諸功德
清淨相好妙莊嚴　不可稱量知分齊
我之所有衆善業　願得速成無上尊
廣說正法利群生　悉令解脫於衆苦
降伏大力魔軍衆　當轉無上正法輪

BD03268 號　金光明最勝王經卷二　（19–15）

清淨相好妙莊嚴　不可稱量知分齊
我之所有衆善業　願得速成無上尊
廣說正法利群生　悉令解脫於衆苦
降伏大力魔軍衆　當轉無上正法輪
久住劫數難思議　充足衆生甘露味
猶如過去諸最勝　六波羅蜜皆圓滿
滅諸貪欲及瞋癡　除伏煩惱除衆苦
願我常得宿命智　能憶過去百千生
亦常憶念牟尼尊　得聞諸佛甚深法
願我以斯諸善業　奉事無邊最勝尊
遠離一切不善因　恒得修行真妙法
一切世界諸衆生　悉皆離苦得安樂
所有諸根不具足　令彼身相皆圓滿
若有衆生遭病苦　身形羸瘦無所依
咸令病苦得消除　諸根色力皆充滿
若犯王法當刑戮　衆苦逼迫生憂惱
彼受如斯極苦時　無有歸依能救護
若受鞭杖枷鎖繫　種種苦具切其身
無量百千憂惱時　逼迫身心無暫樂
皆令免得於繫縛　及以鞭杖苦楚事
將臨刑者得命全　衆苦皆令永除盡
若有衆生飢渴逼　令得種種殊勝味
盲者得視聾者聽　跛者能行瘂能語
貧窮衆生獲寶藏　倉庫盈溢無所乏
皆令得受上妙樂　無一衆生受苦惱

BD03268 號　金光明最勝王經卷二　（19–16）

若有眾生飢渴逼　令得種種殊勝味
盲者得視聾者聽　跛者能行瘂能語
貧窮眾生獲寶藏　倉庫盈溢無所乏
皆令得受上妙樂　無一眾生受苦惱
一切人天皆樂見　容儀溫雅甚端嚴
悉皆現受無量樂　受用豐饒福德具
隨彼眾生念伎樂　眾妙音聲皆現前
念水即現清涼池　金色蓮花泛其上
隨彼眾生心所念　飲食衣服及床敷
金銀珍寶妙琉璃　瓔珞莊嚴皆具足
勿令眾生聞惡響　亦復不見有相違
所受容貌悉端嚴　各各慈心相愛樂
世間資生諸樂具　隨心念時皆滿足
所得珍財無悋惜　分布施與諸眾生
燒香末香及塗香　眾妙雜花非一色
每日三時從樹墮　隨心受用生歡喜
普願眾生咸供養　十方一切最勝尊
三乘清淨妙法門　菩薩獨覺聲聞眾
常願勿處於卑賤　不墮無暇八難中
生在有暇人中尊　恒得親承十方佛
願得常生富貴家　財寶倉庫皆盈滿
顏貌名稱無與等　壽命延長經劫數
悉願女人變為男　勇健聰明多智慧
一切常行菩薩道　勤修六度到彼岸
常見十方無量佛　寶王樹下而安處
處妙琉璃師子座　恒得親承轉法輪

BD03268號　金光明最勝王經卷二　（19–17）

顏貌名稱無與等　壽命延長經劫數
悉願女人變為男　勇健聰明多智慧
一切常行菩薩道　勤修六度到彼岸
常見十方無量佛　寶王樹下而安處
處妙琉璃師子座　恒得親承轉法輪
若於過去及現在　輪迴三有造諸業
能招可厭不善趣　願得消滅永無餘
一切眾生於有海　生死羂網堅牢縛
願以智劍為斷除　離苦速證菩提處
眾生於此贍部內　或於他方世界中
所作種種勝福田　我今皆悉生隨喜
以此隨喜福德事　及身語意造眾善
願此勝業常增長　速證無上大菩提
所有禮讚佛功德　深心清淨無瑕穢
迴向發願福無邊　當超惡趣六十劫
若有男子及女人　婆羅門等諸勝族
合掌一心讚歎佛　生生常憶宿世事
諸根清淨身圓滿　殊勝功德皆成就
願於未來所生處　常得人天共瞻仰
非於一佛十佛所　修諸善根今得聞
百千佛所種善根　方得聞斯懺悔法
爾時世尊聞此說已讚妙幢菩薩言善哉
善哉善男子如汝所夢金鼓出聲讚歎如來
真實功德并懺悔法若有聞者獲福甚多廣
利有情滅除罪障汝今應知此之勝業皆是過去

BD03268號　金光明最勝王經卷二　（19–18）

合掌一心讚歎佛　生生常憶宿世事
諸根清淨身圓滿　殊勝功德皆成就
願於未來所生處　常得人天共瞻仰
非於一佛十佛所　修諸善根今得聞
百千佛所善根本　方得聞斯懺悔法
尒時世尊聞此說已讚妙幢菩薩言善哉
善哉善男子如汝所夢金鼓出聲讚歎如來
真實功德并懺悔法若有聞者獲福甚多廣
利有情滅除罪障汝今應知此之勝業皆是過去
讚歎發願宿習因緣及由諸佛威力加護
此之因緣當為汝說時之大眾聞是法已咸
皆歡喜信受奉行

金光明最勝王經卷第二

礦古猛　鍊蓮見　鎔欲鍾　濤大丁　椁于果　鑽𫓧　羂古縣

BD03268號　金光明最勝王經卷二　（19–19）

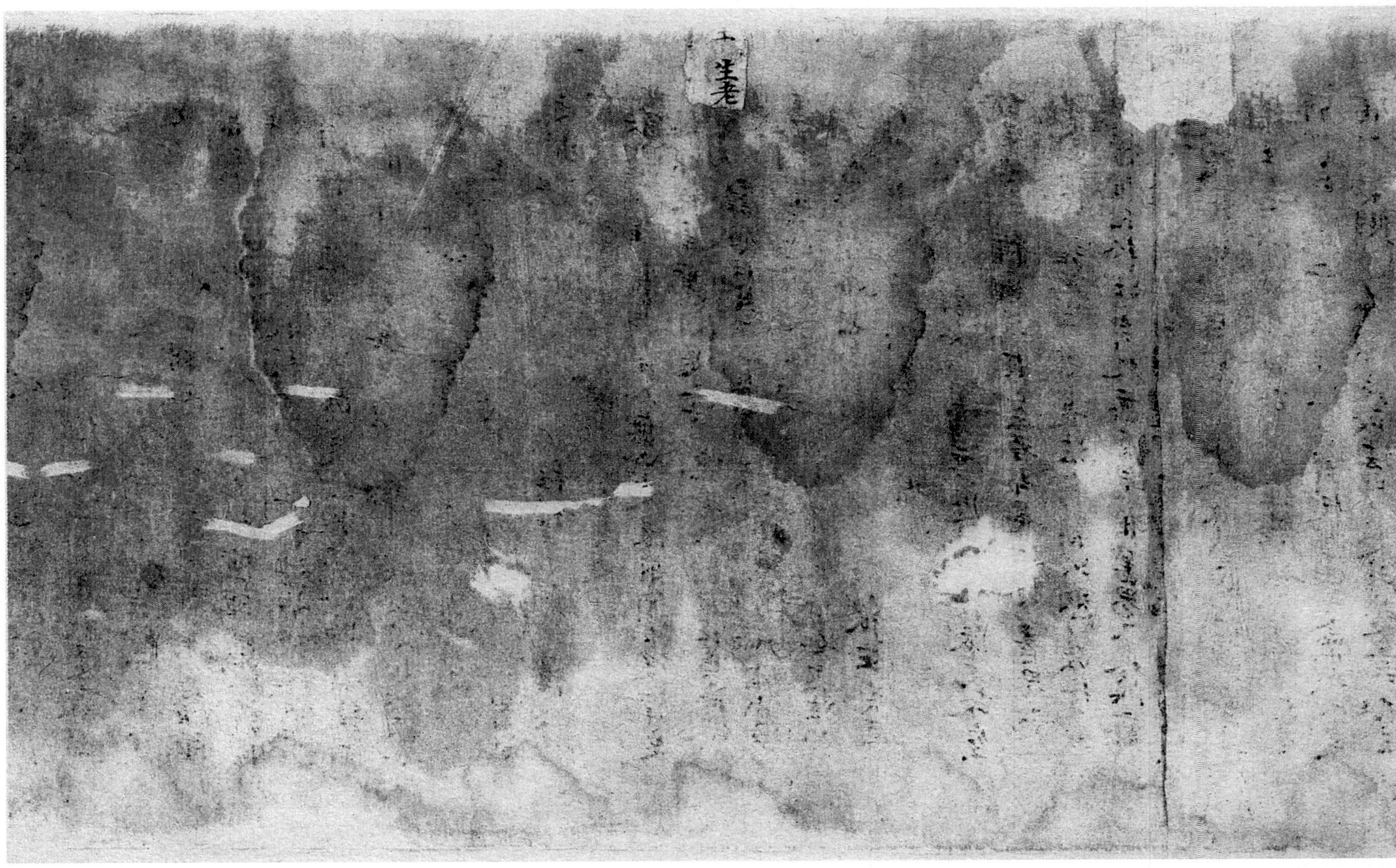

BD03268號背　雜寫　（2–1）

BD03268 號背　雜寫　(2–2)

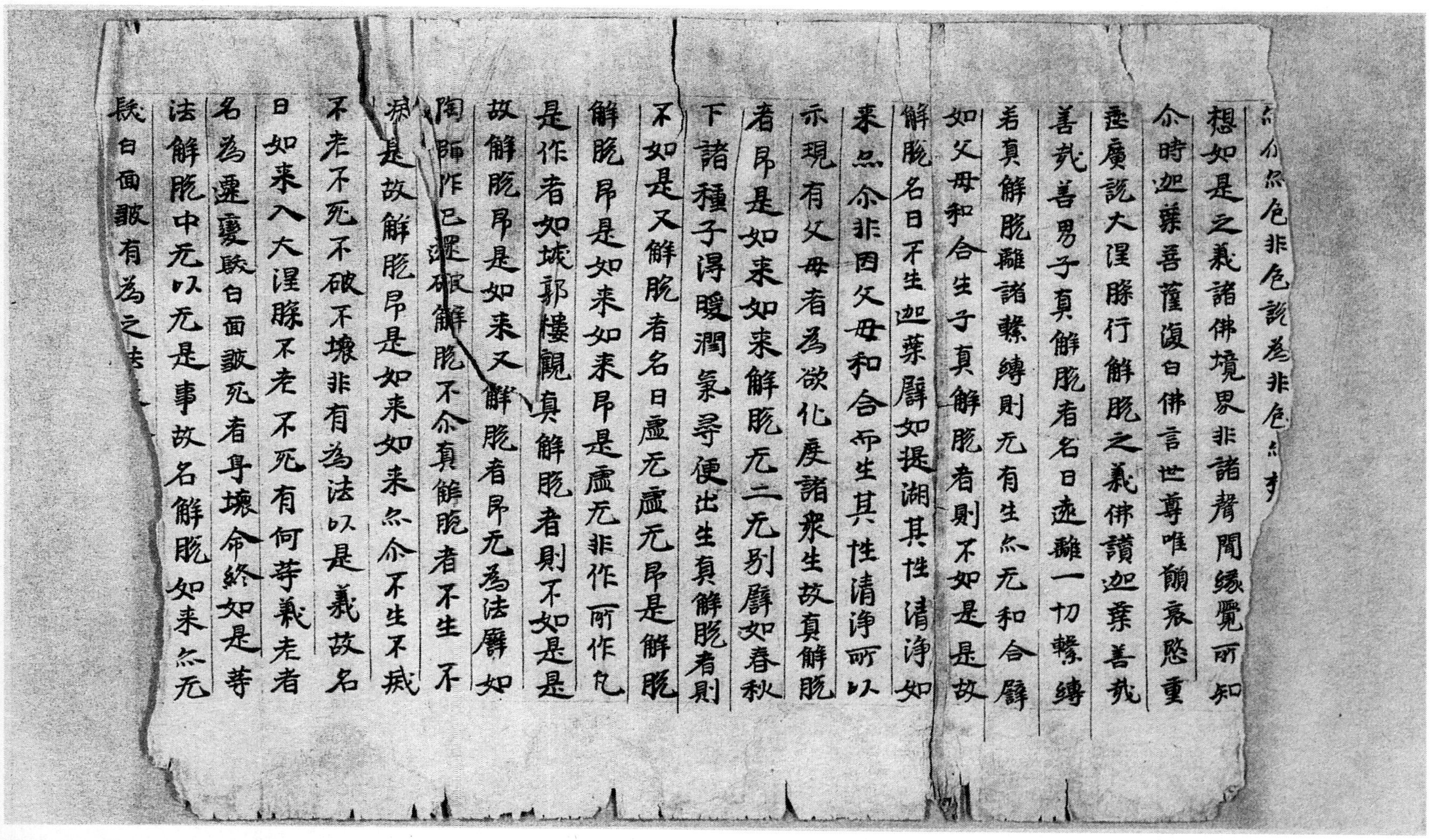

亦尒亦色非色說為非色亦非
想如是之義諸佛境界非諸聲聞緣覺所知
尒時迦葉菩薩復白佛言世尊唯願哀愍重
垂廣說大涅槃行解脫之義佛讚迦葉善哉
善哉善男子真解脫者名曰遠離一切繫縛
若真解脫離諸繫縛則无有生亦无和合譬
如父母和合生子真解脫者則不如是是故
解脫名曰不生迦葉譬如醍醐其性清淨如
來亦尒非因父母和合而生其性清淨所以
示現有父母者為欲化度諸衆生故真解脫
者即是如來如來解脫无二无別譬如春秋
下諸種子得暖潤氣尋便出生真解脫者則
不如是又解脫者名曰虛无虛无即是解脫
解脫即是如來如來即是虛无非作所作凡
是作者如城郭樓觀真解脫者則不如是是
故解脫即是如來又解脫者即无為法譬如
陶師作已還破解脫不尒真解脫者不生不
滅是故解脫即是如來如來亦尒不生不滅
不老不死不破不壞非有為法以是義故名
曰如來入大涅槃不老不死有何等義老者
名為遷變髮白面皺死者身壞命終如是等
法解脫中无以无是事故名解脫如來亦无
髮白面皺有為之法

BD03269 號　大般涅槃經（北本）卷五　(1–1)

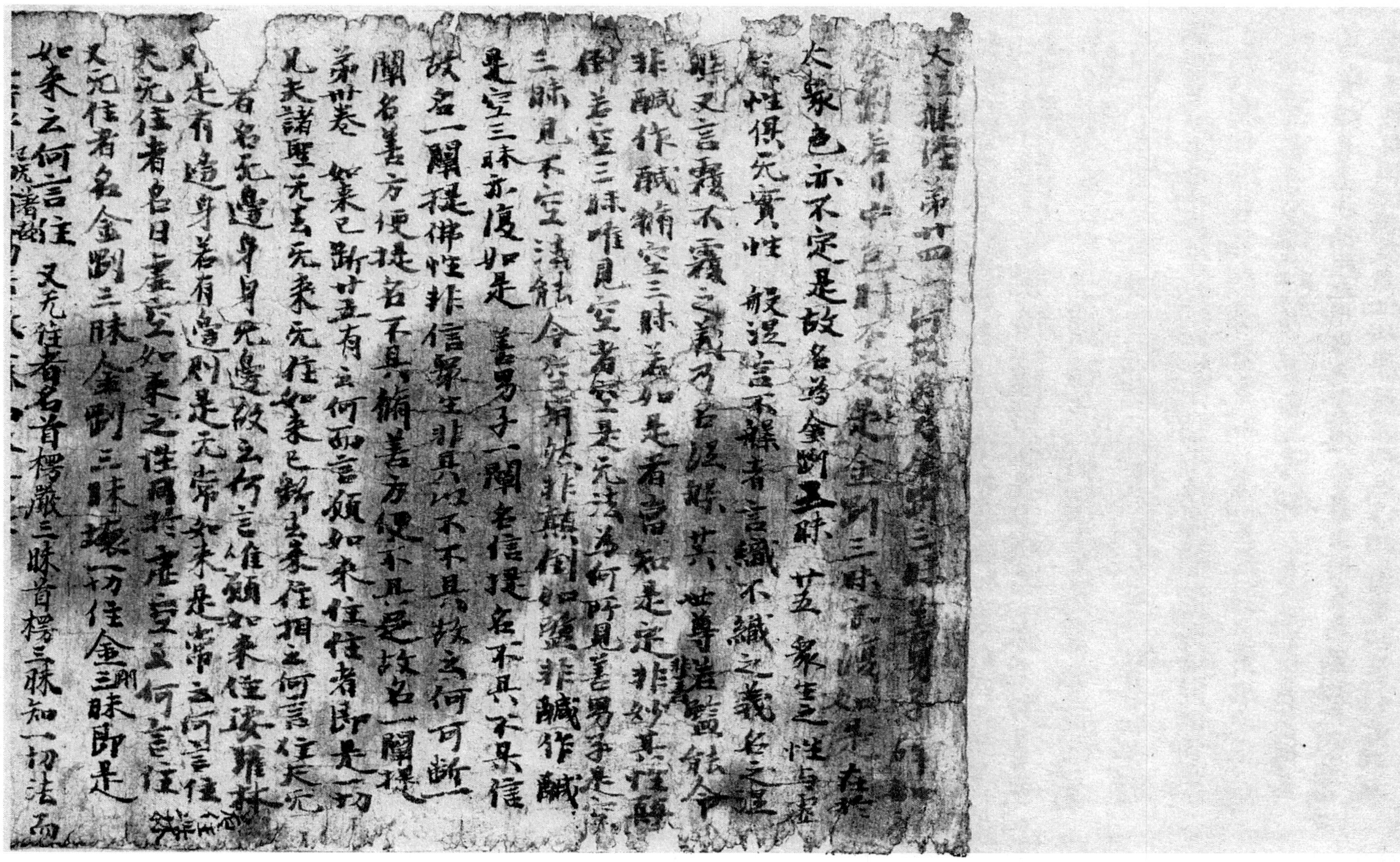

BD03270號　大般涅槃經鈔（擬）　（4–1）

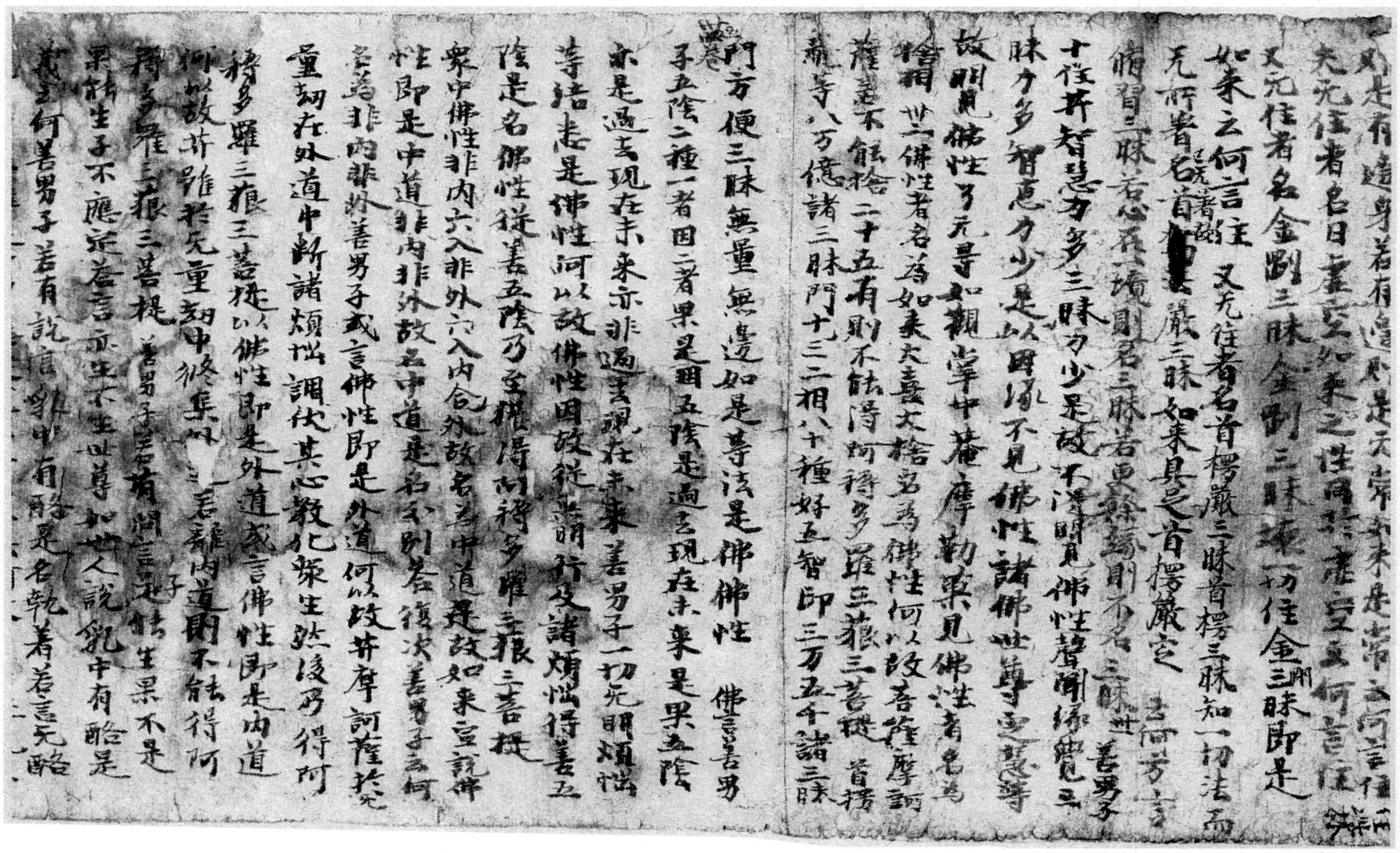

BD03270號　大般涅槃經鈔（擬）　（4–2）

如以故菩薩於无量劫中修集以□若新內□不能得阿
耨多羅三藐三菩提 善男子若有問言世諦生果不是
果諸生子不應定答言亦生不生世尊如世人說乳中有酪是
義云何善男子若有說言乳中有酪是名執著若言无酪
是名虛妄離是二事應定說言亦有亦無何故名有從乳生
酪因即是乳果即是酪是名為有云何言無色味各異服用
各異熱病服乳冷病服酪乳生冷病酪生熱病善男子若
言乳中有酪性者乳即是酪酪即是乳其性是一 第廿七
涅槃經復白佛言世尊如佛所說三有漏者云何名為欲
漏有漏無明漏耶佛言善男子欲漏者內惡覺觀因於外
緣生於欲漏是故我昔在王舍城告阿難言阿難汝今受
此女人所說偈頌是偈乃是過去諸佛之所宣說是故一切內
內惡覺觀外諸因緣是名為欲是名欲漏有漏者色無
色界內諸惡法外諸因緣此諸覺觀是名有漏無明漏
者不能了知我及我所不別內外名無明漏善男子無明即一切
諸漏根本 卅卷 善男子智者復觀一切眾生為飲食故身心
受苦若從眾苦而得食者我當云何於是食中而生貪著是
故於食不生貪心復次智者當觀因於飲食身得增長我今
出家受戒修道為欲捨身今貪此食云何當得捨此身耶
如是觀已雖復受食猶如曠野食其子肉其心厭惡都不甘樂
深觀揣食有如是過次觀觸食如被剝牛為无量虫之所唼食
次觀思食如大火聚識食猶如三百鑽矛 善男子 智者如是觀
四食已 如人不樂處闇而求光明還復歸闇闇即世間明即出世
善我樂世增長黑闇遠離光明 第卅卷 在額上者名之為鬘
在項在者名之為瓔在臂在者名之為釧 須扶陀言世尊云何名
為實想善男子無想之想名為實想世尊云何名為無想之想善男子
一切法無自相他相及自他相無無因相無作相無受相無作者相無

如是觀已雖復受食猶如曠野食其子肉其心厭惡都不甘樂
深觀揣食有如是過次觀觸食如被剝牛為无量虫之所唼食
次觀思食如大火聚識食猶如三百鑽矛 善男子 智者如是觀
四食已 如人不樂處闇而求光明還復歸闇闇即世間明即出世
善我樂世增長黑闇遠離光明 第卅卷 在額上者名之為鬘
在項在者名之為瓔在臂在者名之為釧 須扶陀言世尊云何名
為實想善男子無想之想名為實想世尊云何名為無想之想善男子
一切法無自相他相及自他相無無因相無作相無受相無作者相無
受者相無法相非法相無男女相無士夫相無微塵相無時節相
無為自相無為他相無為自他相無有相無無相無生相無生者相
無因相因因相無果相無果果相無晝夜相無明闇相無見相無見
者相無聞相無聞者相無覺知相無覺知者相無菩提相無得菩提
者相無業相無業主相無煩惱相無煩惱主相善男子如是等相隨所滅
處名真實相 善男子一切諸法皆是虛假隨其滅處是名為實
是名實想是名法界名畢竟智名第一義諦名第一義空 第卅一卷
復告大眾我以摩訶般若遍觀三界有情无情一切人法悉皆究
竟无繫縛者无解脫者无主无依不可攝持不出三界不入諸
有本來清淨无垢无煩惱與虛空等不平等非不平等盡
諸動念思想心息如是法相名大涅槃真見此法名為解脫凡夫
不知名曰无明

……所不能測……至不　肇師云

能異也　一名不可思議解脫　此約法受名也　下文云

佛為諸上慢人說離婬怒癡為解脫　若無增上慢者

婬怒癡即是解脫　此談體也　或就悲願□□□非道

通道　此約用名之　以昔教權列三乘　言同解脫　今將逐權

歸實故特名不思議也　即大經百句解脫　華嚴諸善知識

解脫皆同此也　什曰　亦名三昧　亦名神足　或令脩短改度　或

巨細相容　變化隨意　於法自在　解脫無閡　故名解脫　能者

能然物不知所以　故曰不思議　亦云法身大士念即隨應　不入

禪定　然後能也　心得自在　不為不能所縛　故曰解脫也　若直明

法空　則乖於常習　無以取信　故現物隨心變　明物無定性

則其性虛矣　菩薩得其無定　故令物隨心轉　則不思議乃

空之明證　將顯理宗　故以為經之標也　肇曰　微遠幽深　二乘

不能測　不思議也　縱任無礙　塵累不能拘　解脫也　此經自始于淨

饒于法養　其中所明雖殊　然其不思議解脫一也　故總以名焉　上

以人名經　此以法名經　所以標榜指歸　以人名經　所以因人

弘道者也　生曰　無垢之稱　或止形跡　心不安然　故復言其解脫

更為一名　不可思議者　凡有二種　一曰理空　非惑情所圖

二曰神奇　非淺識所量　若體夫空理　則脫思議之惑　惑

既脫矣　則所為難測　維摩詰今動靜皆神奇　必脫諸

惑　勝文王本體　云說空是其所體　是以無垢之名信而有

（□□□有徵其□求□）致於求者何患不悟乎

敘曰　菩薩無心應物　有感眾生但覩其教　莫測所由　故

名所說為不思議　雖說而無心　故不閡於有　雖無心而

能說　故不閡於有　雖無空有所不能累　故名之為解

脫　佛國品第一　什曰……

以人名經此以法名經以法名經所以標勝指歸以人名經所以因人
弘道者也　生曰無垢之稱或也欣跡心不妄然故復言其解脫
更為一名不可思議者凡有二種一曰理空非惑情所圖
二曰神奇非淺識所量若體夫空理則脫思議之惑或
玩脫矣則所為難測維摩詰今動靜皆神奇必脫諸
惑勝致其本體空說空是其所體是以無垢之名信而有
[illegible]其[illegible]求[illegible]　致到於求者何患不悟乎
叡曰菩薩無心應物有緣眾生但覩其教莫測所由故
名所說為不思議雖說而無心故不閡於有雖無心而
能說故不閡於有雖無空有所不能累故名之為解
脫　佛國品第一　什曰經始終由於淨國故以佛國冠於
眾篇也其應二土會以平等廣如下文然十四品經大
[illegible]分此品半為未信令信故名序分次十一品半信已
[illegible]分三從二品盡經悟[illegible]名流通分初
分三別初[illegible]　令悟故名正宗
序分中復有三別初列時方處等是集經者引事證
信次合蓋現土是說經者驗物令信後稱歎頌揚是明
經者使仰德生信也初文又六一信二聞三時
四說經者五聽經處六聞眾如是此初信經辭也肇曰
如是信順辭也夫信則所言之理順順則師資之道成經無
豐約非信不傳故建言如是我聞此二傳經言也肇曰出
經者明己親承聖音無傳聞之謬也　一時此三聞經時也
眾生信重為感如來悲願為應感應道交故曰一時肇曰
法王啓運嘉集之時也　佛此四說經者梵音云具言佛
馱此翻為知者大品云知諸法實義故大論云菩提名智
佛名智者是即解圓德備言誠物信也　在毗耶離此下五
列聽經處有通有別通為遠者知別為近不謬此初通
處肇曰毗耶離國名也秦言廣嚴其土平廣嚴事因以為
名又云好稻土之宜也　菴羅樹園　別處肇曰菴羅樹名
也其葉似桃而非先言奈氏失也事在他經園者住處之
通稱梵云僧伽藍摩此云眾園言伽藍者略也
與大比丘眾八千人俱　此下六列同聞經眾證非己謬傳
眾有三別初列聲聞形心俱隸證信章[illegible]故先列也
次列菩薩心同形異證信小疎故次列也後列天[illegible]之心[illegible]

BD03271號　淨名經集解關中疏卷上　（60–2）

名又云婷稻土之𡋯也　菴羅樹園　別處肇曰菴羅樹名
也其菓似桃而非先言奈氏失也事在他經園者住處之
通稱梵云僧伽藍摩此云衆園言伽藍者略也
與大比丘衆八千人俱　此下六列同聞經衆證非已謀傳
衆有三別初列聲聞形心俱勝證信最親故先列也
次列菩薩心同形異證信小疎故次列也後列天龍形心俱
乖證信最疎故後列也初列比丘与者共也大即極果比丘
人名衆言和合肇曰比丘秦言或名淨乞食或名破煩惱或
名能持戒或名能怖魔天竺一名該此四義秦無一名以譯
之故存其義名焉　菩薩　此下二列菩薩衆文五一舉名
二辯數三歎德四列五揔結此初也肇曰菩薩正音云菩提
埵菩提佛道也薩埵秦言大心衆生入佛道也謂以大悲
智無邊行願為物求道故以名之什曰大士凡有三種一者
出家二者在家三者他方來復次一者結業身二者法身
也此中菩薩多是法身然應感之形与物或齊其所見而
生劣想故舉大數然後序德也　三万二千　二辯數也
衆所知識　此下三歎德也文三初揔歎次別
揔歎又三此初歎外化也聞名欽風為知覩形飲化為識肇
曰大士處世猶日月昇天有目之士誰不知識　大智本行皆悉
成就　二自行也大智一切種智也此
智以六度道衆行為本諸大士已備此本行　諸佛威神之所
建立　三結釋也肇曰天澤無私不潤枯木佛威雖普不立無
根所建立者道根必深乎叡曰凡有二種或以神化所加令
其整悟名為建立或以妙法堅心化之同己亦名建立
為護法城受持正法　此下二明別歎文三約初護法歎次約修行
歎後就道果歎初文又三謂護法護人結釋護法復二此初
歎修因也肇曰外為護法之城內有受持之固也什曰法城即實
相法也使物無異見故言護也復次一切經法皆名法城護
持宣布令不壞也有能持正法亦兼護之也　叡曰真
理為法文字為城城壍固則內不害文字存則理不虧
也　能師子吼名聞十方　二歎功成也肇曰師子吼無畏
音也凡所言說不畏群邪異學喻師子吼衆獸下之

摧法也什曰物無異是故言説也法法一切經法皆名法城護
持宣布令不壞也有能持正法亦兼護之也　叡曰真
理為法文字為城城塹固則内不害文字存則理不虧
也　能師子吼名聞十方　二歎功成也肇曰師子吼無畏
音也凡所言説不畏群邪異學喻師子吼衆獸下之行滿
天下故稱無不普　衆人不請友而安之　此二歎護人亦
歎先歎心也肇曰真友不待請譬慈母之赴嬰兒也
紹隆三寶能使不絶　二歎功圓也肇曰繼佛種則三寶隆
非直顯明三寶宣通經法　謂之謂能積善累功自致成佛成
佛則有法有法則有僧不絶之功事在未來劫今言不絶則必
能也又於其中閒自行化人人亦化物物我俱成三寶弥興衆
生無盡故寶亦不絶也　降伏魔怨制諸外道　此三釋歎肇
日魔四魔也外道九十六種外道也天台云禪定伏愛得通
以降衆魔智慧破見發辯以制外道如問疾品明　悉以清淨
此下二歎修行文即二別自行化他也前自行復二初歎斷德後
歎智德斷德文三此初揔歎　永離蓋纏　二別歎也肇曰蓋
五蓋纏十纏亦有無量纏身口意淨三業悉淨則蓋纏不
能累也五蓋者一貪欲蓋二嗔恚蓋三睡眠蓋四掉悔蓋
五疑蓋初二障戒睡眠障慧掉悔障定疑障解脱及知見十
纏者無慚無愧慳嫉悔眠掉舉惛沉及忿覆也　叡曰凡夫心
纏滅還生二乘雖滅證處由存大士了盡情塵俱寂滅處
盡根生無所寄法身居然不論故云也　心常安住無礙解
脱　三結歎也什曰不思議解脱即其類也於物無閡故名也
肇曰七住所得得此解脱則於諸法通達無閡故心常安住
念定揔持辯才不斷　此下二歎智德亦三此初揔歎也肇曰
念正念定正定揔持善不失持惡不生無所漏念謂之揔持辯
大論云一㮛疾辯二利辯三無盡辯四不斷辯五隨應辯六
義辯七世間最上辯此四是大士之要用故常不斷　叡曰念不
忘則慧逾增定不捨則心常一持善不失則強(?)識而惡不生
辯不絶則化無閡備此四門可以官府万行故曰也什曰菩薩得
此四法也深入堅固經身不失歷劫逾明故言不不斷也　布
施持戒忍辱精進禪定智慧及方便力無不具足　二別歎
智德肇曰具足謂無相行也七住已上心智寂滅以無為

忘則惠逾增定不捨則心常一持善不失則強憶識而惡不生
辯不絕則化無閡備此四門可以官府万行故曰也什曰菩薩得
此四法也深入堅固緣身不失恩劫逾明故言不不斷也　布
施持戒忍辱精進禪定智惠及方便力無不具足　二別歎
智德肇曰具足謂無相行也七住已上心智寂滅以無為
無德不為是以施極於施而未嘗施戒極於戒而未嘗戒七德
而殊功其相不異乃名具足方便者智之別用耳智以通
幽窮微決定法相無知而無不知謂之智也雖達法相而能
不證處有不失無在無不捨有冥存空德彼我兩濟故曰
方便也　逮無所得不起法忍　三約位結也肇曰忍即無生
惠也以能堪受實相故以忍為名得此忍則於法無取無得
心相永滅故曰無所得不起法忍也　已能隨順轉不退輪
也流演圓通無繫于一人名輪也　諸佛既轉此輪諸大士
堪能轉不退轉輪肇曰無生之道無有得而失者不退
初明說法德次明無畏德後明名聞德　初說法文二此初舉
此下二明化他行文二初明內具化行後明行化利物內行復三
亦能隨轉也　善解法相知衆生根　二釋堪能隨轉肇曰
諸法殊相無不解群生異根無不知也謂由知病識藥故能
隨轉也　蓋諸大衆得無所畏　此下二明衆無畏德文二
初標也肇曰菩薩別有四無所畏一得聞持二知衆生
根三不見能難已使不答者四隨問能答善決衆疑有
此四德故能映蓋大衆　功德智惠以脩其心相好嚴身
色像第一捨諸世間所有飾好　此二釋也什曰明脩此
德所以無畏也
肇曰心以智德為嚴形以相好為飾嚴心所以進道飾形所以
靡俗亦為尊形者亦嚴相耳豈俗飾之在心也　名稱高
遠踰於須弥　此下[illegible]德是即凡以名壞行聖以名化物之
此二初標也肇曰名自有高而不遠遠而不高前聞十方取其
遠今踰須弥取其高揔言高謂高勝也　深信堅固猶若金剛
二釋名高所以信固也肇曰七住已上無生信不壞也　法寶
普照而雨甘露　此下二明[illegible]

遠路者深致　此下…德是所以名壞行至此名化物之
此二初標也肇曰名自有高而不遠遠而不高前聞十方取其
遠今喻須弥取其高獨高謂高勝也　深信堅固猶若金剛
二釋名高所以信固也肇曰七住已上無生信不壞也　法寶
普照而雨甘露　此下二明正化益物文三一明生善益二明破惡
益三明獲果益生善又三此初標二喻況說法應根普生物善
也肇曰法寶光無不照照癡冥也澤無不潤潤生死也　喻
海有神寶能放光除瞑亦因光能雨甘露潤枯槁也
於眾言音妙第一　二法合也謂出世善言故稱第一肇曰
殊類異音既善其言而復超勝　深入緣起斷諸邪見
有無二邊無復餘習　三釋也凡夫不了緣生故執無因邪
因二乘不了緣滅故滯涅槃皆非深也菩薩悟生非生證滅
非滅使習俱亡故名深入故經云無無明亦無無明盡也肇
曰深入為智深解也解法從緣起則邪見無由生有無二見群
迷多惑大士久盡故無餘習　演法無畏猶師子吼其所講
說乃如雷震　此下二明破惡益文二初舉二喻二總結又前喻
破見後喻破愛見以迷理愛以滯事因其見則眾惑無由起
纍其愛則善牙莫能發故什曰上明一切時無畏此明說法
無畏上師子吼德音遠振此明能說寶法眾感敬順猶
師子吼威攝群獸也又肇曰法音遠震開道萌牙猶
春雷之動百草　無有量已過量　此二結歎然智依理發
德与智冥理智無邊德何可量肇曰既得法身入無為境
心不可以智求形不可以像取故曰無量六住下名有量也　集
眾法寶如海導師　此下三明獲果益文二初標導師得寶
喻也六師不獲真果八正利物必至涅槃故借喻焉肇曰導
眾生入大乘海採眾法寶使必獲無難猶海師善導商
人必獲夜光　了達諸法深妙之義善知眾生往來所趣及心
所行　此下二釋能導所以以具權智故也智達深義能往善
提權悟眾生往來如幻所以悲利有情而物不能累大士之
德其在茲焉故楞伽經云智不得有無而興大悲心　近無
等等佛自在慧十力無畏十八不共　此三明近果歎德也文三此
初明自證也肇曰佛道超絕無与等者唯佛自等故言無

提權悟衆生往来如幻所以悲利有情而物不能累大士之
德其在茲焉故楞伽経云智不得有無而興大悲心　近無
等等佛自在慧十力無畏十八不共　此三明近果歎德也文三此
初明自證也肇曰佛道超絶無與等者唯佛自等故言無
等等所以辯其等者明一大道理無不極平若虚空豈
界除之有也自在慧者十力四無畏十八不共即其事也大士
雖未全具佛慧且以近矣　關閉一切諸悪趣門而生五道以
現其身　此二明化益文二初明不生而生後明應生利物
此初證無相故諸趣自閉不捨大悲而現生五道五道者
三趣人天也肇曰法身無生而無不生無生故悪趣門閉無
不生故現生五道　為大醫王善療衆病應病與藥令
得服行　二明所以應生非已業繫但為利他作醫王耳肇
曰法藥善療喻醫王也　無量功德皆成就　此三物結歎也
文四此初正報滿也肇曰無德不備　無量佛土皆嚴淨
二依報滿也肇曰群生無量所好不同故修無量淨土以應
彼殊好也　其見聞者無不蒙益　三利物德滿肇曰法身無
形聲應物故形聲耳豈有見聞而無益哉　叡曰法身無
身故感而後應感而後應則無應而不會故使其見聞者
無不蒙益　諸有所作亦不唐捐　四自行德滿肇曰功不
虚設叡曰法身無為為不由已為不由已則動無非時動無
時非故能諸有所作亦不唐捐　如是一切功德皆悉具足　此三
物結也　其名曰等觀菩薩　此下四列名　叡曰此諸菩薩或
以功行為名亦有因相得稱非唯一途亦如今人字耳宜為可望
文消息無定義也什曰等觀四等觀衆生也　不等觀菩薩
智慧分別諸法也　等不等觀菩薩　兼此二也　定自在王菩
薩　什曰於諸定中自在　法自在王菩薩　什曰說法中自在
法相菩薩　什曰功德法相現於身也　光相菩薩　什曰光明
之相現於身也　光嚴菩薩　什曰光明莊嚴身也　大嚴菩薩
什曰明其身相大莊嚴也　寶積菩薩　什曰積聚智慧
寶也　辯積菩薩　什曰積聚四辯也　寶手菩薩　什曰手
中出無量寶也　寶印手菩薩　什曰印者相也手有出寶
之相亦云有寶印也　常舉手菩薩　什曰現已大慈之手撫慰

什曰明其身相大莊嚴也 寶積菩薩 什曰積聚智慧
寶也辯積菩薩 什曰積聚四辯也 寶手菩薩 什曰手
中出無量寶也 寶印手菩薩 什曰印者相也手有出寶
之相亦云有寶印也 常舉手菩薩 什曰現已大慈之手撫慰
衆生令不恐畏 是以常舉手向人唱言勿怖 常下手菩薩
什曰現常垂下其手現慈心屈下無傷物之像 常慘菩
薩 什曰悲念衆生也 喜根菩薩 什曰喜根善根也亦於
實相法中生喜及隨喜也 喜王菩薩 什曰喜有二種一不淨
喜受也二清淨法喜故言王也 辯音菩薩 什曰辯辯也
虛空藏菩薩 什曰實相慧藏如虛空也 執寶炬菩薩
什曰執慧寶炬除衆冥也 寶勇菩薩 什曰勇於德寶亦得
寶故能勇 寶見菩薩 什曰以慧寶見諸法 帝網菩
薩 什曰幻術經名帝網也此大士神變自在猶如幻化故借
帝網以名之又曰大士施化如帝王法網也 明網菩薩 什曰
明網自說手有網縵放光明也 無緣觀菩薩 什曰觀時不
取相故無緣亦深入觀莫見其所緣 慧積菩薩 什曰
積聚慧也 寶勝菩薩 什曰功德寶超於世也 天王菩薩
什曰一假名天人王名天也二生天諸天也三賢聖天大士皆現生
也 壞魔菩薩 什曰行壞魔道 電得菩薩 什曰因事為
名 自在王菩薩 什曰於諸法自在如王之於人 功德相嚴
菩薩 什曰功德之相莊嚴身也 師子吼菩薩 什曰以大法音
令衆生伏也 雷音菩薩 什曰所說法能令天人歡喜
羣邪振悚猶若雷音聞者喜懼也 山相擊音菩薩 什曰
以大音消伏剛強音聲振擊若兩山相持 香象菩薩
什曰青香象也身出香風菩薩身香亦如此也 白香象
菩薩 什曰其香殊勝大士身香亦如是 常精進菩薩
什曰始終不退 不休息菩薩 什曰求善不止 妙生菩薩
什曰生時有妙瑞也又曰從法化生為妙 華嚴菩薩 什曰以三
昧力現衆花遍滿虛空大莊嚴也 觀世音菩薩 什曰世有
危難稱名自歸菩薩觀其音聲即解脫也亦名觀世自在
得大勢菩薩 什曰有大勢力也以大神力飛到十方所至之國
六返振動惡趣休息 梵網菩薩 什曰梵四梵行慈悲喜捨網

眛力現衆花遍滿虛空大莊嚴也 觀世音菩薩 什曰世有
危難稱名自歸菩薩觀其音聲即解脫也亦名觀世自在
得大勢菩薩 什曰有大勢力也以大神力飛到十方所至之國
六返振動惡趣休息 梵網菩薩 什曰梵四梵行慈悲喜捨網
言其多 寶杖菩薩 什曰或物寶或法寶以為杖 無勝
菩薩 功德超勝也 嚴土菩薩 什曰淨國土 金髻菩薩
什曰金在髻 珠髻菩薩 什曰如意寶珠在其髻中悉見
十方世界及衆生行業果報因緣 彌勒菩薩 什曰姓也此
曰慈氏阿逸多字也此云無勝南天竺國婆羅門子也
文殊師利法王子菩薩 什曰秦言妙德以法身遊方莫
知其所生又來補佛處故言法王子也 如是等三万二千人
此五結衆數 肇曰歎德列名所存名以證經也 復有万梵
天王尸棄等從餘四天下來詣佛所而聽法 此下三列雜
衆 此梵王衆 肇曰尸棄梵王名秦言頂髻 復有
万二千天帝亦從餘四天下來在會坐 此帝釋衆 忉利
天主也 肇曰一佛土百億四天下一四天下各有梵釋故言
餘亦或從他佛土來 并餘大威力諸天 此諸天衆 肇曰除
上梵釋餘大天也 龍 此下八部衆也 肇曰 龍有二種地龍
虛空龍種有四生也 神 肇曰神受善惡雜報其形勝人劣天身
輕微難見也 夜叉 肇曰秦言輕捷有三種一在地二在虛空
三天夜叉居下二天守天城門閣 乾闥婆 此云香蔭 肇曰天樂
神也居地上寶山中天須樂時此神體上有異相現然後上
也 阿修羅 肇曰秦言不飲酒此神類男醜女端正有大
威力能與天共鬪也 迦樓羅 肇曰金翅鳥神也 緊那羅
肇曰秦言人非人其形似人而頭上有一角遂稱為人非人亦天
樂神小不如乾闥婆 摩睺羅伽等悉來會坐 肇曰蟒神
也此八神皆有大神力能自變形在座聽法 諸比丘比丘尼
此下四衆也 肇曰比丘義同上尼女名也上八千比丘別稱得道者
優婆塞 肇曰義名信士又曰五戒為近事男八戒為近住男
優婆夷俱來會坐 夷者女也准上可知 彼時佛與無量
百千之衆恭敬圍繞而為說法

BD03271號　淨名經集解關中疏卷上　（60–9）

優婆塞　肇曰義名信士又曰五戒爲近事男八戒爲近住男
優婆夷俱來會坐　肇曰女也准上可知　彼時佛與無量
百千之衆恭敬圍繞而爲說法
此二明佛現神變駭物令信投人夜光尠不按劍況乎深妙
未信而傳允物易以相從難以理悟故神化无方使受行
也文有二別初明佛現勝身後明寶積獻蓋前文三法
喻合也此即初現勝身也昔說小乘法微而相劣今將說
大乘法勝而相勝法華云着弊垢衣執除糞器此表昔說
小乘現劣相也又云於其門內踞師子床羅列寶物此表
說大乘現勝相也故下偈文目淨脩廣等歎　勝相說法
不有不無等歎勝法始在佛樹等歎劣相三轉法輪等歎
摧法也譬如須弥山王顯于大海安處衆寶師子之座
蔽於一切諸來大衆　須弥山等喻也安處衆寶等合也
肇曰須弥秦言妙高山處大海之中水上方三百三十六万里
如來處四部之中威相超絕光蔽大衆猶金山之顯滇海也
尒時毗耶離城有長者子名曰寶積與五百長者子俱持七寶
蓋來詣佛所頭面礼足各以其蓋共供養佛　此二明獻蓋現
瑞表說淨土之相也文三初獻蓋次合蓋後歸信此初獻
蓋表大慈蔭物淨土化生即大慈之事　肇曰寶積亦法
身大士也常與淨名俱詣如來共弘道教而今獨與里人詣
佛者將生問疾之由啓茲典之門也　佛之威神令諸寶
蓋合成一蓋遍覆三千大千世界　此二合蓋文二初合蓋
表內慈平緣絕於彼我二外現淨土表應物差別淨穢不同
此初也彼我未亡寶積等蓋殊而慈局執云性一諸佛所以
蓋合而慈覆三千什曰現此神變其音有二一者現神變
無量顯智惠必深二者寶積獻其所珎必獲可珎之果未
世所成必若此之妙明因小而果大今而此世界廣長之相悉
於中現　又此三千大千世界諸須弥山雪山目真隣陁山
摩訶目真隣陁山香山寶山金山黑山鐵圍山大鐵圍山
大海江河川流泉源及日月星辰天宮龍宮諸尊神宮
悉現於寶蓋中　二外現[illegible]別前[illegible]合蓋無跡表法身平
等慈覆不殊此差別亦表應身隨緣國土不一文二初現
此界二現十方此中文三初十山[illegible]

辰天宮龍宮諸尊神宮
悉現於寶蓋中 三外現 別前 合蓋顯表法身平
等慈覆不殊此差別亦表應身隨緣國土不一文二初現
世界二現十方此中文三初十山表陸居衆生住處二海表
水族居處三日月等表空居住處然此三類等以慈覆
故俱現蓋中肇曰蓋亦不廣而弥八極土亦不狹而
現蓋中 又十方諸佛諸佛說法亦現於寶蓋中
二現十方也 吳本云十方諸佛佛國嚴淨及十方佛所在
說法皆現寶蓋中此即現相明宗言可見矣肇曰將顯佛
土殊好不同故通現十方也諸長者子皆久發道心而未修
淨土欲說其來供之情啟淨土之志故因其蓋而現焉
合爾時一切大衆覩佛神力歎未曾有合掌禮佛瞻仰尊
顏目不暫捨 此三見瑞三業歸信也什曰信樂發中現相於外
也 合長者子寶積即於佛前以偈頌曰 此下三明閱經者
揚佛德使物歸信為啟問之由肇曰形敬不足以寫心故復
讚之詠之 卅六行偈述歎文四初歎大乘勝應二歎小乘
劣應三歎現瑞表發四歎佛三密功德前文又三初兩行
總歎內德二兩行明神通三五行歎說法此初也 合目淨修
廣如青蓮 此初四句此句歎形肇曰五情百體目最為長
瞻顏而作故先歎目也天竺有青蓮花其葉修而廣青白
分明有大人目相故以為喻也 合心淨已度諸禪定 此句歎心
肇曰形長者目 主德者心歎目則攝衆相歎心則攝方
德故作者標二為頌首禪定之海深廣無際自非如來精
淨真心無能度者 合久積淨業稱無量 此句歎因肇曰
於無數劫積三淨業故名稱無量 合導衆以寂故稽首
此句歎果言與衆同趣八正至寂滅涅槃故敬禮也肇曰寂
謂無為寂滅之道也 合既見大聖以神變普現十方無量土其
中諸佛演說法於是一切悉見聞 此二歎神通也以見蓋
中國土淨穢不同為下致問之由也肇曰既見合蓋之神變
已不可測方於中現十方國土及諸佛演法於是忍界一切衆
會悉遙見聞為希有也 合法王法力超群生常以法財施一
切 此三歎說法文三此初標法施也肇曰俗以力勝民故能
釋及一國土王以力

已不可測方於中現十方國土及諸佛演法於是忍界一切衆
會悉遙見聞爲希有也 法王法力超群生常以法財施一
切 此三歎說法文三此初標法施也肇曰俗以力勝民故能
澤及一國法王以法力超衆故能尊濟無疆也 能善分別諸法
相於第一義而不動 此二兩行歎法王義肇曰第一義諦
法一相義雖分別殊相而不乖一相此美法王莫易之道動爲
乖矣 稽首諸法得自在是故稽首此法王 肇曰世王自在
於民法王自在於法法無定相隨應而辯爲好異者辯異
而不乖同爲好同者辯同而不乖異同異殊辯而俱適法
相故得自在 說法不有亦不無 此三釋歎所說大乘二空
法也此初明因緣有故即有非有爲法空也不同小乘捨有
證空此即不亡於空故名法執也肇曰欲言其有有不自生
欲言其無緣會則形會形非謂無非自非謂有且有有
故有無無有何所無有無故有有無無何有然則自有則
不有自無則不無此法王之正說也 以因緣故諸法生 此句釋也
肇曰有亦不由緣無亦不由緣以法非有無故由因緣生論曰法
從緣故不有緣起故不無也 無我無造無受者 此下偈明
我本不有即無無我入不二門不二乘捨我住無我也又我
造受三計我之別名此明由業遷形豈有常我主其異
形哉肇曰諸法皆從緣生耳無別有真宰主之者故無我
也夫以有我故能造善惡受禍福法既無我故無造無受者
善惡之業亦不亡 此句釋也肇曰若無造無受者則不應有
爲善獲福而爲惡致殃然衆生心識相傳美惡由起報應之道
連鏁相襲其猶聲和響順形直影端此自然之理無差毫毛
又復何假常我而主之哉 始在佛樹力降魔得甘露滅覺道成
此二八偈歎昔說小能權現力身益物也文四初兩行明得道二兩
行明轉法輪三兩行明益四兩行總覲平等此初先明降魔證
滅謂如來應跡王宮割愛踰城歷試邪道捨邪坐樹誓取菩提
魔宮振動先權色貪次伏怨敵外魔既散方證涅槃甘露擇
滅結習內魔於茲永盡佛樹者菩提樹也 言初也 已無心意
無受行而悉摧伏諸外道 此釋伏外也一解云昔六行修禪及昔行
等菩薩無心受彼邪法但爲示同調伏耳又肇曰心者何也涂有
[illegible]

損結習四魔於茲永盡佛樹者菩提樹也言初也　已無心意
无受行而悉摧伏諸外道　生釋伏外也一解云昔六行修禪及苦行
等菩薩無心受彼邪法但為示同調伏耳又肇曰心者何也涤有
以生受者何也苦樂是行至人冥真體寂虛空其懷雖万法普照
而心未嘗有苦樂是以而不為受物我永寂豈心受之可得此心無
於伏而物無不伏受者受著也　今三轉法輪於大千其輪本來々
常精淨　生二明諦應野苑轉法輪也道成即化物故次說法文
二此先明轉法也三轉者示相轉勸修轉引證轉也謂初示四諦
法相也次勸修行此四諦也復言我已獲證令信受也大千者
佛一化境也肇曰法輪常淨猶虛空也雖復古今不同時移
俗易聖聖相傳其道不改　天人得道此為證三寶是
現世間　此二明功成肇曰初轉法輪時俱輪等五人八万諸天
得道此常清淨之明證覺道既成佛寶法轉所轉謂法寶
五人出家得道僧寶於是言其始也　五人者憍陳
如摩訶男阿濕卑婆提婆數也　以斯妙法
濟群生一受不退常寂然度老病死大醫王當礼法海無
邊　此三明得益明新見修或得滿益也　肇曰九十六種道上者
亦餘斷結生無色界天但其道不真要還隨三塗仏以四諦妙
法清三乘眾生元有既受而還隨生死者故曰一受不退永畢元為
故常寂然也夫生老病死之患重者濟以法藥故為醫王之長
此明法輪潤曉難測法海流潤無涯德元身邊也　今毀譽不動以須弥
此四歎平等文三此初八風不動也肇曰利衰毀譽稱譏
苦樂八法之風不動如來猶四風之吹須弥也　今於善不善等以
慈　此二達順不動肇曰截手不感捧足不忻善惡自彼慈覆
不二又順法達法及不違順心平等也心行平等如虛空孰聞人
寶不敬承　三結釋也肇曰在天為天寶在人為人寶於人
天者貴天人之所能故物莫不敬承也　今今奉世尊此微蓋於中
現我三千界諸天龍神所居宮乾闥婆等及　又悉見世間諸所
有十方衆現是化變衆希有皆歎仏今我稽首三界尊　此下
四行頌上獻蓋等三奉微蓋等獻蓋也於中現等合蓋也衆
者等衆歎也肇曰微々小也所奉至微所見至廣此足如來衆說
之所現十方者是如來別稱耳今大聖法王衆所歸淨心觀佛

天者皆天人之所能故物莫不敬承也 今奉世尊此微蓋於中
現我三千界諸天龍神所居宮乾闥婆等及 又悉見世間諸所
有十力哀現是化變衆 希有皆歎仏今我稽首三界尊 此下
四行頌上歎蓋菩三奉微蓋菩歎蓋也於中現菩等合蓋也衆
者菩衆歎也肇曰微〻小也所奉至微所見至廣此乃如来哀愍
之所現十力者是如来 別稱耳 大聖法王衆所歸淨心觀佛
靡不欣各見世尊在其前斯則神力不共法 此下第四歎佛三
密利物功德此初身密也法王慈恵衆 壞歸淨有信殊佛亦
隨應肇曰法身圖應猶一月昇天影現百水不与二乘共也
佛以一音演說法衆生隨類各得解皆謂世尊同其語斯則神
力不共法 此下六行歎口密四辯此初二行法詞二辯也隨類各解
諸法名字不同此法辯也 皆謂世尊同其言音此詞辯也佛得一
切衆生語言陀羅尼無言不与二乘共也 佛以一音演說法衆生各各
隨所解普得受行獲其利斯則神力不共法 此下兩行歎義辯
凡夫示以因果善惡之義二乘示以無常寂滅等義大乘示以
不生不滅實相之義肇曰好施好戒者聞施戒各異受異行
異利或人天樂果或二乘涅槃或究竟菩提一雨所潤三草不
同豈二乘共也 佛以一音演說法或有恐畏或歡喜或生猒離
或斷疑斯則神力不共法 此二行樂說辯也肇曰衆生聞苦報則
恐畏聞妙果則歡喜聞不淨則猒離聞法相則斷疑不知一音何須
而令歡畏異生此豈二乘所能共也 稽首十力大精進稽首已得無所畏
不共法稽首一切大道師 此下七行歎心密文三初兩行歎智德
次兩行明斷德後三行明恩德也智与理冥相如心寂不可以慮知辯
不可以名數定言十力者蓋示物方便耳智不可盡力也不
懼外難無畏也二乘所無不共也名數如別 稽首能斷衆結縛
稽首已到於彼岸 此下斷歎德也二乘自斷大聖兼度此初
自斷結縛也諸結九結愛恚慢無明疑此五鈍使見結身邊邪三見
也取結戒取見取也此二結五利使也惱結嫉結十纏中二纏也縛者四
縛貪欲縛嗔恚縛戒取縛見取縛亦云貪嗔癡三縛又一念取
相植迷真理万惑從起皆名結縛即一切煩惱皆名為結皆名為縛
也 稽首能度諸世間稽首永離生死道 此明自度結即能度
諸世間離生死也 悉知衆生來去相善於諸法得解脫 此下三

也取結戒取見取也此二結五利使也慳結嫉結十纏中二纏也縛者四
縛貪欲縛嗔恚縛戒取縛見取縛亦云貪嗔癡三縛又一念取
相植迷真理万惑從起皆名結縛即一切煩惱皆名為結皆名為縛
也　稽首能度諸世間稽首永離生死道　此明自度結即能度
諸世間離生死也　悉知衆生來去相善於諸法得解脫　此下三
明無緣悲化即恩德也此行知生去來於法無著　肇曰衆生往來
於六趣心馳騁於是非悉知之也又我染諸法故諸法縛我我心無
染則万縛斯解　不著世間如蓮花常善入於空寂行　此行
知世如幻而大悲不捨　肇曰出入自在而不乘寂故常善入也
達諸法相无罣礙稽首如空無所依　此行明解諸法而不取
著　肇曰万法幽深誰識其旅唯佛無閡故獨稱達而聖心無
寄猶空無依　尒時長者子寶積說此偈已白佛言世尊是
五百長者子皆已發阿耨多羅三藐三菩提心　此下明正宗前
序　既合蓋験心讚揚信發故此當根啓悟證果獲益文三初佛國
半品法王命宗　三方便下九品大士助佛揚化　三菩薩行見阿閦二
品宣揚事訖　還歸印定如王宣正令大臣行事　事訖朝尊之類也
初文二初寶積請說　二如來酬答　初請文二　初明發心即堪聞法之根
也　肇曰阿耨多羅秦言無上　三藐三菩提秦言正遍知道莫之
大無上也其道真正無法不知遍知也　願聞得佛國土清淨
此請問文　二先問果後問因此初也　佛昔說小乘以丈六一身為真
身亦丘陵一國為真土　今將返小孫大故於諸方等明佛身應物
無量悟大六之非真　於此經合蓋見諸佛國殊亦了丘陵之非實
故因現蓋有此問焉　又衆生業異身殊處別[illegible]佛道一身土合
此現蓋既國土有殊故願聞其所以　肇曰長者子久發無上
心而未修淨土所以寶積俱詣如來現蓋皆啓其萌也既於蓋中見
諸佛淨土殊好不同志在崇習故願聞佛所得殊好之事也
唯願世尊說諸菩薩淨土之行　此二問因　肇曰土之所以淨豈
校飾之所能淨之必由行故請說行凡行必在學地故菩薩此問
乃是如來現蓋之微音寶積俱詣之本意也　佛言善哉寶積
乃能為諸菩薩問於如來淨土之行　此下二如來酬答文四初
佛讚也　諦聽諦聽善思念之當為汝說　此二明誡許也　諦
聽者聞惠也善思者思惠也念之者修惠也　於是寶積及五百長

校飾之所能淨之必由行故請說行凡行必在學地故菩薩此問
乃是如來現蓋之微音寶積俱詣之本意也 佛言善哉寶積
乃能為諸菩薩問於如來淨土之行 此下二如來酬荅文四此初
佛讚也 諦聽諦聽善思念之當為汝說 此二明誡許也諦
聽者聞慧也善思者思慧也念之者修慧也 於是寶積及五百長
者子受教而聽 三受教也 佛言寶積衆生之類是菩薩佛
土 此四明如來荅文四初荅二問三身子疑問四指梵現淨四時衆
得益荅二問中佛先荅果有法喻合法中又三標釋結也此初標章
總荅下經云雖知諸佛國土永寂如空而現種種清淨佛土又云諸
佛如來功德平等為教化衆生故現佛土不同明鏡無像即以所照
面為像亦法身無處即以衆化生處為國土是以所化衆生
之類是如來應物之國土肇曰夫至人空洞無像應物故形無常
體況國土之有恒夫以羣生万端業行不同殊化異被至令報應
不一是以淨者應之以寶玉穢者應之以石沙美惡自彼於我無
定無定之土乃曰真土然則土之淨穢繫于衆生故曰衆生之類
是菩薩佛土或謂土之淨穢繫于衆生者則是衆生報應
之土非如來土此蓋未喻報應之殊方耳嘗試言之夫
如來所脩淨土以無方為體故令雜行衆生同視異見故
淨穢所以生無方故真土所以形若夫取其淨穢衆生之
報也本其無方佛土之真也豈曰殊域異處凡聖兩土然後
辯其淨穢哉 所以者何菩薩隨所化衆生而取佛土
此二明列釋四句文四此初明佛國寬狹不同所以肇曰此下釋所
以衆生即佛土也佛土者即衆生之影響耳夫形修影長形短
影促日月使之然乎形自然耳故隨所化衆生之多少而取佛土之
寬狹也是以佛土或以三千或以恒沙為一國也 隨所調伏衆生而
取佛土 此二明佛土淨穢不同肇曰隨所調伏衆生之深淺而取佛
土之妍醜 隨諸衆生應以何國入佛智慧而取佛土 此三明聞法
入慧之異 別如香積根熟而淳說大乘娑婆根鈍乃先三後一之
類也肇曰衆生自有見淨好慕而進修者亦有見穢惡厭而進修
者所好殊方而言之耳所因雖異然其入佛慧一也 隨諸衆生應以
何國起菩薩根而取佛土 此下四明起根不同如香為佛事即於鼻
起菩薩根聲為佛事即於耳起根之類也 根謂信等諸善根即是

入惠之義別如香積根熟而演說大乘娑婆根鈍乃先三後一之
類也肇曰衆生自有見淨好樂而進修者亦有見穢惡厭而進修
者所好殊方而言之耳所因雖異然其入佛惠一也隨諸衆生應以
何國起菩薩根而取佛土 此下四明起根不同如香爲佛事即於鼻
起菩薩根聲爲佛事即於耳起根之類也根謂信等諸善根即是
發菩提心也又云或有於淨起根穢起根如前所以者何菩薩取於淨國
皆爲饒益諸衆生故 此三結釋所以也肇曰法身無定何國之有
美惡斯外何淨可取取淨國者皆爲彼耳故隨其所應而取焉
譬如有人欲於空地造立宮室隨意無閡 此二喻文二此初喻菩薩
因化衆生故有淨土肇曰淨土必因衆生譬立室必因地若地無
衆生淨土若以成若於虛空終不能成 此喻二乘不化衆生故若淨土也
肇曰二乘澄神虛無不化衆生故無淨土也菩薩如是爲成就衆
生故願取佛國願取佛國者非於空也 此三合文可見
寶積當知直心是菩薩淨土 此二明行因也文二前橫約十七行
明行淨同致果名異後豎約十三位明行既從麁階妙國土
亦漸微轉淨此初也理實萬行通是淨因文列十七行者略標宗言耳
又此諸行皆上半明行因菩薩成佛等皆舉果釋因復次自行在
心自招法身正報之果化人行直心感善眷屬淨土之果又云自行直
心教人行直心讚歎直心法隨喜行直心者備此名淨土行也准此直心餘
行亦爾肇曰土之淨也必在衆生衆生之淨必因衆行上直舉衆生以釋
土淨今備舉衆行明其所以淨也夫行淨則衆生淨衆生淨則佛土淨
此必然之數不可差也直心等者此約三心明淨土肇曰土若窪曲乃出
于心直故曰直心是菩薩淨土此即因說果猶指金爲食也直心者謂
心質直無諂此心乃萬行之本故章有之菩薩成佛時不諂衆
生來生其國 此下舉果釋因肇曰化彼同己自土既成故令同
行斯集此明化緣相及故果報相連佛土之義顯也自下因果相
對或前後異名或前略後廣或前因後果類同行深心是菩
薩淨土菩薩成佛時具足功德衆生來生其國 肇曰樹心衆德深固
難拔深心也自心既深則所化亦深道因既深則所感國土自然功德具足
也大乘心是菩薩淨土菩薩成佛時大乘衆生來生其國 法花
云若有衆生從佛聞法熟懃精進求一切智如來知見力無所畏等
念安樂無量衆生利益天人度脫一切是名大乘此化物成佛之

難救深心也又自忘既深則所化亦深道因既深則所感國土純功德是
也大乘心是菩薩淨土菩薩成時大乘眾生來生其國　清花
云若有眾生從佛聞法𢤱懃精進求一切智如來知見力無所畏等
念安樂無量眾生利益天人度脫一切是名大乘此化物成佛之
時國土無二乘之名香積佛土即其事也　△布施是菩薩淨土菩薩
成佛時一切能捨眾生來生其國　此下約六度明淨土行也一切能捨者
肇曰外捨國財身命內捨貪恚慳嫉名一切能捨也　△持戒是菩薩
淨土菩薩成佛時行十善道滿願眾生來生其國　肇曰十善菩
薩戒也亦有無量戒略舉十耳戒具則無願不得故言滿願也
△忍辱是菩薩淨土菩薩成佛時三十二相莊嚴眾生來生其國
肇曰忍辱和故繫以容相耳豈直形報而已哉　△精進是菩薩
淨土菩薩成佛時懃脩一切功德眾生來生其國　禪定是菩薩淨
土菩薩成佛時攝心不亂眾生來生其國　智慧是菩薩淨土菩
薩成佛時正定眾生來生其國　肇曰得正定慧決定法相三聚眾生
中名正定聚也依仁王經未發菩提心為邪定聚十信為不定聚十住
已去為正聚定　△無量心是菩薩淨土菩薩成佛時成就慈悲
喜捨眾生來生其國　此慈悲喜捨也肇曰此四心周被無際故
名無量也此下雖就万行明也　△攝法是菩薩淨土菩薩成
佛時解脫所攝眾生來生其國　肇曰以四事攝眾生為四事也
一者惠施財法隨彼所須二者愛心和言隨彼所適三者利行隨
彼所利方便利之四者同事遇惡同惡而濟惡遇善同善而
進善菩薩以此為解脫生死而攝眾生不同凡夫為恩愛名
利王法等相攝縛也
△方便是菩薩淨土菩薩成佛時於一切
法方便無閡眾生來生其國　肇曰方便巧惠也積小而權大功之
雖就而不為證善為而無所不為此方便無礙也復次菩薩自行
善巧不退善根化他善巧能進物善故云無礙方便也　△三十七品
道是菩薩淨土菩薩成佛時四念處正懃神足根力覺道眾
生來生其國　肇曰念處四念處正懃四正懃神足四神足根五根
也力五力覺七覺意也道八正道菩薩以此正道化物故成佛
時正脩眾生同生其國外道邪脩土所無也　△迴向心是菩薩
淨土菩薩成佛時得一切具足功德國土　迴己功德普施眾生
同向菩提不住餘果此大士迴向也復次施等善行招人天報

也力五力覺七覺意也道八正道菩薩以此正道化物故成佛
時正修衆生同生其國外道邪修士所無也 迴向心是菩薩
淨土菩薩成佛時得一切具足功德國土 迴已功德普施衆生
同向菩薩提不住餘果此大士迴向也復次施等善行招人天報
若能迴向俱到菩提此迴向為大利也復次事即世善理即菩薩
提若能即事悟理此真迴向也故下文云布施性即是迴向一切智性
此之謂歟又迴向菩提何德不具也 說除八難是菩薩淨土菩
薩成佛時國土無有三惡八難 八難者三塗北洲無想天世智邪辯
佛前佛後生聾盲也有說額生善處輪除初五難發正額輪
除世智辯聰值善人輪除佛前佛後深種善根輪除生聾盲
也又諸經明或闕佛名菩薩名相好名經名陁羅尼名常住之字
等皆除三惡八難見佛聞法也且八難患之極能除利之最行不至
報切濟甚大凡諸學者可不勉歟 自守戒行不譏彼闕
是菩薩淨土菩薩成佛時國土無有犯禁之名 肇曰犯禁惡名
出于譏彼而不自守也 十善是菩薩淨土菩薩成佛時命不中
夭大富梵行所言誠諦常以濡語眷屬不離善和諍訟言必
饒益不嫉不恚正見衆生來生其國 肇曰不中夭不殺報也大富不
盜報也梵行不婬報也誠諦不妄語報語不惡口不離和諍不兩舌也
饒益不綺語也不嫉不恚正見嫉恚邪見心患之尤者故別立三也
如是寶積菩薩隨其直心則能發行 此下二明竪約諸行相資且至
極淨土也叡曰上但序明衆行因果相對此明諸行自為始終階麁
至極始於菩薩自行直心終國土衆生一切都淨也 肇曰夫心直則
信固信固然後能發迹造行然始於万行者其唯直心乎此章明行之次
漸微著相因是以始于直心終于淨土譬猶植栽絲髮其茂百圍
直心樹其萌衆行因而成故言隨復次有以位名配此經句經文雖
不明說理亦無違則直心配十住乃至功德淨配法雲可知 隨其發行
則得深心 肇曰既能發行則道精務深 隨其深心則意調伏
肇曰道情既深則意無麁獷也 隨意調伏則如說行
肇曰心既調柔則聞斯能行也 隨如說行則能迴向 肇曰既
能行則能迴其所行標心勝境 隨其迴向則有方便 肇曰
既迴向大乘則大方便之所由生也 隨其方便則成就衆生
肇曰方便[illegible]

則得深心　肇曰既能發行則道精彌深　隨其深心則意調伏
肇曰道情既深則意無麁穢也　隨意調伏則如說行
肇曰心既調柔則聞斯能行也　隨如說行則能迴向　肇曰聞既
能行則能迴其所行摽心勝境　隨其迴向則有方便　肇曰
既迴向大乘則大方便之所由生也　隨其方便則成就衆生
肇曰方便之所立期在成衆生也　隨成就衆生則佛土淨　肇曰
衆生既淨則無穢土也　隨佛土淨則說法淨　肇曰既處淨
土則有淨說　隨說法淨則智慧淨　肇曰既有淨說則有淨智
慧生　隨智慧淨則其心淨　肇曰淨智既生則淨心轉明也　隨其心
淨則一切功德淨　肇曰積德不已者欲以淨心既淨則無德不淨
是故寶積若菩薩欲得淨土當淨其心隨其心淨則佛土淨　肇曰
結成淨土義也淨土蓋是心之影響耳順必和其聲欲影端必正
其形此報應之大數也　尒時舍利弗承佛威神作是念若菩薩
心淨則佛土淨者我世尊本為菩薩時意豈不淨而是佛土不淨
若此　曰佛答二問既不悟解故次第二說緣生論文二初身子生疑
後梵王見異初中又四生疑二質問三奉對四解釋　此初明聲聞
不知真土穢淨其應土穢淨隨物謂佛實報丈六依報丘陵
故示執果疑因因若必淨土不應穢如其穢也不應感佛故
疑問焉　肇曰土之淨穢因非二乘之所能及也如來將明佛土
常淨美惡生彼故以威神發其疑念以生言端故言承也
佛知其念即告之言於意云何日月豈不淨耶而盲者不見
此二舉喻質問　對曰不也世尊是盲者過非日月咎　此三對以
盲過也　舍利弗衆生罪故不見如來佛國嚴淨非如來咎舍
利弗我此土淨而汝不見　此下四明解釋　肇曰日月豈不明不見
自由瞽佛土豈不淨罪穢故不覩豈唯凡夫不覩身子二乘
智眼亦不見　尒時螺髻梵王語舍利弗勿作是意謂此佛土以為
不淨所以者何我見釋迦牟尼佛土清淨譬如自在天宮　此下二明
螺髻見淨文三此初梵王同天見淨　什曰佛國淨清階差不同或如
四天乃至六天或如梵天乃至淨居或有過淨居唯補處菩薩生此國
也稱以衆心故現國不同　肇曰佛土真淨超絕三界豈有如天宮世淨
而已哉此蓋齊其所見而為言耳　舍利弗在人而見土石梵王居天

者長見淨。文三。初梵王同天見淨。什曰：佛國淨清，階差不同，或如
四天乃至六天，或如梵天乃至淨居，或有過淨居，唯補處菩薩生此國
也。釋：眾心故現國不同。肇曰：佛土真淨，超絕三界，豈有如天宮世淨
而已哉。此蓋齊其所見而為言耳。舍利弗在人而見土石，梵王居天
而見若天宮，自餘所見亦各不同。佛土殊應，義存于此也。舍利弗
言：我見此土丘陵坑坎荊棘沙礫土石諸山穢惡充滿。此二身子執
穢。螺髻梵言：仁者心有高下，不依佛慧，故見此土為不淨耳。舍利弗，
菩薩於一切眾生悉皆平等，深心清淨，依佛智慧，則能見此佛土清淨。
此三釋二見所以。先明身子，次辯梵王也。下文云：雖知諸佛國及與眾
生空，而常修淨土，教化於群生。身子不了淨穢隨緣，不依佛慧，斷
淨穢心有高下，非真見也。大士了此淨穢應現名，依佛慧知生如
幻故，皆平等。既淨穢常一，名真見也。於是佛以足指按地，即時三千
大千世界若干百千珍寶嚴飾，譬如寶莊嚴佛無量功德寶
莊嚴土。一切大眾歎未曾有，而皆自見坐寶蓮華。此三明如來現
淨。文四。此初指按現淨。況淨眾見也。前佛答二問身子生疑，
梵王啓論，眾既不悟，故假現變，使知淨穢無定，返權悟實。生曰：現此
變者，未無定相，以遣封穢之情，使取為淨之旨。肇曰：寶莊嚴土之
寂，故以為喻也。自見坐花，可解。佛告舍利弗：汝且觀是佛土嚴淨。
此二勸觀淨也。生曰：且觀耳，寶嚴淨以明無穢於寶，乃無事淨土矣。
舍利弗言：唯然世尊，本所不見，本所不聞，今佛國土嚴淨悉現。
此三對。佛昔在小乘法會，不見淨土，亦不聞說，今居茲會方見嚴
淨。佛語舍利弗：我佛國土常淨若此，為欲度斯下劣人故，示是眾
惡不淨土耳。此下四釋今昔淨穢所以。文三。此初法說。肇曰：自佛而言，故
常淨若此；外應下劣，故不淨同彼也。譬如諸天共寶器食，隨其福德，飯色
有異。此二喻也。肇曰：飯在器色，一在手不同；飯豈有異，異自天耳。佛土
不同方此，可知。故下文云：諸佛如來功德平等，為教化眾生故現佛土不
同。如是舍利弗，若人心淨，便見此土功德莊嚴。三合文可見。當佛現
此國土嚴淨之時，寶積所將五百長者子皆得無生法忍。
此大段第四時眾得益。文中大小二乘各有深淺二益也。此深悟号
無生也。大品即色明空，悟空色不二，亦證無生法忍。法華壽量即伽耶
短壽明長壽，悟法身非長非短，亦悟無生法忍。此經即穢明淨，寶積等
悟淨穢不二，亦得無生。退以此而觀眾經殊唱，會歸同致。肇曰：佛國之興

此國土廣濟之時寶積所將五百長者子皆得無生法忍
此大段第四時衆得益文中大小二乘各有深淺二益也此深悟
無生也大品即色明空悟空色不二亦證無生法忍法華壽量即伽耶
城壽明長壽悟法身非長非短亦悟無生法忍此經即穢明淨寶積等
悟淨穢不二亦得無生忍以此而觀衆經殊唱會歸同致肇曰佛國之興
其正為此無生忍同上不起法忍也八万四千人發阿耨多羅三藐三菩
提心 此淺者發心也 佛攝神足於是世界還復如故求聲聞乘三万
二千天及人知有為法皆悉無常遠塵離垢得法眼淨 此二小乘益
既不悟淨穢應緣故執實有為見無常也肇曰國土穢而可淨淨
而復穢因悟無常故得法眼法眼名須陁洹道也始見道迹故得法眼
名塵垢八十八結也 八千比丘不受諸法漏盡意解 肇曰無著之道於
法無受無染漏盡九十八結漏既盡故意得解脫成羅漢也

方便品第二

此下第二名助佛闡揚淨土之化九品經文大分為二初三品室外訶
彈後六品室內攝受又先析處次訶聲聞後訶菩薩三品淺深之次也此
以歎淨名益物方便故目品也 尒時毗耶離大城中有長者名維摩詰
肇曰此經之作起于淨名其微言幽唱亦備之後文出經者欲遠存其
人以弘其道教故此一品全序其德也品文二先歎德次益物初中歎本
迹二身法身十德本也應身三業迹也天台云西方貴人稱為長者
皆具十德今淨名法身長者十德如新文 已曾供養無量諸
佛深殖善本 第一姓貴者值佛聞法從法化生肇曰樹德先聖故善
本深殖也 得无生忍 二證位高也三賢業生七地願生八地已去法身
無生名無生忍此法身大士名龍象也 辯才無閡遊戲神通逮
諸總持 此三業德藏名大富也辯才口業神通身業總持心業曠劫
積脩三輪德滿功濟羣物莫大於茲 獲無所畏降魔勞怨 四威
勢肇曰菩薩四無畏也四魔勞我為怨也 入深法門善於智度通
達方便大願成就明了衆生心之所趣又能分別諸根利鈍 五三智
深也實智深入智度滿權智方便知誓成就此自行二智也了衆
生心同歸本覺見玄也分別利鈍隨根教化照俗也此二化他二智也
久於佛道心已純淑決定大乘 六年耆百千僧祇積脩妙智八地法身
決定真偽此年耆也 諸有所作能善思量 七行無失肇曰身口意
有所作智惠恒在前故所作無失也 住佛威儀心大如海 八禮儀脩
肇曰舉動[illegible]

達方便大願成就明了衆生心之所趣又能分別諸根利鈍　五三智
深也　寶智深入智度滿稱智　方便知誓成就此自行二智也了衆
生心同歸本覺見玄也分別利鈍隨根教化照俗也此二化他二智也
令入於佛道心已純淑決定大乘　六年耆百千僧祇積修妙智八地法身
決定真為此年耆也　諸有所作能善思量　七行無失　肇曰身口意
有所作智慧恒在前故所作無失也　住佛威儀心大如海　八禮儀備
也　肇曰舉動進止不失聖儀　海有五德一澄淨不受死屍二多出妙寶三大
龍降雨滴如車軸受而不溢四風日不能竭渊深難測大士心淨不受毀戒
之屍出慧明之寶佛大法雨受而不溢邪魔風日不能動搖其智渊深莫
能測者故見契大海　諸佛咨嗟　九上人嗟歎一念淨信為佛稱揚況法身
哉　弟子釋梵世主所敬　此十下人歸敬　弟子聲聞也釋帝釋也梵梵王
也世護世四王也主諸國主也伏其首則羣下從之　欲度人故以善方便居
毗耶離　此下第二歎迹化之德文三初標益物次列三業益物後
結歎初標可見　資財無量攝諸貧民奉戒清淨攝諸毀禁以忍調行
攝諸恚怒以大精進攝諸懈怠一心禪寂攝諸亂意以決定慧攝諸無智
此第二列三業方便初六度攝物心密方便次白衣下十八事身密方便後
長者中尊下十事口密方便品曰之作其在茲焉　初資財等六度者　肇曰
至人不現行六度現行六度者為攝六蔽耳此中非慳非施等法身本布施
奉戒等化物迹非本不可以謂真非迹不可以化物此初六度方便也
雖為白衣奉持沙門清淨律行　此下身密方便雖現白衣之儀而不乖
法身之本法身寂滅即佛所持大沙門律行也　肇曰秦言義訓勤行
勤行趣涅槃也亦曰休息息生死往來也　雖處居家不著三界
三界生死之家知如幻故不著　示有妻子常修梵行
肇曰梵行清淨無欲行也　又曰遠慾於泥故　現有眷屬常
樂遠離　肇曰在衆若野　又曰覺見愛別離故　雖服寶飾
而以相好嚴身　肇曰外服俗飾而內修相好也　雖服飲食而
以禪悅為味　肇曰外食世膳而內甘禪悅　若至博弈戲處
輒以度人　傳云博弈圍碁也空弈光陰無裨來葉　肇曰因
戲戲　受諸異道不毀正信　肇曰同於異者欲令異同於我
耳豈正信之可毀　受謂受學道法也　雖明世典常樂佛法
肇曰世典雖明所樂在真　一切見敬為供養中最　肇曰含齒無不敬淨養無不供故曰
為致養之宗也　執持正法攝諸長幼　肇曰以國者

…甚也 …光隆無禪來葉 肇曰因
戲 △受諸異道不毀正信 肇曰同於異者欲令異同於我
耳豈正信之可毀 受謂受學道法也 △雖明世典常樂佛法
肇曰世典雖明所樂在真法 肇曰含 △一切見敬為供養中最 蘊無不敬淨養無不供故曰
為致養之最也 △執持政法攝諸長幼 肇曰外國諸部曲皆立三
老有德者為執法人以決鄉訟攝長幼也淨名現執俗法因通道
法也 △一切治生諧偶雖獲俗利不以喜悅 會生畜業有身
皆患世利稱心彌增流浪大士誡之不以喜悅 △遊諸四衢饒益衆
生 肇曰四衢要路人所交集隨彼所須而為益焉 △入治政法
救護一切 肇曰治政法律官也導以政法使民無偏枉救護之也
△入講論處導以大乘 外道二乘執見異論大士攝伏導以大
乘令其解脫 △入諸學堂誘開童蒙 肇曰學堂童蒙書學
堂也誘開如太子入學現梵書比也 △入諸婬舍示欲之過 肇曰外國婬人
別立聚落凡豫士流目不覽顧大士同其欲然後示其過 △入諸酒
肆能立其志 肇曰酒致失志開放逸門也 △若在長者長者中尊為說勝法
此下三明口密益物 肇曰凡人易以威順難以理從大士每處其尊
以弘風靡之化長者豪族望重多以世教自居不求出世勝
法永處輪迴 △若在居士居士中尊斷其貪著 肇曰積財
億入居士里寶貨彌殖貪著自纏豈思出離 △若在剎利剎
利中尊教以忍辱 肇曰剎利王者種也秦言田主劫初人食地
味轉食自然粳米後人情漸偽各有封殖遂立有德處平分田此
王者之始也其尊貴自在多強暴恣意傷害自取淪迴故
教以和忍 △若在婆羅門婆羅門中尊除其我慢 肇曰秦言外意以尊
學為業或在家或出家苦行多持己道術我慢自蔽沒生死流
若在大臣大臣中尊教以正法 肇曰正法治正法也教以正法治國以道佐
時亦令知身如泡不保榮祿 △若在王子王子中尊示以忠孝 為臣須
忠為子應孝 肇曰所承處重宜以孝忠為先也 △若在內官內官中尊
化正宮女 什曰外國法取歷世忠良耆長有德為內官化正宮女嗜
色之業報以女身若不正候豈能出離 △若在庶民庶民中尊令
興福力 肇曰福力微淺故生庶民衣食尚之安能進道 △若在梵天
梵天中尊誨以勝慧 肇曰梵天多有禪福不求出世勝慧 △若在帝
釋帝釋中尊示現無常 無常者遊欲處之神錫凡未離欲易

色之業報以女身若不正候豈能出離　若在庶民庶民中尊令
興福力　肇曰福力微淺故生庶民衣食尚之安能進道　若在梵天
梵天中尊誨以勝慧　肇曰梵天多有禪福不求出世勝慧　若在帝
釋帝釋中尊示現無常　無常者滌欲愛之神湯凡未離欲愛
者豈不銘心哉什曰梵垢薄而著淺故爲說勝慧愛重而著深故現無常
也若在護世護世中尊護諸衆生　護世四天王也東方持國主主二部揵闥婆
毗舍闍南方增長主主二部鳩槃茶薜荔多西方雜語主主二部龍及
富單那北方多聞主主二部夜叉羅刹護諸世間也　長者維摩詰以如
是等無量方便饒益衆生　此第三結歎也肇曰法身圓應其迹
无端故稱无量上略言之耳　其以方便現身有疾　此下第二現疾
益物文四一明方便現疾二諸人來問三因爲說法四聞法得益此初也肇
日雖復變現殊方妙迹不一然此經之起本于現疾故作者別序其
事也　以其疾故國王大臣長者居士婆羅門等及諸王子并餘官屬
无數千人皆往問疾
其往者維摩詰因以身疾廣爲說法　此下第二著有衆生因集來問也
　此三明因疾說法文三初
勸厭凡身二勸求佛身前文復二前明緣理正觀後辯緣事
對治觀此總標也肇曰同我者易信異我者難順故因其身疾
以明有身之患什曰欲明履道之身未免斯患況於無德而可
保耶　諸仁者是身無常无強無力无堅速朽之法不可信也
此下次正說無常苦空無我四觀文也此初无常觀夫無常者悟
身有爲體性生滅此理无常也可階道果若四時代
謝形變色衰
此是事轉非真悟也肇曰身之危脆強力不能保熟能信其永
固者此無常義也　爲苦爲惱衆病所集諸仁者如是身明智者
所不怙　此二苦觀法身常樂无漏因生則知漏因生身性本自苦見
此苦理道果從生若待嬈撻傷害方見苦者非苦理也病惱相仍
明智不怙怙恃怙也　是身如聚沫不可撮摩　此下十喻明空觀身者
因是妄惑果是爲報觀察此理名悟空也　瞋四蛇大虛僞不真終空
亦非壞滅代謝之空哉肇曰撮摩聚沫之无實以喻觀身之虛僞
此下至電喻明空義也　是身如泡不得久立　肇曰不久似明无常義然
水上泡以虛中不實故不久立猶空義也　是身如焰從渴愛生
肇曰渴見陽焰惑以爲水愛見四大迷以爲身　是身如芭蕉中無有堅
芭蕉之[illegible]

因是妄惑果是爲報觀察此理名悟宜也復四大虛偽不真故空
亦非斷滅伐謝之空哉 肇曰撮摩聚沫之无實以喻觀身之虛偽
此下至電喻明空義也 是身如泡不得久立 肇曰不久似明无常義然
水上泡以虛中不實故不久立猶空義也 是身如焰從渴愛生
肇曰渴見楊焰惑以爲水愛見四大迷以爲身 是身如芭蕉中無有堅
芭蕉之草唯葉無幹 是身如幻從顛倒起 肇曰見幻爲人四大爲身
皆顛倒 是身如夢爲虛妄見 妄心所計虛誑如夢 是身如影從業
緣現 是身如響屬諸因緣 肇曰身之起乎業因猶影響之生形聲
是身如浮雲須臾變滅 是身如電念念不住 肇曰變滅不住似釋無
常然皆取其虛偽不真故速滅不住猶釋空義也 是身無主爲如地
此下六喻觀无我等 肇曰夫万事万形皆四大成在外則爲土石山河在內則爲
四支百體聚而爲生散而爲死生則爲內死則爲外內外雖殊然其大不異故以
內外四類明无我也外地古今相傳殖者先宅故無主也身亦爾衆緣所成緣
合則起緣散則離何有真宰常主之者 主壽人即是一我義立四名耳地性能
持妄計爲主 是身無我爲如火 火性炎上妄計爲我 肇曰縱任自由謂之我
而外火起滅由薪火不自在火無我也外火既無我內火類可知 是身無
壽爲如風 風息通命妄計爲壽 肇曰常存不變謂之壽而外風積
氣飄鼓動止無常風既無壽內風類可知 是身無人爲如水 水性隨
物妄計爲人 肇曰貴於万物而始終不改謂之人而外水善利万形方圓
隨物窪隆異適而體無定若體無定則水無人也外水既無人內水類可
知 是身不實四大爲家 此身骨肉等地大血髓等水大煖氣等
火大喘息等風大不了四大妄計爲身假會爲家非實身也 是身
爲空離我我所 此五界觀身之呻吟猶素蘥鼓聲動因空空無我
所既無我所何異外空耶 是身無知如草木瓦礫 此六識界觀如草木
隨氣變化万形識身隨業受報非一既緣變無常知何異草木又草木隨
氣榮枯識亦隨緣生滅生滅元定知何異草木 肇曰身雖能觸而無知內識能
知無觸自性而求二俱無知既曰無知何異瓦礫 是身無作風力所轉 此破
作者也身隨業風搖扰異動無作者也 肇曰舉動事爲風力使然誰作
之者 是身不淨穢惡充滿 此下明緣事對治觀破恩推惑也 肇曰卅六物充
滿其體此不淨相也 是身爲虛偽雖假以澡浴衣食必歸磨滅 肇曰雖復
澡以香湯衣以上服目曰非真豈得久立此虛偽相也 是身爲災百一病惱
肇曰一大增損百一病生此災患相也 是身如丘井爲老所逼 丘井者故破村

作者也身隨業風得拙異動無作者也肇曰舉動事為風力使然誰作
之者 是身不淨穢惡充滿 此下明緣事對治觀破愚惑也肇曰卅六物充
滿其體此不淨相也 是身為虛偽雖假以澡浴衣食必歸磨滅 肇曰雖復
澡以香湯衣以上服百日非真豈得久立此虛偽想也 是身為災百一病惱
肇曰一大增損百一病生此災患想也 是身如丘井為老所逼 丘井者故破村
落丘墟故井也謂人物宮室移就新居井不可改日見崩壞人老亦然感力
少色皆悉遷移衰老形骸留此敝壞此老壞想也肇曰神之處身為老死
所逼猶危人之在丘井為龍蛇所逼也緣在他經 是身無定為要當死
死苦也 肇曰壽夭雖無定不得不受死此必死想也 是身如毒蛇如怨賊如空
聚陰界諸入所共合成 此總明不可樂想也肇曰四大喻四蛇五陰喻五賊六
情喻空聚皆有成喻在他經五陰十八界十二入三法假合成身猶若空聚
無可寄也 諸仁者此可患猒當樂佛身 此下第二勸求佛身文四第一
舉勸第二徵勸第三釋勸第四結勸此舉猒勸忻肇曰吾等同有斯
患可猒久矣宜共樂求佛身也 所以者何 此二徵勸意肇曰近見者謂
佛身真是形之妙者未免生死寒暑之患冒為而求將釋法身妙極
之體 佛身者即法身也 此三釋勸文三初辯果體二明修因此初也肇曰
經云法身者虛空身也無生而無不生無形而無不形超三界之表絕有
心之境陰入所不攝稱謂所不及寒暑不能為其患生死無以化其體
故其為物也微妙無像不可為有備應萬形不可為無彌綸八極不可為小
細入無間不可為大故能出生入死通洞乎無窮之化變現殊方應
無端之求此二乘之所不議補處之所未覩況凡夫無目敢措思於其間
哉聊依經誠言粗標其玄極耳然則法身在天而天在人而人豈復近
捨丈六而遠求法身乎 從無量功德智慧生 此明二修因肇曰夫妙極
之身必生乎妙極之因功德智慧大士二業也此二蓋是萬行之初門泥
洹之關要故習言有之 從戒定慧解脫解脫知見生 肇曰五分法是
從慈悲喜捨生 四等也 從布施持戒忍辱柔和勤行精進禪定解
脫三昧多聞智慧諸波羅蜜生 肇曰禪四禪定四空定解脫八解脫
三昧三三昧此皆禪度之別行 從方便生從六通生 肇曰自非六通方
便生其無方之化無以成無極之體 從三明生 肇曰天眼宿命智漏
盡通為三明 從卅七道品生從止觀生 卅七品如下什曰始觀時係心
處名止靜極則明明則慧慧名觀 從十力四無所畏十八不共法生 名
歎如常自作過圖像惠可[illegible]

從慈悲喜捨生四等也從布施持戒忍辱柔和勤行精進禪定解
脫三昧多聞智慧諸波羅蜜生肇曰禪四禪定四空定解脫八解脫
三昧三三昧此皆禪度之別行從方便生從六通生肇曰自非六通方
便生其無方之化無以成無極之體從三明生肇曰天眼宿命智漏
盡通為三明從三十七道品生從止觀生卅七品如下什曰始觀時係心
處名止靜極則明明則慧慧名觀從十力四無所畏十八不共法生名
數如常自非冠圓勝德何能證茲法身從斷一切不善法集一切善
法生肇曰必斷之志必集之情此二心行之綱目也從真實生從不放逸
生肇曰真實善根所以生不放逸功業所以成此二心之要也從如
是無量清淨法生如來身此總結也諸仁者欲得佛身斷一切眾
生病者當發阿耨多羅三藐三菩提心此四結勸趣悲願也
肇曰發無上心豈唯自除病亦濟群生病如是長者維摩詰
為諸問疾者如應說法令無數千人皆發阿耨多羅三藐三菩提心
此四結益也◎弟子品第三此三明弟子因命問疾寄宣可歸抑小進大
故目品焉爾時長者維摩詰自念寢疾于牀品文二初自念疾後佛命
曰疾此初先自念也生曰自念寢疾者自傷念疾也夫有身則有疾此自世之
常耳達者體之何所傷哉然此耶離長者子皆頂佛聽法維
摩詰事應是同而避疾不預理在致傷故託以崇法格佛問疾也
世尊大慈寧不垂愍此念列肇曰世尊大慈必見垂問因以弘道
所濟良多此現疾之本意也佛知其意即告舍利弗汝行詣維摩詰
問疾此二命問疾人先別命十人此初章也文二初命後辭此初命也肇曰至人懸
心默通不先形言冥機潛應故先勅也如其知諸人不堪而猶命者特顯
淨名無窮之德以生眾會欽仰之情耳舍利弗此名身其母名也弗秦言子
天竺多以母名名子舍利弗白佛言世尊我不堪任詣彼問疾此二辭也文
四一奉辭不堪二略出所以三廣引彈事四結辭不堪此即初也生曰有以致辭非
拒命也託不拒命之辭以取推維摩詰義所以者何憶念我昔曾於林中宴
坐樹下此二所以下徵釋不堪所由也宴安也禪定安心故云宴坐聲聞入
定不過八地定及滅盡定皆是歇下不動於上定故亦隱身於林
息亂於定此非真宴寂時維摩詰來謂我言唯舍利弗不必是坐
是宴坐也此三時維摩詰下引所彈事文三總別結也此初總可不必此坐
為真坐也夫心體離念性本寂滅體此安住名真宴坐豈同二乘歇亂
折定而為宴寂哉夫宴坐者不於三界現身意是為宴坐此二夫

定不過八地定及滅盡定皆是散下[illegible]動折於上定故亦隱身於林
息亂於定此非真宴坐 時維摩詰來謂我言唯舍利弗不必是坐
是宴坐也 此三時維摩詰下列所彈事文三總別結也此初總可不必此坐
為真坐也夫心體離念性本寂滅體此安住名真宴坐豈同二乘散亂
折定而為宴坐哉 夫宴坐者不於三界現身意是為宴坐 此二夫
宴坐下別呵文六此初呵形神不寂失夫三界性空未嘗不寂身心
如幻何時不定豈有散折哉肇曰今舍利弗猶有世報生身及世報意
根故以人間為煩擾而宴坐林下未能形神無迹故致斯呵 不起滅定
而現諸威儀是為宴坐 二呵寂用相乖失小乘滅受想心名為滅定故滅
而無用也菩薩體心性常寂滅名滅盡定故寂而常用肇曰小乘人入滅
盡定則形猶枯木無運用之能大士入實相定心智寂滅而形充八極順機
而作應會無方舉動進止不捨威儀其為宴也亦以極矣 不捨道法而
現凡夫事是為宴坐 三呵真俗異緣失仁王云雙照二諦平等道照
真故道法照俗故凡事肇曰小乘障隔生死故不能和光大士美惡齊
旨道俗一觀故終日凡夫終日道法也淨名之有居家即其事也 心不
住內亦不在外是為宴坐 四呵心住內外失忘生則內外相生忘寂則內外相
滅此无住為住也肇曰身為幻宅曷為住內萬物斯虛曷為在外小乘防
念故繫心於內凡夫多求故馳想於外大士齊觀故內外无寄也 於諸見
而不動而修行三十七品是為宴坐 五呵乖中起行失肇曰諸見六十二
諸妄見也夫以見為見者要動捨諸見以修道品大士觀諸見真性即是
道品故不近捨妄見而遠修道品也如小乘觀身不淨破淨倒之見
動大士觀性空非垢非淨名為不動念處既尒餘品例然 不斷煩惱而入
涅槃是宴坐 六呵除淨未融失肇曰七使九結惱亂群生名為煩惱煩惱
真性即是涅槃慧力強者觀煩惱即是入涅槃不待斷而後入也
若能如是坐者佛所印可 此三結也肇曰此平等法坐佛所印可豈若仁
者有待之坐乎 時我世尊聞是語嘿然而止不能加報故我
不任詣彼問疾 此四結不堪也肇曰理出意外莫知所對
佛告大目揵連汝行詣維摩詰問疾 文二此初命也目揵連此云
採菽姓也輔相之族字拘律陀此樹名也禱樹求之因以名也肇曰目連
子神通第一生曰夫人才有長短所能不同舍利弗自可不能餘
何必然故不抑之而不去也復得因以廣維摩詰之美 目連白佛
言世尊我不堪任詣彼問疾 二辭也文四如前此初也所以者何憶念

不任詣彼問疾。此四結不堪也。肇曰：理出意外，莫知所對。
佛告大目揵連：汝行詣維摩詰問疾。文二，此初命也。目揵連，此云
採菽，姓也，輔相之族，字拘律陀，此樹名也，禱樹求之，因以名也。肇曰：弟
子中神通第一。生曰：夫人才有長短，所能不同，舍利弗自可不能，餘
何必然，故不抑之而不去也，復得因以廣維摩詰之美。目連白佛
言：世尊，我不堪任詣彼問疾。二辭也，文四如前，此初也。所以者何？憶念
我昔入毗耶離大城，於理巷中為諸居士說法。此二不堪之由，此說小乘無
常等法也。肇曰：當是說有為善法施戒之流也。時維摩詰來謂
我言：唯，大目連，為白衣居士說法，不當如仁者所說。此三辭所彈事，文
三，初呵，次示真，後呵益。此初總呵不當。此呵方言，應云仁者所說不
當法，唯一實，餘二非真，故云不當。夫說法者，當如法說。此示真也。
文二，初理本無說，二示說方軌。前中文三，標釋結也，此初標也。肇曰：法謂
相真實法也。法無衆生，離衆生垢故。釋法，此初約無我明實
相義。肇曰：自此下辯真實法義也。夫存衆生則垢真法，若悟法無衆
生，則其垢自離。又解：此明法性本無衆生，不同二乘斷衆生相也。下三句類
然。法無有我，離我垢故。生曰：我者，自在言主耳。法無壽命，離生故。
肇曰：生死命之始終耳，始終既離，則壽命斯無。諸言離者，皆空之
別名也。法無有人，前後際斷故。肇曰：天生萬物，以人為貴，始終不改
謂之人，故外道以人名神，謂始終不變。若法前後際斷，則新新不同，
新新不同則無變之者，無不變之者，則無復人矣。法常寂然，滅
諸相故。此下約法空辯實相義也。法性常寂，無滅生相也，不同小乘言
執有為有生異滅相。法離於相，無所緣故。肇曰：緣心緣也。想心之影
響耳，夫有緣故有相，無緣則無相。法無名字，言語斷故。名生於相，
相空則名亡。肇曰：名於言，言斷離名。法無有說，離覺觀故。
執名相說，從覺觀生，假名相說，覺觀自離。肇曰：覺觀麁心言語
之本，真法無相，故覺觀自離。法無形相，如虛空故。肇曰：萬法萬形，
萬形萬相。解曰：此明一法萬形，無定形故無形，亦一體多相，無定相故無相。
法無戲論，畢竟空故。肇曰：真境無言，凡有言論，皆是虛戲。妙
絕言境，畢竟空也。法無我所，離我所故。肇曰：上直明無我，此明無我
所，自我之外一切諸法皆名我所。法無分別，離諸識故。妄法有相，故識
有分別；真法無相，故智無分別。肇曰：分別生於識。法無有比，無相待故。
此下約絕待辯實相義。肇曰：諸法相待，法不屬因，不在緣故。妄法有生

絕言境畢竟空也。法無我所離我所故。肇曰上直明無我，此明無我
所。自我之外一切諸法皆名我所。法無分別離諸識故。妄法有相故識
有分別，真法無相故智無分別。肇曰分別生于識。法無有比無相待故。
此下約絕待辨實相義。肇曰諸法相待。法不屬因不在緣故。妄法有生
故屬因緣，真法無生故不屬因緣。肇曰前後相生因也，現相助成緣也。
諸法要因緣相假然後成立，若觀法不在緣則法不屬因也。法同法
性入諸法故。隨事則相殊，悟理則同性。肇曰諸法殊相誰能遍入，入諸法者其
唯法性乎。法隨於如無所隨故。肇曰法自無法，誰隨如者，以無所隨故名隨
如也。法住實際諸邊不動故。肇曰有邊故有動，無邊何所動。無邊
之邊謂之實際，此真法之所住也。法無動搖不依六塵故。肇曰情依
塵故有奔逸之動，法本無依故無動搖。法無去來常不住故。肇曰法若
常住則從未來到現在，從現在到過去，法法一逐三世則有去來也，以法不常
住故法無去來也。法順空隨無相應無作。法離好醜。法無增損。法無
生滅。法無所歸。肇曰同三空。又解實相性離故不違三脫，性無分別故
好醜增損生滅等也，即體自真故無別歸。法過眼耳鼻舌身心。法
無高下。肇曰超出常境，非六情之所及。法性平等故無高下。法常住
不動。肇曰真法常定，賢聖不能移。法離一切觀行。肇曰法本無相，
非觀之所見，見之者其唯無觀乎。唯大目連，法相如是豈可說乎。
此三結也。肇曰心觀不能及，豈況於言乎。夫說法者無說無示，其聽法者
無聞無得。此下第二示說方軌，文二：初安住無說，次為物故說。初文有法喻
結。能說如幻故無說無示，聽者如幻故無聞無得。肇曰無說豈曰不言，謂
能無其所說；無聞豈曰不聽，謂能無其所聞。故終日聞而未嘗聞也，未
謂說法，亦人得謂聞法所得。譬如幻士為幻人說法。喻也
當建是意而為說法。結也。當了眾生根有利鈍。此第二為物故說無
相中假名相說。文三：此初了根利鈍隨病而化。善於知見無所罣礙。
二了法無相而隨物說相也。肇曰說有不辯空者，由其於諸法無閡知見
未若善也。無閡知見即實相智也。以大悲心讚于大乘，念報佛恩不斷
三寶，然後說法。三結說益也。肇曰夫大悲所以建，大乘所以駕，佛恩所
以報，三寶所以隆，皆由明了人根，善閑實相，而目連備闕斯事，故以誨之。
維摩詰說是法時，八百居士發阿耨多羅三藐三菩提心。三聞呵得
益。我無此辯，是故不任詣彼問疾。第四結成不堪。佛告大迦葉：汝行
詣維摩詰問疾。文二同上，此初命也。迦葉此云龜，亦曰飲光，皆取其明義

以報三寶所以隆皆由明了人根善閑實相而目連備闕斯事故以誨之
維摩詰說是法時八百居士發阿耨多羅三藐三菩提心 三闡呵得
益我無此辯是故不任詣彼問疾 第四結成不堪 佛告大迦葉汝行
詣維摩詰問疾
文二同上此初命也 迦葉此云龜亦曰飲光皆取其明義
肇曰迦葉弟子中頭陀苦行第一出婆羅門種姓迦葉也 迦葉白佛
言世尊我不堪任詣彼問疾 此下二辭文四初辭也 所以者何憶念我
昔於貧里而行乞 二略明所以也詣貧二意一少欲故二大悲故亦以迦葉於
弟子中此二最勝故可也 生曰大迦葉少欲行頭陀中第一也得滅盡三昧
亦最勝凡得滅盡定者能為人作現世福田也其以自業能使人得現法
報而貧有交切之苦故以大悲欲拔之也乞食是其頭陀之業又
至貧里會少欲之迹 時維摩詰來謂我言唯大迦葉有慈悲
心而不能普捨豪富從貧乞 此下第三廣引彈事文三初呵悲劣二明
頭陀不真三指伏此初也 迦葉因苦生悲故不普菩薩了生如幻苦樂一
如等起大悲而無緣念故能普也 迦葉住平等法應次行乞食
此二約乞食示真頭陀明小乘頭陀不真頭陀此云抖擻小乘抖擻
其心不著房舍臥具湯藥四事名為頭陀抖擻其心一切不著不著
生死不住涅槃生滅皆淨等度如善住意天子經明於中文五一欲乞心貪法二
入眾離染法三示正法食四結成法食五斥二乘也此初四段檢乞食心若為
終定惠資長法身名真頭陀若為愛養世報而乞食者非抖擻也住平等
者為求平等法身而乞食者應觀無相貧富一如次第行乞不應取
貧富相壞真抖擻也 為不食故應行乞食 法身不食 肇曰不食即涅槃
法涅槃無生死寒暑飢渴之患其道平等豈容分別 應以平等心而行乞食
使因果不殊也 為壞和合相故應取摶食 壞五陰名法身 肇曰五陰摶
食俱和合相耳壞五陰名為涅槃應以此心而取摶食也若然則終日摶食終日涅
槃也 為不受故應受彼食 法身不受生死也 肇曰不受亦涅槃法也夫涅槃而
行乞者應以無受心受彼食若然則終日受而未嘗受是乃受也 以空聚
想入於聚落 此二入聚離染法既為法身不愛毒身而行乞食者聚落六塵能
傷正觀入聚乞食何以護全故示聚落無相真空抖擻 文三初觀外聚次觀內
根三結真頭陀此初也 肇曰空聚亦涅槃相也凡入聚落宜存此想若然則終日聚
落終日空聚也 所見色與盲等 此二觀內根頭陀也見色如盲者 肇曰二乘惡
厭生死怖畏六塵故誡以等觀也盲謂不見美惡之異非謂閉目也 所聞聲
與響等 肇曰未有因響而致喜怒者也 所嗅香與風等

傷正觀入衆乞食何以權全故亦乘蕩無相真空外數文三初觀外衆次觀內
根三結真頭陁此初也肇曰空衆亦涅槃相也凡入聚落宜此想若然則終日衆
落終日空聚也所見色與盲等此上觀內根頭陁也見色如盲者肇曰二乘惡
厭生死怖畏六塵故誡以等觀也盲謂不見美惡之異非謂閉目也所聞聲
與響等聲如幻也肇曰未有因吞響而致喜怒者也所嗅香與風等香如
幻也肇曰香臭因風風無香臭也所食味不分別味如幻也什曰法無定性由分
別取相謂之為味若不分別時則非味也雖食當如本相也受諸觸如智證
觸如幻也肇曰得盡智無生智自證成道舉身柔軟快樂而不生著身
受諸觸宜若此也知諸法如幻相法無定相隨心而變故云如幻也無自性無他
性本自不然今則無滅三結真頭陁若能知此六塵無自無他不然不滅名
真頭陁也肇曰諸法如幻從因緣生豈自他之可得也迦葉若能不捨八邪入八解
脫此下三示正法食既得食已應思禪悅法喜食也文二初示法食後令施食
此初也小乘捨八邪入八解脫為禪悅大乘不捨而入也肇曰八邪八解本性常一善
觀八邪即入八解曷為捨邪更求解乎若能如是者名入解也以邪相入正法
此法喜食也小乘捨邪相入無相大乘相無相不二肇曰若本性常一者則邪
正相入不乘其相也以一食施一切供養諸佛及衆賢聖然後可食此明悲施
肇曰因海以無礙施法也若能等邪正又能以一食等心施一切然後自食
若得法身則能實充足一切如後一鉢飯也如是食者非有煩惱非
離煩惱非入定意非起定意非住世間非住涅槃四明法食已得法身
益文二此先明受施益肇曰有煩惱食凡夫也離煩惱食二乘也若能如
上平等而食者則是法身之食非有煩惱而食非離煩惱而食也又定亂
一如世出世等平等法喜同資法身也其有施者無大福無小福不為益不
為損二能施益肇曰若能等心受食則有等教既有等教則施主
同權平等不計福之大小已之損益也是為正入佛道不依聲聞迦葉若
如是食為不空食人之施也五結斥也肇曰平等法食自利利人故正入
佛道不依聲聞又名真應供故不空施福也時我世尊聞說是語得
未曾有即於一切菩薩深起敬心六書三相伏始知菩薩頭陁行勝也
復作是念斯有家名辯才智慧乃能如是其誰不發阿耨多羅三藐
三菩提心肇曰時謂在家大士智辯尚亦其誰不發無上心也我從
是來不復勸人以聲聞辟支佛行肇曰始知二乘之劣不復以勸人也
是故不任詣維摩詰問疾
四結不堪也佛告須菩提汝行詣維摩詰問疾肇曰秦言善吉弟子

復作是念斯有家名辯才智惠乃能如是其誰不發阿耨多羅三藐
三菩提心 肇曰時謂在家大士智辯尚爾其誰不發無上心也 我從
是來不復勸人以聲聞辟支佛行 肇曰始知二乘之劣不復以勸人也 是故不任詣彼問疾 四結不堪也
佛告須菩提汝行詣維摩詰問疾 肇曰秦言善吉弟子
中解空第一 文二 初命也 須菩提白佛言世尊我不堪任詣彼問疾
二辭 文四 初辭也 所以者何憶念我昔入其舍從乞食 二略釋所以 生
曰須菩提得無諍三昧人中第一也維摩詰機辯難當鮮有敢闚其門者而
須菩提既有之又獨能詣之迹入恃定矣使有恃定之迹而致詰者豈
不有為然乎又若善吉詣貧無物施心則有諍令既詣富為施不難故順無
諍行也 時維摩詰取我鉢盛滿飯 此三廣引彈事 文五 一取鉢 二訶詰 三置
鉢 四安慰 五聞益 此初也 生曰維摩詰迹在居士有掍揩之嫌若未與食便
詰之者物或謂之然矣故先取鉢盛滿飯也而不授之者懼須菩提得鉢便去
不盡言論勢也 謂我言唯須菩提若能於食等者諸法亦等諸法等者
於食亦等如是行乞乃可取食 此下二明訶詰 善吉入四禪定不將物心名為
無諍大士入實相定万法平等名為無諍又善吉捨有觀空名為解空大士有
空平等名為解空 住此平等名真福田乃可取食 文中有四 一法食等 二染淨等
三邪正等 四損益等 此初也 小乘內心見生死涅槃苦樂不等故外行乞食見於貧
富亦不等也 大士內住實相苦樂平等故外化無緣大悲亦平等也 肇曰万法同相
准一可知若於食等者諸法亦等諸法等者於食亦等 以此行乞乃可取食耳 富
為捨貧從富自生異相乎 若須菩提不斷婬怒癡亦不與俱 此下二明染淨等
文三 初約無生四諦明 二就聖凡明 三結成可食 初文四句 此初了惑無生為集諦 肇
曰斷婬怒癡聲聞也 婬怒癡俱凡夫也 大士觀婬怒癡即是涅槃故不斷不俱 若能
如是者乃可取食也 不壞於身而隨一相 二悟陰無相為苦諦也 肇曰方齋音是
即非同觀一相也 然則身一相豈待壞身滅體然後謂之一相乎 身五陰身也
不滅癡愛起於明脫 三漏即苦漏為道諦也 肇曰聲聞以癡暄智故滅
癡而明以愛繫心故愛解而脫 大士觀癡愛真相即是明脫故不滅癡
愛而起明脫 以五逆相而解脫亦不解不縛 四縛本不生今則無滅為滅
諦也 肇曰五逆真相即是解脫豈可縛脫之異耶 五逆罪之尤者解脫
道之勝者若能即五逆相而得解脫者乃可取食 不見四諦非不見
諦非得果非凡夫非離凡夫法非聖人非不聖人 此下二就人凡聖明
也 凡夫不見四諦初果見諦 大士無見無不見 此第一義諦也 二乘有證
有得故得果大士無所得故非得果 以下別明聖一切皆有…分別哉

[illegible]大士觀愛真相即是明脫故不須癡
愛而起明脫　以五相而解脫亦不解不縛　四縛本不生今則無滅為滅
諦也肇曰五逆真相即是解脫豈可縛脫之異耶五逆罪之尤者解脫
道之勝者若能即五逆相而得解脫者乃可取食之　不見四諦非不見
諦非得果非凡夫非離凡夫法非聖人非不聖人　此下二就人凡聖四
也凡夫不見四諦初果見諦大士無見無不見第一義諦也二乘有證
有得故得果大士無所得故非得果也此則凡聖一如豈有分別哉
雖成就一切法而離諸法相乃可取食　此三結真福田可食也肇曰不捨
惡法而從善則一切諸法子何不成諸法雖成而離其相善惡斯成矣若
能脩如上說乃可取食也　若須菩提不見佛不聞法　此下三明邪正等
文三初惣明背正次別明同邪後結令取食此初也肇曰梢誨以平等也夫頓
結齊是非一好醜者雖復上同如來不以為尊下等六師不以為卑
何則天地一旨萬物一觀邪正雖殊其性不二豈有如來獨尊而六師
獨卑若同彼六師不見佛不聞法因其出家隨其所墮而不以為異者
乃可取食也蓋窮理盡性極無方之說也善惡反論而為其常邪正
同辯而不乖其真斯可謂平等正化莫二之道乎夫台意云已前證
真故可食此敬田也此下為悲田恐故食即悲田也　彼外道六師富蘭那迦
葉　此二明同六師肇曰姓迦葉字富蘭那其人起邪見謂一切法斷滅性
空無君臣父子忠孝之道　末伽梨拘賒梨子　肇曰末伽梨字也拘賒梨
其母名也其人起邪見謂衆生苦樂不因行得自然亦耳　刪闍夜毗羅胝子
肇曰刪闍夜字也毗羅胝其母名也其人謂道不須求經生死劫數苦盡
自得如轉縷丸於高山縷盡自止何假求也　阿耆多翅舍欽婆羅
肇曰阿耆多字也翅舍欽婆羅麁弊衣名也其人著弊衣自拔髮
五熱炙身以苦行為道謂今身併受苦後身常樂也　迦羅鳩馱迦旃
延　肇曰姓迦旃延字迦羅鳩馱其人謂諸法亦有相亦無相也　尼犍陀
若提子　肇曰尼犍陀其出家總名也如佛法出家名沙門若提
母名也其人謂罪福苦樂本有定因要當必受非行道所能斷也此六
師佛未出世時皆道王天竺也　因其出家彼師所墮汝亦隨墮乃可
取食　此三結取食也肇曰若能同彼六師不壞異想者乃可取食
若須菩提入諸邪見不到彼岸　此下四明損益等也文三初明損益等
次明福非益性後明罪非損性此初也肇曰彼岸實相岸也惑者以邪見
為彼岸為正故捨此邪見適彼彼岸耳邪見彼岸本性不殊曷為捨
邪而適彼岸[illegible]手是以入諸邪見不到彼岸者乃可取食也自六師已下至

取食。此三結取食也。肇曰：若能同彼六師不壞異想者，乃可取食。
若須菩提入諸邪見不到彼岸。此下四明損益菩提也。文三：初明損益菩
次明福非益性，後明罪非損性。此初也。肇曰：彼岸，實相岸也。惑者以邪見
為彼岸為正，故捨此邪見適彼彼岸耳。邪見彼岸本性不殊，曷為捨
邪而適彼岸乎。是以入諸邪見不到彼岸者，乃可取食也。自六師已下至
乎不得滅度，類生逆談，以成大順。通心君子有以標其玄旨而遺其所
以是也。住於八難不得無難。肇曰：夫見難為難，必捨難而求無難也。
若能以難為難，故能於不無難為難，故不得於無難也。
同於煩惱離清淨法。肇曰：夫能悟惱非惱，雖惱而淨；若以淨為淨，雖淨
而惱。是以同惱而離淨者，乃所以常淨。汝得無諍三昧，一切眾生亦得是定
此下明福非益性。法性妙禪，定亂一，善吉群生不容有二，如不二也
則罪福無主，誰福非福，執墮故，經云非福田非不福田，非應
供養非不應供養。肇曰：善吉之與群生性常自一，曷為善吉獨得而
群生不得乎？此明本不偏也。其施汝者不名福田。肇曰：我受彼施，令彼
獲大福，故名福田耳。由大觀之，彼我不異，誰為種者，誰為田者。供養汝者墮
三惡道。肇曰：五逆之損，供養之益，大觀正齊，未覺其異。若五逆而可
墮，供養亦可墮也。為與眾魔共一手，作諸勞侶，汝與眾魔及諸塵勞
等無有異。此下三明罪非損性。魔王者，誘人入生死；法王者，化人住涅槃
也。若生死涅槃性平等者，魔佛二化同一手也。既曰為同，等無異也。肇曰：又
曰夫以元異故，能成其異也。既為其侶，安得有異。於一切眾生而有怨心
謗諸佛，毀於法。肇曰：怨親之心，毀譽之意，美惡一致，孰云其異。苟曰不異，亦
何為同。不入眾數，終不得滅度。汝若如是，乃可取食。夫見聖諦者入
聖眾數，斷煩惱者得至滅度。實相無見無不見，故不入眾數；寂滅無得無
不得，故不得滅度。若能如是，住真平等，平真應供，乃可取食。肇曰：夫捨
惡從善，人之常情耳。然是非經心，猶未免於累。是以等觀者以存善為患，
故捨善以求宗；以捨惡為累，故即惡而返本。然則即惡有忘累之功，捨
善有無染之勳。故知同善未為得，同惡未為失。淨名言意似在此也。
時我世尊聞此茫然不識是何言，不知以何答，便置鉢欲出其舍。此第
三置鉢也。夫合云進非其敬，退非其悲，故置之也。肇曰：淨名言逆而理順，
善吉似未思其言，故不識是何說，便置鉢而出也。維摩詰言：唯須菩
提取鉢勿懼。於意云何，如來所作化人若以是事詰，寧有懼不？此下四
淨名安慰。文三：初慰問，次答，後釋。此初也。肇曰

時我世尊聞是語不知以何荅便置鉢欲出其舍

三置鉢也夫合云遑非其敬退非其悲故置之也肇曰淨名言逆而理順

善吉似未思其言故不識是何說便置鉢而出也 維摩詰言唯須菩

提取鉢勿懼於意云何如來所作化人若以是事詰寧有懼不 此下四

淨名安慰文三初慰問次荅後釋此初也肇曰淨名欲令善吉弘平等

之道無心以聽美惡斯順而善吉本不思其言迷其所說故復引喻以明

也我言不也 此二荅也 維摩詰言一切諸法如幻化相汝今不應有所懼也

此三釋也文三初標次釋後重釋也肇曰君於弟子中解空第一既知化

之無心亦知法之如化以此而聽曷為而懼也 所以者何一切言說不離是相

此二釋也肇曰是相即幻化相也言說如化聽亦如化以化聽化豈容有懼

至於智者不著文字故無所懼 肇曰夫文字之作生於惑取法無可

取則文相自離虛妄假名智者不著 何以故文字性離無有文字

是則解脫解脫相者則諸法也 三重釋也肇曰解脫謂無為真解脫

也夫名生於不足足則無名故無有文字是解脫也則諸法者肇曰名於

法法生於名名既解脫故諸法同解也 維摩詰說是法時二百天子得法眼

淨 此五得益也 故我不任詣彼問疾 四結不堪也 佛告富樓那彌

多羅尼子汝行詣維摩詰問疾 文二此初命也肇曰富樓

那字名也秦言滿願彌多羅尼其母名秦言善知識通名

為字弟子中辯才第一 富樓那白佛言世尊我不堪任詣

彼問疾 此二辭文四此初也 所以者何憶念我昔於大林中在一樹下為

諸新學比丘說法 二略釋也 時維摩詰來謂我言唯富樓那先當入

定觀此人心然後說法無以穢食置於寶器 三廣引彈事 前訶目連

說不稱理是訶滿願不識根性文七一說法失機二結過訶責三令識命

四大志開發五更為說法六得不退轉七尊者敬揖初文四別是初勸觀心

心本性淨不應以小乘穢法汙其心本 肇曰大乘自法身已上得無礙真

心心智寂然未嘗不定以心常定故能萬事普照不假推求然後知也小

乘心有限礙又不能常定凡所觀察在定則見出定不見且聲聞

定力深者見衆生根極八萬劫耳定力淺者身數而已大士所見見之不

無窮此新學比丘根在大乘應聞大道而為說小乘法故誨其入定也

又曰穢食充飢小乘法也感無上寶大乘器也 當知是比丘心之所念

無以琉璃同彼水精 二勸觀念念雖生滅而性無生滅是真實也說生滅者

僞寶也肇曰當識其心念念限本無今[illegible]

BD03271號　淨名經集解關中疏卷上

(60–37)

乘心有所破又不能常定凡所觀察在定則見出定不見且聲聞
定力淺者見衆生根極八万劫耳定力淺者身數而已大士所見乙及
無窮此新學比丘根在大乘應聞大道而為說小乘法故誨其入定也
又曰穢食充飢小乘法也國無上寶大乘器也　當知是比丘心之所念
無以瑠璃同彼水精　二勸觀念念雖生滅而性無生滅者真實也說生滅者
僞寶也肇曰當識其心念　根本無令真偽不辯也　汝不能知衆生
根原無得發起以小乘法彼自無瘡勿傷之也　三大乘信根稱本無瘡
示小乘信名為傷也肇曰彼大乘之體自無瘡疣無以小乘之封植傷
之也　欲行大道莫示小徑無以大海内於牛跡無以日光等彼螢火
四總舉喻也肇曰大物當置大處曷為迴龍魚於兔徑注大海於牛
跡乎日光者肇曰眎明之殊其喻若此而欲等之者何耶有說大道法性喻法
身也大海廣納喻般若也日光破闇喻解脫也　富樓那此比丘久發大乘
心中忘此意如何以小乘法而教導之我觀小乘智慧微淺猶如盲人不能
分別一切衆生根之利鈍　四二富樓那下結過訶責也肇曰未得無生忍
心皆有退忘　時維摩詰即入三昧令此比丘自識宿命曾於五百佛所
殖衆德本迴向阿耨多羅三藐三菩提　此三令識宿命肇曰淨名將開
其本意故以定力令諸比丘默識宿命自知曾於五百佛所殖衆德
本曾已迴此功德向無上道此其本意　即時豁然還得本心於是諸比
丘稽首礼維摩詰足　此四大悲開發感恩致敬也　時維摩詰因為說
法　此五更為說法定力難加事不可久故令自悟要因說法　於阿耨多羅
三藐三菩提不復退轉　此六聞法悟理於無上道獲不退也　我念
聲聞不觀人根不應說法　七自念敘依也　是故不任詣彼問疾
此四結也　佛告摩訶迦旃延汝行詣維摩詰問疾　肇曰迦旃延南天竺
婆羅門姓也以本姓為名第子中解義第一有說迦旃延此云文飾也又
云剃髮種也　迦旃延白佛言世尊我不堪任詣彼問疾　二辭文四此初辭
也所以者何憶念昔者佛為諸比丘略說法要　二略釋文二此初佛先略說肇
曰如來常略說有為法無常苦空無我無為法寂滅不動此二言總一切法盡故
言略也生曰為悟所遣若出由户也我即於後敷演其義謂無常義苦義
空義無我義寂滅義　二迦旃延廣演義者義理小乘以無常等五為理
大乘以實相為理由悟此理證道非餘故云要也肇曰如來言說未嘗有心
故其所說法未嘗有相迦旃延不喻玄旨故於入室之後皆以相說也何則如來
去常故說無常非謂是無常去樂故言苦非謂是苦去實故言空非謂

其義謂無常義苦義
空義無我義寂滅義 二迦旃延廣演義者義理小乘以無常苦五為理
大乘以一實相為理由悟此理證道非餘故云要也肇曰如來言說未嘗有心
故其所說法未嘗有相迦旃延不喻玄旨故於入室之後皆以相說也何則如來
去常故說無常非謂是無常去樂故言苦非謂是苦去實故言空非謂
是空去我故言無我非謂是無我去相故言寂滅非謂是寂滅此五者可謂
無言之教無相之談而迦旃延造極不同聽隨心異聞無常則取其流動
至聞寂滅亦取其滅相此言同旨異迦旃延所以惑也生曰存音而不在辭故
日演其義也 什曰維摩詰來謂我言唯迦旃延無以生滅心行說實相法此三處
引彈事文三初總呵次示真後得益此初也見法生滅小乘義也悟生滅本不
生滅實相義也 肇曰心者何也惑相所生行者何也造用之名夫有形必有影有
相必有心無形無影故無相故無心然則心隨事轉行因用起見法生滅故心有生滅
悟法無生則心無生滅迦旃延聞無常義謂法有生滅之相法有生滅之相故影
響其心同於生滅也夫實相幽深妙絕常境非有心所知非辯者之能言如
何以生滅心行而欲說乎 迦旃延諸法畢竟不生不滅是無常義 此二示真實
相義也此下五義破執名殊而實相之理一也肇曰小乘觀法生滅為無常義大
乘以不生不滅為無常義無常名同而幽致超絕生曰夫言無常者據事滅驗
之也終旨有滅始無然乎始若果然則生非定矣生不定生滅孰定哉 五受陰
洞達空無所起是苦義 肇曰有漏五陰受染生死名受陰也小乘以受陰起則
衆苦生為苦義大乘通達受陰內外常空本自無起誰生苦者此真苦義大經云
夫有苦無諦二乘有苦有諦菩薩解苦無苦而有真諦餘義例此可見
諸法究竟無所有是空義 肇曰小乘觀法緣起內無真主為空義雖能
觀空而於空未能都泯故不究竟大乘在有不有在空不空理無不極所以究竟
義也於我無我而不二是無我義 肇曰小乘以封我為累故尊於無我無我既
尊則於我為二大乘是非齊旨二者不殊為無我義也又曰諸義例此亦同不二
為實相也法本不然今則無滅是寂滅義 肇曰小乘以三界熾然滅之以求無為夫
熾然既形故滅名以生大乘觀法本自不然今何所滅不然不滅乃真寂滅也
說是法時彼諸比丘心得解脫 此三得益也 故我不任詣彼問疾 四結也
佛告阿那律汝行詣維摩詰問疾 肇曰阿那律秦言如意刹利種也弟子中天眼
第一又云無滅一燈照佛九十劫果善根不滅今得天眼第一又常受如意報故生刹利
種乃至得道 阿那律白佛言世尊我不堪任詣彼問疾 二辭 文四此初也
所以者何憶念我昔於一處經行時有梵王名曰嚴淨與萬梵俱放淨光明

故我不任詣彼問疾。四結也
佛告阿那律汝行詣維摩詰問疾。肇曰阿那律秦言如意刹利種也弟子中天眼
弟一。又云無滅。一燈照佛九十劫來善根不滅今得天眼弟一又常受如意報故生刹利
種乃至得道 阿那律白佛言世尊我不堪任詣彼問疾。二辭文四此初也
所以者何憶念我昔於一處經行時有梵王名曰嚴淨與万梵俱放淨光明
來詣我所稽首作礼問我言幾何阿那律天眼所見。三略釋文二此初其
王問也阿那律從證天眼梵王業報天眼欲比其優劣故致問也 我即答
言仁者吾見此釋迦牟尼佛土三千大千世界如觀掌中菴摩勒果。二阿
那律答也肇曰時手執此菓故即以為喻也 時維摩詰來謂我言唯阿那律
天眼所見為作相耶無作相耶。此下三廣引彈文五一難為二定為三同真四
此難意云天眼所見為取相耶為不取相耶肇曰三界報身六情諸根從結業起
名為有作相也法身出三界六情諸根不由結業生名為無作相夫以有作故有
所不作以法身無作故無所不作 假使作相則與外道五通等。此二難
也二乘依四禪得五通与外道等也肇曰外道禪得五通然不能出凡夫
見聞之境也此有作相也欲等之乎若無作相即是無為不應有見。
若菩薩寶相三昧得真天眼所見十方皆是無為不應有分別之
見肇曰若無作相是即法身無為之相豈容見聞近遠之言矣台云二乘依
四禪得五通則与外道等若觀四諦斷惑釋滅無為雖異外道則無有見
世尊我時默然。二受屈也肇曰欲言作相則同外道欲言無作則違前
見意故不知所答也 彼諸梵聞其言得未曾有即為作礼而問曰世孰有真
天眼者。此三梵王歎問肇曰諸梵謂天眼正以徹視遠見為理而淨名致詰殊
違本途疑有真異故致斯問 維摩詰言有佛世尊得真天眼
常在三昧悉見諸佛國不以二相。此四答真也肇曰真天眼謂如來法身無
相之目也幽燭微形巨細無覩万色弥曠有若目前未嘗不見而未嘗有見
故無眼色之二相二乘在定則見出定不見如來未嘗不見故常在三昧也叡曰
如來天眼入佛眼中雖緣無緣故不以二相有說不以淨穢二相有說不以動
寂二相也 於是嚴淨梵王及其眷屬五百梵天皆發阿耨多羅三藐三菩
提心礼維摩詰足已忽然不現。此五聞勝發心肇曰其所發明感立若此故我不
任詣彼問疾。四結也 佛告優波離汝行詣維摩詰問疾 秦言上首弟子中持
律第一優波離白佛言世尊我不堪任詣彼問疾。 二辭文四初辭也
所以者何憶念昔者有二比丘犯律行以為耻不敢問佛來問我言唯優波
離我等犯律誠以為耻不敢問佛

提心礼維摩詰足已忽然不現 此五聞勝發心 肇曰其所發明咸立若此 故我不
任詣彼問疾 四結也 佛告優波離汝行詣維摩詰問疾 案言上首弟子中持
律第一 優波離白佛言世尊我不堪任詣彼問疾 三辭文四初辭也
所以者何憶念我昔者有二比丘犯律行以為耻不敢問佛来問我言唯優波
離我等犯律誠以為耻不敢問佛願解疑悔得免斯咎 略釋文二初
來問後為解此初也 肇曰愧其所犯不敢問佛以優波離持律第一故從問也
我即為其如法解說 三為解持律有二一法身性淨之律二陰身身口之律今優波
離持身口之律見罪生滅壞法身無相之律故為呵也 肇曰如法謂依戒律
決其罪之輕重示其悔過法也 時維摩詰来謂我言唯優波離無重增
此二比丘罪當直除滅勿擾其心 此三彈訶中文二初彈訶二比丘歎伏初呵文六
初直呵 勸二解釋所以三列證四問答五分別六結成 此即初呵無重增兼勸
直滅小乘以犯戒為罪生大乘以取相為罪生既令見罪識悔是名重增又二比丘
迷於實相妄見罪生今来識悔又見罪滅重增滅見故云重增 肇曰二比丘既
犯律行疑悔情深方重結其罪則封累彌厚封累彌厚則罪垢彌增當直
說法空令悟罪不實封累情除則罪垢斯滅矣天台云懺悔法有三一者戒門
依律法懺是二功德門謂礼佛誦經役卌方等道場法是三無生門令悟
罪性空吾違罪性与福無異是也今淨名示此無生懺也 所以者何彼罪性
不在内不在外不在中間 此二解釋也 肇曰夫罪累之生因緣所成求其實性不
在三處如罪因彼彼我我即内外也自我即非我自彼亦非彼彼我既非豈在中
間衆緣所成尋之悉虛也 如佛所說心垢故衆生垢心淨故衆生淨心亦不
不在内不在外不在中間如其心然罪垢亦然不出於如 此三列佛語證文有引有
釋有結有類也 肇曰是知其本也夫執本以知其末守母以見其子佛
言衆生垢淨皆由心起求心之本不在三處心既無在罪垢可知也諸法亦
然者肇曰万法云云皆由心起豈獨垢淨之然哉故諸法亦然不離於如如謂
如本相也 如優波離以心相得解脫時寧有垢不 此四問答比小明大也文
有問答釋三 肇曰得解脫時謂其初成羅漢得第九解脫爾時心冥真
義無復心相欲以其心類明衆生心故先定其言也 我言不也 二答也
維摩詰言一切衆生心相無垢亦復是如 三況釋也 肇曰羣生心相如心解相
生曰衆生心相無垢理不得異但見与不見為殊耳 唯優波離妄想是垢無妄
想是淨 此五分別本性無垢文三初明妄垢非垢次明諸法不住後明内心妄
見此初也 生曰垢實無也在妄相中是垢耳若無妄想垢即淨也妄想者妄
分別之想也 顛倒是垢無顛倒是淨 倒心見垢離倒則非垢生曰見心轉也見轉

維摩詰言一切衆生心相無垢亦復是如。三此釋也肇曰羣生心相如心解相
生曰衆生心相無垢理不得異但見与不見為殊耳。唯優波離妄想是垢無妄
想是淨 此五分別本性無垢文三初明妄垢非垢次明諸法不住後明內心妄
見此初也生曰垢實無也在妄相中是垢耳若無妄想垢即淨也妄想者妄
分別之想也顛倒是垢無顛倒是淨 倒心見垢離倒則非垢生曰見有轉也見轉
於內則妄分別外事也取我是垢不取我是淨 取我即著垢離我則無垢
也肇曰見罪則存我也優波離一切法生滅不住如幻如電諸法不相待
乃至一念不住 二明諸法不住故無自性肇曰成前無相常淨義也諸法如電
新新不停一起一滅不相待也彈指頃有六十念過諸法乃無一念頃住況欲久停無
住則如幻幻則不實實則為空空則常淨然則物物斯淨何有罪累於我哉
諸法皆妄見如夢如焰如水中月如鏡中像以妄想生 此三明立妄見也肇曰上明
外法不住此明內心妄見俱辯空義內外為異耳夫以見妄故所所見見不不實實故無
相常淨也上二喻取其速滅此四喻取其妄想也 其知此者是名奉律其知此者是
名善解 此六結也若能悟罪無生知不住是名真解奉持法身無相之律也肇曰
若能知此乃名解不知此法而稱持律第一者何耶令知優波離謬教意也 於是二比
丘言上智哉是優波離所不及持律之上而不能說 此下第二歎伏文三初比丘歎
三尊者伏過 二比丘發心 此初歎也肇曰二比丘悟罪常淨無復疑悔故致斯歎
我荅言自捨如來未有聲聞及菩薩能制其樂說之辯其智慧明達為若此也
二歎伏也自佛已還無能制其大乘妙辯況我持律哉 時二比丘疑悔即除發阿
耨多羅三藐三菩提心作是願言令一切衆生皆得是辯 三明除疑發心法身妙律
諸佛所持悟解除疑因之發趣仟日有罪則憂怖自生罪無則疑悔自滅 故我
不堪任詣彼問疾 此四結也 佛告羅睺羅汝行詣維摩詰問疾 肇曰羅睺
羅秦言覆障六年為母胎所障因以為名弟子中持戒第一又云密行第一故
法華經云羅睺羅密行唯我能證知 羅睺羅白佛言世尊我不堪任詣彼問疾
三辭文四此初辭也 所以者何憶念昔時毗耶離諸長者子來詣我所稽首作礼
問我言唯羅睺羅汝佛之子捨轉輪王位出家為道其出家者有何等利
此下二明釋文二先初問也諸長者子心慕出家父母所制見羅睺羅捨輪王十
善之化而剃髮從道必有大利勝在家故從而問焉 我即如法為說出
家功德之利 二荅也出家有二一者深猒生死樂求涅槃有證有得有利可說
名為小乘二者悟三界如幻無生無滅無證無得无利可說此名大乘今羅睺羅
謬讚小乘涅槃之利既有利可說非密行也未若大乘不取不捨無得無證無
利可說此真密行也生曰世榮雖樂雖可久保出家之理長樂無為豈可同

善之化而剃落從道必有大利勝在家終故從而問焉。我即如法為說出
家功德之利。曰答也出家有二一者深猒生死樂求涅槃有證有得有利可說
名為小乘二者悟三界如幻無生無滅無證無得无利可說此名大乘今羅睺羅
讚小乘涅槃之利既有利可說非密行也未若大乘不取不捨無得無證無
利可說此真密行也生曰世榮雖樂難可久保出家之理長樂無為豈可同
年語其優劣哉。時維摩詰來謂我言唯羅睺羅不應說出家功德之利。
此下廣引釋事文五一呵不應說二解釋所以三示真出家四真出家五
勸修真出家此初惣可也體本法身三界如幻不生不滅名為出家此
則植益兩亡無利可說故呵不應也。所以者何無利無功德是為出家
二徵釋所以文二此初略釋也肇曰夫出家之意妙存無為為之道豈
容有功德利乎。有為法者可說有利有功德夫出家者為無為法無
為法中無利無功德。次二廣釋也弟一義諦名法性無為森羅万像同歸
此理悟此理者無得無證名真出家非二乘羣域有得證者名出家也肇曰
夫有無為之果必有無為之因因果同相自然之道也出家為無為即無為
之因也無為無利無功德當知出家弃然矣。唯羅睺羅夫出家者無彼無此亦
無中間。此三示真出家肇曰上直明出家之義自下明出家之事雖云其
事然是無事事耳則出家者以去累為志無為為心以心無故所造衆德皆
無為也文三此初內證德也肇曰夫出家者惡此生死尊彼涅槃故有中間三處
之異真出家者遣万累忘彼此豈有是非三處之殊哉。離六十二見處於
涅槃。肇曰既無彼此則離衆見見同涅槃也六十二見大品云外道依過去
計神及世間常無常等四見依未來世計神及世間邊無邊等四見依涅
槃計有如來無如來等四見依此十二見歷五陰成六十二見又計身與神一斷見
身與神異常見為六十二見也。智者所受聖所行處。肇曰賢智罔之而從
衆聖履之而通可謂真出家之道乎。降伏衆魔。此二約魔顯德見實相
則蘊魔自空蘊空則諸魔自伏肇曰衆魔者四魔也正道既興邪徑自塞
度五道。肇曰五道非無為之 又云生死五道性是涅槃故名度。淨五眼得五力立五根。
體實相則培曉永云曉云則五眼自淨五力五根亦自然增長。不惱於彼。肇曰道超事外與
物無逆何惱之有。離衆雜惡。肇曰雖善由雜不善道法真淨故純善不雜也。摧諸外道。
三伏外道也肇曰日月不期去闇而闇自除出家不期摧外外道自消。超越假名。肇曰
事万名虛假以生道在真悟故超假名。出淤泥無繫著。肇曰出生死愛見之淤泥無
出家受道之繫著。無我所無所受。肇曰出家本乎無我離着則諸受永亡肇
曰無受也既受我受戒受見受。無擾亂内懷喜。肇曰夫擾亂出于多求憂苦生于

三伏外道。肇曰：日月不期去闇而闇自除，出家不期離外道，外道自消。超越假名。肇曰：有
爲事乃名虛假，以生道在真悟，故超假名。出淤泥無
出家受道之繫著。無我所，無所受。肇曰：出家本乎無我，離著則諸受永亡。肇
曰：無受也，欲受我受見受。無擾乱。肇曰：夫擾乱出于多求，憂苦生于
不足。出家直欲擾乱斯無，道法内充故擾喜有餘。護彼意隨禪定離衆過。
住實相則不忤物心，不違禪定生滅不起，焉有過患哉。若能如是是真出家。
此四結真出家。肇曰：若能不違上說，乃應出家之道，非存利之所能也。於是
維摩詰語諸長者子：汝等於正法中宜共出家。此五邪既緣破勸心出家也。文四：一勸二
釋三釋勸意四得意。出家此初勸，悟理出家也。所以者何，佛世難值。肇曰：淨
名知其不得出家而勸之者，欲發無上道心耳。諸長者子言：居士，我聞佛言，父
母不聽，不得出家。二不指勸意，辭有礙也。肇曰：非不欲出家，不敢違親耳。
維摩詰言：然汝等便發阿耨多羅三藐三菩提心，是即出家，是
即具足。三釋勸意。肇曰：雖爲白衣，能發無上心者，便爲出家，具
足義行矣。爾時卅二長者子皆發阿耨多羅三藐三菩提心。四得意心發
故我不任詣彼問疾。此四結辭也。佛告阿難：汝行詣維摩詰問疾。
肇曰：阿難，秦言歡喜，弟子中總持第一。阿難白佛言：世尊，我不堪任
詣彼問疾。二辭文四：此初辭也。所以者何？憶念昔時世尊身小有疾，當
用牛乳，我即持鉢詣大婆羅門家門下立。此二略釋所以。叡曰：現身有疾者亦
不可一途而論，特以淺識之流取信耳目，於如來身而起苦想，故勅阿難不違
使感，同衆人。淨名高呵，以闡法身之唱，使見形之徒悟應感難期，無方莫測，兼
寄迹取乳，除彼貪求假過阿難，以明小乘之劣。時維摩詰來謂我言：唯，阿
難，何爲晨朝持鉢住此？此三廣引辭事。文三：初問乞意，二呵辭，三恥愧。初
中文二：此初問也。生曰：晨朝非乞食時，必有以也。我言：居士，世尊身小有疾，當用
牛乳，故來至此。二荅。如來爲物受生，有疾用乳，阿難侍佛故行乞。
維摩詰言：止止，阿難，莫作是語。此二釋呵。文四：初略止二謗，二略顯真身，三廣
止二謗，四廣顯真身。此初略止二謗也。天台云無病言病，增謗也；德圓言減，損謗也。
佛身無生，應物現生，有身則有疾，小乘執實，故云謗也。大乘知應，故非謗
也。豈復離此現疾別有不謗之法身哉。如來身者，金剛之體，諸惡已斷，
衆善普會，當有何疾，當有何惱。二略顯金剛體者，喻不生不滅，常住
法身也。諸惡斷，解脫也。衆善普會，般若也。肇曰：夫病患之生，業所爲耳。如來善
無不積，惡無不消，體若金剛，何患之有。默往，阿難，勿謗如來，莫使異人聞
此麁言。三廣止二謗。先心增謗也。文三：初勸嘿也。謗佛麁言，異人聞之必

也豈復離此現疾別有不諦之法身哉 如來身者金剛之體諸惡已斷
衆善普會當有何疾當有何惱 二略顯金剛體者謂不生不滅常住
法身也諸惡斷解脫也衆善普會般若也肇曰夫病患之生(行)業所為耳如來善
無不積惡無不消體若金剛何患之有 默往阿難勿謗如來莫使異人聞
此麁言 三廣明二謗先明增謗也文三初勸嘿也謗佛麁言異人聞之必
興謗說(矣) 故令嘿往生曰前云是實為謗佛也又曰病為常近麁之極也不達聞之
必謂然矣 無令大威德諸天及他方淨土諸來菩薩(二智聞斯語)聞必哂威德諸
天淨土菩薩以己福惠不受疾報方於如來知應現也生曰以彼推己無疾必達佛
矣而此言實病不亦哂斯語之不得乎 阿難轉輪聖王以少福故尚得無病
豈況如來無量福會普勝者哉 三近事驗之轉輪聖王乃不及欲界諸
天但以人中少福尚得無病豈況如來普勝三界而有病哉 行矣阿難勿使
我等受斯恥也 外道梵志若聞此語當作是念何名為師自疾不能救而能
救諸疾人可密速去勿使人聞 四下二明損謗也前執不去非徒佛有
斯謗我等亦受其恥 肇曰正士聞則謂汝不達邪士聞則謂佛實病
何名為法之良醫身疾不能救而欲救人心疾乎 當知阿難諸如來身
即是法身非思欲身 四下四廣顯真身初就四德顯真此初無相法身大
悲應現非思業貪欲之所集生自在應物是我德也三界有待之形名思欲
身也生曰如來身從實理中來起不由彼應有何病耶 佛為世尊過於三界
二明三界受生苦也苦界(生)約不受故樂也生曰既以思欲為原便不出三〃界〃是
病之境也佛為悟理之體超越其(域)應有何病也 佛身無漏諸漏已盡
三明惑除生身漏也智證法身無〃漏〃即身淨性也肇曰夫法身虛微妙絕常
境情累不能染心想不能議故曰諸漏已盡 佛身無為不墮諸數
四明有為之身四相所遷數也佛身無生離生滅相常也肇曰法身無為而無
不為無不為故現身有病無為故不墮有數也 如此之身當有何疾二疏
也如此常樂我淨金剛法身當有何疾 時我世尊實懷慚愧得無近佛
而謬聽耶 四下三明恥愧文三初阿難慚愧佛身理然不合有疾奉
命聞疾應是謬聞近佛多聞以此懷(慚)愧 肇曰受使若此致譏若彼
進退懷愧或謂謬聽也 即聞空中聲曰阿難如居士(言)但為佛出五濁
惡世現行斯法度脫衆生 二明空聲舉應顯真疾身應物也無為
本真世肇曰以其愧惑空故聲正之如居士言何有無漏之體嬰世之患但逢
五濁群生故現斯疾取乳勿慚也五濁者劫濁衆生濁煩惱濁見濁
命濁 行矣阿難取乳勿慚 三明若知權化現疾即非謗佛取乳勿慚也

BD03271號 淨名經集解關中疏卷上

(60–45)

惡世現行斯法度脫衆生 二明空聲舉應顯真疾身應物也無為
本真也肇曰以其媿感空聲正之如居士言何有無漏之體嬰世之患但欲
五濁群生故現斯疾取乳勿慚也五濁者劫濁衆生濁煩惱濁見濁
命濁 行矣阿難取乳勿慚 三若知權化現疾即非謗佛取乳勿慚也
世尊維摩詰智惠辯才為若此也是故不任詣彼問疾 此四結辭也
如是五百大弟子各各向佛說其本緣稱述維摩詰所言皆曰不任詣彼問疾 此二總述辭也
菩薩品第四
此三明折伏方便菩薩令歸圓妙前既聲聞致辭故次命菩薩然發菩提
心惣名菩薩而根有利鈍教有漸頓或事脩而未悟於理或悟偏而未
進於圓或漸證而未極於頓今將迴事以向理析偏以進圓序漸而
頓故因命問疾以調伏之皆菩薩佛事故名品焉 文二先別明四大士此初慈
氏也 於是佛告弥勒菩薩汝行詣維摩詰問疾 文二如前此初命也 弥勒
玄慈氏肇曰弥勒南天竺婆羅門姓也此姓即以為名五百弟子皆已不任故
復命菩薩者將備顯淨名難酬之德也 弥勒白佛言世尊我不堪任詣彼
問疾 此二辭 文四此初辭也 所以者何憶念我昔為兜率天王及其眷屬說不
退轉地之行 此二略釋所以 什曰此天以弥勒將上為天師頂懷宗敬故常來
聽法也又云不退轉地者或六度行滿名為不退或證初地名為不退天王雖已
發心然內有五欲外有勝境恐其退轉因以勸之肇曰下可云資無發心亦無退
者以此推之似存不退之行勸發無上心也雖日勝期猶未免乎累 教迹不[illegible]氏故致
其可然經云補處大士心無不一智無不周應物而動何關之有是由得失同
懷脩短迭應利彼而動無計諸己故弥勒假有以啟始淨名居宗以濟終
乎為鄙近嘉彼淳朴雖復迹同儒墨教不一然相成之美寶存其中矣
時維摩詰來謂我言弥勒世尊授仁者記一生當得阿耨多羅三藐三
菩提 此三廣引辭事 文五一先定得記二破執授記三舉例返破四顯
菩提相五歸真淨益 此初定也 生曰阿耨多羅者無上也三藐三者正遍也
菩提者彼語有之此無名也實即體極居終智惠也 一生者無復無量生餘
唯也 為用何生得授記乎過去耶未來耶現在耶 此下二正破授記文三初
就生門釋次就無生門釋後就平等門釋 初中文三一先定三世二難破三
引證此初定也肇曰發無上心脩不退行授記成道弥勒致教之本意也今將
明平等大道以無行為因無上正覺以無得為果故先質弥勒明無記無
得然後大齊群生一物万之致以弘菩提莫二之道也夫有生即有記無

[illegible]三難破三義
列證此初定也肇曰發無上心修不退行授記成道彌勒致教之本意也今將
明平等大道以無行為因無上正覺以無得為果故先質彌勒明無記無
得然後大齊群生一物万之致以弘菩提莫二之道也夫有生即有記無
生即無記故推序三世以何生而得記乎 若過去生過去生已滅
三難破也肇曰別推三世明無生也過去生已滅法不可謂之生也曰生
無復有也 若未來生未來生未至 肇曰未來生未至則無無法法以何為
生也生曰竟未有也 若現在生現在生無住 肇曰現法流速不住以何
為生耶若生滅一時二相俱壞若生滅異時即生生時無無滅滅則法法無三三
相相即非有為也盡有三相即有無窮之名三世既無生於何而得
記乎生曰生時已去未始暫停豈可得於中成佛也 如佛所說比丘汝今
即時亦生亦老亦滅 三引證肇曰無住義生曰新新生滅交謝已
謝豈待白首然後為變乎 若以無生得受記者無生即是正位於正
位中亦無授記亦無得阿耨多羅三藐三菩提云何彌勒受一生記乎
此二約無生門辯文二初約理破二約行破此初也肇曰上推有生無記此推
無生亦無無生即七住無相真正法位也此位為理無記無成彌勒於何
授一生記乎 為從如生得授記耶為從如滅得授記耶 此二約行破文
二此初雙定為見如智生授記為見如惑滅授記耶肇曰如雖無
生滅而生滅不異如然記別起于生滅宜會稽于即真故假如之生滅以
明記別之不殊也什曰夫授記要由得如本未得而今得似若有如起相果
滅亦似有物於中滅故先閑其起滅以明無起滅也 若以如生得授
記者如無有生若以如滅得授記者如無有滅 二明雙破生滅若見
如智生如體不生智亦無生若見如惑滅體無滅惑亦不滅智無
生即本覺惑無滅即寂滅此不生不滅豈有授記哉肇曰如非不生非
滅非有生滅非不生滅故假以言記非有生滅以無記 一切眾生皆
如也一切法亦如也眾聖賢亦如也於彌勒亦如也 此三約平等一如破
文二初總舉平等也 一切眾生有情也一切法無情也眾聖
賢二乘也彌勒大乘也肇曰万品雖殊未有不如如者將齊是非一愚
智以成無記無得義也 若彌勒得授記者一切眾生亦應授記所
以者何夫如者不二不異 此下二別約三德平等破也此初約真如理等
法身德破也彌勒眾生理如無二會如授記豈有不得之二哉肇曰凡
聖一如豈有得失之殊哉生曰二者直二事也異者二相殊也 若彌勒得

BD03271號 淨名經集解關中疏卷上

(60–47)

智以成無記無得義也 會名弥勒得授記者一切衆生亦應授記所
以者何夫如者不二不異 此下二別約三德平等破也此初約真如理等
法身德破也弥勒衆生理如無二會如授記豈有不得之二哉肇曰凡
聖一如豈有得失之殊哉生曰二者直二事也異者二相殊也 會若弥勒得
阿耨多羅三藐三菩提者一切衆生皆亦應得所以者何一切衆生即菩
提相 二約本覺平等智德破也菩提此云覺亦云智謂無相極智平等
本覺也若煩惱即菩提則一切衆生皆菩提相豈弥勒獨得之耶肇曰
無相之相是菩提相生曰菩提既是無相理極之慧言得之者得是菩提相
也 會若弥勒得滅度者一切衆生亦當滅度所以者何諸佛知一切衆生
畢竟寂滅即涅槃相不復更滅 三約平等寂滅解脫德 涅槃此云滅
度 法本不生今即無滅為寂滅者即一切衆生本來滅度豈弥勒獨證之
耶肇曰本性常滅今復何滅生曰然終既至滅驗矣始若果滅終豈滅哉
然知衆生即涅槃相不復更滅是盡為滅而不滅也 會是故弥勒無以此法
誘諸天子實無發阿耨多羅三藐三菩提心者亦無退者 此下三舉例發
平等菩提果尚無記豈有初心及不退行耶肇曰平等之道實無發心
亦無退者而以不退之行誘其發心求其受記者何耶 會弥勒當令此諸天
子捨於分別菩提之見 四顯真菩提相文三此初勸捨分別無相平等是菩提
相若分別始終有退不退是見分別非見菩提肇曰菩提以寂滅為相
生死同相而諸天子畏生死尊菩提雖曰勝求更生塵累宜開以正路令捨
分別見為示以道記增其見乎 會所以者何菩提者不可以身得不可以心得
此二略徵釋身心無所得相是菩提相也肇曰自此下大明菩提也道之極者
稱曰菩提秦無言以譯之菩提蓋是正覺無相之真智乎其道虛玄妙
絕常境聽者無以容其聽智者無以運其智辯者無以措其言像者無以狀
其儀故其為道也微妙無相不可為有用之弥勤不可為無故能幽鑒万物
而曜玄軌超焉而非我大 天地而同寄曲濟群惑而無私至能道達殊方開
物成務玄機必察無思無慮然則無知而無不知無為而無不為者唯菩提大
覺之道也此無名之法固非名也不知所以言故強名曰菩提斯無為之道豈以身心
而得乎 會寂滅是菩提滅諸相故 此三應法廣顯菩提相亦可前是能破此是
能立又前破而不斷此立而不常又前破而不滅此立而不生又前會而不一此別而不
異又前亡而不去此存而不來斯妙道之無方也觀夫聖人體極因物立名悉
權理窮實相非夫久殖善本莫能究其深廣哉是故前以無生滅授無菩
提記此以無生滅故證寂滅名寂滅菩提寂滅無緣故不觀寂滅無念故不行

BD03271號 淨名經集解關中疏卷上 （60–48）

能立又前破而不斷此立而不常又前破而不滅此立而不生又前會而不一此別而不
異又前亡而不去此存而不來斯妙道之無方也觀夫聖人體極因物立名悉
標理窮實相非夫久殖善本莫能究其源廣哉是故前以無生滅故無菩
提記此以無生滅故證寂滅名寂滅菩提寂滅是緣故不觀寂滅無念故不行
寂滅無見故斷寂滅無妄想故離寂滅無願求故障寂滅無着故無入寂滅即真
妙故順理寂滅即法性故安住寂滅返生滅之際故至實際諸句例然不復廣說
肇曰妙會真性滅諸法相故菩提之道與法俱寂。不觀是菩提離諸
緣故。肇曰觀生於緣離緣即無觀也。不行是菩提無憶念故。肇曰行生
於念無念故無行。斷是菩提捨諸見故。離是菩提離諸妄相故。肇曰[illegible]
諸見斷妄想離乃名菩提也。障是菩提障諸願故。肇曰真道無欲障
諸願求也。不入是菩提無貪著故。肇曰入謂受入可欲也。順是菩提順於
如故。住是菩提住法性故。至是菩提至實際故。肇曰不異三空菩提義也隨順
本相謂之如故計之以順常住不變謂之性故計之以住到實相彼岸謂之際
故計之以至也。不二是菩提離意法故。肇曰意與法為二菩提無心何法之
有也。等是菩提等虛空故。肇曰無心於等而無物不等故謂若虛空
無為是菩提無生住滅故。智是菩提了眾生心行故。肇曰菩提有不故無生
滅菩提不無故了知眾生心也。不會是菩提諸入不會故。肇曰諸入內外交
俱空故諸入不會會即菩提相。不合是菩提離煩惱習故。肇曰生死所以
合煩惱之所經離惱故無合合即菩提也。無處是菩提無形色故。假名是菩
提名字空故。肇曰外無形色之處內無可名之實。如化是菩提無取捨故。
肇曰菩提無取捨猶化人之無心也。無亂是菩提常自淨故。肇曰內心既常
靜外亂無由生。善寂是菩提性清淨故。肇曰性無不淨故寂無不善善寂謂
善順寂滅常淨之道也。無取是菩提離攀緣故。肇曰猶有所取故攀於
前緣若離攀緣即無取也。無異是菩提諸法等故。肇曰萬法同體是非
一致不異於異者其唯菩提乎。無比是菩提無可喻故。肇曰第一大道無
有兩正獨絕群方故無以喻也。微妙是菩提諸法難知故。肇曰諸法幽遠
難測非有知之所知以菩提無知故無所不知無知而無不知者微妙之極也
世尊維摩詰說是法時二百天子得無生法忍。此五明悟真記不記真得不得
故獲益也。故我不任詣彼問疾。此四結也
佛告光嚴童子汝行詣維摩詰問疾。文二如前此初命也。光嚴童子白佛
言世尊我不堪任詣彼問疾。此二辭也文四此初辭也。所以者何憶念我昔出
毗耶離大城。此二明辭所以也光嚴[illegible]直故託門休為直道[illegible]名首里文言

故脩道也……此四結也
佛告光嚴童子汝行詣維摩詰問疾 文二如前此初命也 光嚴童子白佛
言世尊我不堪任詣彼問疾 此二辭也文四此初辭也 所以者何憶念我昔出
毗耶離大城 此二略釋所以也光嚴棲遁故託閑林為道場淨名詣理故詣
靜一如為道場出入之迹其在茲也生曰託在常出實有以也 時維摩詰方入
城我即為作礼而問言居士從何所來 此下三明其引彈事文五一礼問二略答
三重問四廣答五衆益此初也生曰城門是人所湊處故得因廣化物也作礼者
迹同鄉黨現脩長幼之礼而問以取其來自有從也 答我言吾從道場來
二略答 肇曰閑宴脩道之處謂之道場也光嚴志好閑獨每以靜處為心故出
毗耶將求道場淨名懸鑒故現從外來將示以真場啓其封累故逆云吾
從道場來者以明道無不之場無不在若能懷道於胷中遺萬累
於身外者雖復形處憒閙迹与事隣乘動所游非無道場也又曰實相
理遍為場萬行通證為道生曰得佛之處也 我問道場者何所是 三重
問 肇曰會其所求故尋問也 答曰直心是道場無虛假故 此下卌句廣
約諸法明道場此初約心辯也 肇曰脩心進道無亂之境是道場耳若能
標心為主萬行為場不越方寸道自脩者乃真道場曷為近捨閑境而
遠求空地乎直心者謂內心真直外無虛假斯乃基萬行之本坦進道之
場自此已下備列諸行盡是脩心之閑地弘道之靜場也又解如世間和麥之
皆詣場鞭打越去麥全脩道亦然佛性精粹雜煩惱越特脩行者正見實相
為場對治萬行為鞭打斷惑證真為颺篩如直心以虛假為糠越布施以慳
貪為糠越諸句例知 發行是道場能辯事故 肇曰心既真直則能發々
迹々造々行々即事業斯辯者也 深心是道場增益功德故 肇曰既能發
行即樹々心々弥々深々則功德弥增者也 菩提心是道場無錯謬故
肇曰真心入行轉深則廣為菩提心也此心真正故所見不謬凡弘道者要始
四々心々既生則六度衆行無不成也 布施是道場不望報故 此下十六
約行明住實相真場行皆造極 肇曰施不望報相無行也夫言有不失無
言無不失 有無異說而不乖其本者其唯大乘道乎然即萬行雖殊以無相為體無而
不無故即有為實有而不有故施戒為一此經前後了於辯列衆行有
無不同苟能領其所同則無異而不同也 持戒是道場得願具故
肇曰未有戒具而願不具者 忍辱是道場於諸衆生心無礙故
肇曰懷忿則心礙 精進是道場不懈退故 禪定是道場心調柔
故智慧是道場現見諸法故 肇曰萬法弥曠現若目前智慧之能也

BD03271號　淨名經集解關中疏卷上

……能令其不……則無異而不……也 持戒是道場得願具故
肇曰未有戒具而願不具者 忍辱是道場於諸衆生心無礙故
肇曰懷忿則心礙 精進是道場不懈退故 禪定是道場心調柔
故 智慧是道場現見諸法故 肇曰万法殊曠現若目前智慧之能也
又曰即事見理為現見也 慈是道場等衆生故 肇曰等心怨親欲
其安樂慈行也 悲是道場忍疲苦故 肇曰見苦必赴不避湯火悲
行也 喜是道場悅樂法故 肇曰以己法樂々彼同悅喜行也 捨是道
場憎愛斷故 肇曰人慈生愛々生著々生累悲生憂々生惱々生憎
慈悲雖善而累想已生故兩捨以平等觀謂之捨行 神通是道場
成就六通故 四禪世定但發五通實相真禪得漏盡也 解脫是道
場能背捨故 解脫八解脫二乘八解背捨八耶大乘八解耶正俱背深
證實相背捨万累也 方便是道場教化衆生故 四攝是道場攝衆生
故 肇曰方便趣乎弘化四攝生乎來衆也 多聞是道場如聞行故 肇曰
聞不能行与禽獸同聽也 伏心是道場正觀諸法故 木非繩不直心非理
不正故心之調也必正觀實相 肇曰心之性也染縱即觀邪調伏即觀正也
卅七品是道場捨有為法故 此下三科約法明道場 什曰道品斷受生故名
捨有為 肇曰卅七品無為之因也 又曰無為即涅槃也 諦是道場不誑世間故
什曰小乘中說四諦大乘中說一諦 今言諦是即一諦實相也 緣起是道
場無明乃至老死皆無盡故 緣起十二因緣相生起也 小乘觀十二緣無
明滅即行滅非實相真場 大乘觀因緣不生不滅無々明亦無々明盡此實
相真場也 諸煩惱是道場知如實故 衆生是道場知無我故 一切法是
道場知諸法空故 此三科約所治惑明道場 謂迷即衆惑悟即真場
肇曰煩惱之實性衆生之無我諸法之空義皆道之所由生 降魔是道場
不傾動故 三界是道場無所趣故 師子吼是道場無所畏故 此下諸科約佛
果德明坐菩提樹住寂滅場不著三界不惑四魔能師子吼也 肇曰降魔
兵而不為所動遊歷三界而不隨其趣演無畏法音而無難 力無畏不共
法是道場無諸過故 三明是道場無餘礙故 法身無過即衆德自顯
心無餘翳則慧明普照 肇曰佛具卌二業而無一闕明通達而無礙斷皆大道
之所由生也 一念知一切法是道場成就一切智故 什曰二乘法以卅四心成道大乘唯以
一念則確然大悟具一切智也 肇曰一切智者智之極也 朗若晨曦衆冥俱照澄
若靜淵群像並鑒無知而無所不知者其唯一切智乎 何則夫有心則有々封々
則有壃封壃既形則其智有涯其智有涯則所照不普至人無々心々則無々封

……也。一念知一切法是道場成就一切智故。什曰二乘法以卅四心成道大乘唯以
一念則確然大悟具一切智也。肇曰一切智者智之極也朗若晨曦衆冥俱照澄
若靜淵群像並鑒無知而無所不知者其唯一切智乎何則夫有心則有々封々
則有壃封壃既形則其智有涯其智有涯則所照不普至人無々心々則無々封
々則無壃封壃既無則其智無涯其智無涯則所照無際故能以一念一時畢
知一切法也一切智雖曰行標蓋亦万行之一耳會万行之所成者其唯無上道
乎故所列衆法皆為道場也。肇曰一念無不知者始乎大悟時也以諸行終
得此事故以名焉以真心為行初義極一念知一切法不亦是得佛之處乎
如是善男子々々菩薩若應 諸波羅蜜教化衆生諸有所作舉足下足
當知皆從道場來住於佛法矣。此三結成。肇曰若能應上諸度以化
天下者其人行則遊道場止則住佛法舉動所之無非道場 說是法時五百
天人皆發阿耨多羅三藐三菩提心。此五明得益也
故我不任詣彼問疾。 四結也
佛告持世菩薩汝行詣維摩詰問疾。 弟二此初命也 持世白佛言世尊我
不堪任詣彼問疾。二辭。文四此初也 所以者何憶念我昔住於靜室。
此下三略釋文五一住靜室二魔來三不識去施其五不受此初持世避諠住靜
捨惡化善皆迹示方便軌之初學 時魔波旬從万二千天女狀如帝釋鼓
樂弦歌來詣我所與其眷屬稽首我足合掌恭敬於一面立。此二魔作
帝釋來也。肇曰波旬秦名煞者或名極惡斷人善根因名煞者遠佛亂僧
罪莫之大極惡也。什曰帝釋是佛弟子知其不礙故作釋形來也持世不作意
觀他心故不見也又合云方便亦不知魔來有三意一示能魔佛二明一如善真
故不知二緣修觀有出入之間故不知三示能善惡齊化心有去取故不知也
我意謂是帝釋而語之言善來憍尸迦雖福應有不當自恣當觀
五欲無常以求善本於身命財而修堅法。此三持世不識謀為說法誡
之以自恣戒之以無常侯之以三堅。肇曰從女弦歌是自恣法也福有而自恣者
為覆罪之根者也五欲者五情所欲也用為自恣寶之必深覺其無常然
後能以之求善本矣。肇曰三堅法身命財寶也若忘身命棄財寶去封
累而修是者必獲無極之身無窮之命無盡之財此三天地焚而不燒劫
數終而不盡故名堅法以天帝樂著五欲不慮無常故勸修堅法也
即語我言正士受是万二千天女可備掃灑。此四魔更施女為亂也。肇曰因其
說法故可說以從善寶欲以女亂之矣 我言憍尸迦無以此非法之物要
我沙門釋子此非我宜。此五不受女非順道之緣故捨而不受 若法身正……

果而但是者必有無盡之身無窮之命無盡之財此三天地契而不燒劫
數終而不盡故名堅法以天帝樂著五欲不慮無常故勸修堅法也
即語我言正士受是万二千天女可備掃灑。此四魔更施女爲亂也𦬇曰因其
說法故可說以從善實欲以女亂之矣 我言憍尸迦無以此非法之物要
我沙门釋子此非我宜。此五不受女非順道之緣故捨而不受 若法身正觀
万品一如無非不順。肇曰持世菩薩時爲比丘也
所言未訖時維摩詰我言非帝釋也是爲魔
來嬈固汝耳 此三廣引彌事文中有八一覺見
悟二乞女三欲隱四勸捨五魔捨說法七誘女人還
女此初淨名覺悟肇曰以持世不覺故發其狀也
即語魔言是諸女等可以與我如我應受 此二淨名索女
肇曰將化諸女故現從其索我爲白衣應受此女易爲以与
沙門釋子乎 魔即驚懼念維摩詰將無惱我欲隱形
去而不能隱盡其神力亦不得去 此三魔欲隱去肇
曰淨名神力之所制也 即聞空中聲曰波旬以女與
之乃可得去 四空聲勸捨女也肇曰淨名以魔迷
固故化導之也 魔以畏故俛仰而與 此五魔捨女故
生曰推輕重留女故當勝自不得去也
尒時維摩詰語諸女言魔以汝等與我今汝皆
當發阿耨多羅三藐三菩提心即隨所應而說法
令發道意 此六淨名爲女說法也文二此初令發
心也肇曰在魔故從欲在我宜從道教復言汝
等已發道意有法樂可以自娛不應復樂五欲
樂也 此下二勸修行文三一勸二問三荅此初勸樂法
捨欲也肇曰女人之性唯欲是樂以其初捨天樂故
亦以法樂夫能以弘道爲美積德爲忻者雖復
經苦履難而不改其樂天地所重無無易其忻以
此自娛樂之極也豈五欲之足在自此已下備列
諸行以明超之道至歡之所由生也 天女即問何
謂法樂 二不問解故問也 荅曰樂常信佛樂欲
聽法樂供養衆樂離五欲 三淨名荅文四此初樂生
四言謂帰三寶[illegible]肇曰言[illegible]

此自娛樂之極也豈五欲之足在自此已下備列
諸行以明超之道至歡之所由生也 天女即問何
謂法樂 二不問解故問也 答曰樂常信佛樂欲
聽法樂供養衆樂離五欲 三淨名答文四此初樂生
四信謂歸三寶及歡欲持戒肇曰信而後悅莫若三
寶樂離五欲者什曰是信戒也 樂觀五陰如怨
賊樂觀四大如毒虵樂觀內入如空聚 此二樂厭
苦報也什方便品中說也肇曰善惡必察何樂如之
也 樂隨護道意樂饒益衆生樂敬養師
此三明樂修出道文三此初內護道意下益衆生上敬養師
並行本也肇曰將護無上道心令無差失 樂廣行施樂堅
持戒樂忍辱柔和樂懃集善根樂禪定不亂樂離垢明慧
此二明六度正行也什曰世俗患中不能生樂要得無漏慧離
塵垢即至樂自生也 樂廣菩提心 此下三遍修万行肇
曰彼我兼得之廣也 樂降伏衆魔樂斷諸煩惱
魔怨散而惑病消故樂也 樂淨佛國土樂成就相好
故修諸功德 依報淨而正報圓何樂如也 樂莊嚴
道場 嚴万行之因場詣道樹之果場 樂聞深不
畏 什曰近著心不邪疑又能信諸佛有不思議法故
法故能聞深法心不生畏也肇曰樂法之情不深者聞
深法必生畏也 樂三脫門不樂非時 肇曰三脫空无想
無作也縛以之解謂之脫三乘所由謂之門 二乘入三脫門不
盡其極而中路取證謂之非時此大士之不樂也
樂近同學中心無恚礙 肇曰異我自彼冐為生
恚非同學外道黨也 樂將護惡知識樂近善知
識 護惡不捨大悲近善能成大智 樂心喜清淨
肇曰清淨是實相真法喜 樂修無量道品之法
適化無方故道品無量肇曰法樂無量上略言之耳
是為菩薩法樂 此四結也 於是波旬告諸女言我
欲與汝俱還天宮 此下波旬請女也文二此初請
也肇曰先聞空中聲畏而言与非其真心故欲俱還

肇曰清淨是實相真法喜 樂脩無量道品之法
適化無方故道品無量 肇曰法樂無量上略言之耳
是爲菩薩法樂 此四結也 於是波旬告諸女言我
欲與汝俱還天宮 此下波旬誘女也文二此初誘
也肇曰先聞空中聲畏而言与非其真心故欲俱還
也 諸女言以我等與此居士有法樂不復樂五欲
樂也 三辭也肇曰已屬人矣兼有法樂何由返也
魔言居士可捨此女一切所有施於彼者是爲菩薩
此八還女文五一索女二還女三請法四爲說五隨還此
初索也肇曰淨名化導既訖魔知其不捨故遣也
菩薩之道一切無惜想能見還也 維摩詰我已捨
矣汝便將去令一切衆生得法願足 二還女也肇
曰因事興願菩薩常法也以女還魔願具滿故因以生願
一切衆生得法願具足如魔之願滿也 於是諸女問維摩詰我
等云何止於魔宮 三弟子辭師故請法也肇曰昔在魔宮以五
欲爲樂今在菩薩以法樂爲樂復還魔天當何所業耶
維摩詰言諸姊有法門名無盡燈汝等當學 四大士爲說無
盡燈之法文三此初標名勸也肇曰將遠流大法之明以照魔宮癡
冥之室故說此門也 無盡燈者譬如一燈然百千燈冥者皆明明
終不盡如是諸姊夫一菩薩開導百千衆生令發阿耨多羅三
藐三菩提心於其道意亦不滅盡隨所說法而自增益一切善法
是名無盡燈也 二釋勸法喻合可見肇曰自行化彼則功德弥
增法光不絶名無盡燈 汝等雖住魔宮以是無盡燈令無數
天子天女發阿耨多羅三藐三菩提心者爲報佛恩亦大饒益一切
衆生 三結勸學也肇曰報恩之上莫先弘道
尒時天女頭面礼維摩詰足隨魔還宮忽然不現 五致礼辭還世
尊維摩詰有如是自在神力智惠辯才故我不任詣彼問疾
此四結辭不堪也 四佛告長者子善得汝行詣維摩詰問疾
文二此初命也梵云須達多亦云善得亦云善施即給孤獨也因緣
如別 善得白佛言世尊我不堪任詣彼問疾 二辭文四此初辭也
所以者何憶念我昔自於父舍設大施會供養一切沙門婆羅門

此四結辭不堪也　佛告長者子善得汝行詣維摩詰問疾
文二此初命也梵云須達多秦云善得亦云善施即給孤獨也因緣
如別　善得白佛言世尊我不堪任詣彼問疾　三辭文四此初辭也
所以者何憶念我昔自於父舍設大施會供養一切沙門婆羅門
及諸外道貧窮下賤孤獨乞人期滿七日　二略釋也在家大士
故於父舍行施化同類也生日婆羅門法七日祠梵天行大施
期生彼也言已承嫡繼業於父舍然世寄之可以致明法大
矣什曰所以乃至第七日方來譏者欲令其功德滿心淳熟
也時維摩詰來入會中謂我言長者子夫大施會不當如
汝所設　此三廣引辭事文六辭可二請略說四重請五廣
說六得益此初辭也肇曰天竺大施會法於父舍開立高幢
時淨名以其俗施既滿將進以法施故先譏其所設以明
為施之殊也　當為法施之會何用是財施會為
肇曰夫形必有所礙財必有所窮故會人以形者不可普集
施人以財不可以周給且施既不普財不益神未若會
羣生於十方而即之本土據法施於胷中而惠無不普以
此而會會無不均以此而施施不遺人曷為置殊方而集近
賓捨心益而獨潤身乎　我言居士何謂法施之會
此二請問也　法施會者無前無後一切眾生是名法施之
會　此三略答也什曰若一起慈心即十方同緣施中之等莫
先於此故曰無前後也肇曰夫以方會人不可一息期以財濟
物不可一時周是以會通無隔者彌輪而不漏法澤冥
被者不易時而同覆故能即無疆為一會而道無不潤
虛心懷德而物自賓曷為存濡沫之小惠捨夫江海之
大益置一時之法養而設前後之俗施乎　何謂也
此四重問也肇曰羣生無際而受化不俱欲無前無後一時而養
者何謂也　謂以菩提起於慈心
施文五此初四等也肇曰夫財養養身法養養神神之
道存乎冥益何則羣生流轉無以窮為路冥冥相承莫
能自返故大士建德不自為身一念之善皆為羣生以為
群生故願行俱果行果則已功立願果則羣生益已功立
則自濟物之功羣生益則自[illegible]之分然則[illegible]始

道存乎實益何則羣生流轉無以窮爲路寘〻相承莫
能自返故大士建德不自爲身一念之善皆爲羣生以爲
群生故願行俱果行果則已切立願果則羣生益已望
則有濟物之能羣生益則有返流之分然則菩薩始
建德於内羣生已蒙益於外矣何必待哺養經道然
後爲益乎菩提者弘濟之道也是以爲菩提而起慈者一念
一時所益無濟矣 △以救衆生起大悲心 肇曰大悲之興救
彼而起所以悲於我而天下同益也 △以持正法起於喜心
肇曰欲令物我俱持正法喜以之生也 △以攝智慧行於捨
心 肇曰小捨〻怨親大捨〻万有者正智之性也
△以攝慳貪起檀波羅蜜 以化犯戒起尸波羅蜜 以無我法
起羼提波羅蜜 此二明六度法施大士以一毫之善普
施衆生永除六蔽圓滿六度 肇曰忿生於我無我即無覺
△以離身心相起毗離耶波羅蜜 肇曰精進之相起乎身
心而去離身心者唯其無相精進乎復次愛著身心不能〻
精〻進者其在亡身心乎 △以菩提相起禪波羅蜜
肇曰菩提之相無乱以此起禪亦同相也 △以一切智起般若
波羅蜜 肇曰在佛名一切智在菩薩名般若因果異名也
然一切智以無相爲相以此起般若亦無相因果雖異名其
相不殊也 △教化衆生而起於空 此三約三脱明施 肇曰存
衆生則乖空義存空義則捨衆生善通法相虚空其
懷者終日化衆生終日不乖空也 △不捨有爲法而起無
相 肇曰即有而無故能起無相即無而有故能不〻捨故
美惡齊旨 △示現受生而起無作 肇曰作謂造
作生死也爲彼受生者非作生而生也是以大士受生常起
無作 △護持正法起方便力以度衆生起四攝法
此四遍約万行明法施 肇曰非方便無以護正法非四攝無
以濟羣生 △以敬事一切起除慢法於身命財起三堅法
於六念中起思念法於六和敬起質直心 息諸慢以脩敬
歟三爲而脩三堅内思念外順六和此之謂法施六念者肇
曰念佛法僧施戒天六念也六和者肇曰以慈心起身口意

以四遍約万行明法施肇曰非方便無以讓正法非四攝無
以濟羣生　論以敬事一切起除慢法於身命財起三堅法
於六念中起思念法於六和敬起質直心　肇曰息諸慢以脩敬
敬三爲而脩三堅内思念外順六和此之謂法施六念者肇
曰念佛法僧施戒天六念也六和者肇曰以慈心起身口意
業爲三也四得重養與人共之五持戒淨六脩漏盡恵非直
心無以具六法非六法無以和羣〻衆〻不和非敬順之道
論正行善起法於淨命　肇曰凡所行善不以邪心爲命也
論心淨歡喜起近賢聖不憎惡人起調伏心　心淨者信
也信樂賢聖常近三寶不憎惡人能調不善肇曰近聖
生淨喜見惡無憎心也　論以出家法起於深心
厭患三界搓求菩提大事因緣非小志之所爲也肇曰出家
之法非淺心所能弘也　論如說脩行起於多聞　肇曰聞不能
行非多聞也　論以無諍法起空閑處　法性平等名爲無諍
捿心此理是住空閑肇曰忿競生乎衆聚無諍出乎空閑
論趣向佛恵起於宴坐　肇曰佛恵深遠非不趣
論解衆生縛起脩行地　理圓無漸而解縛者必脩之以次位
肇曰已行不脩安能解彼
論以具相好及淨佛土起福德
業知一衆生心念如應說法起於智業　肇曰大乘万行分
爲二業以智爲行標故別立智業諸行隨從故物立德業凡
所脩立非一業所成而衆經脩相好淨土繫以德業知念說法
繫以智業此蓋取其切用之所多耳未始相無也
論知一切法不取不捨入一相門起於恵業　肇曰決定審理
謂之智造心分別謂之恵上決衆生念定諸法相然後說
法故繫之以智今造心分別法相令入一門故繫之以恵也
論斷一切煩惱一切障礙一切不善法起一切善業　肇曰無善不脩
故無惡不斷　論以得一切智恵一切善法起於一切助佛道法
肇曰一切智恵智業也一切善法即德業也　助佛道法大乘
諸無漏法也智德二業非有漏之所成〻之者必由助佛道
法　論如是善子是爲法施之會若菩薩住施是法施會
者爲大施主亦爲一切世間福田　此下五結成法施肇

肇曰一切智慧智業也一切善法福德業也　助佛道法大乘
諸無漏法也智德二業非有漏之所成成之者必由助佛道
法　△如是善子是為法施之會若菩薩住施是法施會
者為大施主亦為一切世間福田　此下五結成法施肇
曰若能備上諸法則真潤無涯其為會也不止一方其
為施也不〻心〻形〻故妙存濟神不止一方故其會彌
綸可謂大會矣世尊維摩詰說是法時婆羅門衆
中二百人皆發阿耨多羅三藐三菩提心　此六時衆得
益文二此初婆羅門發心也　△我時心得清淨歎未曾有
稽首礼維摩詰足即解瓔珞價直百千以上之
二明善得心淨肇曰心累恚除得清淨信也文四此初心悟
上瓔珞也生曰施而此物在者宜取所重也而以上維摩詰者
現崇法施情也　△不肯取　二讓不受什曰本意為說
法故亦為譏財施故懷此二心所以不受　△我言居士願必
納受隨意所與　三重請受隨施也　△維摩詰乃受瓔
珞分作二分持一分施此會中最下乞人持一分奉彼難勝
如來　四名淨受已迴施文四初迴施二田也肇曰上直進以
法施未等致施極上窮下明施心平等以成善得為施之
意也　△一切衆會皆見光明國土難勝如來又見珠瓔在
彼佛上變成四柱寶臺四面嚴飾不相障蔽
二佛現化生曰分作二分者欲以明等也現神力者驗法施
也變成四柱寶臺豈財施能為之乎是法施會然也故
能無不周耳　△維摩詰現神變已作是言若施主等心施
一最下乞人猶如如來福田之相　三勸令等心文二一者
相等二無相等此初也施佛神通若此施貧初無善事
施者未能亡於分別故淨名示之以平等什曰施佛以地
勝故心濃施貧以地苦故悲深是以福田同
相致報一也　△無所分別等于大悲不求果報是則名
為具足法施也　三無相等也肇曰若能齊尊卑一行
報以平等悲而為施者乃具足法施耳
△城中一最下乞人見是神力聞其所說皆發阿耨多羅
[illegible]問疾

相等二無相等此初也施佛神通若此施貧初無善事
施者未能亡於分别故淨名亦之以平等什曰施佛以地
勝故心濃施貧以地苦故悲深是以福田同
相致報一也　無所分别等于大悲不求果報是則名
爲具足之法施也　三無相等也肇曰若能齊尊卑一行
報以平等悲而爲施者乃具足法施耳
城中一最下乞人見是神力聞其所説皆發阿耨多羅
三藐三菩提心　此四得益也一故我不任詣彼問疾
四結不堪　如是諸菩薩各各向佛説其本緣稱述維
摩詰所言皆曰不任詣彼問疾　此是大段第二惣明諸
菩薩奉辝肇曰三万二千菩薩皆説不任之辝文不備
載之耳

淨名經關中疏卷上

云何生雜染謂由四種應知一由差別故二由艱辛故三由
不定故四由流轉故
生差別者有五謂界趣處所勝生自身世間　界謂三界
趣謂五趣　所處謂欲三十六處色十八處無色四處
勝生欲人中有三一黑勝生二白勝生　大族中有三
一非天生二依地分生三依虛空宮殿生　色界有三
一異生無想天二有想天生三淨居天生無色九二謂天
量天下有非想非非想天生　日月世間謂於十方無
量世界中九天量無情無量生差別應知

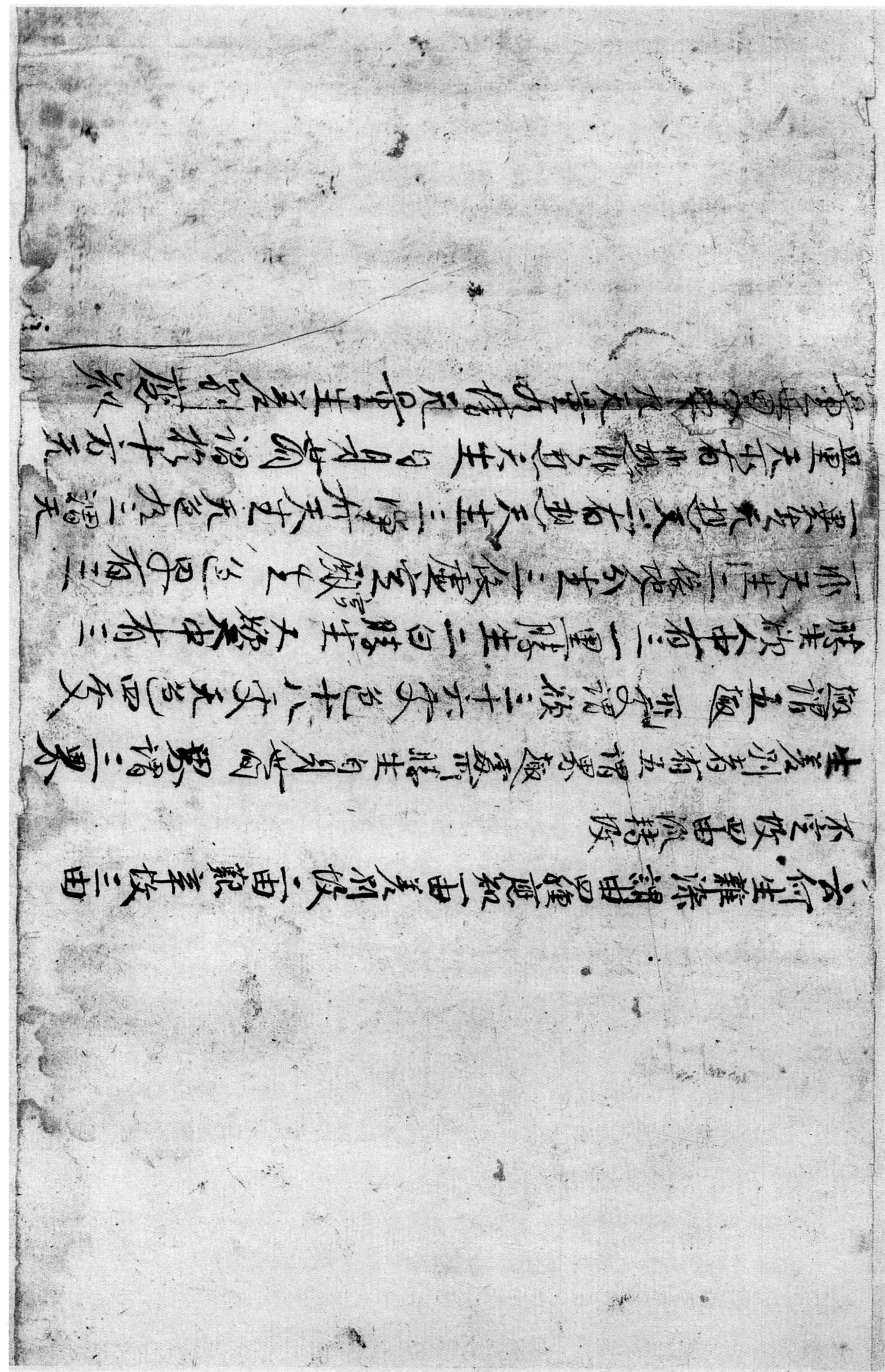

清

叡曰夫經或以人為名或以法為名者自非佛所說多隨人為名佛
之所說非唯一經故隨所說法以為名此經惣人法二名者以人為名則
明法之所由以法為名則略經之大體所以兩存耳　什曰維摩詰秦言
淨名即五百童子之人也[illegible]妙喜國來遊此境所應既周將還本土
欲顯其淳德以之叙之同志五百共遵大道至於澤群生顯迹悟時要必
有由故今同志諸仙而獨不往往則知其疾也何以知之同志五百共遵大道
至於進德修善動靜必俱今淨國之會業之大者而不同舉明其有
有疾之故有問疾之會會之由淨國之集集之由淨名方便然則此經始終所由
良有存也為自說而顧則與聖齊功推本而尋功由淨名原其所由故
曰維摩詰所說也　肇曰維摩詰秦言淨名法身大士也其權道無
方隱顯殊迹釋彼妙喜現此忍土所以和光塵俗因通道教常與寶積
俱遊為法城之等其教緣既畢將返妙喜故欲顯其神德以弘如來不思
議解脫之道至命寶積獨詣釋迦自留現疾生問疾之端建微言之
始妙唱自彼故稱其說也　生曰維摩詰者梵音无垢稱也其人臨迹
五欲超然無染清名遐布故致斯號貴名求實者必重其說之本表實
重之則終淇所求因斯近接有過聖言矣經　梵云修多羅此譯云契經謂
契理之言當根之教返迷證實万聖同規亦曰為常故肇師云經常
也古今雖殊覺道不改群邪不能沮衆聖不能異也
一名不可思議解脫　此約法受名也下文云弘為增上慢人說離婬怒癡
為解脫若無增上慢者說婬怒癡性即是解脫此談體也或說悲願寄染不
染非道通道此約用名之以皆教權引三乘言同解脫今將返權歸實故
特號不思議也即大經百句解脫華嚴諸善知識解脫皆同此也
什曰亦名三昧亦名神足或令修短改度或巨細相容變化隨意於法自在解
[illegible]

為解脫若無增上慢者經怒癡性即是解脫此謂體也或𢧐悲願處染不
染非道通道此約用名之以善教權引三乘言同解脫令捨迹權歸實故
將号不思議也即大經百句解脫華嚴諸善知識解脫皆同此也
什曰亦名三昧亦名神足或令脩短改度或巨細相容變化隨意於法自在解
脫於身故名解脫能者能然物不知所以故曰不思議亦云法身大士念則隨應
不入禪定然後能也心得自在不為不能所縛故曰解脫也為真明法空則乘
於常習無以取信故現物隨心變明物之無定性則其性虛矣菩薩得其無定故
令物隨心轉則不思議乃空之明證將顯理宗以故為經標也
肇曰微遠幽深二乘不能測不思議也縱任無礙塵累不能拘解脫也此經
自始于淨土終于法養其中明難殊然其不思議一也故總名焉上以人名經
此以法名經以法名經所以標榜指歸以人名經所以因人弘道者也　生曰無論
之稱或止形跡心不安然故須言其解脫更為一名不可思議者凡有二種
一日理空非惑情所圖二日神奇非淺識所量若體夫空理則脫思議之惑
既脫矣則所為難測維摩詰今動靜皆神奇必脫諸惑脫惑在乎體空
是其所體是以無垢之名信而有徵名苟有徵其求愈到之於到求者何
患不悟乎　叡曰菩薩無心應物有說眾生但覩其教莫測其所由故名
所說為不思議雖說而無心故不異於有雖無心而能說故不異於無定有所
不能累故名之為解脫
佛國品第一　什曰經始終由於淨國故以佛國
冠於眾篇也具應二十會以羊等廣如下文然十四品經大分三別初此品半為
未信令信故名序分次十一品半信已令悟故名正宗分三後二品盡經悟已應
傳名流通分初序分中復有三別初列時方處等是集經者列事證信
次含義現土是說經者聚物令信後稱歎讚揚是聞經者伏御懷生信
也初文又六一信經辭二傳經旨三聞經時四說經者五聽經處六聞經眾
如是　此初信經辭也肇曰如是信順辭也夫信者則所言之理順順則師
資之道成經無豈約非信不傳故建言如是我聞　此二傳經旨也肇曰出
經者明己親承聖旨無傳聞之謬也　一時　此三聞經時也眾生信重為
感如來悲願為應感應道交故曰一時肇曰法王啟運嘉集之時也
佛　此四說經者梵音云具言佛馱此翻為知者大品云知諸法實義故
大論云菩提名智佛名智者是即解圓德備言誠物信也
在毗耶離　此下五列聽經處有通有別通為遠者知別為近不謬此翻
通處肇曰毗耶離國名也秦言廣嚴其土平廣嚴事因以為名又
云好稻土之宜也　菴羅樹園　別處肇曰菴羅樹名也其菓似

攘

大論云菩提名智仏名智者是所解圓德備之言說出信也
在毗耶離　此下五列聽經處有通有別通爲遠者如別爲近不謬此初
通處肇曰毗耶離國名也秦言廣嚴其土平廣嚴事因以爲名又
其好稻土之宜也　菴羅樹園　別處肇曰菴羅樹名也其菓似
桃而非先言奈從失也事在他經園者住處之通稱梵云僧伽藍摩
此云衆園言伽藍者略也　與大比丘衆八千人俱此下六列同聞經衆
證非已謬傳衆生有三別初列聲聞形心俱勝證信寂親故先列也次
列菩薩心同形異證信小疏故次列也後列天龍形心俱乖證信最疏
故後列也初比丘者共也大即極果比丘人名衆言和合肇曰比丘秦
言或名淨乞食或名破煩惱或名能持戒或名能怖魔天竺一名該此四
義秦无一名以譯之故存其義名焉　菩薩下二列菩薩衆文五一舉
名二辨數三歎德四列名五總結此初也肇曰菩提之音言菩提薩埵
仏道也薩埵秦言大心衆生有大心入仏道也謂以大悲智无邊行顯爲
物求道故以名之什曰大士凡有三種一者出家二者在家三者他方來
復次一者結業身二者法身也此中皆多是法身然應感之形与物同
迹物或齊其所見而生劣想故舉大數然後序德也　三万二千
二辨數也衆所知識　此下三歎德也文三初歎總次別歎後結歎
又三此初歎外化也聞名欽風爲知覩形欽化爲識肇曰大士處世猶日
月昇天有目之士誰不知識　大智本行皆悉成就　二自行也大智歎解
本行歎行肇曰大智一切種智也此智以六度六通衆行爲本諸大士已備
此本則諸仏威神之所建立　三結釋也肇曰天澤无私不潤枯木仏威
雖普不立无根所建立者道根必深乎　叡曰凡有二種或以神化所加
令其暫悟名爲建立或以妙法發心化之同已然名建立　爲護法城受
持正法此下二明別歎文三初約護法歎次約終行歎後就近果歎初文
又三謂護法護人結釋護法復二此初歎護此也肇曰外爲護法之城內
有受持之固　什曰法城即實相法也使物无異見故言護也復次一切經
法皆名法城護持宣布令不壞也有能持正法然然護之也　叡曰眞理
爲法文字爲城之壍固則內不害文字存則理不虧也　能師子吼名
聞十方　二歎功或也肇曰師子吼无畏音也凡所言說不畏群邪異學
諭師子吼衆獸下之[illegible]滿天下故稱无不普　衆人不請友而安之　此下
歎護人然二此先歎心也肇曰眞友不待請譬慈母之赴嬰兒也　紹隆三
寶能使不絕　二歎功圓也肇曰繼仏種則三寶隆非眞顯明三寶宣通
經法之謂也　謂能積善累功自致成仏則有三寶則有僧不絕之功事

聞十方　三業功成也肇曰師子吼无畏音也凡所言說不畏群衆
諭師子吼衆獸下之則滿天下故稱无不普　衆人不請友而安之　此三
業讃人忩三此先業心也肇曰真友不待請譬慈母之赴嬰兒也　紹隆三
寶能使不絕　三業功圓也肇曰繼仏種則三寶隆非直顯明三寶宣通
經法之謂也謂能積善累功自致成仏仏則有法法則有僧不絕之功事
在來劫今言不絕則必能也又於其中間自行化人人亦化物物我俱成三寶
終興衆生无盡故寶亦不絕也　降伏魔怨制諸外道　此三釋業肇曰
魔四魔也外道九十六種外道也天台云禪定伏愛得道降衆魔
智慧破見發辯以制外道如問疾品明　悉以清淨　此下二業修行文即二
別自行化他也前自行復二初業斷德後業智德斷德文三此初總業也
永離蓋纏　二別業也肇曰蓋五蓋纏十纏亦有无量蓋纏身口意淨
三業悉淨則蓋纏不能累也五蓋者一貪欲蓋二嗔恚蓋三睡眠蓋四
掉悔蓋五疑蓋初二障戒睡眠障慧掉悔障定疑障解脫及知見十纏者无
慚无愧慳嫉悔眠掉舉惛沉及忿覆也叡曰凡夫心結動之風逆生二乘
雖滅證霧由存大士了虛情塵俱寂風霧盡蓋根生无所寄法身屋
然不論故文也　心常安住无㝵解脫　三結業也什曰不思議解脫即其
類也於物无㝵故名也肇曰七住所得得此解脫則於諸法通達无㝵故
心常安住　念定總持辯才不斷　此下二業智德文三此初總業也肇
曰念正念定正定總持持善不失持惡不生无所漏念謂之總持辯才
七辯也大論云一捷疾辯二利辯三无盡辯四不斷辯五隨應辯六
義辯七世間最勝辯此四是大士之要用故常不斷叡曰念不忘則慧
逾增定不捨則心常一持善不失則强識而惡不生辯不絕則化无㝵
脩此四門可以宣府万行故曰也什曰得此四法也深入堅固終身不失
歷劫逾明故言不斷也　布施持戒忍辱精進禪定智慧及方便力无
不具足　二別業智德肇曰具足謂无相行也七住已上心智寂滅以心无
為故无德不為是以施極於施而未嘗施戒極於戒而未嘗戒七德而殊
其功相不異乃名具足方便者智之別用耳智以通幽窮微決定諸
相无知而不知謂之智也雖達法相不而能不證處有不失无在無不捨
有空存得彼我兩濟故曰方便也　逮無所得不起法忍　三約位結也
肇曰忍即无生慧也以能堪受實相故以忍為名得此忍則於法无取无得
心相永滅故曰无所得不起法忍也　已能隨順轉不退輪　此下二明化他行
文二初明內具化行後明外化利物內行復三初明說法德次明無畏
德故明名聞德初說法文二此初舉堪能轉不退輪肇曰无生之道无

肇曰忍即无生慧也以能堪受實相故以忍為名得此忍則於法无取無得
心相永滅故曰无所得不起法忍也　已能隨順轉不退輪　此下二明化他行
文二初明內具化行後明八化利物內行復三初明說法德次明無畏
德後明名聞德　初說法文二此初舉堪能轉不退輪肇曰无生之道無
有得而失者不退也流演圓通无繫于一人名輪也諸佛既轉此輪諸
大士亦能隨轉也　善解法相知衆生根　二釋堪能隨轉肇曰諸法殊
相无不解群生異根无不知也謂由知病識藥故能隨轉也　蓋諸大衆
得无所畏　此下二明蓋衆无畏德文二此初標也肇曰菩別有四无所畏
一得聞物持二知衆生根三不見能難已使不能答者四隨問能答善
決衆疑有此四德故能映蓋大衆　功德智慧以脩其心相好嚴身色像
第一捨諸世間所有飾好　此二釋也什曰明脩此德所以无畏肇曰心以智
德為嚴形以相好為飾嚴心所以進道飾形所以靡俗形為尊形者亦
嚴相耳豈俗飾之在心也　名稱高遠踰於須弥　此下三明具名稱
德是即凡以名壞聖以名化物文二此初標也肇曰名自有高而不遠
而不高前聞十方取其遠今踰須弥取其高高謂高勝也
深信堅固猶若金剛　二釋名高所以由信故也肇曰七住已上无生信
不壞也　法寶普照而雨甘露　此下二明自化益物文三一明生善
益二明破惡益三明獲果益　生善益文二此初標二喻況說法應根普
生物善也肇曰法寶光无不照照之癡瞑也澤无不潤潤生死也喻海有
神寶能放光除瞑然曰光能雨甘露潤枯槁也　於衆言音微妙第一
三法合也謂出世善故言稱末一肇曰殊類異音既善其言而復超勝
深入緣起斷諸邪見有无二邊無復餘習　三釋也凡夫不了緣生故
執无因邪因乘不了緣滅故滯卅皆非深也菩薩生非生滅非滅
使習俱亡故名深入故經云无明亦无明盡也肇曰深入為智深解也
解法從緣起則邪見无由生有無二見群迷多惑大士久盡故無餘習
演法无畏猶師子吼其所講說乃如雷震　此下二明破惡益文二初
舉二喻二總結又前喻破見後喻破愛見以迷理愛以滯事因其見則
衆惑无由豈熱其愛則善可莫能發故什曰上明一切時无畏此明
說法无畏上師子吼德音遠振此明能說實法衆咸敬順猶師子吼
咸攝群獸也又肇曰法音遠振開道萌牙猶春雷之動百草　无
有量已過量　此二結歎然智依理發德与智冥理智无邊德何可
量肇曰既得法身入无為境心不可以智求形不可以像取故曰無量六
住已下名有量也　集衆法寶如海導師　此下三明獲果益文二初標

於諸天音上出三昧得音遠[illegible]
威攝群歡也文肇曰法音遠振開導萌兆猶春雷之動百草也
有量已過量 此二結歎猶智依理發德与智冥理智无邊德何可
量肇曰既得法身入无爲境心不可以智求形不可以像取故曰無量六
住已下名有量也 集衆法寶如海導師 此下三明獲果益文二初標
導師得寶喻也六師邪道導不獲真果八正利物必至涅槃故借喻爲肇
曰導導衆生入大乘海採衆法寶使必獲无難猶海師善道商人必
獲夜光 了達諸法深妙之義善知衆生往来所趣及心所行 此下
釋能道所以具權智故也智達深義能住菩提權悟衆生往来如幻所
以悲利有情而物不能累大士之德其在茲焉故楞伽經云智不得有
無而興大悲心 近無等等佛自在慧十力無畏十八不共 此三明近果眷
德也文三此初明自證也肇曰佛道超絶無与等者唯佛自等故言无
等等所以辯其等者明一大道理无不極平若虛空豈升降之有也
自在慧者十力四無所畏十八不共即其事也大士雖未全具佛慧置
所近矣 關閉一切諸惡趣門而生五道以現其身 此二明化他文二初明不
生而生後明稱生利物此初證無相故諸趣自閉不捨大悲而現生五
道三者三趣人天也肇曰法身無生而無不生无生故惡趣門閉无不
生故現生五道 爲大醫王善療衆病應病与藥令得服行
三明所以應生非已業繫但爲利他作醫王耳肇曰法藥善療衆喻醫王也
无量功德皆成就 此三揔結歎也文四此初句正報滿也肇曰无得不備
無量佛土皆嚴淨 二依滿肇曰群生无量所好不同故修无量淨土以
應彼殊好也 其見聞者无不蒙益 三利物德滿肇曰法身无形
聲應物故形聲耳豈有見聞而无益哉叡曰法身无身故感而後應
感而後應則无應而不會故使其見聞者无不蒙益 諸有所作
亦不唐捐 四自行德滿肇曰功不虛設叡曰法身无爲爲不由己爲不
由己則動无非時故能諸有所作亦不唐捐 如是一切功德皆悉具足
此三揔結也 其名曰等觀菩薩 此下四列名叡曰此諸菩薩或以功行
爲名亦有因相得稱非唯一途亦如今人字耳宜爲可望文消息无定
義也什曰等觀四等觀衆生也 不等觀菩薩 智慧分別諸法也空
等不等觀菩薩 兼此二也 定自在王菩薩 什曰於諸定中自在法自在
王菩薩 什曰說法中自在 法相菩薩 什曰功德法相現於身也 光相菩薩
什曰光明之相現於身也 光嚴菩薩 什曰光明莊嚴身也 大嚴菩薩
什曰明其身相大莊嚴也 寶積菩薩 什曰積聚智慧寶也 辯積菩薩

應

歎

義也什曰等觀四等觀衆生也◦不等觀菩薩◦智恵分別諸法也空
等不等觀菩薩◦兼此二也◦定自在王菩薩 什曰於諸定中自在法自在
王菩薩◦什曰說法中自在法相菩薩 什曰功德法相現於身也◦光相菩薩
什曰光明之相現於身也 什曰光嚴菩薩 什曰光明莊嚴身也◦大嚴菩薩
什曰明其身相大莊嚴也◦寶積菩薩◦什曰積聚智恵寶也◦辯積菩薩
什曰積聚四辯也◦寶手菩薩 什曰手中出无量寶也◦寶印手菩薩
什曰印者相也手有出寶之相亦云有寶印也◦常舉手菩薩 什曰現
已大慈之手撫慰衆生令不恐畏是以常舉手向人唱言勿怖◦
常下手菩薩◦什曰現常垂下其手現慈心屈下无傷物之像◦常慘菩薩
什曰悲念衆生也◦喜根菩薩什曰喜根喜等也亦於實相法中生喜及
隨喜也◦喜王菩薩 什曰喜有二種一不淨喜愛也二清淨法喜故言
王也◦辯音菩薩 什曰辯辯也◦虛空藏菩薩 什曰寶相恵藏如虛空也
執寶炬菩薩 什曰執恵寶炬除衆冥也◦寶勇菩薩 什曰勇於穢寶
亦得寶故能勇◦寶見菩薩 什曰以恵寶見諸法◦帝網菩薩 什曰幻術
經名帝網也此大士神變自在猶如幻化故借帝網以名之又曰大士
施化如帝王法網也◦明網菩薩 什曰明網自說手有網縵放光明也
无緣觀菩薩◦什曰觀不取相故无緣亦深入觀莫見其所緣◦恵積菩薩
什曰積聚恵也◦寶勝菩薩 什曰功德寶超於世也◦天王菩薩◦什曰彼
名天人王名天也二生天諸天也三賢聖天大士皆現生也◦壞魔菩薩
什曰能壞魔道◦電得菩薩 什曰因事為名◦自在王菩薩 什曰於諸
法自在如王之於人◦功德相嚴菩薩◦什曰功德之相莊嚴身也◦師子吼菩薩
什曰以大法音令衆生伏也◦雷音菩薩 什曰所說法能令天人歡喜
群邪振悚猶如雷音聞者喜懼也◦山相擊音菩薩◦什曰以大法音消
伏剛強音聲振擊若兩山相搏◦香象菩薩 什曰青香象也身出香
風菩薩身香亦如此也◦白香象菩薩 什曰其香寅勝大士身香亦如
是◦常精進菩薩◦什曰始終不退◦不休息菩薩 什曰求善不止◦妙生菩薩
什曰生時有妙瑞也又曰從法化生為妙◦華嚴菩薩◦什曰以三昧力現衆
花遍虛空大莊嚴也◦觀世音菩薩 什曰世有危難稱名自歸菩薩觀
其音聲即解脫也亦名觀世念亦名觀世自在◦得大勢菩薩◦什曰有
大勢力也以大神力飛到十方所至之國六返振動惡趣休息梵網
菩薩◦什曰梵四梵行慈悲喜捨網言其多◦寶杖菩薩◦什曰或物寶
或法寶以為杖◦无勝菩薩功德超勝也◦嚴土菩薩◦什曰淨國土◦金髻菩薩
什曰金在髻◦珠髻菩薩◦什曰如意寶珠在其髻中悉見十方世界

其音聲即解脫也亦名觀世念亦名觀世自在 得大勢菩薩 什曰
大勢力也以大神力飛到十方所至之國六返振動惡趣休息 梵網
菩薩 什曰梵四梵行慈悲喜捨網言其多也 寶杖菩薩 什曰或物寶
或法寶以為杖也 无勝菩薩 功德超勝也 嚴土菩薩 什曰淨國土也 金髻菩薩
什曰金在髻也 珠髻菩薩 什曰如意寶珠在其髻中悉見十方世界及
衆生行業果報因緣 彌勒菩薩 什曰姓也 此曰慈氏 阿逸多字也
此云无勝 南天竺婆羅門子也 文殊師利法王子菩薩 什曰秦言妙
德 以法身遊方莫知其所生 又來補仏處故言法王子也 如是等三
万二千人 此五結衆數 肇曰歎德列名所存名以標結也 復有万
梵天王尸棄等從餘四天下來詣仏所而聽法 此下三列雜衆 此梵王
衆 肇曰尸棄梵王名 秦言頂髻 復有万二千天帝亦從餘四天
下來在會坐 此帝釋衆 忉利天之王也 肇曰一仏土有百億四天下 一四天
下為有梵釋 故言餘四天下 從他仏土來也 并餘大威力諸天 此諸天衆
肇曰除上梵釋餘大天也 龍 此下八部衆也 肇曰龍有二種 地龍 虛
空龍 種有四生也 神 肇曰神受善惡雜報 其形勝人劣天 身輕微
難見也 夜叉 肇曰秦言輕捷 有三種 一在地 二在虛空 三天夜叉 居下二
天守天城門閤 乾闥婆 此云香陰 肇曰天樂神也 居地上寶山中 天
須樂時此神體上有異相現 然後上也 阿脩羅 肇曰秦言不飲酒
此神類男醜女端正 有大威力 能與天共鬪也 迦樓羅 肇曰金翅
鳥神 緊那羅 肇曰秦言人非人 其形似人而頂上有一角 遂稱為人
非人 亦天樂神 小不如乾闥婆 摩睺羅伽等悉來會坐 肇曰蟒
神也 此八神皆有大神力 能自變形在座聽法 諸比丘比丘尼 此下
四衆也 肇曰比丘義同上 尼女名也 上八千比丘別稱得道者 優婆塞
肇曰義名信士 又曰五戒為近事男 八戒為近住男 優婆夷 俱來
會坐 夷者女也 准上可知 彼時仏為无量百千之衆恭敬圍繞而
為說法 此二明仏現神變 駭物令信 投人夜光 鮮不按劍 況乎殊[illegible]
信而傳凡物易以相從 難以理悟 故神化无方 使受行也 文有二別 初
明仏懸緣身淹明 寶積獻蓋 前文三法齊合也 此即神現勝身也
昔說小乘法微而相劣 今將說大乘法勝而相勝 法華云著弊垢
衣執除糞器 此表昔說小乘現劣相也 又云於其門內踞師子床羅列寶
物 此表說大乘現勝相也 故下偈文曰 淨脩廣菩歎勝相說法 下有本
无菩歎勝法 始在仏樹菩歎劣相 三轉法輪菩歎權法也 譬如須弥山王
顯於大海 [illegible]

衣執除糞器此表昔說小乘現劣相也又去於其門內踞師子床羅列寶
物此表說大乘現勝相也故下偈文曰淨脩廣菩歎勝相說法不有亦
无菩歎勝法始在佛樹菩歎劣相三轉法輪菩歎權法也譬如須弥山王
顯于大海安處衆寶師子之座蔽於一切諸來大衆　須弥山菩歎也安
處衆寶菩合也肇曰須弥秦言妙高山處大海之中水上方三百卅
六万里如來處四部之中威相超絕光蔽大衆猶金山之顯溟海也
尒時毗耶離城有長者子名曰寶積与五百長者子俱持七寶蓋
來詣佛所頭面礼足各以其蓋共供養佛　此二明獻蓋現瑞表說淨
土之相也文三初獻蓋次合蓋後歸信此初獻蓋表大慈蔭物淨土
化生即大慈之事也肇曰寶積亦法身大士也常与淨名俱詣如來
共弘道教而今獨与里人詣佛者將生閉疾之由啓茲典之門也
佛之威神令諸寶蓋合成一蓋遍覆三千大千世界此二合蓋文二初
合蓋表由慈無緣絕於彼我二外現淨土表應物差別淨穢不同此
初也彼我未亡寶積菩蓋殊而慈方執己性一諸佛所以蓋合而慈
覆三千什曰現此神變其旨有二一者現神變无量顯智慧必深
二者寶積獻其所珍必獲可珍之果來世所成必若此之妙明曰小而
果大　而此世界廣長之相悉於中現又此三千大千世界諸須弥山雪
山目真鄰陀山摩訶目真鄰陀山香山寶山金山黑山鐵圍山大鐵圍山
大海江河川流泉源及日月星辰天宮龍宮諸尊神宮悉現於寶
蓋中　二外現差別前合蓋既表法身平等慈覆不殊此差別亦表
應身隨緣國土不一文二初現此界二現十方此中文二初十山表陸居
衆生住處二大海表水族居處三日月等表空居住處欲此三類
菩以慈覆故俱現蓋中肇曰蓋殊不廣而彌八極土亦不狹而現蓋中
又十方諸佛佛說法亦現於寶蓋中　二現十方吳本云十方諸佛佛國嚴
淨及十方佛所在說法皆現寶蓋中此即現相明宗旨可見矣肇曰此顯
佛土殊妙不同故通現十方也諸長者子皆久發道心而未脩淨土欲悅其
來供之情啓淨土之志故因其蓋而現焉　尒時一切大衆覩佛神力歎未
曾有合掌礼佛瞻仰尊顏目不暫捨　此三覩瑞三業歸信也什曰信樂發
中現相於外也長者子寶積即於佛前以偈頌曰　此下三明閱經者稱揚
佛德使物歸信爲啓閉之由肇曰形敬不足以寫心故復讚之詠之也六
行偈述歎大乘勝應二歎小乘劣應三歎現瑞表發四歎佛三密功德前
文又三初兩行總歎內德二兩行明神通三五行歎說法此初也

仏德使物歸信爲啓悶々由肇曰形敬不足以寫心故復讚々詠之以上六
行偈述歎大乘勝應二歎小乘劣應三歎現瑞表發四歎仏三密功德前
文又三初兩行總嘆内德二兩行明神通三五行歎說法此初也
目淨脩廣如青蓮　此初四句此句歎形肇曰五情百體目最爲長瞻顏
而作故先歎目也天竺有青蓮花其葉修而廣青白分明有大人目
相故以爲喻也　心淨已度諸禪定　此句歎心肇曰形長者目主德者心歎
目則攝衆相歎心則攝万德故作者標二爲須首禪定々海深廣无涯
自非如來清淨眞心无能度者　久積淨業稱无量　此句歎因肇曰
於无數劫積三淨業故名稱无量　導衆以寂故稽首　此句歎果
々言爲衆同遊八正至寂滅無故敬礼肇曰寂謂无爲寂滅之道也
既見大聖以神變普現十方无量土其中諸仏演說法於是一切悉
見聞　此二歎神通也以寶蓋中國土淨穢不同爲下發問々由也肇曰
既見合蓋之神變已不可測方於中現十方國土及諸仏演說於是居
界一切衆會悉遥見聞爲希有也　法王法力超羣生常以法財施一切
此三歎說法文三此初標法施也肇曰俗王以俗力勝民故能澤及一國法
王以法力超衆故能道濟无壃也　能善分別諸法相於第一義而不動
此二兩行歎法王義肇曰第一義爲諸法一相義雖分別殊相而不乖相
此美法王莫易之道動爲乖矣　已相於諸法得自在是故稽首此法
王肇曰世王自在於民法王自在於法々无定相隨應而辯爲好異者辯
異而不乖同爲好同者辯同而不乖異同異殊辯而俱適法相故得
自在　說法不有亦不無　此三釋歎所說大乘二空法也此初明因緣
有故即有非有爲法空也不空小乘捨有證空此即不去於空故
名法執也肇曰欲言其有々不自生欲言其无緣會則形會形非
謂无非自非謂有且有々故有无々有何所爲无有无故有々无々何有
々然則自有則不有自无則不无此法王之正說也　以因緣故諸法生
此句釋也肇曰有亦不由緣无亦不由緣以法非有无故由因緣生論曰
法從緣故不有緣起故不无也　无我无造无受者　此下偈明我本
不有即无々我入不二法門不同二乘捨我住无我也又我造受三計我
々別名此明由業遷形豈有我主其異形哉肇曰諸法皆從緣生
耳无別有眞宰主之者故无我也夫以有我故能造善惡受禍福
法既无我故无造无受者　善惡之業亦不亡　此句釋也肇曰爲无
造无受者則不應有爲善獲福而爲惡致殃然衆生心識相傳

不在即无[illegible]不二法門不同二乘指我有无我也又有造受二[illegible]
之別名此明由業遷形豈有无我主其異形哉肇曰諸法皆從緣生
耳无別有真宰主之者故无我也夫以有我故能造善惡受禍福
法既无我故无造无受者　善惡之業亦不亡　此句釋也肇曰為无
造无受者則不應有為善獲福而為惡致殃然衆生心識相傳
善惡由起報應之道連鏁相襲其由聲和響順形真影端此自
然之理无差毫分復何假常我而主之哉　始在仏樹力降魔得
甘露滅覺道成　此二八句歎普說能權現方身益物也文四初兩行
明得道二兩行明轉法輪三兩行明得益四兩行怨親平等此初先明降
魔證滅謂如来應跡王宮割愛踰城履域邪道捨邪坐樹誓取
菩提魔宮振動先摧色貪次伏恐敵外道既散方證并甘露釋滅
結習内魔於茲永盡仏樹者菩提也始言初也　已无心意无受行而
悉摧伏諸外道　此釋伏外也一解古昔六行修禪及苦行等并无心
受彼邪法但為亦同調伏耳又肇曰心者何也惑相以生受者何也善
衆是行至人寘真體寂虛空其懷雖万法並照而心未嘗有苦樂
是經而不為受物我永寂豈心受之可得此无心伏於物而物无不伏
受者受著也　三轉法輪於大千其輪本来常清淨　此二明諸鹿
野苑轉法輪也道成即化物故次說法文二此先明轉法也三轉者示
相轉勸脩轉引證轉也謂初示四諦法相也次勸脩行此四諦也後
言我已證證令信受也大千者仏一化境也肇曰法輪常淨猶虛空
也雖復古今不同時移俗易聖聖相傳其道不改　天人得道此為
證三寶於是現世間　此二明所成肇曰初轉法輪時俱輪等五人八万
諸天得道此常清淨之明證覺道既成仏寶法轉既轉法寶人五
出家得道僧寶於是立言其始也五人者憍陳如摩訶男阿俱卑
婆提婆數也　以斯妙法濟羣生一受不退常寂然度老病死大
醫王當礼法海德无邊　此三明得益明斷見修惑得并益也
肇曰九十六種道士者亦能斷結生无生界天但其道不真要還
墮三途仏以四諦妙法濟三乘衆生无有既受而還墮生死者故曰
一受不退永畢无為故常寂然也又生老病死患之重者濟以
無法故為醫王之長也此則法轉測驗難測法海流潤无涯德无邊
也毀與譽不動如須彌　此四歎平等文三此初八風不動也肇曰利衰
毀譽稱譏苦樂八法之風不動如来猶四風之吹須彌也於善不善
等以慈此二違順不動肇曰截手不同捧之不慚善惡自彼慈復

業法故為螢王之長也此則法轉測驗難測法海流潤无涯德无邊
也毀與譽不動如須弥　此四歎平等文三此初八風不動也肇曰利衰
毀譽稱譏苦樂八法之風不動如来猶四風之吹須弥也於善不善
等以慈此二述順不動肇曰截手不瞋捧之不忻善惡自彼慈覆
不二又順法違法及不違順心平等也　心行平等如虛空孰聞人寶不敬
承　三結釋肇曰在天為天寶在人為人寶之於人天者豈天人之所
能故物莫敢承也　今奉世尊此微蓋於中現我三千界諸天龍神
所居宮乾闥婆等及夜叉悉見世間諸所有十力哀現是化變
衆覩希有皆歎仏今我稽首三界尊　此下四行頌上獻蓋等三
奉微蓋等獻蓋也於中現等合蓋也衆覩等衆歎也肇曰微之
小也所奉至微所見至廣此是如来哀愍之所現十力者是如来別
稱耳大聖法王衆所歸淨心觀仏靡不忻各見世尊在其前斯則神
力不共法　此下第四歎仏三密利物功德此初身密也法王慈惠衆
生悉歸淨心有殊仏不随應肇曰法身圓應猶一月昇天影現百水
不為二乘共也　仏以一音演說法衆生隨類各得解皆謂世尊同其語
斯則神力不共法　此下六行歎口密四辯此初二行法詞二辯也隨類者
解諸法名字不同此法辯也皆謂世尊同其言音此詞辯也仏得一切
衆生語言陀羅尼无言之言不為二乘共也　仏以一音演法衆生各
各隨所解普得受行獲其利斯則神力不共法　此兩行歎義辯也凡
夫亦以因果善惡之義二乘亦以无常寂滅等義大乘亦以不生
滅不實相之義肇曰好施者聞施好戒者聞戒各異受異行獲其
異利或人天乘果或二乘那或究竟菩提一兩所潤三草不同豈二乘共
也　仏以一音演說法或有恐畏或歡喜或生猒離或斷疑斯則神力不
共法　此二行樂說辯也肇曰衆生聞苦報則恐畏聞妙果則歡喜聞不
淨則猒離聞法相則斷疑不知一音何演而令歡畏異生此豈二乘所
能共也　稽首十力大精進稽首已得无所畏稽首住於不共法稽首
一切大導師　此下七行歎心密文三初兩行歎智得此兩行明斷德後三行
明恩也智為理宜相如心寂不可以慮知辯不可以名數究之言十力无畏等
者蓋三物方便可智不可應力也不惟外難无畏也二乘所无不共也名
數如別　稽首能難衆結縛稽首已到於彼岸　此下歎難德也二乘
自難大聖無度此初自斷結縛也結謂九結愛恚慢无明疑此五鈍使
見結身邊邪三見也取結戒取見取也此二結五利使也慳結嫉結十纏
中二纏皆四等貪次等嗔恚等戒取等見取等分入身[illegible]三等也

BD03272號　淨名經集解關中疏卷上　（60–12）

[illegible]
者蓋二物方便可智不可屈刃也不惟外難无畏也二乘所无不共也名
數如別　稽首能難衆結縛稽首已到於彼岸　此下歎難德也二乘
自難大聖兼度此初自斷結縛也結惑九結愛恚慢无明疑此五鈍使
見結身邊邪三見也取結戒取見取也此二結五利使也慳結嫉結十纏
中二纏者四縛貪欲縛瞋恚縛戒取縛見取縛也去貪瞋癡三縛又
一念取相顛迷真理万惑從起皆名結縛即一切煩惱皆名為縛也
稽首能度諸世間稽首永離生死道　此明自度結即能度諸世
間離生死也　悉知衆生來去相善於諸法得解脫　此下三明无
緣悲化即恩德也此行知生去來於核无著肇曰衆生往來於
六趣心馳騁於是非悉知之也又我染諸法故諸法縛我心无染則
万縛斯解　不著世間如蓮花常善入於空寂行　此行知世如幻
而大悲不捨肇曰出入自在而不乖寂故常善入也　達諸法相无罣
㝵稽首而空无所依　此行明解諸法而不取著肇曰万法幽深誰
識其族唯仏无㝵故獨稱達而聖心无寄猶空无依　尒時長者
子寶積說此偈已白仏言世尊是五百長者子皆已發阿耨多羅
三藐三菩提心　此下明正宗前序文既合蓋聽心讚揚信發故此言根
啓悟證果攝益文三初仏國半品法王命宗二方便下九品大士助化
揚化三菩薩行見阿閦二品宣揚事訖還歸印定知王宣正令大臣
行事事訖朝尊之顯也初寶積請說二如來酬答初請文二初明
發心即堪聞法之根也肇曰阿耨多羅三藐三菩提秦言无上正
正遍知道莫知大无上也其道真正无法不知正遍知也　願聞得仏國
土清淨　此請問文二先問果後問因此初也　仏昔說小乘以丈六身
為真身丘陵一國為真土今將返小歸大故於諸方等明仏身應
物无量悟丈六之非真於此經合蓋見諸仏國殊妙了丘陵之非實
故因現蓋有此問焉又衆生業異身殊處別諸仏道一身土合同
現蓋既因土有殊故願聞其所以肇曰諸長者子久發无上心而未
脩淨土所以寶積俱詣如來現蓋皆發其萌也既於蓋中見諸仏淨
土殊好不同志在崇習故願聞仏所得殊好之事也　唯願世尊說
諸菩薩淨土之行　此二明因肇曰土之所以淨豈校飾之所能淨之
必由行故請說行凡行必在學地故并此問乃是如來現蓋之微旨
寶積俱詣之本意也　仏言善哉寶積乃能為諸菩薩問於
如來淨土之行　此下二如來酬答文四此初佛讚　諦聽諦聽善

土殊好不同志在崇習故願聞仏所得殊好之事也　唯願世尊說
諸菩薩淨土之行　此二明因舉果之所以淨土校飾之所能淨之
必由行故請說行凡行必在學地故并此問乃是如來現蓋之微旨
寶積俱詣之本意也　仏言善哉寶積乃能為諸菩薩問於
如來淨土之行　此下二如來酬答文四此初佛讚　諦聽諦聽善
思念之當為汝說　此二明誡許也諦聽者聞惠也善思者思
惠也念之者修惠也於是寶積及五百長者子受教而聽
三受教也　佛言寶積衆生之類是菩薩佛土　此四明如
來答文四初答二問二身子疑問三指抑現淨四時衆得益　答二
問中佛先答果有法喻合法中又三標釋結也此初標章總
答下經云雖知諸佛國土永寂如空而現種種清淨佛土又云
諸如來功德平等為教化衆生故而現佛土不同明鏡無
像即以所照面為像亦法身無處即以化衆生處為國土是所
化衆生之類是如來應物之國土舉曰夫至人空洞無像應物
故形形無常體況國土之有恒夫以羣生万端業行不同殊化異
被至令報應不一是以淨者應之以寶玉穢者應之以石沙美
惡自彼於我無定無定之土乃曰真土然則土之淨穢繫于
衆生故曰衆生之類是菩薩佛土也或謂土之淨穢繫于衆
生者則是衆生報應之土非如來土此盖未喻報應之殊方
耳嘗試言之夫如來所修淨土以無方為體故令雜行衆生同
視異見異見故淨穢所以生無方故真土所以形若夫取其
淨穢衆生之報也本其無方佛土之真也豈曰殊域異處
凡聖兩土然後辨其淨穢哉　所以者何菩薩隨所化衆生
而取佛土　此二明列釋四句文四此初明仏國寬狹不同所以舉
曰佛下釋所以衆生即佛土也仏者即衆生之　耳夫形
修短長形延影促日月俠之然乎形自耳故隨所化衆生之
多少而取仏土之寬狹也是以佛土或以四天下或以三千或以恒
沙為一國也　隨所調伏衆生而取仏土　此二明仏土淨穢不同
舉曰隨所伏衆生之深淺而取仏土之好醜　隨諸衆生應以何
國入仏智慧而取仏土　此三明聞法入惠之善別如香積根熟
而濤說大乘要根鈍乃先三後一之類也　舉曰衆生自有見
淨好菓而進修者亦有見穢惡厭而進修者所好殊方而言
之耳所因雖異然其入仏惠一也　隨諸衆生應以何國起菩薩根而

肇曰隨所伏衆生之深淺而取佛土之好醜 隨諸衆生應以何
國入佛智慧而取佛土 此三明聞法入惠之善則如香積梵熟
而淨說大乘要根既乃先三後道之類也 肇曰衆生自有見
淨好嚴而進修者亦有見穢惡麁而進修者所好殊方而言
之耳所以雖異然其入佛惠一也 隨諸衆生應以何國起菩薩根而
取佛土 此下明起根不同而香為佛事即於鼻起善根聲
為佛事即於耳起根之類也根謂信等諸善根即是起善根心也
又云或有於淨土起根厭穢起根如前 所以者何菩薩取於淨
國為饒益諸衆生故 此三結釋所以也肇曰法身无定
有美惡斯外何淨可取淨國者皆為彼耳故隨其所應而取焉
譬如有人欲於空地造立宮室隨意无閡 此三喻文之一此初喻菩薩
衆生空土无以成 若於虛空終不能成 此喻二乘不化衆生故
无淨土也肇曰二乘謙神虛无不因衆生故无淨土也 菩薩如是
為成就衆生故願取佛國願取佛國者非於空也 此二合文可見
因化衆生故有淨土肇曰淨土必因衆生譬立室必因地无地无
實積當知直心是菩薩淨土 此二明行因也文二前摽約二十七行
明行淨不同致果各異後竪約一才三位明行既從微階妙國土亦
漸微轉淨此初也理實万行遍是淨因文列十七行者理宗盲
耳又此諸行皆上半明行因菩薩成佛等皆舉果釋因復次自行
直心自招法身正報之果化人行直心感善眷屬得淨土之果又云
自行直心教人行直心讚歎直心法隨喜行直心者備斯四名淨
土行也唯此直心餘行亦然 肇曰土之淨也非在衆生之淨而
因衆行上直舉衆生以釋土淨今備舉衆行明其所以淨也夫
行淨則衆生淨衆生淨則佛土淨此必然之數不可差也直
心等者此約三心明淨土肇曰土无言之因由万法不心真故曰直心
是菩薩淨土 此即因說果猶指金為食也 直心者謂心質直无
謟此心乃万行之本故建章有之 菩薩成佛時不謟衆生来
生其國 此下舉果釋因肇曰化彼同已自土既成故令同行斯集
此明化緣相及故果報相連佛土之義顯也 自下因果相對或前後
異名或前略後廣或前因緣果類同行耳 深心是菩薩淨
土菩薩成佛時具足功德衆生来生其國 肇曰樹心衆德深固
難拔深心也又自心既深則所化亦深道因既深則所感國土自然功

此明化緣相及故果報相連，佛土之義顯也。自下因果相對，或前後
異名，或前略後廣，或前因緣果類同行耳。深心是菩薩淨
土，菩薩成佛時，具足功德衆生來生其國。肇曰：樹心衆德，深固
難拔，深心也。又自心既深，則所化亦深，道因既深，則所感國土自然功
德具足也。大乘心是菩薩淨土，菩薩成佛時，大乘衆生來生其
國。法華云：若有衆生從佛聞法，勤懃精進，求一切智，如來知見力
無畏，愍念安樂無量衆生，利益天人，度脫一切，是名大乘。
以此化物，成佛之時，國土無二乘之名，香積佛土即其事也。布施
是菩薩淨土，菩薩成佛時，一切能捨衆生來生其國。此下約六度明
淨土行也。一切能捨者，肇曰：外捨國財身命，內捨貪恚慳嫉，名一切能
捨也。持戒是菩薩淨土，菩薩成佛時，行十善道滿願衆生來生其
國。肇曰：十善，菩薩戒也。亦有無量戒，略舉十耳。戒具則無願不
得，故言滿願也。忍辱是菩薩淨土，菩薩成佛時，三十二相莊嚴衆生來生
其國。肇曰：忍辱和顏，故繫以容相耳。豈直形報而已哉。精進是
菩薩淨土，菩薩成佛時，勤修一切功德衆生來生其國。禪定是菩薩淨土，菩
薩成佛時，攝心不亂衆生來生其國。智慧是菩薩淨土，菩薩成
佛時，正定衆生來生其國。肇曰：得正定之惠，決定之法相，三聚
衆生中名正定之聚也。依仁王經，未發菩提心為邪定聚，十信為
不定之聚，十住已去為正定之聚。四無量心是菩薩淨土，菩薩成佛
時，成就慈悲喜捨衆生來生其國。此慈悲喜捨也。肇曰：此四心
周被無際，故名無量也。此下雖就萬行明也。四攝法是菩薩淨土，菩薩
成佛時，解脫所攝衆生來生其國。肇曰：以四事攝衆生，為四攝
也。一者惠施，財法隨彼所須；二者愛語，隨彼所適；三者利行，
隨彼所利，方便之；四者同事，遇惡而濟惡，遇善而進善。菩薩
以此為解脫生死而攝衆生，不同凡夫為見愛名利王法等相攝
縛也。方便是菩薩淨土，菩薩成佛時，於一切法方便無閡衆生來生
其國。肇曰：方便蹈惠也。積小德而獲大功，功雖就而不為證，無為而
無所不為，此方便無礙也。復次，菩薩自行善行，不退善根，化他善
行，能進物善，故云無礙方便也。三十七道品是菩薩淨土，菩薩成
佛時，念處、正勤、神足、根、力、覺、道衆生來生其國。肇曰：念處，四念處
正勤，四正勤也；神足，四神足也；根，五根也；力，五力；覺，七覺意也；道，八正道
菩薩以此正道化物，故成佛時正務衆生同生其國，外道邪修土
所無也。迴向心是菩薩淨土，菩薩成佛時，得一切具足功德國土

BD03272號　淨名經集解關中疏卷上　　（60–16）

巧能進物善故云无礙方便也　三十七道品是菩薩淨土菩薩成
佛時念處正勤神足根力覺道衆生來生其國　肇曰念處四念處
正勤四正勤也神足四神足也根五根也力五力覺七覺意也道八正道
菩薩以此正道化物故成佛時正務衆生同生其國外道邪修土
所无也　迴向心是菩薩淨土菩薩成佛時得一切具足功德國土
迴己功德善施衆生同向菩提不住餘果此大士迴向也復次說善
善行招人天報善能迴向俱到菩提此迴向為大利也復次事即
世善理即菩提若能即事悟理此真迴向也故下文云布施性即
是迴向一切智性此之謂歟又迴向菩提何德不具也　說除八難是菩
薩淨土菩薩成佛時國土无有三惡八難　八難者三塗北洲无想天
世智邪辯佛後生聾盲生亡目也有說額生善處轉除初王離欲云
額輪除世智辯聰值善人輪除佛前佛後深種善根輪生聾盲也
又諸經明或闕佛名菩薩名想好名經也陀羅尼名常住二字等
皆除三惡八難見佛聞法也且八難患之權能除利之衆行不至難
切濟甚大凡諸學者可不免歟自守戒行不譏彼闕是菩薩淨
土菩薩成佛時國土无有犯禁之名　肇曰犯禁惡名出于譏彼
不自守也　十善是菩薩淨土菩薩成佛時命不中夭大富梵行所
言誠諦常以濡語眷屬不離善和諍訟言必饒益不嫉不恚正
見衆生來生其國　肇曰不中夭不殺報也大富不盜報也梵
行不婬報也誠諦不妄語報也不惡口不離和諍不兩舌也饒益
不綺語也不嫉不恚正見貪恚邪見心患之尤者故別立三善也
如是寶積菩薩隨其直心則能發行　此下明賢之勢諸行相資至盡
淨土也　叡曰上但盾明衆生行因果相對此明諸行自爲始終
階麁至極始於菩薩自行直心行終國土衆生一切都淨也肇曰夫
心直則信固然後能發迹造行然始於万者其唯真心乎此章
明行之次漸微著相因是以始于直心終于淨土譬猶植栽繁茂其
畐圍直心樹其萌衆行因而成故言復次隨有以位名配此經句
經文雖不明說理亦无違則直心配十住乃至功德淨配法雲
可知　隨其發行則得深心　肇曰既能發行則道情彌深
隨其深心則意調伏　肇曰道情既深則意无麁獷也　隨意
調伏則如說行　肇曰心既調伏柔則聞斯能行隨如說行則能
迴向　肇曰聞既能行則能迴其所行標心勝境　其隨迴向則

經文對不明說現亦不遠則[illegible]
可知　隨其發行則得深心　肇曰既能發行則道情弥深
隨其深心則意調伏　肇曰道情既深則意无麁穬也　隨意
調伏則如說行　肇曰心既調伏柔則聞斯能行隨如說行則能
迴向　肇曰聞既能行則能迴其所行標心勝境　其隨迴向則
有方便　肇曰既迴向大乘則大方便之所由生也　隨其方便則
成就衆生　肇曰方便之所立期在成就衆生則佛土淨
肇曰衆生既淨則无穢土也　隨佛土淨則說法淨　肇曰既處淨土
則有淨說　隨說法淨則智慧淨　肇曰既有淨說有淨智慧生
隨其智慧淨則其心淨　肇曰淨智既生則淨心轉明也
隨其心淨則一切功德淨　肇曰積德不已者欲以淨心心既淨則无
德不淨　是故寶積　若菩薩欲得淨土當淨其心隨其
心淨則佛土淨　肇曰結成淨土義也淨土蓋是心之影響耳
夫欲響音順必和其聲欲影端必正其形此報應之大數也
尒時舍利弗承佛威神作是念若菩薩心淨則佛土淨者我世尊本爲
菩薩時意豈不淨而是佛土不淨若此　上生答三問既不得解故此來
二托緣生論文二初身子生疑後梵王見異初中有文四一生疑二質
問三奉對四解釋此初明聲聞不知真土淨穢斯正應淨穢隨物
謂佛實穢文六依穢立疑故示執果疑因因爲淨土不應穢如其
穢也不應成佛故疑問焉　肇曰土之淨穢固非二乘之所能及也
如來將明佛土常淨美惡生彼故以威神發其疑念以生言端故衆
也　佛知其念即告之言於意云何日月豈不淨耶而盲者不
見　此二離奉荅質問　對曰不也世尊是盲者過非日月咎
此三對以旨過也　舍利弗衆生罪故不見如來佛國嚴淨非
如來咎舍利弗我此土淨而汝不見　此下四明解釋肇曰日月
豈不明不見自由瞽佛土不淨罪穢故不覩豈准身子二乘智之不
見　尒時螺髻梵王語舍利弗勿作是意謂此佛土以爲不淨所以
者何我見釋迦牟尼佛土清淨譬如自在天宮　此下二明螺髻見淨文
三此初梵王同天見淨　什曰佛國清淨階差不同或如四天乃至
如六天或如梵天乃至淨居或有過淨居者維摩受菩生此國也稱
適衆心故現國不同肇曰佛土者即真淨超絕三界豈直此天言世
淨而已哉此蓋齊其所見而爲言耳舍利弗在人而見土石梵王
居天而見爲天宮自餘見亦各不同佛土殊應義存乎此也

如六天或如梵天乃至淨居或於過淨居雖神變并生此國也稱
適衆心故現國不同肇曰佛土者真淨超絕三界豈直天宮世
淨而已哉此蓋齊其所見而為言耳舍利弗在人而見土石梵王
居天而見為天宮自餘見亦各不同佛土殊塵義存于此也
舍利弗言我見此土丘陵坑坎荊棘沙礫土石諸山穢惡充滿
此二身子執穢 螺髻梵言仁者心有高下不依佛惠故見此土為
不淨耳舍利弗菩薩於一切衆生悉皆平等深心清淨依佛智惠
則能見此佛土清淨 此三釋二見所以先明身子所辯梵王也下
文云唯知諸佛國及與衆生空而常修淨土教化於群生身子不
不了淨穢隨緣不依佛惠折淨取穢心存高下非真見也大士了其
淨穢應現自依佛惠知生如幻故皆平等既淨穢常一名真見也
於是佛以足指按地即時三千大千世界若干百千珍寶嚴飾譬如寶
莊嚴佛無量功德寶莊嚴土一切大衆歎未曾有而皆自見坐寶
蓮花 此三明如來現淨文四初指按現淨文有現淨既淨衆見世尊
佛答二問身子生疑梵王啓諭衆既不悟故現實使淨穢无定返據
悟實矣 生曰既以實告而无宣相以遣封穢之情使取於淨土之旨肇
曰寶莊嚴土淨土之最故以為喻也自見坐花可解 佛告舍利弗
汝且觀是佛土嚴淨 此二初觀淨也生曰且觀且寄嚴淨以明无穢於
實乃无事淨土矣 舍利弗言唯然世尊本所不見本所不聞今
佛國土嚴淨悉現 此三對佛若在小乘法會不見淨土亦不聞說
今屆茲會方見嚴淨 佛語舍利弗我佛國土常淨若此為欲度斯
下劣人故示是衆惡不淨土耳 此下四釋今若淨穢所以文三初
法說也肇曰自佛而言故常淨若此外道下劣故不淨同彼也
辟如諸天共寶器食隨其福德飯色有異 此二喻也 肇曰飯在器
一在手不同飯器有異自天耳佛土不同方此可知故下文云諸佛如
來功德平等為教化衆生故現佛土不同 如是舍利弗若人心淨
便見此土功德嚴淨 可合文可見 當佛現此國土嚴淨之時寶
積所將五百長者子皆得无生法忍 此大段第四時衆得益文中大小
二亦各有深淺二益也此深悟无生也大品即色明空悟空色不二亦
證无生法忍諸花壽量即伽耶短壽明長壽悟法身非長非短、
見隨无生忍此經即穢明淨寶積等悟淨穢不二亦得无生忍以此
而觀衆經殊會歸同致 肇曰佛國之興其正為此无生忍同上不
起法忍也 八萬四千人發阿耨多羅三藐三菩提心也 佛攝神足於是

[illegible]

證无生法忍法花壽量品明那短壽明長壽法身非長非短

名悟无生忍此經正稱明淨穢不二亦得无生忍以法

而觀衆經殊會歸同致　肇曰佛國之興其正為此无生忍同上不

起法忍也　八万四千人發阿耨多羅三藐三菩提心也　什曰神足於舍

世界還復如故求中聞乘三万二千天及人知有為法皆悉无常遠

塵離垢得法眼淨　此二亦乘益既不悟淨穢應緣故執寔有為見

无常也　肇曰因土穢而可淨淨而復穢因悟无常故得法眼名須陁

洹道也始見道迹故得法眼名塵垢八十八結也　八千比丘不受諸法

漏盡意解　肇曰无著之道於法无受无染漏盡九十八結漏既盡

故意得解脫成羅漢也

血下第二淨名助佛闡揚淨土之化凡九品經文大分為二初三品室外

彈訶後六品室內攝受又先折仕後淡訶聲聞後訶菩薩三品淡

深之次也此以歎淨名益物方便故目品也　方便品第二

爾時毗耶離大城中

有長者名維摩詰　肇曰此經之作起于淨名其出處言嘿亦備

之後文出經者欲遠存其人以和其道故此一品全序其德為品

文三先歎德次益物初中歎本迹二身法身十德本也應身三業

迹也天台云西方貴人稱為長者老皆具十德今淨名法身長老

十德亦然十德如科文　已曾供養无量諸佛深殖善本

第一住貴高德位以聞法從法化生也肇曰德光聖故善本深殖

也得无生忍　二登位高也三賢業生七地原生八地已去法身无生

无生忍此法身大事龍象也　辯才无閡遊戲神通逮諸總持

此三業德藏名大冨也辯才口業神通身業總持心業　勝劫積

修三輪德滿功濟庶物莫盛於茲　獲无所畏降魔勞怨

此威勢　肇曰菩薩四无畏也四魔勞我為怨也　深入法門善於

智度通達方便大願成就明了衆生心之所趣又能分別諸根利

鈍　五二智深也實智深也入智度因備權智方便弘誓成就此自

行二智也了衆生心同歸本覺見真也分別利鈍隨根教化此俗也

此二化他二智也　身於佛道心以純淑決定大乘　六乎習者百千倡秋

積於妙智八地法身決定真為此等習者也　諸有所作能善思量七

行无失　肇曰身口意有所作智恵恒在前故所作无失也　住佛威

儀心大如海　八種義備也肇曰舉動進止不失儀聖應在五德一㔟

淨不愛死屍二多出妙寶三大龍降雨渧如車輻軸受而不溢四風

此二化他二智也　「於佛道心以純淑決定大志　六年者習百千僧祇
積修妙智八地法身決定真為此等者也　「謂於所作能善思量七
行無失肇曰身口意於所作智惠恒在前故所作無失也　「住佛威
儀心大如海　八種義備也肇曰舉動進止不失儀聖德於五德一於
淨不受死屍二多出妙寶三大龍降雨渧如車輪軸受而不溢四風
日不能竭五澗深難測大士心淨不受毀戒之屍出惠明之寶佛大法
雨受而不溢邪魔風日不能虧損其智惻深莫能測者故曰心大如海
「諸佛咨嗟　無上人嗟歎一一念淨信為佛稱揚況法身哉　「弟子釋梵世主
所敬　此十下人歸敬弟子聲聞也釋帝釋也梵梵王也主諸國主也伏
其首剛羼下從之　「欲度人故以善方便居毗耶離　此下第二歎迹化之
德文三初標益物處次列三業益物後結歎初標可見　「資財無量
攝諸貧民奉戒清淨攝諸毀禁以忍調行攝諸恚怒以大精進攝諸
懈怠一心禪寂攝諸亂意以決定惠攝諸無智　此第二列三業方便
初六度攝物心密方便次白衣下十八事身密方便後長者中尊下十
一事口密方便品目之作其在茲焉　初資財等六度者肇曰至人不現
行六度現行六度者為攝六蔽耳此中非慳非施等法身本無施
奉戒等化物非本不可以發真非迹不可以化物六度方便也
「雖為白衣奉持沙門清淨律行　此下身密方便唯現白衣之
儀而不乖法身之本法身寂滅正佛所持大沙門律行也　肇曰
秦言義訓勤行勤行趣涅槃也亦曰休息生死往來也　「雖處居
家不著三界　三界生死之家知如幻故不著　「示有妻子常修
梵行　肇曰梵行清淨無欲行也又曰遠欲非法故現有眷屬常樂
遠離　肇曰在衆若獨又曰覺愛別離故　「雖服寶飾而以相好嚴身
肇曰外服俗飾而內修相好也　「雖復飲食而以禪悅為味　肇曰外
食世饍而內甘禪味悅　「若至博弈戲處輒以度人　博弈博弈圍
碁也　空弄老陰無稱來業肇曰因戲止戲　「受諸異道不毀正信
肇曰同於異者欲令異同於我耳宜正信之可拔受謂受學道法也
頭明世典常樂佛法　肇曰世典頭盡明所樂在真法　「一切見敬為供
養中最　肇曰含齒無不敬淨養無不供養故曰為供養之最也
「執持正法攝諸長幼　肇曰外國諸部典皆立三老有德者為執法人
以決鬥訟攝長幼也淨名現執俗法因通道法也　「一切治生諧偶雖獲俗
利不以喜悅　貪生品業於身皆患世利稱心彌增流浪大士識之不以
喜悅　「遊諸四衢饒益衆生　肇曰四衢要路人所交集隨彼所須而
為益焉　「入治正法救護一切　肇曰治律官也導以正法使人無偏枉救

踐四世典常為供　肇曰世典路畫四事存其請　一切見敬為供
養中最　肇曰舍凿无不敬淨養无不供養故曰為供養之最也
執持正法攝諸長幼　肇曰外國諸部曲皆立三老有德者為執法人
以決鄉訟攝長幼也淨名現執俗法因通道法也　一切治生諧偶雖獲俗
利不以喜悅　貪生㝡業乃身皆患世利稱心孫增流浪大士識之不以
喜悅　遊諸四衢饒益衆生　肇曰四衢要路人所交集隨彼所須而
為益焉　入治正法救護一切　肇曰治律官也導以正法使人无偏枉救
護一切也　入講論處導以大乘　外道二乘執見異論大士攝伏導以大乘
其解脫　入諸學堂誘開童蒙　肇曰學堂童蒙書學堂也誘開於大
乘　入諸婬舍示欲之過　肇曰外國婬人別立聚落凡
豫士庶目不暫顧大士同其欲然後示其過也　入諸酒肆能立其
志　肇曰酒殺失志開放逸門也　若在長者長者中尊為說勝
法　與下三明口密益物　肇曰凡人以多順成難以理從大士每受其
尊以弘風靡之化長者豪族望重多以世教自居不求出世勝
法　永受輪迴　若在居士居士中尊斷其貪著　肇曰積財
一億入居士里寶貨殖業貪自縱豈思出離　若在剎利剎利中
尊教以忍辱　肇曰剎王者種也秦言田主劫初人食地味轉食自然
稉米後人情漸偽各有封殖遂立有德處平分田此王者之始也其
尊貴自在多殘暴怨害意復害自所論迴　教以和忍　若在婆
羅門婆羅門中尊除其我慢　肇曰秦言外意以道學為業或在
家或出家普門多恃己道術我慢自蔭沒生死流　若在大臣大
臣中尊教以正法　肇曰正法治正法也教以正法治國以道法特出令
初身以泡不保榮祿　若在王子王子中尊示以忠孝　為自須忠君孝子
處孝　肇曰以承天重以中孝為先也　若在內官內官中尊化正
宮女　什曰外國諸耶歷世中良者長有統為內官化正宮女嗜色
之業報以女身若不正修豈能出離　若在庶民庶民中尊令興福
力　肇曰福力微劣淺故生庶民衣食尚乏安能進道　若梵天梵天
中尊誨以勝慧　肇曰梵天多著福禪不求出世勝慧　若帝
釋帝釋中尊示現无常　无常者樂欲愛之神為其未離欲
界者豈不矜心哉　什曰梵福薄而多淺故為說勝慧釋愛重示
善榮故現无常也　若在護世護世中尊護諸衆生　護世四天王
也東方持國王主二部揵達婆毗舍闍　南方增長王主二部鳩槃
茶薜荔多　西方龍王主二部龍及富單那　北方多聞王主二
部藥叉羅剎護世間也　長者維摩詰以如是等无量方便饒益

BD03272號　淨名經集解關中疏卷上　（60–22）

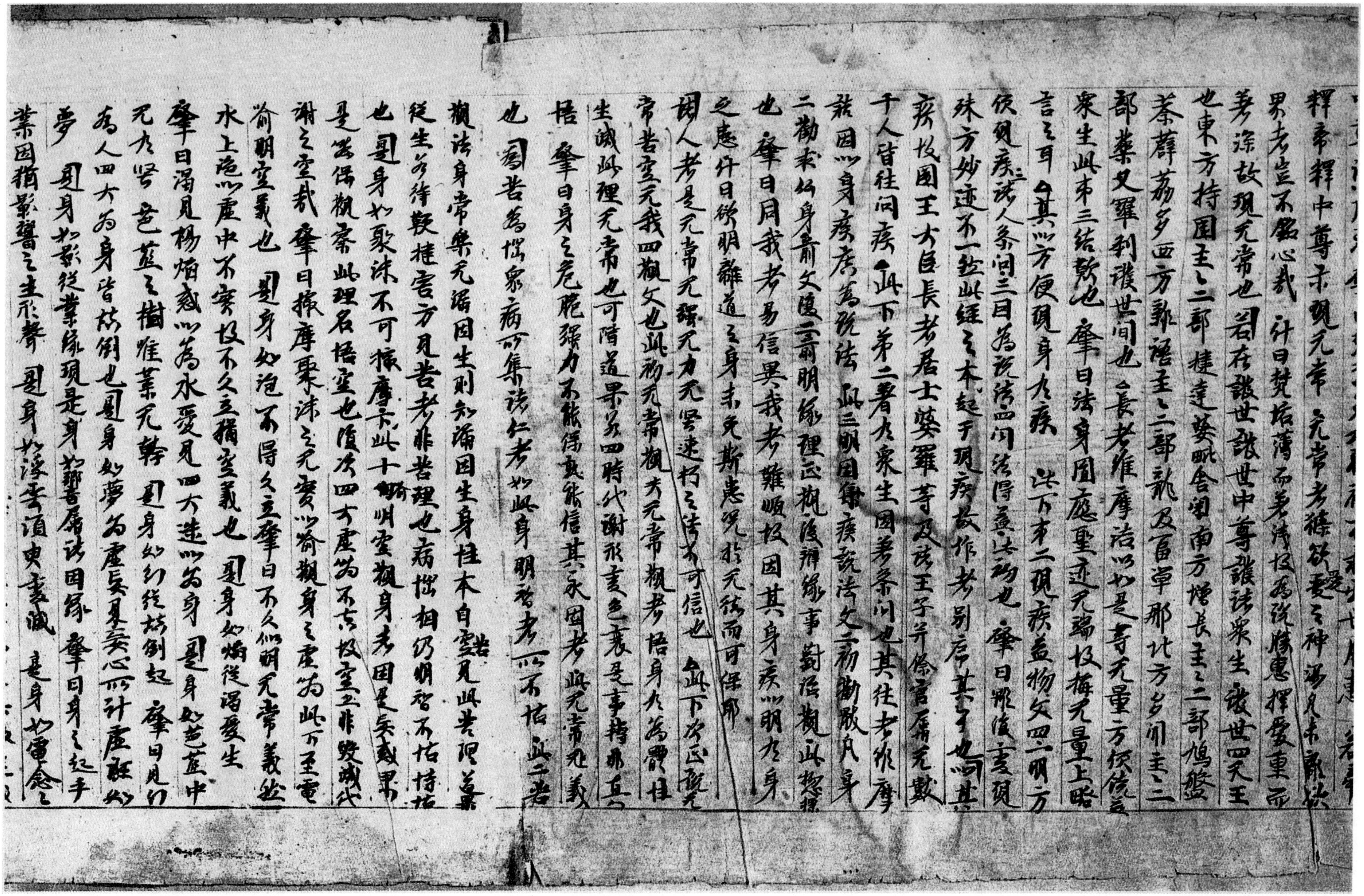

BD03272號　淨名經集解關中疏卷上　　（60–23）

肇曰渴見陽焰惑以為水愛見四大迷以為身……
无有堅 芭蕉之樹唯葉无幹 是身如幻從顛倒起 肇曰見幻
為人四大為身皆從顛倒也 是身如夢為虛妄見 肇曰如夢妄心所計虛誑似
夢 是身如影從業緣現 是身如響屬諸因緣 肇曰身之起乎
業因猶影響之生形聲 是身如浮雲須臾變滅 是身如電念念
不住 肇曰變滅不住似釋无常然皆取其虛偽不真故速滅
不住猶釋空義也 是身无主為如地 自下六句觀无我
肇曰夫万事万形皆四大成 在外則為土石山河 在內則為四支
百體聚而為生散而為死 生則為內 死則為外 內外雖殊然其
大不異 故以內外四大類明无我也 外地古今相傳 強者先宅故无主
也身亦衆緣所成 緣合則起緣散則離 何有真宰常主之者
壽人即是一我義立四名耳 地性能持妄計為主 是身无我為
如火 火性炎上妄計為我 肇曰縱任自由謂之我 而外火起滅
由薪 火不自在 火无我也 外火既无我 內火類可知
是身无壽為如風 風息通命妄計為壽 肇曰常存不變謂之
壽 而外風積氣飄鼓 動止无常 風无壽也 既風无壽 內
風類可知 是身无人為如水 水性隨物妄計為人 肇曰貴於
万物而始終不改謂之人 而外水善利万形方圓隨物 窊隆異適 而
體无定 為體无定則水无人也 外色既无人 內水類可知 是身
不實四大為家 此身胃肉等地大 血髓等水大 煖氣等火大
常息等風大 不了四大妄計為身 假會為家 非實身也 是身
為空離我我所 此五空界觀身之中 吟循索爾 我聲動風
空空无我所 既无我所 何異外空耶 是身无知如草木瓦礫
此六識界也 木草隨氣變化万形 識身隨業變報 非一所緣
變无常 知何異草木 又草木隨氣榮枯 識之隨緣生滅 生滅
无定 知何異草木 肇曰身雖能觸而无知 內識能知而无觸
自性而求 二俱无知 既曰无知 何異瓦礫 是身无作(作風) 風力所轉 此破作
也 者身隨業風 所指異動 无作者也 肇曰舉動事為風力
使然 誰作之者 是身不淨穢惡充滿 此下明緣事對治觀
破思惟惑 肇曰卅六物充滿其體 此不淨相也 是身為
虛偽 雖假以澡浴衣食 必歸磨滅 肇曰雖復澡以香湯 衣以上
服 者曰非真 豈得久立 此虛偽相也 是身為灾 百一病惱
肇曰一大增損 百一病生 此灾患相也 是身如丘井 為老所逼 垂老
……也 謂人物宣室移就 薪居井不可改 曰是

破思惟或　肇曰卅六物无滿其體以不淨相也　是身為
虛為雖假以澡浴衣食必歸磨滅　肇曰雖復澡以香湯衣以上
服者曰非真豈得久立以虛為相也　是身為災百一病惱
肇曰一大增損百一病生以災患想也　是身如丘井為老所逼　無常
故破村落丘墟枯井也謂人物宮室移就薪居井不可改曰是
崩壞人者久盛威力少色皆悉遷移老形猶留此散壞此者壞
相也　肇曰神之處身為老死所逼猶危人之在丘井為龍蛇所
逼也緣在他經　是身無定為要當死　死者肇曰壽殁雖無
定之不得不受死此必死想也　是身如毒蛇如怨賊如空聚陰
界諸入所共合成　此總明了可樂想也　肇曰四大喻四蛇五陰
喻五賊六情喻空聚皆有成喻在他經五陰十八戒十二入三法假
合成猶若空聚無一可見寄也　諸仁者此可患厭當樂佛身
此下第二勸求佛身文四第一舉勸第二發勸第三釋勸第四結
勸此初舉厭勸忻　肇曰吾等同有斯患可厭久矣宜共樂求
佛身也　所以者何　此二發勸意　肇曰近見者謂佛身丘形之
妙者未免生死寒暑之患曷為而求將辯法身妙之體
佛身者即法身也　此三釋勸文三初辯果體二明修因此初也　肇
曰經云法身者虛空身也　无生而无不生无形而无不形超三界之
表絕有心之境陰入所不攝稱謂所不及寒暑不能為其患生死
无以化其體故其為物也微妙無像不可為有備應萬形不可為无
彌綸八極不可為小細入無間不可為大故能出生入死通洞乎无窮
之化蠢現殊方應無端之求此二乘之所不議補處之所未覩況
凡夫无目敢措思於其間哉聊依識經言粗標其玄極耳然則
法在天而天在人而人豈復近捨丈六而遠求法身乎　從无量
功德智惠生　此二明修因肇曰夫妙極之身必生乎妙極之因功
德智惠大士二業也此二蓋是萬行之初門泥洹之關要故偏言
有之　於戒定惠解脫解脫知見生　肇曰五分法身也　從慈悲
喜捨生四等也　從布施持戒忍辱柔和勤行精進禪定解
脫三昧多聞智惠諸波羅蜜生　肇曰禪四禪定四空定脫解八
解脫三昧三三昧此皆禪[illegible]　從方便生從六通生　肇曰
自非方便六通无其无方之化无識成无極之體　從三明生
肇曰天眼宿命智漏盡通為三明　從卅七道品生從止觀生
卅七品如下什曰始觀時係(?)心在(?)靜極則明明則惠之名觀　從
[illegible]

解脫三昧三昧此皆禪度之門　從方便生從六通生　肇曰
自非方便六通生其无方之化无感感无極之體　從三明生
肇曰天眼宿命智滿盡通為三明　從卅七道品生從止觀生
卅七品如下什曰始觀時係心名止靜極則明〻則慧〻名觀　從
十力四无所畏十八不共法生　名數如上常自非能圓滿德何能
發茲法身　從斷一切不善法集一切善法生　肇曰必斷之志必
集之情此二心行之綱目也　從真實生從不放逸生　肇曰真
實善根所以生不放逸功業所以成此二心行之要也　從如是
无量清淨法生如來身　此總結也　諸仁者欲得仏身斷一切
衆生病者當發阿耨多羅三藐三菩提心　此四結勸起悲願也
肇曰發无上心豈唯自除病亦濟羣生病　如是長者維摩詰為
諸問疾者如應說法令无數千人皆發阿耨多羅三藐三菩提
心此四結益也

弟子品第三　此三明弟子因命問疾寄實可難性小集
大哉因品焉　尒時長者維摩詰自念寢疾于牀　文三初自念
疾後仏命問疾　此初先自念也生曰自念寢疾者自傷念疾也
夫有身則有疾此自世之常有達者雖之何所傷哉然毗耶離
諸長者子皆覲仏聽法維摩詰事應是同而彼疾不預理在致
傷故託以寢法照仏問疾也　世尊大慈寧不垂愍　此四問　肇曰世
尊大慈必見垂問因以弘道所請良多此現疾之本意也　仏知其
意即告舍利弗汝行詣維摩詰問疾　此二命問疾人先別命十人此
初章也文二初命後辭此初命也　肇曰五人聳心默通不先形言宜機
潛應故先勅也如其叙諸人不甚而猶命者將顯淨名无窮之德
以生衆會歸仰之情耳舍利弗此名身其母名也　什秦言子天竺多以母
名名子　舍利弗白仏言世尊我不堪任詣彼問疾　此二辭也文四一奉
辭不堪二略出所以三廣列單事四結辭不堪此即初也生曰有以致辭
非拒命也託不拒命之辭以取維摩詰美　所以者何憶念我昔曾於
林中宴坐樹下　此二所以下廣釋不堪所由也宴安也禪定安心故云宴坐
聲聞入定不過八地定及滅盡定皆是猒下處動所於上對定故示隱身
林於息亂於定此非真宴寂　時維摩詰來謂我言唯舍利弗不必是
坐為宴坐也　此三時維摩詰下列所單事文三初別結也此初稱可不必
此坐為真坐也夫心體離念性本寂滅體也安住名真宴坐豈同二乘猒

者謂入定不過八地定及滅盡定皆是欲下麁動所攝定故亦隱身
林於息亂於定此非真宴坐　時維摩詰來謂我言唯舍利弗不必是
坐爲宴坐也　此三時維摩詰下引所舉事文三初引結也　此初訶不必
此坐爲真坐也夫心體離念性本無滅體也安住名真宴坐皆同二乘欲
亂折定定而爲宴坐哉　夫宴坐者不於三界現身意是爲宴坐
此二夫宴坐下別訶文六初訶形神不無失夫三界性空未嘗不無身
心如何何時不定豈有欲折哉　肇曰令舍利弗猶有世報生身及世報
意根故以人間爲煩惱擾而宴坐林下未能形神無迹故致斯訶
不起滅定而現諸威儀是爲宴坐　二訶無用相乖失小乘滅受想心
名爲滅定故滅定而無用也菩薩心常無滅盡定故無而常用　肇曰小
乘人入滅盡定則形猶枯木無運用之能大士入實相定心智永
滅而形充八極順機而作應會無方舉動進止不捨威儀其爲宴也
亦以極矣　不捨道法而現凡夫事是爲宴坐　三訶真俗異絕失仁王
云變聖二諦平等道照真故道法照俗故凡事　肇曰小乘障隔生死故不能
和光大士美惡齊旨道俗一觀故終日凡夫終日道法也淨名之有居
家即其事也　心不在內亦不在外是爲宴坐　四訶心住內外失心非
生心無則內外相滅此無住爲住也　肇曰身爲幻宅曷爲住內萬物斯虛
曷爲住外小乘防念故繫心於內凡夫多求故馳想於外大士齊觀故
內外無寄也　於諸見而不動而修三十七品是爲宴坐　五訶乖中起行失
肇曰諸見六十二諸妄見也夫以見爲見者要動捨諸見以修道品大士觀見
真性即是道品故不近捨妄見而遠修道品也如下亦觀身不淨破
淨倒名見動大士觀身性空非垢非淨名爲不動念處既念餘品例然
不斷煩惱而入涅槃是爲宴坐　六訶深淨未融失　肇曰七使九結惱亂
群生名爲煩惱真性即是涅槃慧力強者觀煩惱即是入涅槃不待斷
而後入也　若能如是坐者佛所印可　此三結也　肇曰此平等法坐佛所印
而後入也　若能如是坐者佛所印可　可豈若仁者有結之坐乎
時我世尊聞是語已默然而止不能加報故我不任詣彼問疾　此四結不堪
也　肇曰理出意外莫知所對　佛告大目揵連汝行詣維摩詰問疾　文二此
初命也目揵連此云採菽姓也輔相之族字拘律陀此樹名也禱樹求之因以
名也　肇曰弟子中神通第一生曰夫人才有長短所能不同舍利弗自可不能餘
何必能然故不抑之而不告也復得因以廣維摩詰之美　目連白佛言世尊
我不堪任詣彼問疾　二辭也

[illegible]我世尊[illegible]如[illegible]已黙然而心不能加報故我不任詣彼問疾　此四結不堪
也　肇曰理出意外莫知所對　仏告大目揵連汝行詣維摩詰問疾　文二此
初命也　目揵連此云採菽姓也輔相之族字拘律陀此樹名也禱樹求之因以
名也　肇曰弟子中神通第一生曰夫人才有長短所能不同舍利弗自可不能餘
何必能然故不抑之而不告也復以因以广維摩詰之美　目連白仏言世尊
我不堪任詣彼問疾　二辞也文四如前此初也　所以者何憶念我昔
入毗耶大城於里巷中為諸居士說法　此二不堪之由此說小乘无常等法
也　肇曰意是譏有為善法旋戒之流也　時維摩詰來謂我言唯大目
連為白衣居士說法不當如仁者所說　此三辯所彈事文三初呵鋳次示
真後可益此初惣呵不當此順方言應云仁者所說不當法唯一實餘
二非真故云不當　夫說法者當如法說　此示真也文二初理本无
說二示說方軌前中文三標釋結也此初標也　肇曰法謂一相真實之
法无衆生離衆生垢故　二釋法此初約无我明實相義　肇曰下釋
真法義也夫存衆生則垢真法若悟法无衆生則垢自離又解此明
法性本无衆生因二乘斷衆生相也下三句類然　法无有我離我垢故
生曰我者自在之言耳　法无壽命離生死故　肇曰生死命之始終
耳始終所離則壽命斯无諸言離者皆空之別名也　法无人有
前後際斷故　肇曰天生万物以人為貴始終不改謂之人故外道以
人名神謂始終不変若法前後際斷則新新不同新新不同則
无不変之者无不変之者則无復人矣　法常住寂然滅諸相故
此下約性空辯實相義也法性常住寂无生滅相也不同小乘寂
執有為有生異滅相　法離於相无所緣故　肇曰緣心緣也想之
影響耳夫有緣故有相无緣故无相　法无名字言語斷故
名生相於空則名生　肇曰名生於言言斷誰名　法无有說離
覚觀故　執名相說從覚觀生假名相說覚觀自離　肇曰覚觀
麁心言語之本真於无相故覚觀自離　法无形相如
虚空故　肇曰万法万形万相解曰此明一法万形无定形故无形
亦一體多相无定相故无相　法无戲論畢竟空故　肇曰真境无
言凡有言論皆是戲論妙絶言境畢竟空也　法无我所離
我所故　肇曰上直明无我此明无我所自我之外一切諸法皆名我
所　法无分別離我諸識故　妄法有相故識有分真法无相故
皆无分別　肇曰分別[illegible]

……无方相解曰生明一法方形无定形故无形
亦一體多相无定相故无相　法无戲論畢竟空故　肇曰真境无
言凡有言論皆是戲論如斷絕言境畢竟空也　法无我所離
我所故　肇曰上直明无我此明无我所自我之外一切諸法皆名我
所　法无分別離我諸識故　妄法有相故識有分真法无相故
智无分別　肇曰分別生于識　法无有比无相待故　此下仍絕待
辯實相義　肇曰諸相待生因也觀相助成緣也諸法要因緣相
假然後成立若觀法不在緣則法不屬因不在緣故法同法性入諸法故
隨事則相殊捂理則同性　肇曰諸法殊相誰能遍入入諸法者其
唯法性乎　法隨於如无所隨故　肇曰法自无法誰隨如者以无
所隨故名隨如也　法住實際諸邊不動故　肇曰有邊故有動
无邊故何所動无邊之邊謂之實際此真法之所住也
法无動搖不依六塵故　肇曰情依六塵故有奔逸之動法本无
依故无動搖　法无去來常不住故　肇曰法若常住則從未來到
現在從現在到過去法一邊三世則有去來也以諸法不常住故
法无去來也　法順空隨无相應无作　法離好醜法无增損法无
生滅法无所歸　肇曰同三空又解實相離故不違三脫性分別
故離好醜增損生滅等也即體自真故无別歸趣　法過眼耳
鼻舌身心法无高下　肇曰超出常境非六情之所及　法性
平等故无高下　法常住不動　肇曰真法常定賢聖不能
移　法離好醜一切觀行　肇曰法本无相非觀行之所見之者其
唯无觀乎　唯大目連法相如是豈可說乎　此二結也
肇曰心觀不能及豈況於言乎　夫說法者无說无示其聽
法者无聞无得　此下第二示說方軌文二初安住无說次為物
故說初文有法喻結　能說如幻故无說无示聽者如幻故无
聞无得　肇曰无說豈曰不言謂能无其所說无聞豈曰不聽謂
能无其所聞以　肇曰終日聞而未嘗聞也示為說法示人以謂
可法所以　辟如幻士為幻人說法　喻也　當達是意而為說法
結也　當了眾生根有利鈍　此第二為物故說无名相中假名相說
文三一比初了根利鈍隨病而化　善於知見无所罣礙　二子法
无相而隨物說相也　肇曰說有不辯空者由其於諸法无
閡知見未悉善也　无閡知見即實相……

能无其所問　肇曰終日聞而未審問也示為說法示人問調
問法所問　譬如幻士為幻人說法　喻也　肇達是意而為說法
結也　當了衆生根有利鈍　此第二為物故說无名相中假名相說
文三步此初了根利鈍隨病而化　善於知見无所罣礙　二示法
无相而隨物說相也　肇曰說有不辯空者由其於諸法无
閡知見未悉善也　无閡知見即實相智也　以大悲讚于大
乘念報仏恩不斷三寶然後說法　三結說益也　肇曰夫大
悲所以建大乘所以誓仏恩所以報三寶所以隆皆由明了人根
善開實相而目連備斯事故以讓之　維摩詰說是法時八
百居士發阿耨多羅三藐三菩提心　三聞可同益　我无此辯
是故不任詣彼問疾　第四結成不堪　仏告大迦葉汝行詣
維摩詰問疾　文二同上此初命也　迦葉此古龜氏日飲光習
那其明義　肇曰迦葉弟子中頭陀苦行第一出婆羅門種姓
迦葉也　迦葉白仏言世尊我不堪任詣彼問疾　此下二奉辭也
四此初辭也　所以者何憶念我昔於貧里而行乞　二略明所
以也　詣貧二意一少欲故二大悲故亦以迦葉於弟子中此二家勝
故何也　生曰大迦葉少欲行頭陀中第一也　問賤盡三時財亦寂
勝矣問賤盡之者能為人作現世福田也其以貪業能使人問
現諸報而貪有交切之苦故以大悲心欲救之也乞食是其
頭陀之業又垂貧里有會少欲之迹　時維摩詰來謂我言
唯大迦葉有慈悲心而不能普捨豪富從貧乞　此下第三廣
引彈事文三初可悲二明頭陀不真三稱歎此初也　迦葉自
苦生悲故不普若了生如幻苦樂一如等起大悲而无緣念故能
普也　迦葉住平等法應次行乞食　此二明乞食示真頭陀明
小乘頭陀不真頭陀此言外數小乘外數其心不著房舍外具
湯藥四事名為頭陀大乘頭陀外數其心一切不著生死不
不住涅槃生滅皓淨等廣如善住意天子經明於中文
五一欲乞心心貪法二人聚落離諸法三示正法食四結成法食
五序二乘也此初四假捨乞食心若為終定惠資長法身名
真頭陀若為愛養世報而乞食者非外數也住平等者為
求平等法身而乞食者應觀无相實一如次第行乞
不應取

BD03272號　淨名經集解關中疏卷上　（60–30）

……隨以為其心一切不著生死不
不住涅槃生滅始淨等廣如善住意天子經明於中文
五一致乞心心貪法二入聚落離染法三示正法食四結成法食
五序二示也此初四假捨乞食心　若為終定惠資長法身名
真頭陀若為愛養世報而乞食者非外數也住平等者為
求平等法身而乞食者應觀无相貧富一如次第行乞
不應取貧富相壞其外數也　為不食故應行乞食
法身不食舉日不食即涅槃无生死寒暑飢渴之患其
道平等直客分別應以此平等心而行乞食使因果不昧也
為壞和合相故應取揣食　壞五陰名法身　舉日五陰揣
食俱和合相可壞五陰名為揣　應以此心而取揣食也若然則
終日揣食終日涅槃也　為不受故應受彼食　法身不受
生死也舉日不受亦揣法也夫為涅槃而行乞者應以无受
心而受彼食若然則終日受而未嘗受是乃受也
以空聚相入於聚落　此二入聚落離染法既為法身不受
妻身而乞食者聚落六塵能傷正觀入聚乞食何以獲全
故示聚落无相真空外數文三初觀外聚落次觀內相三
結真頭陀此初也舉日空聚亦涅槃相也凡入聚落宜存
此想若然則終日聚落日終空聚也　舉所見色與盲等
此二觀內空根頭陀也見色如盲者舉日二乘惡厭生死怖畏六
塵故識以等觀也盲謂不見美惡之異非謂閉目也
所聞聲與響等　聲如幻也舉日未有因響而致喜怒者也
所嗅香與風等　香如幻也舉香臭因風風无香臭也
所食味不分別　味如幻也付法无定性由分別取相謂之為
味若不分別時則非味也雖食噉如本相也　受諸觸如智證
觸如幻也舉同盡智无生智自證成道舉身柔軟快樂而
不生著身受諸觸宜若此也　知諸法如幻相　法无定想隨心
而變故云如幻也　无自性无他性本自不然今則无滅　三結真
頭陀若能知此六塵无自无他不然不滅名真頭陀也
舉諸法如幻從因緣生豈自他之可得也　迦葉若能不捨八邪
入八解脫　此下三示正法食既得食已應思禪悅法喜食也文三
初示法食後令施食此初也小乘捨八邪八入解脫為淨悅大文
不……

而變故云如幻也　无自性无他性本自不生今則无滅　三結真
頭陀若能知此六塵无自无他不生不滅名真頭陀也
肇曰諸法如幻從因緣生豈自他之可得也　迦葉若能不捨八邪
入八解脫　此下三示正法食既得食已應思禪悅法喜食也文三
初示法食後令施食此初也小乘捨八邪八入八解脫為禪悅大乘
不捨而入也　肇曰八邪八解本性常一善觀八邪即入八解曷為
捨邪更求解乎若能如是者名入解也　以邪相入正法　此法
喜食也小乘捨邪相入无相大乘相无相不二肇曰若本性常一者
則邪正相入不乖其相也　以一食施一切供養諸仏及衆賢聖然
後可食　此明悲施肇曰因誨以无礙施法也若能等邪正又能以
一食等心施一切然後自食若得法身則能實充足一切如後一
鉢飯也　如是食者非有煩惱非離煩惱非入定意非起定
意非住涅槃世間非住　四明法食已得法身並文二此先明
受施益肇曰有煩惱食凡夫也離煩惱食二乘也若能如上平
等而食者則是法身之食非有煩惱而食非離煩惱而食
也又定亂一如世出世等平等法喜同首法身　其有施者无
大福无小福不為益不為損　二能施益肇曰若能等心受食
則有等教既有等教則施主同獲平等不計福之大小已
之損益也　是為正入仏道不依聲聞迦葉若如是食為不空
食人之施也　此三結序也　肇曰平等法食自利利人故正入仏
道不依聲聞又名真應供故不空施禪也　時我世尊聞說
是語得未曾有即於一切菩薩深起敬心　此三稍伏始知菩薩
頭陀行勝也　復作是念斯有家名辯才智惠乃能如是其
誰不發阿耨多羅三藐三菩提心　肇曰時謂在家大士智辯
尚尓其誰不无發上心也　我從是來不復勸人以聲聞辟支
仏行　肇曰始知二乘之劣不復以勸人也　是故不任詣彼問疾
四結不堪也　仏告須菩提汝行詣維摩詰問疾　肇曰秦言善
吉弟子中解空第一文三初此命也　須菩提白佛言世尊我
不堪任詣彼問疾　二辭文四此初辭也　所以者何憶念我昔
入其舍從乞食　二略釋所以生曰須菩提得无諍三昧人中
中第一也　肇曰維摩詰機辯難當鮮有敢闚其門者

四結不堪也　仏告須菩提汝行詣維摩詰問疾　肇曰秦言善
吉第子中解空第一文三初此命也　須菩提白佛言世尊我
不堪任詣彼問疾　二辞文四此初辞也　所以者何憶念我昔
入其舍從乞食　二略釋所以　生曰須菩提以无諍三昧人中
中第一也　肇曰維摩詰機辯難當觧有感關其門者而
須菩提既有此定又獨能詣之迹入以定矣使有持定
之而致詣者豈不有為乎又善若吉詣旨之无物施
心則有淨令既詣富為施不雜故明无諍也　時維摩詰
取我鉢盛滿飯　此三庶列釋事文五一取鉢二可詰三冥鉢
四安慰五聞益此初也　生曰維摩詰迹在居士有㨨措之
嫌若未与食便詰之者物我謂之忿矣故先取鉢盛滿飯
也而不授之者欲須菩提以鉢便生不盡之論勢也
謂我言唯須菩提若能於食等者諸法亦等諸法等者
於食亦等如是行乞乃可取食　此下二明詞詰善吉入四禪
定不住物心名為无諍大士入實相定万法平等名為
解空住此平等名真福田乃可取食文中有四一法食等二除
等三耶正等四指益此初也小乘内心見生死斷苦樂不等
故外行乞食見於貧富亦不等也大士内住實相苦樂平
等故外化无緣大悲亦平等也　肇曰万法同相唯一可知
若於食等者諸法亦等諸法等於食亦等以此行
乞乃可食耳肎為捨貧從富自生異想乎　若須菩提不
斷婬怒癡亦不与俱　此下二明除淨等文三初約无生四諦
問二就人凡聖問三結成可食初文四句此初約了惑无生為集
諦　肇曰斷婬怒癡聲聞也婬怒癡俱凡夫也大士觀婬怒癡
即是涅槃故不斷不俱若能如是者乃可取食也
不壞於身而隨一相　二捨陰无相為苦諦也　肇曰万物齊旨是
非同觀一相也然則身即一相豈待壞身滅體然後謂之一
相乎身五陰身也　不滅癡愛起於明脫　二滅而无漏
為道諦也　肇曰聲聞以癡愛故滅癡而明以愛繫心故愛
解而脫大士觀癡愛真相即是明脫故不滅癡愛而起

非同觀一相也答則身即一相生待壞身滅體終復謂之一
相乎身五陰身也　不滅痴愛起於明脫　二滿而無滿
為道諦也肇曰聲聞以痴瞎智故滅痴而明以愛繫心故愛
解而脫大士觀痴愛真相即是明脫故不滅痴愛而起
明脫　以五逆相而得解脫不亦解不縛　四縛不生今則無
則無滅為滅諦也　肇曰五逆真相即是解脫豈有縛脫
之異耶五逆罪之尤者解脫道之勝者若能即五逆相而
得解脫者乃可取人之食　不見四諦非不見諦非得果非
不得果非凡夫非離凡夫法非聖人不非聖人　此下二就
人凡聖問也凡夫不見四諦非不見諦初果見諦大士無見
無不見第一義諦也二乘有證有得故得果大士無取得非
非得果也此則凡聖一如豈有分別哉　雖成就一切法而離
諸法相乃可取食　此三結真福田可食也　肇曰不捨惡法而從
善則一切諸法手可不成諸法雖成而其離相以離其相美
惡斯成矣若能脩如上說乃可取食也　若須菩提不見
佛不聞法　此下二明邪正等文三初明背正歸邪後結
令取食此初也肇曰猶誨以平等也夫形能虧是非一揆醜
者雖復上同如來不以為尊下等六師不以為畢何則天
地一旨萬物一觀邪正雖殊其性不二豈有如來獨尊而六師
獨畢若同彼六師獨畢若彼六師不見佛不聞法因其出
家然名也如佛法出家名沙門若提母名也其人謂罪福
隨其所墮而不以為異者乃可取食也盡窮理盡性極無方
之說也善惡反論而不為常其邪正同辯而不乏其真斯
可謂平等正化莫二之道乎天台意云已前證真故可食
此敬田也此下為同惡故食而悲田也　彼外道六師富蘭
那迦葉　此明同六師肇曰姓迦葉字富蘭那其人起邪見
謂一切法斷滅性空無君臣父子忠孝之道　末伽梨拘賖
梨子　肇曰末伽梨字也拘賖梨其母名也其起邪見謂衆
生苦樂不行因得自然亦可　刪闍夜毗羅胝子　肇曰刪
闍夜字也毗羅胝其母名也其人謂道不須求經生死
劫數苦盡自得如轉縷丸於高山縷盡自止何假求

梨子　肇曰末伽梨字也拘賒梨其母名也其起邪見謂衆
生苦樂不行因得自然亦可　刪闍夜毗羅胝子　肇曰刪
闍夜字也毗羅胝其母名也其人謂道不須求徑生死
劫數苦盡自得如縷丸於高山縷盡自止何假求
也　阿耆多翅舍欽婆羅　肇曰阿耆多字也翅舍欽婆
羅麤衣名也其人著麤衣自拔髮五熱炙身以苦行為
道謂今身併受苦後身常樂也　迦羅鳩䭾迦旃延
肇曰姓迦旃延字也羅鳩䭾其人謂一切諸法亦有亦无
相也　尼揵陀若提子　肇曰尼揵陀其出
家總名也如佛法出家名沙門若提母名也其人謂罪
福苦樂本有定因要當必受非行道所能斷也此六師
佛未出世時皆道天世也　因其出家故師所說亦隨墮
乃可取食　此三結取食也　肇曰若能同彼六師不壞異
想者乃可取食　若須菩提入邪諸見不到彼岸　此下四
明損益等也文三初明損益等次明福非益性後明罪非
損性此初也　肇曰彼岸實相岸也惑者以邪見為邪彼岸為
正故捨此邪見適彼岸岸可邪見彼岸本性不殊習為捨邪
而適彼岸乎是以入諸邪見不致到彼岸者乃可取食也
自六師已下至乎不得滅度類生逆誅以成大明磨滅心累
子有以標其玄音而遣其所以是也　住於八難不得无難
肇曰夫見難為難必捨難而求无難也若能不捨以難為難
故住能於難不以无難為无難故不得於无難也　同於煩
惱離清淨法　肇曰夫能悟煩惱非煩惱而淨者以淨為淨
雖淨而惱是以同惱而離淨者乃可以常淨也　此得无諍三
諍昧一切衆生亦得是定　此下明福非益性如禪定亂一音
善生等生不害有二如不二也則罪福无生雖福非福執隨
故不隨故住云非福田非不福田非應供養非不應供養
肇曰善害之與群生性常自一畢為善害得得而群生不得
乎此明本不偏也　其施汝者不名福田　肇曰我受彼施令
彼獲大福故名福田可由大觀之彼我不異誰為種者誰
為田者　供養汝者墮三惡道　肇曰五逆之損供養之益
大觀正……

……田非應供養非不應供養
肇曰善吉之与羣生性常自一男爲善吉猶同而羣生不同
手比明本不偏也　其施汝者不名福田　肇曰我变彼施令
彼獲大福故名福田可由大觀之彼我不異誰爲種者誰
爲田者　供養汝者墮三惡道　肇曰五逆之損供養之益
大觀正齊未覺其異若五逆而可墮供養亦可墮也
爲与衆魔共一手作諸勞侶汝与衆魔及諸塵勞等无
有異　生云三耳罪非損性魔王者誘人入生死也王法者化人
住涅槃也若生死涅槃平等魔仏二化同一手也　肇曰夜同等无
異也　肇曰又曰夫以无異故能成其異也既爲其侶安得有
異　於一切衆生而有怨心謗諸仏毀於法　肇曰怨親之心
毀譽之意善惡一致孰云其異肯曰非不異亦何爲同
不入衆數終不得滅度汝若如是乃可取食　夫見聖跡
者入聖衆數損僧者得至滅度實相无見无不見故不入
衆數竟滅无得无不得滅度若能如是住其平等比真應
供乃可取食　肇曰捨惡從善人之常情耳然是非經心猶
未免于累是以善觀者以善爲患故捨善本宗以捨惡
爲累故即惡而反本然則即惡有忘累之切捨善有无染
之勳故知同善未爲得同惡未爲失淨名言意似在此也
時我世尊聞此茫然不識是何言不知以何答便置鉢欲出
其六舍　此第三置鉢也天台云進非其敬退非其悲故置
之也　肇曰淨名言逆而理順善吉似未思其言故不識其是
何所說便置鉢而出也　維摩詰言唯須提善取鉢勿懼於
意云何如來所作化人若以是事詰寧有懼不　生云四淨
名安慰文三初慰問次答後釋此初也　肇曰淨名欲令善吉
弘平等之道无心以聽善惡斯順而善吉本不思其言甚所說
故復引喻以明也　我言不也　此二答之　維摩詰言一切諸法
如幻化相汝今不應有所懼也　生云三釋也文三初標次釋後
重釋也　肇曰居於弟子中解空第一既知化之无心亦知法之
如幻以此而聽曷爲懼而也　所以者何一切言說不離是相
生云一釋也　肇曰是相即幻化相也言說如幻化聽亦如幻化以
化聽化豈容有懼　至於智者不著文字故无所懼　肇曰…

重釋也 肇曰 君於弟子中解空第一 既知化之无心 亦知法之
如幻 以此而聽 曷為懼而也 所以者何 一切言說不離是相
此二釋也 肇曰 是相即幻化相也 言說如幻化 亦聽亦如幻化 以
化聽化 豈容有懼 至於智者不著文字 故无所懼 肇曰 夫
文字之作生於惑取 法无可取 則文相自離 虛妄假名 智
者不著 何以故 文字性離 无有文字 是則解脫 解脫相者 則諸
法也 三重釋也 肇曰 解謂无為真解脫也 夫名生於不足
ゝ則无名 故无有文字 是真解脫也 則諸法者 肇曰 名生於
法ゝ生於名 名既解脫 故諸法同解脫也 維摩詰說是法
時 二百天子得法眼淨 此呈得益也 我故不任詣彼問疾
四結不堪也 佛告富樓那彌多羅尼子 汝行詣維摩詰
問疾 文二 此初命也 肇曰 富樓那 字也 秦言滿願 彌多羅
羅尼 其母名 秦言善知識 通名為字 弟子中辯才第一
富樓那白佛言 世尊 我不堪任詣彼問疾 此二辭 文四 此初也
所以者 憶念我昔於大林中在一樹下 為諸新學比丘說法
此略釋也 時維摩詰來謂我言 唯富樓那 先當入定觀此
人心 然後說法 无以穢食置於寶器 三廣引釋事 前訶
目連說不稱理 此訶滿願不識根性 文七 一說法失機 二結
過訶責 三令識宿命 四大志開發 五更為說法 六得不退
轉 七尊者敬精 初文四 別 此初勸心ゝ性本淨 不應以小乘
穢法汙其本也 肇曰 大乘自法身已上 得无礙真心ゝ智寂
然未嘗不定 以心常定 故能萬事普照 不假推求 然後
知也 小乘心有限礙 又不能常定 凡所觀察 在定則見 出
定不見 且聲聞定力強者 深見眾生根極八万劫耳 定力
淺者身數而已 大士所見 見ゝ及无窮 此新學比丘根在大乘
應聞大道 而為說小乘法 故誨其入定 又目穢食充飢 小
乘法也 賊无上寶 大乘器也 當知是比丘心之所念 无以琉
璃同彼水精 二勸觀心 念ゝ雖生死滅 而性无生性滅 此真
寶也 說生滅者為寶也 肇曰 當識其心念之根本 令无真
偽不辯也 汝不能知眾生根原 无得發起以小乘法 彼自无
瘡 勿傷之也 三大乘信根 稱本无瘡 宁小乘言 [illegible]

新學比丘根在大乘
應聞大道而為說小乘法故誨其入亡又曰穢食充飢小
乘法也賊无上寶大乘器也　當知是比丘心之所念无以琉
璃同彼水精　二勸觀心念之雖生死而生推滅比真
寶也說生滅者偽寶也　譬當識其心念之根本令无真
偽不雜也　汝不能知衆生根原无得發起以小乘法欲自无
瘡勿傷之也　三大乘信根稱本无瘡勿以小乘信名為傷也
譬彼大乘之體自无瘡疣无以小乘之封損傷之也
欲行大道莫示小徑无以大海內於牛跡无以日光等彼螢
火　四總喻也　譬大物當寘大處焉為迴龍爲於兔徑大
注海於牛跡乎日光者　譬日明昧之殊其喻若此而欲等之
者何耶有流大道法性喻法身也大海廣納喻般若也
日光破暗喻解脫也　富樓那此比丘久發大乘心中忘比意
如何以小乘法而教導之我觀小乘智慧微淺猶如盲人不
能分別一切衆生根之利鈍　此二富樓那下結過訶責也
譬未得无生忍心皆有退悉　時維摩詰即入三昧令比
比丘自識宿命曾於五百佛所殖衆德本迴向阿耨多羅
三藐三菩提　此三令識宿命　譬淨名時開其本意故以
宣力令諸比丘覺識宿命自知曾於五百佛所殖衆德本於
曾已迴此功德向无上道此其本意　即時豁然還得本心於
是諸比丘稽首禮維摩詰足　此四大志開發感恩致敬也
時維摩詰因為說法　此五更為說法宣力覺加事不可久
欲令自悟要因說法　於阿耨多羅三藐三菩提不復退轉
此六聞法悟理於无上道獲不退也　我念聲聞不觀人根
不應說法　此七自念發伏也　是故不任詣彼問疾　此四結也
佛告摩訶迦旃延汝行詣維摩詰問疾　肇曰迦旃延南天
竺婆羅門姓也以本姓為名弟子中解義第一有又說迦旃延
比云文飾也又云剃髮種也　迦旃延白佛言世尊我不堪任詣
彼問疾　二辭文四比初辭也　所以者何憶念昔者佛為諸比丘
略說法要　二略釋文二比初佛先略說　肇曰如來常略說有為法
无常苦空无我无為法寂滅不動比二言總一切法盡故言
略也

此云文飾也又云剃髮種也　迦旃延白佛言世尊我不堪任詣
彼問疾　二釋文四　此初釋也　所以者何憶念昔者佛爲諸比丘
略說法要　二略釋文二　此初佛先略說　肇曰如來常略說有爲法
无常苦空无我无爲法寂滅不動　此二言揔一切法盡故言
略也　生曰爲結所縛若由出戶也　我即於後敷演其義謂无常
義苦義空義无我義寂滅義　二迦旃延廣演義者　義謂理
也　小乘以无常等五爲理　大乘以一實相爲理　由悟此理發道
非餘　故云要也　肇曰如來言說常有心故　其所說法未嘗有相
迦旃延不喻玄旨　故於入室之後　皆以相說也　何則　如來去常故
說无常　非謂是无常　去樂故言苦　非謂是苦　去實故言空
去我故言无我　非謂是无我　去相故言寂滅　非謂是寂滅　此
五者可謂无言之教　无相之談　而迦旃延造極不同　聽隨
心生　聞无常則取相　其流動至聞寂滅亦取其滅相　此言同
旨異　迦旃延所以懃也　生曰存旨而不辭日故演其義也
時維摩詰來謂我言　唯迦旃延　无以生滅心行說實相法
此三廣引彈事文三　初揔呵　次示真　後因盡　此初也　是法生
滅小乘義也　悟本滅本不生滅實相義也　肇曰心者何也或相
所生　行者何也造用之名　夫有形必有影　有相必有心　有
心无形故无影　无相故无心　然則心隨事轉　行因用起　見法生滅
故心有生滅　悟法无生滅　則心无生滅　迦旃延聞无常義
謂法有生滅之相　法有生滅之相　故影響其心　同於生滅也
夫實相幽深　妙絶常境　非有心之所知　非辯者之所能言　如
何以生滅心行而欲說乎　迦旃延　諸法畢竟不生不滅是无常
義　此二示真實相義也　此下五義破執名殊　而實相之理一也
肇曰小乘觀法生滅爲无常義　大乘以不生不滅爲无常義　无常
名同　而幽致超絶　生曰夫言无常者　據事滅驗之也　終爲有
滅　始无然乎　始若果然　則生非定實　生不定滅　孰定哉
五受陰洞達空无所起是苦義　肇曰有漏五陰　愛染生死名
受陰也　小乘以受起則衆苦生爲苦義　大乘通達受陰內外
常本於自无起　誰生苦者　此真苦義　大經云　凡夫有苦无諦
二乘有苦有諦　菩薩解苦无苦而有真諦　餘例此可見

不生不滅爲无常義无常
名因而出致起絶生曰夫言无常者據事滅驗之也終爲有
滅始无終有始若果然則生非亡矣生不亡滅孰亡哉
五受陰洞達空无所起是苦義　肇曰有漏五陰受染生死名
受陰也小乘以受起則衆苦生爲苦義大乘通達受陰内外
常本於自无起誰生苦者此真苦義大経云凡夫有苦无諦
二乘有苦有諦菩薩解苦无苦而有真諦餘義例此可見
諸法究竟无所有是空義　肇曰小乘觀法緣起内无真主
爲空義雖解觀空而於空未能都泯故不究竟大乘在有
不有在空不空理无不極所以究竟義也　於我无我而不二
是无我義　肇曰小乘以封我爲累故尊於无我无我既尊則於我
爲二大乘是非齊旨二者不殊爲无我義也又曰諸義例此前
同不二爲实相也　法本不然今則无滅是寂滅義
肇曰小乘以三界熾然故滅之以求无爲夫熾然既形故滅名以生
大乘觀法本自不然今何所滅不然不滅乃真寂滅也
說是法時彼諸比丘心得解脫　生曰得盡也　我故不任詣彼問
疾　四結也　仏告阿那律汝行詣維摩詰問疾　肇曰阿那
律秦言如意刹利種也弟子中天眼第一又云无滅一燈照仏九
十劫來善根不滅今得天眼第一又常受如意報故生刹利
種乃至得道　阿那律白仏言世尊我不堪任詣彼問
疾　二釋文四初此也　所以者何憶念我昔於一處經行時
有梵王名曰嚴淨与万梵俱放淨光明來詣我所稽首作
礼問我言幾何阿那律天眼所見　此二略釋文二此初梵王
問也　阿那律俗謂天眼梵王業報天眼欲比其優劣故問
也　我即答言仁者吾見此釋迦牟尼仏土三千大千世界
如觀掌中菴摩勒菓　二阿那律答也　肇曰時手執
此菓故即以爲喻也　時維摩詰來謂我言唯阿那律天
眼所見爲作相耶无作相耶　此下三廣列文五一
雖嫌二受屈三問真四申述五發心　初文二先雙定難七初
定也　吴本云爲受相耶无受相耶　此難意云天眼所見取相
爲不取相耶小乘依倍禪得天眼故取相見大乘依實
相定得天眼故見而不取相也　肇曰三界

[illegible]作相耶　此下二廣引文五一
難第二受屈三問真四申述五發心　初文二先雙定難七初
定也　吴本云爲受相耶无受相耶　此難意云天眼所見取相
爲不取相耶　小乘依俗禪得天眼故取相見大乘依實
相定得天眼故見而不取相也　肇曰三界報身六情諸根
從結業起名爲有作相也　法身出三界六情諸根不在結
業生名爲无作相　夫以有作故有所不作　以法身无作无
所不作　假使作相則當外道五通等　此二難也二依四禪
得五通當外道等也　肇曰外道緣俗禪得五通然不能出
凡夫見之境也　此有作相也　設等之乎　若无作相即是无
爲不應有見　若菩薩實相三昧得真天眼所見十方皆是
无爲應有分別之見　肇曰若无作相即是法身无爲之相
豈容見聞之言遠近　天台云二乘四依禪得五通則与外道等
若觀四諦斷或擇滅无爲雖異外道則无有見　世尊我時
默然　二受屈也　肇曰欲作相則同外道欲言无作則違前
見意故不知所荅　彼諸梵聞其言得未曾有即爲作
礼而問曰世孰有真天眼者　此三梵王難問　肇曰諸梵
謂天眼正以徹視遠見爲理而淨名致詰殊違本途疑有
真異故致斯問者也　維摩詰言有佛世尊得真天眼
常在三昧悉見諸佛國不以二相　此四荅真也　肇曰真天眼
謂如來法身无相之目也幽燭微形巨細兼覩万色弥曠
有若目前未甞不見而未甞有見故无眼色之二相二
乘在定則見出定不見如來未甞不見故常在三昧也
叡曰如來天眼入佛眼中雖緣无故不以二相有流不以不
以淨穢二相有流不以動寂二相也　於是嚴淨梵王及
其眷屬五百梵天皆發阿耨多羅三藐三菩提心礼維
摩詰足已忽然不見　此五聞勝發心　肇曰其所發眼成五善
此故我不任詣彼問疾　四結也　佛告優波離汝行詣維摩
詰問疾　秦言上首弟子持律第一　優波離白佛言世尊我
不堪任詣彼問疾　二辭文四初辭也　所以者何憶念我昔者
有二比丘犯律行以爲恥不敢問佛來問我言唯憂波離
我等犯律誠以爲恥不敢[illegible]

……弟一 優彼白仏言世尊我

不堪任詣彼問疾二辭 文四初辭也 所以者何憶念我昔者

有二比丘犯律行以為恥不敢問仏來問我言唯憂波離

我等犯律誠以為恥不敢問仏願解疑悔得免斯咎

二略釋文二初問後為解此初也 肇曰 愧其所犯不敢問仏以優

波離持律第一故從問也 我即為其如法解說 二為解持

律有二一法身性淨之律 二陰身口之律 令優波離持身

口之律見罪生滅懷身無相之律故為訶也 肇曰 如法謂依戒

律斷其罪之輕重示其悔過法也 時維摩詰來謂我

言唯優波離無重增此二比丘罪當直除滅勿擾其心

此三廣引中文二初彈訶言 言比丘慚伏初訶文六初直訶

勸二解釋所以三引證四問答五夫判六結成此初 訶無重

增業勸直滅 小乘以犯戒為罪生大乘以亦相為罪生

既令見罪懺悔是名重增又二比丘迷於實相妄見罪生

令來懺悔又見罪滅重增滅見故云重增 肇曰 二比丘即犯

律行疑悔情深方重結其罪則封々累々彌々厚々則罪垢

彌增當其說法空令垢罪不實封累情除則罪垢

斯滅矣 天台云懺悔法有三 一者戒門依律法懺是也 二者

功德門禮仏誦經般舟方等道場法是 三無生門 令

悟罪性空若達罪性與福無異是也 今淨名示此無生懺

也 所以者何彼罪性不在內不在外不在中間 此二解釋

也 肇曰 夫罪累之生因緣所成 求其實性不在三處 如

急因彼々我々即因外也 自我即罪非緣自彼亦非緣彼我

既非豈在中間衆緣所成尋之悲產也 如仏所說心垢

故眾生垢 心淨故眾生淨 心亦不在內不在外不在中

中間如其心然罪垢亦然 諸法亦然不出於如

此三引仏語證文引有釋有結有類也 肇曰 達知其本也夫

執本以知其末 守母以見其子 仏言眾生垢皆由心起求心之本

不在三處 心既無在罪垢可知也 諸法亦然者 肇曰 萬法云々皆

由心起豈獨垢淨然哉 故諸法亦然不離於如々謂如本相

也 如優波離以心相得解脫時寧有垢不 此四問答此小明

大乘文有問答釋二 肇曰 得解脫寧有垢不 [illegible]

BD03272號　淨名經集解關中疏卷上　（60–42）

執本以知其末守母以見其子仏言衆生垢皆由心起亦心之本
不在三處心既无在罪垢可知之 諸法亦然者 舉萬法言之皆
由心起豈獨垢淨然哉 故諸法亦然不離於如々之謂如本相
也 如優波離以心相得解脫時寧有垢不 此四問答以小明
大也文有問答釋二 舉得解脫寧有垢不 時謂其初證
羅漢得第九解脫爾時心々真一義无復心相 欲明其心
顛因衆生心故先定其言也 我言不也 二答也
言一切衆生心相无垢亦復如是 三作釋也 舉衆生心相如
心解相生同衆生心相无垢理不得異但覩不見爲殊耳 維摩詰
唯優波離妄想是垢无妄想是淨 此五分別本性无垢文三
初明妄垢非垢次明諸法不住後明內心妄見 此初也 生同垢要
无也 在妄想中是垢耳 若无妄想垢即淨也 妄想者妄分別
之想也 顛倒是垢无顛倒是淨 倒心見垢離倒即非垢
生同見正轉也見轉於內則妄分別外事也 取我是垢不取我
是淨 取我即著垢離我即无垢也 舉見罪則存我也
優波離一切法生滅不住如幻如電 諸法不相待乃至一念不
不住 二明諸法不住故无自性 舉成前无相常淨義也
諸法電新々不停一起一滅不相待也 彈指傾有六十念過 諸
乃至无一念頃住 況欲久停 无住則如々幻々則不實々則為空々則
常淨 然則物々斯淨何有罪累於我哉 諸法皆妄見如夢
如焰如水中月如鏡中像以妄想生 此三明見妄也 舉上明
外法不住此明內心妄見俱辯空義內外爲異耳 夫以見妄所々
見々不々實々故无相常淨也 上二喻取其速滅 此四喻取其妄相
想也 其知此者是名奉律 其知此者是名善解 此六結也
若悟罪无生知心不住是名真解奉律法身无相之律也
舉若能悟知此乃名善解不知此法而稱持律者一者何
耶今知優波離深敬意也 於是二比丘言上智哉是優波離
所聽不及能持律之上而不能說 此一第二歎伏文三初比丘歎二
尊者伏過三比丘發心 此初歎也 舉二比丘悟罪常淨无復疑
悔故致斯歎 我答言自捨如來未有聲聞及菩薩能制其
樂說之辯其智慧明達爲若此也 二歎伏也自

所恥不及持律之上而不能說 此一第二疑伏文三初比丘歎二
尊者伏過三比丘發心 比初歎也 第二比丘悟罪當淨无復疑
悔故致斯歎 我答言自捨如来未有聲聞及菩薩能制其
樂說之辯其智慧明達若比也 二歎伏也 自仏已還无能制其
大乘妙辯況我持律哉 時二比丘疑悔即除發阿耨多羅三藐
三菩提心作是願言令一切衆生皆得是辯 三時除疑發心 法身
妙律諸仏所稱 悟解除疑因言發願 什曰有罪即憂怖自生
罪无則疑悔自滅 故我不任詣彼問疾 此四結也
仏告羅睺羅汝行詣維摩詰問疾 羅睺羅秦言
覆障 六年在母胎所障因故為名 子中持戒第一 文云
密行第一 故法花經云羅睺羅密行唯我能知證
羅睺羅白仏言世尊我不任詣彼問疾 二辭文四 比初
辭也 所以者何憶念昔時毗耶離諸長者子来詣我所
稽首作礼問我言唯羅睺羅汝仏之子捨轉輪王位
出家為道其出家者有何等利 此下二略釋文二 比初問
也 諸長者子心慕出家父母所制 觀羅睺羅捨轉輪王
十善之化而剃落從道必有大利勝在家 故從所問
善 我即如法為說出家功德之利 二答也 出家有二一者
深體生死樂求涅槃有證有因有利可說 名為小乘 土者但
三界如幻无生无滅无證无得无利可說 此名大乘 令羅睺羅
深體小乘涅槃之利既有利可說 非密行也 未若大乘不取不
捨无為无證无利可說 其密行也 生日世榮雖樂難可久
保 出家之理長樂无為 豈可同年語其優劣哉
時維摩詰来謂我言唯羅睺羅不應說出家功德之利
比下三廣引彈事文五 一可不廣說 二解釋 仁以
三其出家四結 真出家五勸發出家 此初訶總也 體本法
身三界如幻不生不滅名為出家 比則損益兩亡无利可說
故可不應也 所以者何无利无功德是為出家 二總釋所
以文二 比初略釋也 第二夫出家之意 如存无為之道豈容有功
應利乎 有為法者可說有利有功德 夫出家者為无為法 无
為法中无利无功德 次二廣釋也 第一義

以文二此初略釋也 肇曰夫出家之意妙存无為无為之道豈容有功
德利乎 有為虛者可說有利有功德 夫出家者為无為法无
為法中无利无功德 次二廣釋也第一義諦名法性无為森羅
万像同歸此理 悟此理者无為无漏名真出家非二乘釋賦
有為有漏者名出家也 肇曰夫有為之果必有无為之因因果同
相自然之道也 出家為无為即无為為之因也 无為无利无功德
豈然出家亦然矣 唯羅睺羅夫出家者无彼无此亦无中間
此三示真出家 肇曰上直明出家之義事自下明出家之事
雖云其事事是无事事爾則出家者以去為志无為為心以心
无為我所遺亦隨德皆无為也 又三此初內漏德也 肇曰若出家者
去惡此生死尊敬於我有中間三處之果 真出家者遣万
万累云彼此豈有是非三處之殊哉 離六十二見處於[illegible]
肇曰既无彼此則衆耶見因斯也 六十二見者大品云外道
於過去計神及世間常无常兼常四見依未來世計神及世
間邊无邊等四見依於計有如來无如來等四見依此六十
應五陰成六十見又計身與神一所見身與神異常見為六十二
見 智者所受聖所乃處 肇曰智者聞之而從亦聖履之而通
可謂真出家之道乎 降伏衆魔 此二明除魔顯德見實相理
則蕩自空則諸魔自伏 肇曰亦魔者四魔也正道既弍耶往
自寒 文五道 肇曰五道非无為之路又云生死五道往是於
名故度 淨五眼 得五力 立五根 體實相則悟性永之眼之明立
根自增長 不惱於彼 肇曰道超事外與物无逆何惱之
有 離衆雜惡 肇曰俗善雖善由雜不善道生真淨故絕
善不雜也 摧諸外道 二伏外道也 肇曰日月不期去闇而
闇自除出家不期摧外道外道自消 超越假名 肇曰万事万
名虛假以生道在真悟故超假名 出淤泥 无繫着 肇曰
肇曰生死愛見之淤泥无出家受道之繫著 无我无所
无所受 肇曰出家本乎无我雖著則諸受永亡故无受也
欲受我受戒受見受 无擾亂 內懷喜 肇曰夫擾亂出乎多
求憂苦生乎不足出家棄欲擾亂斯无道法內充故懷
喜 有餘護彼意 [illegible]

[illegible]出於泥无縶著　肇曰
生死愛見之䏻泥无出家受道之縶著　无我无取
无所受　肇曰出家本乎无我離著則諸受永亡故无受也
欲受我受戒受見受　无擾乱内壞喜　肇曰夫擾乱生于多
求憂苦生于不足出家棄欲擾乱斯无道法内充故壞
喜有餘護彼意随禪定離衆過　住實相不忤物心不違
禪定生滅不起焉有過患哉　若能如是之真出家
此四结真出家　肇曰若能不違上説有應出家之道非
存形之所能也　於是維摩詰諸長子者汝等於正法中
宜共出家　此五形既殊勸心出家也文四一勸二辞三釋
勸意四結意出家　此初勸悟出家也　所以者何仏世尊難
值　肇曰浄名知其不得出家而勸之者欲發无上道心
耳　諸長者子言居士我聞仏言父母不聽不得出家
二不悟勸意辞有所以也　肇非不欲出家不敢違親耳
維摩詰言然汝等便發阿耨多羅三藐三菩提心是則出家
是即具足　三釋勸意　肇曰為白衣能發无上心者便為出
家具足戒行矣　尒時卅二長者子皆發阿耨多羅三藐三
菩提心　四结意心發　故我不任詣彼問疾　此四结辞之
仏告難阿汝行詣維摩詰問疾　肇曰阿難秦言歡喜弟中子
總持第一　阿難白佛言世尊我不堪任詣彼問疾　二辞文四
此初也辞　所以者何憶念我昔時世尊身小有疾當
用牛乳我即持鉢詣大婆羅門家門下立　此二略釋所以
叡曰現身有疾者之不可一途而論釋以德浅之流取信耳
目於如是身而起劣相故彰阿難不達使悉同凡人　各高可
略闢法身之唱使見形之赴往隨應難識斷无方莫測
兼寄遣取乳除彼貪求假通阿難以明小乘之士
時維摩詰来謂我言唯阿難何為晨朝持鉢住此
此三廣引彈事文三初問乞意二可彈三恥媿初中文二此初也
生曰晨朝非乞食法必有以也　我言居士世尊身小有疾
當用牛乳故来至此　二如来為物受生有疾用乳阿難
侍仏故乞也　維摩詰言止止阿難莫作是語　此二彈可
[illegible]

BD03272號　淨名經集解關中疏卷上　（60–46）

生曰晨朝非乞食法必有以也　我言居士世尊身小有疾
當用牛乳故來至此二如來為物受生有疾用乳阿難
侍仏故乞也　維摩詰言止止阿難莫作是語　此二彈呵
文四初略上二諍二略顯真身三廣上二諍四廣顯真身此初
略止二諍也台天云无病增諍也德圓言感損諍也仏身天生
應物現生有身則有疾小亦亂空故云諍也大亦知應故
非謗也　豈慶難此現疾則有不謗之法身哉　如來身者金剛之體諸惡
已斷衆善普會當有何疾當有何惱　二略顯其身金剛體者喻不生不滅
常住法身也諸惡已斷顯脫也衆善會般若也　肇曰夫痾疾之生行業所謂
耳也衆善無不積惡無不消體若金剛何患之有　嘿往阿難勿謗也來
莫使異人聞此麁言　三廣上二諍先止增謗也　文三初勸嘿止謗佛麁言
異人聞之萬況俟令嘿往　生曰向云是實為謗佛也　又曰病為本近應
二疏也不達聞之必謂於矣　無令大威德諸天及他方淨土諸來菩得聞斯
語　二智聞應呵威德諸天淨土菩以已福患不受疾邪方於也來　知應
見德也　肇曰以彼推己无疾必達佛矣而此言實有不亦呵斯語之不
得乎　阿難轉輪聖王以少福故尚得無病豈況如來無量福會普勝者
哉　三近乎驗之輪轉聖王乃不及欲界諸天但以人中少福尚得無病豈況如
來普勝三界而有病哉　行矣阿難勿使我等受斯恥也外道梵志若聞諸語
當作是念何名為師自疾不能救而能救諸疾人可密速去勿使人聞
此下二明損謗也苟執不去非徒佛有斯謗我等亦受其恥　肇曰正士聞則謂沒大
達邪士聞則謂佛實病何名為法之良醫身疾不能救而能救人心疾乎
當知阿難諸如來身即是法身非思欲身　此下四廣真身　初就四德顯真
此初無相法身大悲應現非思幸生自在應物是我德也三界有待無形名思
欲身也　生曰如來身從實理中來起不由欲應有何病耶　佛為世尊過於
三界　三明三界受生苦也悟界如幻不受生故樂也　生曰既以思欲為原便不出三
界是病之境也佛為悟理之體越其域應有何病也　佛身無漏諸漏已盡
三明惑滅生身漏也智證法身無漏即性淨也　肇曰夫法身虛微妙絕常境情
累不能染心想不能議故曰諸漏已盡　佛身無為不墮諸數　四明有為之身
四相所遷數也佛身無生離生滅相常也　肇曰法身無為而無不為無不為
故現有病無為故不墮有數也　如此之身當有何疾　二結也如此常樂我淨
金剛法身當有何病　時我世尊實懷慚愧得無近佛而謬聽耶　此下三明恥愧
文三初阿難慚愧佛身理然不答　即聞空中聲曰阿難如居士言　[illegible]

BD03272號　淨名經集解關中疏卷上　　（60–47）

[illegible]常也　肇曰法身無爲而無不爲無不爲
故現有病無爲故不墮有數也　如生之身當有何疾　二結也如生業樂我淨
金剛法身當有何病　時我世尊實懷慚愧得無近佛而謬聽耶　生下三明恥愧
文三初阿難慚愧佛身理然不答　即聞空中聲曰阿難如居士有疾奉命問疾應
是謬聞近佛多聞以生壞愧　肇曰受使若此致譏若彼進退壞愧惑謂謬聽也
即聞空中聲曰阿難如居士言但爲佛出五濁惡世現行斯法度脫衆生
二空聲舉應顯真疾身應物也無爲本真也　肇曰以其愧惑故空聲
正之如居士言何有無漏之體嬰世之患但爲度五濁群生故現斯疾取乳
勿慚也　五濁者劫濁衆生濁煩惱濁見濁命濁　行矣阿難取乳勿慚
三居知權化現疾即非謗佛取乳勿慚也　世尊維摩詰智慧辯才爲若此
也是故不任詣彼問疾　生四結辭也　如是五百大弟子各各向佛說其本緣
稱述維摩詰所言皆曰不任詣彼問疾　生四惣述辭也

菩薩品第四　生三明折伏方便并令歸圓妙前既聲聞致辭故次命菩
然發菩提心惣名菩薩而根有利鈍教有漸頓或事終而未悟於理或悟
偏而未進於圓或漸證而未拯於頓今將迴向可以向斯理折偏以進圓序漸而
詣頓故因命問疾以調伏之皆并佛可故名品爲文二先別明四大士生初慈
氏也　於是佛告彌勒菩薩汝行詣維摩詰問疾　文二如前生初命也
彌勒生云慈氏也　肇曰彌勒南天竺婆羅門姓出生姓即以爲名五百弟子皆
已不任故復命菩薩者將備顯淨名難酬之德也　彌勒白佛言世尊我
不堪任詣彼問疾　生二辭文四生初辭也　所以者何憶念我昔爲兜率
天王及其眷屬說不退轉地之行　生二略釋所以　什曰生天以彌勒將上爲
天師預懷宗敬故常來聽法也　又云不退轉地者或六度行滿名爲不退
或證初地名爲不退天王雖已發心然有五欲外有勝境恐其退轉因以勸
之　肇曰下呵云實無發心亦無退者以生推之似存不退之行勸發無上心也
雖曰勝期猶未免乎累教迹不泯故致斯呵然經云補處大士心無不一
智無不周應物而動何關之有是由得失同懷於迭應利彼而動無計諸
已故彌勒假有以啓始淨名居宗以濟終牙爲郢匠器彼隣朴雖殊迹用同
儒墨致教不一然相成之美實存其中矣　時維摩詰來謂我言彌勒世尊
授仁者記一生當得阿耨多羅三藐三菩提　生三廣詞辭可文五一先定得記
二破執授記三舉例返破四顯菩提相五聞真得益生初定也　生曰阿耨多羅
者無上也藐三者正遍也菩提者彼語有之生無名也實即體極居終知盡
也一生者無復無量生餘一生也　爲用何生得授記乎過去耶未來耶現耶

儒墨致教不一致相成之美實存其中矣　時維摩詰來謂彌勒世尊
授仁者記一生當得阿耨多羅三藐三菩提　此三廣引彈可文五一先定得記
二破執授記三舉例返破四顯菩提相五聞真得益此初定也　生曰阿耨多羅
者無上也藐三者正遍也　菩提者彼語有之此無名也實即體極居終智慧
也一生者無復無量生餘一生也　為用何生得授記乎過去耶未來耶現在耶
此下二正破授記文三初就生門彈次就無生門彈後就平等門彈初中文三一先
定三世二難破三世三引證此初定也　肇曰發無上心終不退行授記成道彌勒
致教之本也意今將明平等大道以允行為因無上正覺以無得為果故
先質彌勒明無記無得於後大齊群生万物之運致以弘旗異二之逆也
夫有即生有記無生即無記故推尋三世以何生而得記乎　若過去生過去
生已滅　二難破也　肇曰別推三世明無生也過去生已滅法不可謂之生也
生曰無復有也　若未來生未來生未至　肇曰未來生未至則無法法以何
為生也　生曰竟未有也　若現在生現在生無住　肇曰現法流速不住以何為
生耶　若生滅一時二相俱壞若生滅異時即生時滅則滅無三相即非
有為也盡有三相即有無窮之名三世既無生於何而得記乎　生曰生時已去
亦始警傳豈可得於中成佛耶　如佛所說比丘汝今即時亦生亦老亦滅
三引證　肇曰證無住義　生曰新新生滅交謝已謝豈待白首然後為變乎
若以無生得受記者無生即是正位於正位中亦無受記亦無得阿耨多
羅三藐三菩提云何彌勒受一生記乎　此二約無生門彈文三初標約二約行破
此破此初也　肇曰上推有生無記此推無生亦無無生即七住無相真正法位也
此從為理無已無成彌勒於何受一生記乎　為從如生得受記耶為從如滅得受記
耶　此二約行破文二一先初雙定之為見如智生受記為見如所滅受記耶　肇曰如雖
無生滅而生滅不異於如故記別起于生滅真會獨于即真故假於之生滅以明記別
之不殊也　什曰夫授記必當得於本未得而今得似若有起於起即是滅亦以有
物於中滅故先問其起滅以明無起滅也　若以如生得授記者如無有生若以如滅
得授記者如無有滅　二明雙破生滅若見如智生如體不生智亦無生若見
如所滅如體無滅所滅亦不滅智無生即本覺所滅無滅即所滅此不滅豈有授記
哉　肇曰如非不生滅非有生滅非不滅故假以言記非有生滅以發無記
一切眾生皆如也一切法亦如也眾聖賢亦如也至於彌勒亦如也　此三約平等一如破
文二初總舉平等也一切眾生有情也一切法無情也眾聖賢二乘也
彌勒大乘也　肇曰万品雖殊未有不如如者將齊是非一愚智以成無記無
得義也　若彌勒得授記者一切眾生亦應授記所以者何夫如者不二不異

一切衆生皆如也一切法亦如也衆聖賢亦如也至於彌勒亦如也　此三約平等一如破
文二初總舉平等也一切衆生有情也一切法無情也衆聖賢二乘也
彌勒大乘也　肇曰万品雖殊未有不如如者將齊是非一愚智以成無記無
得義也　若彌勒得授記者一切衆生亦應授記所以者何夫如者不二不異
此下二別約三德平等破也此初約真如理等法身德破也彌勒衆生理如無二會
如授記豈有得不得之二哉　肇曰凡聖一如豈有得失之殊哉　生曰二者直
了二也異者二相殊也　若彌勒得阿耨多羅三藐三菩提者一切衆生皆亦
應得所以者何一切衆生即菩提相二約本覺平等般若德也破授記云覺也
言有得無相無稱平等本覺也若攸理即菩提則一切衆生皆菩提相豈
彌勒獨得耶　肇曰無相之相是菩提相　生曰菩提既是無相理極之惠言
得之者得是菩提相也　若彌勒得滅度者一切衆生亦當滅度所以者何諸
佛知一切衆生畢竟寂滅即涅槃相不復更滅　三約平等寂滅解脫德破此
云滅度若法本不生今即無滅爲寂滅者即一切衆生本亦滅度豈彌勒獨
證之耶　肇曰本性常滅今復何滅　生曰然後既不滅瘕矣推者果滅終豈滅
哉然知衆生即涅槃相不復更滅是畢竟爲滅而不滅也　是故彌勒無以此法誘諸
天子實無發阿耨多羅三藐三菩提心者　此下三舉例返破平等
菩提界尚無記莂豈有初心不退行耶　肇曰平等之道實無發心無退者而
以不退之行誘其發心不甚矣記者何也　彌勒當諸今此諸天子捨於分
別菩提之見　四顯真菩提相文三一此初勸捨分別無相平等是菩提相若分別始終
爲退不退是見分別非見菩提　肇曰菩提以寂滅爲相生死同相而諸天子
界生死尊菩提雖曰勝求更生塵累宜開以正路令捨分別受爲示以道記
增其見乎　所以者何菩提者不可以身得不可以心得　此二略歎釋身
心無所得相是菩提相也　肇曰自此下大明菩提也道之極者稱曰菩提秦言無以釋
之菩提蓋是正覺無相之真智乎其道虛玄妙絕常境聽者無以容其聽智
者無以運其智辯者無以措其言像者以狀其儀故其爲道也微妙無相不
可爲有用之彌勒不可爲無故能幽鑒万物而不曜玄軌超駕而弗夷大包天
地而罔寄曲濟群惑而無私至能道達殊方開物成務玄機必察無思無慮然
則無智而無不智無爲而無不爲者唯菩提大覺之道也此無名之法固非名也不知所
以言故强名曰菩提斯無爲之道豈以身心而得乎　寂滅是菩提滅諸相故
此三歷法廣顯菩提相亦可前是總五又前破而不斷此立而不常又前破而不
滅此立而不生又前會而不一此別而不異又前已而不去此存而不來斯妙道
之無方也觀夫聖人體極因物立名所以教名悉權理窮實相非夫久殖善本

[illegible]以身心而得乎　寂滅是菩提滅諸相故
此三歷法廣顯菩提相亦可前是能立又前破而不斷此立而不常又前破而不
滅此立而不生又前會而不一此別而不異又前已而不去此存而不來斯妙道
之無方也觀夫聖人體極因物立名所以教名差種理窮實相非夫久殖善本
莫能究其深廣哉是故前以無生滅故無菩提記此以無生滅故謂寂滅名寂
滅菩提寂滅無緣故不觀寂滅無念故不行寂滅無見故斷寂滅無妄相故離寂
滅無所求故障寂滅无著故无入寂滅即真知故順理寂滅即法性故安住寂
滅返生滅之際故至實際諸句例然不復廣說　肇曰妙會真性滅諸法相故
菩提之道與法俱寂　不觀是菩提離諸緣故　肇曰觀生於緣離緣即無觀也
不行是菩提無憶念故　肇曰行生於念无念故无行　斷是菩提捨諸見故離是
菩提離諸妄想故　肇曰諸見斷妄想離乃名菩提也　障是菩提障諸願故
肇曰真道无欲障諸願求也　不入是菩提無貪著故　肇曰入謂受入可欲也
順是菩提順於如故住是菩提住法性故至是菩提至實際故　肇曰不異三空
菩提義也　隨順本相謂之如故計之以順常住不變謂之性故計之以住到
實相彼岸謂之際故計之以至也　不二是菩提離意法故　肇曰意与法爲
二菩提無心何法之有也　等是菩提等虛空故　肇曰無心於等而無不等
故謂若虛空　無爲是菩提無生住滅故知是菩提了眾生心行故　肇曰菩提不
有故無生滅菩提不無故了知眾生心　不會是菩提諸入不會故　肇曰諸
入內外六入俱空故諸入不會不會即菩提相　不合是菩提離煩惱習故　肇曰生
死何以合煩惱之所纏離惱故無合無合即是菩提也　無處是菩提無形色故假名是
菩提名字空故　肇曰外無形色之處內無可名之實　如化是菩提無取捨故
肇曰菩提無取捨猶化人之無心也　無亂是菩提常自靜故　肇曰內心既常淨外
亂無由生　善寂是菩提性清淨故　肇曰性無不淨故寂無不善寂謂善
順寂滅常靜之道也　無取是菩提離攀緣故　肇曰情有所取故攀於前
緣若離攀緣即無取也　無異是菩提諸法等故　肇曰万性同體是非一致
不異於異者其唯菩提乎　無比是菩提無可喻故　肇曰第一大道無有兩正
獨絕群方故無以喻也　微妙是菩提諸法難知故　肇曰諸法幽遠難測非
有智之所知以菩提無知故無所不知無知而無不知者微妙之極也　世尊維摩
詰說是法時二百天子得無生法忍　此五明悟真記真得不得故獲益也
故我不任詣彼問疾　此四結也
文二如前此初命也　光嚴童子白佛言世尊我不堪任詣彼問疾
此二辭也文四初辭也　所以者何憶念我昔出毗耶離大城　此二略釋所以也
[illegible]

說是法時二百天子得無生法忍　此五明悟真記真得不得故攘益也
故我不任詣彼問疾　此四結也　佛告光嚴童子汝行詣維摩詰問疾
文二如前此初命也　光嚴童子白佛言世尊我不堪任詣彼問疾
此二辭也文四初辭也　所以者何憶念我昔出毗耶離大城　此二略釋所以也
光嚴接近託閑林為道場淨名詣理故證靜一如為道場出入之迹其在茲
也　生曰託在常出實有以也　時維摩詰方入城我即為作禮而問言居士
從何所來　此下三明廣釋可　文五一禮問二略答三重問四廣答五衆益此
初也　生曰城門是人所湊處故得因廣化切世作禮者進日佛畫現於長切之
禮而問次取其來自有從也　答我言吾從道場來　二略答　肇曰閑
宴於道法之處謂之道場也光嚴志存閑獨每以靜處為心故出毗耶離將求
道場淨名懸鑒故現從外來將示以真場啓其封累故答云吾從道場來
者次明道無不之場無不在若能壞道場於胸中遺万累於身外者雖復
形處憒鬧迹與事乘動所由非無道場也　又曰實相理遍為場万行通證
為道　生曰得佛之處也　我問道場者何所是　三重問　肇曰會其所求故尋
問也　答曰直心是道場無虛假故　此下卅句廣約諸法明道場　此初約心辯也
肇曰終心進道無亂之境是道場耳若能標心為主万行為場不越方寸道自
終者乃真道場略為近捨閑境而遠求空地乎直心者謂內心真直外無虛
假斯乃基万行之本坦進道之場　自此以下備列諸行盡是終心之閑地弘道之
靜場也　又解如世間和麨之處皆詣場糓打斷或證真為颺節麨去麥金
於道亦然佛性精粹雖煩惱麨將於行者正見實相為場對治万行為糓
打斷或證真為颺節如真心以虛假為糠麨布施以慳貪為糠麨諸句例如
發行是道場能辯事故　肇曰心既真直則能發迹之迹行之即事業斯辯造
深心是道場增益功德故　肇曰既能發行即樹心深深則功德深增者也　樹心
是道場無錯謬故　肇曰直心入行轉深則變為樹心也　此心真正故所見不
謬凡弘道者要始四心既則六度衆行無不成也　布施是道場不望報故
此下十六約行明住實相真場行皆進極　肇曰施不望報無相行也夫言有不
失無言無不失有有無異說而不乖其本者其唯大乘道乎然則万行雖
殊以無相為體無而不無故即有為實有而不有故施戒為一此經前後叠於
辯列衆行有無不同蓋能領其所同則無異不而同也　持戒是道場得願
具故　肇曰未有戒具而願不具者　忍辱是道場於諸衆生心無礙故
肇曰懷忿則心礙　精進是道場不懈退故禪定是道場心調柔故智慧是
道場現見諸法故　肇曰万法殊曠現若目前智慧之能也　又曰即事見

雜列衆行有無不同爲能領其所同則無異不而同也　持戒是道場得願
具故　肇曰未有戒具而能不具者　忍辱是道場於諸衆生心無礙故
肇曰懷忿則心礙　精進是道場不懈退故　禪定是道場心調柔故　智慧是
道場現見諸法故　肇曰万法彌曠現若目前智慧之能也　又曰即事見
理爲現見也　慈是道場等衆生故　肇曰等心怨親欲其安樂慈行也
悲是道場忍疲苦故　肇曰見苦必拯不避湯火悲行也　喜是道場
悅樂法故　肇曰以己法樂彼同悅喜行也　捨是道場憎愛斷故　肇曰
人慈生愛心生累悲生憂心生惱生憎慈悲雖善而累相已生故兩捨
以平不觀謂之捨行　神通是道場成就六通故　四禪世定但發五通實
相真禪得漏盡也　解脫是道場能背捨故　解脫八解脫亦八解背捨八
邪大乘八解邪正俱背深發實相背捨万累也　方便是道場教化衆生
故　四攝是道場攝衆生故　肇曰方便起乎弘化四攝生乎來衆也　多聞
是道場如聞行故　肇曰聞不能與衆歎同聽也　伏心是道場正觀諸法
故　木非繩木直心非理不正故心之調也必正觀實相　肇曰心之性也緣衆
即觀邪調伏即觀正也　卅七品是道場捨有爲法故　此下三對約法明道
場　什曰道品斷愛生故名捨有爲　肇曰卅七品無爲之風也　又曰無爲即
轍也　諦是道場不誑世間故　什曰小乘中說四諦大乘中說一諦今言諦
是即一諦實相也　緣起是道場無明乃至老死皆無盡故　緣起十二因
緣相生起也小乘觀十二因緣無明滅即行滅實相中道大乘觀因緣不生
不滅無无明亦无无明盡實相中道場也　諸煩惱是道場知如實故　衆生
是道場知無我故　一切法是道場知諸法空故　此三對約所持治惑明道場
謂迷即煩惑悟即中場　肇曰煩惱之實性無生無生之無實戰諸惡空
義皆之所由生　降魔是道場不傾動故　三界是道場無所趣
故　師子吼是道場無所畏故　此下諸對約佛果明德坐獲樹往降魔
場不著三界不惑四魔能師子吼也　肇曰降魔兵而不爲所動遊歷三
界而不隨其趣演無畏法音而無難　力無畏不共法是道場無諸過故
三明是道場無餘礙故　法身無過即導衆德自發心無餘礙則惠明善照
肇曰佛具卅二業而無一瑕明通達而無礙斯皆大道之所由生也　一念知一切法
是道場成就一切智故　什曰二乘法以卅四心成道大乘唯以一念則豁然
大悟具一切智　肇曰一切智者智之極也朗若曉晨爪真俱照證若靜
鑒群像並鑒無知而無所不知者其唯一切智乎何則夫有心則有封有封則有
疆封疆既形則其智有涯其智有涯則所照不普至人無心無封無封則無

是道場成就一切智故　什曰二示法以卅四心成道大亦唯以一念明確然
大悟具一切智者　肇曰一切智者智之極也朗若曒晨爪真俱照澄若靜
鏡群像並鑒无知而无所不知者其唯一切智乎何則夫有心則有封封則有
疆封疆既形則其智有涯其智有涯則所照不普至人无心則无封封則无
疆封疆既無則其智无涯其智无涯則所照无際故能以一念一時必知一切
法也　一切智雖曰行標蓋亦万行之一耳會万行之所成者其唯无上道乎
故所列衆法皆為道場也　生曰一念無不知者始乎大悟時也以向諸行終
得此事故以名焉以直心為行初義極一念知一切法不亦是得佛之處乎
如是善男子菩薩若應諸波羅蜜教化衆生諸有所作舉足下足當知皆
從道場來住於佛法矣　此三結成　肇曰若能應上諸度以化天下者其人
行則遊道場心則住佛法舉動所之无非道場　說是法時五百天人皆發
阿耨多羅三藐三菩提心　此五明得益也　故我不任詣彼問疾　四結也
佛告持世菩薩汝行詣維摩詰問疾　文二此初命也　持世白佛言世尊我
不堪任詣彼問疾　二辭文四此初也　所以者何憶念我昔住於靜室　此下三
略釋文五一住靜室二魔來三不識四施女五不受此初持世避諠住靜捨惡化
善皆迹示方便軌之初學　時魔波旬從万二千天女狀如帝釋鼓樂絃歌
來詣我所與其眷屬稽首我足合掌恭敬於一面立　此二魔作帝釋來也
肇曰波旬秦名殺者或名極惡斷人善根因名殺者違佛亂僧罪莫之
大極惡也　什曰帝釋是佛弟子知其不疑故作釋形來也持世不作意觀
他心故不見也　天台云方便并不知魔來有三意一未能魔佛二界一如等真
故不知二緣於觀有出入之間故不知三未能善惡齊化心有去取故不知也
我意謂是帝釋而語之言善來憍尸迦雖福應有不當自恣當觀五欲无
常以求善本於身命財而修堅法　此三持世不識謬為說法識之以自恣
歎之次无常終之以三堅　生曰從女絃歌是自恣法也福有而自恣者覆為
罪之根者也五欲者五情所欲也用為自恣寶之必深覺其无常然後
能以之求善本矣　肇曰三堅法身命財寶也若忘身命棄財寶去封
累而修是者必獲无極之身无窮之命无盡之財　此三天地焚而不熱劫
數終而不盡故名堅法以天帝樂著五欲不慮无常故勸修堅法也
即語我言正士受是万二千天女可備掃灑　此四魔施女為亂也生曰
因其說法故可說以從善實欲以女亂之矣　我言憍尸迦无以此非法之物要
我沙門釋子此非我宜　此五不受女非順道之緣故捨而不受若法身正

歎終而不盡故名堅法以天帝樂著五欲不慮无常故勸修堅法也
即語魔言正士受是万二千天女可備掃灑　此四魔更施女為亂也　生曰
因其說法故可說以從善實欲以女亂之矣　我言憍尸迦无以此非法之物要
我沙門釋子此非我宜　此五不受女非順道之緣故捨而不受若法身正
觀万品一如无非不順　肇曰持世并時為比丘也　所言未訖時維摩詰來謂
我言非帝釋也是為魔來嬈固汝耳　此三廣引禪事文中有八一覺悟二乞女
三魔隱四勸捨五魔捨六說法七誘女八遣女　此初名覺悟　肇曰持世不覺
故發其也　即語魔言是諸女等可以與我如我應受　此二淨名索女　肇曰
將化諸女故現從其索我為白衣應受此女易為以上沙門釋子非不得
魔即驚懼念維摩詰將无惱我欲隱形去而不能隱盡其神力亦不得
去　此三魔欲隱去　肇曰淨名神力之所制也　即聞空中聲曰波旬以女與
之乃可得去　四空聲勸捨女也　肇曰淨名魔迷因故化導之也　魔以畏
故俛仰而與　此五魔捨女　生曰推輕發女故當勝自不得去也　爾時維摩
詰語諸女言魔以汝等與我今汝皆當發阿耨多羅三藐三菩提心　即隨
所應而為說法令發道意　此六淨名為女說法也　文三此初令發心也
肇曰在魔故從欲在我宜從道教　復言汝等已發道意有法樂可以自娛
不應復樂五欲樂也　此下二勸修行文三一勸二問三答　此勸樂法捨欲也
肇曰女人之性唯欲是樂以其初捨天樂故示以法樂夫能以弘道為美
積德為忻者雖復經苦履難而不改其樂天地所重無以易其忻以此
自娛樂之極也豈五欲之足存　自此已下備列諸行以明超世之道至
勸之所由生也　天女即問何謂法樂　二不解故問也　答曰樂常
信佛樂欲聽法樂供養衆樂離五欲　三淨名答文四此初樂三四信
謂歸三寶及歎敬持戒　肇曰信而後悅莫若三寶樂離五欲者
什曰是信戒也　樂觀五陰如怨賊樂觀四大如毒蛇樂觀內入如空聚
此二樂厭苦報也　什曰如方便品中說也　肇曰善惡必察何樂如之　樂
隨護道意樂饒益衆生樂敬養師　此三明樂終出道文三此初內護
道意下益衆生上敬養師並行本也　肇曰將護无上道心令无差失　樂廣
行施樂堅持戒樂忍辱柔和樂勤集善根樂禪定不亂樂離垢明慧
此二明六度正行也　什曰世俗惠中不能生樂要得無漏惠離塵垢即至
樂自生也　樂廣菩提心　此下三遍修万行　肇曰彼我並得謂之廣也　樂降
伏衆魔樂斷諸煩惱　魔怨散而惑病消故樂也　樂淨佛國土樂成就
相好故修諸功德　衣服身分之根圓可樂之也　樂莊嚴道場　嚴方寸之

行施樂堅持戒樂忍辱柔和樂懃集善根樂禪定不亂樂離垢明慧
此二明六度正行也　什曰世俗惠中不能生樂要得無漏惠離塵垢即生
樂自生也　樂廣菩提心　此下三通修万行　肇曰彼我並得謂之廣也　樂降
伏衆魔樂斷諸煩惱　魔怨敵而惑病消故樂之　樂淨佛國土樂成就
相好故修諸功德　依報淨而正報圓何樂如之　樂莊嚴道場　嚴万行之
因場詣菩提樹之果場　樂聞深法不畏　什曰心无近善心不邪疑又能信諸
佛有不思議法故能聞深法心不生畏也　肇曰樂法之情不深者聞
深法必生畏也　樂三脫門不樂非　肇曰三脫空无相无作也縛以之解謂
之脫三乘所由謂之門二乘入三脫門不盡其極而中路取證謂之非時此大
士之所不樂也　樂近同學　樂於非同學中心无恚礙　肇曰異我自彼謂為生
恚非同學外道黨也　樂將護惡知識樂近善知識　護惡不捨大悲近
善能成大智　樂心喜清淨　肇曰清淨是覺相真法喜　樂修无量道品
之法　適化无方故道品无量　肇曰法樂无量上略言之耳　是為菩薩法樂
此四結也　於是波旬告諸女言我欲與汝俱還天宮　此七波旬誘女也　文二
此初誘也　肇曰先聞空中聲畏而言之非其真心故欲俱還也　諸女言以我
等與此居士有法樂我等甚樂不復樂於五欲樂也　二女辭也　肇曰已為
人矣意有法何由返也　魔言居士可捨此女一切所有施於彼者是為菩薩
此八還女文五一索女　二還女　三請法　四為說　五隨還此初索也　肇曰淨名化
導既訖魔知其不伏故請也菩薩之一切无惜但能見還也　維摩詰言我
已捨矣汝便將去令一切衆生得法願具足　二還女也　肇曰因事興願菩薩常
法也以女還魔願具滿故因以生願一切衆生得法願具足如魔之願滿也　於
是諸女問維摩詰我等云何止於魔宮　三請法也　肇曰將遠
流大法之明以照魔宮數冥之室故請此門也　無盡燈者譬如一燈然百千燈
冥者皆明明終不盡　如是諸姉夫一菩薩開導百千衆生令發阿耨多羅三藐三菩
心於其道意亦不滅盡隨所說法而自增益一切善法是名无盡燈也
二釋燈法喻合可見　肇曰報恩之上莫自行化彼財功德彌增法光不絕名
无盡燈汝等雖住魔宮以是无盡燈令无數天子天女發阿耨多羅三藐三菩
提心者為報佛恩亦大饒益一切衆生　三結勸學也　肇曰報恩之上莫先
弘道　尒時天女頭面礼維摩詰足隨魔還宮忽然不現五女禮辭還　世尊
維摩詰有如是自在神通力智惠辯才仍我不任詣彼問疾　此四結辭
不堪也　佛告長者子善得汝行詣維摩詰問疾　文二此初命也　梵云須
達多亦云善得亦云善施即給孤獨也因緣如別　善得白佛言世尊我
[illegible]

弘道　爾時天女頭面禮維摩詰足隨魔還宮忽然不現五答禮辭還　七尊
維摩詰有如是自在神通力智慧辯才故我不任詣彼問疾　此四結辭
不堪也　佛告長者子善得汝行詣維摩詰問疾　此二明命也梵云須
達多亦云善得亦云善施即給孤獨也因緣如別　善得白佛言世尊我
不堪任詣彼問疾　二釋文四此初辭也　所以者何憶念我昔自於父舍
設大施會供養一切沙門婆羅門及諸外道貧窮下賤孤獨乞人期滿
七日　二略釋也　在家大士發於父舍行施化同歸也　生曰婆羅門法七日福
梵天行大施期生梵世善德已承嫡繼業於父舍修之可以發明法施大
矣　什曰所以乃至第七日方來識者欲令其功德滿心厚熟也　時維摩詰
來入會中謂我言長者子夫大施會不當如汝所設　此三廣釋行文六一
彈呵二請說三略說四重請五廣說六得益此初彈也　肇曰天竺大施會
法於父舍開四門立高幢告天下諸有所須皆詣其舍於七日中傾家而施
以求梵福時淨名以其俗施既滿將進以法施故先譏其所設以明為施之
殊也　當為法施之會何用是財施會為　肇曰夫施者必有所捨財必有所窮
故會人以形者不可普集施人以財不可以周給且施既不普財不益神未若
會群生於十方而即之本土懷法施於胸中而惠無不普以此而會會之
不均以此而施施不遺人曷為異殊方而集近實推心益而獨潤身乎
我言居士何謂法施之會　此二問請　法施會者無前無後一時供養一切衆生
是名法施之會　此三略答也　什曰若起慈心即十方同緣施中之妙莫先
於此故曰無前無後也　肇曰夫以方會人不可一息期以財濟物不可一
時周是以會通無隅者終輪而不漏法澤冥被者不易時而同覆故能
即無疆為一會而無不潤虛心懷德而物自賓曷為存濡沫之小惠捨
夫江海之大益置一時之法養而設前後之俗施乎　何謂也　此四重問也
肇曰群生無際而變化不俱欲無前無後一時而養者何謂也　謂以菩提起於
慈心　此下五廣說萬行明法施文五此初四本也　肇曰夫財養養身法養養
神神之道存乎冥益何則群生流轉以無窮為路冥冥相承莫能自返故
大士建德不自為身一念心善皆為群生以為群生故終行俱果行果則
己功立願果則群生益己功立則有濟物之能群生益則有反流之分然
則菩提始建德於內群生已蒙益於外矣何必待哺養然後為益乎
菩提者弘濟之道也是以為菩提而起慈者一念一時所益無際矣　以救衆生
起大悲心　肇曰大悲之興救彼而起所以悲生於我而天下同益也
以持正法起於喜心　肇曰欲令彼我俱持正法喜以之衆生也　以攝智慧行於捨心

已功立願果則群生益已功立則有濟物之能群生益則有返流之分也
則并始建德於內群生已蒙益於外矣何必待哺養然後為益乎
攝者弘濟之道也是以為攝而起慈者一念一時所益无際矣　以救眾生
起大悲心　肇曰大悲之興救彼而起所以悲生於我而天下同益也
以持正法起於喜心　肇曰欲令彼我俱持正法喜以之眾生也　以攝智惠行於
捨心　肇曰小捨之惡貳大捨之万有捨万有者正智之性也　以攝慳貪起
檀波羅蜜以化犯戒起尸波羅蜜以无我法起羼提波羅　肇曰六度法施大
士以一毫之善普施眾生永除六弊圓滿六度　肇曰忿生於我无我即无
覺　以離身心相起毗梨耶波羅蜜　肇曰精進之相起于身心而云離身心者
其作无相精進乎　復次受者分心不能精進之者其在于分心乎　以攝亂起禪
波羅蜜　肇曰禪之相无定无亂以此起禪名同相也　以一切相起般若波羅
蜜　肇曰在化之一切有在并之般若因果異也於一切相以无相為相以此起
般若之无相因果雖異其相不殊也　教化眾生而起於空　什曰三約三觀
明法始施　肇曰存眾生則乖空義存空義則捨眾生善通法相空其
懷者終日化眾生終日不乖空也　不捨有為法而起无相　肇曰身无而无
故能起无相即无而无不為故能不捨故万法兼備起无作美示受音　亦
現受生而起无作　肇曰作謂作生死也為彼受生者非作生而生也是以亦
士受生常起无作　護持正法起方便力　以受眾生起四攝法　此四通約
万行明法施　肇曰非方便无以護正法非四攝无以濟群生　以敬事
一切起除慢法於身命財起三堅法於六念中起思念法於六和敬起質直心
息諸慢以修敬敬三為而修三堅內思六念外順六和之謂法施六念者
肇曰念佛法僧施戒天六念也　六和者　肇曰以慈心起身口意業為三也　四
得重養與人共之五持戒淨六修滿慧非直心无以具六法非六法无
以和群眾不和非敬順之道　正行善法起於淨命　肇曰凡所行善不以邪
心為命也　心淨歡喜起近賢聖　不憎惡人起調伏心　心淨名信也宗樂賢
聖者近三寶不憎惡人能調不善　肇曰近聖生淨喜見惡无憎心也　以
出家法起於深心　肇曰出家之法非小心之所為也　肇曰出
家之法非淺心所能弘也　以如說行起於多聞　肇曰聞不能行非多聞也
以无諍法起空閑處　法理平等名為无諍接心法理是任空閑　肇曰忿競
生乎眾聚无諍出乎空閑　趣向佛惠起於宴坐　肇曰佛惠深遠非宴
不趣　解眾生縛起修行地　理圓无漸而解縛者必修行以次任　肇曰已
行不修安能解彼　以具相好及淨佛土起福德業知一切眾生心念如應說法

以无諍法起空閑處　法性平等名為无諍，據心此理是住空閑　肇曰忿競
生乎衆聚，无諍出乎空閑　趣向佛慧起於宴坐　肇曰佛慧滅遠，非空
不趣　解衆生縛起修行地　理圓无漸而解縛者，必修之以次位　肇曰已
行不修，安能解彼　以具相好及淨佛土起福德業　知一切衆生心念如應說法
起於智業　肇曰大乘万行分為二業，以智為行標，故別立智業，諸行
隨從故總立德業。凡所修立非一業所成，而衆經修相好淨土繫以德業，知念說
法繫以智業，此蓋取其功用之所多耳，未始相无也　知一切法不取不捨入一相
門起於慧業　肇曰決定審理謂之智，造心分別謂之惠。上決衆念定諸法
相然後說法，故繫之以智；今造心分別法相令入一門，故繫之以惠也　斷一切煩惱
一切障礙一切不善法起於一切善業　肇曰无善不修，故无惡不斷　以得一切智惠一
切善法起於一切助佛道法　肇曰一切智惠，智業也；一切善法，福業也。助佛道
法，大乘諸无漏法也。智德二業非有漏之所成，成之者必由佛道法　如是善
男子是為法施之會。若菩薩住是法施會者，為大施主，亦為一切世間福田　此下五
結成法施　肇曰若能離通諸法，則真潤无涯，其為會也不止一方，其為施也
不止形骸，故紛紛存濟，神不止一方，故其會殊倫，可謂大會矣　世尊維摩
詰說是法時，婆羅門衆中二百人皆發阿耨多羅三藐三菩提心　此六時衆得益
文二，此初婆羅門發心也　我時心得清淨，歎未曾有，稽首禮維摩詰足，即解
瓔珞價直百千以上之　二明善得心淨　肇曰心累悲除得清淨信也　文四，此初
心悟上瓔珞也　生曰七日施而此物在者，寂所重也，而以上維摩詰者，現崇法施
情也　不肯取　二讓二受　什曰本意為說法，故不為識財施，故懷此二心，所以不受
我言居士願必納受，隨意所與　三重請受隨施也　維摩詰乃受瓔珞，分
作二分，持一分施此會中一最下乞人，持一分奉彼難勝如來　四隨受迴施文二
初迴施二田　肇曰上直進以法施，未示致施之心，故施極上窮下，明施心平等，
以成善德為施之意也　一切衆會皆見光明國土難勝如來，又見珠瓔在彼
佛上變成四柱寶臺，四面嚴飾，不相障蔽　二佛現化　生曰分作二分者，欲以明
平等也。現神力者，驗法施之會變成四柱寶臺，豈財施能為之乎？是法施會然也。故
能无不周耳　維摩詰現神變已作是言：若施主等心施一最下乞人，猶如如來
福田之相　三勸合等心　文二，一无相等，二无相等，此初也　施佛神通，若此施貪
祢无善可施者，未能亡於分別，故淨名示之以平等　什曰施佛以地，祢致心
濃；施貪以地苦，仍悲憐深，是以福田同相致報一也　无所分別，等于大悲，不
求果報，是則名曰具足法施　二无相等也　肇曰若能齊尊卑一行報，
以平等悲而為施者，乃具足法施耳　城中一最下乞人見是神力，聞其所說

初迴施二思　肇曰上直進以法施未示致施之心故施極上窮下明施心平等
以成善德為施之意也一切衆會皆見光明國土難勝如來又見珠瓔在彼
佛上變成四柱寶臺四面嚴飾不相障蔽二佛現化　生曰分作二分者欲以明
等也現神力者驗法施之變成四柱臺豈財施能為之乎是法施會然也故
無不周耳　維摩詰現神變已作是言若施主等心施一最下乞人猶如如來
福田之相三勸令等心文二一無相等二無相等　得初也　施佛神通若此施貧
初無善可施者未能亡於分別故淨名示之以平等　什曰施佛以地施致心
濃施貧以地苦故悲降深是以福田同相致報一也　無所分別等于大悲不
求果報是則名曰具足法施二無相等也　肇曰若能齊尊卑一行報
以平等悲而為施者乃具足法施耳　城中一最下乞人見是神力聞其所說
皆發阿耨多羅三藐三菩提心　此同得益也　故我不任詣彼問疾　四答不
堪
如是諸菩薩各各向佛說其本緣稱述維摩詰所言皆曰不任詣彼問疾
此是大段第二幾明諸菩薩辭　肇曰三萬二千菩薩皆說不任之辭文不備載之耳

淨名經關中疏卷上

乙巳年三月廿日比丘談真記

BD03272號背　雜書

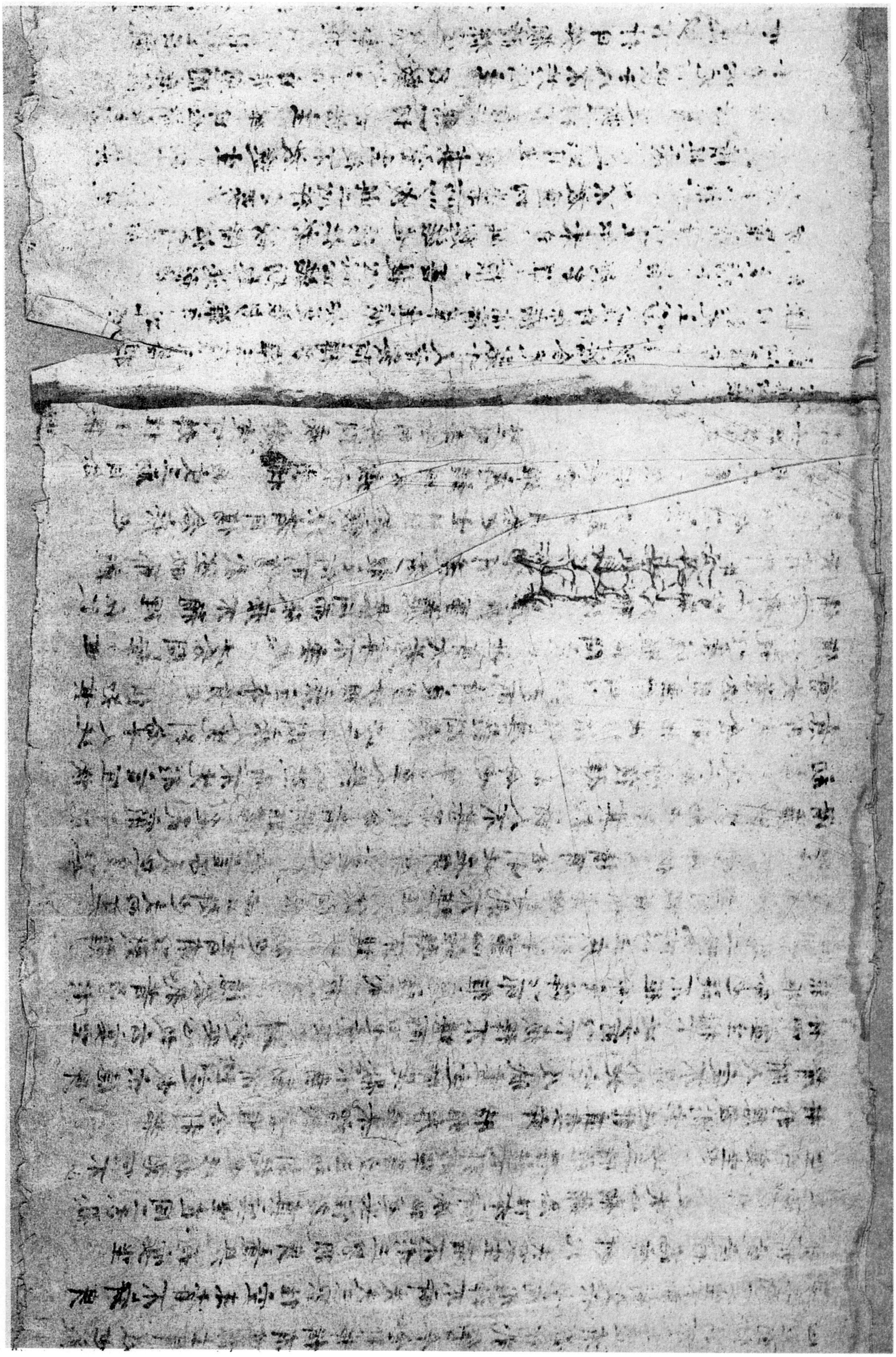

（1–1）

著　錄　凡　例

本目錄採用條目式著錄法。諸條目意義如下：

1.1　著錄編號。用漢語拼音首字“BD”表示，意為“北京圖書館藏敦煌遺書”，簡稱“北敦號”。文獻寫在背面者，標註為“背”。一件遺書上抄有多個文獻者，用數字1、2、3等標示小號。一號中包括幾件遺書，且遺書形態各自獨立者，用字母A、B、C等區别。

1.2　著錄分類號。本條記目錄暫不分類，該項空缺。

1.3　著錄文獻的名稱、卷本、卷次。

1.4　著錄千字文編號。

1.5　著錄縮微膠卷號。

2.1　著錄遺書的總體數據。包括長度、寬度、紙數、正面抄寫總行數與每行字數、背面抄寫總行數與每行字數。如該遺書首尾有殘破，則對殘破部分單獨度量，用加號加在總長度上。凡屬這種情況，長度用括弧標註。

2.2　著錄每紙數據。包括每紙長度及抄寫行數或界欄數。

2.3　著錄遺書的外觀。包括：(1) 裝幀形式。(2) 首尾存況。(3) 護首、軸、軸頭、天竿、縹帶，經名是書寫還是貼簽，有無經名號，扉頁、扉畫。(4) 卷面殘破情況及其位置。(5) 尾部情況。(6) 有無附加物（蟲繭、油污、線繩及其他）。(7) 有無裱補及其年代。(8) 界欄。(9) 修整。(10) 其他需要交待的問題。

2.4　著錄一件遺書抄寫多個文獻的情況。

3.1　著錄文獻首部文字與對照本核對的結果。

3.2　著錄文獻尾部文字與對照本核對的結果。

3.3　著錄錄文。

3.4　著錄對文獻的說明。

4.1　著錄文獻首題。

4.2　著錄文獻尾題。

5　　著錄本文獻與對照本的不同之處。

6.1　著錄本遺書首部可與另一遺書綴接的編號。

6.2　著錄本遺書尾部可與另一遺書綴接的編號。

7.1　著錄題記、題名、勘記等。

7.2　著錄印章。

7.3　著錄雜寫。

7.4　著錄護首及扉頁的內容。

8　　著錄年代。

9.1　著錄字體。如有武周新字、合體字、避諱字等，予以說明。

9.2　著錄卷面二次加工的情況。包括句讀、點標、科分、間隔號、行間加行、行間加字、硃筆、墨塗、倒乙、刪除、兌廢等。

10　著錄敦煌遺書發現後，近現代人所加內容，裝裱、題記、印章等。

11　備註。著錄揭裱互見、圖版本出處及其他需要說明的問題。

上述諸條，有則著錄，無則空缺。

為避文繁，上述著錄中出現的各種參考、對照文獻，暫且不列版本說明。全目結束時，將統一編制本條記目錄出現的各種參考書目。

本條記目錄為農曆年份標註其公曆紀年時，未進行歲頭年末之換算，請讀者使用時注意自行換算。

條　記　目　錄

BD03201—BD03272

1.1　BD03201 號
1.3　梵網經盧舍那佛說菩薩心地戒品第十卷下
1.4　致 001
1.5　143:6738
2.1　(9+27)×25 厘米；1 紙；24 行，行 17 字。
2.3　卷軸裝。首殘尾脫。經黃紙。卷面殘破嚴重。有烏絲欄。
3.1　首 5 行下殘→大正 1484，24/1006B14～20。
3.2　尾殘→24/1006C10。
8　7～8 世紀。唐寫本。
9.1　楷書。
9.2　有行間校加字。
11　圖版：《敦煌寶藏》，101/430B。

1.1　BD03202 號
1.3　大般若波羅蜜多經卷三五二
1.4　致 002
1.5　084:2956
2.1　46.6×25 厘米；1 紙；28 行，行 17 字。
2.3　卷軸裝。首殘尾脫。卷面殘損。有烏絲欄。
3.1　首殘→大正 220，6/808C8。
3.2　尾殘→6/809A7。
6.1　首→BD04114 號。
7.1　背端有勘記"三百五十二"。
8　8～9 世紀。吐蕃統治時期寫本。
9.1　楷書。
11　圖版：《敦煌寶藏》，75/618A。

1.1　BD03203 號
1.3　佛名經（十六卷本）卷二
1.4　致 003
1.5　063:0608
2.1　(9+1489.8)×30.5 厘米；34 紙；596 行，行字不等。
2.2　01：9+8，7；　02：44.0，18；　03：44.5，18；
04：45.0，18；　05：45.0，18；　06：45.0，18；
07：45.0，18；　08：45.0，18；　09：45.0，18；
10：45.2，18；　11：45.0，18；　12：45.0，18；
13：45.2，18；　14：45.2，18；　15：45.0，18；
16：45.2，18；　17：45.0，18；　18：45.0，18；
19：45.0，18；　20：45.0，18；　21：45.0，18；
22：44.5，18；　23：45.0，18；　24：45.0，18；
25：45.0，18；　26：44.5，18；　27：45.0，18；
28：45.0，18；　29：45.0，18；　30：45.0，18；
31：45.0，18；　32：45.0，18；　33：44.5，18；
34：44.0，13。
2.3　卷軸裝。首殘尾全。首紙殘缺，第 2 紙有殘洞，卷面有殘裂。接縫處有開裂。有烏絲欄。
3.1　首 4 行中下殘→《七寺古逸經典研究叢書》，3/第 64 頁第 11 行～第 65 頁第 15 行。
3.2　尾全→《七寺古逸經典研究叢書》，3/第 113 頁第 648 行。
4.2　佛名經卷第二（尾）。
5　與七寺本對照，文字略有不同，計數位置有參差。
8　9～10 世紀。歸義軍時期寫本。
9.1　楷書。
9.2　有刮改。
11　圖版：《敦煌寶藏》，60/311B～329A。

1.1　BD03204 號
1.3　妙法蓮華經卷三
1.4　致 004
1.5　105:5033
2.1　(18.16+750.2)×28.1 厘米；19 紙；475 行，行 17 字。
2.2　01：18.6+20.5，24；　02：41.4，26；　03：41.3，26；
04：41.4，26；　05：41.3，26；　06：41.5，26；
07：41.4，26；　08：41.6，26；　09：41.5，26；
10：41.5，26；　11：41.5，26；　12：41.5，26；
13：41.5，26；　14：41.6，26；　15：41.5，26；

16：41.5，26；　17：41.7，26；　18：40.9，25；
19：25.1，10。
2.3　卷軸裝。首殘尾全。卷首尾有殘損。卷面有鳥糞污漬。背有古代裱補。有烏絲欄。
3.1　首 11 行上殘→大正 262，9/20A23～B7。
3.2　尾全→9/27B9。
4.2　妙法蓮華經卷第三（尾）。
8　8 世紀。唐寫本。
9.1　楷書。
11　圖版：《敦煌寶藏》，88/327A～338A。

1.1　BD03205 號
1.3　大般若波羅蜜多經卷三一六
1.4　致 005
1.5　084:2858
2.1　（2＋295.9）×26 厘米；7 紙；183 行，行 17 字。
2.2　01：2＋22.3，15；　02：45.5，28；　03：45.5，28；
04：45.6，28；　05：45.8，28；　06：45.7，28；
07：45.5，28。
2.3　卷軸裝。首殘尾脫。卷首碎損嚴重，卷面有殘破。有烏絲欄。已修整。
3.1　首行上下殘→大正 220，6/610C23。
3.2　尾殘→6/612C29。
6.2　尾→BD02845 號。
8　8～9 世紀。吐蕃統治時期寫本。
9.1　楷書。
11　圖版：《敦煌寶藏》，75/252A～255B。

1.1　BD03206 號
1.3　維摩詰所說經卷上
1.4　致 006
1.5　070:0990
2.1　387.5×26 厘米；8 紙；219 行，行 17 字。
2.2　01：49.5，28；　02：48.5，28；　03：48.5，28；
04：48.5，28；　05：48.5，28；　06：48.5，28；
07：48.5，28；　08：47.0，23。
2.3　卷軸裝。首斷尾全。卷面有破裂，接縫有開裂。有燕尾。有烏絲欄。
3.1　首行上下殘→大正 475，14/541B15～16。
3.2　尾全→14/544A19。
4.2　維摩詰經卷上（尾）。
8　7～8 世紀。唐寫本。
9.1　楷書。
11　圖版：《敦煌寶藏》，64/284B～289B。

1.1　BD03207 號
1.3　金剛般若波羅蜜經
1.4　致 007
1.5　094:4055
2.1　（3.3＋198.4＋1.8）×25.2 厘米；5 紙；128 行，行 17 字。
2.2　01：3.3＋27，19；　02：44.5，28；　03：44.6，28；
04：44.8，28；　05：37.5＋1.8，25。
2.3　卷軸裝。首尾均殘。經黃紙。卷面略殘，接縫有開裂。有烏絲欄。
3.1　首 2 行上殘→大正 235，8/750B2～3。
3.2　尾行下殘→8/751C23。
5　與《大正藏》本對照，本號無冥司偈，參見大正 235，8/751C16～19。
8　7～8 世紀。唐寫本。
9.1　楷書。
11　圖版：《敦煌寶藏》，81/633B～636A。

1.1　BD03208 號
1.3　金剛般若波羅蜜經
1.4　致 008
1.5　094:3729
2.1　（5.5＋212.4）×26.8 厘米；5 紙；122 行，行 17 字。
2.2　01：5.5＋27，18；　02：46.3，26；　03：46.5，26；
04：46.3，26；　05：46.3，26。
2.3　卷軸裝。首殘尾脫。卷面略殘。有烏絲欄。已修整。
3.1　首 3 行上下殘→大正 235，8/749A26～28。
3.2　尾殘→8/750C9。
8　9～10 世紀。歸義軍時期寫本。
9.1　楷書。
11　圖版：《敦煌寶藏》，80/61B～64A。

1.1　BD03209 號
1.3　金剛般若波羅蜜經
1.4　致 009
1.5　094:4098
2.1　286.9×25.5 厘米；7 紙；168 行，行 17 字。
2.2　01：46.0，28；　02：46.2，28；　03：46.0，28；
04：46.0，28；　05：46.2，28；　06：46.0，27；
07：10.5，01。
2.3　卷軸裝。首脫尾全。經黃紙。卷面油污嚴重，下有等距離殘缺。有烏絲欄。已修整。
3.1　首殘→大正 235，8/750B20。
3.2　尾全→8/752C3。
4.2　金剛般若波羅蜜經（尾）。
8　7～8 世紀。唐寫本。
9.1　楷書。
11　圖版：《敦煌寶藏》，82/116B～120A。

1.1　BD03210 號

.3 妙法蓮華經卷三
.4 致 010
.5 105:5050
2.1 93.5×25.4 厘米；2 紙；56 行，行 17 字。
2.2 01：47.0，28；　02：46.5，28。
2.3 卷軸裝。首尾均脫。經黃打紙。有烏絲欄。
3.1 首殘→大正 262，9/20A23。
3.2 尾殘→9/20C29。
8 7～8 世紀。唐寫本。
9.1 楷書。
11 圖版：《敦煌寶藏》，88/392A～393A。

.1 BD03211 號
.3 無量壽宗要經
.4 致 011
.5 275:7788
2.1 178×31.5 厘米；5 紙；正面 127 行，行 30 餘字。背面 4 行，行字不等。
2.2 01：41.5，29；　02：41.5，29；　03：41.5，29；
04：41.5，29；　05：12.0，12。
2.3 卷軸裝。首尾均全。接縫處有開裂。有烏絲欄。
3.1 首全→大正 936，19/82A3。
.2 尾全→19/84C29。
.1 大乘無量壽經（首）。
.2 佛說無量壽宗要經（尾）。
.3 首紙背有 4 行雜寫及雜亂雜寫。其中有僧人名錄“保通、願德、願住”。有“八念行；學道不存終始，不知本同一性。語耶（爺）孃，捧你不達，吾今勸你不得”等。其餘不錄文。
8 ～9 世紀。吐蕃統治時期寫本。
9.1 楷書。
1 圖版：《敦煌寶藏》，107/610A～612B。

.1 BD03212 號
.3 維摩詰所說經卷中
.4 致 012
.5 070:1167
1 565.5×25 厘米；11 紙；306 行，行 17 字。
.2 01：51.5，28；　02：51.5，28；　03：51.5，28；
04：51.5，28；　05：51.5，28；　06：51.5，28；
07：51.5，28；　08：51.5，28；　09：51.5，28；
10：51.5，28；　11：50.5，26。
.3 卷軸裝。首脫尾全。經黃打紙。接縫處有開裂，卷尾有殘裂。背有古代裱補。有烏絲欄。
.1 首殘→大正 475，14/547C8。
.2 尾全→14/551C27。
.2 維摩詰經卷中（尾）。
7～8 世紀。唐寫本。

9.1 楷書。
9.2 有硃筆斷句。有刮改。
11 圖版：《敦煌寶藏》，65/548A～556A。

1.1 BD03213 號
1.3 大佛頂如來密因修證了義諸菩薩萬行首楞嚴經卷六
1.4 致 013
1.5 237:7414
2.1 （8.9＋251.8）×25.6 厘米；6 紙；141 行，行 17 字。
2.2 01：05.2，01；　02：3.7＋47.3，28；　03：51.2，28；
04：51.1，28；　05：51.1，28；　06：51.1，28。
2.3 卷軸裝。首殘尾脫。經黃打紙。第 2 紙下有殘缺，尾部有破裂殘損。有烏絲欄。
3.1 首 3 行下殘→大正 945，19/128C10～13。
3.2 尾殘→19/130B23。
8 7～8 世紀。唐寫本。
9.1 楷書。
11 圖版：《敦煌寶藏》，106/143A～146B。

1.1 BD03214 號
1.3 妙法蓮華經卷五
1.4 致 014
1.5 105:5451
2.1 （7.2＋1032.9）×26.5 厘米；23 紙；606 行，行 17 字。
2.2 01：7.2＋11.8，12；　02：46.0，28；　03：46.0，28；
04：48.0，28；　05：48.0，28；　06：48.0，28；
07：48.0，28；　08：48.0，28；　09：48.0，28；
10：47.8，28；　11：47.8，28；　12：47.8，28；
13：47.8，28；　14：48.0，28；　15：48.0，28；
16：48.0，28；　17：48.0，28；　18：48.0，28；
19：48.0，28；　20：47.8，28；　21：47.8，28；
22：47.8，28；　23：18.5，06。
2.3 卷軸裝。首殘尾全。卷首被水浸，紙面皺襞。尾有原軸，兩端塗棕色漆。有烏絲欄。
3.1 首 5 行中下殘→大正 262，9/37A24～B1。
3.2 尾全→9/46B14。
4.2 妙法蓮華經卷第五（尾）
8 8～9 世紀。吐蕃統治時期寫本。
9.1 楷書。
9.2 有刮改。
11 圖版：《敦煌寶藏》，92/1A～15A。

1.1 BD03215 號
1.3 法華經疏（擬）
1.4 致 015
1.5 109:6202
2.1 （4＋384.3）×29 厘米；10 紙；228 行，行 28 字。

2.2 01：4+16.7，12；　02：40.8，24；　03：40.8，24；
04：40.5，24；　05：40.5，24；　06：41.0，24；
07：41.0，24；　08：41.0，24；　09：41.0，24；
10：41.0，24。
2.3 卷軸裝。首殘尾脱。紙極薄。首紙上部有殘損。有烏絲欄。
3.4 説明：
本文獻首2行上殘，尾殘。作者不詳，原著卷數不詳。所存為對序品的疏釋。未為歷代大藏經所收。
8 7~8世紀。唐寫本。
9.1 行書。
9.2 有校改。有重文符號。
11 圖版：《敦煌寶藏》，97/290B~295A。

1.1 BD03216號
1.3 金光明最勝王經卷六
1.4 致016
1.5 083:1808
2.1 （1.7+114+1.5）×25.5厘米；4紙；69行，行17字。
2.2 01：1.7+21，13；　02：44.0，26；　03：44.0，26；
04：5+1.5，4。
2.3 卷軸裝。首尾均殘。通卷殘破嚴重。有烏絲欄。
3.1 首行上殘→大正665，16/431B14。
3.2 尾行下殘→16/432B4。
8 8~9世紀。吐蕃統治時期寫本。
9.1 楷書。
11 圖版：《敦煌寶藏》，70/146B~148A。

1.1 BD03217號
1.3 金光明最勝王經卷六
1.4 致017
1.5 083:1816
2.1 （24.3+32.9+31.3）×25.1厘米；2紙；49行，行17字。
2.2 01：24.3+22.3，25；　02：10.6+31.3，24。
2.3 卷軸裝。首尾均殘。首紙有殘洞，卷上邊有殘損。有烏絲欄。已修整。裝配《趙城金藏》木軸。
3.1 首13行下殘→大正665，16/427C18~428A3。
3.2 尾18行下殘→16/428A22~B11。
8 8~9世紀。吐蕃統治時期寫本。
9.1 楷書。
11 從該件上揭下古代裱補紙10塊，今編爲BD16076號（4塊），BD16077號（6塊）。
圖版：《敦煌寶藏》，70/159A~160A。

1.1 BD03218號
1.3 金光明最勝王經卷六
1.4 致018
1.5 083:1779
2.1 （17.2+316.3+17.5）×25.3厘米；9紙；196行，行17字。
2.2 01：06.7，04；　02：10.5+36，27；　03：46.6，26；
04：46.7，26；　05：46.3，26；　06：46.4，26；
07：47.3，26；　08：47.0，26；　09：17.5，09。
2.3 卷軸裝。首尾均殘。通卷殘破嚴重。背有古代裱補。有烏絲欄。
3.1 首10行上下殘→大正665，16/428B8~18。
3.2 尾9行上殘→16/430C6~14。
8 8~9世紀。吐蕃統治時期寫本。
9.1 楷書。
11 圖版：《敦煌寶藏》，70/57A~61B。

1.1 BD03219號
1.3 雜阿含經（吳魏代失譯）
1.4 致019
1.5 416:8578
2.1 （4+148.2+2.5）×25.8厘米；4紙；86行，行17字。
2.2 01：4+16.2，11；　02：50.0，28；　03：50.0，28；
04：32+2.5，19。
2.3 卷軸裝。首尾均殘。經黄打紙。下邊殘破。有烏絲欄。
3.1 首2行下殘→大正101，2/494A20~21。
3.2 尾2行上下殘→2/495A21~22。
8 7~8世紀。唐寫本。
9.1 楷書。
11 圖版：《敦煌寶藏》，110/623A~B。《敦煌寶藏》誤將本號與BD03429號顛倒。

1.1 BD03220號
1.3 妙法蓮華經卷三
1.4 致020
1.5 105:4981
2.1 （6+995.2）×27.6厘米；24紙；557行，行17字。
2.2 01：6+34.8，22；　02：41.8，24；　03：42.2，24；
04：42.2，23；　05：42.0，23；　06：41.9，23；
07：42.1，23；　08：42.0，23；　09：42.2，23；
10：42.3，23；　11：41.8，23；　12：42.2，24；
13：42.2，23；　14：42.1，23；　15：42.0，24；
16：42.1，24；　17：41.8，24；　18：42.0，24；
19：42.0，24；　20：42.1，23；　21：42.3，23；
22：38.6，23；　23：40.5，25；　24：40.0，19。
2.3 卷軸裝。首尾均全。打紙，未入潢。上下邊殘缺，接縫處有開裂。背有古代裱補。有烏絲欄。
3.1 首3行上下殘→大正262，9/19A14~20。
3.2 尾全→9/27B9。
4.1 □□□華經藥草喻品第五，三（首）。
4.2 妙法蓮華經卷第三（尾）。

8　7～8世紀。唐寫本。
9.1　楷書。
11　圖版：《敦煌寶藏》，87/418B～431B。

.1　BD03221號
.3　四分僧戒本
.4　致021
.5　156:6857
.1　（7+592.5）×24.5厘米；15紙；正面370行，行21字。背面1行，10字。
.2　01：7+38，28；　02：45.0，28；　03：44.5，28；
04：44.5，28；　05：44.5，28；　06：44.5，28；
07：21.0，13；　08：43.5，27；　09：43.5，27；
10：43.5，27；　11：43.5，27；　12：43.5，27；
13：43.5，27；　14：43.0，27；　15：06.5，拖尾。
.3　卷軸裝。首尾均殘。卷首中下部殘缺，卷面有破裂，多油污。有烏絲欄。
.4　本遺書包括2個文獻：（一）《四分僧戒本》，370行，抄寫在正面，今編為BD03221號。（二）《寺院雜文書》（擬），1行，抄寫在背面裱補紙上，今編為BD03221號背。
.1　首4行中下殘→大正1430，22/1024C17～22。
.2　尾殘→22/1030B24。
8　8～9世紀。吐蕃統治時期寫本。
.1　楷書。
.2　有行間校加字。有倒乙符號。
1　圖版：《敦煌寶藏》，102/273A～282A。

.1　BD03221號背
.3　寺院雜文書（擬）
.4　致021
.5　156:6857
.4　本遺書由2個文獻組成，本號為第2個，1行，抄寫在背面裱補紙上。餘參見BD03221號之第2項、第11項。
.3　錄文：
祭盤報恩、大云（雲）、靈修三寺。/
（錄文完）
.3　有雜寫5字，不錄文。
8～9世紀。吐蕃統治時期寫本。
.1　楷書。

.1　BD03222號
.3　小抄
.4　致022
.5　178:7093
.1　（24.5+221）×26.8厘米；7紙；128行，行23字。
.2　01：16.0，護首；　02：8.5+37，26；　03：46.5，28；
04：42.0，25；　05：37.5，22；　06：46.0，27；
07：12.0，拖尾。
2.3　卷軸裝。首殘尾全。有護首，殘破。接縫有開裂。有烏絲欄。
3.1　首4行上殘→《敦煌出土律典〈略抄〉の研究》（二），第88頁第14行～第89頁第1行。
3.2　尾全→《敦煌出土律典〈略抄〉の研究》（二），第100頁第8行。
3.4　說明：
本文獻形態複雜，本號是《略抄》的一個節略本，未將全文抄完，且行文的有些部分重新組織過。
4.2　小抄一本（尾）。
8　9～10世紀。歸義軍時期寫本。
9.1　楷書。
9.2　有硃筆點標、斷句。上邊有校改字。
11　圖版：《敦煌寶藏》，104/136A～138B。

1.1　BD03223號
1.3　金剛般若波羅蜜經
1.4　致023
1.5　094:4163
2.1　268×25.5厘米；6紙；147行，行17字。
2.2　01：48.5，27；　02：48.0，27；　03：48.0，27；
04：48.0，27；　05：48.5，27；　06：27.0，12。
2.3　卷軸裝。首脫尾全。接縫處有開裂。有烏絲欄。
3.1　首殘→大正235，8/750C14。
3.2　尾全→8/752C3。
4.2　金剛般若波羅蜜經（尾）。
8　9～10世紀。歸義軍時期寫本。
9.1　楷書。
11　圖版：《敦煌寶藏》，82/278B～282A。

1.1　BD03224號1
1.3　維摩詰所說經卷中
1.4　致024
1.5　070:1054
2.1　841×30厘米；22紙；590行，行30字。
2.2　01：38.5，26；　02：41.5，28；　03：13.0，09；
04：24.0，18；　05：42.5，31；　06：42.5，31；
07：42.5，31；　08：42.5，32；　09：44.0，33；
10：44.0，33；　11：44.0，32；　12：14.5，17；
13：42.5，27；　14：43.0，29；　15：42.5，28；
16：42.0，28；　17：42.0，28；　18：41.5，28；
19：42.0，29；　20：42.0，29；　21：42.5，27；
22：27.5，16。
2.3　卷軸裝。首尾均全。卷面有破裂，有火灼殘洞。背有古代裱補。有烏絲欄。
2.4　本遺書包括2個文獻：（一）《維摩詰所說經》卷中，321

行，今編為 BD03224 號 1。（二）《維摩詰所說經》卷下，269 行，今編為 BD03224 號 2。

3.1　首全→大正 475，14/544A22。

3.2　尾全→14/551C27。

4.1　維摩詰所說經文殊師利問疾品第五，卷中（首）。

7.3　背有 5 塊裱補紙，其中 4 塊裱補紙上的經文可綴接為如下 2 行：

文殊師‖利彼有疾菩薩應如是觀諸法又復觀身‖無常苦空非我是名‖為慧雖身有‖

疾常在‖生死饒益一切而不厭倦是名方便又復‖身不離病病不離身‖是病是身‖

上述經文出於《維摩詰所說經》卷中，可參見大正 475，14/545B18～22。

另一塊裱補紙上有“而不能得”4 字。

8　8～9 世紀。吐蕃統治時期寫本。

9.1　楷書。

11　圖版：《敦煌寶藏》，64/484A～493B。

1.1　BD03224 號 2

1.3　維摩詰所說經卷下

1.4　致 024

1.5　070:1054

2.4　本遺書由 2 個文獻組成，本號為第 2 個，269 行。餘參見 BD03224 號 1 之第 2 項、第 11 項。

3.1　首全→大正 475，14/552A3。

3.2　尾全→14/557B26。

4.1　維摩詰所說經卷下，香積佛品第十（首）。

4.2　維摩詰經卷下（尾）。

8　8～9 世紀。吐蕃統治時期寫本。

9.1　楷書。

1.1　BD03225 號

1.3　佛名經（十六卷本）卷一

1.4　致 025

1.5　061:0536

2.1　1185×27 厘米；24 紙；576 行，行 17 字。

2.2　01：50.5，25；　02：50.2，25；　03：50.0，25；
04：50.5，25；　05：50.0，25；　06：50.0，25；
07：50.0，25；　08：50.0，25；　09：50.0，25；
10：50.0，25；　11：50.0，25；　12：49.5，25；
13：49.0，24；　14：49.0，25；　15：49.0，25；
16：49.0，25；　17：49.0，25；　18：49.0，25；
19：49.0，25；　20：48.5，25；　21：48.8，25；
22：48.5，25；　23：48.5，25；　24：47.0，02。

2.3　卷軸裝。首脫尾全。卷首有破裂，卷尾破裂殘損。有烏絲欄。

3.1　首殘→《七寺古逸經典研究叢書》，3/24 頁第 240 行。

3.2　尾全→《七寺古逸經典研究叢書》，3/62 頁第 738 行。

4.2　佛名卷第一（尾）。

5　與七寺本對照，卷中部多“至心歸命常住三寶。三部合卷《罪報應經》，此經有八十品，略此一品流行”。卷尾又多“至心歸命常住三寶”8 字。

7.3　卷尾有雜寫“一切恭敬禮”等。

8　7～8 世紀。唐寫本。

9.1　楷書。

9.2　有行間校加字。有校改。

11　圖版：《敦煌寶藏》，59/629B～644B。

1.1　BD03226 號

1.3　金剛般若波羅蜜經

1.4　致 026

1.5　094:3904

2.1　（2+379+13.8）×24.5 厘米；11 紙；254 行，行 17 字。

2.2　01：02.0，01；　02：36+10.3，28；　03：46.0，28；
04：46.5，28；　05：46.5，28；　06：46.5，28；
07：46.0，28；　08：46.3，28；　09：46.5，28；
10：44.4+1.8，28；　11：12.0，01。

2.3　卷軸裝。首尾均殘。經黃紙。卷首右下殘缺，卷面有殘洞，接縫有開裂，卷尾殘破嚴重。尾紙尾題部分脫落。有燕尾。有烏絲欄。已修整。

3.1　首 22 行下殘→大正 235，8/749B19～C12。

3.2　尾 1 行上殘→8/752C3。

4.2　□□□若波羅蜜經（尾）。

8　7～8 世紀。唐寫本。

9.1　楷書。

11　圖版：《敦煌寶藏》，81/137A～142B。

1.1　BD03227 號

1.3　大般涅槃經（北本）卷一四

1.4　致 027

1.5　115:6383

2.1　（20.5+400.3）×27 厘米；10 紙；244 行，行 17 字。

2.2　01：11.0，06；　02：9.5+27，28；　03：46.5，28；
04：46.5，28；　05：46.5，28；　06：46.5，28；
07：46.2，28；　08：46.4，28；　09：46.4，28；
10：48.3，14。

2.3　卷軸裝。首殘尾全。卷首破損嚴重。有烏絲欄。

3.1　首 18 行下殘→大正 374，12/448B15～C4。

3.2　尾全→12/451B6。

4.2　大般涅槃經卷第十四（尾）。

8　8～9 世紀。吐蕃統治時期寫本。

9.1　楷書。

11　圖版：《敦煌寶藏》，98/470B～475B。

1.1 BD03228 號
1.3 金光明最勝王經卷三
1.4 致 028
1.5 083:1617
2.1 (12 +433.5) ×26.5 厘米;5 紙;278 行,行 17 字。
2.2 01:12 +81.5,58; 02:93.5,59; 03:92.0,60;
04:91.5,58; 05:75.0,43。
2.3 卷軸裝。首脫尾全。麻紙,較厚,未入潢。有烏絲欄。
3.1 首 7 行上殘→大正 665,16/414B15 ~21。
3.2 尾全→16/417C16。
4.2 金光明最勝王經卷第三(尾)。
7.1 尾有題記 3 行:“弟子李暅敬寫此《金光明經》一部十卷,從乙丑年/已(以)前所有負債、負命、怨家債主,願乘慈(茲)功德,/速證菩提。願得解怨釋結。府君等同霑此福。/”
8 905 年。歸義軍時期寫本。
9.1 楷書。
11 圖版:《敦煌寶藏》,68/654B ~660A。

.1 BD03229 號
.3 梵網經盧舍那佛說菩薩心地戒品第十卷下
.4 致 029
.5 143:6737
.1 (9.5 +55.5 +3.5) ×25 厘米;2 紙;39 行,行 17 字。
.2 01:9.5 +12,11; 02:43.5 +3.5,28。
.3 卷軸裝。首尾均殘。經黄打紙,砑光上蠟。卷面殘破嚴重。紙背均有古代裱補。有烏絲欄。
.1 首 4 行上中殘→大正 1484,24/1006A27 ~B3。
.2 尾 2 行下殘→24/1006C8。
.1 首→BD03232 號。
7 ~8 世紀。唐寫本。
.1 楷書。
.2 有硃筆斷句、行間校加字。
1 圖版:《敦煌寶藏》,101/429B ~430A。

.1 BD03230 號
.3 大乘入楞伽經卷四
.4 致 030
.5 038:0354
.1 1442 ×27.5 厘米;3 紙;70 行,行 17 字。
.2 01:48.0,28; 02:48.2,28; 03:48.0,14。
.3 卷軸裝。首脫尾全。有烏絲欄。
.1 首脫→大正 672,16/613B27。
.2 尾全→16/614C1。
.2 佛說大乘入楞伽經卷第四(尾)。
7 ~8 世紀。唐寫本。
.1 楷書。
1 圖版:《敦煌寶藏》,58/310B ~312A。

1.1 BD03231 號
1.3 合部金光明經卷六
1.4 致 031
1.5 082:1431
2.1 (130.3 +6) ×25 厘米;3 紙;81 行,行 17 字。
2.2 01:44.0,26; 02:46.6,28; 03:39.7 +6,27。
2.3 卷軸裝。首全尾殘。經黄打紙。首紙殘破。有烏絲欄。
3.1 首全→大正 664,16/386A4。
3.2 尾 3 行上中殘→16/387A1 ~3。
4.1 金光明經銀主陀羅尼品第十一,六(首)。
8 7 ~8 世紀。唐寫本。
9.1 楷書。
11 圖版:《敦煌寶藏》,67/502A ~503B。

1.1 BD03232 號
1.3 梵網經盧舍那佛說菩薩心地戒品第十卷下
1.4 致 032
1.5 143:6731
2.1 (1.5 +74 +9.5) ×25 厘米;3 紙;50 行,行 17 字。
2.2 01:01.5,01; 02:48.0,28; 03:26 +9.5,21。
2.3 卷軸裝。首尾均殘。經黄打紙,砑光上蠟。通卷殘破嚴重。背有古代裱補,紙上有字,粘向内,難以辨認。有烏絲欄。
3.1 首 1 行上下殘→大正 1484,12/1005C5 ~6。
3.2 尾 6 行中下殘→24/1006A26 ~B2。
8 7 ~8 世紀。唐寫本。
6.1 首→BD03250 號。
6.2 尾→BD03229 號。
9.1 楷書。
9.2 有硃筆行間校加字。有斷句。
11 圖版:《敦煌寶藏》,101/384A ~385A。

1.1 BD03233 號
1.3 佛頂尊勝陀羅尼經(佛陀波利本)
1.4 致 033
1.5 229:7346
2.1 280.5 ×26.6 厘米;6 紙;161 行,行 17 字。
2.2 01:47.1,28; 02:46.6,28; 03:46.6,28;
04:46.7,28; 05:46.8,28; 06:46.7,21。
2.3 卷軸裝。首脫尾全。經黄紙。卷面多水漬。有烏絲欄。
3.1 首殘→大正 967,19/350A24。
3.2 尾全→19/352A26。
4.2 佛頂尊勝陀羅尼經(尾)。
5 咒語與《大正藏》本不同,略相當於所附的宋本,參見大正 19/352A27 ~B23。
8 7 ~8 世紀。唐寫本。
9.1 楷書。
11 圖版:《敦煌寶藏》,105/557A ~560B。

1.1 BD03234 號
1.3 金光明最勝王經卷二
1.4 致 034
1.5 083:1571
2.1 (6.5+164.3)×26 厘米;4 紙;90 行,行 17 字。
2.2 01:6.5+21,16; 02:48.3,28; 03:48.3,28;
04:46.7,18。
2.3 卷軸裝。首殘尾全。卷面被水浸,卷面皺蹙。接縫處有開裂。有烏絲欄。
3.1 首 4 行下殘→大正 665,16/412C5~8。
3.2 尾全→16/413C6。
4.2 金光明最勝王經卷第二(尾)。
5 尾附音義。
8 7~8 世紀。唐寫本。
9.1 楷書。
11 圖版:《敦煌寶藏》,68/406B~408B。

1.1 BD03235 號
1.3 妙法蓮華經卷三
1.4 致 035
1.5 105:5090
2.1 722.4×25.4 厘米;16 紙;425 行,行 17 字。
2.2 01:46.8,28; 02:46.7,28; 03:46.6,28;
04:46.6,28; 05:46.6,28; 06:46.5,28;
07:46.6,28; 08:46.6,28; 09:46.7,28;
10:46.7,28; 11:46.7,28; 12:46.7,28;
13:46.7,28; 14:46.6,28; 15:46.7,28;
16:22.6,05。
2.3 卷軸裝。首脱尾全。經黄打紙。尾有蟲繭。有燕尾。有烏絲欄。
3.1 首殘→大正 262,9/20C29。
3.2 尾全→9/27B9。
4.2 妙法蓮華經卷第三(尾)。
8 7~8 世紀。唐寫本。
9.1 楷書。
11 圖版:《敦煌寶藏》,88/591B~602B。

1.1 BD03236 號
1.3 金光明最勝王經卷一
1.4 致 036
1.5 083:1482
2.1 294.6×26.5 厘米;7 紙;163 行,行 18 字。
2.2 01:41.5,24; 02:41.7,24; 03:42.7,24;
04:42.4,24; 05:42.3,24; 06:42.0,23;
07:42.0,20。
2.3 卷軸裝。首脱尾全。有燕尾。有烏絲欄。
3.1 首殘→大正 665,16/405C23。
3.2 尾全→16/408A28。
4.2 金光明最勝王經卷第一(尾)。
5 尾附音義。
8 9~10 世紀。歸義軍時期寫本。
9.1 楷書。
9.2 有刪除符號。
11 圖版:《敦煌寶藏》,68/71B~75A。

1.1 BD03237 號
1.3 大般若波羅蜜多經卷一〇六
1.4 致 037
1.5 084:2285
2.1 (4+214.3+2.5)×26 厘米;6 紙;131 行,行 17 字。
2.2 01:4+6.2,06; 02:46.4,27; 03:47.0,28;
04:47.0,28; 05:46.7,28; 06:21+2.5,14。
2.3 卷軸裝。首尾均殘。卷面有破裂殘缺。有烏絲欄。
3.1 首 2 行中殘→大正 220,5/586B29~C1。
3.2 尾行上殘→5/588A15~16。
7.1 首紙背有勘記"十一(本文獻所屬袟次),第六(袟内卷次)"。第 5 紙背有勘記"廿五至廿八秩兑經"。
8 8~9 世紀。吐蕃統治時期寫本。
9.1 楷書。
11 圖版:《敦煌寶藏》,72/528B~531B。

1.1 BD03238 號
1.3 天地八陽神咒經
1.4 致 038
1.5 256:7616
2.1 (31+3.5)×25.2 厘米;1 紙;20 行,行 22 字。
2.3 卷軸裝。首全尾殘。嚴重碎損。背面有古代裱補,補紙開裂殘破。有烏絲欄。
3.1 首全→大正 2897,85/1422B14。
3.2 尾 2 行上下殘→85/1422C14~16。
4.1 佛説八陽神咒經,玄奘法師奉詔譯(首)。
5 與《大正藏》本對照,文字略有不同,行文有顛倒。
8 9~10 世紀。歸義軍時期寫本。
9.1 楷書。
9.2 有行間校加字。
11 圖版:《敦煌寶藏》,107/104B。

1.1 BD03239 號
1.3 妙法蓮華經卷三
1.4 致 039
1.5 105:5072
2.1 (3.8+45.4)×25.6 厘米;1 紙;31 行,行 16 字(偈)。
2.3 卷軸裝。首殘尾脱。卷面有黴洞,上部破裂殘損。卷面卷背皆有蟲繭。有烏絲欄。

3.1　首2行上殘→大正262，9/19C24～27。
3.2　尾殘→9/20B7。
6.2　尾→BD03241號。
8　7～8世紀。唐寫本。
9.1　楷書。
11　圖版：《敦煌寶藏》，88/427B～428A。

.1　BD03240號
.3　妙法蓮華經卷二
.4　致040
.5　105:4857
.1　（125.8+1.8）×26.9厘米；3紙；66行，行17字。
.2　01：42.7，22；　02：42.8，22；　03：40.3+1.8，22。
.3　卷軸裝。首脱尾殘。卷首殘破嚴重。有烏絲欄。
.1　首殘→大正262，9/11C3。
.2　尾行上殘→9/12B28～29。
　8世紀。唐寫本。
.1　楷書。
1　圖版：《敦煌寶藏》，87/101A～102B。

.1　BD03241號
.3　妙法蓮華經卷三
.4　致041
.5　105:5053
.1　49.4×25.7厘米；1紙；31行，行16～18字。
.3　卷軸裝。首尾均脱。卷面有1殘洞。有烏絲欄。
.1　首殘→大正262，9/20B8。
.2　尾殘→9/20C14。
.1　首→BD03239號。
　7～8世紀。唐寫本。
.1　楷書。
1　圖版：《敦煌寶藏》，88/399B～400A。

.1　BD03242號
.3　金光明最勝王經卷九
.4　致042
.5　083:1937
.1　（2.1+443.5+14.5）×28.1厘米；10紙；245行，行17字。
.2　01：2.1+37，23；　02：46.8，28；　03：46.8，28；
04：47.0，28；　05：46.6，28；　06：46.8，28；
07：46.7，21；　08：46.5，28；　09：46.8，28；
10：32.5+14.5，26。
.3　卷軸裝。首尾均殘。卷面有黴斑，卷尾破碎嚴重。有烏絲欄。已修整。
.1　首行中下殘→大正665，16/447B12～13。
.2　尾6行下殘→16/450C15。
4.2　金光明最勝王經卷第九（尾）。
5　尾附音義。
6.1　首→BD02788號。
8　8～9世紀。吐蕃統治時期寫本。
9.1　楷書。
9.2　第7紙上邊有3個“兑”字，係兑廢。第6紙與第8紙文字直接相接。
11　圖版：《敦煌寶藏》，71/46A～51B。

1.1　BD03243號
1.3　金光明經卷三
1.4　致043
1.5　081:1404
2.1　151.7×26.3厘米；3紙；84行，行16字（偈頌）。
2.2　01：50.7，28；　02：50.5，28；　03：50.5，28。
2.3　卷軸裝。首尾均脱。經黄打紙。通卷有水漬變色。有烏絲欄。
3.1　首殘→大正663，16/347A12。
3.2　尾殘→16/348B8。
8　7～8世紀。唐寫本。
9.1　楷書。
11　圖版：《敦煌寶藏》，67/362A～363B。

1.1　BD03244號
1.3　大佛頂如來密因修證了義諸菩薩萬行首楞嚴經卷二
1.4　致044
1.5　237:7398
2.1　98.4×25.7厘米；2紙；54行，行17字。
2.2　01：48.7，27；　02：49.7，27。
2.3　卷軸裝。首尾均脱。有烏絲欄。
3.1　首殘→大正945，19/113C3。
3.2　尾殘→19/114A26。
6.2　尾→BD03003號。
8　9～10世紀。歸義軍時期寫本。
9.1　楷書。
9.2　有行間校加字。上邊有校改字。
11　圖版：《敦煌寶藏》，106/69A～70A。

1.1　BD03245號
1.3　金剛般若波羅蜜經
1.4　致045
1.5　094:3760
2.1　（4.5+156.5+6.5）×28厘米；5紙；108行，行17字。
2.2　01：4.5+17，14；　02：43.5，28；　03：43.5，28；
04：42.5，28；　05：10+6.5，10。
2.3　卷軸裝。首尾均殘。首有破損和殘洞。卷背多鳥糞。有烏絲欄。

3.1　首 3 行上殘→大正 235，8/749B6～8。
3.2　尾 3 行下殘→8/750B29～C2。
8　9～10 世紀。歸義軍時期寫本。
9.1　楷書。
11　圖版：《敦煌寶藏》，80/213B～215B。

1.1　BD03246 號
1.3　妙法蓮華經卷一
1.4　致 046
1.5　105:4543
2.1　（6.9+286.5）×26 厘米；7 紙；179 行，行 17 字。
2.2　01：6.9+11.2，11；　02：45.8，28；　03：46.0，28；
04：45.9，28；　05：45.9，28；　06：46.0，28；
07：45.7，28。
2.3　卷軸裝。首殘尾脱。經黄打紙。卷上邊油污、殘破，卷尾殘破。有烏絲欄。
3.1　首 4 行上殘→大正 262，9/2C6～9。
3.2　尾殘→9/5B27。
8　7～8 世紀。唐寫本。
9.1　楷書。
11　圖版：《敦煌寶藏》，84/292B～296B。

1.1　BD03247 號
1.3　金剛般若波羅蜜經
1.4　致 047
1.5　094:3635
2.1　（2.5+62）×26.2 厘米；2 紙；35 行，行 17 字。
2.2　01：2.5+11.5，7；　02：50.5，28。
2.3　卷軸裝。首殘尾脱。經黄打紙。首紙破爛嚴重，接縫開裂。有烏絲欄。
3.1　首行上下殘→大正 235，8/749A9～10。
3.2　尾殘→8/749B18。
8　7～8 世紀。唐寫本。
9.1　楷書。
11　圖版：《敦煌寶藏》，79/264B～265A。

1.1　BD03248 號
1.3　大般若波羅蜜多經卷三五一
1.4　致 048
1.5　084:2952
2.1　（3.2+54）×25.4 厘米；2 紙；34 行，行 17 字。
2.2　01：3.2+7，6；　02：47.0，28。
2.3　卷軸裝。首殘尾脱。卷首殘破。有烏絲欄。
3.1　首 2 行上殘→大正 220，6/803C23～24。
3.2　尾殘→6/804A28。
8　8～9 世紀。吐蕃統治時期寫本。
9.1　楷書。
11　圖版：《敦煌寶藏》，75/598A～B。

1.1　BD03249 號
1.3　賢劫千佛名經（一卷本　異本）
1.4　致 049
1.5　068:0846
2.1　（30.5+963.5）×26.9 厘米；23 紙；538 行，行 17 字。
2.2　01：27.0，素紙；　02：3.5+27.5，18；　03：46.0，26；
04：46.0，26；　05：46.0，26；　06：46.0，26；
07：46.0，26；　08：46.0，26；　09：46.0，26；
10：46.0，26；　11：46.0，26；　12：46.0，26；
13：46.2，26；　14：46.2，26；　15：46.2，26；
16：46.2，26；　17：46.2，26；　18：46.3，26；
19：46.3，26；　20：46.3，26；　21：46.3，26；
22：44.3，25；　23：15.5，01。
2.3　卷軸裝。首殘尾全。接縫有開裂。尾有蟲繭。背有古代裱補。有燕尾。
3.4　説明：
本文獻首 2 行中下殘，尾全。與《大正藏》本第 447b 號基本形態相同，佛名相同，但首尾經文不同。未為歷代大藏經所收。
4.2　佛説賢劫千佛名經（尾）。
7.3　第 7 紙上邊有一個“海”字。
8　9～10 世紀。歸義軍時期寫本。
9.1　楷書。
9.2　有硃筆間隔符號。
11　圖版：《敦煌寶藏》，63/27B～41A。

1.1　BD03250 號
1.3　梵網經盧舍那佛説菩薩心地戒品第十卷下
1.4　致 050
1.5　143:6725
2.1　（1.5+37.5+2.5）×25 厘米；1 紙；25 行，行 17 字。
2.3　卷軸裝。首尾均殘。經黄打紙，研光上蠟。卷面有破裂。背有古代裱補。有烏絲欄。已修整。
3.1　首 1 行中下殘→大正 1484，24/1005B9。
3.2　尾 1 行上中殘→24/1005C6。
6.2　尾→BD03232 號。
8　7～8 世紀。唐寫本。
9.1　楷書。
11　從該件上揭下古代裱補紙 1 塊，今編爲 BD16207。
圖版：《敦煌寶藏》，101/348A。

1.1　BD03251 號
1.3　大般若波羅蜜多經卷九一
1.4　致 051
1.5　084:2257

2.1　(18 +724.2) ×25.4 厘米；16 紙；418 行，行 17 字。
2.2　01：11.0，06；　02：7 +41.5，28；　03：48.8，28；
04：48.9，28；　05：48.7，28；　06：48.8，28；
07：48.8，28；　08：48.9，28；　09：49.0，28；
10：48.8，28；　11：48.8，28；　12：48.8，28；
13：48.7，28；　14：48.7，28；　15：48.7，28；
16：48.3，20。
2.3　卷軸裝。首殘尾全。第 5 紙有横向破裂，第 11 紙有縱向破裂。尾有蟲繭。有烏絲欄。
3.1　首 10 行下殘→大正 220，5/505B21 ~ C1。
3.2　尾全→ 5/510B1。
4.2　大般若波羅蜜多經卷第九十一（尾）。
7.1　首紙背有勘記“第十袟（本文獻所屬袟次），第一卷（袟内卷次）”。
8　8 ~9 世紀。吐蕃統治時期寫本。
9.1　楷書。
9.2　有行間校加字。有刮改。
11　圖版：《敦煌寶藏》，72/454B ~464B。

1.1　BD03252 號
1.3　維摩詰所說經卷上
1.4　致 052
1.5　070:0991
2.1　(9 +590) ×26 厘米；13 紙；335 行，行 17 字。
2.2　01：9 +31.5，23；　02：49.0，28；　03：49.0，28；
04：49.0，28；　05：49.0，28；　06：49.0，28；
07：49.0，28；　08：49.0，28；　09：49.0，28；
10：49.0，28；　11：49.0，28；　12：49.0，28；
13：19.5，04。
2.3　卷軸裝。首殘尾全。經黄打紙。卷首被水浸，卷面皺蹙。第 1、2 紙接縫處下部開裂。有烏絲欄。
3.1　首 5 行上下殘→大正 475，14/540A11 ~16。
3.2　尾全→14/544A19。
4.2　維摩經卷第一（尾）。
8　7 ~8 世紀。唐寫本。
9.1　楷書。
11　圖版：《敦煌寶藏》，64/290A ~298A。

1.1　BD03253 號
1.3　大般若波羅蜜多經（兑廢稿）卷一
1.4　致 053
1.5　084:2008
2.1　49.2 ×26.1 厘米；1 紙；26 行，行 17 字。
2.3　卷軸裝。首尾均脱。有烏絲欄。
3.1　首殘→大正 220，5/2B29。
3.2　尾殘→5/2C27。
7.1　尾行後有勘記“脱一行，兑一紙訖”。
8　8 世紀。唐寫本。
9.1　楷書。
9.2　卷端上方有一“兑”字。
11　圖版：《敦煌寶藏》，71/326。

1.1　BD03254 號
1.3　四分律刪補隨機羯磨卷上
1.4　致 054
1.5　198:7154
2.1　40 ×28 厘米；1 紙；27 行，行 21 字。
2.3　卷軸裝。首尾均脱。上邊殘破。
3.1　首殘→1808，40/495B7。
3.2　尾殘→ 40/495C17。
8　9 ~10 世紀。歸義軍時期寫本。
9.1　楷書。
11　圖版：《敦煌寶藏》，104/344B—。

1.1　BD03255 號
1.3　妙法蓮華經卷二
1.4　致 055
1.5　105:4740
2.1　(3.5 +677.7) ×25 厘米；14 紙；386 行，行 17 字。
2.2　01：3.5 +35.3，22；　02：49.6，28；　03：49.4，28；
04：49.5，28；　05：48.9，28；　06：49.6，28；
07：49.4，28；　08：49.6，28；　09：49.2，28；
10：49.5，28；　11：49.6，28；　12：49.3，28；
13：49.6，28；　14：49.2，28。
2.3　卷軸裝。首殘尾脱。經黄打紙。個別紙接縫處下方有開裂。有烏絲欄。
3.1　首 2 行上殘→大正 262，9/11B28 ~29。
3.2　尾殘→9/17A7。
8　7 ~8 世紀。唐寫本。
9.1　楷書。
11　圖版：《敦煌寶藏》，86/143A ~152A。

1.1　BD03256 號
1.3　妙法蓮華經卷二
1.4　致 056
1.5　105:4801
2.1　(402.3 +64.4) ×26.4 厘米；12 紙；264 行，行 17 字。
2.2　01：18.1，護首；　02：41.3，24；　03：41.6，24；
04：41.7，25；　05：41.7，25；　06：41.8，25；
07：41.3，25；　08：41.5，25；　09：41.7，25；
10：41.4，25；　11：10.2 +31.3，25；　12：33.1，16。
2.3　卷軸裝。首全尾殘。有護首，護首邊沿多有殘損，護首有鳥糞污漬。有烏絲欄。
3.1　首全→大正 262，9/10B24。

3.2　尾35行下殘→9/13C20～14B6。
4.1　妙法蓮華經譬喻品第三，二（首）。
8　7～8世紀。唐寫本。
9.1　楷書。
11　圖版：《敦煌寶藏》，86/626A～632A。

1.1　BD03257號
1.3　妙法蓮華經卷一
1.4　致057
1.5　105:4616
2.1　50.1×25.6厘米；1紙；28行，行17字。
2.3　卷軸裝。首尾均脫。經黃打紙。卷中上方有破裂。有烏絲欄。
3.1　首殘→大正262，9/2A18。
3.2　尾殘→9/2B19。
8　7～8世紀。唐寫本。
9.1　楷書。
11　圖版：《敦煌寶藏》，85/99A～B。

1.1　BD03258號
1.3　大般若波羅蜜多經（兌廢稿）卷一二
1.4　致058
1.5　084:2039
2.1　47×26.6厘米；1紙；24行，行17字。
2.3　卷軸裝。首尾均脫。卷面有火灼小洞。尾有餘空。有烏絲欄。
3.1　首殘→大正220，5/65A9。
3.2　尾缺→5/65B4。
8　8世紀。唐寫本。
9.1　楷書。
11　圖版：《敦煌寶藏》，71/452。

1.1　BD03259號
1.3　金光明最勝王經卷六
1.4　致059
1.5　083:1795
2.1　（161.2+2）×25.5厘米；5紙；97行，行17字。
2.2　01：09.7，05；　02：43.0，26；　03：43.5，26；
　04：43.5，26；　05：21.5+2，14。
2.3　卷軸裝。首尾均殘。卷首脫落，卷面有殘洞，通卷多處碎損。有烏絲欄。
3.1　首殘→大正665，16/430A28。
3.2　尾行下殘→16/431B14。
8　8～9世紀。吐蕃統治時期寫本。
9.1　楷書。
11　圖版：《敦煌寶藏》，70/110B～112B。

1.1　BD03260號
1.3　佛名經（十六卷本）卷二
1.4　致060
1.5　063:0603
2.1　551.5×25.2厘米；12紙；336行，行17字。
2.2　01：46.0，28；　02：46.0，28；　03：46.0，28；
　04：46.0，28；　05：46.0，28；　06：46.0，28；
　07：46.0，28；　08：46.0，28；　09：46.0，28；
　10：46.0，28；　11：46.0，28；　12：45.5，28。
2.3　卷軸裝。首尾均脫。經黃打紙。卷首有殘裂，接縫處有開裂，卷尾殘破嚴重。有烏絲欄。
3.1　首殘→《七寺古逸經典研究叢書》，3/第85頁第285行。
3.2　尾殘→《七寺古逸經典研究叢書》，3/第112頁第628行。
8　7～8世紀。唐寫本。
9.1　楷書。
11　圖版：《敦煌寶藏》，60/280A～287B。

1.1　BD03261號
1.3　妙法蓮華經卷一
1.4　致061
1.5　105:4538
2.1　653.3×25.8厘米；13紙；364行，行16～18字。
2.2　01：50.3，28；　02：50.3，28；　03：50.2，28；
　04：50.2，28；　05：50.3，28；　06：50.3，28；
　07：50.2，28；　08：50.3，28；　09：50.3，28；
　10：50.3，28；　11：50.3，28；　12：50.3，28；
　13：50.0，28。
2.3　卷軸裝。首尾均脫。經黃打紙。第7、8紙接縫處下部有開裂。有烏絲欄。
3.1　首殘→大正262，9/2B20。
3.2　尾殘→9/8B14。
8　7～8世紀。唐寫本。
9.1　楷書。
11　圖版：《敦煌寶藏》，84/238A～248A。

1.1　BD03262號
1.3　淨名經科要（擬）
1.4　致062
1.5　080:1359
2.1　（1.5+311）×27.3厘米；8紙，164行，行約25字。
2.2　01：1.5+13.5，8；　02：42.2，23；　03：42.5，22；
　04：42.5，23；　05：42.5，22；　06：42.7，22；
　07：42.6，22；　08：42.5，22。
2.3　卷軸裝。首殘尾脫。前2紙上下邊殘缺。有劃界欄針孔。有烏絲欄。
3.4　説明：
　本文獻首尾均殘。未為歷代大藏經所收。

8 5~6 世紀。南北朝寫本。
9.1 行楷。
9.2 有行間校加字。有校改。
11 圖版：《敦煌寶藏》，67/130A~134A。

1.1 BD03263 號
1.3 藥師琉璃光如來本願功德經
1.4 致 063
1.5 030:0284
2.1 (7+378.2)×25.4 厘米；9 紙；232 行，行 17 字。
2.2 01：7+10，10； 02：46.0，28； 03：46.0，28；
04：46.0，28； 05：46.0，28； 06：46.0，28；
07：46.2，28； 08：46.3，29； 09：45.7，25。
2.3 卷軸裝。首殘尾全。有烏絲欄。已修整。
3.1 首 4 行下中殘→大正 450，14/405C2~5。
3.2 尾全→14/408B25。
4.2 佛說藥師經一卷（尾）。
7.3 首紙第 9 行下有雌黃寫 2 個“佛”字。
8 9~10 世紀。歸義軍時期寫本。
9.1 楷書。
11 圖版：《敦煌寶藏》，57/607A~612A。

1.1 BD03264 號
1.3 習字（擬）
1.4 致 064
1.5 358:8427
2.1 84×30.5 厘米；2 紙；38 行，行約 20 字。
2.2 01：42.0，13； 02：42.0，25。
2.3 卷軸裝。首尾均全。首紙有橫向破裂。有烏絲欄。
3.4 說明：

本文獻首尾均全。為習字稿紙。前 2 行習寫社司轉帖，中有人名“唐盈通”。後 36 行為習字，抄寫《地藏菩薩經》經文：“佛說地藏菩薩經爾時地藏菩薩住在南方琉璃世界以靜天眼觀獄中之受苦衆生鐵碓擣鐵磨犁”，大體為每字一行，亦有為貫通文意而例外者。

7.3 背有雜寫字痕。
8 9~10 世紀。歸義軍時期寫本。
9.1 楷書。
11 圖版：《敦煌寶藏》，110/299B~300B。

1.1 BD03265 號
1.3 金剛般若波羅蜜經
1.4 致 065
1.5 094:4357
2.1 (33.2+22)×25.5 厘米；1 紙；34 行，行 17~18 字。
2.3 卷軸裝。首脫尾殘。卷尾破碎。有烏絲欄。已修整。
3.1 首殘→大正 235，8/751C24。
3.2 尾 15 行下殘→8/752A18~B5。
5 與《大正藏》本對照，個別文字略有參差。
8 8~9 世紀。吐蕃統治時期寫本。
9.1 楷書。
11 圖版：《敦煌寶藏》，83/52A~B。

1.1 BD03266 號
1.3 大般涅槃經（北本　宮本）卷二二
1.4 致 066
1.5 115:6414
2.1 (9+856.5)×25.2 厘米；17 紙；468 行，行 17 字。
2.2 01：9+33，23； 02：51.5，28； 03：52.0，28；
04：51.8，29； 05：51.8，29； 06：52.0，29；
07：52.0，29； 08：52.0，29； 09：51.8，29；
10：51.5，29； 11：51.8，29； 12：51.5，29；
13：51.8，29； 14：51.7，29； 15：51.6，29；
16：51.2，28； 17：47.5，13。
2.3 卷軸裝。首殘尾全。首紙殘缺。尾有原軸，兩端塗黑漆，上軸頭已斷。背有古代褙補。有劃界欄針孔。有烏絲欄。
3.1 首 5 行上殘→大正 374，12/492C13~18。
3.2 尾全→12/498A29。
4.2 大般涅槃經卷第廿二（尾）。
5 與《大正藏》本對照，分卷不同。經文相當於《大正藏》卷第二十一光明遍照高貴德王菩薩品第十之一至卷第二十二光明遍照高貴德王菩薩品第十之二。與日本宮內寮本及《思溪藏》、《普寧藏》、《嘉興藏》分卷相同。
8 5~6 世紀。南北朝寫本。
9.1 隸書。
11 圖版：《敦煌寶藏》，99/59B~71A。

1.1 BD03267 號
1.3 妙法蓮華經卷六
1.4 致 067
1.5 105:6159
2.1 (16+21.5+2)×23.5 厘米；1 紙；21 行，行 17 字。
2.3 卷軸裝。首尾均殘。通卷下部有火灼殘缺。有烏絲欄。
3.1 首 8 行下殘→大正 262，9/49A14~29。
3.2 尾行上殘→9/49B20~21。
8 7~8 世紀。唐寫本。
9.1 楷書。
11 圖版：《敦煌寶藏》，97/151B~152A。

1.1 BD03268 號
1.3 金光明最勝王經卷二
1.4 致 068
1.5 083:1498
2.1 690.4×30 厘米；17 紙；383 行，行 17 字。

2.2　01：06.5，護首；　02：42.0，25；　03：43.0，26；
04：43.4，26；　05：43.5，26；　06：43.5，24；
07：43.5，24；　08：43.3，24；　09：43.3，25；
10：43.5，24；　11：43.0，25；　12：43.7，24；
13：43.5，24；　14：43.0，24；　15：43.0，24；
16：43.7，24；　17：35.0，14。
2.3　卷軸裝。首尾均全。卷首破損嚴重，卷面有等距離火灼殘洞。通卷多處有粘貼校改。背有古代裱補，裱補紙上有字。有刻劃欄。已修整。
3.1　首全→大正665，16/408B2。
3.2　尾全→16/413C6。
4.1　金光明最勝王經卷第二，/分別三身品第三/（首）。
4.2　金光明最勝王經卷第二（尾）。
5　尾附音義。
7.3　卷背古代裱補紙上有"壬未年正月廿一□…□"、"□九"、"生老"等字。
8　9～10世紀。歸義軍時期寫本。
9.1　楷書。
11　圖版：《敦煌寶藏》，68/112B～120A。

1.1　BD03269號
1.3　大般涅槃經（北本）卷五
1.4　致069
1.5　115:6320
2.1　(1.5+34.3+2)×26厘米；2紙；23行，行17字。
2.2　01：1.5+9.8，7；　02：24.5+2，16。
2.3　卷軸裝。首尾均殘。第2紙上方有2處破裂。有烏絲欄。
3.1　首行殘→大正374，12/392A9。
3.2　尾行下殘→12/392B3。
8　5～6世紀。南北朝寫本。
9.1　楷書。
11　圖版：《敦煌寶藏》，98/131A。

1.1　BD03270號
1.3　大般涅槃經鈔（擬）
1.4　致070
1.5　120:6619
2.1　156×28.5厘米；3紙；75行，行20餘字。
2.2　01：52.0，26；　02：52.0，24；　03：52.0，25。
2.3　卷軸裝。首脫尾全。通卷殘破。背有鳥糞污漬。已修整。
3.4　說明：
本文獻首尾均殘，抄輯《大般涅槃經》（北本，含後分）諸卷經文20段，情況如下：
①第1行～第3行，大正374，12/510A25～27（廿四卷）；
②第3行～第4行，大正374，12/513B2～3（廿五卷）；
③第4行～第5行，大正374，12/514C15～16（同上）；
④第5行～第9行，大正374，12/521A12～17（廿六卷）；
⑤第9行～第11行，大正374，12/519A14～17（同上）；
⑥第12行～第18行，大正374，12/546A12～20（卅卷）；
⑦第18行～第19行，大正374，12/546A24～26（同上）；
⑧第19行～第20行，大正374，12/546C23～25（同上）；
⑨第20行～第24行，大正374，12/547A12～16（同上）；
⑩第24行～第25行，大正374，12/556C18～20（卅二卷）；
⑪第25行～第27行，大正374，12/571A23～26（卅五卷）；
⑫第27行～第31行，大正374，12/571B24～C3（同上）；
⑬第32行～第38行，大正374，12/572A4～13（同上）；
⑭第38行～第44行，大正374，12/572C1～9（同上）；
⑮第45行～第52行，大正374，12/582C24～583A5（卅七卷）；
⑯第52行～第59行，大正374，12/589A6～15（卅八卷）；
⑰第59行～第60行，大正374，12/589C1～3（同上）；
⑱第60行～第61行，大正374，12/598C5～6（卌卷）；
⑲第61行～第70行，大正374，12/603B21～C6（同上）；
⑳第71行～第75行，大正377，12/904C7～132（後分，上卷）。
8　9～10世紀。歸義軍時期寫本。
9.1　行楷。
11　圖版：《敦煌寶藏》，100/623A～624B。

1.1　BD03271號
1.3　淨名經集解關中疏卷上
1.4　致071
1.5　078:1329
2.1　(4.3+2266.4)×27.4厘米；56紙；正面1605行，行22～25字。背面9行，行21字。
2.2　01：4.3+37.2，30；　02：41.6，30；　03：41.8，30；
04：38.7，28；　05：08.5，04；　06：42.3，30；
07：41.9，30；　08：42.0，30；　09：42.0，30；
10：42.0，30；　11：42.1，30；　12：42.0，30；
13：42.1，30；　14：42.0，30；　15：42.0，30；
16：42.1，30；　17：42.2，30；　18：42.0，30；
19：42.2，30；　20：40.8，29；　21：40.6，29；
22：40.6，29；　23：40.6，29；　24：40.7，29；
25：40.6，29；　26：40.5，29；　27：40.6，29；
28：40.6，29；　29：40.5，29；　30：40.7，29；
31：40.6，29；　32：40.6，29；　33：40.6，29；
34：40.6，29；　35：40.7，29；　36：40.7，29；
37：40.5，29；　38：40.6，29；　39：40.7，29；
40：40.7，29；　41：40.7，29；　42：40.8，29；
43：40.7，29；　44：40.7，29；　45：40.8，29；
46：40.7，29；　47：40.8，29；　48：40.7，29；

49：40.7，29；　50：40.7，28；　51：41.5，29；
52：41.7，29；　53：41.6，29；　54：41.6，29；
55：41.3，29；　56：41.6，20。
.3　卷軸裝。首殘尾全。前數紙上下有破裂殘損，卷面有殘洞。有烏絲欄。
.4　本遺書包括2個文獻：（一）《淨名經集解關中疏》卷上，605行，抄寫在正面，今編為BD03271號。（二）《瑜伽師地論》（雜抄）卷九，9行，抄寫在背面，今編為BD03271號背。
.1　首3行上殘→《藏外佛教文獻》，2/179頁第16～18行。
.2　尾全→《藏外佛教文獻》，2/292頁第4行。
.2　淨名經關中疏卷上（尾）。
　8～9世紀。吐蕃統治時期寫本。
.1　楷書。
.2　有硃筆科分、校改、行間加行。
0　卷首尾各鈐1枚長方形陽文硃印，2.1×4.9厘米，上書“京師圖書館收藏之印”。
1　圖版：《敦煌寶藏》，66/630B～659B。

.1　BD03271號背
.3　瑜伽師地論（雜抄）卷九
.4　致071
.5　078:1329
.4　本遺書由2個文獻組成，本號為第2個，抄寫在背面，9行。餘參見BD03271號之第2項、第11項。
.1　首缺→大正1579，30/320B20。
.2　尾缺→30/320C15。
　與《大正藏》本對照，此段經文多有省略，行文亦有不同處。實為經文雜抄。
　9～10世紀。歸義軍時期寫本。
.1　行書。

.1　BD03272號
.3　淨名經集解關中疏卷上
.4　致072
1.5　078:1330
2.1　2283×30.7厘米；54紙；1620行，行26～30字。
2.2　01：25.6，18；　02：45.0，33；　03：45.0，33；
04：45.3，33；　05：45.2，33；　06：45.3，33；
07：45.4，33；　08：45.3，33；　09：45.4，33；
10：45.4，33；　11：45.5，33；　12：45.4，33；
13：45.5，33；　14：45.1，33；　15：45.2，33；
16：41.4，30；　17：39.5，29；　18：40.2，30；
19：39.8，30；　20：40.8，30；　21：40.1，30；
22：40.1，30；　23：25.0，18；　24：40.3，28；
25：41.7，29；　26：41.8，29；　27：41.8，29；
28：41.8，29；　29：41.8，29；　30：41.8，29；
31：41.9，29；　32：41.9，29；　33：41.8，29；
34：41.8，29；　35：41.9，29；　36：41.9，29；
37：41.8，29；　38：41.8，29；　39：41.9，29；
40：41.9，29；　41：41.8，29；　42：41.7，29；
43：43.6，31；　44：43.5，31；　45：43.7，31；
46：43.6，31；　47：43.6，31；　48：43.6，31；
49：43.8，31；　50：43.6，31；　51：43.6，31；
52：43.7，31；　53：43.7，31；　54：43.4，22。
2.3　卷軸裝。首殘尾全。接縫處有開裂，第23紙有1殘洞，尾部有破裂。第43及以下各紙紙質與前不同。有烏絲欄。
3.1　首殘→《藏外佛教文獻》，2/178頁第13行。
3.2　尾全→《藏外佛教文獻》，2/292頁第4行。
4.2　淨名經關中疏卷上（尾）。
7.1　卷尾有1行題記：“乙巳年三月廿日，比丘談哲記。”
7.3　卷背有雜畫。
8　825年。吐蕃統治時期寫本。
9.1　行書。
9.2　有硃筆科分、校改。
10　卷首尾各鈐1枚長方形陽文硃印，2.1×4.9厘米，上書“京師圖書館收藏之印”。
11　圖版：《敦煌寶藏》，67/1A～27A。

新舊編號對照表

一、千字文號與北敦號、縮微膠卷號對照表

千字文號	北敦號	縮微膠卷號	千字文號	北敦號	縮微膠卷號
致001	BD03201號	143: 6738	致033	BD03233號	229: 7346
致002	BD03202號	084: 2956	致034	BD03234號	083: 1571
致003	BD03203號	063: 0608	致035	BD03235號	105: 5090
致004	BD03204號	105: 5033	致036	BD03236號	083: 1482
致005	BD03205號	084: 2858	致037	BD03237號	084: 2285
致006	BD03206號	070: 0990	致038	BD03238號	256: 7616
致007	BD03207號	094: 4055	致039	BD03239號	105: 5072
致008	BD03208號	094: 3729	致040	BD03240號	105: 4857
致009	BD03209號	094: 4098	致041	BD03241號	105: 5053
致010	BD03210號	105: 5050	致042	BD03242號	083: 1937
致011	BD03211號	275: 7788	致043	BD03243號	081: 1404
致012	BD03212號	070: 1167	致044	BD03244號	237: 7398
致013	BD03213號	237: 7414	致045	BD03245號	094: 3760
致014	BD03214號	105: 5451	致046	BD03246號	105: 4543
致015	BD03215號	109: 6202	致047	BD03247號	094: 3635
致016	BD03216號	083: 1808	致048	BD03248號	084: 2952
致017	BD03217號	083: 1816	致049	BD03249號	068: 0846
致018	BD03218號	083: 1779	致050	BD03250號	143: 6725
致019	BD03219號	416: 8578	致051	BD03251號	084: 2257
致020	BD03220號	105: 4981	致052	BD03252號	070: 0991
致021	BD03221號	156: 6857	致053	BD03253號	084: 2008
致021	BD03221號背	156: 6857	致054	BD03254號	198: 7154
致022	BD03222號	178: 7093	致055	BD03255號	105: 4740
致023	BD03223號	094: 4163	致056	BD03256號	105: 4801
致024	BD03224號1	070: 1054	致057	BD03257號	105: 4616
致024	BD03224號2	070: 1054	致058	BD03258號	084: 2039
致025	BD03225號	061: 0536	致059	BD03259號	083: 1795
致026	BD03226號	094: 3904	致060	BD03260號	063: 0603
致027	BD03227號	115: 6383	致061	BD03261號	105: 4538
致028	BD03228號	083: 1617	致062	BD03262號	080: 1359
致029	BD03229號	143: 6737	致063	BD03263號	030: 0284
致030	BD03230號	038: 0354	致064	BD03264號	358: 8427
致031	BD03231號	082: 1431	致065	BD03265號	094: 4357
致032	BD03232號	143: 6731	致066	BD03266號	115: 6414

致 067	BD03267 號	105：6159
致 068	BD03268 號	083：1498
致 069	BD03269 號	115：6320
致 070	BD03270 號	120：6619
致 071	BD03271 號	078：1329
致 071	BD03271 號背	078：1329
致 072	BD03272 號	078：1330

二、縮微膠卷號與北敦號、千字文號對照表

縮微膠卷號	北敦號	千字文號
030：0284	BD03263 號	致 063
038：0354	BD03230 號	致 030
061：0536	BD03225 號	致 025
063：0603	BD03260 號	致 060
063：0608	BD03203 號	致 003
068：0846	BD03249 號	致 049
070：0990	BD03206 號	致 006
070：0991	BD03252 號	致 052
070：1054	BD03224 號 1	致 024
070：1054	BD03224 號 2	致 024
070：1167	BD03212 號	致 012
078：1329	BD03271 號	致 071
078：1329	BD03271 號背	致 071
078：1330	BD03272 號	致 072
080：1359	BD03262 號	致 062
081：1404	BD03243 號	致 043
082：1431	BD03231 號	致 031
083：1482	BD03236 號	致 036
083：1498	BD03268 號	致 068
083：1571	BD03234 號	致 034
083：1617	BD03228 號	致 028
083：1779	BD03218 號	致 018
083：1795	BD03259 號	致 059
083：1808	BD03216 號	致 016
083：1816	BD03217 號	致 017
083：1937	BD03242 號	致 042
084：2008	BD03253 號	致 053
084：2039	BD03258 號	致 058
084：2257	BD03251 號	致 051
084：2285	BD03237 號	致 037
084：2858	BD03205 號	致 005
084：2952	BD03248 號	致 048
084：2956	BD03202 號	致 002
094：3635	BD03247 號	致 047
094：3729	BD03208 號	致 008
094：3760	BD03245 號	致 045
094：3904	BD03226 號	致 026
094：4055	BD03207 號	致 007
094：4098	BD03209 號	致 009
094：4163	BD03223 號	致 023
094：4357	BD03265 號	致 065
105：4538	BD03261 號	致 061
105：4543	BD03246 號	致 046
105：4616	BD03257 號	致 057
105：4740	BD03255 號	致 055
105：4801	BD03256 號	致 056
105：4857	BD03240 號	致 040
105：4981	BD03220 號	致 020
105：5033	BD03204 號	致 004
105：5050	BD03210 號	致 010
105：5053	BD03241 號	致 041
105：5072	BD03239 號	致 039
105：5090	BD03235 號	致 035
105：5451	BD03214 號	致 014
105：6159	BD03267 號	致 067
109：6202	BD03215 號	致 015
115：6320	BD03269 號	致 069
115：6383	BD03227 號	致 027
115：6414	BD03266 號	致 066
120：6619	BD03270 號	致 070
143：6725	BD03250 號	致 050
143：6731	BD03232 號	致 032
143：6737	BD03229 號	致 029
143：6738	BD03201 號	致 001
156：6857	BD03221 號	致 021
156：6857	BD03221 號背	致 021
178：7093	BD03222 號	致 022
198：7154	BD03254 號	致 054
229：7346	BD03233 號	致 033
237：7398	BD03244 號	致 044
237：7414	BD03213 號	致 013
256：7616	BD03238 號	致 038
275：7788	BD03211 號	致 011
358：8427	BD03264 號	致 064
416：8578	BD03219 號	致 019